Schriften zum Vergaberecht

Herausgegeben von

Prof. Dr. Martin Burgi,
Ludwig-Maximilians-Universität München
Prof. Dr. Hermann Pünder, LL.M. (Iowa),
Bucerius Law School Hamburg

Band 43

Marius Eckebrecht

Auftragsvergaben extraterritorialer Einrichtungen

Eine kollisionsrechtliche Untersuchung der
Rechtsverhältnisse oberhalb der EU-Schwellenwerte

Nomos

Die Deutsche Nationalbibliothek verzeichnet diese Publikation in der Deutschen Nationalbibliografie; detaillierte bibliografische Daten sind im Internet über http://dnb.d-nb.de abrufbar.

Zugl.: Kiel, Univ., Diss., 2014
ISBN 978-3-8487-1796-5 (Print)
ISBN 978-3-8452-5798-3 (ePDF)

1. Auflage 2015

Vorwort

Diese Arbeit wurde von der Juristischen Fakultät der Christian-Albrechts-Universität zu Kiel im Sommersemester 2014 als Dissertation angenommen. Sie ist auf dem Stand von April 2013.

Mein besonderer Dank gilt meinem Doktorvater Prof. Dr. Christoph Brüning. Er sah von Anfang an das Potential hinter dem Thema meiner Dissertation und hat die Arbeit durch seine kenntnisreiche und engagierte Kritik stets bereichert und auch in die richtige Richtung gelenkt. Ich danke ihm für die gute Betreuung. Dank gebührt darüber hinaus meinem Zweitgutachter, Herrn Prof. Dr. Haimo Schack, für eine überaus zügige und gewissenhafte Erstellung des Zweitgutachtens.

Größten Dank schulde ich meinen Freunden und Kollegen, Herrn Dr. Johannes Weber und Herrn Gero Vaagt, für die Korrekturarbeit und die vielen fachlichen, anregenden und ermunternden Gespräche zum Internationalen Privatrecht einerseits und zum Vergaberecht anderseits. Dieser stete Gedankenaustausch hat einen unverzichtbaren Anteil an dieser Arbeit.

Diese Dissertation ist das Ergebnis einer langen Ausbildung, die mir meine Eltern ermöglicht und bei der sie mich stets vorbehaltlos unterstützt haben. Dafür bin ich ihnen sehr dankbar.

Zu guter Letzt danke ich meiner Frau. Sie hat immer an mich und das Projekt "Dissertation" geglaubt. Ihr und meinen Eltern ist diese Arbeit gewidmet.

Hamburg, im Herbst 2014   *Marius Eckebrecht*

Inhaltsverzeichnis

Einleitung   21

A. Problemaufriss   21
    I.   Kollisionsrechtliche Überlegungen   21
    II. Grundlagen und Aufbau des deutschen Vergaberechts   22
    III. Die kollisionsrechtliche Anknüpfung des
         Vergaberechtsverhältnisses   23
    IV. Die kollisionsrechtliche Anknüpfung der
         Ausführungshandlung   28
    V.   Internationale Zuständigkeit bzw. kollisionsrechtliche
         Zuordnung im Rahmen der primären und sekundären
         Rechtsschutzverhältnisse   29
    VI. Extraterritoriale Einrichtungen   29
    VII. Regelungsbefugnis des deutschen Gesetzgebers   29
    VIII. Rechtswahlmöglichkeiten   30
    IX. Folgefragen   30
    X.   Anliegen der Arbeit   30
    XI. Rechtlicher Rahmen der Arbeit   30
B. Gang der Untersuchung   31

Kapitel 1: Rechtliche Vorüberlegungen und Rahmenbedingungen   33

A. Auslandsbezüge   33
    I.   Extraterritoriale Einrichtungen   33
         1. Einrichtungen der deutschen Verwaltung im Ausland   34
             a) Extraterritoriale Stellen mit eigener Rechtsfähigkeit   35
                 aa) Anstalten des öffentlichen Rechts   35
                 (1) Deutsches Archäologisches Institut (DAI)   35
                 (2) Kreditanstalt für Wiederaufbau (KfW): KfW
                     Entwicklungsbank   36
                 bb) Körperschaften des öffentlichen Rechts   36
             b) Rechtlich unselbständige, extraterritoriale
                 Verwaltungseinrichtungen   37
             c) Zwischenergebnis   38
         2. Deutsche Kultur- und Forschungseinrichtungen im
             Ausland   39
             a) Goethe-Institut e.V.   39

b) Max-Planck-Gesellschaft zur Förderung der
Wissenschaften e.V.   40
c) Fraunhofer-Gesellschaft zur Förderung der
angewandten Forschung e.V.   41
d) Zwischenergebnis   42
3. „Einrichtungen" deutscher Unternehmen des
Privatrechts im Ausland   42
a) Tochtergesellschaften im Ausland   43
b) Zweigniederlassungen, Betriebsstätten und sog.
Repräsentanzen im Ausland   48
c) Beispiele (GIZ, KfW IPEX-Bank, Stadtwerke)   50
aa) KfW IPEX-Bank GmbH   50
bb) Gesellschaft für Internationale Zusammenarbeit
(GIZ) GmbH   52
cc) Fraport AG   54
dd) Stadtwerke GmbH   55
d) Zwischenergebnis   55
4. Zwischenergebnis   56
II. Sonstige Auslandbezüge   57
1. Leistungsort/Ort der Ausführung   58
2. Sitz/Aufenthaltsort des Auftragnehmers   59
3. Sitz des öffentlichen Auftraggebers   60
4. Sitz der Vergabestelle   61
5. Ort der Ausschreibung   62
III. Zwischenergebnis   63
B. Rechtsregime   63
I. Nationale und internationale Vergaberechtskodifikationen   63
1. Vergaberecht innerhalb der Europäischen Union   64
a) Vergabe im oberschwelligen Bereich   65
b) Vergabe im unterschwelligen Bereich   67
c) Vergaberichtlinien als unionsrechtliches
Sekundärrecht   69
2. Vergaberecht außerhalb der Europäischen Union   70
3. Völkerrechtliche Verträge   70
a) Agreement on Government Procurement (GPA)   71
aa) Entstehungsgeschichte und allgemeine Inhalte   73
bb) Unmittelbare Anwendbarkeit des GPA?   73
b) GATT und GATS   75
c) Sonderabkommen der EU   77
aa) Europäischer Wirtschaftsraum (EWR)   77
bb) EFTA-Freihandelsabkommen   77
cc) „Bilaterale Abkommen I"   78

II. Kollisionsregelungen des privaten und öffentlichen Rechts 79
   1. Zuordnungsentscheidung nach Internationalem Privatrecht 79
      a) Europäisches Internationales Privatrecht 79
      b) Nationales Internationales Privatrecht 81
   2. Zuordnungsentscheidung nach Internationalem
      Öffentlichen Recht 82
III. Zwischenergebnis 83
C. Getrennte oder einheitliche Anknüpfung 84
   I. Allgemeine Darstellung der Abläufe nach deutschem
      Kartellvergaberecht 84
   II. Die Notwendigkeit einer differenzierten Aufteilung der
      öffentlichen Auftragsvergabe in mehrere Phasen 89
      1. Öffentliche Vergabe: Einheitlicher oder mehrphasiger
         Vorgang? 89
         a) Ansicht pro „Einheitlichkeit": Einheitliche
            Anknüpfung über das Vertragsstatut nach Art. 4
            Abs. 3 Rom I-VO 90
         b) Ansichten pro „Mehrphasigkeit" 91
            aa) Getrennte Anknüpfung nach Verwaltungs- und
                Vertragshandeln 91
            bb) Sonderanknüpfung nach Art. 9 Abs. 1 Rom I-VO 91
         c) Entscheidung 92
            aa) Querverbindungen zwischen Vergabe- und
                Vertragsrecht 92
            bb) Selbständige Anknüpfung im Wege der
                Vorfrage? 93
            cc) Umgehungsgefahr? 94
            dd) Normative und tatsächliche Gesichtspunkte 95
            ee) Stellung des Nachprüfungsverfahrens? 96
            ff) Schlussfolgerungen 98
      2. Vergabeverfahren (Vergaberechtsverhältnis) 99
      3. Ausführungshandlung (Vertragsrechtsverhältnis) 100
      4. Primäre Rechtsschutzverhältnisse des Vergaberechts 101
      5. Sekundäransprüche 101
   III. Zwischenergebnis 102
D. Ergebnis Kapitel 1 102

Kapitel 2: Reichweite und Grenzen internationalprivatrechtlicher
          Kollisions- und Zuständigkeitsregeln 105

A. Vergaberechtsverhältnis 106

I. Internationalprivatrechtliche Zuordnung nach
    europäischem Kollisionsrecht   106
    1. Vergaberechtsverhältnis als Zivil- und Handelssache
        im Sinne des Art. 1 Abs. 1 Rom I-VO   106
        a) Definitionen der unterschiedlichen
            Begriffsmerkmale   107
            aa) Verbindung zum Recht verschiedener Staaten   107
            bb) Zivil- und Handelssache   107
                (1) Autonome Begriffsbestimmung   107
                (2) Rückgriff auf die EuGVO   108
                (3) Anwendung auf den Fall   110
                (a) Staat handelt wie ein Privater?   110
                (b) Weiteres Unterscheidungskriterium
                    erforderlich?   113
                (aa) Verfolgung von Gemeininteressen   114
                (α) Wirtschaftlichkeitsgrundsatz   116
                (β) Transparenzgrundsatz   120
                (γ) Gleichbehandlungsgrundsatz   121
                (δ) Dienen die Grundsätze
                    Allgemeininteressen?   122
                (bb)Zwischenergebnis   124
    2. Zwischenergebnis   124
    3. Zusätzliche Anmerkungen   125
II. Internationalprivatrechtliche Zuordnung nach
    nationalem Recht   125
    1. Einseitige (autonome) Kollisionsnorm des § 130
        Abs. 2 GWB   126
        a) Direkte Anwendung   126
        b) Mögliche Analogie?   128
        c) Zwischenergebnis   128
    2. Kollisionsnormen nach dem EGBGB   128
III. „Doppelrolle" des Zuschlags und der Angebotsabgabe des
    erfolgreichen Bieters   129
IV. Zwischenergebnis   130
B. Ausführungshandlung   131
    I. Ausführungshandlung als Zivil- und Handelssache im
        Sinne des Art. 1 Abs. 1 Rom I-VO   131
        1. Privatrechtlicher Vertrag als Zivil- und Handelssache   132
        2. Ausnahme I: Öffentlich-rechtlicher Vertrag als Zivil-
            und Handelssache?   133
        3. Ausnahme II: Vertragsähnlicher Verwaltungsakt als
            Zivil- und Handelssache?   136

    4. Exkurs: Der verwaltungsrechtliche Vertrag in
       Frankreich   137

    5. Zwischenergebnis und Schlussfolgerungen   138

  II. Ausdrückliche/konkludente Rechtswahl   140

  III. Objektive Anknüpfung   140

    1. Anknüpfung über Art. 4 Abs. 1 Rom I-VO (einzelne
       Vertragstypen)   141

      a) Öffentliche Auftragsvergabe als Kauf von
         beweglichen Sachen   142

        aa) Vorrangige Anwendung von UN-Kaufrecht
           (CISG)   143

        bb) Vorrangige Anwendung des Haager
           Kaufrechtsübereinkommens?   145

        cc) Bedeutung Internationaler Formulare und
           Handelsklauseln   146

        dd) Vorrangige Anwendbarkeit von Art. 4
           Abs. 1 lit. g Rom I-VO?   147

        ee) Vertragsstatut   149

      b) Öffentliche Auftragsvergabe zur Erbringung von
         Dienstleistung   150

        aa) Bau- und Anlagenbauverträge   153

          (1) Internationale Formularbedingungen (z.B.
             FIDIC)   153

          (2) Subunternehmerverträge   154

          (3) Baukonzession nach § 99 Abs. 6 GWB   155

        bb) Zwischenergebnis   156

    2. Objektive Anknüpfung bei gemischtem Vertrag
       nach § 99 Abs. 7 GWB   156

    3. Objektive Anknüpfung über die Ausweichklausel
       des Art. 4 Abs. 3 Rom I-VO   157

      a) Anknüpfung an das Recht der Baustelle?   159

      b) Anknüpfung an die Stellung des öffentlichen
         Auftraggebers   161

      c) Anknüpfung an den „Ort der Ausschreibung"?   161

      d) Anknüpfung an den Sitz der Vergabestelle?   163

    4. Sonderproblem: „de facto"-Vergabe   165

  IV. Internationalprivatrechtliche Zuordnung nach nationalem
    Recht   170

  V. Zwischenergebnis   170

C. Primäre Rechtsschutzverfahren des Vergaberechts   171

  I. Internationale Zuständigkeit der Vergabekammern/-senate
    nach EuGVO   171

II. Zwischenergebnis   173
D. Sekundäransprüche   173
   I. Anspruch aus §§ 280 Abs. 1, 241 Abs. 2, 311
      Abs. 2 BGB   174
      1. Anspruch aus §§ 280 Abs. 1, 241 Abs. 2, 311
         Abs. 2 BGB (culpa in contrahendo)   174
         a) Pflichtverletzung aufgrund Anwendung falschen
            Vergabeverfahrensrechts?   176
         b) Pflichtverletzung durch Vergabestellen, § 311
            Abs. 3 BGB   177
         c) Schadensersatzanspruch aus §§ 241 Abs. 2, 311
            Abs. 2, 280 Abs. 1 BGB bei „de facto"-Vergabe   177
      2. Internationalprivatrechtliche Zuordnung   178
         a) Anwendbarkeit der Rom II-VO   178
         b) Internationalprivatrechtliche Zuordnung nach
            nationalem Recht   182
      3. Zwischenergebnis   182
   II. Sonstige außervertragliche Rechtsverhältnisse   182
      1. Schadensersatzanspruch aus § 126 GWB   183
         a) Anspruchsvoraussetzungen   183
         b) Kollisionsrechtliche Anknüpfung nach den
            Vorschriften des IPR   185
      2. Schadensersatzanspruch aus § 125 GWB   186
         a) Allgemeines   186
         b) Kollisionsrechtliche Anknüpfung nach den
            Vorschriften des IPR   187
   III. Zwischenergebnis   188
E. Ergebnis Kapitel 2   188

Kapitel 3: Möglichkeit und Zulässigkeit der Wahl des Rechtsregimes   191

A. Vergaberechtsverhältnis   192
B. Ausführungshandlung   194
   I. Ausdrückliche Rechtswahl   195
      1. Ausdrückliche Rechtswahl durch
         Individualvereinbarung/Verweisungsvertrag   195
         a) Abgrenzung Allgemeine
            Geschäftsbedingungen/Verweisungsvertrag   196
         b) Zustandekommen eines Verweisungsvertrages
            (Art. 3 Abs. 5 iVm Art. 10 Rom I-VO)   198
            aa) Willenserklärung des öffentlichen
               Auftraggebers   198

bb) Willenserklärung des Auftragnehmers 199
    (1) Annahme durch schlüssiges Verhalten und
        Erklärungsbewusstsein 199
    (2) Kein Ausschluss nach Art. 3. Abs. 5 iVm
        Art. 10 Abs. 2 Rom I-VO 200
    (3) Wirksamkeit des Verweisungsvertrages 201
  c) Zwischenergebnis 203
2. Ausdrückliche Rechtswahl anhand einbezogener
   Allgemeiner Geschäftsbedingungen 203
II. Konkludente Rechtswahl 205
  1. Konkludente Rechtswahl durch Bezugnahme auf
     VOB/B 206
  2. Weitere Indizien für eine konkludente Rechtswahl 207
     a) Gerichtsstandsklausel 207
     b) Sonstige Bestimmungen des Vertrages 209
     c) Weitere Indizien: Sprache, Staatsangehörigkeit,
        Abschlussort des Vertrages, Geschäftssitz 210
III. Schrankenregelungen des Art. 3 Abs. 3 und 4 Rom I-VO 210
  1. Die Schrankenregelung des Art. 3 Abs. 3 Rom I-VO 211
  2. Die Schrankenregelung des Art. 3 Abs. 4 Rom I-VO 211
IV. Eingriffsnormen aus Art. 9 Abs. 2 und Abs. 3 Rom I-VO 214
  1. Unterscheidung zwischen national und international
     zwingenden Eingriffsnormen 214
  2. Berücksichtigung ausländischer Eingriffsnormen
     nach Art. 9 Abs. 3 Rom I-VO 218
     a) Entschließungsermessen („ob") 219
     b) Methodik der Wirkungsverleihung („wie") 221
V. Rechtswahl verstößt nicht gegen ordre public, Art. 21
   Rom I-VO 223
VI. Zwischenergebnis 225
C. Primäre Rechtsschutzverfahren des Vergaberechts 226
D. Sekundäransprüche 226
E. Ergebnis Kapitel 3 227

Kapitel 4: Reichweite und Grenzen vergaberechtlicher Rechtsregime 228

A. Bestimmung des räumlichen Anwendungsbereichs deutschen
   Kartellvergaberechts 230
   I. Auslegung der §§ 98 ff. GWB zur Bestimmung des
      räumlichen Anwendungsbereichs 231
      1. Grammatikalische Auslegung (Wortlaut) 231
         a) Wortlautanalyse des § 98 GWB 232

b) Wortlautanalyse der §§ 100 ff. GWB   232
c) §§ 100c Abs. 3. S. 1, 100b Abs. 4 Nr. 2 GWB „versteckte" Kollisions- und „selbstbegrenzte" Sachnormen?   234
d) Zwischenergebnis   237
2. Systematische Auslegung   237
3. Zwischenergebnis   238
4. Historische Auslegung   238
5. Teleologische Auslegung   239
   a) Betrachtung im Lichte des Transparenzgebots (§ 97 Abs. 1 GWB)   239
   b) Betrachtung im Lichte des Gleichbehandlungsgrundsatzes (§ 97 Abs. 2 GWB)   240
   c) Sparsamer Umgang mit Steuergeldern (Wirtschaftlichkeitsgrundsatz, § 97 Abs. 5 GWB)   241
     aa) Auftraggeberbegriff nach § 98 Nr. 1 oder Nr. 2 GWB im Lichte des Wirtschaftlichkeitsgrundsatzes   241
     bb) Auftraggeberbegriff nach § 98 Nr. 4 GWB im Lichte des Wirtschaftlichkeitsgrundsatzes   242
   d) Begrenzung der Nachfragemacht der öffentlichen Auftraggeber   243
   e) Zwischenergebnis   243
6. Zwischenergebnis   244
II. Europarechtliche (richtlinienkonforme) Auslegung   244
1. Wortlautanalyse des sekundärrechtlichen Auftraggeberbegriffs   245
2. Der sekundärrechtliche Auftraggeberbegriff im Kontext der Vergaberichtlinien   246
3. Teleologische Auslegung des sekundärrechtlichen Auftraggeberbegriffs   248
4. Exkurs: Richtlinienkonforme Auslegung bei Freistellungen nach Art. 30 RL 2004/17/EG   251
5. Zwischenergebnis   252
III. Verhältnis nationale und europarechtliche Auslegung   253
IV. Völkervertragsrechtskonforme Auslegung   253
1. Räumliche Ausdehnung des Kartellvergaberechts im Einklang mit dem EWR-Abkommen   254
2. EFTA/"Bilaterale Abkommen I" im Zusammenhang mit der räumlichen Ausdehnung des Kartellvergaberechts   255

      3. Räumliche Ausdehnung des Auftraggeberbegriffs im
         Kontext des GPA   256
         a) Anwendungsbereich des GPA eröffnet?   257
            aa) Auftraggeber nach Anlage (1) des Appendix I
                GPA   257
            bb) Auftraggeber nach Anlage (2) des Appendix I
                GPA   258
            cc) Auftraggeber nach Anlage (3) des Appendix I
                GPA   259
         b) Enthält GPA Aussagen über extraterritoriale
            Anwendungbarkeit nationalen Vergaberechts?   260
      4. Räumliche Ausdehnung des Auftraggeberbegriffs im
         Kontext des GATT/GATS   260
      5. Zwischenergebnis   261
   V. Zwischenergebnis   262
B. Eröffnung des sachrechtlichen Anwendungsbereichs der 98 ff.
   GWB   262
   I. Inländische Einrichtungen als öffentliche Auftraggeber
     nach § 98 GWB   263
     1. Auftraggeber nach § 98 Nr. 1 GWB   263
     2. Auftraggeber nach § 98 Nr. 2 GWB   264
       a) KfW Entwicklungsbank   265
       b) Deutsches Archäologisches Institut (DAI)   268
       c) KfW IPEX-Bank   269
       d) Goethe-Institut, Fraunhofer-Gesellschaft,
          Max-Planck-Gesellschaft   269
       e) Gesellschaft für Internationale Zusammenarbeit
          (GIZ)   271
     3. Auftraggeber nach § 98 Nr. 4 GWB
       (Sektorenauftraggeber)   271
   II. Extraterritoriale Einrichtungen: Öffentliche Auftraggeber
     oder lediglich Stellvertreter?   273
     1. Botschaften, konsularische Vertretungen
       (Landesvertretungen der Länder)   274
     2. Bundeswehrverwaltungsstellen im Ausland   275
     3. Tochtergesellschaften der Fraport AG und einer
       Stadtwerke GmbH   276
     4. Auslandsinstitute des Goethe-Instituts e.V. (inkl.
       ausländischer Trägergesellschaften)   276
     5. Auslandsinstitute der Fraunhofer-Gesellschaft und
       der Max-Planck-Gesellschaft   278

6. Auslandsbüros der GIZ GmbH und der KfW
   Entwicklungsbank   279
7. Zwischenergebnis   280
III. Eröffnung des sachlichen Anwendungsbereichs nach
   §§ 99 ff. GWB   280
    1. Auftragsvergaben für oder durch Botschaften,
   konsularische Vertretungen und
   Bundeswehrverwaltungsstellen im Ausland   281
      a) § 99 Abs. 7 Nr. 1 und Nr. 2 GWB im
   Zusammenhang mit Vergaben durch die
   Bundeswehrverwaltungsstellen im Ausland   282
        aa) Beschaffung von Militärausrüstung nach
   § 99 Abs. 7 Nr. 1 GWB   282
        bb) Beschaffung von Ausrüstung nach § 99
   Abs. 7 Nr. 2 GWB   283
      b) Bau- und Dienstleistungsaufträge iSv § 99
   Abs. 7 Nr. 4 iVm § 99 Abs. 9 GWB?   286
      c) Keine Eröffnung des Anwendungsbereichs nach
   §§ 100 ff. GWB?   288
    2. Kartellvergaberecht anwendbar auf Auftragsvergaben
   für GIZ, Goethe-Institut, Max-Planck- und Fraunhofer-
   Gesellschaft   291
    3. Kartellvergaberecht anwendbar auf Auftragsvergaben
   für die KfW Entwicklungsbank   293
    4. Kartellvergaberecht anwendbar auf Auftragsvergaben
   deutscher Sektorenauftraggeber im Ausland   294
      a) Sektorenaufträge außerhalb der EU, § 100b
   Abs. 4 Nr. 2 GWB   294
      b) Freistellung von der Vergaberechtspflichtigkeit   295
    5. Zwischenergebnis   295
C. Zuständigkeit zur Regelung extraterritorialer Auftragsvergaben
   nach deutschem Kartellvergaberecht   298
I. Völkergewohnheitsrecht: „jurisdiction to prescribe" bei
   sinnvoller Anknüpfung   298
    1. Prinzip der „sinnvollen Anknüpfung"   301
      a) Die einzelnen Anknüpfungsprinzipien   302
        aa) Territorialitätsprinzip   304
          (1) Begriffserläuterung   304
          (2) Sitz der rechtlich selbständigen Einrichtung   305
          (3) Sitz der Vergabestelle   306

(4) Liegenschaften deutscher Behörden im
Ausland dem eigenen Staatsterritorium
zugehörig? 307
(5) Zwischenergebnis 307
bb) Personalitätsprinzip („Nationality Principle") 308
(a) Aktives Personalitätsprinzip 308
(b) Passives Personalitätsprinzip 309
(2) Anwendung auf den Fall 309
cc) Schutzprinzip 310
dd) Wirkungsprinzip 310
(1) Begriffserläuterung 310
(2) Anwendung auf den Fall 313
(a) Inlandsauswirkung zulasten eines EU-
Mitgliedstaates bei Anwendung deutschen
Kartellvergaberechts? 314
(b) Inlandsauswirkung zulasten eines EU-
Mitgliedstaates bei Anwendung deutscher
Vergabe- und Vertragsordnungen? 315
(c) Inlandsauswirkung zulasten eines
außereuropäischen Bieters bei Anwendung
deutschen (Kartell-)Vergaberechts? 317
(3) Zwischenergebnis 317
ee) Positiver oder negativer ordre public („public
policy")? 317
(1) Begriffserläuterung 317
(2) Anwendung auf den Fall 318
ff) Imperialprinzip 319
(1) Begriffserläuterung 319
(2) Anwendung auf den Fall 319
gg) lex-fori-Prinzip 321
(1) Begriffserläuterung 321
(2) Anwendung auf den Fall 323
(a) Einordnung des Kartellvergaberechts samt
Vergabeverordnungen und Vergabe- und
Vertragsordnungen als Verfahrensrecht 323
(b) Argumente für und gegen eine Anwendung
des lex-fori-Prinzips auf das
Vergabeverfahrensrecht 325
(aa)Argumente gegen eine Anwendung des
lex-fori-Prinzips 325
(bb)Argumente für eine Anwendung des
lex-fori-Prinzips 326

(cc) Entscheidung 328
hh) Herkunftslandprinzip 328
b) Zwischenergebnis 330
2. Abwägung und Eingrenzung 330
a) Begrenzungskriterien 332
aa) Verbot des Rechtsmissbrauchs 332
bb) Verbot der Einmischung 332
cc) Grundsatz der Interessenabwägung 333
b) Schwerpunkt des Rechtsverhältnisses 334
aa) Rechtlich selbständige Einrichtungen im Ausland 336
(1) Extraterritoriale Trägergesellschaften des Goethe-Instituts e.V. 337
(2) Extraterritoriale Tochtergesellschaften der Fraport AG und der Stadtwerke GmbH 337
bb) Rechtlich unselbständige Einrichtung führt Vergabeverfahren durch 338
cc) Deutsche Zentrale führt für extraterritoriale Einrichtung Vergabeverfahren durch 338
3. Zwischenergebnis 339
II. Europarechtliche Rechtfertigung 340
1. Verstoß gegen das Diskriminierungsverbot nach Art. 18 AEUV? 341
2. Konformität mit den Zielen der EU (Schaffung eines Binnenmarktes) 343
a) Kein Verstoß gegen die Warenverkehrsfreiheit nach Art. 34 ff. AEUV 344
b) Kein Verstoß gegen die Dienstleistungsfreiheit nach Art. 56 ff. AEUV 345
c) Zwischenergebnis 345
3. Geltung/Reichweite des Völkergewohnheitsrechts innerhalb der EU 346
4. Zwischenergebnis 347
III. Verfassungsrechtliche Rechtfertigung 348
1. Allgemeine Gleichheitssatz gemäß Art. 3 Abs. 1 GG 348
2. Sonstiges Verfassungsrecht 349
3. Zwischenergebnis 351
IV. Zwischenergebnis 351
D. Ergebnis Kapitel 4 352

Kapitel 5: Schlussfolgerungen, Folgefragen und Empfehlungen   354

A. Inlandshandeln mit extraterritorialer Wirkung   354
B. Ausschließlich extraterritoriales Handeln   355
   I. Das Zustimmungserfordernis des Aufnahmestaates   356
      1. Zustimmung durch kollisionsrechtliche Regelung des
         Aufnahmestaates   357
      2. Zustimmung durch Anerkennung des Aufnahmestaates   358
      3. Kann eine Zustimmung durch reziprokes Verhalten
         herbeigeführt werden?   359
         a) Ordre public-Vorbehalt   360
         b) Zwischenergebnis   362
      4. Zwischenergebnis   363
   II. Unbedingte Anwendungspflicht ausländischen Rechts?   363
      1. Dürfen deutsche Einrichtungen im Ausland
         ausländisches Recht anwenden?   364
      2. Fortbestehende Grundrechtsverpflichtung   365
         a) Räumlicher Anwendungsbereich von Grundrechten   366
            aa) Adressateneigenschaft bei der Vergabe
                öffentlicher Aufträge   366
            bb) Grundrechtsbindung extraterritorialer
                Einrichtungen   367
            (1) Allgemeine Ausführungen zur Grundrechts-
                bindung extraterritorialer Einrichtungen   368
            (2) Konkrete Grundrechtsverpflichtung der
                extraterritorialen Einrichtungen   370
         b) Zwischenergebnis   371
C. Zwischenergebnis   371
D. Empfehlungen   372
E. Ergebnis Kapitel 5   373

Kapitel 6: Zusammenfassung der Ergebnisse   375

Ergebnisse Kapitel 1:   375
Ergebnisse Kapitel 2:   377
Ergebnisse Kapitel 3:   379
Ergebnisse Kapitel 4:   380
Ergebnisse Kapitel 5:   388

Literaturverzeichnis   391

Einleitung

A. Problemaufriss

Der deutsche Staat und seine Untergliederungen unterhalten im Ausland zahlreiche sog. extraterritoriale Einrichtungen. Hierzu zählen insbesondere Botschaften, konsularische Vertretungen und Auslandstützpunkte der Bundeswehr. Hinzu kommen ausländische „Zweigstellen" und Tochtergesellschaften juristischer Personen des öffentlichen- aber auch privaten Rechts in Betracht. Das Recht welchen Staates ist anwendbar, wenn für oder durch diese Einrichtungen Leistungen beschafft werden müssen?

Gegenstand dieser Arbeit ist die Klärung der Frage, welches Rechtsregime bei öffentlichen Auftragsvergaben für oder durch extraterritoriale Einrichtungen Anwendung findet.

I. Kollisionsrechtliche Überlegungen

Nach welchem Recht sich Auftragsvergaben mit extraterritorialem Bezug richten, hängt von kollisionsrechtlichen Überlegungen ab. Das Kollisionsrecht vereint begrifflich alle Rechtsnormen, die auslandsbezogene Sachverhalte regeln, indem sie diese nach anknüpfungsrechtlich relevanten Kriterien einer inländischen oder ausländischen Rechtsordnung zuweisen.[1]

Dabei stellt sich die grundlegende Frage, ob das Vergabeverfahren und der im Anschluss daran zu erteilende Auftrag über die Kollisionsnormen des Internationalen Privatrechts (IPR) oder die des „Internationalen Öffentlichen Rechts"[2] angeknüpft werden müssen. Ein Zuordnungsversuch extraterritorialer Sachverhalte über die Vorschriften des Internationalen Privatrechts erscheint zunächst vorzugswürdiger. Denn im Gegensatz zu den Kollisionsnormen des Internationalen Öffentlichen Rechts sind diese in den nationalen und europäischen Regelwerken ausdrücklich kodifiziert. Aller-

---

1   Anstelle vieler *Sonnenberger*, in: Münchener Kommentar, BGB, Bd. 10, Einl. IPR, Rn. 3.
2   Ausführlich zum Begriff *Menzel*, Internationales Öffentliches Recht, S. 1 ff. und unten: Kap. 1. B. II. 2.

dings ist das Internationale Privatrecht grundsätzlich als ein die „Privatbeziehungen regelndes Kollisionsrecht"[3] anzusehen. Das Vergabeverfahrensrecht im Bereich oberhalb der EU-Schwellenwerte verfolgt aber keine eindeutig privatrechtliche Zielsetzung; auf der einen Seite dient es wettbewerblichen Zwecken, auf der anderen Seite muss es haushaltsschonenden Vorgaben genügen.

Eine kollisionsrechtliche Anknüpfung mithilfe des Internationalen Öffentlichen Rechts erweist sich als deutlich komplexer, gerade weil es an ausdrücklichen Kollisionsregeln fehlt[4]. Diese müssen aus dem materiellen Recht[5] entwickelt und abgeleitet werden.[6] Aus diesem Grunde müssten sämtliche vergaberechtliche Vorschriften, die für Auftragsvergabe mit extraterritorialem Bezug von Bedeutung sein können, hinsichtlich ihres kollisionsrechtlichen Gehalts untersucht und entsprechend ausgelegt werden.

II.   Grundlagen und Aufbau des deutschen Vergaberechts

Das Vergaberecht unterteilt sich innerhalb der Europäischen Union (EU) in einen ober- und einen unterschwelligen Bereich (sog. Zweiteilung des Vergaberechts)[7]. Welches Vergaberecht einschlägig ist, richtet sich nach dem Erreichen der jeweiligen Schwellenwerte für die unterschiedlichen Auftragsarten. Als Schwellenwert definiert das deutsche Recht die Auftragswerte, die durch Rechtsverordnung nach § 127 GWB festgelegt sind.[8] Die einzelnen Schwellenwerte ergeben sich nach deutschem Recht aus § 100 Abs. 1 GWB iVm § 127 GWB iVm § 2 und 3 VgV oder iVm § 1 Abs. 2 SektVO oder iVm § 1 Abs. 2 VSVgV. Die vorliegende Untersuchung beschränkt sich auf eine Darstellung der Problematik anhand des Vergaberechts im oberschwelligen Bereich (sog. Kartellvergaberecht). Dazu zählen die Vorschriften der §§ 97 ff. GWB, die Vergabeverordnungen VgV, SektVO und VSVgV sowie die Vergabe- und Vertragsordnungen VOB/A EG, VOL/A EG und VOF.

---

3   *Sonnenberger*, in: Münchener Kommentar, BGB, Bd. 10, Einl. IPR, Rn. 3.
4   *Ohler*, Die Kollisionsordnung des Allgemeinen Verwaltungsrechts, S. 131 f.
5   Gegenüber dem Kollisionsrecht ist das Begriffsverständnis von „materiellem Recht" deutlich weiter; neben den herkömmlichen materiell-rechtlichen Vorschriften fallen auch Verfahrens-, Form- und Prozessvorschriften hierunter, vgl. *Kropholler*, Internationales Privatrecht, § 13 I.
6   *Schlochauer*, Internationales Verwaltungsrecht, S. 6; *Neumeyer*, Internationales Verwaltungsrecht, Bd. 4, S. 484.
7   Begriff von *Pietzcker*, Die Zweiteilung des Vergaberechts, 2001.
8   *Willenbruch*, in: Willenbruch/Wieddekind, Vergaberecht, S. 126.

Der Akt der öffentlichen Auftragsvergabe kann sich im Bereich oberhalb der EU-Schwellenwerte aus bis zu vier Phasen oder Rechtsverhältnissen zusammensetzen. Der gesamte Vorgang beginnt mit der Entscheidung „pro" Beschaffung. Daraufhin wird das eigentliche Vergabeverfahren mit dem Ziel durchgeführt, den geeignetsten Bieter zu ermitteln. Mit dem Zuschlag endet zugleich das *Vergaberechtsverhältnis*. Der Zuschlag fällt zusammen mit dem Vertragsschluss zwischen öffentlichem Auftraggeber und privatem Auftragnehmer.[9] Die Vergabeentscheidung wird auf vertraglicher Ebene „ausgeführt". Das zweite Rechtsverhältnis wird deshalb auch als „*Ausführungshandlung*" bezeichnet. Davon unabhängig, aber dennoch eng mit den beiden vorgenannten Rechtsverhältnissen verzahnt, sind die primären und sekundären Rechtsschutzbegehren. Auf primärer Ebene ist v.a. das *Nachprüfungsverfahren* vor den Vergabekammern zu nennen. Es bietet Verfahrensbeteiligten die Möglichkeit, die Nichtbeachtung von Vergabevorschriften zu rügen und die Verletzung drittschützender Vergabevorschriften geltend zu machen, vgl. § 107 Abs. 2 GWB. Bei Stattgabe des Begehrens kann der Vertrag zwischen Auftraggeber und Auftragnehmer sogar für unwirksam erklärt werden, vgl. § 114 Abs. 3 iVm § 101b GWB. In der Folge wäre ein neues Vergabeverfahren durchzuführen. Daneben bestehen *sekundäre Anspruchsgrundlagen*: Außerhalb des GWB ist hierzu insbesondere auf die Haftung aus culpa in contrahendo (§§ 241 Abs. 2, 311 Abs. 2, 280 Abs. 1 BGB) einzugehen. Innerhalb des GWB sind die Schadensersatznormen des §§ 125, 126 GWB von Interesse.

Für die vorliegende kollisionsrechtliche Untersuchung müssen die einzelnen Rechtsverhältnisse getrennt voneinander betrachtet werden, auch wenn Zuordnungsaussagen bezüglich eines Rechtsverhältnisses Auswirkungen auf ein anderes haben können.

III.   Die kollisionsrechtliche Anknüpfung des Vergaberechtsverhältnisses

Insbesondere die kollisionsrechte Anknüpfung des Vergaberechtsverhältnisses wirft viele Fragen auf. Folgendes Beispiel einer Beschaffung für eine Botschaft macht deutlich, wie unterschiedlich die Rechtsanwendungsproblematik im internationalen Vergleich gehandhabt wird:

---

9   *Kus*, Auswirkungen der EuGH-Entscheidung „Alcatel Austria AG" auf das deutsche Vergaberecht, NJW 2000, S. 544.

In Deutschland ist grundsätzlich das zentrale Vergabereferat des Auswärtigen Amtes für die Vergabe von Aufträgen mit Auslandsbezug zuständig. Nur in Einzelfällen ist es den Auslandsvertretungen gestattet, die Vergabe in Eigenregie durchzuführen.[10] Das Auswärtige Amt verwendet in seinen Vergabeunterlagen hierfür folgenden Passus: *„Die Vergabe unterliegt deutschem Recht"*[11]. Nach welchem Recht die Auslandsvertretungen, sofern sie als Bedarfsstellen zuständig sind, das Vergabeverfahren durchführen, ist nicht bekannt. Interessanterweise besagt aber § 4 Abs. 2 S. 1 des Rahmenvertrages zwischen dem Goethe-Institut e.V. und dem Auswärtigen Amt, dass für Kulturinstitute und deren Mitarbeiter grundsätzlich die jeweiligen Gesetze und Bestimmungen des Gastlandes gelten. Gehört hierzu auch das auf Beschaffungen anzuwendende Recht?

In Frankreich ist es hingegen möglich, dass die Auslandsvertretungen sogar die Vergabe von Bauaufträgen mit hohem Auftragsvolumen selber durchführen.[12] Ansonsten findet eine zentrale Beschaffung über das Außenministerium (Ministère des Affaires étrangères et européennes) statt.[13] Der französische Staatsgerichtshof „Conseil d'État" hat hierzu im Jahre 2008 entschieden, dass auf die Vergabe durch den französischen Botschafter[14] in Djibouti nicht französisches, sondern ausschließlich das Vergaberecht des Aufnahmestaates Anwendung findet.[15]

In Deutschland existiert bislang *ein einziges* Urteil zu dieser Thematik. Das OLG Düsseldorf stellt in diesem Zusammenhang fest, dass „auf die Vergabe durch deutsche öffentliche Auftraggeber die Vorschriften des

---

10 Diese Erkenntnis folgt aus dem elektronischen Schriftverkehr mit der zuständigen Vergaberechtsjuristin des Auswärtigen Amtes aus dem Fachreferat 118: Danach ist grundsätzlich das Vergabereferat des Auswärtigen Amtes für die Durchführung der Vergabeverfahren zuständig. Daneben können aber die Auslandsvertretungen für Vergaben im unterschwelligen Bereich zuständig erklärt werden, wobei „Ausnahmen" nach oben möglich seien. Entscheidende Kriterien seien die „Wirtschaftlichkeit" und der „Auftragswert".

11 http://www.auswaertigesamt.de/cae/servlet/contentblob/597852/publication-File/158993/111115-TGA_Kiew.pdf (zuletzt abgerufen am: 30.11.2011). Im vorliegenden Fall ging es um die öffentliche Ausschreibung nach § 12 Abs. 1 Nr. 2 VOB/A bzgl. der Durchführung von Wartungsarbeiten an der deutschen Botschaft in Kiew/Ukraine.

12 *Hök*, Internationales Vergaberecht führt zum Sitz der Vergabestelle, IBR 2010, S. 2468.

13 *Hök*, Internationales Vergaberecht führt zum Sitz der Vergabestelle, IBR 2010, S. 2468.

14 Allerdings geht aus dem Urteil des Conseil d'État nicht hervor, ob der Botschafter alleinverantwortlich oder in Stellvertretung für die Botschaft oder aber Frankreich, vertreten durch den Botschafter/die Botschaft gehandelt hat.

15 Conseil d'État, Urt v. 04.07.2008 – 316028 (Société Colas Djibouti), Art. 551-1.

deutschen Vergaberechts anzuwenden" seien, „mag für den Vertrag selbst dann auch ausländisches Recht gelten"[16]. Eher beiläufig postuliert das Gericht, als wäre es eine Selbstverständlichkeit, dass für die Durchführung des Vergabeverfahrens immer deutsches Recht zu gelten habe, ohne aber dafür eine rechtlich substantiierte Erklärung zu liefern.

Warum aber soll bei einer Auftragsvergabe für oder durch extraterritoriale Einrichtungen ausschließlich deutsches und niemals fremdes Recht Anwendung finden? Getreu dem Motto „nullo actore, nullus iudex!"[17] sieht sich insbesondere die deutsche Verwaltungspraxis nicht genötigt, an ihrem Vorgehen etwas zu ändern, geschweige denn es einer eingehenden Überprüfung zu unterziehen. Denn als Kläger kommen denklogisch nur diejenigen in Betracht, die sich am bisherigen Vorgehen stören, sich dadurch benachteiligt sehen oder es für ungerecht halten. Benachteiligt werden indes nur die Unternehmen vor Ort, am „Sitz" der extraterritorialen Einrichtung. Sofern eine Vergabe im oberschwelligen Bereich stattfindet, können zwar theoretisch sogar Unternehmen aus außereuropäischen Staaten an dem Vergabeverfahren teilnehmen.[18] Trotz dieser Marktöffnung zeigt aber eine Studie im Auftrag der Europäischen Kommission aus dem Jahre 2011, dass für die deutliche Mehrzahl der ausländischen Unternehmen die Teilnahme an einem Vergabeverfahren nach fremdem Recht weit weniger attraktiv ist, als die Beteiligung an einem solchen nach eigenem Recht. Danach beträgt der Anteil sog. echter oder direkter grenzüberschreitender Beschaffungsvorgänge im oberschwelligen Bereich nur 1,6%.[19] Darunter werden alle Beschaffungsvorgänge verstanden, bei denen Unternehmen, die ausschließlich

---

16 OLG Düsseldorf, Beschl. v. 14.05.2008 - VII-Verg 27/08 (dort Rn. 24) = VergabeR 2008, S. 661 ff.

17 „Kein Ankläger, kein Richter!"

18 Dies geht auf den sog. „Drei-Minister-Erlass" aus dem Jahre 1960 zurück, in dem sich die Bundesrepublik Deutschland dazu entschieden hat, den Markt des öffentlichen Beschaffungswesens einseitig weltweit für ausländische Unternehmen zu öffnen, vgl. Gemeinsames Rundschreiben des Bundesministers für wirtschaftlichen Besitz des Bundes, des Bundesministeriums für Wirtschaft und des Auswärtigen Amtes v. 29.4.1960, BWBl. 1960, S. 269.

19 Final Report: Cross-border Procurement above EU Thresholds, EU-Kommission, 2011, http://ec.europa.eu/internal_market/publicprocurement/docs/modernising_rules/cross-border-procurement_en.pdf, S. 36 (zuletzt abgerufen am: 15.02.2013). Sie stehen im Gegensatz zu sog. indirekten oder unechten grenzüberschreitenden Vergaben. Dieser Anteil beträgt im oberschwelligen Bereich 24,6%. Unter indirekten grenzüberschreitend Vergaben sind nach Kommissionsbericht vier verschiedene Arten der Auftragsvergabe zu verstehen: 1. Ausländisches Unternehmen nimmt über nationale Zweigstelle am Vergabeverfahren teil. 2. Einheimische Bieter beziehen ausländische Subunternehmer mit ein. 3. Ausländischer Bieter ist Teil einer Bietergemeinschaft mit einheimischen Bietern. 4.

von ihrem Heimatmarkt aus operieren, an einer Ausschreibung eines anderen EU-Mitgliedstaates teilnehmen und auch den Zuschlag erhalten.[20] Der Gesamtauftragswert der echten grenzüberschreitenden Auftragsvergaben betrug im Zeitraum 2007 bis 2009 lediglich 3,5% des Gesamtvolumens[21] der öffentlichen Auftragsvergabe innerhalb der EU im oberschwelligen Bereich.[22] Die Gründe hierfür sind mannigfaltig, machen aber eines deutlich: Trotz der Vorgaben in den Vergaberichtlinien[23], einen Binnenmarkt für Vergabesachen oberhalb gewisser Schwellenwerte zu schaffen, werden auch weiterhin nahezu alle Aufträge innerhalb der eigenen Landesgrenzen vergeben. Laut Kommissionsbericht wird bei grenzüberschreitenden Vergaben seitens der Unternehmen v.a. die mangelnde Erfahrung, im Ausland Geschäfte zu betreiben, als großes Hindernis angesehen.[24] Über die

---

Ein einheimisches Unternehmen importiert Waren aus dem Ausland, um sie nationalen öffentlichen Auftraggebern anbieten zu können, Final Report: Cross-border Procurement above EU Thresholds, EU-Kommission, 2011, http://ec.europa.eu/internal_market/public procurement/docs/modernising_rules/cross-border-procurement_en.pdf, S. 9 (zuletzt abgerufen am: 15.02.2013).

20   Final Report: Cross-border Procurement above EU Thresholds, EU-Kommission, 2011,http://ec.europa.eu/internal_market/publicprocurement/docs/modernising_rules/cross-border-procurement_en.pdf, S. 9 f. (zuletzt abgerufen am: 15.02.2013).

21   Dies belief sich im Jahre 2009 auf insgesamt EUR 438,74 Milliarden. Dabei wurden über die elektronische Plattform des Tenders Eletronic Daily (TED) Aufträge mit einem Gesamtwert von EUR 420,44 Milliarden vergeben, wohingegen Auftragsvergaben über das Supplement des Amtsblatts der EU nur mit EUR 18,3 Milliarden zu beziffern waren, vgl. Public Procurement Indicators 2009, v. 11.11.2010, http://ec.europa.eu/internal_market/publicprocurement/docs/indicators2009_en.pdf, S. 3 u. 7. (zuletzt abgerufen am: 15.02.2013). Im Jahre 2009 betrug das Gesamtvolumen der öffentliche Auftragsbeschaffung inklusive der Vergabe im unterschwelligen Bereich EUR 2,288 Billionen, vgl. Final Report: Cross-border Procurement above EU Thresholds, EU-Kommission, 2011, http://ec.europa.eu/internal_market/publicprocurement/docs/modernising_rules/cross-border-procurement_en.pdf, S. 10 (zuletzt abgerufen am: 15.02.2013).

22   Final Report: Cross-border Procurement above EU Thresholds, EU-Kommission, 2011, http://ec.europa.eu/internal_market/publicprocurement/docs/modernising_rules/cross-border-procurement_en.pdf, S. 10 (zuletzt abgerufen am: 15.02.2013). Das Auftragsvolumen aller indirekten grenzüberschreitenden Vergaben beträgt indes 25,6%.

23   Das sind insbesondere die RL 2004/17/EG, die RL 2004/18/EG, die RL 2007/66/EG und die RL 2009/81/EG. Dazu ausführlich unten: Kap. 1. B. I. 1. lit. c).

24   Final Report: Cross-border Procurement above EU Thresholds, EU-Kommission, 2011, http://ec.europa.eu/internal_market/publicprocurement/docs/modernising_rules/cross-border-procurement_en.pdf, S. 13 f. (zuletzt abgerufen am:

Hälfte der Befragten gaben zudem an, dass Sprachbarrieren für sie ein entscheidendes Merkmal sind, um sich nicht an einem Vergabeverfahren nach fremdem Recht zu beteiligen.[25] Direkte grenzüberschreitende Vergaben sind mithin innerhalb der EU von verschwindend geringer Bedeutung.[26] Dann aber macht es für Unternehmen einen großen, wenn nicht sogar den entscheidenden Unterschied, nach welchem Recht Auftragsvergaben extraterritorialer Einrichtungen im Bereich oberhalb der EU-Schwellenwerte durchzuführen sind. Umso dringender ist es deshalb, die Frage nach dem der Auftragsvergabe mit extraterritorialem Bezug zugrunde zu legenden Recht möglichst vollumfänglich zu klären. Schon das OLG München hat hierzu bemerkt, dass die Problematik echter grenzüberschreitender Aufträge in Literatur und Rechtsprechung bisher kaum diskutiert wurde.[27]

Umgekehrt ist es für öffentliche Auftraggeber oftmals völlig unklar, welche Folgen es haben könnte, sollte fremdes Recht zur Anwendung gelangen. So findet beispielsweise nach chinesischem Recht das nationale Vergaberecht keine Anwendung auf die Auftragsvergabe durch staatseigene Betriebe bzw. Unternehmen, da sie nicht als „öffentliche Auftraggeber" im Sinne des chinesischen Rechts anzusehen sind.[28] Würde also ein deutsches Staatsunternehmen in China eine Auftragsvergabe durchführen wollen und sollte aufgrund kollisionsrechtlicher Prüfung/Entscheidung chinesisches Recht einschlägig sein, dann würde sich die Frage nach der öffentlichen

---

15.02.2013): Danach maßen 61,3% der Befragten diesem Umstand eine maßgebliche Bedeutung bei, warum sie sich nicht an Vergabeverfahren nach fremdem Recht beteiligen würden. 48,6% schätzen den Wettbewerbskampf mit nationalen Bietern als zu stark ein. 47,6% erachten die rechtlichen Markteintrittsbarrieren zu hoch, um sich die Mühen einer Beteiligung zu machen (z.B.: spezielle Genehmigungen erforderlich, besondere Verfahren einzuhalten). 34,6% sind der Ansicht, dass eine direkte grenzüberschreitende Beteiligung mehr Ressourcen in Anspruch nehmen würde als eine rein nationale. 34,2% gaben an, dass ungewohnte/unbekannte rechtliche Bedingungen erfüllt werden mussten.

25 Final Report: Cross-border Procurement above EU Thresholds, EU-Kommission, 2011, http://ec.europa.eu/internal_market/publicprocurement/docs/modernising_rules/cross-border-procurement_en.pdf, S.13 (zuletzt abgerufen am: 15.02.2013).

26 Final Report: Cross-border Procurement above EU Thresholds, EU-Kommission, 2011,http://ec.europa.eu/internal_market/publicprocurement/docs/modernising_rules/cross-border-procurement_en.pdf, S.16 (zuletzt abgerufen am: 15.02.2013).

27 OLG München, Beschl. v. 12.05.2001 – Verg 26/10, dort B.I.1.

28 *Gloyer/Xiaohua*, Vergaberecht in China, ZfBR 2007, S. 325. So ist in Art. 16 Satz 2 (Chapter II – Parties of Government Procurement) des Government Procurement Law of the People's Republic of China nur von „non profit legal persons" die Rede, die als „institutions for centralized procurement" als öffentliche Auftraggeber in Frage kommen.

Auftraggebereigenschaft nach chinesischem Recht beurteilen. Da Unternehmen, bei denen der Staat einen beherrschenden Einfluss ausübt, nicht im Regierungsvergabegesetz genannt werden[29], käme eine öffentliche Auftraggebereigenschaft des deutschen Unternehmens nicht in Betracht. Eine Vergaberechtspflichtigkeit wäre nach chinesischem Recht nicht gegeben.

Die kollisionsrechtliche Anknüpfung des Vergaberechtsverhältnisses spielt damit für öffentliche Auftraggeber und private Auftragnehmer gleichermaßen eine entscheidende Rolle.

IV.   Die kollisionsrechtliche Anknüpfung der Ausführungshandlung

Ebenso fraglich ist die kollisionsrechtliche Anknüpfung in Bezug auf die *Ausführungshandlung*. Zwar haben sich die deutsche Wissenschaft[30] und Rechtsprechung[31] bereits mit der Problematik des anwendbaren Vertragsrechts bei Vergaben mit Auslandsbezug auseinandergesetzt. Allerdings fallen die hierzu vertretenen Ansichten recht uneinheitlich aus.[32]

Zudem zeigt auch hier der internationale Vergleich, dass große Unterschiede zwischen den jeweiligen nationalen Rechtsordnungen und -auffassungen bestehen. So wird in Deutschland der Vertrag zwischen Auftraggeber und Auftragnehmer traditionell dem Privatrecht zugeordnet. Diese Qualifizierung fußt auf der privatrechtlichen Zuordnung allen fiskalischen Handelns, wozu auch die öffentliche Auftragsvergabe gezählt wird.[33] Entsprechend beurteilt sich der Vertrag nach deutschem Zivilrecht. Anders verhält es sich erneut in unserem Nachbarland Frankreich. Hier wird das fiskalische Handeln des Staates immer als hoheitlich eingestuft.[34] In der Folge kommt es zwischen den Verfahrensbeteiligten nicht zu einem auf Gegenseitigkeit

---

29   Insgesamt werden als mögliche öffentliche Auftraggeber nur „government departments, institutions and public organizations" genannt, vgl. Art. 2. (Chapter I – General Provisions) und Art. 15 (Chapter II – Parties of Government Procurement) des Government Procurement Law of the People's Republic of China.

30   *Bitterich*, Vergaberechtswidrig geschlossene Verträge und internationales Vertragsrecht, IPRax 2009, S. 465 ff. *Hök*, Zum Vergabeverfahren im Lichte des Internationalen Privatrechts, ZfBR 2010, S. 440 ff.

31   OLG Düsseldorf, Beschl. v. 14.05.2008 - VII-Verg 27/08 (dort Rn. 24) = VergabeR 2008, S. 661 ff.

32   Näher dazu unten: Kap. 1. C. II. 1.

33   Anstelle vieler *Schmitz*, in: Stelkens/Bonk/Sachs, VwVfG, § 1 VwVfG, Rn. 112 ff., mwN.

34   Vgl. *Hök*, in: Hök, Handbuch des internationalen und ausländischen Baurechts, S. 940. Ausführlich hierzu *Hamdan/Hamdan*, Das französische Vergaberecht, RIW 2011, S. 368 ff.

beruhenden Vertragsschluss, sondern zu einer einseitigen Hoheitsausübung in Gestalt eines Verwaltungsvertrages.[35] Für die Beteiligten eines Vergabeverfahrens mit extraterritorialem Sachverhalt macht es mithin einen großen Unterschied, welchem Rechtsregime man das Rechtsverhältnis auf der Ausführungsebene kollisionsrechtlich zuordnet.

V.   Internationale Zuständigkeit bzw. kollisionsrechtliche Zuordnung im Rahmen der primären und sekundären Rechtsschutzverhältnisse

Wie bereits oben kurz erwähnt, sind die primären und sekundären Rechtsschutzverhältnisse getrennt von der Ausführungshandlung und dem Vergaberechtsverhältnis zu betrachten. Trotzdem bestehen enge Verknüpfungen, welche die unterschiedlichen Rechtsbegehren in Abhängigkeit zu den beiden anderen Rechtsverhältnissen stellen. Welche Abhängigkeiten das konkret sind und welche Auswirkungen diese auf die Zuordnungsentscheidung haben, muss erörtert werden.

VI.   Extraterritoriale Einrichtungen

Um die Frage nach der korrekten Rechtsanwendung in Bezug auf die Vergabe für oder durch extraterritoriale Einrichtungen beantworten zu können, muss darüber hinaus geklärt werden, *welche* extraterritorialen Einrichtungen für eine kollisionsrechtliche Anknüpfung dem Grunde nach in Betracht kommen.

VII.   Regelungsbefugnis des deutschen Gesetzgebers

Sollte eine kollisionsrechtliche Überprüfung nach den Regeln des Internationalen Öffentlichen Rechts zu dem Ergebnis kommen, dass deutsches Vergaberecht räumlich und sachlich für anwendbar erklärt wird, muss in einem weiteren Schritt diskutiert werden, ob der deutsche Gesetzgeber diesbezüglich über eine entsprechende Regelungsbefugnis verfügt. Die Grenzen nach dieser sog. *jurisdiction to prescribe* bestimmen sich nach völkergewohnheits-, europa- und verfassungsrechtlichen Maßstäben.

---

35   Der sog. „contrat administratif", in Art 86 ff. des franz. „Code des Marchés Publics" (CMP) geregelt, vgl. *Hausmann*, in: Simons/Hausmann, Brüssel I-VO, Art. 1, Rn. 25.

VIII. Rechtswahlmöglichkeiten

Steht fest, nach welchem Rechtsregime die einzelnen Rechtsverhältnisse zu beurteilen sind, ist die Frage aufzuwerfen, ob es den Verfahrens- und Vertragsparteien möglich ist, für die unterschiedlichen Ebenen *ausdrücklich oder konkludent Rechtswahlvereinbarungen* zu treffen. Auch hier ist denkbar, dass die jeweilige Zuordnungsentscheidung Einfluss auf die Beantwortung der Rechtswahlfrage nimmt.

IX. Folgefragen

Sollte man zu dem Ergebnis gelangen, dass deutsches Kartellvergaberecht in bestimmten Konstellationen nicht anwendbar ist, stellt sich die Folgefrage, inwieweit deutsche Verwaltungseinrichtungen überhaupt zur Anwendung fremden (öffentlichen) Rechts verpflichtet werden können. Bestehen unter Umständen Gestaltungsmöglichkeiten aus Sicht des deutschen Staates, um dennoch eine Anwendbarkeit deutschen Kartellvergaberechts durchzusetzen? Zudem sollte erörtert werden, ob ein eventueller Ausschluss des Kartellvergaberechts in irgendeiner Weise Einfluss auf die Grundrechtsbindung der extraterritorialen Einrichtungen hat.

X.   Anliegen der Arbeit

Diese Arbeit will Antworten auf die aufgeworfenen Fragen geben und eine Art Leitfaden erstellen, anhand dessen sich all jene öffentliche Auftraggeber zukünftig ausrichten können, bei denen Auftragsvergaben durch oder für extraterritoriale Einrichtungen in Betracht kommen. Dabei soll die Arbeit für alle Beteiligten eines Vergabeverfahrens als Orientierungshilfe im „Nebel" extraterritorialer Auftragsvergaben dienen sowie Rechtsklarheit und -sicherheit schaffen.

XI.   Rechtlicher Rahmen der Arbeit

Den rechtlichen Rahmen für die vorliegende Untersuchung bildet, wie bereits eingangs erwähnt, ausschließlich das Vergaberecht im Bereich oberhalb der EU-Schwellenwerte (sog. Kartellvergaberecht). Der Schwerpunkt der Betrachtung liegt dabei auf öffentlichen Auftraggebern nach § 98 Nr. 1

und Nr. 2 GWB. Nur am Rande soll auf Sektorenauftraggeber nach § 98 Nr. 4 GWB eingegangen werden. Nicht Thema dieser Arbeit ist es, Zuordnungsaussagen für öffentliche Auftraggeber nach § 98 Nr. 3[36], Nr. 5[37] oder Nr. 6[38] GWB zu treffen.

Es werden nur solche extraterritorialen Einrichtungen erörtert, die aus Sicht des Verfassers für die vorliegende Untersuchung von exemplarischer Bedeutung sind. Eine vollumfängliche Darstellung der Problematik für sämtliche extraterritoriale Einrichtungen würde den Rahmen dieser Bearbeitung sprengen.

Dies ist keine rechtsvergleichende Arbeit: Nur zu Veranschaulichungszwecken, um beispielsweise Vergleiche zum deutschen Recht zu ziehen, werden an der ein oder anderen Stelle rechtliche Gegebenheiten aus der Sicht von ausländischen Rechtsordnungen dargestellt. Darüber hinaus findet keine Auseinandersetzung mit nicht-deutschen (Vergabe-)Rechtsregimen statt.

B.   Gang der Untersuchung

Zunächst sind die rechtlichen Rahmenbedingungen der Untersuchung abzustecken (Kapitel 1). Dabei sind alle Konstellationen aufzuzeigen, bei denen ein Auslandsbezug in Frage kommt. Zudem erfolgt eine ausführliche Darstellung beispielhaft ausgewählter extraterritorialer Einrichtungen. Sodann muss geklärt werden, welche unterschiedlichen Rechtsregime Anwendung finden können. Nach einem kurzen Überblick der Verfahrensabläufe und unterschiedlichen Rechtsverhältnisse im Vergaberecht ist eine Entscheidung dahingehend zu treffen, ob man innerhalb der öffentlichen Auftragsvergabe einstufig oder mehrphasig anknüpft. Hierbei sind die Vor- und Nachteile der unterschiedlichen Herangehensweisen herauszuarbeiten.

---

36   Das sind: *„Verbände, deren Mitglieder unter Nummer 1 oder 2 fallen, (...)".*
37   Das sind: *„Natürliche oder juristische Personen des privaten Rechts sowie juristische Personen des öffentlichen Rechts, soweit sie nicht unter Nummer 2 fallen, in den Fällen, in denen sie für Tiefbaumaßnahmen, für die Errichtung von Krankenhäusern, Sport-, Erholungs- oder Freizeiteinrichtungen, Schul-, Hochschuloder Verwaltungsgebäuden oder für damit in Verbindung stehende Dienstleistungen und Auslobungsverfahren von Stellen, die unter Nummern 1 bis 3 fallen, Mittel erhalten, mit denen diese Vorhaben zu mehr als 50 vom Hundert finanziert werden, (...)".*
38   Das sind: *„Natürliche oder juristische Personen des privaten Rechts, die mit Stellen, die unter die Nummern 1 bis 3 fallen, einen Vertrag über eine Baukonzession abgeschlossen haben, hinsichtlich der Aufträge an Dritte."*

Daraufhin sind die Reichweite und Grenzen internationalprivatrechtlicher Zuordnungsregeln im Zusammenhang mit den jeweiligen Rechtsverhältnissen zu untersuchen (Kapitel 2). Dabei ist auf die Vorschriften der Rom I- (und II-)VO und der EuGVO sowie die nationalen Kollisionsnormen einzugehen.

Im Anschluss daran (Kapitel 3) wird die Möglichkeit diskutiert, für die unterschiedlichen Rechtsverhältnisse ausdrückliche oder konkludente Rechtswahlvereinbarungen zu treffen.

In einem weiteren Kapitel sind die Reichweite und Grenzen sonstiger, insbesondere vergaberechtlicher Regelungen zu untersuchen. Dabei wird zunächst geprüft, ob sich das deutsche Vergaberecht für Auftragsvergaben oberhalb der EU-Schwellenwerte *räumlich* bei Sachverhalten mit extraterritorialem Bezug für anwendbar erklärt. In diesem Zusammenhang ist der kollisionsrechtliche Gehalt des Kartellvergaberechts nach den Vorgaben des Internationalen Öffentlichen Rechts zu untersuchen. Die hier gefundenen Ergebnisse müssen ihrerseits im Einklang mit den Vergaberichtlinien und dem jeweils einschlägigen Völkervertragsrecht stehen. Erst daraufhin wird begutachtet, ob bei Auftragsvergaben mit extraterritorialem Bezug der *sachliche* Anwendungsbereich des GWB eröffnet ist. Hierbei ist zu klären, ob extraterritoriale Einrichtungen selbst oder ihre Rechtsträger als öffentliche Auftraggeber in Betracht kommen und die Vorschriften des §§ 99 ff. GWB einschlägig sind. Ist der Anwendungsbereich sowohl in räumlicher als auch in sachlicher Hinsicht eröffnet, dann ist in einem weiteren Schritt herauszuarbeiten, ob der deutsche Gesetzgeber diesbezüglich über eine entsprechende Regelungsbefugnis nach völkergewohnheits-, europa- und verfassungsrechtlichen Maßstäben verfügt.

Danach sind die Ergebnisse der vorangegangenen Kapitel einer Schlussbetrachtung zu unterziehen (Kapitel 5). Dabei sind Folgefragen zu diskutieren, wie etwa die Reichweite der Grundrechtsbindung im Ausland und potentielle Gestaltungsmöglichkeiten des deutschen Staates, eigenem Vergaberecht zur Anwendung zu verhelfen. Abschließend sollen öffentlichen Auftraggebern und dem deutschen Gesetzgeber Handlungsempfehlungen gegeben werden.

Zum Schluss der Arbeit erfolgt eine Zusammenfassung der Ergebnisse (Kapitel 6).

Kapitel 1: Rechtliche Vorüberlegungen & Rahmenbedingungen

Im ersten Kapitel dieser Untersuchung ist zunächst herauszustellen, welche Formen von Auslandsbezügen bei einer öffentlichen Auftragsvergabe von oder durch extraterritoriale Einrichtungen in Frage kommen. Danach erfolgt eine Darstellung sämtlicher Rechtsregime, anhand derer eine mögliche Zuordnungsentscheidung getroffen werden kann. Neben den Vergaberechtskodifikationen nationalen, europa- sowie völkerrechtlichen Ursprungs ist kurz auf die unterschiedlichen Kollisionsregelungen einzugehen. Zum Schluss wird der Akt der Auftragsvergabe, von der Entscheidung „pro Beschaffung" bis zum späteren Vertragsschluss, einer kurzen Einzelanalyse unterzogen. Davon soll abhängig gemacht werden, ob die öffentliche Auftragsvergabe in Gänze (*einheitlich*) oder innerhalb ihrer jeweiligen Rechtsverhältnisse (*getrennt*) anzuknüpfen ist.

A. Auslandsbezüge

Im Folgenden ist herauszuarbeiten, unter welchen Umständen eine öffentliche Auftragsvergabe Auslandsbezüge aufweisen kann. Zunächst sind deshalb alle wesentlichen[39] Konstellationen darzustellen, bei denen eine Auftragsvergabe für oder durch extraterritoriale Einrichtungen vorstellbar ist. Daraufhin sind alle sonstigen Auslandsbezüge zu erörtern, die bei einer Auftragsvergabe für oder durch extraterritoriale Einrichtungen Relevanz besitzen.

I. Extraterritoriale Einrichtungen

Als extraterritoriale Stellen kommen sowohl rechtlich selbständige als auch rechtlich unselbständige Einrichtungen in Betracht. Zusätzlich ist danach zu differenzieren, ob es sich um Einrichtungen der deutschen Verwaltung, deutscher Kultur- und Forschungsbetriebe oder um Zweigniederlassungen bzw. Tochterunternehmen deutscher Unternehmen des Privatrechts handelt. Bei Unternehmen des Privatrechts ist ausführlicher auf die Problematik der Sitzbestimmung einzugehen.

---

39   Die Aufzählung ist nur beispielhaft und nicht abschließend.

1. Einrichtungen der deutschen Verwaltung im Ausland

Die deutsche Verwaltung umfasst im organisatorischen Sinne sämtliche Verwaltungsträger und ihre jeweiligen Untergliederungen (z.B. Organe, Behörden und Ämter), sofern sie vom Staat getragen und in der Hauptsache materiell verwaltend tätig sind.[40] Als Verwaltungsträger werden alle „Verwaltungseinheiten, bezeichnet, die die Eigenschaft einer juristischen Person haben, d.h. Rechtsfähigkeit oder zumindest Teilrechtsfähigkeit besitzen"[41]. Neben dem Staat in Gestalt von Bund und Ländern sind das alle *verselbständigten Verwaltungseinheiten.*[42] Bei Letzteren ist das der Fall, wenn neben der Rechtsfähigkeit das Handeln der betreffenden Einheit keiner anderen Verwaltungseinheit mehr zugerechnet werden kann.[43] Zusätzlich wird differenziert zwischen unmittelbarer und mittelbarer Staatsverwaltung. Unter die *unmittelbare* Staatsverwaltung fallen nur diejenigen Verwaltungseinheiten, die nicht selbst Verwaltungsträger sind, sondern als Organe eines solchen dessen Aufgaben erfüllen.[44] Die mittelbare Staatsverwaltung umfasst hingegen diejenigen Einheiten, die selbst Verwaltungsträger sind und insofern dem Hauptverwaltungsträger (Bund oder Land) „mittelbar zuzurechnen" sind.[45]

Nachfolgend ist zu untersuchen, inwiefern rechtlich selbständige oder unselbständige Verwaltungseinrichtungen als extraterritoriale Stellen in Frage kommen. Hier soll nicht auf natürliche oder juristische Personen des Privatrechts eingegangen werden, auch wenn sie mittelbar der Staatsverwaltung zugerechnet werden können, sofern sie Staatsaufgaben wahrnehmen[46]: Dies geschieht weiter unten unter 2. (als eingetragener Verein)[47] und 3. (als Wirtschaftsunternehmen in unterschiedlicher Rechtsform).

---

40 *Ehlers,* in: ders./Erichsen, Allgemeines Verwaltungsrecht, S. 5.
41 *Burgi,* in: Ehlers/Erichsen, Allgemeines Verwaltungsrecht, S. 277. Teilrechtsfähigkeit besitzen bspw. die Fakultäten einer Universität. Teilrechtsfähige Einrichtungen können im Umfang der ihnen zugeschriebenen Rechte und Pflichten Verwaltungsträger sein.
42 *Jestaedt,* in: Hoffmann-Riem/Schmidt-Aßmann/Voßkuhle, Bd. I, § 14, Rn. 20 ff.
43 *Burgi,* in: Ehlers/Erichsen, Allgemeines Verwaltungsrecht, S. 278.
44 *Burgi,* in: Ehlers/Erichsen, Allgemeines Verwaltungsrecht, S. 279.
45 *Burgi,* in: Ehlers/Erichsen, Allgemeines Verwaltungsrecht, S. 280.
46 *Burgi,* in: Ehlers/Erichsen, Allgemeines Verwaltungsrecht, S. 259 f.
47 Obwohl gerade beim Goethe-Institut e.V. äußerst strittig ist, ob es wegen Art. 87 Abs. 1 S. 1 GG im Verantwortungsbereich des Auswärtigen Amtes tätig sein kann. Denn Art. 87 Abs. 1 S. 1 GG legt fest, dass der „*Auswärtige Dienst (...) in bundeseigener Verwaltung mit eigenem Verwaltungsunterbau*" zu führen ist. Ein eingetragener Verein nach § 21 BGB als rechtlich selbständige, juristische Person des Privatrechts, ist aber nach formalrechtlichen Gesichtspunkten nicht „Teil" der

a)   Extraterritoriale Stellen mit eigener Rechtsfähigkeit

Da weder der Bund noch die Länder rechtlich selbständige Einrichtungen im Ausland betreiben, kommen aus Sicht der deutschen Verwaltung nur die Fälle der verselbständigten Verwaltungsträger in Betracht. Diese sind der mittelbaren Staatsverwaltung zuzurechnen. Bekannte Erscheinungsformen sind u.a Körperschaften, Anstalten und Stiftungen des öffentlichen Rechts.[48]

aa)   Anstalten des öffentlichen Rechts

Nach *Otto Mayer*[49] versteht man unter Anstalten des öffentlichen Rechts zu Rechtspersonen erhobene Bestände von sachlichen oder persönlichen Mitteln, die in der Hand eines Trägers öffentlicher Verwaltung einem besonderen öffentlichen Zweck dauerhaft zu dienen bestimmt sind.[50] Anstalten sind also per definitionem mit Rechtspersönlichkeit ausgestattet und als verselbständigter Teil eines Verwaltungsträgers (beispielsweise des „Bundes") anzusehen.

(1)   Deutsches Archäologisches Institut (DAI)

Als Beispiel sei zunächst das Deutsche Archäologische Institut (DAI) mit Hauptverwaltungssitz in Berlin genannt. Dabei handelt es sich um eine Bundesanstalt, die in den Geschäftsbereich des Auswärtigen Amtes fällt und mit dem Recht der wissenschaftlichen Selbstverwaltung und einem eigenen Vermögen ausgestattet ist, vgl. § 1 Abs. 2 S. 1 der Anstaltssatzung[51].

---

bundeseigenen Verwaltung des Auswärtigen Amtes. Ausführlich zu diesem Streit, *Burgi*, in: v. Mangoldt/Klein/Starck, Grundgesetz, Bd. 3, Art. 87, Rn. 23 ff.

48   *Burgi,* in: Ehlers/Erichsen, Allgemeines Verwaltungsrecht, S. 280.
49   *Mayer*, Verwaltungsrecht, Bd. 2, S. 268 und 331.
50   *Burgi,* in: Ehlers/Erichsen, Allgemeines Verwaltungsrecht, S. 280. Im Unterschied zur Körperschaft wird die Anstalt nicht von Mitgliedern getragen.
51   Dort heißt es: „*Das Institut ist eine Bundesanstalt im Geschäftsbereich des Auswärtigen Amts mit dem Recht vor allem der wissenschaftlichen Selbstverwaltung.*"

Zudem unterhält das DAI Auslandsabteilungen in Rom, Athen, Kairo, Istanbul und Madrid.[52] Diese Unterabteilungen haben aber selbst keine Rechtspersönlichkeit. Sie kommen mithin *nicht* als verselbständigte, extraterritoriale Verwaltungsträger in Betracht.

(2)   Kreditanstalt für Wiederaufbau (KfW): KfW Entwicklungsbank

Auch die Kreditanstalt für Wiederaufbau ist eine Anstalt des öffentlichen Rechts, vgl. § 1 Abs. 1 S. 1 KfW-Gesetz[53]. Die KfW hat ihrerseits zahlreiche rechtlich selbständige Tochtergesellschaften.[54] Vorliegend von Interesse ist die KfW Entwicklungsbank. Sie unterstützt Entwicklungs- und Reformländer, um dort den Aufbau staatlicher Strukturen und Institutionen finanziell zu fördern (finanzielle Zusammenarbeit). Zu diesem Zwecke unterhält die KfW Entwicklungsbank 60 Standorte weltweit. Diese sog. „Auslandsbüros" sind allerdings allesamt unselbständige Einrichtungen der KfW Entwicklungsbank und verfügen entsprechend über keine eigene Rechtspersönlichkeit.

bb)   Körperschaften des öffentlichen Rechts

Körperschaften des öffentlichen Rechts bezeichnen alle rechtsfähigen, mitgliedschaftlich verfassten, unabhängig von der konkreten Zusammensetzung ihres personellen Substrats bestehenden und in der Regel mit Hoheitsgewalt ausgestatteten Organisationseinheiten des öffentlichen Rechts.[55] Hierzu gehören beispielsweise die Industrie- und Handelskammern als sog. Realkörperschaften.[56] Diese haben aber keine Auslandsdependancen. Anders verhält es sich bei den deutschen Außenhandelskammern (AHKs). Die

---

52   Vgl. § 1 Abs. 3 S. 1 der Anstaltssatzung: „*Das Institut umfaßt die Zentrale in Berlin und die Abteilungen Rom, Athen, Kairo, Istanbul, Madrid* (...)".

53   Auch „Gesetz über die KfW" genannt. Dort heißt es: „*Die Kreditanstalt für Wiederaufbau ist eine Anstalt des öffentlichen Rechts und kann im Geschäftsverkehr die Bezeichnung „KfW" verwenden.*"

54   Obwohl das Wort „Tochter" hier irreführend ist, da die „Mutter" selbst nicht als Gesellschaft, sondern als Anstalt des öffentlichen Rechts gegründet wurde, vgl. § 1 Abs. 1 S. 1 KfW-Gesetz.

55   *Kluth*, in: Wolff/Bachof/Stober/Kluth, Verwaltungsrecht, Bd. 2, § 85, Rn. 5 ff.

56   *Schmidt*, in: Münchener Kommentar, HGB, Vorbm. zu § 1, Rn. 49.

(bilateralen) Außenhandelskammern[57] sind privatrechtliche Einrichtungen mit wirtschaftlicher Selbstverwaltung mit Sitz im Ausland. Sie besitzen mithin eine eigene Rechtspersönlichkeit. Allerdings fallen die AHKs nicht in den Bereich der Staatsverwaltung. Insbesondere handelt es sich bei ihnen um keine Körperschaften des öffentlichen Rechts.[58] Ihnen wurde keine Hoheitsgewalt übertragen. Sie handeln zwar *indirekt* im Interesse des deutschen Staates, indem sie deutschen Unternehmen die Tätigkeit im Ausland erleichtern und eng mit deutschen Botschaften und Konsulaten zusammenarbeiten. Dabei üben sie aber keine Hoheitsgewalt aus.

b)   Rechtlich unselbständige, extraterritoriale Verwaltungseinrichtungen

Als rechtlich unselbständige Stellen kommen die sog. „Außenstellen" deutscher Verwaltungseinrichtungen in Betracht. Hierzu zählen insbesondere Botschaften[59], konsularische Vertretungen[60] oder Ländervertretungen[61]. Bei Botschaften und Konsulaten handelt es sich um unselbständige Behörden des Bundes.[62] Das Gleiche gilt für die Landesvertretungen der Bundesländer in Brüssel. Sie sind allesamt Teil der unmittelbaren Staatsverwaltung.[63]

Komplizierter verhält es sich bei den „Auslandsstützpunkten" der Bundeswehr. Hier gibt es zum einen die Bundeswehrstützpunkte der Streitkräfte

---

57 Eine eigene Unterkategorie der AHKs. Daneben gibt es noch Delegationen und Repräsentanzen, vgl. http://ahk.de/ueber-ahk/ahk-organisation/ (zuletzt abgerufen am 30.01.2013).

58 Die AHKs sind nicht mit der Industrie- und Handelskammer zu verwechseln, die ihrerseits sehr wohl als Körperschaft des öffentlichen Rechts einzustufen ist und damit auch unter § 98 Nr. 2 GWB fällt.

59 *Heinz*, Ausländische Missionen als Mieter - einige juristisch-praktische Anmerkungen zu einem "Hauptstadt-Problem", ZfIR 1999, S. 559.

60 *Heinz*, Ausländische Missionen als Mieter - einige juristisch-praktische Anmerkungen zu einem "Hauptstadt-Problem", ZfIR 1999, S. 559.

61 Hier kommen natürlich nicht die Landesvertretungen der Bundesländer in Berlin, sondern nur die außerhalb Deutschlands (z.B. in Brüssel) in Betracht, vgl. Art. 32 Abs. 3 GG. Landesvertretungen außerhalb der EU sind nicht Gegenstand dieser Untersuchung. So unterhalten bspw. Schleswig-Holstein und die Freie und Hansestadt Hamburg eine gemeinsame Landesvertretung in St. Petersburg (Hanse-Office St. Petersburg), vgl. Art. 5 des Staatsvertrages zwischen Hamburg und Schleswig-Holstein zu Internationalen Angelegenheiten.

62 *Heinz*, Ausländische Missionen als Mieter - einige juristisch-praktische Anmerkungen zu einem "Hauptstadt-Problem", ZfIR 1999, S. 559.

63 Vgl. oben: Kap. 1. A. I. 1.

im Ausland, die dem militärischen Organisationsbereich (MilOrgBer) unterfallen. Daneben existieren aber noch die Bundeswehrverwaltungsstellen
im Ausland (BWVSt Ausland)[64], die als Ortsbehörden Teil der „Territorialen Wehrverwaltung" und damit der unmittelbaren Staatsverwaltung sind.
Als Unterbehörden sind sie im Bundesamt für Wehrverwaltung (BAWV)
eingegliedert. Die Bundeswehrverwaltungsstellen (im Ausland) erfüllen
Aufgaben der Versorgung mit Verpflegung und Bekleidung, vor allem aber
der *dezentralen* Beschaffung[65] und gehören damit zum zivilen Organisationsbereich der Bundeswehr. Diese Befugnis folgt aus Art. 87b Abs. 1 S. 1
GG, wonach die Bundeswehrverwaltung für die unmittelbare Deckung des
Sachbedarfs der Streitkräfte, also des Bedarfs an Material und Dienstleistungen, zuständig ist. Dabei unterstützen die jeweiligen Stellen der „Territorialen Wehrverwaltung" die Streitkräfte vor Ort, also auch bei Auslands-
einsätzen. Die Streitkräfte sind demnach als „Bedarfsträger", die Wehrverwaltung hingegen als „Bedarfsdecker" anzusehen. Genau aus diesem Grund
kommen die Stützpunkte der Bundeswehr*streitkräfte* im Ausland, z.B. in
Prizren, Kosovo oder in Mazar-e Sharif, Afghanistan, nicht als unselbständige, extraterritoriale Verwaltungseinrichtungen in Betracht. Als Teil des
militärischen Organisationsbereichs der Bundeswehr übernehmen sie keine
Verwaltungsaufgaben und scheiden somit als extraterritoriale Vergabestellen aus.[66]

c)   Zwischenergebnis

Extraterritoriale Stellen der mittelbaren deutschen Staatsverwaltung mit eigener Rechtspersönlichkeit sind nicht vorhanden. Vielmehr sind die Auslandsbüros der KfW Entwicklungsbank sowie die Auslandsabteilungen des
DAI als rechtlich unselbständige Einrichtungen der KfW bzw. des DAI zu

---

64   Die Bundesrepublik unterhält Bundeswehrverwaltungsstellen in Belgien, Frank-
     reich, Großbritannien, Italien, in den Niederlanden, in Polen und in den USA/Ka-
     nada, vgl. http://www.terrwv.bundeswehr.de/portal/a/terrwv/!ut/p/c4/Fcs7DoA-
     gDAQE0l3N0-huJiCDZBIS8rv-mre_OCED-NIAVsSxgcOsD6tbppGqnOY7kiv
     ztWItuooit6w_6sohoxgWRaPPhKUnLcXg63CJw!!/ (zuletzt abgerufen am:
     30.11.2012).
65   http://www.terrwv.bundeswehr.de/potal/a/terrwv/!ut/p/c4/Fcs7DogDAQE0l3N0
     -huJiCDZBIS8rv-mre_OCED-NIAVsSxgcOsD6tbppGqnOY7kivztWItooit6w
     _6sohoxgWRaPPhKUnLcXg63CJw!!/ (zuletzt abgerufen am: 30.11.2012).
66   Aber nur weil die bundeswehrinterne Organisation vorsieht, dass für die Beschaf-
     fungen das Bundesamt für Wehrverwaltung mit all seinen Untergliederungen zu-
     ständig ist. Auf die Auslandstützpunkte der Streitkräfte soll im Rahmen dieser
     Arbeit nicht weiter eingegangen werden.

behandeln. Die Außenhandelskammern sind keine Körperschaften des öffentlichen Rechts und gehören damit auch nicht zur deutschen Staatsverwaltung.

Als Teil der unmittelbaren Staatsverwaltung kommen als rechtlich unselbständige, extraterritoriale Einrichtungen Botschaften, konsularische Vertretungen, die Landesvertretungen der Bundesländer in Brüssel sowie die Bundeswehrverwaltungsstellen im Ausland in Betracht.

2. Deutsche Kultur- und Forschungseinrichtungen im Ausland

Auch deutsche Kultur- und Forschungseinrichtungen sind gemäß § 98 Nr. 2 GWB grundsätzlich vergaberechtspflichtig: Sie erfüllen im Allgemeininteresse liegende Aufgaben nichtgewerblicher Art, vgl. § 98 Nr. 2 S. 1 GWB. Unklar ist jedoch, ob deutsche Kultur- und Forschungseinrichtungen rechtlich selbständige oder unselbständige Einrichtungen im Ausland betreiben. Für die vorliegende Untersuchung lohnt ein näherer Blick auf das Goethe-Institut e.V. sowie die Max-Planck- und die Fraunhofer-Gesellschaft.

a) Goethe-Institut e.V.

Das Goethe-Institut e.V. mit Sitz in München ist ein eingetragener Verein nach § 21 BGB mit der satzungsmäßigen Aufgabe, die deutsche Kultur und Sprache im Ausland zu fördern und zu verbreiten, vgl. § 2 Abs. 1 S. 1 der Vereinssatzung[67]. Zu diesem Zweck unterhält das Institut Zweigstellen in 92 Staaten dieser Erde.[68] Diese sind aus Gründen des Rechts des jeweiligen Gastlandes teilweise rechtlich selbständig organisiert. So ist das Goethe-Institut e.V. in manchen Staaten notgedrungen gezwungen, mit einer deutsch-ausländischen Kulturgesellschaft oder anderen Gruppen einen sog. Trägerverein oder eine Trägergesellschaft als innerstaatliche juristische Person des Gastlandes zu gründen.[69] Denn einige Staaten verbieten nach

---

[67] Dort heißt es: „*Vereinszweck sind die Förderung der Kenntnis deutscher Sprache im Ausland, die Pflege der internationalen kulturellen Zusammenarbeit und die Vermittlung eines umfassenden Deutschlandbildes durch Informationen über das kulturelle, gesellschaftliche und politische Leben.*"

[68] Die insgesamt 138 Auslandsinstitute sind in 13 Regionalbüros zusammengefasst, vgl. Jahresbuch 2011/2012 des Goethe-Instituts e.V., S. 176 ff.

[69] *Schulz*, Parastaatliche Verwaltungsträger im Verfassungs- und Völkerrecht, S. 190 ff.

ihrem innerstaatlichen Recht bestimmte oder sämtliche Betätigungen ausländischer juristischer Personen.[70] Vor allem in Lateinamerika, z.B. in Argentinien, Bolivien, Brasilien, Chile, Costa Rica, Mexico, Peru und Venezuela, agiert das Goethe-Institut e.V. über inländische, nach dem Recht des Forumstaats gemeinsam mit Einheimischen gegründete Trägergesellschaften.[71] Da aber weiterhin eine finanzielle, personelle und organisatorische Abhängigkeit dieser Trägergesellschaften vom Goethe-Institut e.V. besteht, also materiell die Aufgabenerfüllung bei diesem verbleibt, sieht *Schulz*[72] darin lediglich eine „organisatorische Hülle". Dies ändert aber nichts daran, dass die Trägergesellschaften *de iure* rechtlich selbständig sind (mag *de facto* auch etwas anderes gelten). In besagten Ländern haben die Goethe-Institute folglich ihre eigene Rechtspersönlichkeit. Diese richtet sich nach dem Recht der Aufnahmestaaten. In allen anderen Ländern sind die Institute rechtlich unselbständig und als „Organe"[73] des deutschen Goethe-Instituts e.V. mit Sitz in München tätig.

b)   Max-Planck-Gesellschaft zur Förderung der Wissenschaften e.V.

Auch die Max-Planck-Gesellschaft ist ein nach § 21 BGB eingetragener, gemeinnütziger Verein mit Sitz in Berlin, vgl. § 2 der Vereinssatzung. § 28 Abs. 1 der Vereinssatzung sieht vor, dass die Institute *„in der Regel"* keine Rechtsfähigkeit haben sollen. Damit ist aber zugleich anerkannt, dass *ausnahmsweise* eine eigene Rechtspersönlichkeit in Frage kommt. Dies bedarf

---

70   *Schulz*, Parastaatliche Verwaltungsträger im Verfassungs- und Völkerrecht, S. 190 mwN dort unter Fn. 394, wonach in Frankreich bis 1960 die Errichtung ausländischer Kulturinstitute untersagt war, sofern ein Ausländer als Leiter des Instituts tätig war.

71   *Schulz*, Parastaatliche Verwaltungsträger im Verfassungs- und Völkerrecht, S. 447.

72   *Schulz*, Parastaatliche Verwaltungsträger im Verfassungs- und Völkerrecht, S. 191.

73   Ein „Organ" ist im vorliegenden Falle das Glied jenes Bauelements einer Organisation, das diese handlungs- und willensfähig macht, *Jestaedt,* in: Hoffmann-Riem/Schmidt-Aßmann/Voßkuhle, Bd. 1, § 14, Rn. 34. Ohne seine ausländischen Dependancen könnte das Goethe-Instiut nicht seinem satzungsmäßigen Ziel nachkommen, die Kenntnisse der deutscher Sprache im Ausland zu fördern, die internationale kulturelle Zusammenarbeit zu pflegen und ein umfassendes Deutschlandbildes durch Informationen über das kulturelle, gesellschaftliche und politische Leben zu vermitteln, vgl. § 2 Abs. 1 S. 1 Vereinssatzung des Goethe-Instituts.

allerdings einer ausdrücklichen Regelung und der Zustimmung der Mitglie-
derversammlung. Als Einrichtungen im Ausland bestehen derzeit die *Bibli-
otheca Hertziana* in Rom (Max-Planck-Institut für Kunstgeschichte), das
Kunsthistorische Institut in Florenz, das *Max-Planck-Institut für Psycholin-
guistik* in Nijmengen (NL), das *Max Planck Florida Institute* in Jupiter (Flo-
rida/USA) und das *Max Planck Institute Luxemburg for International, European and Regulatory Procedural Law*. Allen Einrichtungen ist indes gemein, dass sie über keine eigene Rechtspersönlichkeit verfügen, sondern als
„Organe" der Max-Planck-Gesellschaft handeln und deren Aufgaben erfüllen.[74] Trotz alledem besteht in Zukunft jederzeit die Möglichkeit, dass die
Max-Planck-Gesellschaft von ihrem satzungsmäßigen Recht Gebrauch
macht und einen rechtlich selbständigen „Tochterverein" im Ausland gründet.

c)   Fraunhofer-Gesellschaft zur Förderung der angewandten Forschung
      e.V.

Die Fraunhofer-Gesellschaft e.V. unterhält als gemeinnütziger Verein iSv
§ 21 BGB weltweit über 80 Institute und Einrichtungen.[75] Sitz der Gesellschaft ist München, vgl. § 2 Abs. 2 der Vereinssatzung. Als Träger der eigentlichen Forschungsarbeit besitzen die Institute in der Regel keine
Rechtsfähigkeit, vgl. § 20 Abs. 1 S. 2 der Vereinssatzung[76]. Wie sich aus
§ 20 Abs. 5 der Vereinssatzung[77] ergibt, sind trotzdem rechtlich selbständige Einrichtungen unter dem Dach der Fraunhofer Gesellschaft möglich,
soweit der Senat deren Errichtung und Einrichtung zugestimmt hat. Die
Vorschriften der §§ 20 und 21 der Satzung gelten dann entsprechend. Daraus folgt, dass die Leitung eines jeden Instituts nach § 21 Abs. 2 lit. a) und

---

74   Ohne seine wissenschaftlichen Forschungseinrichtungen könnte auch die MPG
      nicht ihrem satzungsmäßigen Ziel nachkommen, durch Unterhaltung von For-
      schungsinstituten die Wissenschaft zu fördern, vgl. § 1 Abs. 1 S. 2 Vereinssatzung
      der MPG. Hierzu *Jestaedt,* in: Hoffmann-Riem/Schmidt-Aßmann/Voßkuhle, Bd.
      1, § 14, Rn. 34.
75   Nach § 2 Abs. 5 der eigenen Satzung verfolgt die Gesellschaft ausschließlich und
      unmittelbar gemeinnützige Zwecke im Sinne des Abschnitts „steuerbegünstigte
      Zwecke" der Abgabenordnung. Mittel der Gesellschaft dürfen demnach nur für
      den satzungsmäßigen Zweck verwendet werden.
76   Dort heißt es: „*Sie sollen in der Regel keine eigene Rechtsfähigkeit besitzen.*"
77   Dort heißt es: „*Die Vorschriften der §§ 20 und 21 sind auf selbstständige Ein-
      richtungen der Gesellschaft, deren Errichtung oder Eingliederung der Senat ge-
      mäß § 12 Abs. 2 Buchstabe b) zugestimmt hat, sinngemäß anzuwenden.*"

lit. g) der Vereinssatzung eigenverantwortlich über die richtige Verwendung der Haushaltsmittel entscheiden kann.[78] Diese Schlussfolgerung gilt auch für die extraterritorialen Einrichtungen, ob rechtlich selbständig oder nicht. Theoretisch könnten also die extraterritorialen Stellen, unabhängig von ihrer Rechtsfähigkeit, Vergabeverfahren durchführen. In der Praxis führt hingegen die „Mutter" der Fraunhofer-Gesellschaft von München aus für alle Institute und Einrichtung die Auftragsvergaben zentral durch.

d)   Zwischenergebnis

Als rechtlich selbständige Kultur- und Forschungseinrichtungen kommen extraterritoriale Trägergesellschaften des Goethe-Instituts e.V. in Betracht, sofern die Aufnahmestaaten dies verlangen. Auch die Fraunhofer-Gesellschaft sowie die Max-Planck-Gesellschaft sehen in ihren Vereinssatzungen (ausnahmsweise) die Möglichkeit vor, rechtlich selbständige Einrichtungen im Ausland zu unterhalten. Beide Gesellschaften haben aber bislang nicht von diesem Recht Gebrauch gemacht. Alle drei Vereine unterhalten im Ausland rechtlich unselbständige Stellen, die als „Organe" die satzungsmäßigen Ziele der jeweiligen Gesellschaften fördern.

3.   „Einrichtungen" deutscher Unternehmen des Privatrechts im Ausland

Auch Unternehmen des Privatrechts können nach § 98 Nr. 2 wie Nr. 4 GWB als öffentlicher Auftraggeber in Erscheinung treten.

Als rechtlich selbständige Einrichtungen im Ausland kommen vor allem Tochtergesellschaften deutscher Unternehmen des Privatrechts in Betracht. Hier stellt sich zudem die Frage, nach welchem Recht diese Tochterunternehmen zu gründen/zu bestimmen sind.

---

78   Unter Einschränkung des § 21 Abs. 2 lit. e) der Satzung, wonach die Institutsleitung nicht befugt ist, über Grundstücksangelegenheiten Verträge zu schließen oder Verfügungen zu treffen. Gleiches gilt für die Vertretung vor Gericht.

Rechtlich unselbständige Unternehmensteile werden unter anderem als Zweigniederlassung, Betriebsstätte[79] oder auch (unselbständige) Repräsentanz[80] bezeichnet. Zum Schluss sollen Beispiele für deutsche Unternehmens-tätigkeiten im Ausland aufgezeigt werden.

a) Tochtergesellschaften im Ausland

Zunächst ist zu fragen, welche rechtlich selbständigen Unternehmensformen überhaupt im Ausland aus gesellschaftsrechtlicher Sicht in Betracht kommen. Sowohl Personen-[81] als auch Kapitalgesellschaften[82] ist es möglich im Ausland Tochtergesellschaften zu gründen oder sich an diesen zu

---

79 Hierbei handelt es sich um eine feste Geschäftseinrichtung, die der Tätigkeit eines Unternehmens dient, vgl. § 12 AO, Art. 5 Abs. 1 OECD-Musterabkommen. Aus § 12 Nr. 2 AO und Art. 5 Abs. 2 b) OECD-Musterabkommen folgt, dass insbesondere auch Zweigniederlassungen (auch „Zweigstelle" genannt) zu den rechtlich unselbständige Stellen zu zählen ist.

80 Ausnahme ist hier jedoch die sog. selbständige Repräsentanz. Dazu unten: Kap. 1. A. I. 3. lit. b) ausführlicher.

81 Hier kommen v.a. die Kommanditgesellschaft (KG) und die offene Handelsgesellschaft (oHG) in Betracht. Eine Personengesellschaft kann sich sowohl an ein einer ausländischen Kapitalgesellschaft als auch an einer ausländischen Personengesellschaft beteiligen, *Pathe*, in: Gummert, Münchener Anwaltshandbuch: Personengesellschaftsrecht, § 14, Rn. 35ff.

82 Bei den Kapitalgesellschaften sind vornehmlich die Aktiengesellschaft (AG) und die Gesellschaft mit beschränkter Haftung (GmbH) zu nennen. Daneben kommen noch die Kommanditgesellschaft auf Aktien (KGaA) und die Unternehmergesellschaft (haftungsbeschränkt) nach§ 5a GmbHG (UG) in Betracht.

beteiligen. Umgekehrt können sich auch ausländische natürliche oder juristische Personen an einer deutschen Personengesellschaft beteiligen[83]. Gleiches gilt für deutsche Kapitalgesellschaften.[84]

Aus steuerrechtlicher Sicht dürfte es vorzugswürdig sein, im Ausland eine Kapitalgesellschaft und keine Personengesellschaft zu gründen.[85]

Fraglich ist zudem, nach welchem Recht die im Ausland befindliche Gesellschaft zu gründen ist (sog. Gesellschaftsstatut)[86]. Dies soll am Beispiel einer deutschen Tochter-GmbH im Ausland erörtert werden.

Nach der Neufassung des § 4a GmbHG ist es nunmehr möglich, dass Verwaltungs- und Satzungssitz einer im Ausland ansässigen Tochtergesellschaft auseinanderfallen können, sofern eine inländische Rechtsform gewählt wurde.[87] Zieht nun eine selbständige Tochtergesellschaft einer deutschen Muttergesellschaft ins Ausland, stellt sich die Frage, ob die Tochtergesellschaft, wenn sie einen ausländischen Verwaltungssitz hat bzw. haben

---

83 *Pathe*, in: Gummert, Münchener Anwaltshandbuch: Personengesellschaftsrecht, § 14, Rn. 6 f.: Danach ist es unstrittig für ausländische natürliche Personen möglich, Mitgesellschafter einer deutschen Personengesellschaft zu werden. Für ausländische juristische Personen gilt dies nach h.M. wohl nur, wenn diese nach internationalem Gesellschaftsrecht rechtsfähig und nach deutschem Gesellschaftsrecht zulässig sind, *Hopt*, in: Baumbach/Hopt, HGB-Kommentar, § 177a, Rn. 11. Hierzu auch: *Leible*, in: Michalski, GmbHG, Bd.1, Systm. Darstellung 2: Internationales Gesellschaftsrecht, Rn. 200 f. Auch Oberlandesgerichte haben die wirksame Beteiligung ausländischer juristischer Personen an Personengesellschaften bisher anerkannt, vgl. OLG Stuttgart, Beschl. 30.03.1995 – 8 W 355/93 = JZ 1995, S. 795 (für eine schweizerische GmbH); OLG Saarbrücken, Beschl. v. 21.04.1989 - 5 W 60/88 = NJW 1990, S. 547 (für eine schweizerische AG); BayObLG, Beschl. v. 21.03.1986 – Breg 3 Z 148/85 = NJW 1986, S. 3029 (für eine private limited company aus Großbritannien).

84 Vgl. nur die mittlerweile rückgängig gemachte Beteiligung des Staatsfonds aus Abu Dhabi an der deutschen Daimler Benz AG. Vgl. allgemein zur Problematik von Unternehmensbeteiligungen von Staatsfonds, *Hammen*, Regulierung des Erwerbs von Unternehmensbeteiligungen durch Staatsfonds (Sovereign Wealth Funds) oder „Die begehrte Bedrohung", WM 2010, S. 1. ff.

85 Da die ausländische Personengesellschaft selbst nicht steuerrechtliches Anknüpfungssubjekt ist, sondern ihre Gesellschafter, kann es dazu führen, dass das Doppelbesteuerungsabkommen (DBA) nicht zugunsten der ausländischen Personengesellschaft eingreift, vgl. *Leible*, in: Michalski, GmbHG, Bd. 1, Systm. Darstellung 2: Internationales Gesellschaftsrecht, Rn. 1.

86 *Leible*, in: Michalski, GmbHG, Bd. 1, Systm. Darstellung 2: Internationales Gesellschaftsrecht, Rn. 1.

87 In § 4a Abs. 2 GmbHG a.F. war vorgeschrieben, dass im Gesellschaftsvertrag als Sitz der Gesellschaft idR der Ort anzugeben war, an dem die Gesellschaft entweder einen Betrieb hat oder an dem sich die Geschäftsleitung befindet. Der heutige § 4a GmbHG verlangt lediglich, dass die GmbH ihren satzungsmäßigen Sitz und eine Geschäftsanschrift im Inland haben muss.

wird, nach deutschem Recht zu behandeln ist.[88] Der Verwaltungssitz befindet sich nach der *Sandrockschen Formel* dort, wo die grundlegenden Entscheidungen der Unternehmensleitung effektiv in die laufende Geschäftsführungsakte umgesetzt werden.[89] Es kommt also maßgeblich darauf an, wo die rechtlich selbständige Tochtergesellschaft nach außen hin in Erscheinung tritt.[90] Dies ist in aller Regel[91] am Sitz des neuen Standorts im Ausland.

Weiter ist zu fragen, ob in dem ausländischen Staat die Anwendung des deutschen Gründungsrechts vorgesehen ist und damit eine „zugezogene" deutsche Gesellschaft akzeptiert werden kann.[92] Hierbei bietet es sich an, wie folgt zu prüfen: Zuerst muss gefragt werden, ob der Staat, in den die bereits gegründete Gesellschaft ziehen will, Mitglied der Europäischen Union oder des Europäischen Wirtschaftsraums ist. Denn dann gilt die durch Art. 49, 54 AEUV (ex.-Art. 43, 48 EG) eingeräumte Niederlassungsfreiheit, verbunden mit dem Recht, innerhalb der EU als Gesellschaft deutschen Rechts anerkannt zu werden.[93] Die deutsche „Mutter" könnte also

---

88 Hierbei wird zum einen die Meinung vertreten, dass trotz Neuregelung des § 4a GmbHG die Sitztheorie fortgilt. Hiernach wäre stets das Recht desjenigen Staates anzuwenden, in dem die Gesellschaft tatsächlich ihren Sitz hat, *Kindler*, in: Bork/Schäfer, GmbHG, § 4a, Rn. 20. Nach anderer Ansicht kann die Sitztheorie auf im Ausland tätige Gesellschaften nach der Neuregelung des besagten § 4a GmbHG keine Anwendung mehr finden, *Hueck/Fastrich*, in: Baumbach/Hueck, GmbHG, Einl. Rn. 63.

89 *Sandrock*, Die Konkretisierung der Überlagerungstheorie in einigen zentralen Einzelfragen, in: FS für Beitzke, S. 669 (683); BGH, Urt. v. 21.03.1986 – V ZR 10/85 = BGHZ 97, S. 269 (272) = NJW 1986, S. 2194.

90 OLG Brandenburg, Urt. v. 31.05.2000 – 14 U 144/99 = RIW 2000, S. 798. Wo die interne Willensbildung stattfindet, ist demnach ebenso unerheblich wie der Wohnsitz der Gesellschafter, der Ort der Vorstands- und Geschäftsführerversammlungen sowie der Ort der Aufsichtsratssitzungen.

91 Außer bei sog. Scheingesellschaften, die im Ausland gegründet, im Inland aber ihre Verwaltung und/oder den wesentlichen Teil des Geschäftsbetriebs unterhalten, *Bischoff*, in: Eckhardt/Hermanns, Kölner Handbuch des Gesellschaftsrechts, S. 973.

92 *Rubner*, Deutsche GmbH mit Verwaltungssitz im Ausland, NJW-Spezial 2011, S. 463.

93 Dies geht zurück auf drei wegweisende Entscheidungen des EuGH: In der „Centros"-Entscheidung hatte der EuGH geurteilt, dass die Eintragung einer Zweigniederlassung einer englischen „limited" in Dänemark von der Niederlassungsfreiheit der Art. 43, 48 EG gedeckt sei, auch wenn der tatsächliche Verwaltungssitz in Dänemark liege, EuGH, Urt. v. 09.03.1999 - Rs. C-212/97 (*Centros*), Slg. 1999, S. I-1459 = NJW 1999, S. 2027. In der „*Überseering*"-Entscheidung entschied der EuGH, dass sich aus der Niederlassungsfreiheit die gleiche Verpflichtung zur Anerkennung ausländischer Gesellschaften auch für Staaten, in denen die Sitztheorie gilt, ableiten lasse, EuGH, Urt. v. 05.11.2002 - Rs. C-208/00

„deutsche Töchter" ins europäische Ausland verlegen, ohne dass diese ihren Rechtsstatus verlieren würden.[94] Gemäß Art. 31, 34 des EWR-Abkommens gelten die gleichen Grundsätze auch für EWR-Staaten, obschon die Rechtsprechung des EuGH in diesen Staaten keine unmittelbare Geltung beansprucht.[95] Der BGH hat dies bereits bestätigt.[96]

Wenn das betroffene Land kein Mitglied der EU oder des EWR ist, muss in einem zweiten Schritt danach differenziert werden, ob in dem ausländischen Staat die Gründungs- oder die Sitztheorie gilt bzw. ob die ausländische Rechtsordnung einen sog. Renvoi enthält. In allen Staaten, die der Gründungstheorie folgen, werden zugezogene Gesellschaften grundsätzlich nach deutschem Recht behandelt. Denn nach der Gründungstheorie richtet sich die Anwendbarkeit des Gründungsrechts grundsätzlich nach dem Ort, wo die betroffene Gesellschaft in ein öffentliches (Handels-)Register eingetragen ist. Wird eine deutsche Gesellschaft hingegen in ein Land verlegt, in dem die Sitztheorie gilt, dann kommt es zu einem Statutenwechsel, woraufhin die Gesellschaft fortan dessen Rechtsordnung unterliegt.[97] Eine

---

(*Überseering*), Slg. 2002, S. I-9919 = NJW 2002, S. 3614. In der Entscheidung „*Inspire Art*" urteilte der EuGH, dass nichts anderes für sog. Scheingesellschaften (formal-ausländische Gesellschaften) gelten könne. Somit sind auch Gesellschaften, die im Ausland gegründet wurden, obwohl im Inland der Hauptgeschäfts- und Verwaltungssitz ist, von der Niederlassungsfreiheit der Art. 49, 54 AEUV umfasst, EuGH, Urt. v. 30.09.2003 - Rs. C-167/01 (*Inspire Art*), Slg. 2003, S. I-10155 = NJW 2003, S. 2231.

94   Aus Auftragnehmersicht ist ein solcher Schritt aber nicht immer ratsam: So hat der EuGH erst kürzlich entschieden, dass nationale Vergaberechtsbestimmungen Mindestanforderungen an die wirtschaftliche und finanzielle Leistungsfähigkeit von Bewerbern und Bietern stellen können, vgl. EuGH, Urt. v. 18.10.2012 – Rs. C-218/11 = NZBau 2013, S. 58. Dagegen ist grundsätzlich nichts einzuwenden. Nur führte dieser Umstand im konkreten Fall zu dem Ausschluss einer deutschen GmbH mit Sitz im Ausland (Ungarn) an einem Vergabeverfahren. Denn nach deutschem Recht war es zulässig, einen Gewinnabführungsvertrag mit der deutschen Muttergesellschaft zu schließen, so dass die Jahresabschlussbilanz der Tochter immer null oder negativ war. Nach ungarischem Recht waren die Bilanzergebnisse der jeweils letzten drei Jahre bei der Bewertung der Leistungsfähigkeit der Bewerber aber ausschlaggebend und führten in Bezug auf die deutsche Tochtergesellschaft zum Ausschluss am Vergabeverfahren. Der EuGH stellte aber fest, dass sich das Tochterunternehmen dafür auf die Leistungsfähigkeit seiner Muttergesellschaft hatte berufen können.

95   Island, Liechtenstein und Norwegen.

96   BGH, Urt. v. 19.09.2005 - II ZR 372/03 = NJW 2005, S. 3351 = DNotZ 2006, S. 143.

97   *Hoffmann*, in: Richter/Wachter, Handbuch des internationalen Stiftungsrechts, S. 192.

Ausnahme hiervon ist allerdings immer dann zu machen, wenn das jeweilige Recht des Aufnahmestaates auf das deutsche Recht zurück verweist (Rückverweisung) oder auf das Recht eines dritten Staates weiter verweist (Weiter-verweisung).[98] Sollte über einen solchen Renvoi auf das deutsche Recht zurück verwiesen werden, gilt deutsches Gesellschaftsrecht. Kommt es hingegen zu einer Weiterverweisung auf das Recht eines dritten Staates, ist allein dieses maßgeblich.

Die gleichen Gedanken zur Anerkennung eigener Rechtsfähigkeit von Unternehmen im europäischen Ausland müssen konsequenterweise auch für nicht wirtschaftliche Vereine (§ 21 BGB) gelten; es wäre nicht vertretbar, dass die Niederlassungsfreiheit nach Art. 49, 54 AEUV für sie nicht gelten und stattdessen weiterhin an der Verwaltungssitztheorie festgehalten würde.[99] Ein gemeinnütziger Verein kann ohne weiteres seinen Hauptverwaltungssitz im außereuropäischen Ausland begründen. Ob er auch seine deutsche Rechtsform beibehalten kann, richtet sich ausnahmslos danach, ob der Aufnahmestaat der Gründungs- oder Sitztheorie folgt. Anders verhält es sich hingegen, wenn in dem jeweiligen Aufnahmeland die Neugründung eines zugezogenen Vereins (idR aus politischen Gründen) verlangt wird (wie bei den extraterritorialen Trägergesellschaften des Goethe-Instituts)[100]. In diesen Fällen kommt es zu einer Neugründung nach dem Recht am Sitz des neuen Vereins.

Schwieriger gestaltet sich die Bestimmung des einschlägigen Rechts, wenn eine Gesellschaft in mehreren Ländern aktiv ist. In einer solchen Konstellation ist der Schwerpunkt der Tätigkeit zu ermitteln, wozu eine Darlegung sämtlicher geschäftlicher Aktivitäten der Gesellschaft von Nöten ist[101]. Nach deutscher Rechtsprechung befindet sich in solchen Fällen der Hauptsitz der Gesellschaft in dem Staat, nach dessen Recht die Gesellschaft erkennbar organisiert ist[102].

---

98 *Leible*, in: Michalski, GmbHG, Bd. 1, Systm. Darstellung 2: Internationales Gesellschaftsrecht, Rn. 66.
99 So zutreffend *Weick*, in: Staudinger, BGB, Bd. 1, Einl. zu §§ 21 ff., Rn. 63.
100 Vgl. oben: Kap. 1. A. I. 2. lit. a).
101 *Bischoff*, in: Eckhardt/Hermanns, Kölner Handbuch des Gesellschaftsrechts, S. 974.
102 OLG München, Urt. v. 06.05.1986 - 5 U 2562/85 = NJW 1986, S. 2197 (2198); OLG Hamm, Urt. v. 18.08.1994 - 15 W 209/94 = DB 1995, S. 137.

b)   Zweigniederlassungen, Betriebsstätten und sog. Repräsentanzen im Ausland

Als rechtlich unselbständige Einrichtungen deutscher Unternehmen des Privatrechts kommen im Ausland vor allem als Zweigniederlassung, Betriebsstätten und sog. Repräsentanzen in Betracht. Unter Zweigniederlassungen werden räumlich und organisatorisch von der Hauptniederlassung getrennte Betriebsteile bezeichnet, denen es aber an einer rechtlichen Verselbständigung mangelt.[103] Fehlt es der ausländischen Unternehmenseinrichtungen hingegen schon an einer organisatorischen Trennung von der Hauptniederlassung, werden z.B. Rechnungen im Namen der Zentrale ausgestellt, dann handelt es sich um eine bloße Betriebsstätte.[104] Mithilfe einer Betriebsstätte wird der einheitliche Geschäftsbetrieb an lediglich räumlich unterschiedlichen Orten durchgeführt.[105]

Daneben existiert noch der Begriff der „Repräsentanz". Diese Unternehmensform ist dem deutschen Handels- und Gesellschaftsrecht grundsätzlich fremd. Vielmehr ist er im Banken- und Kreditwesenrecht beheimatet. Demnach werden unter Repräsentanzen solche Vertretungen eines Kredit- oder Geldinstituts verstanden, die keine erlaubnispflichtigen Tätigkeiten ausüben, insbesondere keine Bankgeschäfte vermitteln oder abschließen, dafür aber Informationen geben, Kunden betreuen oder Werbung und Imagepflege betreiben.[106] Eine Repräsentanz kann selbständiger oder unselbständiger Rechtsnatur sein. Als sog. unselbständige Repräsentanz ist sie ein rechtlich unselbständiger Teil des Instituts.[107] Dies bestimmt sich danach, ob die Tätigkeit vor Ort durch Mitarbeiter der Hauptniederlassung ausgeübt wird. Umgekehrt liegt eine sog. selbständige Repräsentanz vor, wenn für

---

103   *Leible*, in: Michalski, GmbHG, Bd. 1, Systm. Darstellung 2: Internationales Gesellschaftsrecht, Rn. 225.

104   *Leible*, in: Michalski, GmbHG, Bd. 1, Systm. Darstellung 2: Internationales Gesellschaftsrecht, Rn. 225.

105   Dabei darf nicht aus § 12 Nr. 2 AO und Art. 5 Abs. 2 b) OECD-Musterabkommen geschlussfolgert werden, dass eine Betriebsstätte zugleich eine Zweigniederlassung sein kann. Denn im Sinne dieser Vorschriften handelt es sich dabei um einen viel allgemeineren Begriff, also lediglich um „eine feste Geschäftseinrichtung, durch die die Geschäftätigkeit eines Unternehmens ganz oder teilweise ausgeübt wird." Diese allgemeinere Begriffsdeutung bezieht sich ausschließlich auf steuerrechtliche, nicht jedoch gesellschaftsrechtliche Aspekte.

106   *Fischer*, in: Schimansky/Bunte/Lwowski, Bankenrechts-Handbuch, § 127, Rn. 66; *Vahldiek*, in: Boos/Fischer/schulte-Mattier, Kreditwesengesetz, § 53a KWG, Rn. 11.

107   *Vahldiek*, in: Boos/Fischer/Schulte-Mattler, Kreditwesengesetz, § 53a KWG, Rn. 5.

das Bankinstitut rechtlich selbständige, natürliche oder juristische Personen (auch Tochterunternehmen) handeln. [108] Zwar ist anzunehmen, dass die meisten Mitarbeiter der Repräsentanzen zugleich Mitarbeiter des jeweiligen Bankinstituts sind und damit eine rechtliche Selbständigkeit der Auslandsrepräsentanzen ausscheidet. Sollten aber dennoch rechtlich selbständige Personen die Repräsentanzen betreiben, wären diese als rechtlich selbständig zu betrachten und folglich auch mit eigener Rechtspersönlichkeit ausgestattet. Das dürfte allerdings die Ausnahme sein, so dass mehrheitlich von rechtlich unselbständigen Repräsentanzen deutscher Geldinstitute im Ausland ausgegangen werden soll. Dann aber stellt sich, wie bei den Tochtergesellschaften oben[109], die Frage nach der rechtlichen Anknüpfung. Aus der fehlenden Rechtssubjektivität dieser Unternehmensformen ergibt sich zugleich, dass, sofern die rechtlich unselbständige Einrichtung in einem anderen Land als die Hauptniederlassung situiert ist, für die gesellschaftsrechtlichen Verhältnisse diesbezüglich immer auf das Statut der Hauptniederlassung abzustellen ist.[110] Liegt der effektive Verwaltungssitz wie in den hier anzunehmenden Fällen also in Deutschland, dann untersteht die ausländische Unternehmensdependance deutschem Gesellschaftsstatut.[111]

---

108 *Vahldiek*, in: Boos/Fischer/Schulte-Mattler, Kreditwesengesetz, § 53a KWG, Rn. 6.

109 Vgl. oben: Kap. 1. A. I. 3. lit. a).

110 BGH, Urt. v. 21.11.1951 – II ZR 26/51 = BGHZ 4, S. 62 (65); BayObLG, Beschl. .v. 18.07.1985 – Breg. 3 Z 62/85 = BayObLGZ 1985, S. 272 (281); OLG Karlsruhe, Urt. v. 11.05.1977 – 7 U 157/76 = IPRspr. 1977 Nr. 126; OLG Düsseldorf, Urt. v. 23.05.1996 – 6 U 120/95 = RIW 1996, S. 776; *Leible*, in: Michalski, GmbHG, Bd. 1, Systm. Darstellung 2: Internationales Gesellschaftsrecht, Rn. 226.

111 Unabhängig davon unterfallen ausländische Zweigniederlassungen deutscher Kapitalgesellschaften nicht den §§ 13d ff. HGB. Diese gelten nur für Zweigniederlassungen ausländischer Kapitalgesellschaften im Inland. Dies führt aber dazu, dass Zweigniederlassungen inländischer Kapitalgesellschaften im Ausland allein im jeweiligen ausländischen Register einzutragen sind, *Blasche*, Zweigniederlassungen in- und ausländischer Kapitalgesellschaften, GWR 2012, S. 169. Da sie im Inland nicht eintragungsfähig sind, hat eine entsprechende Anmeldung bei der zuständigen ausländischen Stelle unter Beachtung der dort geltenden Regelungen zur Registerpublizität zu erfolgen, OLG Düsseldorf, Beschl. v. 26.10.2009 – 3 Wx 142/09 = NZG 2009, S. 1355 (1356).

c)   Beispiele (GIZ, KfW IPEX-Bank, Stadtwerke)

Um die theoretischen Ausführungen[112] zu rechtlich selbständigen und unselbständigen Unternehmensteilen deutscher Unternehmen im Ausland inhaltlich zu ergänzen, folgt nun eine Darstellung ausgewählter Beispiele.

aa)   KfW IPEX-Bank GmbH

Ähnlich wie die KfW Entwicklungsbank[113] ist auch die KfW IPEX-Bank
ein rechtlich selbständiges Tochterunternehmen der KfW Bankengruppe.
Als hundertprozentige Tochtergesellschaft der KfW bündelt die KfW
IPEX-Bank alle weltweiten Kreditgeschäfte, die nicht zu den Förderaktivi-
täten der KfW Bankengruppe zählen, sondern dem Wettbewerb im Finanz-
dienstleistungssektor unterliegen.[114] Zu diesem Zweck unterhält die Bank
eine Auslandsniederlassung in London[115] und mehrere sog. „Auslandsrepräsentanzen"[116]. Bei der Auslandsniederlassung handelt es sich um eine
Zweigniederlassung, da sie räumlich und organisatorisch von der Hauptniederlassung in Frankfurt am Main getrennt ist. In Art. 4 Abs. 3 Bankenricht-
linie (RL 2006/48/EG)[117] wird zwar nur der Begriff der „Zweigstelle" ver-

---

112   Kap. 1. A. I. 3. lit. a) und b).
113   Vgl. oben: Kap. 1. A. I. 1. lit. a) lit. aa) (2).
114   http://www.kfw.de/kfw/de/KfW-Konzern/Unternehmen/Organisation/Tchterund
      w.jsp (zuletzt abgerufen am: 30.11.2012). Hierzu war es gekommen, weil die Ge-
      schäftstätigkeit als Bank innerhalb des geschützten Raums einer deutschen För-
      derbank nicht unter Marktbedingungen stattfand und damit als unzulässiger Wett-
      bewerbsvorteil angesehen wurde. Deshalb hat die EU-Kommission die BRD dazu
      gedrängt, diese Sparte in ein rechtlich selbständiges, privatrechtlich organisiertes
      Kreditinstitut auszugliedern. http://de.wikipedia.org/wiki/KfW_IPEX-Bank (zu-
      letzt abgerufen am: 30.11.2012).
115   Derzeit nur in London, vgl. http://www.kfw.de/kfw/de/KfW-Konzern/Unterneh-
      men /Organisation/KfW-Standorte_und_Aussenbueros/index.jsp (zuletzt abgeru-
      fen am: 30.11.2012).
116   Die KfW IPEX-Bank unterhält aktuell Repräsentanzen in Abu Dhabi, Bangkok,
      Istanbul, Johannesburg, Moskau, Mumbai, New York, Sao Paulo und Singapur,
      vgl.   http://www.kfw-ipex-bank.de/ipex/de/Unternehmen/Standorte/index.jsp.
      (zuletzt abgerufen am: 30.11.2012).
117   Dort heißt es: *„Zweigstelle": eine Betriebsstelle, die einen rechtlich unselbstän-
      digen Teil eines Kreditinstituts bildet und unmittelbar sämtliche Geschäfte oder
      einen Teil der Geschäfte betreibt, die mit der Tätigkeit eines Kreditinstituts ver-
      bunden sind (...)."*

wendet. Dieser ist aber mit dem Begriff der Zweigniederlassung weitgehend deckungsgleich.[118] Nach Art. 4 Abs. 3 der Richtlinie sind Zweigstellen „Betriebsstellen, die einen rechtlich unselbständigen Teil des Kreditinstituts bilden". Diese Definition stimmt zumindest teilweise mit der oben[119] gewählten Begriffsbestimmung von Zweigniederlassungen überein (es fehlt am Merkmal der organisatorischen Trennung). Mithin besitzen die Zweigniederlassungen im Ausland keine eigene Rechtsfähigkeit.

Ähnlich verhält es sich bei den Auslandsrepräsentanzen. Die dortigen Einrichtungen dürfen keine eigenen (erlaubnispflichtigen) Bankgeschäfte tätigen, sondern nur der Zentrale in Frankfurt am Main zuarbeiten.[120] Bis auf eine Ausnahme handelt es sich dabei – wie oben[121] bereits skizziert – um unselbständige Repräsentanzen, die als rechtlich unselbständiger Teil der KfW IPEX-Bank einzustufen sind[122]. Daneben unterhält die KfW IPEX-Bank aber auch eine rechtlich selbständige Repräsentanz in Sao Paulo (Brasilien) als „Limitada" (Ltda.)[123]. Deren alleinige Gesellschafter sind die KfW IPEX-Bank sowie die Deutsche Investitions- und Entwicklungsgesellschaft (DEG). Wie bei den extraterritorialen Trägergesellschaften des Goethe-Instituts war auch hier die Bank aufgrund brasilianischen Rechts dazu angehalten[124].

---

118 *Vahldiek*, in: Boos/Fischer/Schulte-Mattler, Kreditwesengesetz, § 53b KWG, Rn. 35.
119 Vgl. oben: Kap. 1. A. I. 3. lit. b).
120 Dies ergibt sich aus dem Internetauftritt der jeweiligen Auslandsrepräsentanzen der KfW IPEX-Bank. Ganz unten auf jeder Seite heißt es dazu immer: „*Die Repräsentanz der KfW IPEX-Bank in Abu Dhabi tätigt keine eigenständigen Bankgeschäfte. Ihre ausschließliche Aufgabe besteht in der Unterstützung der Zentrale in Frankfurt.*" Vgl. http://www.kfw-ipex-bank.de/ipex/de/Unternehmen/Standorte/Abu_Dhabi/index.jsp (zuletzt abgerufen am: 30.11.2012).
121 Vgl. oben: Kap. 1. A. I. 3. lit. b).
122 *Vahldiek*, in: Boos/Fischer/Schulte-Mattler, Kreditwesengesetz, § 53a KWG, Rn. 5.
123 „Sociedade por Ouotas des Responsabilidade Limitada" ist mit der deutschen GmbH vergleichbar, vgl. *Bair/Schmid*, Qualifikation der Verzinsung des Eigenkapitals einer brasilianischen Kapitalgesellschaft, IStR 2010, S. 20 (22).
124 Sie war aber nicht gesetzlich dazu verpflichtet. Denn nach brasilianischem Recht ist es grundsätzlich möglich eine rechtlich unselbständige Niederlassung zu gründen, vgl. Gesetz 10.406/02, Art. 1.123 bis 1.141. Allerdings ist die Eröffnung einer Niederlassung ein langwieriger und bürokratischer Prozess. So muss vor Eröffnung der Niederlassung eine Erlaubnis der Bundesexekutive eingeholt werden. Um diese zu bekommen, muss wiederum von Seiten der ausländischen Gesellschaft ein in Brasilien dauerhaft wohnender Vertreter bestellt werden, ausgestattet mit der vollen Ermächtigung, sie in allen Angelegenheiten zu vertreten. Rechtlich gesehen läge dann bereits eine sog. selbständige Repräsentanz vor, die ebenfalls rechtliche Selbständigkeit genießen würde (s.o.). Darüber hinaus muss

bb)   Gesellschaft für Internationale Zusammenarbeit (GIZ) GmbH

Bei der Gesellschaft für Internationale Zusammenarbeit handelt es sich um eine Entwicklungszusammenarbeitsorganisation der Bundesrepublik Deutschland. Sie ist im Jahre 2010 hervorgegangen aus einem Zusammenschluss der Gesellschaft für Technische Zusammenarbeit (GTZ) GmbH, der Internationalen Weiterbildung und Entwicklung gGmbH (InWEnt) und dem Deutschen Entwicklungsdienst (DED).[125] Ihre beiden Hauptniederlassungen befinden sich in Bonn und Eschborn.[126] Im Ausland unterhält die GIZ neben einer Repräsentanz in Brüssel ca. 90 Standorte weltweit. Diese werden entweder als eigenständiges Büro oder aber als gemeinsames Büro mit der deutschen Entwicklungszusammenarbeit geführt.[127] Als bundeseigenes Unternehmen „unterstützt die GIZ die Bundesregierung bei der Erreichung ihrer Ziele in der internationalen Zusammenarbeit für nachhaltige Entwicklung"[128]. Neben dem Auswärtigen Amt und dem Bundesumweltministerium ist das Bundesministerium für wirtschaftliche Zusammenarbeit und Entwicklung der mit Abstand wichtigste Auftraggeber.

Bei der GIZ handelt es sich um einen Teil der mittelbaren Staatsverwaltung. Sie nimmt Aufgaben der öffentlichen Verwaltung wahr. So hat schon

.

---

das der Niederlassung zugeordnete/zugeteilte Kapital vollständig eingezahlt werden. Erschwerend kommt hinzu, dass jede Satzungs- oder Gesellschaftsvertragsänderung der ausländischen Gesellschaft eine Genehmigung der brasilianischen Exekutive bedarf, um dieser Änderung in Brasilien Wirksamkeit zu verleihen. Um es endgültig für ausländische Gesellschaften unattraktiv zu machen, in Brasilien rechtlich unselbständige Niederlassungen zu gründen, muss die jeweilige ausländische Gesellschaft neben dem Jahresabschluss ihrer Niederlassung auch ihren eigenen in Brasilien, nebst der Handlungen der Geschäftsführung, veröffentlichen. Zu guter Letzt haftet die ausländische Gesellschaft mit ihrem Gesamtkapital für die Niederlassung. Ausführlich hierzu, „Die Limitada" (2. Aufl.), herausgegeben von der AHK Brasilien, S. 5 f. (http://www.ahkbrasil.com/pdf_public/Limitada_2012.pdf), (zuletzt abgerufen am: 30.11.2012). Damit war die Gründung einer rechtlich selbständigen Tochtergesellschaft nach brasilianischem Recht aus Sicht der KfW IPEX-Bank v.a. aus ökonomischer Sicht opportun.

125   http://www.bmz.de/de/was_wir_machen/wege/bilaterale_ez/akteure_ez/einzelakteure/giz/index.html (zuletzt abgerufen am: 30.11.2012).
126   http://www.giz.de/de/html/impressum.html (zuletzt abgerufen am: 30.11.2012).
127   http://www.giz.de/de/SID-4F7F33A7-996EB7EE/ueber_die_giz/99.html (zuletzt abgerufen am: 30.11.2012).
128   http://www.bmz.de/de/was_wir_machen/wege/bilaterale_ez/akteure_ez/einzelakteure/giz/index.html (zuletzt abgerufen am: 30.11.2012).

der BGH[129] zur Vorgängerorganisation der GTZ geurteilt, dass die staatliche Entwicklungszusammenarbeit selbstverständlich eine öffentliche Aufgabe sei. Die öffentliche Aufgabe der Entwicklungszusammenarbeit ist darüber hinaus sogar als *Staatsaufgabe* zu qualifizieren, da sie auf den deutschen Staat als letztverantwortlicher „Zurechnungssubjekt"[130] zurückführbar ist: Als „Verwaltungsstelle in Privatrechtsform"[131] übernimmt sie staatliche Aufgaben (vornehmlich des Bundesministeriums für wirtschaftliche Zusammenarbeit und Entwicklung) und fungiert dabei als „Eigengesellschaft"[132] der Bundesregierung.[133] Auch wenn die GIZ als Eigengesellschaft rechtliche Selbständigkeit genießt, gilt das im Umkehrschluss nicht für ihre Auslandsrepräsentanzen und -büros. Bei der Auslandsrepräsentanz in Brüssel handelt es sich um eine rechtlich unselbständige Einrichtung, die nur zur Kontaktpflege, zum Informationsaustausch, zur Organisation von Veranstaltungen und Workshops und als Anlaufstelle für alle Fragen zur politischen Entwicklung in Brüssel dient.[134] Zur Teilnahme an Ausschreibungen und für das Projektmanagement vor Ort sind die Niederlassungen der GIZ zuständig.[135] Entsprechend der Definition von „Zweigniederlassung"[136] sind hierunter ausschließlich rechtlich unselbständige Unternehmensteile der GIZ zu verstehen. Demnach unterhält die GIZ im Ausland keine rechtlich selbständigen Einrichtungen, sondern nur rechtlich unselbständige Zweigniederlassungen und Repräsentanzen.

---

129 BGH, Urt. v. 19.12.1997 – 2 StR 521/97 = NJW 1998, S. 1874 (1875). Zwar beschäftigt sich das Urteil mit der Auslegung des strafrechtlichen Begriffs der „sonstigen Stelle" aus § 11 Abs. 1 Nr. 2 c) StGB. Der Begriff der „Aufgaben der öffentlichen Verwaltung" iSv § 11 StGB bestimmt sich allerdings nach seiner verwaltungsrechtlich geprägten Bedeutung, *Schmitz*, in: Stelkens/Bonk/Sachs, Verwaltungsverfahrensgesetz, § 1, Rn. 124, dort. Fn. 5. Denn beim Strafrecht handelt es sich bekanntermaßen um einen Bestandteil des Öffentlichen Rechts, vgl. nur anstelle vieler *Joecks*, in: Münchener Kommentar, StGB, Einl. Rn. 7.
130 Der Begriff geht zurück auf *Wolff*, Organschaft und juristische Person, Bd. 1, (Nachdruck 1968), S. 203 f.
131 *Burgi*, Funktionale Privatisierung und Verwaltungshilfe, S. 68 f.; *Ossenbühl*, Mitbestimmung in Eigengesellschaften der öffentlichen Hand, ZGR 1996, S. 504 ff.
132 Dabei handelt es sich um eine private Organisationseinheit in Gestalt einer Kapitalgesellschaft, die ausschließlich in staatlicher bzw. kommunaler Hand ist, *Burgi*, in: Ehlers/Erichsen, Allgemeines Verwaltungsrecht, S. 316; *Loeser*, System des Verwaltungsrechts, Bd. 2, Rn. 138.
133 Zu den Voraussetzungen bei natürlichen oder juristischen Personen des Privatrechts: *Burgi*, in: Ehlers/Erichsen, Allgemeines Verwaltungsrecht, S. 259 f.
134 http://www.giz.de/de/weltweit/300.html (zuletzt abgerufen am: 30.11.2012).
135 http://www.giz.de/de/weltweit/300.html (zuletzt abgerufen am: 13.12.2012).
136 Vgl. oben: Kap. 1. A. I. 3. lit. b).

cc)   Fraport AG

Bei dem Flughafenbetreiber „Fraport" handelt es sich um eine deutsche Kapitalgesellschaft in Gestalt der Aktiengesellschaft. Der Aktionärsstruktur
aus dem Jahre 2011 zufolge halten das Land Hessen hiervon 31,49% und
die Stadtwerke Frankfurt am Main Holding GmbH 20,11% der Aktienan-
teile.[137] Die Stadtwerke Frankfurt am Main Holding GmbH steht ihrerseits
im hundertprozentigen Eigentum der Stadt Frankfurt am Main.[138] Tätigkeitsschwerpunkt der AG ist der Betrieb und die Bereitstellung von Flughäfen zum Zwecke der Versorgung von Beförderungsunternehmen im Luft-
verkehr, vgl. Anlage (zu § 98 Nr. 4 GWB), dort Nr. 4 Hs. 1. Neben dem
Frankfurter Flughafen betreibt die Fraport AG deutschland- und weltweit
Flughäfen und dazugehörige Serviceeinrichtungen. Entsprechend hält die
Fraport AG bei zahlreichen ausländischen Unternehmen Mehrheitsbeteili-
gungen. [139] Die ausländischen Unternehmen sind allesamt mit eigener
Rechtspersönlichkeit ausgestattet und wurden, wie beispielsweise die bul-
garische „Fraport Twin Star Airport Management AD"[140], in der Rechts-
form des Aufnahmestaates gegründet.[141] Es handelt sich mithin aus Fraport
AG-Sicht um ausländische Tochterunternehmen.

---

137   Fraport   Geschäftsbericht   2011,   S.   65.   Herunterzuladen   unter:
      http://www.fraport.de/content/fraport/de/konzern/ueber-uns/fraport-auf-einen-
      blick. html (zuletzt abgerufen am: 30.11.2012).
138   http://www.stadtwerke-frankfurt.de/209.html   (zuletzt   abgerufen   am:
      13.12.2012).
139   http://www.fraport.de/content/fraport/de/konzern/fraport-weltweit/beteiligungen
      .html (zuletzt abgerufen am: 13.12.2012).
140   http://www.fraport.de/content/fraport/de/konzern/fraport-weltweit/beteiligungen
      /fraport-twin-star-airport-management-ad.html   (zuletzt   abgerufen   am:
      13.12.2012). An dieser „AD" hält die Fraport AG 60% der Anteile.
141   Weitere Beispiele sind „Fraport IC Ictas Antalya", eine Betreibergesellschaft des
      Flughafens in Antalya, an der die Fraport AG einen Anteil von 51% hält.
      http://www.fraport.de/content/fraport/de/konzern/fraport-weltweit/beteiligun-
      gen/fraport-ic-ictas-antalya.html (zuletzt abgerufen am: 13.12.2012). Daneben
      existiert noch die „Lima Airpot Partners" in Peru: Hier hält die Fraport AG
      70,01% der Anteile, um den internationalen Flughafen „Jorge Chavez" zu betrei-
      ben, vgl. http://www.fraport.de/content/fraport/de/konzern/fraport-weltweit/be-
      teiligungen/lima-airport-partners.html (zuletzt abgerufen am: 13.12.2012). Als
      hundertprozentige Tochter betreibt die Fraport AG in den USA die „Air-Trans-
      port IT Services, Inc.", um Flughäfen für deren Betrieb „schlüsselfertige" IT-Lö-
      sungen   anzubieten,   vgl.   http://www.fraport.de/content/fraport/de/kon-
      zern/fraport-weltweit/beteiligungen/air-transport-it-services-inc-.html   (zuletzt
      abgerufen am: 13.12.2012).

dd)   Stadtwerke GmbH

Zum Schluss soll auf eine fiktive Konstruktion eingegangen werden, die durchaus praxisrelevant ist, wie das Gebaren der Mannheimer Versorgung Verkehr Energie AG[142] und eine Entscheidung des OLG München[143] aus dem Jahre 2011 zeigen. Danach gründet eine deutsche Stadtwerke GmbH, die zu 100 % im Eigentum einer Kommune steht und selbst als klassischer Stromerzeuger tätig ist, ein Tochterunternehmen im Ausland (z.B. Polen), um auch dort Strom zu erzeugen und anzubieten. Dabei wird nur auf herkömmliche Quellen der Energieerzeugung zurückgegriffen; d.h. es werden keine erneuerbaren Energietechnologien eingesetzt. Dieses Tochterunternehmen ist ebenfalls – zumindest mehrheitlich – im Eigentum der Stadtwerke GmbH. Es wurde nach ausländischer Rechtsform gegründet.

d)   Zwischenergebnis

„Einrichtungen" deutscher Unternehmen des Privatrechts können im Ausland als rechtlich selbständige Tochtergesellschaften oder als rechtlich unselbständige Zweigniederlassungen, Betriebsstätten oder Repräsentanzen betrieben werden.

Bei den Tochtergesellschaften ist es aus Gründen der Steuergestaltung in der Regel sinnvoll, im Ausland eine Kapitalgesellschaft zu gründen. Bei Personengesellschaften kann es, abhängig vom Sitz der Gesellschafter, u.U.

---

142   Vgl. hierzu *Brüning*, Mittelbare Beteiligung der Kommunen am grenzüberschreitenden Wettbewerb, DVBl. 2004, S. 1451 (1452): Danach hat die Mannheimer Versorgung Verkehr Energie AG, an der die Stadt als Eigengesellschaft über eine Holding zu 78,2% beteiligt ist, in Polen und Tschechien Fernwärmestrukturen erworben und sogar in Tadschikistan im Auftrag der Weltbank Wasserversorgung betrieben.

143   OLG München, Beschl. v. 12.05.2011 – Verg 26/10, S. 9 ff. In dem Fall ging es um eine Stadtwerke GmbH, die in der Grenzregion zwischen Österreich und Deutschland Strom erzeugte und diesen in beiden Länder ins Netz einspeiste. Kraft Staatsvertrag wurde der GmbH die monopolmäßige Nutzung der Wasserkraft in der Region zugesprochen. Das Gericht hatte zu entscheiden, ob eine Auftraggeberstellung nach § 98 Nr. 4 GWB in Frage kam. Die GmbH verneinte dies, und berief sich auf die Freistellung von der Vergaberechtspflichtigkeit in Österreich für den Bereich der Stromerzeugung nach Art. 30 Abs. 5 und 6 der RL 2004/17/EG. Trotzdem erkannte das Gericht die Auftraggeberstellung nach § 98 Nr. 4 Alt. 2 GWB an, da eben auch in Deutschland eine Abnahme ihres Stroms erfolgte.

zu einer Doppelbesteuerung kommen. Aufgrund der Art. 49, 54 AEUV können wegen der Niederlassungsfreiheit auch innerhalb der EU und wegen Art. 31, 34 EWR-Abkommen auch innerhalb des EWR Gesellschaften nach deutschem Recht gegründet werden. Außerhalb der EU/des EWR entscheidet sich das Gesellschaftsstatut nach der Frage, ob im Aufnahmeland die Gründungs- oder Sitztheorie gilt bzw. ob es über ein Renvoi zu einer Rückverweisung auf deutsches oder einer Weiterverweisung auf das Recht eines dritten Staates kommt.

Aus deutscher Sicht richtet sich bei den rechtlich unselbständigen Unternehmensteilen das Gesellschaftsstatut nach dem Sitz der deutschen „Mutter". Bei der Repräsentanz gilt es zu beachten, dass sie ausnahmsweise auch als rechtlich selbständige Einrichtung in Betracht kommt, sofern sie im Ausland nicht von Mitarbeitern des Mutterkonzerns, sondern von rechtlich selbständigen, natürlichen oder juristischen Personen des Privatrechts betrieben wird.

Die KfW IPEX-Bank unterhält im Ausland, bis auf eine Ausnahme, ausschließlich rechtlich unselbständige Zweigniederlassungen und Repräsentanzen. Die Repräsentanz in Sao Paulo wird hingegen aufgrund der Vorgaben brasilianischen Rechts als rechtlich selbständige „Limitada" betrieben. Die GIZ, als Eigengesellschaft des Bundes Teil der mittelbaren Staatsverwaltung, hat ihre Auslandsbüros als rechtlich unselbständige Zweigniederlassungen ausgestaltet. Anders verhält es sich bei den Auslandseinrichtungen der deutschen Fraport AG (und dem polnischen Tochterunternehmen der fiktiven Stadtwerke GmbH). Diese sind allesamt rechtlich selbständige Tochtergesellschaften, jeweils gegründet nach dort geltendem Recht.

4.   Zwischenergebnis

Extraterritoriale Stellen deutscher Einrichtungen können sowohl mit als auch ohne eigene Rechtspersönlichkeit ausgestattet sein. Zwar ist es möglich, dass sich nach dem Wegfall von § 4a Abs. 2 GmbHG a.F. und aufgrund der innerhalb der EU und des EWR geltenden Niederlassungsfreiheit auch im Ausland Vereine und Gesellschaften nach deutschem Recht „gründen"[144] lassen. Trotzdem sind bislang alle (bekannten) rechtlich selbständigen, extraterritorialen Stellen nach dem Recht des Aufnahmelandes gestaltet. Das Goethe-Institut e.V. musste extraterritoriale Trägergesellschaften

---

144 Der eigentliche Gründungsakt mit Eintrag ins Handelsregister findet in Deutschland statt. Innerhalb einer juristischen Sekunde verlegt die Gesellschaft ihren Verwaltungssitz ins Ausland, vgl. oben: Kap. 1. A. I. 2. lit a).

außerhalb Europas nach einheimischen Recht bisher immer dann gründen, wenn der Aufnahmestaat dies verlangte (oder dies rechtlich und/oder wirtschaftlich opportun war). Gleiches trifft auf die selbständige Auslandsdependance der KfW IPEX-Bank in Sao Paulo zu.

Innerhalb der mittelbaren Staatsverwaltung sind keine extraterritorialen Stellen mit eigener Rechtspersönlichkeit bekannt. Zwar sind die KfW Entwicklungsbank, das DAI und die GIZ als Teil der mittelbaren Staatsverwaltung anzusehen. Sie alle unterhalten im Ausland aber ausschließlich rechtlich unselbständige Einrichtungen.

Als Teil der unmittelbaren Staatsverwaltung im Ausland sind die Botschaften, konsularischen Vertretungen, die Landesvertretungen der Bundesländer in Brüssel und die Bundeswehrverwaltungsstellen im Ausland zu nennen.

Als rechtlich selbständige, extraterritoriale Kultur- und Forschungseinrichtung kommen – wie bereits genannt – die Trägergesellschaften des Goethe-Instituts e.V. in Betracht. Nur ausnahmsweise sehen die Satzungen der Fraunhofer-Gesellschaft und der Max-Planck-Gesellschaft derartige Einrichtungen im Ausland vor. Bislang wurde von diesem satzungsmäßigen Recht noch kein Gebrauch gemacht. Bisher handelt es sich bei allen extraterritorialen Stellen dieser beiden Vereine um rechtlich unselbständige Stellen, die als „Organe" das jeweilige satzungsmäßige Vereinsziel fördern.

Bei den Unternehmen des Privatrechts ist zu unterscheiden zwischen rechtlich selbständigen Tochtergesellschaften und rechtlich unselbständigen Zweigniederlassungen, Betriebsstätten oder Repräsentanzen. Die als Beispiel genannten KfW IPEX-Bank und die GIZ unterhalten grundsätzlich rechtlich unselbständige Einrichtungen im Ausland. Eine Ausnahme bildet die rechtlich selbständige Repräsentanz der KfW IPEX-Bank in Sao Paulo, Brasilien. Die Fraport AG (sowie die fiktive Stadtwerke GmbH) ist im Ausland hingegen ausschließlich mit rechtlich selbständigen Tochtergesellschaften, gegründet nach jeweils einheimischen Recht, tätig.

II. Sonstige Auslandbezüge

Nachdem feststeht, welche extraterritorialen Einrichtungen für die vorliegende Untersuchung in Betracht kommen, sind in einem weiteren Schritt alle sonstigen Auslandsbezüge darzustellen, die bei einer Auftragsvergabe für oder durch eine extraterritoriale Stelle von Relevanz sind.

1.   Leistungsort/Ort der Ausführung[145]

Zunächst kann der *Leistungsort* einen Auslandsbezug begründen, sofern die gewünschte Leistung im Ausland erbracht werden soll. Hierunter fallen z.B. Versendungsaufträge, bei denen die Ware im Ausland bestellt wird. Der Leistungsort liegt in einem solchen Falle im Ausland, da bereits mit Versendung Erfüllung eintritt. Auch bei Bauaufträgen, die im Ausland zu realisieren sind[146], und bei Dienstleistungsaufträgen[147], die nur im Ausland durchgeführt werden können, liegt der Leistungsort außerhalb Deutschlands. Lieferaufträge im Sinne des § 99 Abs. 2 GWB weisen grundsätzlich keinen Auslandsbezug auf, da das Verbringen der Ware zum Auftraggeber gerade nicht die typischen Aufgaben eines Lieferauftrages umfasst.[148] Eine Bringschuld muss deshalb immer zusätzlich in der Leistungsbeschreibung benannt werden.

Wird die Auftragsvergabe *für* eine extraterritoriale Einrichtung *von Deutschland aus* durchgeführt, fehlt es bei der Beschaffung von Waren an einem Auslandsbezug, wenn bereits mit Lieferung der Ware an die zentrale

---

145   Genannt bspw. in § 12 Abs. 1 Nr. 2 lit. e) VOB/A. Hierunter ist der Ort zu verstehen, an dem die Bauleistung ausgeführt werden soll, *Franzius*, in: Pünder/Schellenberg, Vergaberecht, VOB/A, § 12, Rn. 24.

146   Bei Bauaufträgen im Ausland gilt dies immer, sofern eine Bauleistung (Oberbegriff für Bauwerk und Bauvorhaben, vgl. *Ganske*, in: Reidt/Stickler/Glahs, Vergaberecht, § 99 GWB, Rn. 100) ausgeschrieben wurde. Ist beispielsweise nur die Planung eines Bauvorhabens im Ausland ausgeschrieben, liegt kein Auslandbezug vor. Auf der anderen Seite fehlt es aber auch am Vorliegen eines Bauauftrages, da ein solcher immer auch zumindest die Erbringung einer Bauleistung zum Gegenstand haben muss, *Ziekow*, in: Ziekow/Völlnik, Vergaberecht, § 99 GWB, Rn. 165.

147   Nach § 99 Abs. 4 GWB sind Dienstleistungsaufträge alle Verträge über die Erbringung von Leistungen, die nicht Liefer- oder Bauaufträge sind. Zwar differenziert die RL 2004/18/EG zwischen vorrangigen und nachrangigen Dienstleistungen. Vorrangige Dienstleistungen sind solche, denen eine entsprechend Binnenmarktrelevanz zugesprochen wird und folglich vergaberechtspflichtig sind, vgl. Erwägungsgrund Nr. 19 der RL 2004/18/EG. Eine abschließende Liste dieser vorrangigen Dienstleistungen findet sich im Anhang II Teil 1 der RL 2004/18/EG. Nachrangige Dienstleistungen können von der Durchführung eines Vergabeverfahrens grundsätzlich freigesprochen werden, vgl. Art. 21 RL 2004/18/EG. Allerdings sind nach deutschem Recht auf nachrangige Dienstleistungen die Vorschriften der VOL/A (grundsätzlich ohne die EG-Paragraphen) anwendbar. Zudem hat der EuGH geurteilt, dass auch für nachrangige Dienstleistungen die Grundfreiheiten die Durchführung von Vergabeverfahren fordern, EuGH, Urt. v. 13.11.2007 – C-507/03, Slg. 2007, S. I-9777 = NZBau 2008, S. 71 (72 f.), Rn. 26 ff.

148   *Ziekow*, in: Ziekow/Völlnik, Vergaberecht, § 99 GWB, Rn. 151.

Vergabestelle Erfüllung eintritt.[149] Anders verhält es sich, wenn eine Bringschuld explizit Teil der zu erbringenden Leistung ist. Dienstleistungsaufträge, die eine Leistungserbringung am Sitz der extraterritorialen Einrichtung zum Gegenstand haben, weisen über den Leistungsort einen entsprechenden Auslandsbezug auf. Bauleistungen, die im Zusammenhang mit der extraterritorialen Einrichtung erbracht werden sollen, begründen immer einen Auslandsbezug über den Ort der Leistung.

Abhängig von der Art der Leistung und der zuständigen Vergabestelle, kann schon vor Durchführung des Vergabeverfahrens über den Leistungsort ein Auslandsbezug festgestellt werden.

2.   Sitz/Aufenthaltsort des Auftragnehmers

Darüber hinaus vermag der satzungsmäßige Sitz des Auftragnehmers einen Auslandsbezug im Einzelfall zu begründen. Darunter ist der in der Gesellschaftssatzung oder im Gesellschaftsvertrag genannte Sitz einer juristischen Person des Privatrechts zu verstehen.[150] Befindet sich dieser außerhalb Deutschlands, liegt ein Auslandsbezug vor. Daneben kann der gewöhnliche Aufenthaltsort des Auftragnehmers einen Auslandsbezug vermitteln. Bei einem Unternehmen ist hierunter der satzungsmäßige Sitz, die Hauptverwaltung oder die Hauptniederlassung zu verstehen. Der gewöhnliche Aufenthaltsort des Auftragnehmers stellt immer dann einen Auslandsbezug her, wenn ein ausländisches Unternehmen mit Sitz im Ausland von deutscher Seite aus beauftragt wird, eine Sache zu liefern, eine Dienstleistung zu erbringen oder ein Werk zu erstellen.

Für die vorliegende Untersuchung könnte der satzungsmäßige Sitz oder der Aufenthaltsort des Auftragnehmers, wie weiter unten[151] zu prüfen ist, vor allem in Bezug auf das auf den Vertrag anzuwendende Recht von Bedeutung sein. Ob er für die Bestimmung des jeweils einschlägigen Vergabeverfahrensrechts von Belang ist, muss bezweifelt werden. Denn vor Beginn eines Vergabeverfahrens ist noch völlig unklar, welcher Auftragnehmer später den Zuschlag erhalten wird. Daher kann das Recht, nach wel-

---

149 Ist hingegen nach der Leistungsbeschreibung gefordert, dass der erfolgreiche Bieter die Ware direkt an die extraterritoriale Einrichtung liefert, also eine Bringschuld ins Ausland besteht, dann liegt auch in einer solchen Konstellation ein Auslandsbezug vor.

150 *Schneider*, in: Breithaupt/Ottersbach, Kompendium Gesellschaftsrecht, Rn. 99.

151 Vgl. unten: Kap. 3. C. III. 3.

chem die Auftragsvergabe durchzuführen ist, sich nicht nach dem Aufenthaltsort des späteren Auftragnehmers richten. Für extraterritoriale Einrichtungen ist dieser Auslandsbezug hinsichtlich der Frage des anzuwendenden Vergaberechts von untergeordneter Bedeutung.

3. Sitz des öffentlichen Auftraggebers

Ein weiterer Auslandsbezug könnte eventuell über den *Sitz des öffentlichen Auftraggebers* hergestellt werden. In der Regel befindet sich der Auftraggeber im Inland. So ist es beispielsweise der Fall bei deutschen Verwaltungseinrichtungen (Behörden, Ministerien), Gebietskörperschaften (Bund, Länder und Gemeinden) und deutschen Unternehmen, die unter § 98 Nr. 2 und Nr. 4 GWB fallen; alle haben ihren Hauptverwaltungssitz in Deutschland.

Fraglich ist jedoch, wie es sich verhält, wenn eine extraterritoriale Vergabestelle für die Durchführung eines Vergabeverfahrens zuständig ist und die Vergabe öffentlicher Aufträge in Eigenregie ausführt. Kann in einer solchen Konstellation die Einrichtung im Ausland öffentlicher Auftraggeber werden? Dies ist anhand der Umstände des Einzelfalls *materiell-wirtschaftlich* zu bestimmen.[152] Auftraggeber wird danach derjenige, der die Chancen und Risiken aus dem im Rahmen des konkreten Beschaffungsvorhabens abzuschließenden Vertrages *endgültig* tragen soll.[153] Sollte eine Auftraggebereigenschaft nicht in Frage kommen, kann die vergebende Stelle immer noch als rechtsgeschäftlich bestellter Vertreter mit der Durchführung des Vergabeverfahrens betraut werden.[154] In einem solchen Falle kann der Beauftragte in mittelbarer[155] oder unmittelbarer[156] Stellvertretung für den eigentlichen Auftraggeber handeln. Bei der mittelbaren Stellvertretung ist der Vertreter im Außenverhältnis als alleiniger Auftraggeber anzusehen, im Innenverhältnis ist die Beschaffung jedoch dem eigentlichen öffentlichen

---

152   *Diehr*, in: Reidt/Stickler/Glahs, Vergaberecht Kommentar, § 98, Rn. 11.
153   *Eschenbruch*, in: Kulartz/Kus/Portz, Kommentar zum Vergaberecht, § 98, Rn. 65 mwN.
154   VK Bund, Beschl. v. 08.06.2006 – VK 2-114/05, Rn. 41/S. 17 f. = VergabeR 2007, S. 100 (108).
155   Eine mittelbare (auch indirekte, versteckte, stille) Stellvertretung liegt vor, wenn jemand ein Rechtsgeschäft im eigenen Namen, aber im Interesse und für Rechnung eines anderen, des Geschäftsherrn, vornimmt, *Heinrichs*, in: Palandt, BGB, Einf. v. § 164, Rn. 6.
156   Im fremden Namen, im Interesse und für Rechnung eines anderen, *Heinrichs*, in: Palandt, BGB, Einf. v. § 164, Rn. 6.

Auftraggeber, also dem Hauptverwaltungssitz zuzurechnen.[157] Zwar ist es grundsätzlich vorgesehen, dass der Geschäftsherr nicht für Fehler seines – sich als solchen nicht zu erkennen gebenden – Geschäftsführers haften soll.[158] Entscheidend ist aber die Vereinbarung im Innenverhältnis. Wurde hier ein Geschäftsführungsauftrag geschlossen, dann hat der Geschäftsherr – auch wenn er nicht Partei im Außenverhältnis ist – eventuelle Schadensersatzansprüche im Innenverhältnis auszugleichen. In Fällen der mittelbaren und der unmittelbaren Stellvertretung liegen damit die Chancen und Risiken der konkreten Beschaffung weiterhin beim eigentlichen Auftraggeber. Abweichungen hiervon sind natürlich im Einzelfall möglich. Damit verbleibt der Sitz des öffentlichen Auftraggebers bei derartigen Fällen in Deutschland, am jeweiligen Hauptverwaltungssitz der Verwaltungseinrichtung, des gemeinnützigen Vereins oder Unternehmens.

Bei rechtlich selbständigen Einrichtungen im Ausland mit eigenem Hauptverwaltungssitz kommt eine öffentliche Auftraggebereigenschaft demnach ohne weiteres in Betracht. Dann liegt auch ein entsprechender Auslandsbezug über den Sitz des öffentlichen Auftraggebers vor. Bei rechtlich unselbständigen Einrichtungen im Ausland scheiden mangels Rechtspersönlichkeit eine Auftraggebereigenschaft und damit ein hierüber begründbarer Auslandsbezug aus. Die Frage nach der Auftraggebereigenschaft bedarf einer Prüfung des konkreten Falls.[159]

4. Sitz der Vergabestelle

Ein Auslandsbezug kann zudem über den Sitz der Vergabestelle begründet werden. Der Sitz der Vergabestelle ist dort, wo das Vergabeverfahren durchgeführt wird.[160] Dies bestimmt sich wiederum danach, wer im konkreten Fall für die Verfahrensdurchführung zuständig ist.[161] Daraus lässt sich schließen, dass über den Sitz der Vergabestelle immer dann ein Auslandsbezug hergeleitet werden kann, wenn eine extraterritoriale Stelle die Verfahrenszuständigkeit inne hat. Zum einen können das rechtlich selbständige Einrichtungen im Ausland sein, bei denen der Sitz des Auftraggebers

---

157 VK Bund, Beschl. v. 08.06.2006 – VK 2-114/05, Rn. 41 = VergabeR 2007, S. 100 (108).
158 Vgl. *Schramm*, in: Münchener Kommentar, BGB, Bd. I, Vorbm. §§ 164 ff., Rn. 13.
159 Ausführlich dazu unten unter: Kap. 4. B.
160 *Diehr*, in: Reidt/Stickler/Glahs, Vergaberecht Kommentar, § 98, Rn. 11.
161 Es kommen die zentrale Beschaffungsstelle und die dezentrale Bedarfsstelle in Betracht.

und der Vergabestelle zusammenfällt. Zum anderen kommen extraterritoriale Einrichtungen ohne eigene Rechtspersönlichkeit in Betracht, sofern sie nach interner Regelung für die Durchführung des Vergabeverfahrens zuständig sind.

5.   Ort der Ausschreibung

In bestimmten Situationen ist der Sitz der Vergabestelle jedoch vom Ort der Ausschreibung zu unterscheiden. Zwar wird teilweise vertreten, dass es sich hierbei um ein- und denselben Ort handelt.[162] Dies gilt aber nur für die Auftragsvergaben im unterschwelligen Bereich, bei denen es nur zu einer deutschlandweiten Bekanntmachung der Ausschreibung kommt, vgl. § 12 Abs. 1 Nr. 1 VOB/A, § 12 Abs. 1 VOL/A. Hier scheidet ein Auslandsbezug über den Ort der Ausschreibung aus. Anders verhält es sich dagegen im oberschwelligen Bereich: Hier findet aufgrund des europarechtlich geprägten Kartellvergaberechts eine europaweite Bekanntmachung der Ausschreibung statt. Nach § 12 Abs. 2 Nr. 2 bis 5 VOB/A EG, § 15 Abs. 6 VOL/A EG und § 13 SektVO sind die Auftraggeber verpflichtet, ihre Ausschreibungen im Supplement des Amtsblatts der Europäischen Union zu veröffentlichen, damit jedes Unternehmen innerhalb der EU zumindest die theoretische Möglichkeit hat, von dem jeweiligen Vergabeverfahren Kenntnis zu erlangen und daran teilzunehmen. Der gesamte europäische Binnenmarkt des öffentlichen Beschaffungswesens wird damit zum Ausschreibungsort und überlagert den Sitz der Vergabestelle. Im oberschwelligen Bereich wird damit bereits über die europaweite Bekanntmachung der Ausschreibung ein Auslandsbezug erzeugt, selbst wenn der Sitz der Vergabestelle in Deutschland verbleibt.

Dies gilt unabhängig davon, ob die extraterritoriale Einrichtung das Vergabeverfahren in Eigenregie durchführt oder nicht. Allerdings stellt der Ort der Ausschreibung keinen konkreten Bezug zu einem bestimmten ausländischen Staat her, sondern nur zum Rechtsraum bzw. Binnenmarkt der gesamten EU.

---

162   So etwa *Bitterich*, Vergaberechtswidrig geschlossene Verträge, IPRax 2009, S. 465 (467).

III.   Zwischenergebnis

Für die Frage nach dem anwendbaren Recht kommen neben den unter Kapitel 1 I. dargestellten extraterritorialen Einrichtungen vor allem Auslandsbezüge über den jeweiligen Sitz des Auftraggebers und der Vergabestelle sowie der Leistungsort als auch der Ort der Ausschreibung in Betracht. Bei Auftragsvergaben nach dem Kartellvergaberecht weist der Ort der Ausschreibung jedoch keinen konkreten Bezug zu einem bestimmten Staat auf, sondern nur zur gesamten EU. Der Sitz oder gewöhnliche Aufenthaltsort des Auftragnehmers kann höchstens bei der Frage nach dem anwendbaren Vertragsrecht eine Rolle spielen.

B.   *Rechtsregime*

Im folgenden Abschnitt erfolgt eine Darstellung sämtlicher Rechtsregime, anhand derer eine mögliche Zuordnungsentscheidung getroffen werden kann. Neben den Vergaberechtskodifikationen nationalen, europa- sowie völkerrechtlichen Ursprungs ist hierzu auf die unterschiedlichen Kollisionsordnungen einzugehen.

I.   Nationale und internationale Vergaberechtskodifikationen

Bei den nationalen Vergaberechtskodifikationen ist zwischen den Vergabeentscheidungen innerhalb und außerhalb der Europäischen Union zu differenzieren. Maßgeblicher Unterschied für den Bereich der EU ist die Unterteilung in ein ober- und unterschwelliges Vergaberecht. Zudem gibt es mit den Vergaberichtlinien[163] ein gemeinschaftliches Sekundärrecht, das für Auslegungsfragen nationaler Vergaberechteskodifzierungen im oberschwelligen Bereich von entscheidender Bedeutung ist. Auf internationaler Ebene sind all jene völkerrechtlichen Abkommen von Interesse, die sich mit dem öffentlichen Beschaffungswesen auseinander setzen. Auch sie können bei Vergaben mit Auslandsbezug als Auslegungshilfe hinsichtlich der Frage des anwendbaren Rechts herangezogen werden.

---

163   Vgl. unten: Kap. 1. B. I. 1. lit c).

1. Vergaberecht innerhalb der Europäischen Union

Innerhalb der Europäischen Union ist zwischen der Vergabe im ober- und im unterschwelligen Bereich zu unterscheiden. Durch den Erlass der Vergaberichtlinien wurden alle Mitgliedstaaten für den oberschwelligen Bereich verpflichtet, einheitliche Standards und Regelungen in ihre jeweiligen Kodifikationen einzufügen. Die Folge war eine „Zweiteilung"[164] des Vergaberechts, da die vorgenannten Richtlinien allesamt nur bei Auftragsvergaben oberhalb bestimmter geschätzter Auftragswerte (sog. Schwellenwerte) anwendbar sind. Somit ist das Vergaberecht oberhalb der Schwellenwerte innerhalb der EU aufgrund der im nationalen Recht der Mitgliedstaaten umzusetzenden Vergaberichtlinien einheitlich geprägt. Das Vergaberecht unterhalb der Schwellenwerte ist dagegen weiterhin „uneinheitlich-national" ausgestaltet und einzig – sofern eine Binnenmarktrelevanz[165] zu bejahen ist – durch das Diskriminierungsverbot und die Grundfreiheiten des AEUV einheitlich begrenzt. Die vorliegende Untersuchung beschränkt sich, wie bereits erwähnt[166], auf die Darstellung der Problematik anhand des oberschwelligen Vergaberechts. Der Vollständigkeit halber soll an dieser Stelle kurz der Unterschied zwischen den beiden Regelungsbereichen aufgezeigt werden.

---

164   *Glahs*, in: Reidt/Sticker/Glahs, Vergaberecht Kommentar, Einl., S. 41.
165   Bei Vergaben mit grenzüberschreitendem Bezug gelten die aus dem Diskriminierungsverbot und den Grundfreiheiten abgeleiteten Prinzipien der Nichtdiskriminierung, Gleichbehandlung, Transparenz, Verhältnismäßigkeit und gegenseitige Anerkennung, *Aicher*, in: Müller-Wrede, Kompendium des Vergaberechts, S. 78.
166   Vgl. oben: Einl. B.

a)   Vergabe im oberschwelligen Bereich

Hintergedanke[167] war, für Aufträge ab einem gewissen Schwellenwert einen einheitlichen Binnenvergabemarkt zu schaffen, um damit protektionistische Verhaltensweisen der Staaten für die Zukunft einzudämmen und den grenzüberschreitenden Wettbewerb innerhalb der Gemeinschaft zu fördern.[168] Neben den einheitlichen Vorgaben aus den Richtlinien ist deshalb Hauptunterscheidungsmerkmal zur Vergabe im unterschwelligen Bereich die europaweite Bekanntmachung der Ausschreibung im Supplement zum Amtsblatt der Europäischen Union, vgl. § 12 Abs. 2 Nr. 2 bis 5 VOB/A EG, § 15 Abs. 6 VOL/A EG, § 9 VOF und § 16 SektVO. Zumindest theoretisch hat damit jeder potentielle Unternehmer innerhalb der Gemeinschaft die Möglichkeit, an einem Verfahren über die Vergabe von öffentlichen Aufträgen in einem anderen Mitgliedstaat teilzunehmen.

Bei der nationalen Umsetzung der Vorgaben aus den Richtlinien behielten die Mitgliedstaaten allerdings ihre Regelungshoheit:

In Frankreich handeln der Staat und öffentlich-rechtliche Körperschaften bei der Vergabe öffentlicher Aufträge nicht wie Privatpersonen, sondern traditionell rein hoheitlich.[169] Die französische Rechtsordnung hat zu die-

---

167   Der eigentliche „Hintergedanke" ist im primären Europarecht kodifiziert, auch wenn sich in den Gründungsverträgen der europäischen Gemeinschaft keine explizite Vorschriften zum Vergaberecht finden, *Frenz*, in: Willenbruch/Wiedekind, Vergaberecht, S. 1728. So wird der Binnenmarkt bspw. in Art. 26 Abs. 2 AEUV (ex-Art. 14 EG) definiert. Danach umfasst der Binnenmarkt *„einen Raum ohne Binnengrenzen, in dem der freie Verkehr von Waren, Personen, Dienstleistungen und Kapital gemäß den Bestimmungen der Verträge gewährleistet ist."* Zudem hat der EuGH aus den eher allgemein formulierten Grundfreiheiten der Art. 34, 49 u. 56 AEUV (ex-Art. 28, 43 u. 49 EG), dem allgemeinen Diskriminierungsverbot des Art. 18 AEUV (ex-Art. 12 EG) sowie dem Grundsatz der Gleichbehandlung vergaberechtliche Grundsätze abgeleitet, z.B. EuGH, Urt. v. 27.10.2005 - Rs. 234/03 (*Contse*), Slg. 2005, S. I-9315, Rn. 24 ff.; Urt. v. 13.10.2005 - Rs. C-458/03 (*Parking Brixen*), Slg. 2005, S. I-8612, Rn. 48 ff. Daneben beeinflussen die Wettbewerbs- und Beihilferegelungen der Art. 101 ff. AEUV (ex-Art. 81 ff. EG) das Vergaberecht.
168   Zum Teil findet dies seinen Ausdruck in Erwägungsgrund Nr. 2 und Art. 2 der RL 2004/18/EG (VKR).
169   *Hök*, in: Hök, Handbuch des internationalen und ausländischen Baurechts, S. 940. Ausführlich hierzu: *Hamdan/Hamdan*, Das französische Vergaberecht, RIW 2011, S. 368 ff.

sem Zweck ein eigenes Gesetz, den „*Code des Marchés Publics*" ver-fasst.[170] Dieses Gesetz ist eindeutig öffentlich-rechtlich ausgestaltet.[171] Alle fiskalischen Tätigkeiten werden in Frankreich auf diese Weise ausgeübt. Folge ist, dass, sollte ein Auftragnehmer die vereinbarte Leistung nicht oder nicht wie geschuldet erbringen, der Staat als Auftraggeber nicht gehalten ist, Klage vor Gericht auf Nacherfüllung oder Schadensersatz zu erheben. Er kann anders als in Deutschland, einseitig durch Verwaltungsakt („*acte administratif unilatéral*") Sanktionen erlassen und anschließend selbst voll-strecken. Ein weiterer Unterschied zu Deutschland ist, dass nach französi-schem Vergaberecht oberhalb der EU-Schwellenwerte juristischen Perso-nen des Privatrechts, an denen der Staat eine Mehrheitsbeteiligung hält oder auf die er sonst wie einen beherrschenden Einfluss ausübt (in Deutschland § 98 Nr. 2 GWB), nicht unter den Begriff des öffentlichen Auftraggebers fallen.[172] Folglich sind Staatsbetriebe wie die SNCF, EDF, HDF oder die Banque de France vom Anwendungsbereich des CMP ausgenommen.

Deutschland hingegen inkorporierte die Vorschriften zum Vergaberecht im oberschwelligen Bereich in das privatrechtlich ausgestaltete Gesetz ge-gen Wettbewerbsbeschränkungen (GWB, dort 4. Kapitel). Rein fiskalisches

---

170 Décret n° 2004-15 du 7 janvier 2004. Nach Art. 1 Abs. 1 CMP fallen unter die öffentliche Auftragsvergabe alle entgeltlichen Verträge zwischen öffentlichen Auftraggebern und Personen des Privatrechts (natürliche oder juristische Perso-nen des Privatrechts), die für Bauvorhaben, Beschaffungsmaßnahmen oder Dienstleistungen geschlossen werden. Unter Art. 1 Abs. 1 S. 1 CMP heißt es dort wortwörtlich: „*Les marchés publics sont les contrats conclus à titre onéreux entre les pouvoirs adjudicateurs définis à l'article 2 et des opérateurs économiques publics ou privés, pour répondre à leurs besoins en matière de travaux, de four-nitures ou de services.*" Abhängig von dem jeweils zu vergebenden Auftrag wird unterschieden zwischen dem Vergaberecht im Baubereich (marché publics de travaux), im Lieferbereich (marché publics des fournitures) und im Dienstleis-tungsbereich (marché publics de services). Im Anschluss definiert Art. 2 CMP den Begriff des öffentlichen Auftraggebers: Demnach sind der französische Staat, staatliche Einrichtungen gewerblicher oder nicht gewerblicher Art (Nr. 1) sowie Gebietskörperschaften und ihre öffentlichen Einrichtungen (Nr. 2) von Art. 2 CMP umfasst, vgl. Art 2 CMP: „*Les pouvoirs adjudicateurs soumis au présent code sont: 1° L'Etat et ses établissements publics autres que ceux ayant un cara-ctère industriel et commercial; 2° Les collectivités territoriales et les établisse-ments publics locaux.*"
171 *Hök,* in: Hök, Handbuch des internationalen und ausländischen Baurechts, S. 940.
172 So heißt es in Art. 2 1° CMP: „*(...) autres que ceux ayant un caractère industriel et commercial;*"

Handeln (sog. fiskalische Hilfsgeschäfte)[173] wird in Deutschland traditionell als privatrechtlich eingestuft.[174] Folglich steht einem deutschen öffentlichen Auftraggeber auch kein öffentlich-rechtlicher Maßnahmenkatalog zur Durchsetzung seiner Rechte zur Verfügung.

Abhängig von der Stellung der Normen innerhalb der jeweiligen nationalen Kodifikation ist es also durchaus denkbar, dass es zu abweichenden rechtlichen Einordnungen des Vergaberechts und damit zusammenhängend von Gerichtszuständigkeiten und anderen Folgefragen innerhalb der Mitgliedstaaten der Europäischen Union kommen kann.

b)   Vergabe im unterschwelligen Bereich

Die Kodifikationen der einzelnen Mitgliedstaaten im unterschwelligen Bereich sind überwiegend haushaltsrechtlich und damit einzelstaatlich geprägt.[175] Trotz oder aufgrund des hohen Stellenwerts der Aufträge im unterschwelligen Bereich[176] beließ es die Europäische Union bei den eigenständigen Normierungen der Mitgliedstaaten. Damit hat jedes Mitgliedsland der EU sein eigenes Vergaberecht für Auftragsvergaben unterhalb der EU-Schwellenwerte.

---

173   *Schmitz*, in: Stelken/Bonk/Sachs, Verwaltungsverfahrensgesetz, § 1 VwVfG, Rn. 112: Auch sog. „Bedarfsverwaltung" genannt. Rechtsprechung hierzu: BGH, Beschl. v. 10.101967 – 1 StR 453/67 = NJW 1967, S. 1911; GmSOGB, Beschl. v. 10.04.1986 – GemS-OGB 1/85 = BGHZ 97, S. 312 (316 f.) = BVerwGE 74, S. 368; BGH, Urt. v. 12.03.1991 – KZR 26/89 = NJW 1991, S. 2963.

174   *Erichsen/Ehlers*, Allgemeine Verwaltungsrecht, S. 172 ff.

175   Für Deutschland: *Hertwig*, Praxis der öffentlichen Auftragsvergabe, S. 15.

176   Nach dem Bericht der Europäischen Kommission aus dem Jahre 2004, vgl. Pressemitteilung v. 03.02.2004 (IP/04/149) - *A Report on the Functioning of Public Procurement Markets*, liegt der Anteil der europaweiten (also im oberschwelligen Bereich) Ausschreibungen gemessen am Gesamtauftragsvolumen in Deutschland bei 7%. Die europaweiten Veröffentlichungsquoten von Griechenland (45%), Spanien (23,6%) und Großbritannien (21,1%) lagen während des Untersuchungszeitraums der Europäischen Kommission dagegen weit über dem Durchschnitt von 16,2%, vgl. Bericht der Kommission v. 03.04.2004 (Fn. 2), S. 8 (Tabelle 2). Laut Bericht seien diese Zahlen aber mit entsprechender Vorsicht zu genießen, da große Infrastrukturprojekte (z.B. Autobahnen, Brücken, Flughäfen, Tunnels) schnell zu starken Verschiebungen führen könnten. Trotzdem steht der deutsche Markt nach den Ergebnissen der Untersuchung zufolge auf dem letzten Platz, gefolgt von den Niederlanden (8,9%) und Luxemburg (13,3%). Vgl. hierzu: *Poschmann*, Vertragsänderungen unter dem Blickwinkel des Vergaberechts, 2010, S. 31.

Wegen der bestehenden Sprach- und Informationsbarrieren ist es einem Unternehmer aus einem anderen Mitgliedstaat[177] nur schwer möglich, an einem lediglich national ausgeschriebenen Verfahren teilzunehmen. Denn weder die CPV-VO (EG) Nr. 2195/2002[178] noch die Verordnung über Standardformulare, VO (EG) Nr. 1564/2005[179] gelten für den unterschwelligen Bereich. Es scheint, dass gerade in dem kapitalintensivsten Sektor[180] der öffentlichen Auftragsvergabe weiterhin protektionistisches Gebaren der einzelnen Mitgliedstaaten toleriert wird. Im unterschwelligen Bereich haben sich damit die nationalen Interessen klar gegenüber einer weiteren Europäisierung und damit Harmonisierung und Angleichung der einzelstaatlichen Vergabeverfahren durchgesetzt.

---

177 Ausnahmen dürften natürlich solche Grenzregionen sein, in denen die gleiche Sprache gesprochen wird und es darüber hinaus zu einer grenzüberschreitenden Zusammenarbeit von Kommunen und privaten Unternehmern kommt. Als Beispiel sei hier die deutsch-österreichische Grenzregion genannt.

178 Common Procurement Vocabulary (CPV): Geht zurück auf die VO (EG) Nr. 2195/2002, v. 05.11.2002, über das gemeinsame Vokabular für öffentliche Aufträge, zuletzt geändert durch VO (EG) Nr. 213/2008, v. 28.11.2007, ABl. L 74 v. 15.03.2008, S. 1-375. Mit Inkrafttreten der VO (EG) Nr. 2195/2002 im Dezember 2003 sind unmittelbar verbindliche Vorschriften für eine europaweit einheitliche Vergabe festgelegt worden, wodurch die Beschreibung des Auftragsgegenstandes insofern erleichtert wurde, als seitdem einheitliche Klassifizierungsnormen für das technische Vokabular verwendet werden müssen, *Frenz*, in: Willenbruch/Wiedekind, Vergaberecht, S. 1743.

179 Die VO (EG) Nr. 1564/2005, v. 07.09.2005, zur Einführung von Standardformularen für die Veröffentlichung von Vergabebekanntmachungen im Rahmen von Verfahren zur Vergabe öffentlicher Aufträge gem. der RL 2004/17/EG (SKR) und der RL 2004/18/EG (VKR), ABl. L 275, S. 1 ff., zuletzt geändert durch VO (EG) Nr. 1150(2009, v. 10.11.2009, ABl. L 313, S. 3 ff.: Mit Inkrafttreten der VO (EG) Nr. 1564/2005 am 21.10.2005 wurde ein einheitlicher Satz von zuletzt 2009 aktualisierten Standardformularen eingeführt, welche allesamt die in den Vergaberichtlinien RL 2004/17/EG und RL 2004/17/EG geforderten Informationen berücksichtigen und ein elektronisch handbares Format vorsehen. Über www.simap.europa.eu sind alle Formularmuster in allen EU-Amtssprachen abrufbar. Die elektronisch über die Standardformulare einreichbaren Bekanntmachungen werden innerhalb von 5 Tagen auf der EU-Datenbank „TED" (Tenders Electronic Daily) veröffentlicht (www.ted.europa.eu). Dabei handelt es sich um die elektronische Form des Supplements des EU-Amtsblatts.

180 Nach der Studie der Europäischen Kommission betrug das Gesamtvolumen aller öffentlichen Aufträge innerhalb der Europäischen Union 2009 ca. EUR 2,4 Billionen. Nur EUR 465,62 Milliarden davon fallen auf den oberschwelligen Bereich. Damit ist relativ klar, dass der „Löwenteil" der Aufträge weiterhin auf dem eigenen, nationalen Vergabemarkt des unterschwelligen Bereichs ausgeschrieben und vergeben wird, vgl. Public Procurement Indicators 2010, v. 04.11.2011, http://ec.europa.eu/internal_market/publicprocurement/docs/indicators2010-_en.pdf.

c)   Vergaberichtlinien als unionsrechtliches Sekundärrecht

Bei Richtlinien handelt es sich um unionsrechtliches Sekundärrecht, das nach Art. 288 AEUV (ex-Art. 249 EGV) für die einzelnen Mitgliedstaaten verbindlich ist. Nicht nur generell, sondern vor allem in Bezug auf die vorliegende Untersuchung sind die Vergabekoordinierungsrichtlinie (VKR)[181] und die Sektorenkoordinierungsrichtlinie (SKR)[182] von besonderer Bedeutung. Beide Richtlinien führten erstmals die Bestimmungen über Bauaufträge einerseits und Liefer- und Dienstleistungsaufträge andererseits in jeweils einer Richtlinie für unterschiedliche Auftraggeber zusammen. Deren Vorgängerrichtlinien waren Richtlinie 92/50/EWG des Rates vom 18.06.1992 über die Koordinierung der Verfahren zur Vergabe öffentlicher Dienstleistungsaufträge [183], Richtlinie 93/36/EWG des Rates vom 14.06.1993 über die Koordinierung der Verfahren zur Vergabe öffentlicher Lieferaufträge[184] und Richtlinie 93/37/EWG des Rates vom 14.06.1993 über die Koordinierung der Verfahren zur Vergabe öffentlicher Bauaufträge[185]. Daneben gilt seit dem 14.11.2007 die sog. Rechtsmittelrichtlinie (RL 2007/66/EG)[186], welche die Verbesserung der Wirksamkeit des Nachprüfungsverfahrens regelt. Die Rechtsmittelrichtlinie wiederum beruht auf der RL 89/665/EWG des Rates vom 21.12.1989[187] und der RL 92/13/EWG des Rates vom 25.02.1992[188]. Vorliegend von Bedeutung ist darüber hinaus die Richtlinie zur Koordinierung der Verfahren zur Vergabe bestimmter Aufträge in den Bereichen der Verteidigung und Sicherheit (RL 2009/81/EG).[189] Entgegen den Vorgaben aus den RL 2004/17EG und RL 2004/18/EG sollen hiernach auch für verteidigungs- und sicherheitsrelevante Aufträge unter bestimmten Voraussetzungen Vergabeverfahren durchgeführt werden.

---

181   ABl. L 134/114 ff. v. 30.04.2004 = RL 2004/18/EG v. 31.03.2004.
182   ABl. L 134/1 ff. v. 30.04.2004 = RL 2004/17/EG v. 31.03.2004.
183   ABl. L 209/1 ff. v. 27.07.1992. Zuletzt geändert durch RL 2001/78/EG v. 13.09.2001, ABl. L 285/1 ff. v. 29.10.2001.
184   ABl. L 199/1 ff. v. 09.08.1993. Zuletzt geändert durch RL 2001/78/EG v. 13.09.2001, ABl. L 285/1 ff. v. 29.10.2001.
185   ABl. L 199/54 ff. v. 09.08.1993. Zuletzt geändert durch RL 2001/78/EG v. 13.09.2001, ABl. L 285/1 ff. v. 29.10.2001.
186   ABl. L 335/31 ff. v. 20.12.2007.
187   ABl. L 395/33 ff. v. 30.12.1989.
188   ABl. L 76/14 ff. v. 23.03.1992.
189   ABl. L 216/76 ff. v. 20.08.2009.

Gerade die in den Richtlinien enthaltenen Erwägungsgründe können aufgrund ihrer Erläuterungen für Auslegungszwecke im Einzelfall von Bedeutung sein.[190] Wo das nationale Recht keine Erklärungen liefert, können die Vergaberichtlinien zur Problemlösung herangezogen werden.

2. Vergaberecht außerhalb der Europäischen Union

Außerhalb der Europäischen Union (nicht jedoch in den EWR-Staaten)[191] kommen alle weiteren nationalen Vergaberechtsregime in Betracht. Wird beispielsweise ein Auftrag vergeben, der außerhalb der EU oder des EWR-Raums zu erbringen ist, dann tritt das deutsche Vergaberecht mit seiner Unterteilung in einen ober- und unterschwelligen Bereich in Konkurrenz zu dem geltenden Rechtsregime für (öffentliche) Auftragsarten des jeweiligen Staates. Außereuropäische Vergaberechtskodifikationen weisen jedoch keine Unterteilung in einen ober- oder unterschwelligen Bereich auf. Im Rahmen dieser Untersuchung wird allerdings nicht auf andere nationale Vergaberechtskodifizierungen eingegangen. Entsprechend findet keine Auseinandersetzung mit den rechtlichen Gegebenheiten der jeweiligen Aufnahmestaaten extraterritorialer Einrichtung außerhalb der EU (und des EWR) statt.

3. Völkerrechtliche Verträge

Nach Art. 216 Abs. 2 AEUV (ex-Art. 300 Abs. 7 EG) sind die von der EU geschlossenen Abkommen sowohl für die Union als auch die Mitgliedstaa-

---

190 So greift bspw. der EuGH bei der Bestimmung von Systematik und Zielsetzung von Richtlinien immer wieder auf deren Erwägungsgründe zurück, u.a. EuGH, Urt. v. 05.06.200 – C 226/06, Slg. 2008, S. I-86 ff. Vgl. *Kothe*, in: Münchener Handbuch zum Arbeitsrecht, Bd. 2, § 289, Rn. 10.

191 Im Europäischen Wirtschaftsraum (EWR) gilt das Binnenmarktrecht der Europäischen Union, *Bungenberg*, in: Loewenheim/Meessen/Riesenkampff, Kartellrecht, v. §§ 97 ff. GWB, Rn. 115. Insoweit legt Art. 65 EWR-Vertrag iVm Anhang XVI fest, dass die Vertragspartner des EWR, wozu neben sämtlichen EU-Staaten nur noch Norwegen, Liechtenstein und Island zählen, das gesamte EU-Vergaberecht zu übernehmen haben, *Prieß*, Handbuch des europäischen Vergaberechts, S. 38. Folglich gelten im oberschwelligen Bereich auch in Norwegen, Liechtenstein und Island alle für das öffentliche Auftragswesen relevanten Richtlinien, *Stehmann*, in: Grabitz/Hilf, Das Recht der Europäischen Union, Bd. 5, E 28, Rn. 220.

ten verbindlich. Darin ist eine innergemeinschaftliche Befolgungsanordnung zu sehen. Denn völkerrechtliche Abkommen der Gemeinschaft stellen einen „integrierenden Bestandteil der Unionsrechtsordnung" dar.[192] Sie stehen damit grundsätzlich über dem gemeinschaftlichen Sekundärrecht und gehen entgegenstehenden nationalen Rechtsordnungen vor.[193]

Im Übrigen genießen Völkerrechtliche Verträge in Deutschland den Status eines einfachen Gesetzes.[194] Dies folgt aus Art. 59 Abs. 2 S. 1 GG. Entsprechend sind auch die dort geregelten Inhalte als Bestandteil deutschen Rechts anzusehen und zu befolgen.

a)   Agreement on Government Procurement (GPA)[195]

Ende der 1980er Jahre wurde mit Beginn der Uruguay-Runde[196], auch wenn von dieser formal getrennt, eine grundlegende Revision bestehender Kodizes des Welthandelsrechts in Angriff genommen.[197] Am Ende der Verhandlungen konnte zusammen mit der Schlussakte der Uruguay-Runde das neue *Agreement on Government Procurement* (GPA) in Marrakesch am 15. April 1994 paraphiert werden.[198] Es trat am 01. Januar 1996 in Kraft und ersetzt

---

192   St. Rspr. des EuGH seit: Urt. v. 12.12.1972 - verb. Rs. 21-24/72 (*International Fruit Company*), Slg. 1972, S. 1219 (1229); Urt. 30.04.1974 - Rs. 181/73 (*Haegemann*), Slg. 1974, S. 449 (460).

193   *Bungenberg*, Vergaberecht im Wettbewerb der Systeme, S. 108 f.

194   So zumindest das BVerfG, Urt. v. 29.07.1952 - 2 BvE 2/51 = BVerfGE 1, S. 372 (394 f.), Urt. v. 12.07.1994 - 2 BvE 3/92; 2 BvE 5/93; 2 BvE 7/93; 2 BvE 8/93 = BVerfGE 90, S. 286 (357) A.A. *Nettesheim*, in: Maunz/Dürig, GG, Art. 59, Rn. 184.

195   Zu Deutsch: „Übereinkommen über das öffentliche Beschaffungswesen".

196   Die 8. Welthandelsrunde wurde am 20.09.1987 in Punta del Este (Uruguay) eröffnet. Abgeschlossen wurde sie mit der Unterzeichnung der Schlussakte in Marrakesch (Marokko) am 15.04.1994. Am Ende einigten sich die Delegierten, alle Übereinkommen unter dem Dach der zu gründenden World Trade Organization (WTO) zusammenzufassen, vgl. *Behrens*, in: Hilf/Oeter, WTO-Recht, § 4 Rn. 1 u. 16 ff. Die neue Welthandelsordnung beruht auf insgesamt siebzehn multilateralen Übereinkommen, wozu insbesondere das GATT (1. Säule), das GATS (2. Säule) und das Übereinkommen über handelsbezogene Investitionsmaßnahmen (TRIMS, als 3. Säule), sowie vier plurilaterale Abkommen, insbesondere das (neue) GPA, gehören, *Göttsche,* in: Hilf/Oeter, WTO-Recht, § 5 Rn. 3 u. 7 ff.

197   Ausführlich zu den Verhandlungen zum neuen GPA, *Marceau/Blank*, The History of Government Procurement Negotiations Since 1945, PPLR 1996, S. 77 (109 ff.).

198   Dieses Ergebnis ist umso erstaunlicher, wenn man bedenkt, dass dem GPA ein heftiger transatlantischer Konflikt um das öffentliche Beschaffungswesen voraus-

den alten Beschaffungskodex 1979 gemäß Art. XXIV:3 lit c) GPA.[199] Neben den 28 Mitgliedern der EU haben nur 14 weitere, also insgesamt 41 Staaten das Übereinkommen (bisher) unterzeichnet.[200] Als plurilaterales Übereinkommen[201] zwingt eine Mitgliedschaft in der WTO nicht zu einer Mitgliedschaft im GPA, sondern berechtigt nur zu ihr.[202]

---

ging. In diesem Streit ging es um eine Präferenzregelung zugunsten von EG-Bietern im Sektorenbereich (Verkehr-, Energie-, Telekommunikations- und Wasserversorgung) nach Art. 36 Sektorenrichtlinie (a.F.). Diese wiederum war Antwort auf die sog. *Buy-American*-Gesetzgebung der USA, welche den Zugang europäischer Unternehmen auf den US-Vergabemärkten erheblich erschwerte, und sollte quasi als Faustpfand für Verhandlungen über eine wechselseitige Öffnung der Beschaffungsmärkte dienen. In der Folge drohte der Handelsstreit zu eskalieren; die USA waren kurz davor, als Reaktion auf diese als Provokation empfundene Regelung im Frühjahr 1993 Sanktionen nach dem Omnibus Trade and Competitiveness Act of 1988 gegen die (damalige) EG in Kraft treten zu lassen (U.S. Pub. L. No. 100-418, 102 Stat. 1107). Im letzten Moment konnte durch ein *Memerandum of Understanding* eine endgültige Eskalation des Handelskonflikts abgewendet werden (vgl. ABl. 1993 Nr. L 125/54). Erst dieser Friedensschluss ebnete den Weg für den dann erfolgreichen Abschluss der Verhandlungen über das neue GPA, hierzu *Pünder,* in: Müller-Wrede, Kompendium des Vergaberechts, S. 60 f.

199 Abdruck der englischen Fassung unter http://www.wto.org/english/tratop_ e/gproc_e/gp_gpa_e.htm (zuletzt abgerufen am: 18.02.2013).

200 Dies sind die EU (einschließlich ihrer 28 Mitglieder), Hong Kong, Israel, Island, Japan, Kanada, Liechtenstein, Norwegen, die Niederlande im Hinblick auf Aruba, Singapur, die Schweiz, Südkorea, Taiwan und die USA. Anfang Januar 2008 hat China offiziell um Beitritt zum GPA ersucht, vgl. *Committee on Government Procurement, Application for Accession to the Agreement of Government Procurement, Communication from the People's Republic of China, WTO-Dok. GPA/93 vom 14.01.2009.* Zudem laufen Beitrittsverhandlungen mit einigen Entwicklungsländern (Albanien, Armenien, Georgien, Jordanien, Kirgisien, Moldawien, Oman und Panama), vgl. *Report (2009) of the Government Procurement Committee, WTO-Dok. GPA/103 vom 12.11.2009.* 22 WTO-Mitgliedsstaaten verfügen derzeit über einen Beobachterstatus (Argentinien, Australien, Bahrein, Chile, Kamerun, Kolumbien, Kroatien, Mongolei, Neuseeland, Saudi Arabien, Sri Lanka, Türkei und die Ukraine), *Göttsche,* in: Hilf/Oeter, WTO-Recht, § 23, Fn. 51.

201 Auch wenn es damit nicht Bestandteil des multilateralen „Einheitspakets" (single package) ist, weist es dennoch Verknüpfungen hierzu auf, als das WTO-System institutionell den „Rahmen für die Durchführung" des GPA (und der anderen plurilateralen Übereinkommen) bildet, vgl. Art. III:1 WTO-Übereinkommen.

202 Nach Art. II:3 WTO-Übereinkommen ist das GPA nur für solche Mitglieder verbindlich, die es unterzeichnet haben. Daraus folgt im Umkehrschluss, dass die GPA-Mitgliedschaft keine Voraussetzung für die WTO-Mitgliedschaft ist, umgekehrt jedoch die WTO-Mitgliedschaft Voraussetzung für eine GPA-Mitgliedschaft.

aa)   Entstehungsgeschichte und allgemeine Inhalte

Das neue GPA hat nicht nur für Aufträge der Zentralregierungen, sondern auch für Aufträge der Regional- und Kommunalverwaltungen mehr Markttransparenz und verbesserte Marktchancen geschaffen.[203] Unter das neue GPA fallen auch Aufträge zur Beschaffung von Waren und Dienstleistungen durch öffentlich-rechtliche Einrichtungen aus den Sektoren der Wasser- und Energieversorgung und des Verkehrswesens.[204]

bb)   Unmittelbare Anwendbarkeit des GPA?

Das GPA wurde gemäß Art. 216 Abs. 2 AEUV (ex Art. 300 Abs. 7 EG) von der EU ratifiziert und ist damit sowohl für die Union wie für die Mitgliedstaaten verbindlich. Demgemäß wurden die Vergaberichtlinien den Vorgaben aus dem GPA angepasst und von den Mitgliedstaaten in nationales Recht umgesetzt.[205] Zudem ist das gemeinschaftliche Vergaberecht so weit wie möglich im Lichte der völkerrechtlichen Verpflichtungen auszulegen.[206] Gleiches gilt für das deutsche Vergaberecht, da das GPA als integrierender Bestandteil des Unionsrechts Vorrang gegenüber den nationalen Rechtsordnungen hat.[207]

Damit ist aber noch keine Aussage über die unmittelbare Anwendbarkeit des GPA getroffen, ob sich also Bieter vor nationalen oder den europäischen Gerichten direkt auf das GPA berufen können. Das WTO-Abkommen selbst, zu dem das GPA gehört (dort Annex 4), enthält hierzu keine

---

203   *Schwarze*, Die Vergabe öffentlicher Aufträge im Lichte des europäischen Wirtschaftsrechts, EuZW 2000, S. 133 (134).

204   Näher hierzu der Bericht des WTO-Vergaberechtskomitees, nachzuschauen unter http://www.wto.org/. Ausgenommen sind dagegen der gesamte Telekommunikationssektor und die Auftragsvergabe im Bereich des Transports und der Verteilung von Gas und Wärme, Erdöl- und Erdgasgewinnung, der Ortung und Förderung von Kohle oder anderen Festbrennstoffen sowie der Bereich der Schienenverkehrsdienste.

205   Vor allem wurden die Schwellenwerte angepasst, einige Verfahrensregeln geändert und neue Berichtspflichten der Mitgliedstaaten eingeführt, *Prieß*, in: Prieß/Berrisch, WTO-Handbuch, S. 751 ff.

206   St. Rspr. EuGH, Urt. v. 17.10.1995 - Rs. C-70/94 (*Werner*), Slg. 1995, S. I-3189 (3225); Urt. v. 10.09.1996 - Rs. C-61/94 (*Kommission/Deutschland*), Slg. 1996, S. I-3989 (4020).

207   *Bungenberg*, Vergaberecht im Wettbewerb der Systeme, S. 108.

Aussage.[208] Damit entscheidet die lex fori, also das am Gerichtsstand geltende Recht, über die unmittelbare Anwendbarkeit.[209] Der EuGH hat eine
unmittelbare Anwendbarkeit des WTO-Abkommens und damit des GPAs
mit der Begründung abgelehnt, dass die Rechtmäßigkeit einer Handlung der
Gemeinschaft nicht anhand völkerrechtlicher Abkommen beurteilt werden
könne, weil diese ihrer Natur und Struktur nach nicht zu den Vorschriften
gehören, an denen der EuGH die Rechtmäßigkeit von Handlungen messe.[210]
Zudem folgt bereits aus Erwägungsgrund Nr. 7 und Art. 5 der
RL 2004/18/EG, dass dem GPA selbst keine unmittelbare Wirkung zuzuer-
kennen ist.[211] In Deutschland bedarf es zur unmittelbaren Anwendbarkeit
eines nationalen Zustimmungsgesetzes (vgl. Art. 59 Abs. 2 S. 1 GG), nicht
aber einer darüber hinausgehenden Umsetzung des Abkommens in innerstaatliches Recht. Da es daran bislang fehlt, kommt auch eine unmittelbare
Anwendbarkeit des GPA in Deutschland nicht in Betracht.[212] Ebenso haben
die vierzehn Nicht-EU-Staaten eine unmittelbare Anwendbarkeit des Übereinkommens abgelehnt.[213] Allerdings ist dem GPA eine „mittelbare Wirkung" zuzusprechen, als die Mitgliedstaaten bei der Auslegung nationaler
Vergabevorschriften neben dem Unionsrecht auch das GPA berücksichtigen müssen.[214]

---

208 Mit Ausnahme des GATS, vgl. BGBl. 1994 II S. 1438 ff. (1678) Pt. 3.
209 *Bungenberg*, Vergaberecht im Wettbewerb der Systeme, S. 109.
210 EuGH, Urt. v. 23.11.1999 - Rs. C-149/96 (*Portugal/Rat*), Slg. 1999, S. I-8395
     (Rn. 46). So verhält es sich auch mit den USA, die ebenfalls eine unmittelbare
     Anwendbarkeit ablehnen, *Hörmann*, in: Hilf/Oeter, WTO-Recht, § 3, Rn. 51 ff.
211 Um ihm aber trotzdem zur vollen Geltung zu verhelfen, sollen die öffentlichen
     Auftraggeber die Inhalte der Vergaberichtlinien im Einklang mit dem Überein-
     kommen gegenüber Wirtschaftsteilnehmern aus Drittländern anwenden, vgl. Er-
     wägungsgrund Nr. 7 und Art. 5 der neuen Vergaberichtlinie RL 2004/18/EG.
212 *Bungenberg*, Vergaberecht im Wettbewerb der Systeme, S. 114; *Kunnert*, WTO-
     Vergaberecht, S. 403; *Pünder*, in: Müller-Wrede, Kompendium des Vergabe-
     rechts, S. 71 f.
213 Z.B.: USA oder die Schweiz, die aber das schweizerische Vergaberecht nahezu
     eins zu eins aus dem GPA übernommen haben.
214 *Bungenberg*, Vergaberecht im Wettbewerb der Systeme, S. 115.

b)   GATT und GATS

Für alle WTO-Mitglieder, die das GPA nicht ratifiziert haben, gilt weiterhin das *General Agreement on Tariffs and Trade* (GATT)[215]. Als Vorgänger-vereinbarung der WTO sind alle WTO-Mitglieder automatisch Mitglieder des GATT geworden.[216] In Art. I:1 GATT 1947[217] (Meistbegünstigungs-prinzip) wird das öffentliche Beschaffungswesen jedoch nicht erwähnt. In Art. III:8 lit. a) GATT 1947 wurde die Anwendbarkeit des Prinzips der In-ländergleichbehandlung auf die öffentlichen Auftragsvergaben sogar aus-drücklich ausgeschlossen.[218] Art. XVII:2 S. 1 GATT 1947 (jetzt 1994) schreibt darüber hinaus fest, dass im Falle der Warenbeschaffung für öf-fentliche Zwecke ausländische Waren einer diskriminierenden Behandlung unterworfen werden können.[219] Das GATT ist damit frei von jeder Rege-lung, die eine Marktöffnung des Vergabesektors möglich macht oder auch nur langfristig in Aussicht stellen könnte.

---

215   Zu Deutsch: „Allgemeines Zoll- und Handelsabkommen". Das GATT 1947 war selbst nur als Teilordnung über die Liberalisierung von Zöllen und sonstigen han-delspolitischen Maßnahmen konzipiert worden und sollte in der sog. „Havanna Charta" als dem umfassenden Vertragswerk über eine neue Welthandelsordnung aufgehen, *Herdegen*, Internationales Wirtschaftsrecht, § 9, Rn. 2. Wegen Wider-ständen im US-Kongress trat die Charta nie in Kraft. Generell war in den USA die Skepsis groß, dass man dadurch bedeutende Teile seiner außenwirtschaftli-chen Gestaltungsspielräume einbüßen würde.
216   *Prieß,* in: Prieß/Berrisch, WTO Handbuch, S. 625. Denn aus dem GATT ging die WTO als Organisation hervor. Das GATT bildet mithin einen der Grundpfeiler des WTO-Vertrages und ist als *multilaterales* Übereinkommen zu bezeichnen.
217   Dieselben Bestimmungen des GATT 1947 sind komplett im GATT 1994 zu fin-den. Der Text des GATT ist u.a. abgedruckt in, *Tietje*, Welthandelsorganisation, S. 329 ff.
218   Eine vergleichbare Regelung enthält jetzt auch Art. III GATS. Lediglich Art. XVII:2 GATT 1947 (Staatshandel) enthielt einen Passus, wonach in Bezug auf staatliche Einkäufe für nicht kommerzielle Zwecke allen Vertragsparteien der Grundsatz aus Art. I:1 GATT 1947 einer fairen und gleichen Behandlung zugesi-chert werden sollte. Nach *Marceau/Blank* ist gerade darin ein unlogischer Wider-spruch zu dem ausdrücklichen Ausschluss des Hinweises der „gleichen und fairen Behandlung" aller Vertragsparteien in Art III:8 lit. a) GATT 1947 zu sehen. Denn dem allgemeinen Wortlaut des Art I:1 GATT 1947 nach könnte man argumentie-ren, dass das öffentliche Beschaffungswesen weiterhin Gegenstand des Meistbe-günstigungsprinzips war, vgl. *dieslb*, The History of Government Procurement Negotiations Since 1945, PPLR 1996, S. 77 (88).
219   So heißt es darin: „*The provisions of paragraph 1 of this Article shall not apply to imports of products for immediate or ultimate consumption in governmental use and not otherwise for resale or use in the production of goods for sale.*"

Gleiches gilt für das *General Agreement on Trades in Services* (GATS)[220]: In Art. XIII:1 GATS wird die Anwendbarkeit des Abkommens auf öffentliche Dienstleistungsaufträge ausdrücklich ausgeschlossen.[221] Für alle WTO-Mitglieder, die nicht Vertragsstaaten des GPA sind, ist diese Bestimmung noch immer anwendbar.[222] Allerdings ist es gemäß Art. XIII Abs. 2 GATS den Mitgliedstaaten unbenommen, jederzeit Verhandlungen über die Einbeziehung der öffentlichen Beschaffung von Dienstleistungen in den Regelungsbereich des GATS aufzunehmen. Einer zu diesem Thema eingesetzten Arbeitsgruppe gelang es jedoch bislang nicht, einen Konsens über eine entsprechende Ergänzung des GATS zu finden.[223]

GATT und GATS sind damit auf alle Konstellationen anwendbar, bei denen der Drittstaat nicht Mitglied der EU oder Unterzeichner des GPAs ist. Somit wäre es sowohl Deutschland als auch dem Drittstaat möglich, weiterhin Inländer des jeweils anderen Staates bei der Vergabe öffentlicher Aufträge zu diskriminieren. Eine Öffnung des Marktes ist gerade nicht gewollt. In letzter Konsequenz hat dies zur Folge, dass den Wirtschaftsteilnehmern aus dem jeweils anderen Land der Zutritt zum eigenen Markt ohne weiteres verwehrt werden kann. Dies dürfte selbst dann gelten, wenn die zu vergebende Leistung in diesem Drittland erbracht werden soll, solange von Deutschland aus das Vergabeverfahren durchgeführt wird und seitens des deutschen Auftraggebers ein entsprechender Diskriminierungswille besteht. Der Vergabemarkt würde sich dann auf den nationalen Markt beschränken, zu dem gerade kein Zutrittsrecht besteht. Anders dürfte es sich allerdings verhalten, wenn am Sitz der Bedarfsstelle nach dem Recht des Aufnahmestaates ausgeschrieben wird. Denn dann ist nicht der eigene, sondern der fremde Beschaffungsmarkt am Sitz der Bedarfsstelle betroffen. Das Aufnahmeland könnte dann sogar verlangen, dass keine deutschen Teilnehmer am Vergabeverfahren zugelassen werden. Denn Warenlieferungen aus Deutschland würden als Lieferungen aus dem Ausland nach Art.

---

220 Zu Deutsch: „Allgemeines Abkommen über den Handel mit Dienstleistungen". Die Verhandlungen hierüber fanden im Rahmen der Uruguay-Runde (1986-1993), aus der am Ende die WTO hervorging, statt und waren geprägt vom Interessenkonflikt der Industriestaaten und der Entwicklungsländer, vgl. *Behrens,* in: Hilf/Oeter, WTO-Recht, § 4, Rn. 9 ff.

221 So ist der Wortlaut von Art. XIII:1 GATS an Art. III:8 lit a) und Art. XVII:2 GATT angelehnt. Das Prinzip der Inländergleichbehandlung findet demnach auch auf die Vergabe von Dienstleistungen nicht statt, vgl. *Dischendorfer*, The Existence and Development of Multilateral Rules on Government Procurment under the Framework of the WTO, PPLR 2000, S. 1 (20).

222 *Prieß,* in: Prieß/Berrisch, WTO Handbuch, S. 625.

223 WTO Doc. S/WPGR/5 v. 24.11.2000.

XVII:2 S. 1 GATT eingestuft und könnten entsprechend sanktioniert/unterbunden werden.

c)   Sonderabkommen der EU

Aufgrund der beschränkten Reichweite des GPA, insbesondere der „vielfältigen individuellen Bereichs- und Reziprozitätsausnahmen"[224] sah sich die Europäische Union veranlasst, mit wichtigen Handelspartnern eigenständige Sonderabkommen über einen erweiterten wechselseitigen Zugang zu den jeweiligen Beschaffungsmärkten abzuschließen.[225] Die Vereinbarungen sind ihrerseits als integrierender Bestandteil der Gemeinschaftsordnung anzusehen und als solche für alle Mitglieder verbindlich.

aa)   Europäischer Wirtschaftsraum (EWR)

Weitestgehenden Zugang zum öffentlichen Beschaffungsmarkt anderer europäischer Staaten gewährt der völkerrechtliche Vertrag über den Europäischen Wirtschaftsraum. Gemäß Art. 65 Abs. 1 EWR-Vertrag müssen die Vertragspartner nach dem in Anhang XVI genannten Umfang das gemeinschaftliche Vergaberecht (insbesondere die Vergaberichtlinien) anwenden und die EWR-Grundfreiheiten beachten. Damit findet im Europäischen Wirtschaftsraum das EU-Binnenmarktrecht Anwendung.[226] Nach aktuellem Stand gilt dies für Liechtenstein, Norwegen und Island im Verhältnis zur EU.

bb)   EFTA-Freihandelsabkommen

Da die Schweiz den Beitritt zum EWR in einer Volksabstimmung abgelehnt hat, gilt zwischen der EU und der Schweiz weiterhin das EFTA-Freihandelsabkommen[227], das nur Grundfreiheiten, aber nicht den Zugang zu einem

---

224   *Pünder*, in: Müller-Wrede, Kompendium des Vergaberechts, S. 72.

225   Vgl. hierzu insbesondere: *Kunnert*, WTO-Vergaberecht, S. 22 ff.; *Prieß*, Handbuch des europäischen Vergaberechts, S. 37 ff.

226   *Bungenberg*, in: Loewenheim/Meessen/Riesenkampff, KartellR, v. §§ 97 ff. GWB, Rn. 115.

227   „*European Free Trade Association*" (Europäische Freihandelsassoziation).

fremden oder dem eigenen Beschaffungsmarkt regelt bzw. festlegt.[228] Weil die Schweiz aber ihrerseits Mitglied des GPA ist, bedarf es keiner näheren Auseinandersetzung mit den Regelungen des EFTA-Freihandelsabkommens.

cc)   „Bilaterale Abkommen I"

1999 schloss die Schweiz ein Paket von sieben bilateralen Abkommen mit der Europäischen Union. Eines dieser Abkommen regelte das öffentliche Beschaffungswesen.[229] Darin wurde der Anwendungsbereich der GPA-Vorschriften (als Teil des WTO-Rechts) z.B. auf Beschaffungen von Bezirken und Gemeinden sowie auf Beschaffungen öffentlicher und privater Auftraggeber („*private utiities*") in den Sektoren Schienenverkehr, Gas- und Wärmeversorgung ausgedehnt.[230] Allerdings existiert mit den EU- und EWR-Staaten kein gemeinsamer Binnenmarkt. Schließlich hat sich die Schweiz bewusst gegen die Aufnahme in den EWR und die EU entschieden. Eine Gleichstellung mit EU- oder EWR-Mitgliedstaaten würde demnach zu weit gehen.[231]

---

228   Ausführlich hierzu: *Durić*, Die Freihandelsabkommen EG-Schweiz; *Senti*, WTO – System und Funktionsweise der Welthandelsordnung, Rn. 1439.

229   Das sog. „*Agrrement between the European Community and the Swiss Confederation on certain aspecst of government procurement*" wurde am 21.06.1999 unterzeichnet, am 21.05.2001 durch eine Volksabstimmung in der Schweiz genehmigt und ist am 01.01.2002 in Kraft getreten.

230   Darüber hinaus findet das GPA jetzt auch Anwendung auf die Beschaffung privater Unternehmen, die aufgrund eines besonderen oder ausschließlichen Rechts, das ihnen von einer Behörde übertragen wurde, in den Sektoren Trinkwasser- und Stromversorgung, städtischer Verkehr, Flughäfen sowie Fluss- und Seeschifffahrt tätig sind.

231   *v. Strenge*, Auftraggebereigenschaft wegen der Beherrschung durch ausländische Gebietskörperschaften, NZBau 2011, S. 17 (21).

II.   Kollisionsregelungen des privaten und öffentlichen Rechts

Im Kern geht es bei der vorliegenden Untersuchung um eine Rechtsanwendungsfrage, ob deutsches Recht auf eine Vergabe durch oder für extraterritoriale Einrichtungen angewendet werden muss. Zur Bestimmung des einschlägigen Rechts ist auf unterschiedliche Kollisionsregelungen zurückzugreifen. Kollisionsrecht entscheidet, welches in der Sache anwendbare Recht (*Statut*) auf einen Sachverhalt anzuwenden ist.[232]

1. Zuordnungsentscheidung nach Internationalem Privatrecht

Aus praktischen Gesichtspunkten in Bezug auf die Prüfungsreihenfolge macht es zunächst Sinn, die kollisionsrechtliche Untersuchung mit den vorhandenen, europarechtlich normierten Kollisionsregeln des Internationalen Privatrechts zu beginnen. Denn im Gegensatz zu den Kollisionsnormen des Internationalen Öffentlichen Rechts sind diese in den nationalen und europäischen Regelwerken ausdrücklich kodifiziert. Dann aber müsste es sich beim Vergaberecht um einen Regelungskomplex handeln, der Teil des Internationalen Privatrechts ist. Dies wäre der Fall, wenn es um die Regelung von Privatrechtsbeziehungen im Zusammenhang mit einem auslandsbezogenen Sachverhalt geht.[233] Dabei ist zwischen europäischem und nationalem Internationalen Privatrecht zu unterscheiden.

a)   Europäisches Internationales Privatrecht

Für EU-Mitglieder existieren mehrere für die vorliegende Untersuchung maßgebliche Kollisionsvorschriften des europäischen Internationalen Privatrechts. Zum einen hat der europäische Gesetzgeber mit der Umwandlung

---

232 *Kegel/Schurig*, Internationales Privatrecht, S. 25.
233 *Sonnenberger*, in: Münchener Kommentar, BGB, Bd. 10, Einl. IPR, Rn. 3 f.

des EVÜ[234] in die Rom I-VO[235] ein ·einheitliches Gesetzeswerk europäischer Kollisionsregeln für vertragliche Schuldverhältnisse geschaffen.[236]

Daneben besteht die Rom II-VO[237], welche das auf außervertragliche Schuldverhältnisse und das auf Verschulden bei Vertragsschluss anwendbare Recht bestimmt.

Beide Verordnungen „ergänzen"[238] ihrerseits bzw. stehen im Kontext mit der europäischen Verordnung über die gerichtliche Zuständigkeit und die Anerkennung und Vollstreckung von Entscheidungen in Zivil- und Handelssachen (EuGVO).[239] Über die EuGVO findet eine Zuordnung des europäischen Zivilverfahrensrechts statt. Für die vorliegende Untersuchung ist die EuGVO gerade deshalb interessant, weil die zu ihr entwickelten Definitionen und Begriffsmerkmale bei der Auslegung von der Rom I-VO und II-VO herangezogen werden können. Nach Erwägungsgrund Nr. 7 zur Rom

---

234 EVÜ steht für das Europäische „Übereinkommen über das auf vertragliche Schuldverhältnisse anzuwendende Recht". Dies wurde am 19.06.1980 in Rom unterzeichnet und trat am 01.04.1991 in Kraft, vgl. Art. 29 Abs. 1 EVÜ u. Bekanntmachung v. 12.07.1991, BGBl. II, S. 871. Es wurde als Art. 27 bis 37 EGBGB in das deutsche Recht integriert. Nach Einführung der Rom I-VO wurden diese Artikel ersatzlos gestrichen. Zudem wurde Art. 29b EGBGB, der der Umsetzung von Richtlinien diente, durch Art. 46c EGBGB ersetzt, vgl. Gesetz zur Anpassung der Vorschriften des Internationalen Privatrechts an die Verordnung (EG) Nr. 593/2998 vom 25.06.2009, BGBl. I, S. 1574.

235 Die Rom I-VO ist am 04.07.2008 im Amtsblatt veröffentlicht worden und am 17.12.2009 in Kraft getreten, Verordnung (EG) Nr. 593/2008 des Europäischen Parlaments und des Rates vom 17.06.2008 über das auf vertragliche Schuldverhältnisse anzuwendende Recht (Rom I), ABl. 2008 Nr. L 177 S. 6.

236 Hierzu ausführlich: *Kreuzer*, Zu Stand und Perspektiven des Europäischen Internationalen Privatrechts, RabelsZ 70 (2006), S. 1 ff.; *Sonnenberger*, in: Münchener Kommentar, BGB, Bd. 10, 5. Aufl., Einl. IPR, Rn. 146. Die Kompetenz zum Erlass der Rom I-VO beruhte damals auf ex-Art. 61 lit. c iVm Art. 65 lit. b EG (heute: Art. 65 Abs. 4 AEUV iVm Art. 81 Abs. 2 lit. c AEUV). Die Ablösung des EVÜ durch Rom-I und Rom-II muss als weiterer Schritt zur Vereinheitlichung des europäischen Kollisionsrechts gewertet werden, *Martiny*, in: Münchener Kommentar, BGB, Bd. 10, Vor Art. 1 Rom I-VO, Rn. 12.

237 Die Rom II-VO ist am 31.07.2008 im Amtsblatt veröffentlicht worden und am im Wesentlichen 11.01.2009 in Kraft getreten. Da es bereits (teilweise) am 11.07.2007 ratifiziert wurde, war es die „erste Neuschöpfung des europäischen Kollisionsrechts", *Jayme/Kohler*, Europäisches Kollisionsrecht 2007: Windstille im Erntefeld der Integration, IPRax 2007, S. 493 (494).

238 *Martiny*, in: Münchener Kommentar, BGB, Bd. 10, v. Art. 1 Rom I-VO, Rn. 12b.

239 VO (EG) Nr. 44/2001 des Rates vom 22.12.2000 über die gerichtliche Zuständigkeit und die Anerkennung und Vollstreckung von Entscheidungen in Zivil- und Handelssachen, ABl. 2001 Nr. L 12 S. 1. Synonym werden die Bezeichnung „EuGVVO" oder „Brüssel I-VO" verwendet. Vorliegend findet der Begriff „EuGVO" Verwendung.

I-VO sollen der materielle Anwendungsbereich und die Bestimmungen der Rom I-VO mit der EuGVO im Einklang stehen. In Auslegungsfragen kann deshalb auf die Rechtsprechung des EuGH zur EuGVO zurückgegriffen werden.[240] Zudem lässt sich unter Umständen mit Hilfe der EuGVO die internationale Verfahrenszuständigkeit der Nachprüfungsverfahren vor den Vergabekammern oder Vergabesenaten bestimmen.

Aufgrund der innerhalb der EU geltenden Normenhierarchie ist das europäische Internationale Privatrecht, selbst wenn der Sachverhalt einen Auslandsbezug zu einem Drittstaat aufweist, im Verhältnis zum nationalen Recht vorrangig anzuwenden und zu prüfen.[241] Die nationalen Gerichte gelangen also nur dann zur Anwendung des eigenen nationalen Internationalen Privatrechts, soweit die europäischen IPR-Vorschriften nicht anwendbar sind oder keine passenden Kollisionsnormen enthalten.

Außerhalb dieser zwei kollisionsrechtlichen Normkomplexe (teilweise unter Zuhilfenahme der EuGVO) sind für die vorliegende Untersuchung keine weiteren europarechtlichen Kollisionsregeln relevant. Insbesondere enthalten weder die Vorschriften des EUV/AEUV noch das Richterrecht des EuGH versteckte Kollisionsnormen[242], die nach dem Vorrangprinzip entsprechend der Hinweisnorm des Art. 3 Nr. 2 EGBGB anzuwenden wären und damit das Internationale Privatrecht der Mitgliedstaaten zurücktreten lassen.[243]

b)   Nationales Internationales Privatrecht

Als nationale Kollisionsordnung des Internationalen Privatrechts ist an vorderster Stelle das EGBGB zu nennen. Daneben kommen autonome[244] IPR-Vorschriften des deutschen (Sach-)Rechts in Frage.

---

240   *Martiny,* in: Münchener Kommentar, BGB, Bd. 10, Art. 1 Rom I-VO, Rn. 5. Dies gilt insbesondere – wie sich später noch zeigen wird – für den autonomen Begriff der Zivil- und Handelssache.

241   *Sonnenberger,* in: Münchener Kommentar, BGB, Bd. 10, Einl. IPR, Rn. 152.

242   Ausnahme: U.a. die Vorschriften des internationalen Gesellschaftsrechts im Rahmen des „Überseering-Urteils", vgl. hierzu *Sonnenberger,* in: Münchener Kommentar, BGB, Bd. 10, Einl IPR, Rn. 140.

243   *Sonnenberger,* in: Münchener Kommentar, BGB, Bd. 10, Einl. IPR, Rn. 145.

244   „Autonom" meint in diesem Zusammenhang „selbständig". Im Gegensatz zu „unselbständigen" Kollisionsnormen sind diese als „Hauptnorm" zu verstehen, da ihr Wortlaut genügt, um das in der Sache anwendbare Recht zu bestimmen, *Kegel/Schurig,* Internationales Privatrechts § 6 I.1. Die „unselbständigen Kollisi-

2. Zuordnungsentscheidung nach Internationalem Öffentlichen Recht

Sollte eine Anknüpfung des deutschen Kartellvergaberechts über die Kollisionsregeln des Internationalen Privatrechts ausscheiden, ist eine kollisionsrechtliche Anknüpfung mit Hilfe des „Kollisions- und Grenzrechts"[245] des Internationalen Öffentlichen Rechts zu treffen. Gegenstand des Internationalen Öffentlichen Rechts ist die Frage nach der Reichweite (und den Grenzen) des eigenen Rechts, der eigenen hoheitlichen Gewalt „im Verhältnis zu fremden Rechtsordnungen und Hoheitsgewalten"[246].

Allerdings muss sich das Internationale Öffentliche Recht (oder auch Internationales Verwaltungsrecht genannt), auch wenn seine Existenz mittlerweile allgemein anerkannt ist, noch immer gegenüber dem Internationalen Privatrecht in Bezug auf seine Anwendung in der Praxis emanzipieren. So verwundert es nicht, dass es mittlerweile mehrere unionsrechtliche Kodifikationen zum IPR gibt (z.B. Rom I- bis Rom III-VO,[247] aber noch keine einzige zum europäischen Verwaltungskollisionsrecht.

Da es dem öffentlichen Kollisionsrecht anders als dem Internationalen Privatrecht an ausdrücklich geschriebenen Normen fehlt,[248] müssen diese aus dem materiellen Recht[249] entwickelt und abgeleitet werden.[250] Aus diesem Grunde müssen an dieser Stelle das Kartellvergaberecht, die Vergaberichtlinien und die völkerrechtlichen Verträge, welche sich mit dem öffentlichen Beschaffungswesen auseinandersetzen[251], hinsichtlich ihres kollisionsrechtlichen Gehalts untersucht und entsprechend ausgelegt werden. Dabei ist das deutsche Recht auf seine *„extraterritoriale Jurisdiktion"* zu überprüfen. *Jurisdiktion* wird als die Befugnis verstanden, Hoheitsgewalt zur

---

onsnormen" stellen lediglich eine Ergänzung (deshalb Hilfsnorm) zu den selbständigen Kollisionsnormen dar, *v. Hoffmann/Thorn*, Internationales Privatrecht, S. 177.

245 *Menzel*, Internationales Öffentliches Recht, S. 7 f. Zum Begriff als solches, *Menzel*, aaO, S. 1 ff.

246 *Menzel*, Internationales Öffentliches Recht, S. 7.

247 Vgl. oben: Kap. 1. B. II. 1 lit. a)

248 *Ohler*, Die Kollisionsordnung des Allgemeinen Verwaltungsrechts, S. 131 f.

249 Gegenüber dem Kollisionsrecht ist das Begriffsverständnis von „materiellem Recht" deutlich weiter. Neben den herkömmlichen materiell-rechtlichen Vorschriften fallen auch Verfahrens-. Form- und Prozessvorschriften hierunter, vgl. *Kropholler*, Internationales Privatrecht, § 13 I.

250 *Schlochauer*, Internationales Verwaltungsrecht, S. 6; *Neumeyer*, Internationales Verwaltungsrecht, Bd. 4, S. 484.

251 Das sind im vorliegenden Falle das EWR- und das EFTA-Abkommens, sowie das GPA und das GATT/GATS.

Setzung und Durchsetzung von Recht auszuüben.[252] *Extraterritorial* wird diese dann, wenn der räumliche Anwendungsbereich (auch Regelungsbereich genannt) sich auf Sachverhalte bezieht, die außerhalb des eigenen Staatsterritoriums anzusiedeln sind.[253] Vorliegend geht es um die hoheitliche Gewalt des deutschen Staates, Rechtsnormen zu setzen und ihnen u.U. einen extraterritorialen Anwendungsbereich zuzusprechen („jurisdiction to prescribe"[254]). Unter diesem völkerrechtlichen Begriff wird die Regelungshoheit eines jeden souveränen Staates verstanden.[255] Die Regelungshoheit verknüpft Sachverhalt und Rechtsfolge.[256] Danach ist es den Staaten grundsätzlich unbenommen, Sachverhalte mit Auslandsbezug nach eigenem Recht zu regeln, solange sie eine sinnvolle Anknüpfung des Inhalts eines Regelungsgegenstandes zu ihrer Hoheitsgewalt vorweisen können.[257] Das wiederum bestimmt sich nach dem Vorliegen entsprechender Anknüpfungsprinzipien (z.B. Territorialitätsprinzip, Auswirkungsprinzip, lex-fori-Prinzip etc.). Die Ausübung einer Regelungskompetenz muss dabei immer im Einklang mit völkergewohnheits-, europa- und verfassungsrechtlichen Maßstäben stehen.[258] Dementsprechend sind auch diese Vorschriften bei der Frage nach der Anwendbarkeit des Rechts zu prüfen.

III.   Zwischenergebnis

Im Ergebnis sind bei der Frage des Anwendungsbereichs deutschen Kartellvergaberechts in Bezug auf extraterritoriale Einrichtungen folgende Rechtsregime zu beachten: Neben dem nationalen Vergaberecht selbst, das als Ausdruck von hoheitlicher Regelungskompetenz auf seine extraterritoriale Reichweite hin überprüft werden muss, sind vor allem die Vergaberichtlinien sowie die völkerrechtlichen Abkommen des EWR, GPA, GATT, GATS und das bilaterale Abkommen mit der Schweiz von Interesse.

---

252 *Meng*, Extraterritoriale Jurisdiktion im öffentlichen Wirtschaftsrecht, S. 1 ff.
253 *Meng*, Extraterritoriale Jurisdiktion im öffentlichen Wirtschaftsrecht, S. 73.
254 Hierzu heißt es im US-amerikanischen Restatement of the Law (Third), The Foreign Relations Law of the United States (1987), § 401 lit. a: „*Jurisdiction to prescribe, i.e., to make its law applicable to the activities, relations, or status of persons, or the interests of persons in things, whether by legislation, by executive act or order, by administrative rule or regulation, or by determination of a court;*".
255 *Meng*, Extraterritoriale Jurisdiktion im öffentlichen Wirtschaftsrecht, S. 6.
256 *Meng*, Extraterritoriale Jurisdiktion im öffentlichen Wirtschaftsrecht, S.
257 *Ohler*, Die Kollisionsordnung des Allgemeinen Verwaltungsrechts, S. 328 mwN in Fn. 9.
258 Hierzu ausführlich unten: Kap. 4. C.

Hinsichtlich einer kollisionsrechtlichen Anknüpfung ist zunächst ausführlich auf die internationalprivatrechtlichen Vorschriften der Rom I- und Rom II-VO sowie des EGBGB einzugehen. Gleiches gilt für die Zuständigkeitsvorschriften der EuGVO. Ebenso hat eine Überprüfung autonomer IPR-Vorschriften des nationalen Rechts zu erfolgen.

Im Rahmen einer Prüfung anhand des Kollisions- und Grenzrechts des Internationalen Öffentlichen Rechts ist der räumliche Anwendungsbereich des nationalen Rechts zu bestimmen, da es hierbei mangels eigenständiger Kollisionsnormen auf die materiell-rechtliche Lage ankommt. Im Falle einer extraterritorialen Jurisdiktion durch den deutschen Gesetzgeber ist daraufhin eine Rechtmäßigkeitsprüfung nach völkergewohnheits-, europa- und verfassungsrechtlichen Maßstäben vorzunehmen.

C. Getrennte oder einheitliche Anknüpfung

Im Rahmen der zu treffenden Zuordnungsentscheidungen stellt sich die Frage, inwiefern das Gesamtgeschehen der öffentlichen Auftragsvergabe einer einheitlichen oder mehrgliedrigen Betrachtung zu unterziehen ist. Zunächst sind hierzu die allgemeinen Abläufe einer öffentlichen Auftragsvergabe von der Entscheidung für die Beschaffung bis zum Vertragsschluss darzustellen. Eine entsprechende Darstellung erfolgt mithilfe des deutschen Kartellvergaberechts, da dieses den Qualifikationsgegenstand der vorliegenden Untersuchung bildet. Daraufhin ist herauszuarbeiten, ob sich das jeweils geltende Recht für jede einzelne Phase (getrennte Anknüpfung) oder aber für den gesamten Vergabevorgang (einheitliche Anknüpfung) bestimmen lässt.

I. Allgemeine Darstellung der Abläufe nach deutschem Kartellvergaberecht

Die öffentliche Auftragsvergabe beginnt bereits vor der Ausschreibung und zwar durch die verwaltungsintern getroffene Entscheidung, dass Bedarf an einer externen Leistungsbeschaffung besteht (Erkennen des Beschaffungsbedarfs und Definition des Beschaffungsgegenstandes). Der öffentlichen Auftraggeber hat zu diesem Zeitpunkt bereits erkannt, dass eine Neubeschaffung notwendig ist, um den Verwaltungs-/ Staats-/Unternehmensbetrieb aufrechterhalten, gewährleisten und ggf. erweitern zu können. Schon in diesem Stadium muss sich der jeweilige öffentliche Auftraggeber aufgrund intern angestellter Kalkulationen im Klaren darüber sein, welches Auftragsvolumen die auszuschreibende Leistung schätzungsweise haben wird, vgl. § 3 VgV, § 2 SektVO. Denn abhängig vom Erreichen der seitens der Kommission festgelegten und im zweijährigen Rhythmus[259] neu überprüften Schwellenwerte finden die Vergaberichtlinien und damit das Kartellvergaberecht Anwendung. Darauf wiederum basiert die Wahl der zur Verfügung stehenden Vergabeverfahren.[260] So sehen § 101 GWB[261], die verschiedenen Vergabe- und Vertragsordnungen in VOB/A EG[262], VOL/A EG[263] und SektVO[264] insgesamt jeweils vier und die VOF[265] zwei Vergabeverfahren (VOF) vor. Zugleich muss der öffentliche Auftraggeber die für die Beschaffung benötigten finanziellen Mittel sicher- bzw. bereitstellen.

---

259 Die Berechnung dieser Schwellenwerte beruht auf dem durchschnittlichen Tageskurs des Euro ausgedrückt in Sonderziehungsrechten (SZR). Dieser durchschnittliche Tageskurs wird über einen 24-Monatszeitraum ermittelt, der am 31. August endet, der der Neufestsetzung zum 1. Januar vorausgeht.

260 Mit Ausnahme bei Auftragsvergaben nach der SektVO: Nach § 6 SektVO gibt es hier „keine Hierarchie der Vergabearten", so dass unter der Voraussetzung, dass eine EU-Bekanntmachung erfolgt ist, jedes Verfahren frei gewählt werden kann, *Völlnik*, in: Ziekow/Völlnik, Vergaberecht, § 6 SektVO, Rn. 1.

261 Nämlich das offene Verfahren, vgl. § 101 Abs. 2 GWB; das nicht offene Verfahren, vgl. § 101 Abs. 3 GWB; den wettbewerblichen Dialog, vgl. § 101 Abs. Abs. 4 GWB; das Verhandlungsverfahren, vgl. § 101 Abs. 5 GWB.

262 Die VOB/A EG als Vergabe- und Vertragsordnung für die Vergabe von Bauleistungen (Definition, vgl. § 1 VOB/A) sieht für den oberschwelligen Bereich (vgl. § 3 Abs. 1 VOB/A EG) vier Vergabearten vor: Das „offene Verfahren" nach § 101 Abs. 2 GWB), das „nicht offene Verfahren (nach § 101 Abs. 3 GWB), das Verfahren des wettbewerblichen Dialogs (nach § 101 Abs. 4 GWB) und das Verhandlungsverfahren (nach § 101 Abs. 5 GWB).

263 Die VOL/A als Vergabe- und Vertragsordnung für die Vergabe von öffentlichen Aufträgen über Leistungen, worunter Lieferungen und Dienstleistungen fallen (soweit sie keine Bauleistungen sind oder Leistungen, die im Rahmen freiberuflicher Tätigkeit erbracht werden, vgl. § 1 VOL/A), nennt für den oberschwelligen Bereich in § 3 VOL/A EG folgende europaweit zulässigen Vergabearten: Offenes Verfahren, nicht offenes Verfahren (Abs. 2), Verhandlungsverfahren (Abs. 3-6) und wettbewerblicher Dialog (Abs. 7). In Abs. 8 ist überdies die Durchführung von Wettbewerben geregelt.

264 Die SektVO gilt für Auftragsvergaben, die im Zusammenhang mit Sektorentätigkeiten stehen, vgl. § 1 Abs. 1 SektVO. Nach § 6 Abs. 1 und 2 SektVO können die Auftraggeber frei zwischen dem offenen, nicht offenem Verfahren mit Bekanntmachung, dem Verhandlungsverfahren mit Bekanntmachung und dem Verhandlungsverfahren ohne Bekanntmachung wählen.

265 Die VOF, als Vergabe- und Vertragsordnung für die Vergabe von Aufträgen über Dienstleistungen, die im Rahmen von freiberuflicher Tätigkeit erbracht werden (§ 1 Abs. 1 VOF), sieht hingegen nur das Verhandlungsverfahren – allerdings in

Ist nach Schätzung des Auftragswerts[266] die Anwendbarkeit des richtigen Vergaberechts und -verfahrens geklärt, wird die Entscheidung für die Beschaffung in der Regel[267] durch öffentliche Ausschreibung publik und damit erstmals nach außen hin wahrnehmbar gemacht. Liegt das Beschaffungsvolumen oberhalb der Schwellenwerte des § 2 VgV, erfolgt eine europaweite Bekanntmachung der Ausschreibung im Supplement des Amtsblatts der Europäischen Union oder auf der Onlineplattform TED. Zu diesem Zeitpunkt sind schon die Bedingungen der zu erbringenden Leistung (sog. Leistungsbeschreibung, vgl. § 7 VOB/A EG, § 8 VOL/A EG, § 7 SektVO bzw. Auftragsbeschreibung, vgl. § 6 VOF)[268] sowie der Bewerbung an sich (sog. Bewerbungsbedingungen, vgl. § 8 Abs. 2 Nr. 4 VOB/A EG und § 9 Abs. 1 lit. b VOL/A EG) aufzustellen und entsprechend zugänglich zu machen. Insbesondere die Erstellung der Leistungsbeschreibungen verlangt von jeder Vergabestelle höchste Sorgfalt. Denn gerade im Zusammenhang mit der Anfertigung und späteren, vertraglichen Zugrundelegung fehlerhafter Leistungsbeschreibungen drohen dem Staat erhebliche finanzielle Verluste. Sodann müssen für Einreichung und Bearbeitung der Angebote ausreichende Fristen gewährt werden.

Abhängig von der Verfahrensart und der Art der Bekanntmachung und der Verfügbarkeit der Vergabeunterlagen zieht sich der Verfahrensabschnitt

---

zweigleisiger Ausgestaltung – vor; nämlich das Verhandlungsverfahren mit vorheriger öffentlicher Aufforderung zur Teilnahme (sog. Teilnahmewettbewerb, vgl. § 3 Abs. 2 u. 3) und das Verhandlungsverfahren ohne vorherigen Teilnahmewettbewerb vor (vgl. § 3 Abs. 4). Gegen eine Zulässigkeit des wettbewerblichen Dialogs spricht der klare Wortlaut der Vorschrift, *Haak/Preißinger*, in: Willenbruch/Wieddekind, Vergaberecht, S. 314.

266 Dies richtet sich grundsätzlich nach § 3 VgV. Für Sektorenauftraggeber gilt hingegen § 2 SektVO. Dabei ist zu berücksichtigen, dass zu Beginn eines Vergabeverfahrens der tatsächliche Wert eines Auftrags zumeist nicht feststehen wird. Trotzdem soll von Beginn des Vergabeverfahrens an klar sein, welche Vorschriften anzuwenden sind. Hierbei ist der geschätzte Auftragswert für den weiteren Verfahrensablauf verbindlich. Die Schätzung hat nach rein objektiven Kriterien zu erfolgen, wobei der Wert der Gesamtvergütung maßgeblich ist, den ein umsichtiger und sachkundiger öffentlicher Auftraggeber nach sorgfältiger Prüfung des relevanten Marktsegments und im Einklang mit den Erfordernissen betriebswirtschaftlicher Finanzplanung veranschlagen würde, OLG Koblenz, Beschl. v. 06.07.2000 - Verg 1/99 = WuW/E Verg 470/472; *Alexander,* in: Pünder/Schellenberg, Vergaberecht, S. 799 f.

267 So schreibt § 101 Abs. 7 S. 1 GWB vor, dass alle öffentlichen Auftraggeber (mit Ausnahme der Sektorenauftraggeber nach § 98 Nr. 4 GWB) das offene Verfahren nach Abs. 2 anzuwenden haben.

268 Die §§ 1 ff. VOB/A EG und VOL/A EG verdrängen vollständig die Vorschriften der §§ 1 ff. VOB/A und VOL/A.

(Ausschreibung/Bekanntmachung bis Teilnahmeschluss) über mehrere Wochen bis Monate hin.[269] Denn gerade bei großen und damit komplexen Bauaufträgen muss den Bewerbern genügend Zeit eingeräumt werden, die Vergabeunterlagen eingehend zu studieren, bei Unklarheiten nachzufragen[270], eigene interne Kalkulationen anzustellen etc., um schließlich ein fundiertes Angebot[271] abgeben zu können, sofern eine Teilnahme von Bewerberseite aus für sinnvoll erachtet wird.

Dann sind in einem gesonderten Eröffnungstermin die eingegangenen und bis dahin unter Verschluss gehaltenen Angebote unter Einhaltung der entsprechenden Regeln (vgl. § 14 VOB/A EG, § 17 VOL/A EG, § 26 ff. SektVO, § 10 VOF) und im Beisein aller Bieter (oder deren Vertreter) zu öffnen und zu verlesen. Im Folgenden werden die Angebote eingehend geprüft und anschließend gewertet (§ 16 VOB/A EG, § 18 VOL/A EG, § 26 ff. SektVO, § 10 VOF). Insbesondere bei Bau- und Dienstleistungsaufträgen ist die vorgegebene Prüfungsreihenfolge zu wahren. Zunächst müssen all diejenigen Angebote ausgeschlossen werden[272], die gewissen Bestimmungen nicht entsprechen, Vorschriften verletzen oder missachten oder eine unzulässige Wettbewerbsbeschränkung darstellen, vgl. § 16 Abs. 1 VOB/A EG, § 19 Abs. 3 und 4 VOL/A EG, §§ 27 f. SektVO (formale Prüfung). Im Weiteren ist die generelle Eignung der Bieter zu prüfen, vgl. § 16 Abs. 2 VOB/A EG, § 19 Abs. 5 VOL/A EG, § 20 SektVO. Darauf folgt eine rechnerische, technische und wirtschaftliche Überprüfung der Angebote, vgl. etwa § 16 Abs. 3 bis 5 VOB/A EG, § 19 Abs. 9 VOL/A EG. Erst *danach* ist eine das Angebot zusammenfassende Wertung anzustellen, auf dessen Grundlage der öffentliche Auftraggeber seine Zuschlagsentscheidung trifft, vgl. § 16 Abs. 6 bis 11 VOB/A EG, § 19 Abs. 8 VOL/A EG. Bieter, deren Angebote nicht berücksichtigt werden sollen, sollen über den Namen des Unternehmens, dessen Angebot angenommen werden soll, über die Gründe

---

269   § 10 VOB/A EG, § 12 VOL/A EG. § 7 VOF gilt sowohl für den ober- wie unterschwelligen Bereich.

270   Bspw. § 12 Abs. 7 VOB/A EG.

271   Nach Vorgabe der jeweiligen Bestimmungen in den Vergabe- und Vertragsordnungen anzufertigen: § 13 VOB/A EG, § 16 VOL/A EG, § 8 Abs. 3 u. § 11 Abs. 6 S. 1 VOF.

272   In einem Vergabeverfahren nach der VOB/A EG „sollen" die unterlegenen Bieter darüber unverzüglich unterrichtet werden, vgl. § 19 Abs. 1 S. 1 VOB/A EG.

der vorgesehenen Nichtberücksichtigung ihres Angebots und über den frühesten Zeitpunkt des Vertragsschlusses unverzüglich schriftlich informiert werden, vgl. § 101a Abs. 1 GWB[273]

Der Zuschlag muss innerhalb der *Bindefrist*[274] des Bieterangebots erfolgen. Darunter wird die Zeitspanne verstanden, „innerhalb der die Bieter an ihre Angebote gebunden sind und diese nicht ändern, berichtigen oder zurückziehen können"[275]. Erfolgt eine Annahme des Angebots nicht innerhalb dieser Frist, erlischt das Angebot gemäß §§ 146, 148 BGB.

Mit dem Zuschlag nimmt die Vergabestelle also das Angebot des erfolgreichen Bieters an und schließt den Vertrag. Beim Zuschlag selbst handelt es sich um eine empfangsbedürftige Willenserklärung, die zu ihrer Wirksamkeit nach § 130 Abs. 1 S. 1 BGB dem betreffenden Bieter innerhalb der *Zuschlagsfrist*[276] zugehen muss.[277] Dabei entspricht der Begriff des Zuschlags dem der Annahmeerklärung nach §§ 146 ff. BGB. Der Vertrag kommt zustande, wenn auf ein Angebot des Bieters rechtzeitig, also innerhalb der Zuschlagsfrist und ohne Abänderung des Inhalts der Zuschlag erteilt wird[278]. Der Zuschlag ist im Falle der Anwendbarkeit der VOB/A EG möglichst bald, mindestens aber so rechtzeitig zu erteilen, dass dem Bieter die Erklärung noch vor Ablauf der Zuschlagsfrist zugeht, vgl. § 18 Abs. 1 VOB/A EG iVm § 10 Abs. 6 VOB/A[279]. Ändert der öffentliche Auftraggeber das Angebot des Bieters hingegen ab oder erteilt er den Zuschlag nicht innerhalb der Zuschlagsfrist, unterbreitet der öffentliche Auftraggeber dem

---

273 Um einen effektiven Primärrechtsschutz gewährleisten zu können, war der deutsche Gesetzgeber verpflichtet, zugunsten der unterlegenen bzw. nicht zu berücksichtigenden Bieter eine Vorabinformationspflicht des öffentlichen Auftraggebers zu normieren, damit die unterlegenen bzw. nicht zu berücksichtigenden Bieter gegen die geplante Zuschlagsentscheidung des öffentlichen Auftraggebers im Rahmen einer Nachprüfung vorgehen können. Vgl. hierzu *Dreher*, in: Dreher/Motzke, Vergaberechtskommentar, § 101a GBW, Rn. 6 f.

274 Die Bindefrist wird nicht mehr in den Vergabe- und Vertragsordnungen geregelt, folgt aber aus §§ 146, 148 BGB (sofern deutsches Recht in der Sache Anwendung findet).

275 *Völlnik*, in: Ziekow/Völlnik, Vergaberecht, § 10 VOB/A (a.F.), Rn. 26.

276 Der Begriff der Zuschlagsfrist ist von dem Begriff der Bindefrist zu unterscheiden. Ersteres meint die Zeitspanne, innerhalb der der öffentliche Auftraggeber den Zuschlag erteilen muss, vgl. § 10 Abs. 6 VOB/A. Die Bindefrist bezieht sich hingegen einzig auf die Dauer der Wirksamkeit des Bieterangebots nach §§ 146, 148 BGB (sofern deutsches Recht Anwendung findet).

277 BGH, Beschl. v. 09.02.2004 – X ZB 44/03 = NZBau 2004, S. 229 (232).

278 *Mentzinis*, in: Pünder/Schellenberg, Vergaberecht, S. 1781.

279 § 10 Abs. 6 VOB/A gilt wiederum für ober- wie unterschwellige Vergaben, da § 10 VOB/A EG hierzu keine ergänzende Regelung enthält.

Bieter ein neues Angebot, über dessen (Nicht-)Annahme sich dieser unverzüglich zu erklären hat, vgl. § 18 Abs. 2 VOB/A EG. Der Vertrag selbst richtet sich nach den Vorschriften des Zivilrechts, abhängig von dem jeweiligen Vertragsgegenstand.

Das Vergabeverfahren ist damit ein zum Vertragsschluss führendes Verfahren, in welchem der Auftraggeber entscheidet, wem ein Auftrag erteilt werden soll (materieller Verfahrensbegriff).[280]

II.   Die Notwendigkeit einer differenzierten Aufteilung der öffentlichen Auftragsvergabe in mehrere Phasen

Die Ausführungen unter C. I. führen vor Augen, dass der verfahrensrechtliche Abschnitt in zeitlicher wie inhaltlicher Hinsicht einen großen, wenn nicht den Hauptanteil des Gesamtkomplexes „öffentliche Auftragsvergabe" ausmacht. Es stellt sich mithin die Frage, ob die *Vertragsabwicklung* zwischen erfolgreichem Bieter und öffentlichem Auftraggeber, die sog. Ausführungshandlung, von dem Vergabeverfahren getrennt oder einheitlich mit diesem anzuknüpfen ist. Gleiches gilt für die primären und sekundären Rechtsschutzansprüche im oberschwelligen Bereich.

1.   Öffentliche Vergabe: Einheitlicher oder mehrphasiger Vorgang?

Ob man die öffentliche Auftragsvergabe als einen einheitlichen oder mehrphasigen Vorgang beurteilt, hängt maßgeblich davon ab, wie man den unter C. I. geschilderten Vorgang deutet: Als einheitliches Geschehen[281], an das bei einem grenzüberschreitenden Sachverhalt über *einen* Anknüpfungsgegenstand[282] das anwendbare Recht eruiert wird, oder als mehrphasigen Vorgang, bei dem über mehrere horizontal zu bildende „Anknüpfungsbündel" je nach Sachlage und Rechtsverhältnis individuell angeknüpft werden kann.

---

280   EuGH, Urt. v. 11.01.2005 - C-26/03 (*Stadt Halle*) = VergabeR 2005, S. 44 (49); *Jennert*, in: Müller-Wrede, Kompendium des Vergaberechts, S. 609. Von einem „formellen Verfahrensbegriff" ist die Rede, wenn man einerseits an die Bekanntmachung und anderseits an die Erteilung des Zuschlags anknüpfen würde, *Jennert*, aaO.

281   So u.a. das BVerwG, Beschl. v. 02.05.2007 - 6 B 10/07 – Rn. 15 = NZBau 2007, S. 389, das die Vergabe öffentlicher Aufträge als einheitlichen Vorgang ansieht und insgesamt dem Privatrecht zuordnen will.

282   Hierunter wird das verstanden, „was" anzuknüpfen ist, *v. Bar/Mankowski*, IPR, Bd. I, § 7 Rn. 518.

a)   Ansicht pro „Einheitlichkeit": Einheitliche Anknüpfung über das Vertragsstatut nach Art. 4 Abs. 3 Rom I-VO

Für eine einheitliche Anknüpfung über das Vertragsstatut[283] spricht sich vor allem *Bitterich* aus.[284] In den Fällen, in denen es zu keiner konkludenten Rechtswahl durch Bezugnahme auf die VOB/B bzw. VOL/B bei Vertragsschluss gekommen sei[285], sieht er die Möglichkeit einer einheitlichen Anknüpfung an den Ort der Ausschreibung.[286] Insofern würde das dem Vertrag vorgeschaltete Vergabeverfahren dazu führen, dass trotz Auslandsbezugs von einer „offensichtlich engeren Verbindung" (vgl. Art. 4 Abs. 3 Rom I-VO) zu Deutschland auszugehen sei.[287] Dies würde vor allem dem Umstand Rechnung tragen, dass viele Vergabevorschriften eng mit dem Vertragsrecht verzahnt seien und auch umgekehrt der Vertragsinhalt nach bestimmten vergaberechtlichen Kautelen ausgestaltet sein müsse.[288]

---

283   Unter „Statut" wird im heutigen Sprachgebrauch des Internationalen Privatrechts diejenige Rechtsordnung verstanden, deren Sachnormen als Ergebnis der kollisionsrechtlichen Anknüpfung auf einen Lebenssachverhalt Anwendung finden, *v. Hoffmann/Thorn*, Internationales Privatrecht, S. 54, Rn. 33.

284   *Bitterich*, Vergaberechtswidrig geschlossene Verträge, IPRax 2009, S. 465 (467).

285   So schreiben die Vergabeordnungen (Teil A von VOB und VOL) vor, dass die öffentlichen Auftraggeber die zugehörigen Vertragsordnungen (Teil B von VOB und VOL) zur Grundlage der Ausschreibung machen müssen, § 8 Abs. 3 VOB/A EG, § 11 Abs. 1 VOL/A EG. Dabei handelt es sich um Allgemeine Geschäftsbedingungen, welche die §§ 632 ff BGB ergänzen. Ihre Einbeziehung in den zwischen Auftraggeber und Auftragnehmer geschossenen Vertrag lege deshalb den Schluss nahe, von einer konkludenten Rechtswahl zugunsten des deutschen Rechts auszugehen, so *Bitterich*, Vergaberechtswidrig geschlossene Verträge und internationales Vertragsrecht, IPRax 2009, S. 465 (466).

286   *Bitterich*, Vergaberechtswidrig geschlossene Verträge und internationales Vertragsrecht, IPRax 2009, S. 465 (466).

287   *Bitterich*, Vergaberechtswidrig geschlossene Verträge und internationales Vertragsrecht, IPRax 2009, S. 465 (466 f.).

288   *Bitterich*, Vergaberechtswidrig geschlossene Verträge und internationales Vertragsrecht, IPRax 2009, S. 465 (467).

b)   Ansichten pro „Mehrphasigkeit"

aa)   Getrennte Anknüpfung nach Verwaltungs- und Vertragshandeln

Den Weg einer getrennten Anknüpfung wählt hingegen *Hök*[289]. Er knüpft hinsichtlich der Durchführung des Vergabeverfahrens an den Sitz der Vergabestelle an und prüft weiter, wie sich diese Anknüpfung auf die aus der Vergabeentscheidung ergebenden privatrechtlichen Beziehungen aus- wirkt.[290] Er differenziert zwischen solchen Regelungen im Vergaberecht, die das „Verwaltungshandeln" betreffen, und solchen, die den privatrecht- lich geschlossen Vertrag regeln. Erstere würden nach *Hök* aufgrund ihres öffentlich-rechtlich Charakters aus dem Anwendungsbereich des Vertrags- statuts herausfallen, wohingegen die restlichen Regelungen davon umfasst seien sollen.[291] Er sieht das Vergaberecht als Verwaltungsverfahrensrecht, so dass er zur Anwendung deutschen Rechts über das lex-fori-Prinzip ge- langt.[292] Diese Betrachtung läuft letzten Endes auf eine variable und damit mehrgliedrige Anknüpfungskette hinaus, wobei nach den jeweils zu unter- suchenden Rechtsverhältnissen differenziert wird.

bb)   Sonderanknüpfung nach Art. 9 Abs. 1 Rom I-VO

Ebenso geht das OLG Düsseldorf[293] von einer mehrphasigen Ausgestaltung der öffentlichen Auftragsvergabe aus. Für die Vergabe durch deutsche öf- fentliche Auftraggeber seien die Vorschriften des deutschen Vergaberechts nach Art. 34 a.F. EGBGB (vgl. heute Art. 9 Abs. 1 Rom I-VO) gesondert anzuwenden. Für den Vertrag selbst könne auch ausländisches Recht gelten.

---

289 *Hök*, Zum Vergabeverfahren im Lichte des Internationalen Privatrechts, ZfBR 2010, S. 440 ff.
290 *Hök*, Zum Vergabeverfahren im Lichte des Internationalen Privatrechts, ZfBR 2010, S. 440 (446).
291 *Hök*, Zum Vergabeverfahren im Lichte des Internationalen Privatrechts, ZfBR 2010, S. 440 (446).
292 *Hök*, Zum Vergabeverfahren im Lichte des Internationalen Privatrechts, ZfBR 2010, S. 440 (447); *ders.* Neues europäisches Internationales Baurecht, ZfBR 2008, S. 741 (747). Dazu unten ausführlich unter: Kap. 4. C. I. 1. lit. a) lit. gg).
293 OLG Düsseldorf, Beschl. v. 14.05.2008 - VII-Verg 27/08, Verg 27/08 (dort Rn. 24) = VergabeR 2008, S. 661 (663).

Das OLG hält mithin über eine Sonderanknüpfung[294] deutsches Vergaberecht bei Auslandsvergaben für einschlägig.[295]

c)   Entscheidung

aa)   Querverbindungen zwischen Vergabe- und Vertragsrecht

Für eine einheitliche Betrachtung der öffentlichen Auftragsvergabe sprechen die zahlreichen Querverbindungen zwischen Vergabevorschriften und
Vertragsrecht. Als Beispiel[296] sei hier der Fall einer Anfechtung des Vertrages zwischen öffentlichem Auftraggeber und erfolgreichem Bieter genannt
(z.b.: Erklärungsirrtum, § 119 Abs. 1 Alt. 2 BGB). Bei erfolgreicher Anfechtung kommt es zu einer ex-tunc Nichtigkeit des Vertrages. In der Folge
muss das Vergabeverfahren neu durchgeführt werden.[297] Eine mögliche

---

294   Die *Sonderanknüpfungslehre* unterstellt einen bestimmten Kreis von Rechtsnor-
      men nicht dem Schuldstatut/Vertragsstatut, sondern knüpft diese gesondert an.
      Dabei gibt es keine einheitliche Lehre, vielmehr nur verschiedene Auffassungen,
      was als Grund für die Sonderanknüpfung anzusehen und welche Anknüpfungs-
      punkte (räumliche, funktionale oder personale Kriterien) maßgeblich seien; näher
      hierzu *Schurig*, Zwingendes Recht, „Eingriffsnormen" und neues IPR, RabelsZ
      54 (1990), S. 217 (236); *Martiny,* in: Münchener Kommentar, BGB, Bd. 10, IPR,
      Art. 9 Rom- I-VO, Rn. 36 ff.
295   *Hök*, Zum Vergabeverfahren im Lichte des Internationalen Privatrechts, ZfBR
      2010, S. 440 (442). Hinsichtlich vergaberelevanter Umstände sei dann das deut-
      sche Recht und hinsichtlich des Vertrages im Übrigen auf das Vertragsstatut ab-
      zustellen.
296   Weitere Beispiele: Die Vergütungsfolgen von Zuschlagsverzögerungen; Haf-
      tungs- und Vergütungsfolgen bei fehlerhaftem Leistungsverzeichnis oder bei
      (vergaberechtswidriger) mischkalkulierten oder spekulativen Angebotsbestand-
      teilen des Bestbieters; die über § 242 BGB vermittelte Nachwirkung vergabe-
      rechtlicher Vorgaben gegenüber bestimmten Vertragsinhalten wie z.B. Vertrags-
      strafeversprechen; die Zulässigkeit von Vertragsänderungen oder einer Vertrags-
      übernahme ohne erneutes Vergabeverfahren; rechtliche Bewältigung teilweise
      ausgeführter Aufträge bei ex-tunc Nichtigkeit nach § 101b GWB; die Frage der
      Beendigung vergaberechtswidriger Verträge im Falle einer Verurteilung durch
      den EuGH wegen Verstoßes gegen EU-Primärrechts; der Grundsatz der VOB/A-
      konformen Auslegung von Leistungsbeschreibungen; die Frage, ob sich die AGB
      nach Vergabevorschriften richten und wenn ja, welche in Betracht kommen.
      Nachzuschauen bei *Bitterich*, Vergaberechtswidrig geschlossene Verträge und in-
      ternationales Vertragsrecht, IPRax 2009, S. 465 (467, Fn. 21).
297   So auch die Folge bei der Unwirksamkeit des Vertrages nach § 101b GWB, vgl.
      Braun, in: Ziekow/Völlnik, Vergaberecht, § 101b GWB, Rn. 90. Hingegen ist das
      alte Vergabeverfahren nicht völlig gegenstandslos. Zum einen gehen von diesem

Anfechtung des Vertrages hat mithin unmittelbare Auswirkungen auf das Vergabeverfahren. Gleiches dürfte für den Fall gelten, in welchem der öffentliche Auftraggeber aufgrund mangelhafter Leistung des Auftragnehmers nach erfolgloser Fristsetzung vom Vertrag zurücktritt (vgl. § 323 Abs. 1 BGB). Auch hier wäre infolge der Rückabwicklung des Vertrags ein neues Vergabeverfahren durchzuführen.

bb)   Selbständige Anknüpfung im Wege der Vorfrage?

Auf der anderen Seite könnte man diskutieren, vergaberechtliche Aspekte, die sich im Rahmen von Vertragsstreitigkeiten stellen, im Wege einer Vorfrage selbständig anzuknüpfen. Hierunter wird der Fall verstanden, dass eine zur Anwendung berufene Sachnorm (hier: bspw. ausländisches Vertragsrecht) einen Rechtsbegriff (hier: Mangel) enthält, der seinerseits erst mit Inhalt zu füllen ist.[298] Dann kann die Subsumtion unter die Sachnorm erst fortgesetzt werden, wenn die Frage hinsichtlich der rechtlichen Beurteilung dieses Rechtsverhältnisses beantwortet wurde. Das wiederum ist nur möglich, wenn klar ist, nach welchem Recht sich die Bewertung dieser präjudiziellen Rechtsfrage richtet. Die Beurteilung aus der Sicht des eigenen Kollisionsrechts (sog. selbständige Anknüpfung) wahrt den internen Entscheidungseinklang, weil die betreffende Frage generell in allen im Inland zu lösenden Fällen gleich entschieden wird; die Beurteilung aus der Sicht des fremden Kollisionsrechts (sog. unselbständige Anknüpfung) wahrt hingegen den internationalen Entscheidungseinklang, da sie im konkreten Fall die Übereinstimmung mit dem in der Hauptsache anwendbaren Recht sichert.[299] Übertragen auf den oben geschilderten Fall einer möglichen Inanspruchnahme aus Mängelhaftung des Auftragnehmers seitens des Auftraggebers (Hauptfrage) könnte die gesondert zu klärende „Vorfrage" sein, nach welchem Recht sich die vertraglich vereinbarte Leistung bestimmt. Dabei dürfte es sich allerdings um einen so wesentlichen Kern der Hauptfrage handeln, dass eine isolierte Klärung im Rahmen der Vorfrage nicht mehr

---

auch weiterhin gewisse Rechtswirkungen aus (darin vorkommende Pflichtverstöße sind Rechtsgrundlage von Schadensersatzansprüchen, vgl. § 126 GWB und Anspruch aus §§ 241 Abs. 2, 311 Abs. 2, 280 Abs.1 BGB, näher dazu unten: Kap. 2. D.). Zum anderen konnten Informationen gewonnen werden, die auch für das neue Vergabeverfahren nutzbar zu machen sind.

298   *Schotten/Schmellenkamp*, Das Internationale Privatrecht in der notariellen Praxis, § 3, Rn. 49.

299   *v. Bar/Mankowski*, IPR I, § 7, Rn. 193 f.

möglich ist, ohne dieses Wesentlichkeitsmerkmal von der Hauptfrage abzuspalten.

cc)   Umgehungsgefahr?

Fraglich ist indes, ob bei einer einheitlichen Anknüpfung über das Vertragsstatut nicht die Gefahr besteht, dass in Bezug auf die Folgen einer vergaberechtswidrigen Auftragsvergabe deutsches Vergaberecht durch Rechtswahl oder aufgrund kollisionsrechtlicher Verweisung von der Anwendung ausgeschlossen werden kann.[300] So ist denkbar, dass ein öffentlicher Auftraggeber durch die Wahl der entsprechenden Vergabe- und Vertragsordnungen (z.B. derjenigen, die am Ort des auszuführenden Auftrags gelten) konkludent das eigene Vergaberecht abbedingt. Vor allem in Ländern, in denen kein subjektiver Rechtsschutz für die Teilnehmer des Vergabeverfahrens gewährt wird oder keine vergleichbaren Vergaberechtsstandards gelten (also vor allem außerhalb der EU und des EWR), könnten deutsche Vergabestellen in Erwägung ziehen, das eigene Recht mitsamt seiner subjektiv gewährten Rechte und Standards zu umgehen. Ein solches Vorgehen dürfte dabei weniger für deutsche Behörden[301] als für juristische Personen des Privatrechts (insbesondere Sektorenauftraggeber nach § 98 Nr. 4 GWB) interessant sein. Denn gerade bei Privatunternehmen besteht aus ökonomischer Sicht ein erheblicher Anreiz, sich schnell und umfänglich an die rechtlichen Verhältnisse vor Ort im Ausland anzupassen. Nur so kann es gelingen, sich zügig und dauerhaft auf einem ausländischen Markt zu behaupten. Zwar existieren hierfür keine belastbaren, statistischen Erhebungen. Ausgehend von einer bei privatrechtlich organisierten Auftraggebern anzutreffenden wirtschaftlichen Denkweise liegt der Schluss aber nicht fern, dass diese Unternehmen zumindest über solche Handlungsalternativen nachdenken.

Eine andere Frage ist jedoch, ob dies rechtlich überhaupt zulässig wäre. Zwar können durch die ausdrückliche oder konkludente Vereinbarung ausländischen Rechts nach Art. 3 Abs. 1 Rom I-VO zwingende Schutznormen des eigenen Rechts ausgeschaltet werden.[302] Der Privatautonomie werden

---

300   So auch *Hök*, Zum Vergabeverfahren im Lichte des Internationalen Privatrechts, ZfBR 2010, S. 440 (442).

301   Insofern erscheint es fernliegend, dass öffentliche Auftraggeber nach § 98 Nr. 1 GWB, die sich über Art. 1 Abs. 3 GG und Art. 20 Abs. 3 GG sowieso an deutsches Recht gebunden sehen dürften, aus freien Stücken den „sicheren Hafen" der eigenen Rechtsanwendung verlassen, nur um die eigenen Vergabevorschriften zu umgehen, mit deren Umgang sie doch eigentlich vertraut sind.

302   *v. Hoyningen-Huene*, in: Münchener Kommentar, HGB, § 84, Rn. 106.

aber zum einen durch die Sonderanknüpfung von Eingriffsnormen Schranken gesetzt, welche den Sachverhalt ohne Rücksicht auf das Vertragsstatut regeln (Art. 9 Abs. 1 Rom I-VO).[303] Zum anderen bestehen besondere Rechtswahlbeschränkungen über Art. 3 Abs. 3 und 4 Rom I-VO. Mit der deutschen Rechtsvorstellung völlig unvereinbares, ausländisches Recht scheitert zudem schon am *negativen ordre public*.[304] In Fällen, in denen keine der oben genannten Schranken greift, kann notfalls die Rechtswahl über das ungeschriebene Verbot der Gesetzesumgehung (sog. *fraus legis*) eingeschränkt werden.[305] Die Gefahr einer Gesetzesumgehung ist insoweit nicht gegeben. Das Argument der Umgehungsgefahr kann mithin nicht gegen eine einheitliche Anknüpfung ins Feld geführt werden.

dd)   Normative und tatsächliche Gesichtspunkte

Für eine auf horizontaler Ebene zu bildende, mehrgliedrige Kette von Anknüpfungsgegenständen sprechen vor allem normative und tatsächliche Gesichtspunkte. So ist die Existenz eines Verfahrens vor der Ebene der Ausführungshandlung zumindest in Deutschland anerkannt.[306] Fraglich ist jedoch dessen rechtliche Eigenständigkeit und Einordnung.[307] Von einer künstlichen Aufspaltung eines einheitlichen Vorgangs kann nicht die Rede sein, wenn schon in *zeitlicher* Hinsicht die Mehrphasigkeit der öffentlichen Auftragsvergabe wahrnehmbar ist: Die jeweilige Vergabestelle führt in Anwendung der Vergabevorschriften ein Verfahren durch, prüft die Eignung

---

303   *Martiny*, in: Münchener Kommentar, BGB, Bd. 10 Art. 3 Rom I-VO, Rn. 9.
304   *Martiny*, in: Münchener Kommentar, BGB, Bd. 10, Art. 3 Rom I-VO, Rn. 115.
305   Hierbei genügt aber nicht bereits die bloße Absicht, zwingende Vorschriften zu umgehen, *Martiny*, in: Münchener Kommentar, BGB, Bd. 10, Art. 3 Rom I-VO, Rn. 11. So reicht es insbesondere nicht aus, bereits in der Vereinbarung eines Rechts, das hinter dem gemeinsamen Minimalstandard der Rechtsordnung der beiden Parteien zurückbleibt, eine Umgehung zu sehen. Andernfalls wäre es kaum möglich, ein neutrales Recht parteiautonom zu wählen. Zum anderen würde es dem Zweck des Art. 3 Abs. 2 Rom I-VO widersprechen, den Parteien bei der Rechtswahl bestimmte „sachliche gebotene" Rechtsordnungen vorzuschreiben, *v. Bar/Mankowski,* IPR I, § 7, Rn. 79; *Martiny*, in: Münchener Kommentar, BGB, Bd. 10, Art. 3 Rom I-VO, Rn. 11.
306   Vgl. *Huber*, Der Schutz des Bieters im öffentlichen Auftragswesen unterhalb der sog. Schwellenwerte, JZ 2000, S. 877 (882).
307   Vgl. *Kopp/Schenke*, VwGO, § 40 Rn. 25 b; *Rennert,* in: Eyermann/Fröhler, VwGO, § 40, Rn. 47 ff.; *Schmidt-Aßmann*, in: Hoffmann-Riem/Schmidt-Aßmann, Verwaltungsverfahren und Verwaltungsverfahrensgesetz, S. 429 (435); *Ziekow/Siegel*, Das Vergabeverfahren als Verwaltungsverfahren, ZfBR 2004, S. 30 (35 f.).

der Bieter und die Wirtschaftlichkeit ihrer Angebote, entscheidet sich daraufhin (unter Einhaltung der Zuschlags- und Bindefristen) gegen die zweitbesten Angebote und schließt dann erst mit dem Bieter des besten Angebots einen Vertrag ab, indem sie ihm den Zuschlag erteilt.[308]

Die öffentliche Auftragsvergabe ist aber auch *von Gesetzes wegen* als mehrgliedriges Verfahren ausgestaltet. So gibt es eindeutig verfahrensrechtliche Regelungen, die den Vertrag und seine Ausgestaltung betreffen und Normen, die außer- oder vorvertragliche Ansprüche gewähren. Unabhängig davon, ob sich die Vergabe nach deutschem Recht einstufig (zivilrechtlich) vollzieht, weist das Vergaberecht mehrpolige Verfahrensebenen auf.[309] Zudem existieren mehrere Rechtsverhältnisse zwischen unterschiedlichen Parteien. Insoweit scheint das von *Hök* vorgeschlagene Modell, das anwendbare Recht nach einem mehrstufigen Vorgang zu bestimmen[310], grundsätzlich[311] vorzugswürdig. Nur eine von der Ausführungshandlung losgelöste Anknüpfung wird dem Sinn des Vergabeverfahrensrechts gerecht: Es erfüllt eine besondere Funktion, die im öffentlichen Interesse liegt, nämlich das Handeln der öffentlichen Hand im privaten Sektor zu regulieren.[312]

ee)   Stellung des Nachprüfungsverfahrens?

Alle oben zitierten Ansichten erwähnen und würdigen in diesem Zusammenhang zudem nicht hinreichend das Nachprüfungsverfahren nach §§ 114

---

308 *Burgi*, Von der Zweistufenlehre zur Dreiteilung des Rechtsschutzes im Vergaberecht, NVwZ 2007, S. 741.

309 So auch *Regler*, Vergaberecht zwischen öffentlichem und privatem Recht, S. 139 ff.

310 *Hök*, Zum Vergabeverfahren im Lichte des Internationalen Privatrechts, ZfBR 2010, S. 440 (447).

311 Die Ausführungen von *Bitterich* und *Hök* gehen nämlich nicht der hier entscheidenden Frage nach, welches Recht die Vergabestelle anzuwenden hat, bevor es überhaupt zu einem Vertragsschluss gekommen ist. In den dort problematisierten Konstellationen ging es immer um die Frage, welches Vergaberecht *rückblickend* anwendbar ist.

312 *Hök*, Zum Vergabeverfahren im Lichte des Internationalen Privatrechts, ZfBR 2010, S. 440 (445). Ausführlicher zu den Gemeininteressen, die im Rahmen des Vergaberechtsverhältnisses erfüllt werden, vgl. unten Kap. 2. A. I. 1. lit. a) lit. bb) (3) (b) (aa). Ausgenommen von diesem Ansatz sind Sektorenauftraggeber nach § 98 Nr. 4 Hs. 1 Alt. 1 GWB, also natürliche oder juristische Personen des Privatrechts, die auf Grundlage besonderer oder ausschließlicher Rechte tätig werden.

ff. GWB. Als fester Bestandteil des 4. Kapitels des GWB ist das Nachprüfungsverfahren, wie sich aus § 114 Abs. 3 GWB ergibt, eindeutig öffentlich-rechtlich[313] ausgestaltet und somit normativ vom Rest des Vergabeverfahrens zu zu trennen.[314] Da die Vergabekammern mit weitgehender Unabhängigkeit ausgestattete Verwaltungsbehörden[315] sind (vgl. §§ 105, 106

---

313   Maßgeblich für die Qualifizierung eines Rechtsverhältnisses aus deutscher Sicht ist nach heute herrschender Meinung grundsätzlich die „modifizierte Subjekttheorie", *Bull/Mehde,* Allgemeines Verwaltungsrecht mit Verwaltungslehre, Rn. 104; *Kopp/Schenke,* VwGO, § 40, Rn. 11. „Modifiziert" deshalb, weil die ursprüngliche Ausprägung dieser Theorie missachet hat, dass es dem Gesetzgeber grundsätzlich unbenommen ist, sich auch selbst zum Zuordnungsobjekt von Rechtssätzen des Privatrechts zu machen, *Burgi,* in: Hoffmann-Riem/Schmidt-Aßmann/Voßkule, Grundlagen des Verwaltungsrechts, Bd. I, § 18, Rn. 21. Danach liegt der Unterschied zwischen öffentlichem und privatem Recht in der Verschiedenheit der Zuordnungssubjekte, also in den die Rechtsordnung bildenden Rechtssätze, *Ehlers,* in: Erichsen/Ehlers, Allgemeines Verwaltungsrecht, § 3, Rn. 19. Normen die jedermann berechtigen und verpflichten (sog. „Jedermann-Vorschriften") sind dem Privatrecht zuzurechnen, Rechtssätze, die sich hingegen an den Staat wenden, gehören dem öffentlichen Recht an (sog. „Amtsrecht"), *Wolff/Bachof/Stober/Kluth,* Verwaltungsrecht, Bd. I, § 22, Rn. 22; *Erichsen,* in: Erichsen/Ehlers, Allgemeines Verwaltungsrecht, § 3, Rn. 19. In Weiterentwicklung der von *H. J. Wolff* (*ders./Bachof,* Verwaltungsrecht, Bd. I (v. 1999), § 22 II c; *Menger,* Zum Stand der Meinungen über die Unterscheidung von öffentlichem und privatem Recht, in: FS für H. J. Wolff, 1973, S. 160 ff.) geprägten formalen Subjektstheorie kommt es darauf an, dass zumindest ein Rechtssubjekt ausschließlicher Träger von hoheitlicher Gewalt „als solcher" (*O. Mayer,* Deutsches Verwaltungsrecht, Bd. 1, S. 15.) ist (sog. materielle Sonderrechtstheorie), *Wolff/Bachof/Stober/Kluth,* Verwaltungsrecht, Bd. I, § 22, Rn. 22; *Erichsen,* in: Erichsen/Ehlers, Allgemeines Verwaltungsrecht, § 3, Rn. 28. Gerade weil dieser Träger, nicht wie alle anderen Teilnehmer am Privatrechtsverkehr, sondern als solcher berechtigt, verpflichtet oder organisiert wird, gehört der fragliche Rechtssatz zum Öffentlichen Recht (auch *Sonderrechtstheorie* genannt: GmSOGB, BGHZ 97, S. 314; BVerwG, NVwZ 1990, S. 754). Der Frage, ob der entsprechende staatliche Träger als solcher oder vielmehr als Privatrechtssubjekt angesprochen wird, ist im Wege der Auslegung nachzugehen, *Burgi,* in: Hoffmann-Riem/Schmidt-Aßmann/Voßkule, Grundlagen des Verwaltungsrechts, Bd. I, § 18, Rn. 22. Hierbei liegt bei öffentlich-rechtlich organisierten Trägern die Vermutung nahe, dass sie auch als solche berechtigt oder verpflichtet sind, während umgekehrt eine privatrechtliche Ausgestaltung dafür spricht, von einen Privatrechtssubjekt auszugehen, *Burgi,* aaO. u. dort unter Fn. 62 mwN. Um einen öffentlich-rechtlich organisierten Träger nicht als öffentlich-rechtliches Subjekt zu qualifizieren, müssen *eindeutige Hinweise* aus der Norm selbst ins Feld geführt werden, *Burgi,* aaO. Lediglich ergänzend wird bei dieser „klassischen" Abgrenzungstheorie noch auf die Gesetzgebungskompetenz-, Subordinations- oder Interessentheorie abgestellt.

314   *Ziekow/Siegel,* Das Vergabeverfahren als Verwaltungsverfahren, ZfBR 2004, S. 30 (35).

GWB) deren Entscheidungen gemäß § 114 Abs. 3 S. 1 GWB durch Verwaltungsakt ergehen, handelt es sich hierbei um ein Verwaltungsverfahren im engeren Sinne des § 9 VwVfG.[316] Gemäß § 9 Hs. 1 VwVfG ist hierunter die nach außen wirkende Tätigkeit der Behörden zu verstehen, die auf die Prüfung der Voraussetzungen, die Vorbereitung und den Erlass eines Verwaltungsaktes oder auf den Abschluss eines öffentlich-rechtlichen Vertrags gerichtet ist. Somit ist die Vergabekammer eine Trägerin hoheitlicher Gewalt, die als solche berechtigt und verpflichtet ist, hoheitlich durch den Erlass eines Verwaltungsakts, zu handeln. Darüber hinaus fällt das Nachprüfungsverfahren, wie noch weiter unten[317] ausführlich dargestellt wird, nicht unter den autonom zu definierenden Begriff der Zivil- und Handelssache nach Art. 1 Abs. 1 S. 1 Rom I-VO, Art. 1 Abs. 1 S. 1 Rom II-VO und Art. 1 Abs. 1 S. 1 EuGVO. Im Entscheidungserlass der Vergabekammer durch Verwaltungsakt manifestiert sich das hoheitliche Handeln des Staates. Es verbietet sich demnach, das Nachprüfungsverfahren einheitlich über das Vertragsstatut anzuknüpfen. Folglich muss in jedem Falle für das Nachprüfungsverfahren ein eigenständiger Anknüpfungsgegenstand gebildet werden. Wenn aber schon das Nachprüfungsverfahren isoliert zu betrachten ist, sollte auch das Vergabeverfahren als solches, neben dem privatrechtlich geschlossenen Vertrag, eigenständig angeknüpft werden.

ff)   Schlussfolgerungen

Insofern ist von mehreren Phasen auszugehen, bei denen unterschiedliche Rechtsverhältnisse eine Rolle spielen und die ihrerseits einen eigenen Anknüpfungsgegenstand bilden. Unter einem Rechtsverhältnis ist vorliegend „die sich aus einer rechtlichen Regelung ergebende rechtliche Beziehung zwischen mindestens zwei Rechtssubjekten zu verstehen"[318]. Diese sind im Laufe der Arbeit differenziert zu betrachten und kollisionsrechtlich zuzu-

---

315   *Kopp/Ramsauer*, VwVfG, § 35, Rn. 49; *Schneevogel/Horn*, Das Vergaberechtsänderungsgesetz, NVwZ 1998, S. 1242 (1244 f.).

316   *Zieckow/Siegel*, Das Vergabeverfahren als Verwaltungsverfahren, ZfBR 2004, S. 30 (31 f.) mwN. Vgl. zur Qualifikation als Verwaltungsverfahren auch OLG Dresden, Beschl. v. 11.12.2001 - WVerg 0010/00; OLG Jena, Beschl. v. 22.12.1999 - 6 Verg 3/99 = NZBau 2000, S. 349 (350); OLG Jena, Beschl. v. 28.2.2001 - 6 Verg 8/00 = NZBau 2001, S. 281 (282).

317   Vgl. Kap. 2. D. und Kap. 3. C.

318   *Ehlers*, in: Erichsen/Ehlers, Allgemeines Verwaltungsrecht, § 1, Rn. 62.

ordnen. Hierzu bedarf es einer genauen Charakterisierung und (sofern möglich) Abgrenzung der jeweiligen Rechtsverhältnisse.[319] Nicht ausgeschlossen werden kann, dass trotz getrennter Untersuchung zwischen den Rechtsverhältnissen akzessorische Verknüpfungen bestehen, die Einfluss auf die kollisionsrechtliche Zuordnung haben.

2.   Vergabeverfahren (Vergaberechtsverhältnis[320])

Der öffentlichen Auftragsvergabe liegt das eingangs unter C. I. geschilderte Vergabeverfahren (Vergaberechtsverhältnis) zugrunde, in welchem seitens des öffentlichen Auftraggebers die Entscheidung für die Beschaffung/Auftragsvergabe getroffen, die Art und Weise des Verfahrens über die Vergabe von entsprechenden Aufträgen geregelt wird und die mit der Entscheidung über den Zuschlag endet. Insoweit liegt es nahe, dem Zuschlag oder der Entscheidung über den Zuschlag eine maßgebliche zeitliche Zäsur einzuräumen. Mit ihm endet die erste Phase,[321] die Ebene des Vergaberechtsverhältnisses. Danach beginnt die Ebene der Ausführungshandlung. Diese Zäsurwirkung wird dokumentiert durch den Geltungsbereich des Nachprüfungsverfahrens – der dritten Ebene: Die hier durchgeführte Überprüfung hat einzig und allein die Einhaltung der Vergabebestimmungen bis zur Erteilung des Zuschlags zum Gegenstand. Sollte während des Nachprüfungsverfahrens der Zuschlag erteilt werden, tritt Erledigung ein, vgl. § 114 Abs. 2 S. 2 GWB. Nach Erteilung des Zuschlags ist die Einleitung des Nachprüfungsverfahrens schon nicht mehr statthaft.[322]

Unabhängig davon bietet es sich an, innerhalb des Vergabeverfahrens den Zuschlag und das zum Zuschlag führende Angebot zu isolieren und einer eigenständigen Betrachtung in Bezug auf die kollisionsrechtliche Zuordnung zu unterziehen. Wie oben[323] geschildert, ist der Zuschlag nach deutschem Verständnis[324] neben seiner verfahrensbeendigenden Funktion

---

319   Vgl. EWCA Civ 68 – Entsch. v. 26.01.2001 (*Raiffeisen Zentralbank Österreich v. An Feng Steel Co. Ltd*).

320   Zum Verwaltungsrechtsverhältnis, *Schmidt-Aßmann*, in: Hoffmann-Riem/ Schmidt-Aßmann/Voßkuhle, Grundlagen des Verwaltungsrechts, Bd. II, § 27, Rn. 102 ff.

321   *Ziekow*, in: Ziekow/Völlnik, Vergaberecht, § 99, Rn. 13.

322   *Byok,* in: Byok/Jaeger, Kommentar zum Vergaberecht, § 114, Rn. 746 ff.

323   Vgl. oben: Kap. 1. C. I. a.E.

324   In Frankreich findet hingegen eine Trennung von Zuschlag und Vertragsschluss statt (Theorie vom „acte détachable"), *Pietzcker*, in: Gabritz/Hilfe/Nettesheim, Das Recht der EU, Sekundärrecht (Bd. 4), B. 20, Rn. 14.

zugleich als Annahmeerklärung des von Bieterseite unterbreiteten Angebots zu verstehen.[325] Beide Elemente, Angebotsabgabe und Zuschlag, sind unzweifelhaft Teil des Vergabeverfahrens. Als zum Vertragsschluss führende gegenseitige Willenserklärungen sind sie aber im gleichen Moment auch wesentlicher Bestandteil der darauf folgenden Ausführungshandlung (näher dazu unten unter 3.). Auch wenn grundsätzlich von einem mehrphasigen Vorgang auszugehen ist, verkörpern Zuschlag und Angebotsabgabe die Verzahnung von Vergabeverfahren und Vertrag. In gewisser Hinsicht wird gerade in dem Zuschlag des öffentlichen Auftraggebers und dem Angebot des erfolgreichen, privaten Bieters die „Zwitterstellung" des Vergaberechts zwischen öffentlichem und privatem Recht auch aus kollisionsrechtlicher Sicht deutlich.

3. Ausführungshandlung (Vertragsrechtsverhältnis)

Auf das Vergabeverfahren folgt die Ebene der sog. Ausführungshandlung, auf welcher eine Konkretisierung des Vertragsschlusses zwischen öffentlichem Auftraggeber und dem Auftragnehmer, der den Zuschlag zu den ausgeschriebenen Vergabebedingungen erhalten hat, von statten geht (Vertragsabwicklung). Mit *Regler* ist davon auszugehen, dass die Ausführungshandlung „der Erfüllung des Vergaberechtsverhältnisses dient"[326]. Sozusagen als „Vollzugsebene" transportiert die Ausführungshandlung die Zuschlagsentscheidung in den Rechtsverkehr und begründet damit wechselseitige Pflichten für den öffentlichen Auftraggeber und den Auftragnehmer. Rechtlich betrachtet liegt deshalb der Schluss nahe, von zwei nacheinander ablaufenden Verfahren zu sprechen, wobei das Vergaberechtsverhältnis als Verfahren zur Herbeiführung der Zuschlagsentscheidung und die Ausführungshandlung als Ebene des Vollzugs der Zuschlagsentscheidung angesehen werden muss[327].

---

325 Vgl. hierzu *Dreher*, in: Dreher/Motzke, Vergaberechtskommentar, § 101a GBW, Rn. 7.

326 *Regler*, Vergaberecht zwischen öffentlichem und privatem Recht, S. 141.

327 So auch *Regler*, Vergaberecht zwischen öffentlichem und privatem Recht, S. 141. Wobei unklar ist, warum er trotz dieser Erkenntnis weiterhin nicht von einer zweistufigen Ausbildung des Vergabevorgangs ausgeht. Seiner Ansicht nach verbiete sich der Rückschluss, nur weil Vergaberechtsverhältnis und Ausführungshandlung zwei unterschiedliche Charaktere haben, von der Tätigkeitsebene auf die jeweils vorausgehende oder nachfolgende zu schließen. Eine Einordnung habe immer gesondert und unabhängig von anderen Ebenen stattzufinden. Allein die An-

4.   Primäre Rechtsschutzverhältnisse des Vergaberechts

Die Phase des Primärrechtsschutzes unterteilt sich im Vergaberecht in zwei
Ebenen mit zwei unterschiedlichen Rechtsverhältnissen:

Auf der ersten Ebene, dem eigentlichen Nachprüfungsverfahren wird die
im Vergaberechtsverhältnis getroffene Vergabeentscheidung der Kontrolle
durch die Vergabekammern unterzogen, vgl. §§ 104, 106 GWB. Das Nachprüfungsverfahren vor den Vergabekammern ist solange zulässig, wie kein
wirksamer Zuschlag erteilt worden ist, vgl. § 114 Abs. 3 GWB. Die Vergabekammer stellt fest, ob der Antragsteller in seinen Rechten aus § 97 Abs.
7 GWB verletzt ist, vgl. § 114 Abs. 1 GWB.

Gegen die Entscheidung (oder eine nicht fristgerechte Entscheidung) der
Vergabekammer kann sofortige Beschwerde bei den Vergabesenaten der
Oberlandesgerichte eingelegt werden, vgl. § 116 Abs. 1 bis 3 GWB. Hält es
die Beschwerde des Antragstellers für begründet, so hebt das Gericht die
Entscheidung der Vergabekammer auf, vgl. § 123 S. 1 GWB. Die sofortige
Beschwerde stellt die zweite Ebene und damit das zweite Rechtsverhältnis
dieser Phase dar.

5.   Sekundäransprüche

Zusätzlich existieren im Vergaberecht mehrere Sekundäransprüche. Dabei
handelt es sich um Schadensersatzansprüche, die entweder direkt im GWB
normiert sind, wie etwa §§ 125, 126 GWB, oder aber um allgemeine Schadensersatzansprüche aus dem BGB, wie §§ 280 Abs. 1, 311 Abs. 2, 241
Abs. 2 BGB (culpa in contrahendo). Jeder dieser Schadensersatzansprüche
bezieht sich auf ein fehlerhaftes Verhalten der Verfahrensbeteiligten in unterschiedlichen Verfahrensstadien. So werden die Ansprüche aus culpa in
contrahendo und § 126 GWB in der Regel erst dann geltend gemacht, wenn
es zu einem wirksamen Vertragsschluss durch Zuschlag gekommen ist.
Zeitlich befindet sich das Verfahren bereits im Stadium der Ausführungs-

---

nahme, dass das Vergaberechtsverhältnis öffentlich-rechtlich sein könnte, ent-
halte keine Aussage über die generelle Anwendbarkeit der Zweistufentheorie.
Denn die Qualifikation eines Rechtsverhältnisses als öffentlich-rechtlich bedeute
noch lange nicht, dass von einem Rechtsverhältnis im Sinne des § 9 VwVfG die
Rede sei. Weder aus dogmatischen noch aus systematischen Gründen sei eine
Entscheidung durch Verwaltungsakt erforderlich, denn effektiver Rechtsschutz
könne auch außerhalb des Anwendungsbereichs von Anfechtungs- und Ver-
pflichtungsklage erreicht werden, *Regler*, aaO, S. 143 f.

handlung. Trotzdem sanktionieren die beiden genannten Ansprüche fehlerhaftes Verhalten des öffentlichen Auftraggebers und/oder seiner ausführen-
den Organe im Rahmen des vorgeschalteten Vergabeverfahrens. Gleiches
gilt für einen Anspruch aus § 125 GWB: Dieser sanktioniert das rechtsmiß-
bräuchliche Vorgehen eines Antragsstellers nach § 107 GWB oder eines
Beschwerdeführers nach § 116 GWB. Er beruht damit eindeutig auf dem
Verfahrensrechtsverhältnis des Nachprüfungsverfahrens[328], kann aber erst
nach dessen Durchführung geltend gemacht werden. Dies verdeutlicht, dass
die sekundären Ansprüche trotz ihrer Akzessorität zu anderen Phasen einer
eigenständigen Einordnung bedürfen. Ob sie jedoch aufgrund ihres jeweiligen Charakters akzessorisch angeknüpft werden müssen, wird weiter unten[329] zu beurteilen sein.

III.   Zwischenergebnis

Der Akt der öffentlichen Auftragsvergabe ist mehrphasig aufgebaut. Er besteht aus einem Vergaberechtsverhältnis, der Ausführungshandlung, den
primären Rechtsschutzverhältnissen und den davon losgelösten sekundären
Rechtsschutzbegehren. Jedes einzelne Rechtsverhältnis ist gesondert anzuknüpfen. Dafür sprechen vor allem normative und tatsächliche Gesichtspunkte sowie die eindeutig verfahrensrechtliche Ausgestaltung des Nachprüfungsverfahrens. Eine Sonderstellung nehmen dabei der Zuschlag und
die Angebotsabgabe des erfolgreichen Bieters ein.

D.   *Ergebnis Kapitel 1*

Deutsche öffentliche Auftraggeber unterhalten im Ausland eine Vielzahl
rechtlich unselbständiger aber auch rechtlich selbständiger Einrichtungen.
Hierzu zählen insbesondere extraterritoriale Einrichtungen der deutschen
Verwaltung, deutscher Kultur- und Forschungseinrichtungen sowie deutscher Unternehmen des Privatrechts. Bei der Frage des Anwendungsbereichs deutschen Kartellvergaberechts in Bezug auf diese Einrichtungen ist
ein Auslandsbezug vor allem über den jeweiligen Sitz des Auftraggebers
und/oder der Vergabestelle sowie über den Leistungsort und den Ort der

---

328   *Hök*, Zum Vergabeverfahren im Lichte des Internationalen Privatrechts, ZfBR
      2010, S. 440 (447).
329   Vgl. unten: Kap. 2. E. und Kap. 3. D.

Ausschreibung herzustellen. Der Ort der Ausschreibung weist jedoch keinen konkreten Bezug zu einem bestimmten Staat auf, sondern nur zur gesamten EU, wenn es um ein Vergabeverfahren im oberschwelligen Bereich geht. Der Sitz oder gewöhnliche Aufenthaltsort des Auftragnehmers kann höchstens bei der Frage nach dem anwendbaren Vertragsrecht eine Rolle spielen.

Folgende (sachrechtlichen) Rechtsregime sind bei der vorliegenden Untersuchung zu beachten: Das deutsche Kartellvergaberecht, um es auf seine extraterritoriale Reichweite hin zu überprüfen; die Vergaberichtlinien als Sekundärrecht der EU; die völkerrechtlichen Abkommen des EWR, GPA, GATT, GATS sowie das „Bilaterale Abkommen I" mit der Schweiz.

Aus kollisionsrechtlicher Sicht ist zunächst ausführlich auf die internationalprivatrechtlichen Vorschriften der Rom I- und Rom II-VO sowie des EGBGB einzugehen. Ebenso hat eine Überprüfung autonomer IPR-Vorschriften des nationalen Rechts zu erfolgen. Sollte eine Zuordnung über die existierenden Kollisionsnormen des Internationalen Privatrechts nicht möglich sein, ist in einem weiteren Schritt anhand des Kollisions- und Grenzrechts des Internationalen Öffentlichen Rechts der räumliche Anwendungsbereich der nationalen Vergaberegelungen zu bestimmen. Hierzu müssen das Kartellvergaberecht, die Vergaberichtlinien und die völkerrechtlichen Verträge, welche sich mit dem öffentlichen Beschaffungswesen auseinandersetzen, hinsichtlich ihres kollisionsrechtlichen Gehalts untersucht und entsprechend ausgelegt werden. Im Falle einer extraterritorialen Jurisdiktion durch den deutschen Gesetzgeber ist daraufhin eine Rechtmäßigkeitsprüfung nach völkergewohnheits-, europa- und verfassungsrechtlichen Maßstäben vorzunehmen.

Für die Frage nach der Anwendbarkeit deutschen Vergaberechts bei Auftragsvergaben von oder durch extraterritoriale Einrichtungen ist entscheidend, den Akt der öffentlichen Auftragsvergabe aufgrund seiner mehrphasigen Ausgestaltung nach seinen einzelnen Rechtsverhältnissen differenziert zu betrachten und getrennt anzuknüpfen. Damit ist unter den nachfolgenden Kapiteln jeweils gesondert auf das Vergaberechtsverhältnis, die Ausführungshandlung, die primären Rechtsschutzverfahren sowie die sekundären Schadensersatzansprüche einzugehen. Als besondere Schnittstelle zur Ausführungshandlung hat innerhalb des Vergabeverfahrens eine isolierte Betrachtung der Zuschlagsentscheidung und der Angebotsabgabe des erfolgreichen Bieters zu erfolgen.

Das Bestreben der nachfolgenden kollisionsrechtlichen Untersuchung soll dabei nicht sein, einfache Zuordnungsentscheidungen – hier nach Internationalem Privatrecht, dort nach Internationalem Öffentlichen Recht -

zu treffen. Die unterschiedlichen kollisionsrechtlichen Zuordnungsprüfungen sind vielmehr das zwangsläufige Ergebnis, will man den Akt der öffentlichen Auftragsvergabe aufgrund seiner Mehrphasigkeit differenziert kollisionsrechtlich anknüpfen.

Kapitel 2: Reichweite und Grenzen internationalprivatrechtlicher Kollisions- und Zuständigkeitsregeln

Im folgenden Kapitel sollen die Reichweite und Grenzen der Zuordnungsregeln des Internationalen Privatrechts in Bezug auf die einzelnen Rechtsverhältnisse der öffentlichen Auftragsvergabe diskutiert werden.

Ziel des Internationalen Privatrechts (IPR) ist es, anhand von *Kollisionsnormen* das in der Sache anwendbare Recht (*Statut*) zu ermitteln.[330] Das im jeweiligen Einzelfall anwendbare Statut muss sich aus den in der Kollisionsnorm enthaltenen Kriterien (*Anknüpfungspunkten oder Anknüpfungsmomenten*) ergeben.[331] Die Anknüpfungspunkte selbst spiegeln die Beziehungen und Verbindungen eines Sachverhalts zu einer bestimmten Rechtsordnung wider, die nach dem Willen des Gesetzgebers wesentlich sind.[332]

Stets ist für jedes einzelne Rechtsverhältnis die passende Kollisionsnorm zu ermitteln. Innerhalb der Rechtsverhältnisse gilt es dabei zwischen europäischem und nationalem Kollisionsrecht zu unterscheiden. Wie sich der Hinweisnorm[333] des Art. 3 Nr. 1 EGBGB und der allgemeinen Normenhierarchie entnehmen lässt, gehen europäische den nationalen Regelungen vor.[334]

---

330 *Sonnenberger*, in: Münchener Kommentar, BGB, Bd. 10, Einl. IPR, Rn. 483, 657.

331 *v.Hoffmann/Thorn*, Internationales Privatrecht, S. 176.

332 *Sonnenberger*, in: Münchener Kommentar, BGB, Bd. 10, Einl. IPR, Rn. 657. Die Anknüpfungspunkte bestehen ihrerseits aus einem Anknüpfungs*subjekt* (z.B. Personen, Sachen, Vertrag, Handlung etc.), einem Anknüpfungs*objekt* (z.B. Staatsangehörigkeit, Belegenheit, Rechtswahl, Erfolgsort etc.) und ihrer *zeitlichen Verknüpfung* (z.B. Tag der Geburt, Zeitpunkt der Belegenheit des Vertragsschluss, Erfolgseintritts etc.), *Sonnenberger*, aaO, Rn. 661.

333 Art. 3 Nr. 1 EGBGB begründet nicht den Vorrang internationalprivatrechtlicher Regelungen der Europäischen Union, sondern sie hat als sog. Hinweisnorm rein deklaratorischen Charakter, *Sonnenberger*, in: Münchener Kommentar, Bd. 10, Art. 3 EGBGB, Rn. 2.

334 Nach EuGH, Urt. v. 04.04.1968 – Rs. 34/67 (*Lück*), Slg. 1968, S. 363 (373); Urt. v. 09.03.1978 – Rs. 106/77 (*Simmenthal II*), Slg. 1978, S. 629 (643 f.) ist von einem Anwendungs-, nicht von einem Geltungsvorrang auszugehen. Nationales Recht wird „nicht gebrochen", sondern kann im Falle eines Außerkrafttretens der gegenteiligen Gemeinschaftsnorm wieder „aufleben. Das ist mittlerweile allgemein anerkannt, vgl. *Stettner*, in: Dauses, EU-Wirtschaftsrecht, A. IV, Rn. 28 ff.; *Schweitzer*, Staatsrecht III, S. 18 ff.

A.   Vergaberechtsverhältnis

Das Vergabeverfahren (Vergaberechtsverhältnis) beginnt mit der Entscheidung für eine Beschaffung und endet mit dem Zuschlag.[335] Zunächst hat eine Zuordnung nach europäischem Kollisionsrecht zu erfolgen. Sollte dies nicht möglich sein, kann auf nachrangiger Ebene über nationale Kollisionsnormen ein Zuordnungsversuch unternommen werden. Auch wenn der Zuschlag das Vergabeverfahren beendet, ist dieser zusammen mit der Angebotsabgabe des erfolgreichen Bieters, isoliert von dem restlichen Verfahrensteil, einer internationalprivatrechtlichen Zuordnung zuzuführen.

I.   Internationalprivatrechtliche Zuordnung nach europäischem Kollisionsrecht

Wie bereits oben[336] erwähnt, richtet sich eine internationalprivatrechtliche Zuordnung nach europäischem Kollisionsrecht im Rahmen der vorliegenden Untersuchung nach der Rom I- und II-VO[337]. Um hiernach eine Zuordnungsaussage treffen zu können, muss zunächst der Anwendungsbereich der Vorschriften eröffnet sein.

1.   Vergaberechtsverhältnis als Zivil- und Handelssache im Sinne des Art. 1 Abs. 1 Rom I-VO

Die Rom I-VO kann nur dann kollisionsrechtlich nutzbar gemacht werden, wenn die Verordnung als solche auf das Vergabeverfahren anwendbar ist. Dies bestimmt sich nach Art. 1 Rom I-VO. Darin heißt es in Satz 1, dass diese Verordnung nur für vertragliche Schuldverhältnisse in Zivil- und Handelssachen gilt, die eine Verbindung zum Recht verschiedener Staaten aufweisen. Damit steht die Rom I-VO im Kontext von Art. 1 Abs. 1 EVÜ a.F., Art. 1 Abs. 1 Rom II-VO und vor allem Art. 1 Abs. 1 EuGVO.[338]

---

335   Ausführlich hierzu oben: Kap. 1. C. I.
336   Vgl. oben: Kap. 1. B. II. 1. lit. a).
337   In Auslegungsfragen auch unter Rückgriff auf die EuGVO.
338   *Martiny,* in: Münchener Kommentar, BGB, Bd. 10, Art. 1 Rom I-VO, Rn. 5.

a)   Definitionen der unterschiedlichen Begriffsmerkmale

Im Folgenden sind die Begriffe des Art. 1 Abs. 1 S. 1 Rom I-VO mit Inhalt zu füllen und das Vergaberechtsverhältnis hierunter zu subsumieren. Danach findet die Verordnung auf alle vertraglichen Schuldverhältnisse in Zivil- und Handelssachen Anwendung, „die eine Verbindung zum Recht verschiedener Staaten aufweisen", vgl. Art. 1 Abs. 1 S. 1 Rom I-VO.

aa)   Verbindung zum Recht verschiedener Staaten

Es bedarf also einer Auslandsberührung. Reine Inlandsfälle werden von der Verordnung nicht erfasst. Insoweit geht vor allem aus der englischen und französischen Fassung der Rom I-VO hervor, dass in Frage stehen muss, welche Rechtsordnung anzuwenden ist.[339] Bei einer Vergabe für oder durch eine extraterritoriale Einrichtung ist beides der Fall: Zum einen liegt, wie oben[340] bereits erörtert, eine Auslandsberührung vor. Zum anderen ist unklar, nach welchem Rechtsregime sich die Vergabe richtet.

bb)   Zivil- und Handelssache

(1)   Autonome Begriffsbestimmung

Weiter muss es sich um eine Zivil- und Handelssache handeln. Zwar findet sich bisher keine positivrechtliche Umschreibung dieses Begriffs. Allerdings erfolgt eine Abgrenzung zu den in Art 1 Abs. 1 Satz 2 Rom I-VO genannten Materien des öffentlichen Rechts (v.a. „verwaltungsrechtliche Angelegenheiten").[341] Diese Aufzählung ist aber nicht abschließend („insbesondere"), sondern nur illustrativ und dient der Klarstellung, weil namentlich die common law-Staaten in ihrem nationalen Recht keine strikte Grenzlinie zwischen Privat- und Öffentlichem Recht kennen.[342] Um eine europaweit einheitliche Auslegung zu erreichen und einen Rückgriff auf

---

339   So heißt es dort „situation involving conflict of laws" oder „situations comportant un conflit de lois", *Martiny,* in: Münchener Kommentar, BGB, Bd. 10, IPR, Art. 1, Rn. 15.
340   Vgl. oben: Kap. 1. A.
341   *Martiny,* in: Münchener Kommentar, BGB, Bd. 10, IPR, Art. 1, Rn. 6.
342   *Lehmann,* Anmerkungen zu EuGH, Urt. v. 05.02.2004 – Rs. C-265/02 (*Frahuil SA/Assitalia S.p.A.*), ZZP Int 9 (2004), S. 168 (172, 174); *Rogerson in:* Magnus/Mankowski, Brussels I Regulation, Rn. 12.

nationales Verfahrensrecht zu verhindern, ist der Begriff der Zivil- und Handelssache deshalb *autonom* auszufüllen.[343] Dies bedeutet, dass eine Qualifikation *nicht* nach der lex fori oder der lex causae erfolgt, sondern aus der Systematik und der Zielsetzung des Übereinkommens sowie aus den allgemeinen Grundsätzen der Rechtsordnungen der Mitgliedstaaten.[344]

(2)   Rückgriff auf die EuGVO

Hinsichtlich des materiellen Anwendungsbereichs und der Bestimmungen der Rom I-VO betont der Verordnungsgeber, dass diese im Einklang mit der Brüssel I-VO (also EuGVO) stehen sollen.[345] Dieses Gebot erklärt sich aus den engen funktionalen Beziehungen der beiden Verordnungen zuei-nander (aber auch zur Rom II-VO).[346] So muss sich der Begriff der Zivil- und Handelssache eng an Art. 1 Abs. 1 EuGVO orientieren.[347] Folglich sind

---

343   EuGH, Urt. v. 14.10.1976 - Rs. 29/76 (*Eurocontrol*) = NJW 1977, S. 489; EuGH, Urt. v. 16.12.1980 – Rs. 814/79 (*Niederlande/Rüffer*) = EuGHE 1980, S. 3807/3819, Rn. 7; EuGH, Urt. v. 21.04.1993 – Rs. C-172/91 (*Sonntag*) = EuGHE 1993 I S. 1963/1996, Rn. 18, EuGH, NJW 1993, S. 2091; EuGH, Urt. v. 14.11.2002 - Rs. C-271/00 (*Steenbergen/Luc Baten*) = EuGHE 2002 I S. 10489 (10519), Rn. 28; *Schack*, Internationales Zivilverfahrensrecht, Rn. 102; *Geimer,* Zur Auslegung des Brüsseler Zuständigkeits- und Vollstreckungsübereinkom-mens in Zivil- und Handelssachen vom 27. September 1968, EuR 1977, S. 341 ff. (v.a. 346); *ders.,* Öffentlich-rechtliche Streitgegenstände – Zur Beschränkung des Anwendungsbereichs der EuGVO bzw. des EuGVÜ/LugÜ auf Zivil- und Handelssachen, IPRax 2003, S. 512 ff.
344   *Hess*, Amtshaftung als „Zivilsache" im Sinne von Art. 1 Abs. 1 EuGVÜ (heute EuGVO), IPRax 1994, S. 11. Kritik äußert *Hess* gleichfalls dahingehend, dass der EuGH nur selten auf die von ihm selbst postulierte Rechtsvergleichung zurück-greift, sondern sich in der Regel „recht apodiktisch auf teleologische Kriterien stützt".
345   Siehe Erwägungsgrund Nr. 7 zur Verordnung (EG) Nr. 593/2008 – ABl. 2008 L 177/6. Danach sollen der materielle Anwendungsbereich und die Bestimmungen der Rom I-VO mit der EuGVO und der Rom II-VO im Einklang stehen. Näher hierzu: *Bitter*, Auslegungszusammenhang zwischen der Brüssel I-Verordnung und der künftigen Rom I-Verordnung, IPRax 2008, S. 96 ff.
346   *v. Hein*, in: Rauscher, EuZPR/EuIPR, Einl. Rom I-VO, Rn. 1: So soll durch die Kollisionsrechtsvereinheitlichung vor allem das sog. „forum shopping", also die Wahl zwischen mehreren Gerichtsständen, um die Anwendung des materiell günstigeren Rechts zu erreichen, verhindert werden. Das Verhältnis zu Rom II-VO wird bei *v. Hein*, in: Rauscher, EuZPR/EuIPR, Einl. Rom I-VO, Rn. 23, näher erklärt.
347   *v. Hein*, in: Rauscher, EuZPR/EuIPR, Einl. Rom I-VO, Rn. 21.

die zu Art. 1 Abs. 1 EuGVO entwickelten Maßstäbe der EuGH-Rechtsprechung heranzuziehen. Der EuGH stellt hierbei gleichrangig auf verschiedene, schon in seiner früheren Rechtsprechung entwickelte Punkte ab.[348] Für die Abgrenzung der Zivil- und Handelssachen von den öffentlich-rechtlichen Streitigkeiten gilt danach nicht ein einziges, sondern ein ganzes Bündel an Kriterien, die – je nach Lage des konkret zu entscheidenden Falls – alleine oder gemeinsam herangezogen werden.[349] Ursache für diese Vielfalt an Argumentationsmustern ist wiederum der Versuch, den unterschiedlichen Rechtstraditionen innerhalb Europas gerecht zu werden. Dessen eingedenk verbietet es sich, bei der Auslegung der „Zivil- und Handelssachen" nach einem einheitlichen dogmatischen Grund zu verlangen.[350] Stattdessen sollte immer anhand einer Überprüfung des Einzelfalls unter Zuhilfenahme der unterschiedlichen Kriterien der Rechtsprechung des EuGH geprüft werden, ob es sich um eine Zivil- und Handelssache handelt.

Zunächst fallen all jene Sachverhalte nicht unter den Begriff der Zivil- und Handelssache, die im Zusammenhang mit der Ausübung hoheitlicher Befugnisse stehen.[351] Entscheidendes Kriterium hierfür ist, ob die Befugnisse von den zwischen Privatpersonen geltenden Regeln abweichen.[352] Ein Zusammenhang mit der Ausübung hoheitlicher Befugnisse liegt schon dann vor, wenn das fragliche Rechtsverhältnis seinen Ursprung in einer hoheitlichen Tätigkeit hat.[353] So ist es durchaus möglich, dass staatliche Stellen auf der Ebene der Gleichordnung Verträge mit Privatpersonen schließen, ohne

---

348 EuGH,Urt. v. 14.10.1976 - Rs. 29/76 (*Eurocontrol*) = EuGHE 1976, S. 1541, Rn. 4; EuGH, Urt. v. 16.12.1980 – Rs. 814/79 (*Niederlande/Rüffer*) = EuGHE 1980, S. 3807/3819, Rn. 7; EuGH, Urt. v. 21.04.1993 – Rs. C-172/91 (*Sonntag*) = EuGHE 1993 I S. 1963, 1996 Rn. 19; EuGH, Urt. v. 14.11.2002 - Rs. C-271/00 (*Steenbergen/Luc Baten*) = EuGHE 2002 I S. 10489/10519, Rn. 31, 32 f., 35.

349 *Lehmann*, Anmerkungen zu EuGH, Urt. v. 05.02.2004 – Rs. C-265/02 (*Frahuil SA/Assitalia S.p.A.*), ZZP Int 9 (2004), S. 168 (179). Die Anmerkungen Lehmanns beginnen auf den Seiten 172 ff. *Lehmann* verweist dabei zu Recht auf den Umstand, dass diese Herangehensweise dem deutschen Verwaltungsrechtler durchaus vertraut vorkommen sollte, wird doch im deutschen Recht auf ähnliche Weise zwischen öffentlich-rechtlicher und zivilrechtlicher Streitigkeit unterschieden, aaO, dort Fn. 44.

350 *Lehmann*, Anmerkungen zu EuGH, Urt. v. 05.02.2004 – Rs. C-265/02 (*Frahuil SA/Assitalia S.p.A.*), ZZP Int 9 (2004), S. 168 (178); *Soltész*, Der Begriff der Zivilsache im Europäischen Zivilprozessrecht, 1998, S. 170 ff.

351 EuGH, Urt. v. 14.10.1976 - Rs. 29/76 (*Eurocontrol*), Slg. 1976, S. 1541 = NJW 1977, S. 489 (490).

352 EuGH, Urt. v. 21.04.1993 – Rs. C-172/91 (*Sonntag*), Slg. 1993, S. I-1963, Rn. 22.

353 EuGH, Urt. v. 16.12.1980 – Rs. 814/79 (*Niederlande/Rüffer*), Slg. 1980, S. 3807, vorletzte Rn.: Es ging um einen Kostenerstattungsanspruch, der seinen Ursprung in einer hoheitlichen Schiffsbergung hatte.

dass diese von dem Anwendungsbereich der EuGVO ausgeschlossen sind.[354] Rechtsverhältnisse zwischen Privatpersonen und Behörden fallen also dem Grunde nach unter das Übereinkommen, wenn die staatliche Stelle sich außerhalb ihrer hoheitlichen Befugnisse bewegt.[355] Dies ist dann der Fall, wenn ihre Aufgaben und Befugnisse sich funktionell nicht von jenen Privater unterscheiden.[356] Als Indiz dafür kann gelten, wenn der staatlichen Stelle keine hoheitlichen Befugnisse zur Durchsetzung/Erzwingung ihres Rechts zustehen und sie vielmehr – wie ein Privater – den Rechtsweg beschreiten muss.[357]

(3)   Anwendung auf den Fall

(a)   Staat handelt wie ein Privater?

Übertragen auf das Vergaberechtsverhältnis ist also zu fragen, ob der Staat bei Durchführung des Verfahrens wie ein Privater auftritt und handelt. Für eine solche Annahme würde grundsätzlich sprechen, dass auch Private Aufträge ausschreiben und nach anschließender Wertung der Angebote dem besten den Zuschlag erteilen. Aus diesem Blickwinkel betrachtet, wären

---

354 *Kropholler/v. Hein*, EuZPR, 9. Aufl., Art. 1, Rn. 9.
355 *Gottwald*, in: Münchener Kommentar zur Zivilprozessordnung, Bd. 3, Art. 1 EuGVO, Rn. 3.
356 *Mankowski*, in: Rauscher, EuZPR, Art. 1 Brüssel I-VO, Rn. 3a; *Rauscher*, Sozialhilferegress unter Brüssel I?, ZZPInt 8 (2002), S. 324 (325). In der Entscheidung EuGH, Urt. v. 14.11.2002 - Rs. C-271/00 (*Steenbergen/Luc Baten*), Slg. 2002, S. I-10489, 10519, Rn. 35 führte das Gericht hierzu aus, dass die staatliche Stelle keine von den allgemeinen Rechtsvorschriften abweichende Rechtsstellung einnehme. Im Fall EuGH, Urt. v. 15.05.2003 - Rs. 266/01 (*Préservatrice foncière TIARD/Niederlande)*, Slg. 2003, S. I-4867, Rn. 36 ordnete es den Streit über eine Bürgschaft als Zivil- und Handelssache ein, da die Bürgschaft den Vorschriften des Zivilrechts unterlag. Die gleiche Argumentation wurde in der Entscheidung EuGH, Urt. v. 15.01.2004 - Rs. C-433/01 (*Freistaat Bayern/Jan Blijdenstein*) = NJW 2004, S. 1439 bei einer Regressklage gegen einen Unterhaltsverpflichteten bezüglich einer Legalzession angewandt.
357 *Rauscher*, Sozialhilferegress unter Brüssel I, ZZPInt 8 (2002), S. 324 (325), der in diesem Zusammenhang den leicht missverständlichen Tenor des EuGH-Urteils Rs. C-271/00 (*Steenbergen/Luc Baten*) Nr. 33, dem Schlussantrag *Tizzionos* folgend, richtig auslegt. In dem Fall EuGH, Urt. v. 16.12.1980 – Rs. 814/79 (*Niederlande/Rüffer*) = EuGHE 1980, S. 3807 (3819), Rn. 7, wurde eine hoheitliche Maßnahme in der Möglichkeit der einseitigen Festsetzung von Gebühren gesehen.

nach dem autonomen Begriffsverständnis eigentlich keine großen Unterschiede, sondern eher Gemeinsamkeiten im Vergleich öffentlicher mit privater Auftragsvergabe festzustellen. Insofern ist es nicht verwunderlich, dass immer wieder behauptet wird, der Staat nehme wie ein Privater am Wirtschaftsverkehr teil und unterscheide sich dabei nicht grundlegend von den anderen Teilnehmern.[358]

Dem ist jedoch nicht zuzustimmen. Vielmehr ist mit *Bungenberg* davon auszugehen, dass der Staat sich *grundlegend* von einer auftragserteilenden Privatrechtsperson unterscheidet.[359] Zwar tritt er als „Kunde" und damit als „Marktteilnehmer" auf, allerdings unterliegt der Staat neben gewissen ökonomischen Zwängen dabei vor allem verfassungs[360]- und haushaltsrechtlichen Bindungen, denen rein private Unternehmen gerade nicht unterworfen sind.[361] Diese Vorschriften machen einen grundlegenden Unterschied zur herkömmlichen Vergabe von Aufträgen und zwängen den Staat in ein enges „Korsett". Kein Privater muss solche rechtlichen Anforderungen erfüllen, bevor er einen Auftrag ausschreiben und vergeben darf. Auch kommt der öffentlichen Hand aufgrund der unmittelbaren Verfassungsbindung beim Abschluss privatrechtlicher Verträge anders als den Privaten keine verfassungsrechtlich garantierte Vertragsfreiheit zu. Im Gegenteil: Die Verpflichtung zur Anwendung des Vergaberechts und all seiner unterschiedlichen Verfahrensarten zeigt, wie eingeschränkt öffentliche Auftraggeber sind, sich ihren Vertragspartner „frei" wählen zu können. Die Parteiautonomie

---

358   Zuletzt wieder das BVerwG, Beschl. v. 02.05.2007 – 6 B 10/07 = BVerwGE 129, S. 9 f. Allerdings ging es bei dieser Entscheidung nicht um eine Frage, die im Zusammenhang mit dem autonom zu bestimmenden Begriff der Zivil- und Handelssache stand.

359   *Bungenberg*, Vergaberecht im Wettbewerb der Systeme, S. 133.

360   *Bungenberg*, Vergaberecht im Wettbewerb der Systeme, S. 133: Demnach kann es keine „verfassungsexempten Räume" geben, *Stern*, Das Staatsrecht der Bundesrepublik Deutschland, Bd. 3, 1. Hb, S. 1411.

361   Etwas anders fällt die Bewertung für Sektorenauftraggeber nach § 98 Nr. 4 Hs. 1 Alt. 1 GWB aus. Aufgrund des mangelnden staatlichen Einflusses unterliegen sie nur deshalb der Vergaberechtspflichtigkeit, weil sie in den Genuss besonderer oder ausschließlicher Rechte kommen und dadurch eine monopolartige Stellung einnehmen, vgl. § 98 Nr. 4 Hs. 2 GWB. Dies ändert aber nichts an dem Umstand, dass Unternehmen nach § 98 Nr. 4 Hs. 1 Alt. 1 GWB wegen ihrer vergaberechtlichen Verpflichtungen anders zu beurteilen sind als sonstige Unternehmen auf dem freien Markt, die diesen Bindungen gerade nicht unterworfen sind. Hier rechtfertigt allein die bestehende Vergaberechtspflichtigkeit, davon auszugehen, dass kein Privathandeln iSd der EuGH-Rechtsprechung, nach EuGH, Urt. v. 15.05.2003 - Rs. 266/01 (*Préservatrice foncière TIARD/Niederlande*), Slg. 2003, S. I-4867, Rn. 36; EuGH, Urt. v. 14.11.2002 - Rs. C-271/00 (*Steenbergen/Luc Baten*), Slg. 2002, S. I-10489, 10519, Rn. 35.

gilt nicht für öffentliche Auftraggeber, sofern es sich wie hier um Verfahrensrecht handelt. Der Grund dafür ist offensichtlich: Zum einen ist der Staat, im Gegensatz zu privaten Unternehmen, ein schwacher Marktteilnehmer, da ihm in weiten Bereichen die Marktübersicht fehlt und er nach Leistungen fragt, für die es mangels Vergleichbarkeit keinen objektiven Marktpreis gibt und für die auch ein subjektiver Marktpreis nicht ermittelt werden kann.[362] Hinzu kommt eine quasi-monopolartige Stellung des Staates als Auftraggeber. Diese ist zum einen logische Konsequenz der oben[363] beschriebenen, wirtschaftlichen Bedeutung der öffentlichen Auftragsvergabe für die gesamte Volkswirtschaft und der damit verbundenen Nachfragemacht der öffentlichen Hand.[364] Zum anderen wird der Staat nicht von sich aus versuchen, einen möglichst großen Bieterkreis - internationale Märkte eingeschlossen - zu erreichen. Sofern der öffentliche Auftraggeber nicht mit eigenen Mitteln wirtschaften muss, besteht für ihn nur ein verminderter Anreiz zur Kostenminimierung. Denn zumindest die „klassischen" öffentlichen Beschaffungsstellen unterliegen anders als privatwirtschaftliche Unternehmen keinem Gewinnstreben und keinem Wettbewerb.[365] All dies öffnet Tür und Tor für Verschwendung oder unkontrollierte Verwendung von Steuermitteln. Gerade deren Verhinderung ist aber oberstes Ziel der Regeln des öffentlichen Auftragswesens: Die Regeln schreiben den öffentlichen Auftraggebern vor, nach welchen ökonomischen Gesichtspunkten und Maßstäben sie einzukaufen haben.[366] Zudem sollen hierdurch diskriminie-

---

362 *Hertwig*, Praxis der öffentlichen Auftragsvergabe, S. 2. Zu der Unterscheidung zwischen objektiven und subjektiven Preisen, vgl. *Ebisch/Gottschalk*, Preise und Preisprüfungen bei öffentlichen Aufträgen, VO PR Nr. 30/53, Rn. 44.

363 Vgl. oben: Einl. A. III unter Fn. 22.

364 *Weiss*, in: Tietje, Internationales Wirtschaftsrecht, § 5, Rn. 2. Der Staat tritt, wenn er einkauft, unabhängig von der Form und der Art des Auftretens, immer als großer und starker Nachfrager auf den Märkten auf. Völlig ungeregeltes und völlig willkürliches Auftreten könnte angesichts dieser Nachfragemacht zu einer erheblichen Störung der Märkte führen, *Jasper/Marx*, DTV-Vergaberecht, Einf., S. 17 (XVII).

365 *Göttsche*, in: Hilf/Oeter, WTO-Recht, § 23, Rn. 3; *Weiss*, in: Tietje, Internationales Wirtschaftsrecht, § 5, Rn. 3. Anderes gilt natürlich für öffentliche Auftraggeber nach § 98 Nr. 4 bis 6 GWB. Hier ist im Gegensatz zu § 98 Nr. 2 GWB nicht Tatbestandsvoraussetzung, dass die in Frage kommenden juristischen oder natürlichen Personen Aufgaben „nichtgewerblicher Art" erfüllen.

366 *Jasper/Marx*, DTV-Vergaberecht, Einf., S. 17 (XVII). Hauptziel ist folglich die schonende und sparsame Verwendung von Steuermitteln.

rende Verhaltensweisen und manipulative Einflussnahmen bis hin zur Korruption verhindert werden.[367] Auch darin liegt eines der wichtigsten Unterscheidungsmerkmale des öffentlichen Vergaberechts im Verhältnis zur Vergabe nicht-öffentlicher Aufträge. Öffentliche Auftraggeber sind *verpflichtet,* ein Vergabeverfahren durchzuführen, private Auftraggeber hingegen nicht. Die Durchführung eines vergleichbaren Verfahrens zur Ermittlung des richtigen Auftraggebers ist für private Auftraggeber fakultativ und dient lediglich als Instrument der Selbstkontrolle, um objektiv nachvollziehbare Entscheidungen zu erzielen. Hinsichtlich des Vergaberechtsverhältnisses nimmt der Staat also nicht wie ein Privater am Rechtsverkehr teil. Dabei handelt es sich auch um eine Sichtweise, die europaweit Gültigkeit hat: Nur die in den jeweiligen nationalen Vergaberechtskodifikationen genannten öffentlichen Auftraggeber unterliegen der Pflicht zur Durchführung eines Vergabeverfahrens. Die innerhalb der Mitgliedstaaten teils unterschiedliche Lesart und Ausgestaltung, wer öffentlicher Auftraggeber sein kann, ändert nichts daran, dass vergaberechtspflichtige Auftraggeber gerade nicht wie Private als Nachfrager am Markt auftreten.[368]

(b)   Weiteres Unterscheidungskriterium erforderlich?

Fraglich ist indes, ob dies als einziges Unterscheidungskriterium ausreicht. Denn gerade im Vergaberecht mit seinen mehrphasigen Ausgestaltungen und unterschiedlichen Rechtsbeziehungen bietet es sich an, nach zusätzlichen Unterscheidungsmerkmalen zu suchen. Denn so lässt sich u.U. eine noch klarere Zuordnungsaussage treffen. Insbesondere zeigt das Beispiel

---

367   Aber gerade deshalb muss dieser Wirtschaftsbereich durch das Vergaberecht geregelt werden. Denn in einem entwickelten Markt soll der Wettbewerb, Korruptionserfahrungen auf dem Gebiet börsennotierter Unternehmen ausgenommen, grundsätzlich unzulässige Einflussnahmen und diskriminierende Verhaltensweisen verhindern. Wettbewerb hat danach zumindest theoretisch eine korruptionsverhindernde Bedeutung, vgl. *Hertwig,* Praxis der öffentlichen Auftragsvergabe, Rn. 4; Begründung der Kommission zur neuen Sektorenrichtlinie 2004/18/EG v. 10.05.2000, KOM(2000), S. 276 endg., Ziff. 2.1: „*Die Daseinsberechtigung dieser Vorschriften ist nämlich das Fehlen von Wettbewerb aufgrund staatlichen Eingreifens durch die Gewährung eines Monopols oder eines Vorrechts für einen Marktteilnehmer*".

368   So fallen bspw. in Frankreich privatrechtlich organisierte Staatsbetriebe nicht unter den Begriff des öffentlichen Auftraggebers, vgl. Art. 2 Code des Marchés Publics (CMP). So heißt es in Art. 2 1° CMP: „(...) *autres que ceux ayant un caractère industriel et commercial.*"

des verwaltungsrechtlichen Vertrages in Frankreich (marché public)[369], dass eine Rechtshandlung bzw. -beziehung von Staaten durchaus unterschiedlich qualifiziert werden kann. Einzig auf die Ausgestaltung des Rechtsverhältnisses, also die Natur der Handlung abzustellen, ist deshalb nicht ausreichend.[370]

(aa)   Verfolgung von Gemeininteressen

In dieser Hinsicht überzeugt folgender Denkansatz von *Sonnenberger*[371], der in der Verfolgung von Gemeininteressen durch den Staat ein „objektives Abgrenzungskriterium mit inhaltlicher Aussagekraft" sieht. Denn ein Privater wird – außer in den Fällen der Beleihung[372] (und der Sektorenau-

---

369   Vgl. oben: Einl. A. IV u. unten: Kap. 2. B. I. 4.

370   Vgl. *Sonnenberger*, in: Münchener Kommentar, BGB, Bd. 10, IPR, Einl. IPR, Rn. 394.

371   *Sonnenberger*, in: Münchener Kommentar, BGB, Bd. 10, IPR, Einl. IPR, Rn. 394. *Sonnenberger* erwähnt dieses Kriterium im Zusammenhang mit der Abgrenzung von Zuordnungsaussagen nach Internationalem Privat- und Öffentlichen Recht.

372   Bei der Beleihung beauftragt oder ermächtigt der Staat durch Gesetz oder aufgrund gesetzlicher Ermächtigung natürliche oder juristische Personen des Privatrechts dazu, selbständig – aber unter staatlicher Aufsicht – und im eigenen Namen bestimmte Aufgaben der öffentlich-rechtlichen Verwaltung mit hoheitlichen Befugnissen wahrzunehmen, *Ibler*, in: Maunz/Dürig, Grundgesetz, Bd. 3, Art. 86 GG, Rn. 75. Innerhalb ihres Aufgaben- und Kompetenzbereichs sind sie Verwaltungsträger und treten nach außen als selbständige Hoheitsträger auf (und handeln als Behörde), *Stadler*, Beleihung, S. 204 ff. In ihrem Hoheitsbereich sind sie aber voll und ganz nach Art. 20 Abs. 3 GG an Recht und Gesetz und nach Art. 1 Abs. 3 GG an die Grundrechte gebunden. Mit ihrem Handeln müssen sie – wie sonstige Behörden auch – immer auch im Sinne des Allgemeinwohls handeln.

traggebereigenschaft)[373] – kaum Gemeininteressen wahrnehmen.[374] Im Gegenteil: Altruistische Handlungsmotive sind diesen eher fremd, ist doch die Maximierung des eigenen Unternehmensgewinns das alles beherrschende Prinzip. Mithin könnte darin ein typisches, gerade dem Handeln öffentlicher Stellen systemimmanentes Merkmal zu sehen sein, das eine Unterscheidung im objektiven Sinne möglich macht. So stellt *Isensee* fest, dass die Sorge für das Gemeinwohl allein dem Staat als Organisationseinheit obliege.[375] Das Gemeinwohl selbst bilde demnach eine „vorverfassungsmäßige Idee des richtigen staatlichen Handelns".[376] Wenn öffentliche Auftraggeber mit der Durchführung des Vergabeverfahrens also Allgemeininteressen verfolgen, würden sie gerade nicht wie Private handeln. Ohne konkrete Analyse der verfolgten Gemeininteressen kann eine Zuordnungsaussage nicht getroffen werden.[377]

Fraglich ist somit, ob und wenn ja, welche öffentlichen Interessen mit der Durchführung eines Vergabeverfahrens verfolgt werden. Dabei bietet es sich an, einen Blick auf die vergaberechtlichen Grundprinzipien zu werfen. Sie definieren Maßstäbe und Motive, nach denen sich eine öffentliche Auftragsvergabe zu richten hat. An ihnen soll soll in der Folge festgemacht werden, ob und wenn ja welchen Gemeinwohlinteressen ein Vergabeverfahren dient. Tragende Grundsätze des Vergabeverfahrens sind – nicht nur

---

373 Wichtigster Beispielsfall dürfte hier die privatisierte Deutsche Bahn sein (jetzt DB AG). Zwar handelt die DB AG mit Gewinnerzielungsabsicht, also gewerblich (deshalb auch kein Fall des § 98 Nr. 2 GWB). Auf der anderen Seite dient die DB AG mit ihren Verkehrsleistungen weiterhin Allgemeininteressen. Bei der Zurverfügungstellung von Netzen und der Durchführung von Verkehrsdienstleistungen im Bereich Eisenbahnen wird folglich nach h.M., vgl. VK Bund, Beschl. v. 11.03.2004 – VK 1-151/03; a.A.: *Haug/Immoor*, Ist die Qualifizierung der DB AG als Auftraggeberin nach § 98 Nr. 2 GWB noch zeitgemäß? Zu den Voraussetzungen und Folgen des Anwendungsbereiches nach § 98 Nr. 2, 4 GWB, VergabeR 2004, S. 308 (312), unter Rückgriff auf Art. 87e GG davon ausgegangen, dass die DB AG Allgemeininteressen erfüllt, *Wieddekind*, in: Willenbruch/Wieddekind, Vergaberecht, S. 68. Gleiches gilt für Energie- und Trinkwasserversorger und sonstige Verkehrsbetriebe (z.B.: Flughafen- oder Hafenbetreiber), die allesamt mit ihren Aufgaben (auch) Allgemeininteressen dienen.

374 A.A. *Schack*, Internationales Zivilverfahrensrecht, S. 65 f., wonach niemals auf den Zweck der staatlichen Tätigkeit abgestellt werden dürfe, da dieser immer hoheitlich sei. Nach *Schack*, aaO, S. 65 f., komme es einzig und allein auf die Natur der Handlung an.

375 *Isensee*, Gemeinwohl im Verfassungsstaat, in: Isensee/Kirchhof, HBStR, Bd. IV, § 71, S. 3 ff.

376 *Isensee*, Gemeinwohl im Verfassungsstaat, in: Isensee/Kirchhof, HBStR, Bd. IV, § 71, S. 3 ff.

377 *Sonnenberger*, in: Münchener Kommentar, BGB, Bd. 10, IPR, Einl. IPR, Rn. 394.

nach europäischen und nationalen, sondern auch nach GPA-Maßstäben – Wirtschaftlichkeit (bzw. Wettbewerb), Transparenz und Gleichbehandlung:

(α)   Wirtschaftlichkeitsgrundsatz

In den Vordergrund rückt dabei die durch die Vergaberichtlinien verwirklichte Europäisierung und damit einhergehende Internationalisierung und Ökonomisierung des Vergaberechts.[378] Demnach muss die vergaberechtliche Leitidee, die öffentliche Hand effizient mit Bauten, Waren und Dienstleistungen zu versorgen und der Gesellschaft kostengünstige Leistungen der Daseinsvorsorge[379] zur Verfügung zu stellen, die Freiheits- und Gleich-

---

378   Vgl. Erwägungsgrund Nr. 2 der RL 2004/18/EG. Dort heißt es: *„Die Vergabe von Aufträgen in den Mitgliedstaaten auf Rechnung des Staates, der Gebietskörperschaften und anderer Einrichtungen des öffentlichen Rechts ist an die Einhaltung der im Vertrag niedergelegten Grundsätze gebunden, insbesondere des Grundsatzes des freien Warenverkehrs, des Grundsatzes der Niederlassungsfreiheit und des Grundsatzes der Dienstleistungsfreiheit sowie der davon abgeleiteten Grundsätze wie z.B. des Grundsatzes der Gleichbehandlung, des Grundsatzes der Nichtdiskriminierung, des Grundsatzes der gegenseitigen Anerkennung, des Grundsatzes der Verhältnismäßigkeit und des Grundsatzes der Transparenz. Für öffentliche Aufträge, die einen bestimmten Wert überschreiten, empfiehlt sich indessen die Ausarbeitung von auf diesen Grundsätzen beruhenden Bestimmungen zur gemeinschaftlichen Koordinierung der nationalen Verfahren für die Vergabe solcher Aufträge, um die Wirksamkeit dieser Grundsätze und die Öffnung des öffentlichen Beschaffungswesens für den Wettbewerb zu garantieren. Folglich sollten diese Koordinierungsbestimmungen nach Maßgabe der genannten Regeln und Grundsätze sowie gemäß den anderen Bestimmungen des Vertrags ausgelegt werden."*

379   Unter dem von *Forsthoff* geprägten Begriff der „Daseinsvorsorge" wird im deutschen Sprachraum alles verstanden, was von Seiten der Verwaltung geschieht, um die Allgemeinheit oder nach objektiven Merkmalen bestimmte Personenkreise in den Genuss nützlicher Leistungen zu versetzen. Gegenstand der Daseinsvorsorge sei die Darbietung von Leistungen, auf welche der in die modernen, massentümlichen Lebensformen verwiesene Mensch lebensnotwendig angewiesen sei. Diese Leistungen seien, unabhängig von ihrer Organisationsform und unabhängig von ihrer Zuordnung zum Privatrecht, in ihrer organisatorischen Gesamtheit zu erfassen und dem Verwaltungsrecht zuzuordnen, *ders.*, Die Verwaltung als Leistungsträger, 1938, S. 1 ff., insb. S. 6 ff.; *ders.*, Lehrbuch des Verwaltungsrechts, Bd. I: AT, 1973, S. 370. Die Europäische Kommission versteht hierunter – im Sinne des englischen Begriffs „services of general interest" - marktbezogene oder nichtmarktbezogene Tätigkeiten, die im Interesse der Allgemeinheit erbracht und daher von den Behörden mit spezifischen Gemeinwohlverpflichtungen verknüpft werden, vgl. Mitteilung der Kommission zu Leistungen

heitsrechte der Marktteilnehmer wie auch ökologische und soziale Prinzipien berücksichtigen.[380] Dabei erfüllen die von staatlicher Seite zu schützenden Wirtschaftsfreiheiten der Marktteilnehmer eine Doppelfunktion: Auf der einen Seite schützen sie die deren Individualinteresse, auf der anderen Seite sind sie fester Bestandteil des allgemeinen Wirtschaftlichkeitsgrundsatzes. So dienen die dem Individuum gewährten Wirtschaftsfreiheiten im Ganzen der jeweiligen Volkswirtschaft und damit mittelbar auch dem eigenen Staatshaushalt.[381] Darüber hinaus sind – je nach vergaberechtlich zu beachtendem Kontext – auch sozial-/gesundheitspolitische, ökologische und konjunkturelle Zielsetzungen zu beachten.[382] In diesem Kontext ist auch das europäische Vergabesekundärrecht zu sehen: „Nur durch die (notfalls) auch sekundärrechtlich zu erzwingende Gewährleistung und Verwirklichung der Prinzipien eines erweiterten Marktzugangs der Bieter, der Nichtdiskriminierung und des (Bieter-)Wettbewerbs – deren gemeinsame Voraussetzung Transparenz ist – können Wohlfahrtsgewinne erzielt und über Leistungen aus der Daseinsvorsorge an die Gesellschaft zurückgegeben werden".[383]

Im Unionsrecht findet der Wirtschaftlichkeitsgrundsatz seine Verankerung in Art. 3 Abs. 3 S. 1 und 2 EUV.[384] Dort heißt es:

---

der Daseinsvorsorge in Europa, ABl. 1996 Nr. C 281, S. 3 ff. Damit beschränkt sich nach europarechtlicher Lesart der Begriff der Daseinsvorsorge nicht – wie nach deutschem Verständnis/Sprachgebrauch – auf die Leistungserbringung durch die Verwaltung, sondern umfasst auch die Leistungserbringung durch Private, dazu: *Püttner*, Das grundlegende Konzept der Daseinsvorsorge; Kommunale Daseinsvorsorge – Begriff, Geschichte, Inhalte, in: Hrbek/Nettesheim, Europäische Union und mitgliedstaatliche Daseinsvorsorge, S. 32 ff. Nach der hier maßgeblichen Terminologie der Kommission ist folglich unter Daseinsvorsorge ein von der Rechtsnatur des Leistungserbringers unabhängiger Gattungsbegriff zu verstehen, dessen marktbezogener Teilbereich mit dem Begriff der Dienste von allgemeinen wirtschaftlichem Interesse bezeichnet wird, vgl. *Klotz*, in: Groeben/Schwarze, Kommentar zum EU-/EG-Vertrag, Bd. 1, Art. 16 EGV, Rn. 16; *Kämmerer*, Daseinsvorsorge als Gemeinschaftsziel oder: Europas „soziales Gewissen", NVwZ 2002, S. 1041; *Schwarze*, Daseinsvorsorge im Lichte des europäischen Wettbewerbsrechts, EuZW 2001, S. 334 (335).

380 *Bungenberg*, Vergaberecht im Wettbewerb der Systeme, S. 134.
381 *Bungenberg*, Vergaberecht im Wettbewerb der Systeme, S. 135.
382 *Bungenberg*, Vergaberecht im Wettbewerb der Systeme, S. 135.
383 *Bungenberg*, Vergaberecht im Wettbewerb der Systeme, S. 136, mwN: EuGH, Urt. v. 03.03.2005 – verb. Rs. C-21/03 und C- 34/03 (*Fabricom/Belgien*), Slg. 2005, S. I-1559, Rn. 26 = WuW/E Verg , S. 1065.
384 Vorher war er in Art. 4 Abs. 1 EG verankert. Dort hieß es: „*Die Tätigkeit der Mitgliedstaaten und der Gemeinschaft im Sinne des Artikels 2 umfaßt nach Maßgabe dieses Vertrags und der darin vorgesehenen Zeitfolge die Einführung einer Wirtschaftspolitik, die auf einer engen Koordinierung der Wirtschaftspolitik der*

„Die Union errichtet einen Binnenmarkt. Sie wirkt auf die nachhaltige Entwicklung Europas auf der Grundlage eines ausgewogenen Wirtschaftswachstums und von Preisstabilität, eine in hohem Maße wettbewerbsfähige soziale Marktwirtschaft, die auf Vollbeschäftigung und sozialen Fortschritt abzielt, sowie ein hohes Maß an Umweltschutz und Verbesserung der Umweltqualität hin."

Für die Auftragsvergabe konkretisieren und ergänzen die Vergaberichtlinien, allen voran RL 2004/18/EG[385] und RL 2004/17/EG[386], diese Vorgabe der Errichtung eines gemeinsamen Binnenmarktes; sie sollen die Hemmnisse für den freien Waren- und Dienstleitungsverkehr beseitigen und somit die Interessen der in einem Mitgliedstaat niedergelassenen Wirtschaftsteilnehmer schützen, welche öffentlichen bzw. Sektorenauftraggebern eines anderen Mitgliedstaates Waren oder Dienstleistungen anbieten möchten.[387]

Als weiterer Gesichtspunkt ist die unterschiedliche Verfahrensausgestaltung zu nennen. Die detaillierte Ausgestaltung der Verfahrensarten in den Vorgaben der Vergaberichtlinien[388] sowie deren Umsetzung in den Vergabe- und Vertragsordnungen[389] erfüllt auch den Zweck, anfallende Transaktionskosten zugunsten des Fiskus zu senken. So muss es dem Staat

---

Mitgliedstaaten, dem Binnenmarkt und der Festlegung gemeinsamer Ziele beruht und dem Grundsatz einer offenen Marktwirtschaft mit freiem Wettbewerb verpflichtet ist."

385   Siehe insbesondere Erwägungsgrund Nr. 2 der RL 2004/18/EG (VKR) oben Fn. 381.

386   Vgl. Erwägungsgrund Nr. 3, wo es heißt: *„Ein weiterer wichtiger Grund, der eine Koordinierung der Vergabeverfahren durch Auftraggeber in diesen Sektoren notwendig macht, ist die Abschottung der Märkte, in denen sie tätig sind, was darauf zurückzuführen ist, dass die Mitgliedstaaten für die Versorgung, die Bereitstellung oder das Betreiben von Netzen, mit denen die betreffenden Dienstleistungen erbracht werden, besondere oder ausschließliche Rechte gewähren."* Vgl. Erwägungsgrund Nr. 10. Dort heißt es: *„Um bei der Anwendung der Vergabevorschriften in den Bereichen der Wasser-, Energie- und Verkehrsversorgung sowie der Postdienste eine wirkliche Marktöffnung und ein angemessenes Gleichgewicht zu erreichen, dürfen die von der Richtlinie erfassten Auftraggeber nicht aufgrund ihrer Rechtsstellung definiert werden. Es sollte daher sichergestellt werden, dass die Gleichbehandlung von Auftraggebern im öffentlichen Sektor und Auftraggebern im privaten Sektor gewahrt bleibt. Es ist auch gemäß Artikel 295 des Vertrags dafür zu sorgen, dass die Eigentumsordnungen in den Mitgliedstaaten unberührt bleiben."*

387   Vgl. statt vieler EuGH, Urt v. 03.10.2000 – Rs. C-380/98 (*University of Cambridge*), Slg. 2000, S. I-8035, Rn. 16; EuGH, Urt. v. 18.10.2000 – Rs. C-19/00 (*SIAC*), Slg. 2001, S. I-7725, Rn. 32; EuGH, Urt. v. 13.11.2007 – Rs. C-507/03 (*Kommission/Irland-irische Post*), Slg. 2007, S. I-9777, Rn. 27.

388   Art. 1 Abs. 9 RL 2004/17/EG; Art. 1 Abs. 11 RL 2004/18/EG.

389   Insbesondere VOB/A EG und VOL/A EG.

möglich sein, abhängig von einer bestimmten Auftragssumme zu entscheiden, welches Vergabeverfahren er anwendet und insbesondere wann er zur breiten Ausschreibung (offenes Verfahren, vgl. § 101 Abs. 2 GWB und § 3 Abs. 1 Nr. 1 VOB/A EG, § 3 Abs. 1 VOL/A EG) verpflichtet ist.[390]

Sinn und Zweck der Durchführung eines einheitlich koordinierten Vergabeverfahrens ist aus Wirtschaftlichkeitserwägungen heraus[391], die Entstehung eines echten Bieterwettbewerbs zu fördern.[392] Um einen solchen gewährleisten zu können, ist im Wege eines Vergabeverfahrens, das klar vorgegebenen Regeln folgt, „organisierte Konkurrenz", d.h. das organisierte Zusammentreffen von Angebot und Nachfrage zur Vervollkommnung und zum Erhalt des Wettbewerbs, herzustellen.[393] Dem Vergabeverfahrensrecht kommt somit die Funktion eines Marktordnungsrechts zu, das „vergabeverfahrensrechtliche Spielregeln" aufstellt, um den Zugriff auf den Anbietermarkt effizient auszugestalten bzw. den Bieterwettbewerb effizient für die eigene Sache zum Wohle der Allgemeinheit zu nutzen.[394] So sieht die RL 2004/18/EG ihre Rechtfertigung gerade darin, zu einer Öffnung des öffentlichen Beschaffungsmarktes beizutragen.[395] Erreicht werden soll dies durch ein Verfahren, das den Auftraggeber in die Lage versetzt, mehrere Angebote miteinander zu vergleichen und aufgrund festgeschriebener und

---

390   Dies soll aber nur für Ausnahmefälle gelten. Insofern ist es nur konsequent, dass nach den europarechtlichen Vorgaben die Verpflichtung zum offenen Verfahren die Regel ist, um größtmögliche Transparenz und Gleichheit im Wettbewerb zu gewährleisten. Das hierarchische Verhältnis zwischen den verschiedenen Vergabeverfahrensarten muss immer so ausgestaltet sein, dass die öffentliche Ausschreibung Vorrang gegenüber der beschränkten Ausschreibung, und diese wiederum vor der freihändigen Vergabe hat, *Bungenberg*, Vergaberecht im Wettbewerb der Systeme, S. 169.

391   Eine Vergabe von Aufträgen unter Beachtung des Kostenprinzips kommt zwangsläufig der eigenen Wirtschaft und damit auch mittelbar dem eigenen Staatshaushalt zugute.

392   Vg. EuGH, Urt. v. 07.10.2004 - Rs. C-247/02 (*Sintesi*), Slg. 2004, I-9215 = WuW/E Verg S. 1017, Rn. 36; EuGH, Urt. v. 16.09.199 – Rs. C-27/98 (*Fracasso und Leitschutz*), Slg. 1999, S. I-5697, Rn. 26; EuGH, Urt. v. 27.11.2001 – verb. Rs. C-285/99 und C-286/99 (*Lombardini und Mantovani*), Slg. 2001, S. I-9233, Rn. 34; EuGH, Urt. v. 12.12.2002 - Rs. C-470/99 (*Universale-Bau*), Slg. 2002, S. I-11617, Rn. 89.

393   *Gandenberger*, Die Ausschreibung: Organisierte Konkurrenz um öffentliche Aufträge, 1961, S. 32.

394   *Bungenberg*, Vergaberecht im Wettbewerb der Systeme, S. 163.

395   Vgl. wiederum Erwägungsgrund Nr. 2 Satz 2 der RL 2004/18/EG, oben Fn. 381.

objektiver Kriterien dem wirtschaftlich günstigsten Angebot den Zuschlag zu erteilen.[396]

(β)   Transparenzgrundsatz

Ziel des Transparenzgrundsatzes ist es, einen unverfälschten Wettbewerb zu ermöglichen und dadurch zur Öffnung der nationalen Märkte beizutragen.[397] Die Sicherstellung von Transparenz durch eine europaweite Vergabebekanntmachung dient dabei sowohl Bieter- als auch Auftraggeberinteressen: Je transparenter ein Vergabeverfahren ausgestaltet und reguliert ist, desto mehr Bieter werden davon angesprochen.[398] Dies kommt zum einen dem Staatshaushalt selbst zugute, wird doch durch eine größere Angebotsvielfalt die Wahrscheinlichkeit, ein besonders günstiges Angebot zu erhalten, erhöht. Gleichzeitig ist es leichter für interessierte Bieter an die benötigten Informationen über gerade stattfindende Auftragsvergaben zu gelangen. Davon profitieren wiederum die Bieter, die dadurch häufiger die Möglichkeit erhalten, erfolgreich an einem Vergabeverfahren teilzunehmen. Im oberschwelligen Bereich findet der Transparenzgrundsatz seinen Ausdruck

---

396   So EuGH, Urt. v. 07.10.2004 - Rs. C-247/02 (*Sintesi*), Slg. 2004, I-9215 = WuW/E Verg S. 1017, Rn. 38.

397   *Bungenberg*, Vergaberecht im Wettbewerb der Systeme, S. 164.

398   Obwohl dies im Grundsatz nur für das „offene Verfahren" nach § 101 Abs. 2 GWB gelten dürfte, bei dem „eine unbeschränkte Anzahl von Unternehmen öffentlich zur Abgabe von Angeboten aufgefordert wird". Bei allen anderen Verfahrensarten (nichtoffenes Verfahren; wettbewerblicher Dialog; Verhandlungsverfahren) ist vorher eine Teilnahmewettbewerb durchzuführen. Insofern hilft § 3a Abs. 1 Nr. 2 VOB/A iVm § 3 Abs. 1 S. 2 VOB/A weiter, wonach eine bestimmte Anzahl von Unternehmen zur Abgabe eines Angebots aufgefordert werden (z.B. beim nichtoffenen Verfahren mind. 5 geeignete Bewerber, vgl. § 6a Abs. 3 S. 1 VOB/A). D.h. im Teilnahmewettbewerb prüft die Vergabestelle anhand der vorher eingereichten Eignungsnachweise, ob die Bewerber die Eignungskriterien erfüllen, also über die erforderliche Fachkunde, Leistungsfähigkeit und Zuverlässigkeit verfügen, *Haak/Preißinger*, in: Willenbruch/Wieddekind, Vergaberecht, S. 209. Erst danach werden diejenigen Unternehmen, die den aufgestellten Anforderungen genügen, zur Abgabe eines Angebots aufgefordert, *Werner*, in: Byok/Jaeger, Kommentar zum Vergaberecht, § 101 GWB, Rn. 623. Beim wettbewerblichen Dialog werden nach der Eignungsprüfung die geeigneten Unternehmen zur Teilnahme am Dialog aufgefordert, *Haak/Preißinger*, in: Willenbruch/Wieddekind, Vergaberecht, S. 211. Beim Verhandlungsverfahren gestaltet sich der Teilnahmewettbewerb genauso wie beim nichtoffenen Verfahren, *dies.*, aaO, S. 212.

vor allem in der Verpflichtung zur europaweiten Bekanntmachung.[399] Hierzu sind die Vergabebekanntmachungen dem Amt für Veröffentlichungen der Europäischen Union zu übermitteln. Die Veröffentlichung erfolgt daraufhin im Supplement zum Amtsblatt der Europäischen Union. Dabei sind die Begrifflichkeiten und Bestimmungen des gemeinsamen Vokabulars für das öffentliche Auftragswesen (CPV)[400] zur Beschreibung des Auftragsgegenstandes zu verwenden.[401] Durch diese Publikationspflicht wird im großen Maße staatlicher Willkür bei der anschließenden Auftragsvergabe vorgebeugt. Durch die Übersetzung der Vergabebekanntmachung werden die Auftragsvergaben zudem europaweit verständlich, was wiederum die grenzüberschreitende Vergabe fördert und die Chancengleichheit für Unternehmen aus allen Mitgliedstaaten gewährleistet.[402] Die herausragende Rolle dieses Grundsatzes wird dadurch unterstrichen, dass seine Durchsetzung auf primärem und sekundärem Wege von Bieterseite aus verlangt werden kann, vgl. §§ 102 ff. (Nachprüfungsverfahren, sofortige Beschwerde) und §§ 125 f. GWB (Schadensersatz bei Rechtsmissbrauch, Anspruch auf Ersatz des Vertrauensschadens).

(γ)   Gleichbehandlungsgrundsatz

Auf gleicher Ebene steht der Gleichbehandlungsgrundsatz, der für alle Teilnehmer am Vergabeverfahren die gleichen Chancen beim Zugang zum Wettbewerb fordert. Im Kartellvergaberecht findet er seine Niederschrift u.a. in § 97 Abs. 2 GWB. Ohne Gleichbehandlung der Teilnehmer ist ein

---

399   Vgl. § 12 Abs. 2 Nr. 2 bis 5 VOB/A EG, § 15 Abs. 6 VOL/A EG und § 16 SektVO und oben: Kap. 1. B. I. 1.lit. a).

400   Common Procurement Vocabulary (CPV): Geht zurück auf die VO (EG) Nr. 2195/2002, v. 05.11.2002, über das gemeinsame Vokabular für öffentliche Aufträge, zuletzt geändert durch VO (EG) Nr. 213/2008, v. 28.11.2007. Mit Inkrafttreten im Dezember 2003 sind unmittelbar verbindliche Vorschriften für eine europaweit einheitliche Vergabe festgelegt worden, wodurch die Beschreibung des Auftragsgegenstandes insofern erleichtert wurde, als nunmehr einheitliche Klassifizierungsnormen für das technische Vokabular verwendet werden müssen, *Frenz*, in: Willenbruch/Wiedekind, Vergaberecht, S. 1743.

401   *Bungenberg*, Vergaberecht im Wettbewerb der Systeme, S. 165.

402   Die Vergabebekanntmachung eines öffentlichen Auftraggebers wird durch das Amt für amtliche Veröffentlichungen der Gemeinschaft in alle EU-Sprachen übersetzt wird, vgl. *Frenz*, in: Willenbruch/Wiedekind, Vergaberecht, S. 1743.

fairer Wettbewerb nicht möglich. Der Grundsatz erfasst und prägt alle Phasen des Vergabeverfahrens; vom Präqualifikationsverfahren[403], der Vorinformation[404] oder dem Teilnahmeverfahren bis hin zum Zuschlag.[405] Freier Waren-, Personen- und Dienstleistungsverkehr sind nur bei gleichberechtigtem Zugang zu ausländischen Beschaffungsmärkten und gleichberechtigter Teilnahme am Vergabeverfahren zu gewährleisten.[406] Entgegen dem Grundsatz „*buy national*" muss der Staat als Leistungsnachfrager jede Bevorzugung einheimischer Anbieter vermeiden.[407]

(δ)   Dienen die Grundsätze Allgemeininteressen?

Gerade beim Gleichbehandlungs-, aber auch beim Transparenzgrundsatz stellt sich allerdings die Frage, inwiefern sie dem Allgemeinwohl dienen. Denn vordergründig schützt ein fairer und transparenter Wettbewerb die Individualinteressen der Bieter und Bewerber sowie aller potentiellen Marktteilnehmer. Langfristig verspricht eine Marktöffnung eine Verbesserung der Wettbewerbsfähigkeit gerade auch der eigenen nationalen Unternehmen auf dem Weltmarkt.[408] Um sich in dieser zusätzlichen (oftmals auch neuen und ungewohnten) Konkurrenzsituation immer wieder auf dem Markt behaupten zu können, werden in den Unternehmen zwangsläufig innovative Kräfte freigesetzt, welche insgesamt zur besseren Marktpositionierung und

---

403 Eigentlich ist das Präqualifikationsverfahren (PQ-Verfahren) von der konkreten Einzelvergabe „völlig unabhängig". Trotzdem ist auch das PQ-Verfahren Teil des verfahrensrechtlichen Aspektes der öffentlichen Auftragsvergabe. Unter Präqualifikation wird die generelle, von der konkreten Einzelvergabe völlig unabhängige Eignungsprüfung eines Unternehmens verstanden, also ob bzw. inwieweit es zur Ausführung eines Auftrages geeignet ist, *Werner*, in: Willenbruch/Wiedekind, Vergaberecht, S. 402. Welchen genauen Inhalt der Eignungsnachweis nach dem PQ-Verfahren haben muss, richtet sich nach § 6 Abs. 3 Nr. 2 VOB/A EG.

404 Bei der Vorinformation handelt es sich um eine der Bekanntmachung vorgelagerte Information, *Schubert*, in: Willenbruch/Wiedekind, Vergaberecht, S. 598. Sie stellt sicher, dass alle interessierten Unternehmen am Vergabeverfahren unter gleichen Bedingungen teilnehmen können, EuGH, Urt. v. 26.09.2000 – Rs. C-225/98, Slg. 2000, S. I-7445 = NJW 2000, S. 3629.

405 *Bungenberg*, Vergaberecht im Wettbewerb der Systeme, S. 167.

406 *Prieß*, Handbuch des Europäischen Vergaberechts, 2001, S. 28.

407 Darüber hinaus hat der Staat natürlich grundsätzlich jede Art der Bevorzugung bestimmter Anbieter zu vermeiden. Gerade aber aus europäischer Perspektive, welche die Schaffung eines gemeinschaftlichen Binnenmarktes des Vergabewesens zum Ziel hat, ist das „Einreißen" der nationalen Vergabeschranken und -hindernisse von großer Priorität.

408 *Pünder*, in: Müller-Wrede, Kompendium des Vergaberechts, S. 58.

sicherlich damit einhergehend zu einer Umsatzsteigerung selbiger beitragen.[409] In letzter Konsequenz kommt das der öffentlichen Hand und damit dem Allgemeinwohl zugute, profitiert sie doch (indirekt) von den steigenden Umsätzen der einheimischen Unternehmen durch erhöhte Steuereinnahmen. Zudem stellt das immer noch praktizierte protektionistische Verhalten vieler Staaten schlichtweg eine beträchtliche Beschränkung des Handels dar.[410] Letzten Endes schaden protektionistische Verhaltensweisen öffentlicher Auftraggeber kurz- wie langfristig im erheblichen Maße der eigenen Wirtschaft.[411] Nur eine transparente und zugleich nicht-diskriminierende öffentliche Ausschreibung unter Einhaltung regional wie international geltender Regeln und Standards kann bewirken, dass auch im öffentlichen Beschaffungswesen „das für den Handel herrschende Prinzip des komparativen Vorteils[412] zwecks optimaler und damit wohlstandsfördernder Allokation von Ressourcen Geltung erlangt"[413].

Vor allem aber profitiert der Staat auf folgende Weise von einem fairen und transparenten Wettbewerb: Ein (potentiell) größeres Teilnehmerfeld verspricht deutlich diversifiziertere und damit für den Staat kostengünstigere Angebote. Im Sinne des Grundsatzes der Wirtschaftlichkeit und Sparsamkeit wirkt sich das schonend auf die eigene Haushaltslage aus. Darin kann wiederum eine Verzahnung mit dem Wirtschaftlichkeitsprinzip gesehen werden. Die Durchführung eines Vergabeverfahrens fördert und fordert

---

409 So auch *Arrowsmith/Linarelli/Wallace*, Regulating Public Procurement: national and international perspectives, 2000, S. 167.
410 Zu diesem Ergebnis kommt u.a. die aktuelle Studie „G-20 Protection in the Wake of the Great Recession" v. 28.06.2010 des Petersons Institute for International Economics (PIIE) im Auftrag der Internationalen Handelskammer (ICC). Danach haben allein die G-20-Staaten im Zeitraum 2008 bis 2009 über 172 Maßnahmen mit protektionistischen Inhalt ergriffen/erlassen, vgl. Executive Summary, ICC 2010, S. 9.
411 So erwähnt die in Fn. 413 genannte Studie des ICC, dort S. 83, dass das „Buy American amendment" der USA der einheimischen Wirtschaft alleine ein Prozent der Absatzchancen gekostet hat und den angeblichen 43.000 neuen Stellen, die durch die „buy national"-Politik hinzugewonnen werden konnten, über 200.000 verlorene Jobs im eigenen US-Exportsektor gegenüberstehen.
412 Dieses Prinzip wurde von *David Ricardo*, Principles of Political Economy and Taxation, (1817), entwickelt.
413 *Tietje,* Internationales Wirtschaftsrecht, S. 254 mVa *Prieß*, in: Prieß/Berrisch, WTO-Handbuch, S. 624. Dieser wiederum verweist auf *Dischendorfer*, The Existence and Development of Multilateral Rules on Government Procurement under the Framework of the WTO, PPLR 2000, S. 1 (4).

Transparenz und Gleichheit, was sich wiederum haushaltsschonend auswirkt.[414] Zudem mindert ein transparentes Vergabeverfahren das Risiko des Missbrauchs, der Verschwendung öffentlicher Gelder und der Korruption.[415]

(bb)   Zwischenergebnis

Das Vergabeverfahren ist damit seinem Sinn und Zweck nach dazu bestimmt, Gemeinwohlinteressen unmittel- aber auch mittelbar zu dienen. Die Tatsache, dass jeder öffentlicher Auftraggeber iSd § 98 GWB durch die Vorgaben des Kartellvergaberechts dem Allgemeinwohl gegenüber verpflichtet ist, spricht dafür, deren verfahrensrechtlichen Handlungen nicht mit denen Privater gleichzusetzen.

2.   Zwischenergebnis

Öffentliche Auftraggeber handeln im Rahmen der Durchführung eines Vergabeverfahrens nicht wie Private, sondern zur Erfüllung von Allgemeininteressen. Zudem unterliegen – mit Ausnahme der Sektorenauftraggeber nach § 98 Nr. 4 Hs. 1 Alt. 1 GWB – alle öffentlichen Auftraggeber verfassungs- und haushaltsrechtlichen Bindungen, denen private Auftraggeber gerade nicht unterworfen sind. Darüber hinaus kommen öffentliche Auftraggeber nicht in den Genuss der Vertragsfreiheit. Die Ermittlung des richtigen Vertragspartners muss zwingend über das Vergabeverfahren erfolgen. Das Vergabeverfahren fällt demnach nicht unter den Begriff der Zivil- und Handelssache nach Art. 1 Abs. 1 Rom I-VO. Den gleichen Rückschluss wird man deshalb für die Rom II-VO und die EuGVO annehmen können.

---

414   Natürlich kann eine an Sparsam- und Wirtschaftlichkeitsgesichtspunkten ausgerichtete Vergabe nur einen Teilaspekt der Haushaltskonsolidierung ausmachen. Aufgrund der immensen Ausgaben, die in den einzelnen EU-Staaten jedes Jahr für das Sozial-, Renten- und Gesundheitswesen anfallen, ist das hierdurch erreichbare Einsparpotential sicherlich nur der sprichwörtliche „Tropfen auf den heißen Stein".

415   *Bungenberg*, Vergaberecht im Wettbewerb der Systeme, S. 164. Völlig ausschließen kann man diese Risiken aber nie. Der „Faktor Mensch" macht eine 100%ige Sicherheit unmöglich. Vgl. zudem oben unter: Kap. 2. I. 2. lit. a) lit. bb) (3) (a).

3.   Zusätzliche Anmerkungen

Selbst wenn mann das Vergaberechtsverhältnis als Zivil- und Handelssache einordnen würde, käme eine Anwendbarkeit der Rom I-VO nicht in Frage: Denn das Vergabeverfahren als solches hat kein vertragliches Schuldverhältnis zum Gegenstand. Nach unionsrechtlichem Verständnis wird hierunter die freiwillige Verpflichtung einer Partei gegenüber einer anderen verstanden, die eine rechtsgeschäftliche Sonderverbindung entstehen lässt.[416] Bei einem Vergabeverfahren geht es aber nicht um die freiwillige Eingehung einer rechtsgeschäftlichen Sonderverbindung, wie etwa ein vereinbarter Leistungsaustausch, der Erfüllungsansprüche entstehen lässt, sondern um die Einhaltung von Verfahrensvorschriften, um eine sachlich und rechtlich ordnungsgemäße sowie nachvollziehbare Vergabeentscheidung treffen zu können.

Insbesondere wäre hierin auch kein außervertragliches Schuldverhältnis iSd Art. 1 Abs. 1 S. 1 iVm Art. 2 Rom II-VO zu sehen. Denn Gegenstand des Vergaberechtsverhältnisses ist nicht die Kompensation eines Schadens, vgl. Art. 2 Abs. 1 Rom II-VO.

II.   Internationalprivatrechtliche Zuordnung nach nationalem Recht

Auch wenn eine Zuordnung des Vergaberechtsverhältnisses nach der Rom I-VO ausscheidet, muss daraus nicht zwangsläufig gefolgert werden, dass dies gleichermaßen für eine Zuordnung nach nationalem IPR zu gelten hat. Der Vorrang der europäischen Kollisionsordnungen gilt nur für den Fall ihrer Anwendbarkeit, vgl. Art. 3 Nr. 1 EGBGB. Zunächst ist aufgrund ihrer „räumlichen Nähe" zum Vergaberecht auf die einseitige Kollisionsnorm des § 130 Abs. 2 GWB einzugehen. Danach ist zu prüfen, ob auch noch andere Normen des EGBGB als Kollisionsnormen in Betracht kommen.

---

416   EuGH, Urt. 22.03.1983 – 34/82, Slg. 1983, S. 987, Rn. 9 f. = RIW 1983, S. 871 = IPRax 1984, S. 85 m Aufsatz *Schlosser*, S. 65; EuGH, Urt. v. 08.03.1988 – 9/87, Slg. 1988, S. 1539, Rn. 10 f. = NJW 1989, S. 1424 = RIW 1988, S. 987 m. Anm. *Schlosser*, RIW 1989, S. 139; EuGH, Urt. v. 17.06.1992 – C-26/91, Slg. 1992, S. I-3967, Rn 10 = JZ 1995, S. 90; EuGH, Urt. v. 27.10.1998 – C-51/97, Slg. 1998, S. I-6511, Rn. 15 = RWI 1999, S. 57 = IPRax 2000, S. 210; EuGH, Urt. v. 17.09.2002 – C -334/00, Slg. 2002, S. I-7357, Rn. 19 = NJW 2002, S. 3159 = EuZW 2002, S. 655 = IPRax 2003, S. 143; EuGH, Urt. v. 05.02.2004 – C-265/02, Slg. 2004, S. I-1543, Rn. 24 = EuZW 2004, S. 351; EuGH Slg. 2005, S. I-481 = IPRax 2005, S. 239; *Martiny*, in: Münchener Kommentar, BGB, Bd. 10, Art. 1 Rom I-VO, Rn. 7.

1.   Einseitige (autonome) Kollisionsnorm des § 130 Abs. 2 GWB

Im deutschen Wettbewerbsrecht existiert mit § 130 Abs. 2 GWB eine autonome[417] Kollisionsnorm. Als einseitige Kollisionsnorm[418] grenzt sie den Anwendungsbereich des nationalen Gesetzes im Verhältnis zu anderen Staaten ab.[419] Dabei ist fraglich, ob § 130 Abs. 2 GWB das Vergaberecht in direkter oder analoger Anwendung miteinschließt.

a)   Direkte Anwendung

Vom Wortlaut her bestimmt § 130 Abs. 2 GWB, dass dieses Gesetz (also das GWB) auf alle Wettbewerbsbeschränkungen Anwendung findet, „die sich im Geltungsbereich dieses Gesetzes auswirken, auch wenn sie außerhalb des Geltungsbereichs dieses Gesetzes veranlasst werden". Fraglich ist somit, was unter Wettbewerbsbeschränkungen in diesem Sinne zu verstehen ist. Teilweise wird vertreten, § 130 Abs. 2 GWB auf „alle Sachnormen des GWB" anzuwenden.[420] Ein Mittelweg will für jeden Einzelfall prüfen, ob eine Norm des Vergaberechts wettbewerbsbeschränkenden Charakter hat.[421] Gegen beide Ansichten spricht aber der klare Wortlaut des Gesetzes. Der in § 130 Abs. 2 GWB verwendete Begriff der „Wettbewerbsbeschränkungen" hat keine eigenständige materielle Bedeutung.[422] Vielmehr sind

---

417   Im Sinne der Definition von oben unter Fn. 244.
418   Unstr., BGH, Beschl. v. 12.07.1973 = WuW/E BGH S. 1276 f., 1279; BGH, Beschl. v. 29.05.1979 = WuW/E BGH S. 1614; KG v. 05.04.1978 = WuW/E OLG 1997; OLG Karlsruhe v. 04.011.1979 = WuW/E OLG, S. 2215 f.; KG, Beschl. v. 01.07.1983 = WuW/E OLG, S. 3051, 3053, 3061 f.; vgl. *Emmerich/Rehbinder/Markert,* in: Immenga/Mestmäcker, Wettbewerbsrecht, Bd. 2: GWB, § 98, Rn. 303 ff. mwN. „Einseitig" bedeutet, dass die Norm nur die Frage regelt, unter welchen Voraussetzungen deutsches Kartellrecht anwendbar ist, und nicht, ob und unter welchen Bedingungen ausländisches Kartellrecht angewendet werden kann/muss.
419   *Emmerich/Rehbinder/Markert,* in: Immenga/Mestmäcker, Wettbewerbsrecht, Bd. 2: GWB, § 98, Rn. 117.
420   So *Bechthold*, Kartellgesetz, § 130 GWB, Rn. 13; *Stockmann,* in: Loewenheim/Meessen/Riesenkampff, Kartellrecht, § 130, Rn. 41.
421   So auch *Hök,* Zum Vergabeverfahren im Lichte des Internationalen Privatrechts, ZfBR 2010, S. 440 (445 u. 448). Ähnlich auch *Stockmann,* in: Loewenheim/Meessen/Riesenkampff, Kartellrecht, § 130 GWB, Rn. 43: Er schlägt vor, nach der jeweils in Betracht kommenden Norm unter Berücksichtigung ihres Sinn und Zwecks zu entscheiden, ob eine Wettbewerbsbeschränkung vorliegt.
422   *Lindemann,* in: Frankfurter Kommentar, Kartellrecht, Bd. 6, § 130 Abs. 2 GWB, Rn. 208.

darunter nur die im ersten Teil des GWB (§§ 1 - 47 GWB) unter der Überschrift „Wettbewerbsbeschränkungen" zusammengefassten Tatbestände zu verstehen.[423] Zudem erscheint es nicht unbedingt zur Vereinfachung der Problematik beizutragen, wenn man, wie von der vermittelnden Ansicht vorgeschlagen, einzelne Sachnormen des GWB auf ihren wettbewerbsrechtlichen Charakter hin überprüft. So gibt es durchaus Normen, die sowohl eine haushaltssichernde als auch eine wettbewerbsrechtliche Funktion haben. Dies dürfte vor allem auf § 98 GWB zutreffen: Zum einen soll § 98 GWB öffentliche Auftraggeber in die vergaberechtliche Pflicht nehmen, damit sie Aufträge nach wirtschaftlichen und damit haushaltsschonenden Gesichtspunkten ausschreiben und vergeben. Zum anderen ist Zweck des hinter § 98 GWB stehenden funktionalen Auftraggeberbegriffs, die Nachfrage- bzw. Marktmacht des Staates in all ihren Auswüchsen, also auch in privatrechtlicher Unternehmensform oder durch direkte/indirekte Einflussnahme infolge von Beteiligungen an privaten (teilweise ehemaligen Staats-)Unternehmen, durch wettbewerbsrechtliche Beschränkungen einzudämmen.[424] Worauf in solchen Fällen abzustellen wäre, um über die Norm des § 130 Abs. 2 GWB anzuknüpfen, wird nicht genannt. Neben dem Wortlautargument sprechen also auch Praktikabilitätserwägungen gegen diesen Lösungsvorschlag. § 130 Abs. 2 GWB ist damit nicht direkt anwendbar.[425]

---

423 *Bitterich*, Vergaberechtswidrig geschlossene Verträge und internationales Vertragsrecht, IPRax 2009, S. 465. Demnach fallen horizontale und vertikale Wettbewerbsbeschränkungen, Verträge über Schutzrechte und know-how, Diskriminierung, und unbillige Behinderung (§ 20 GWB), verbotene Veranlassung von Wettbewerbsbeschränkungen, (§ 21 Abs. 2-4 GWB), Boykott (§ 21 Abs. 1 GWB), Schriftform, Exportkartelle und die Fusionskontrolle (§§ 35-43 GWB) unter den Begriff der Wettbewerbsbeschränkungen im Sinne des § 130 Abs. 2 GWB, vgl. *Lindemann*, in: Frankfurter Kommentar, Kartellrecht, Bd. 6, § 130 Abs. 2 GWB, Rn. 225 ff.

424 Vgl. hierzu *Heuvels*, Mittelbare Staatsfinanzierung und Begriff des funktionalen Auftraggebers, NZBau 2008, S. 166 ff.

425 Trotzdem kann eine rechtswidrige Vergabeentscheidung im Einzelfall auch von § 130 Abs. 2 GWB erfasst sein, wenn sie nicht nur gegen Vergabevorschriften gemäß § 97 Abs. 7 GWB verstößt, sondern darüber hinaus „einen mit §§ 19, 20 GWB unvereinbaren Missbrauch wirtschaftlicher Nachfragemacht des betreffenden öffentlichen Auftraggebers darstellt", *Bitterich*, Vergaberechtswidrig geschlossene Verträge und internationales Vertragsrecht, IPRax 2009, S. 465.

b)   Mögliche Analogie?

Eventuell könnte§ 130 Abs. 2 GWB aber analog auf das Vergabeverfahrensrecht aus dem 4. Kapitel des GWB anwendbar sein. Dann müsste unter anderem eine unbewusste Regelungslücke bestehen. Genau das ist bei § 130 Abs. 2 GWB aber nicht der Fall. Eine Analogie ist ausgeschlossen, weil sich der Gesetzgeber der Problematik der Vergabesachverhalte durchaus bewusst war; dennoch hat er eine entsprechende Regelung nur für „Wettbewerbsbeschränkungen" getroffen und § 130 Abs. 2 GWB im Jahr 1999, als das Vergaberecht in das GWB überführt wurde, unverändert gelassen.[426]

c)   Zwischenergebnis

§ 130 Abs. 2 GWB kann weder direkt noch analog als einseitige Kollisionsnorm für eine Anknüpfung bei Auslandsvergaben nach deutschem Recht herangezogen werden.

2.   Kollisionsnormen nach dem EGBGB

Kollisionsnormen nach dem EGBGB scheiden vorliegend aus. Die ordre public-Klausel aus Art. 6 EGBGB ist nur anwendbar, wenn autonome deutsche IPR-Vorschriften auf ausländisches Recht verweisen.[427] Gerade das ist hier nicht der Fall: Zum einen ist § 130 Abs. 2 GWB auf das Vergaberecht nicht anwendbar. Zum anderen erklärt, sollte man doch von einer Anwendbarkeit des § 130 Abs. 2 GWB ausgehen, dieser als einseitige Kollisionsnorm nicht ausländisches, sondern immer nur deutsches Recht für anwendbar.

---

426   *Emmerich/Rehbinder/Markert,* in: Immenga/Mestmäcker, Wettbewerbsrecht, Bd. 2: GWB, § 130, Rn. 2: Danach wurde in der 6. GWB-Novelle wieder der ursprüngliche Wortlaut des § 98 Abs. 2 GWB eingeführt, aber wegen der Einfügung der Vergaberechtsvorschriften an anderer Stelle verortet (vgl. Begründung 1998, S. 30, 31, 32, 70).

427   *Sonnenberger,* in: Münchener Kommentar, BGB, Bd. 10, Art. 6 EGBGB, Rn. 2.

III.   „Doppelrolle" des Zuschlags und der Angebotsabgabe des erfolg-
        reichen Bieters

Wie bereits erörtert[428], nehmen die Zuschlagsentscheidung und die Angebotsabgabe des erfolgreichen Bieters eine „Doppelrolle" innerhalb des
Vergabeverfahrens ein. Trotz verfahrensrechtlicher Aufhängung wirken sie
in die Ausführungshandlung hinein und verknüpfen beide Phasen miteinander. Die Elemente des Zuschlags und der Angebotsabgabe sind sowohl Ver-
fahrens- als auch Vertragshandlung. Sie erfüllen verschiedene Funktionen
und könnten mit ihrem verfahrens- und vertragsrechtlichen Inhalt unterschiedlichen Phasen zugeordnet werden.

Insofern liegt es zunächst nahe, von einer sog. Doppelqualifikation auszugehen. Darunter fallen u.a. Sachverhalte, die gleichzeitig unter mehrere
„kollisionsrechtliche Normengruppenbegriffe" zu subsumieren sind.[429] Soweit es beim Zuschlag oder der Angebotsabgabe um eine Verfahrenshand-
lung geht, sind die Kollisionsnormen bzw. Zuordnungsentscheidungen des
Vergaberechtsverhältnisses maßgeblich. Kommt es hingegen auf den vertragsrechtlichen Charakter des Zuschlags (als Annahmeerklärung) und der
Angebotsabgabe an, dann richtet sich eine kollisionsrechtliche Zuordnung
nach der Ausführungshandlung. Für ein und dieselbe Handlung können unterschiedliche Statuten zur Anwendung gelangen. So gesehen liegt aber im
eigentlichen Sinne keine Doppel- oder Mehrfachqualifikation vor, da im
Einzelfall abhängig von der konkreten Problemstellung eine Entscheidung
für die eine oder andere Qualifikation möglich ist.

In gewisser Hinsicht bestehen hierbei auch Parallelen zu der Zuord-
nungsfrage bei sog. „hybridem Verwaltungshandeln" im Rahmen von § 40
VwGO,[430] wobei nach der Rechtsprechung[431] ein und dieselbe Maßnahme
sowohl öffentlich-rechtlich als auch privatrechtlich eingeordnet werden
kann.[432] Doch geht man überwiegend[433] davon aus, dass die Annahme einer

---

428   Vgl. oben: Kap. 1. C. II. 2. a.E.
429   *Sonnenberger*, in: Münchener Kommentar, BGB, Bd. 10, Einl. IPR, Rn. 519.
430   Zum Begriff vgl. *Scherer*, Realakte mit "Doppelnatur" - Anmerkungen zu den
       Beschlüssen des Gemeinsamen Senats zum Rechtsweg bei wettbewerbsrelevan-
       tem Verwaltungshandeln, NJW 1989, S. 2724 ff.
431   St. Rspr. GemSOGB, Beschl. v. 29.10.1987 – GmSOGB 1/86 (BSG) = NJW
       1988, S. 2295 ff. = BGHZ 101, S. 280 ff.; BGHZ 66, S. 229 ff.; 67, S. 81 ff.; 82,
       S. 375 ff.; 121, S. 126, 128 f.
432   *Ehlers*, in: Schoch/Schneider/Bier, VwGO, § 40, Rn. 286.
433   Anstelle vieler: *Ehlers*, in: Erichsen/Ehlers, Allgemeines Verwaltungsrecht, § 3,
       Rn. 50; *ders.* in: Schoch/Schneider/Bier, VwGO, § 40, Rn. 287 ff.; *Scherer*, Re-
       alakte mit "Doppelnatur" - Anmerkungen zu den Beschlüssen des Gemeinsamen
       Senats zum Rechtsweg bei wettbewerbsrelevantem Verwaltungshandeln, NJW

solchen Doppelnatur unzulässig sei, da es für die Bestimmung der Rechtsnatur allein auf die Ausrichtung der jeweiligen Maßnahme ankomme. Dies gelte für Realakte wie für Rechtsverhältnisse.[434] Auch beim Zuschlag oder der Angebotsabgabe ist also eine Zuordnungsentscheidung in die eine oder andere Richtung möglich, ohne dass es dazu der Konstruktion einer Doppelqualifikation bedarf.

In Bezug auf den Zuschlag und die Angebotsabgabe des erfolgreichen Bieters lässt sich mithin Folgendes festhalten: Steht der verfahrensrechtliche Gehalt der Handlung(en) in Rede, so ist das Verfahrensstatut des Vergaberechtsverhältnisses maßgeblich. Geht es hingegen um die vertragsrechtliche Komponente der beiden Elemente, dann ist auf das Vertragsstatut der Ausführungshandlung abzustellen. Zur Lösung des Problems muss folglich nicht auf das Institut der Doppelqualifikation zurückgegriffen werden.

IV. Zwischenergebnis

Das Vergaberechtsverhältnis ist nicht über die Kollisionsnormen des Internationalen Privatrechts zuzuordnen. Eine Anwendung der Rom I-VO kommt insoweit nicht in Betracht, weil öffentliche Auftraggeber bei der Durchführung des Verfahrens zur Auftragsvergabe nicht wie Private am Rechtsverkehr teilnehmen, sondern zur Erfüllung von Allgemeininteressen handeln. Die einseitige Kollisionsnorm des § 130 Abs. 2 GWB ist weder direkt noch analog auf den 4. Teil des GWB anwendbar: Der Gesetzgeber wollte nur „Wettbewerbsbeschränkungen" iSd 1. Teils des GWB hiervon umfassen. Vorschriften des EGBGB sind nicht einschlägig.

Das gleiche Ergebnis gilt für die Zuschlagsentscheidung und die Angebotsabgabe des erfolgreichen Bieters, sofern es um den verfahrensrechtlichen Charakter der Handlungen geht. Steht indes die vertragsrechtliche Komponente in Rede, bestimmt sich die Zuordnungsentscheidung beider Elemente nach dem Vertragsstatut der Ausführungshandlung.

1989, S. 2724 ff.; *Kopp/Schenke*, VwGO, § 40, Rn. 30, *Sodan*, in: Sodan/Ziekow, VwGO, § 40, Rn. 376.

434 *Ehlers*, in: Erichsen/Ehlers, Allgemeines Verwaltungsrecht, § 3, Rn. 50; *ders.* in: Schoch/Schneider/Bier, VwGO, § 40, Rn. 287.

B. Ausführungshandlung

Die Ausführungshandlung als „Vollzugsebene" des Vergabeverfahrens transportiert die Zuschlagsentscheidung in den Rechtsverkehr und begründet wechselseitige Pflichten zwischen Auftragnehmer und öffentlichem Auftraggeber auf vertraglicher Grundlage.[435] Der Fokus der Untersuchung liegt mithin darauf, das richtige Vertragsstatut zu ermitteln. Zunächst ist wie beim Vergabeverfahren zu prüfen, ob die Ausführungshandlung als Zivil- und Handelssache iSd Art. 1 Abs. 1 Rom I-VO beurteilt werden kann. Der Vollständigkeit halber sollen auch mögliche Eigenarten eines Vertragsschlusses zwischen öffentlichem Auftraggeber und privatem Auftragnehmer diskutiert werden. Zur Veranschaulichung bietet sich wieder ein kurzer Vergleich mit dem französischen Recht an.

Sollte die Rom I-VO anwendbar sein, muss in einem weiteren Schritt geklärt werden, über welches Merkmal eine Anknüpfung des Vertragsstatuts konkret vorzunehmen ist. Auf die Frage der ausdrücklichen oder konkludenten Rechtswahl ist später in Kapitel 3 einzugehen.

I. Ausführungshandlung als Zivil- und Handelssache im Sinne des Art. 1 Abs. 1 Rom I-VO

Ob der Vertrag zwischen öffentlichem Auftraggeber und privatem Auftragnehmer unter den Begriff der Zivil- und Handelssache nach Art. 1 Abs. 1 Rom I-VO fällt, könnte unter Umständen davon abhängig sein, ob es sich um einen zivil- oder einen öffentlich-rechtlichen Vertragsschluss handelt. Wie oben[436] dargestellt, ist es durchaus möglich, dass staatliche Stellen auf der Ebene der Gleichordnung Verträge mit Privatpersonen schließen, ohne dass diese von dem Anwendungsbereich der Rom I-VO ausgeschlossen sind.[437] Verträge zwischen Privatpersonen und Behörden fallen grundsätzlich unter den Anwendungsbereich der Rom I-VO, wenn die staatliche Stelle sich außerhalb ihrer hoheitlichen Befugnisse bewegt.[438] Dies ist dann

---

435 Vgl. oben: Kap. 1. C. II. 3 und *Regler*, Vergaberecht zwischen öffentlichem und privatem Recht, S. 141.

436 Vgl. oben: Kap. 2. A. I. 2. lit. a) lit. bb).

437 *Kropholler/von Hein*, EuZPR, 9. Aufl., Art. 1, Rn. 9.

438 *Gottwald,* in: Münchener Kommentar zur Zivilprozessordnung, Art. 1 EuGVO, Rn. 3.

der Fall, wenn ihre Aufgaben und Befugnisse sich funktionell nicht von jenen Privater unterscheiden[439]. Als Indiz dafür kann gelten, wenn der staatlichen Stelle keine hoheitlichen Befugnisse zur Durchsetzung/Erzwingung ihres Rechts zustehen und sie vielmehr wie ein Privater den Rechtsweg beschreiten muss.[440] Wenn also der Staat wie ein Privater am Rechtsverkehr teilnimmt, fällt sein Handeln unter den Begriff der Zivil- und Handelssache.

1.   Privatrechtlicher Vertrag als Zivil- und Handelssache

So verhält es sich beim deutschen System der öffentlichen Bedarfsdeckung in Bezug auf die zwischen öffentlichem Auftraggeber und privatem Auftragnehmer geschlossenen Verträge: Diese sind traditionell privatrechtlich ausgestaltet.[441] Dies erklärt sich aus der traditionell fiskalischen Sicht auf das deutsche Vergaberecht.[442] Vom fiskalischen Handeln der Verwaltung/des Staates spricht man, wenn sich die öffentliche Hand Handlungsformen des Privatrechts (z.B.: privatrechtlicher Vertrag) zu Nutze macht, um sich im Vorfeld der Erledigung von Verwaltungsaufgaben die dazu benötigten Mittel zu beschaffen, weil sie nicht selbst Waren produziert oder

---

439   *Mankowski,* in: Rauscher, EuZPR, Art. 1 EuGVO, Rn. 3a; *Rauscher,* Sozialhilferegress unter Brüssel I?, ZZPInt 8 (2002), S. 324 (325). Der EuGH, Urt. v. 14.11.2002 – Rs C-271/00 (*Steenbergen/Luc Baten*), Slg. 2002, S. I-10489/10519, Rn. 35 führte hierzu aus, dass die staatliche Stelle keine von den allgemeinen Rechtsvorschriften abweichende Rechtsstellung einnehme. Im Fall EuGH, Urt. v. 15.05.2003 - Rs. 266/01 (*Préservatrice foncière TIARD/Niederlande*), Slg. 2003, S. I-4867, Rn. 36, ordnete es den Streit über eine Bürgschaft als Zivil- und Handelssache ein, da die Bürgschaft den Vorschriften des Zivilrechts unterlag. Die gleiche Argumentation wurde in der Entscheidung EuGH, Urt. v. 15.01.2004 - Rs. C-433/01 (*Freistaat Bayern/Jan Blijdenstein*), Slg. 2004, S. I-981 = NJW 2004, S. 1439, bei einer Regressklage gegen einen Unterhaltsverpflichteten bezüglich einer Legalzession angewandt.

440   *Rauscher,* Sozialhilferegress unter Brüssel I?, ZZPInt 8 (2002), S. 324 (325), der in diesem Zusammenhang den leicht missverständlichen Tenor des EuGH-Urteils Rs C-271/00 (*Steenbergen/Luc Baten*) Nr. 33, dem Schlussantrag *Tizzionos'* folgend, richtig auslegt. In dem Fall EuGH, Urt. v. 16.12.1980 – Rs 814/79 (*Niederlande/Rüffer*) = EuGHE 1980, S. 3807/3819 dort unter Rn. 7, wurde eine hoheitliche Maßnahme in der Möglichkeit der einseitigen Festsetzung von Gebühren gesehen.

441   Beispielhaft für viele: *Pünder,* in: Müller-Wrede, Kompendium des Vergaberechts, S. 141.

442   Ausführlich und lehrreich hierzu die Darstellung von *Dreher,* in: Immenga/Mestmäcker, Wettbewerbsrecht: GWB, Bd. 2, Vorbm. zu §§ 97 ff., Rn. 54 ff. (insb. Rn. 77).

bestimmte Leistungen erbringt.[443] Auch wenn nach Art. 1 Abs. 3 GG die Grundrechtsbindung fortbesteht[444], handelt die Verwaltung nicht hoheitlich.[445] Ihr stehen keine hoheitlichen Befugnisse zur Durchsetzung oder Erzwingung ihrer Rechte im Streitfall zu. Folglich ist ein privatrechtlich geschlossener Vertrag als Zivil- und Handelssache im Sinne der Verordnung einzustufen.

2.   Ausnahme I: Öffentlich-rechtlicher Vertrag als Zivil- und Handelssache?

Daneben gilt es jedoch zu klären, ob gleiche Schlussfolgerungen auch für öffentlich-rechtliche Verträge getroffen werden können. Denn de lege lata ist es einem deutschen öffentlichen Auftraggeber unbenommen, öffentliche Aufträge per öffentlich-rechtlichem Vertrag zu erteilen.[446] Die einschlägigen Vergaberichtlinien geben insofern keine bestimmte Rechtsform vor.[447] Auch in der jüngeren EuGH-Rechtsprechung wird die Zuordnung zu einer Handlungsform nicht mehr als beachtlich angesehen, sofern die weiteren Voraussetzungen des § 99 GWB erfüllt sind.[448] Demnach fallen privat- wie öffentlich-rechtliche Verträge im Sinne von §§ 54 ff. VwVfG unter das Vergaberechtsregime.[449] Allerdings gilt dies nur für solche Fälle, in denen

---

443   Anstelle vieler: *Kirchhof*, in: Maunz/Dürig, GG, Art. 83, Rn. 105.

444   Auch wenn teilweise noch str. (a.a. OLG Düsseldorf, Urt. v. 12.02.1980 – U (Kart) 8/79 = NJW 1981, S. 587; OLG Düsseldorf, Beschl. v. 09.11.1993 - U (Kart) 2/92, WUW/E 5213, 5219), wohl herrschende Auffassung. Ausführlich hierzu: *Dreher*, in: Immenga/Mestmäcker, Wettbewerbsrecht: GWB, Bd. 2, Vorbm. zu §§ 97 ff., Rn. 113 ff. und unten, vgl. Kap. 4. D. II. 2. lit. b).

445   *Kirchhof*, in: Maunz/Dürig, GG, Art. 83, Rn. 105 f.

446   Dies gilt natürlich nur für die Fälle, für die auf der Seite des öffentlichen Auftraggebers kein Privater steht. Adressatin der §§ 54 ff. VwVfG ist einzig und allein die in öffentlich-rechtlicher Organisationsform verfasste Verwaltung, *Röhl*, Verwaltung durch Vertrag, S. 17 f. Mithin scheiden alle öffentlichen Auftraggeber aus, die zugleich natürliche oder juristische Personen des Privatrechts sind, § 98 Nr. 2 Alt. 2, Nr. 4, Nr. 5 und Nr. 6 GWB.

447   *Regler*, Das Vergaberecht zwischen öffentlichem und privatem Recht, S. 144 f.

448   EuGH, Urt. v. 12.07.2001 - Rs. C-399/98 (*Teatro alla Bicocca*) Slg. 2001, S. I-5409 = NZBau 2001, S. 512 ff. Vgl. *Ziekow*, in: Ziekow/Siegel, Vergaberecht, § 99 GWB, Rn. 17.

449   *Willenbruch*, in: Willenbruch/Wiedekind, Vergaberecht, § 99 GWB, Rn. 39. Ein gewichtiger Grund hierfür dürfte zudem sein, dass eine Abgrenzung zwischen privat- und öffentlich-rechtlichem Vertrag mitunter schwer fällt, *Pünder*, in: Müller-Wrede, Kompendium des Vergaberechts, S. 141; *Reidt*, in: Reidt/Stickler/Glahs, Vergaberecht, Vorbm. zu §§ 97-101 GWB, Rn. 14.

es sich um Beschaffungsvorgänge im Sinne des GWB handelt.[450] Demnach findet das Kartellvergaberecht grundsätzlich keine Anwendung auf öffentlich-rechtliche Beleihungsverträge.[451] Denn hierdurch wird Privaten gestattet, das ansonsten dem Staat vorbehaltene öffentlich-rechtliche Instrumentarium einzusetzen und als Behörde im Sinne des § 35 VwVfG unter staatlicher Aufsicht an der Erfüllung der Staatsaufgaben mitzuwirken.[452] Es besteht also ein Unterschied zwischen Handeln in einem hoheitlichen Umfeld und der Übertragung hoheitsrechtlicher Befugnisse durch öffentlich-rechtlichen Vertrag. Nur Ersteres fällt in den Anwendungsbereich der §§ 97 ff. GWB.

Für eine Anwendung der Rom I-VO auf öffentlich-rechtliche Verträge sprechen unter anderem rechtspraktische Erwägungen. Würde nämlich ein öffentlich-rechtlicher Vertrag zwischen Auftraggeber und Auftragnehmer nicht unter den Begriff der Zivil- und Handelssache fallen, bestünde für den öffentlichen Auftraggeber die Möglichkeit, durch Wahl bzw. Vorgabe des Vertragstypus die Anwendbarkeit der Rom I-VO und damit auch der Rom II-VO und der EuGVO zu umgehen. Das kann nicht in das Belieben des öffentlichen Auftraggebers gestellt werden.

Maßgeblich ist allerdings auch hier, ob ein öffentlich-rechtlicher Vertrag nach § 54 ff. VwVfG noch als Zivil- und Handelssache anzusehen ist. Wie bereits[453] erwähnt, hat eine Subsumtion unter den Begriff der Zivil- und Handelssache *autonom*, d.h. losgelöst von nationaler Dogmatik, zu erfolgen. Wenn also im Rahmen eines öffentlich-rechtlichen Vertragsschlusses dem öffentlichen Auftraggeber rechtliche Möglichkeiten an die Hand gegeben werden, auf das Rechtsverhältnis einseitig einzuwirken, dann ist nach der autonomen Bestimmung des Begriffes der Zivil- und Handelssache von einer hoheitlichen Rechtsausübung auszugehen. Der öffentliche Auftraggeber handelt dann nicht mehr wie ein Privater und nimmt auch nicht wie ein

---

450 *Burgi*, Der Verwaltungsvertrag im Vergaberecht, NZBau 2002, S. 57.
451 BGH, Beschl. v. 12.6.2001 – X ZB 10/01 = NZBau 2001, S. 517 (519); *Braun/Bachmann*, Beleihung als Ausstiegsmöglichkeit aus der Ausschreibungsverpflichtung?, NZBau 2007, S. 691 ff. Gleiches gilt natürlich auch für die Übertragung von Dienstleistungskonzessionen durch öffentlich-rechtlichen Vertrag. Diese unterfallen aber deshalb nicht dem Kartellvergaberecht, weil es an der in § 99 Abs. 1 GWB geforderten „Entgeltlichkeit" mangelt, *Burgi*, Der Verwaltungsvertrag im Vergaberecht, NZBau 2002, S. 57 (59); EuGH, Urt. v. 07.12.2000 – Rs. C-324/98, Slg. 2000, S. 10745 = NZBau 2001, S. 148; *Dreher*, in: Immenga/Mestmäcker, Wettbewerbsrecht: GWB, Bd. 2, § 98, Rn. 140 ff. A.A. BGH, Beschl. v. 01.12.2008 - X ZB 31/08 = NZBau 2009, S. 201 ff. m. krit. Anm. v. *Röbke*, NZBau 2009, S. 205.
452 *Burgi*, Der Verwaltungsvertrag im Vergaberecht, NZBau 2002, S. 57 (61).
453 Vgl. oben: Kap. 2. A. I. 2. lit. a) lit. bb) (1).

solcher am Rechtsverkehr teil. Zwar ist es Privaten (als Beliehene) möglich, auf koordinationsrechtlicher Ebene untereinander verwaltungsrechtliche Verträge nach dem VwVfG zu schließen.[454] Bei dem hier in Frage kommenden subordinationsrechtlichen Vertrag muss auf der einen Vertragsseite (in der Regel)[455] aber immer ein Träger der öffentlichen Verwaltung stehen.[456] Dieser Umstand allein rechtfertigt aber noch nicht, davon auszugehen, dass der öffentliche Auftraggeber bei Abschluss eines öffentlich-rechtlichen Vertrages nicht wie ein Privater handelt. Entscheidend ist vielmehr, ob ein Über-Unterordnungsverhältnis besteht. Insoweit ist die Terminologie des „subordinationsrechtlichen Vertrages" irreführend. Denn nach heutigem Begriffsverständnis zählen zu dem subordinationsrechtlichen Vertrag alle öffentlich-rechtlichen Verträge zwischen dem Staat und Privatpersonen.[457] So entspricht es mittlerweile der h.M.[458], dass keine „Unterordnung" stattzufinden habe, sondern vielmehr alle öffentlich-rechtlichen Verträge im Anwendungsbereich des §§ 1, 2 VwVfG im Bürger-Staat-Verhältnis unter § 54 S. 2 VwVfG zu subsumieren sind. Dies trifft auf die Verträge zwischen öffentlichem Auftraggeber und privatem Auftragnehmer zu, sofern auf Auftraggeberseite der Staat oder ein Beliehener auftritt. Unabhängig von der Zuordnung zum Öffentlichen oder Privaten Recht begegnen sich Auftraggeber und Auftragnehmer auf Vertragsebene auf „Augenhöhe". Auch wenn der öffentliche Auftraggeber die Bedingungen der Vergabe und der zu erbringenden Leistung aufstellt und somit einseitig diktiert, ist die Durchführung des Vertrages von einer Gleichordnung geprägt. Auch stellen

---

454   Nach *Schliesky*, in: Knack/Henneke, VwVfG, § 54, Rn. 60, können koordinationsrechtliche Vereinbarungen zwischen Privaten nach den §§ 54 ff. VwVfG getroffen werden, soweit diese den Vertrag als Beliehene schließen. Daneben kommen noch solche Fälle in Betracht, bei denen den privaten Vertragsparteien gesetzlich die Verfügungsbefugnis über den öffentlich-rechtlichen Gegenstand eingeräumt wurde, vgl. auch *Gurlit*, in: Erichsen/Ehlers, Allgemeines Verwaltungsrecht, § 29, Rn. 9. Hierzu zählt bspw. die Einigung privater Beteiligter nach § 110 Abs. 1 BauGB, *Bauer*, in: Hoffmann-Riem/Schmidt-Aßmann/Voßkuhle, Grundlagen des VerwR, Bd. 2, § 36, Rn. 59.

455   Ein subordinationsrechtlicher Vertrag unter ausschließlicher Beteiligung von Privaten kommt nur dann in Betracht, wenn auf der einen Seite ein „Beliehener" Vertragspartei wird, *Schliesky*, in: Knack/Henneke, VwVfG, § 54, Rn. 53.

456   BVerwG, Urt. v. 16.05.2000 – 4 C 4/99 = BVerwGE 111, S. 162 (165 f.) unter Bezugnahme auf VGH München, Urt. v. 11.04.1990 - 1 B 85 A 1480 = NVwZ 1990, S. 979 (981).

457   Anstelle vieler: *Bonk*, in: Stelkens/Bonk/Sachs, VwVfG, § 54, Rn. 5.

458   Vgl. etwa: BVerwG, Urt. v. 16.05.2000 – 4 C 4/99 = BVerwGE 111, S. 162 (165); VGH Mannheim, Urt. v. 18.10.1990 – 2 S 2098/89 = NVwZ 1991, S. 583 (584); *Kopp/Ramsauer*, VwVfG, § 54 Rn. 48 mwN.

die §§ 54 ff. VwVfG dem Auftraggeber kein Instrumentarium zur einseitigen Durchsetzung irgendwelcher Forderungen zur Verfügung. Damit sprechen alle Gründe dafür, einen öffentlich-rechtlichen Vertrag zwischen Auftraggeber und Auftragnehmer dem Anwendungsbereich der Rom I-VO zu unterstellen.

Damit ist der öffentlich-rechtliche Vertrag als Zivil- und Handelssache einzustufen. Die Rom I-VO ist anwendbar.

3.   Ausnahme II: Vertragsähnlicher Verwaltungsakt als Zivil- und Handelssache?

Wenn die Wahl der Handlungsform grundsätzlich im Ermessen der Verwaltung liegt[459], scheint es durchaus denkbar, dass ein öffentlicher Auftraggeber durch einen mitwirkungsbedürftigen Verwaltungsakt den Auftragnehmer zur Erbringung der zu beschaffenden Leistung verpflichten will.[460] Allerdings wäre ein solches Vorgehen rechtswidrig; zum einen fehlt es an einer Befugnis zum Erlass eines Verwaltungsakts.[461] Zum anderen sehen weder die Vergaberichtlinien, noch der Wortlaut des § 99 Abs. 1 GWB die Auftragserteilung durch Verwaltungsakt vor. Vielmehr ist immer nur von „Verträgen" die Rede.[462]

---

459   Das Ermessen bei der Formenwahl bestimmt sich nach den Maßstäben des § 10 VwVfG.

460   Um „Vertragsähnlichkeit" zu erzeugen, müssten die Detailregelungen des Vertrags in Nebenbestimmungen nach § 36 VwVfG oder auf einer „zweiten Stufe" als Vertrag vereinbart werden, der selbst keinen Beschaffungscharakter mehr haben kann, *Burgi*, Der Verwaltungsvertrag im Vergaberecht, NZBau 2002, S. 57 (62) und unter Fn. 57.

461   Eine VA-Befugnis ist vorliegend neben haushaltsrechtlichen Gründen alleine deshalb zu fordern, weil ein solcher vertragsähnlicher VA immer auch eine Verpflichtung des Auftragnehmers begründet, *Burgi*, Der Verwaltungsvertrag im Vergaberecht, NZBau 2002, S. 57 (62) und unter Fn. 61. Die damit verbundenen Haftungsrisiken zulasten des Auftragnehmers lassen die Annahme einer reinen Leistungsverwaltung, bei der eine Ermächtigungsgrundlage nicht erforderlich gewesen wären, nicht zu.

462   Vgl. bspw. Art. 1 Abs. 2 lit. a) der RL 2004/18/EG: *„Öffentliche Aufträge" sind zwischen einem oder mehreren Wirtschaftsteilnehmern und einem oder mehreren öffentlichen Auftraggebern geschlossene schriftliche entgeltliche Verträge über die Ausführung von Bauleistungen, die Lieferung von Waren oder die Erbringung von Dienstleistungen im Sinne dieser Richtlinie."* Oder § 99 Abs. 1 GWB: *„Öffentliche Aufträge sind entgeltliche Verträge von öffentlichen Auftraggebern mit Unternehmen über die Beschaffung von Leistungen, die Liefer-, Bau- oder*

Darüber hinaus stellt ein Verwaltungsakt eine eindeutig hoheitliche Maßnahme dar, zu deren Durchsetzung und Vollzug der Staat einseitig qua Gesetz ermächtigt ist. Er handelt also in einer solchen Situation nicht wie ein Privater, sondern in Ausübung seiner hoheitlichen Befugnisse. Die Anwendbarkeit der Rom I-VO ist mithin nach Art. 1 Abs. 1 S. 1 ausgeschlossen. Ein vertragsähnlicher Verwaltungsakt könnte nicht als Zivil- und Handelssache eingestuft werden.

4.   Exkurs: Der verwaltungsrechtliche Vertrag in Frankreich

Darüber hinaus ist zu beachten, dass die jeweiligen nationalen Ausgestaltungen über die rechtliche Handhabung und Einordnung fiskalischer Tätigkeiten ganz unterschiedlich ausfallen.[463] So handeln in Frankreich der Staat und öffentlich-rechtliche Körperschaften bei der Vergabe öffentlicher Aufträge nicht wie Privatpersonen, sondern rein hoheitlich.[464]

Die französische Rechtsordnung hat zu diesem Zweck das besondere Institut des verwaltungsrechtlichen Vertrages („*contrat administratif*") ausgebildet, der in den Art. 86 bis 118 CMP ausdrücklich geregelt ist.[465] Da der „contrat administratif" in Frankreich als Ausdruck seines hoheitlichen Handelns angesehen wird, kann der Staat als Auftraggeber einseitig durch Verwaltungsakt („*acte administratif unilatéral*") Sanktionen erlassen, die er anschließend selbst vollstrecken kann.[466] Der Staat handelt also selbst auf Vertragsebene nicht wie ein Privater. Im Gegensatz zum deutschen Pendant verbietet es sich dann aber, einen verwaltungsrechtlichen Vertrag nach französischem Recht als Zivil- und Handelssache anzusehen. Die Rom I-VO ist mithin auf den „contrat administratif" nicht anwendbar.

Dienstleistungen zum Gegenstand haben, Baukonzessionen und Auslobungsverfahren, die zu Dienstleistungsaufträgen führen sollen."
463   Vgl. oben: Kap 1. B. 1. lit. a).
464   *Kropholler/v. Hein*, EuZPR, Art. 1 EuGVO, Rn. 9; *Pietzcker*, in: Grabitz/Hilf, Das Recht der Europäischen Union, Bd. 4, B. 20, Rn. 13; *Schlosser*-Bericht: Nr. 26, ABl. 1979 C 59/71; *Hök*, in: ders, Handbuch des internationalen und ausländischen Baurechts, S. 940. Ausführlich hierzu: *Hamdan/Hamdan*, Das französische Vergaberecht, RIW 2011, S. 368 ff.
465   *Hausmann*, in: Simons/Hausmann, Brüssel I-VO, Art. 1, Rn. 25.
466   *Hausmann*, in: Simons/Hausmann, Brüssel I-VO, Art. 1, Rn. 25.

5.   Zwischenergebnis und Schlussfolgerungen

Ein Vertrag nach deutschem Recht zwischen öffentlichen Auftraggeber und privaten Auftragnehmer ist eine Zivil- und Handelssache gemäß Art. 1 Abs. 1 S. 1 Rom I-VO. Der Staat handelt beim Vertragsschluss mit dem Auftragnehmer wie eine Privatperson (mit dem einzigen Unterschied, dass der Staat immer der Gesetz- und Rechtmäßigkeit seines Handels unterworfen ist). Ihm stehen zur Durchsetzung seiner Rechte aus dem Vertrag keine hoheitlichen Befugnisse zur Verfügung. Vielmehr ist er bei Rechtsstreitigkeiten aus dem Vertrag wie ein Privater gehalten, seine Rechte vor Gericht einzuklagen. Die Rom I-VO ist folglich auf den Vertrag zwischen öffentlichem Auftraggeber und privatem Auftragnehmer anwendbar.

Auch bei einem öffentlich-rechtlichen Vertrag nach § 54 S. 2 VwVfG handelt der öffentliche Auftraggeber wie ein Privater iSd Art. 1 Abs. 1 S. 1 Rom I-VO. Nach autonomer Auslegung stehen sich öffentlicher Auftraggeber und privater Auftragnehmer bei der Vertragsdurchführung auf der Ebene der Gleichordnung gegenüber. Damit liegt eine Zivil- und Handelssache vor.

Im Kartellvergaberecht ist es dem Staat unmöglich, mit Hilfe eines Verwaltungsakts jemanden zur Leistungserbringung zu verpflichten. Die Vergaberichtlinien und § 99 Abs. 1 GWB sehen ein solches Vorgehen nicht vor.

Als Folge kommen die Kollisionsnormen der Art. 3 ff. Rom I-VO zur Geltung, um das anwendbare Sachrecht zu bestimmen. Aus der Anwendbarkeit der Rom I-VO folgt im Umkehrschluss die Nichtanwendbarkeit des deutschen Internationalen Privatrechts, allen voran des EGBGB, vgl. Art. 3 Nr. 1 EGBGB. In räumlicher Hinsicht ist die Verordnung auch außerhalb der EU anwendbar, vgl. Art. 2 Rom I-VO. Allerdings gilt die Rom I-VO nicht gegenüber allen Mitgliedstaaten, vgl. Art. 1 Abs. 4 S. 1 Rom I-VO.[467]

---

467 So partizipieren einige Mitgliedstaaten nicht an der justiziellen Zusammenarbeit in Zivilsachen (Großbritannien, Irland, Dänemark). Diese Staaten haben aber immer die Möglichkeit, sich einzelnen Verordnungen anzuschließen. Großbritannien und Irland haben bereits ihr „opt-in" in Bezug auf die Rom I-VO erklärt, *Martiny*, in: Münchener Kommentar, BGB, Bd. 10, Art. 1 Rom I-VO, 74 f. Nur Dänemark konnte bisher als einziges Land nicht von dieser Möglichkeit Gebrauch machen, so dass dänische Gerichte weiterhin an das Vorgängerübereinkommen EVÜ gebunden sind. Dänemark ist damit nicht als „Mitgliedstaat" im Sinne des Art. 1 Abs. 4 S. 1 Rom I-VO anzusehen, vgl. Erwägungsgrund Nr. 46 der RL und *v. Hein*, in: Rauscher, EuZPR/EuIPR, Art. 1 Rom I-VO, Rn. 66 ff. Umgekehrt gilt aber bei einem Auslandsbezug zu Dänemark aus deutscher Sicht die Rom I-VO uneingeschränkt.

Als sog. *loi uniforme* enthält die Verordnung allseitiges Einheitskollisions-recht, das ohne jegliches Gegenseitigkeitserfordernis zur Anwendung ge-langt.[468] Diese Konstruktion ist zu begrüßen; ansonsten käme es in der Pra-xis zu einer nicht gewünschten Differenzierung zwischen „innergemein-schaftlichen" und „außergemeinschaftlichen" Angelegenheiten.[469]

Gerade im Rahmen der Ausführungshandlung wird deutlich, dass immer anhand des Einzelfalls zu prüfen ist, ob sich öffentliche Funktionsträger ho-heitlicher Gestaltungsformen bedienen oder wie Privatpersonen handeln.[470] Zudem gilt es nationale Unterschiede und Besonderheiten zu berücksichti-gen (vgl. zu Frankreich oben Kap. 2. B. I. 4.).

Um Schwierigkeiten bei der Zuordnung und die Gefahr der Rechtsunsi-cherheit zu vermeiden, sind die öffentlichen Auftraggeber gut beraten, im-mer auf den Abschluss eines privatrechtlich ausgestalteten Vertrages hin-zuwirken.

Da aber innerhalb der Europäischen Union nicht nur das Vergaberecht als solches, sondern insgesamt die Befugnisse des Staates im Zusammen-hang fiskalischer Tätigkeiten unterschiedlich gehandhabt werden, wäre es im Sinne einer weiteren Rechtsangleichung innerhalb der Europäischen Union begrüßenswert, wenn eine einheitliche europäische Begriffsbildung die unterschiedlichen, oft mühsamen Einordnungen überflüssig machen würde. So spricht sich auch *Schlosser* dafür aus, dort, wo die Verwaltung im Rechtsverkehr mit dem Bürger sich des Instruments des Vertrags be-dient, europarechtlich von Privatrecht auszugehen, sofern nicht vergleich-bare Verträge in *allen* Mitgliedstaaten öffentlich-rechtlich eingeordnet wer-den.[471] So existieren neben dem Vergaberecht noch zahlreiche weitere Ver-tragsarten, die zwischen den Mitgliedstaaten unterschiedlich gehandhabt werden, oder gar nur in einzelnen Staaten der EU vorkommen, die das ganze Prozedere noch unübersichtlicher werden lassen.[472]

---

468   *v. Hein*, in: Rauscher, EuZPR/EuIPR, Art. 2 Rom I-VO, Rn. 1.

469   KOM (2003) 427 endg., S. 11; MPI, Stellungnahme des MPI für Internationales Privat- und Verfahrensrecht zur Rom I-VO, RabelsZ 68 (2004), S. 11.

470   *Kropholler/v. Hein*, EuZPR, Art. 1 EuGVO, Rn. 9.

471   *Schlosser*, EuZPR, Art. 1 EuGVO, Rn. 12.

472   Vgl. dazu die Auflistung bei *Schlosser*, EuZPR, Art. 1 EuGVO, Rn. 12. Ein sol-ches Bemühen müsste aber aller Wahrscheinlichkeit nach mit einer Vereinheitli-chung des materiellen Zivilrechts in der Europäischen Union einhergehen. Auch wenn hier durchaus konkrete Ergebnisse erzielt werden sollten, wird dies nichts an der praktischen Notwendigkeit von Kollisionsnormen ändern. Denn das es tat-sächlich in naher Zukunft zu einem Europäischen Zivilgesetzbuch kommen wird, muss als unrealistisch abgetan werden, *Posch*, Bürgerliches Recht, Bd. 7: Inter-nationales Privatrecht, S. 16.

II.   Ausdrückliche/konkludente Rechtswahl

Im Rahmen der kollisionsrechtlichen Zuordnung der Ausführungshandlung nach den Vorschriften der Rom I-VO muss grundsätzlich als Erstes geklärt werden, ob die Parteien das anwendbare Vertragsrecht ausdrücklich (Art. 3 Abs. 1 S. 2 Alt. 1 Rom I-VO) oder konkludent (Art. 3 Abs. 1 S. 2 Alt. 2 Rom I-VO) gewählt haben. Die Ausführungen zur Rechtswahl sind einem separatem Kapitel vorbehalten (Kapitel 3), so dass an dieser Stelle auf entsprechende Ausführungen verzichtet wird.

III.   Objektive Anknüpfung

Liegt keine Rechtswahl vor, kommt es über Art. 4 Rom I-VO zu einer objektiven Anknüpfung. Auf die im Grundsatz vorrangigen Art. 5 bis 8 Rom I-VO ist hier nicht weiter einzugehen, da sie nur für besondere, hier nicht einschlägige Vertragstypen (Beförderungs-[473], Verbraucher-, Versicherungs- und Individualarbeitsverträge) spezielle Anknüpfungsregeln beinhalten.

Grundsätzlich zu beachten sind zudem besondere Regelungen, die gemäß Art. 23 oder Art. 25 Rom I-VO Vorrang gegenüber den allgemeinen Kollisionsnormen der Art. 4 ff. Rom I-VO genießen. Unter Art. 23 Rom I-VO fallen Sonderkollisionsnormen des Unionsrechts.[474] Art. 25 Rom I-VO regelt das Verhältnis zu internationalen Übereinkommen, wobei zwischen

---

[473]   An dieser Stelle ist klarzustellen, dass sehr wohl auch ein Vertrag über die Beförderung von Gütern nach Art. 5 Abs. 1 Rom I-VO Gegenstand einer öffentlichen Auftragsvergabe sein kann. Dabei handelt es sich um einen Fall des Liefervertrages, § 99 Abs. 2 GWB.

[474]   Hierunter fallen u.a. verbraucherschützende Richtlinien; Art. 6 Abs. 2 Klauselrichtlinie (RL 93/13/EWG, ABl. 1993 L 95/29), Art. 9 der Richtlinie über Teilnutzungsrechte (RL 94/47/EG, ABl. 1994 L 280/83) bzw. Art. 12 Abs. 2 der Nachfolgerichtlinie von 2009 (RL 2008/122/EG, ABl. 2008 L 33/10), Art. 12 Abs. 2 Fernabsatzrichtlinie (RL 97/7/EG, ABl. 1997 L 144/19), Art. 7 Abs. 2 Verbrauchsgüterkaufrichtlinie (RL 99/44/EG, ABl. L 171/12), Art. 7 Abs. 2 und Art. 12 Abs. 2 der Richtlinie über den Fernabsatz von Finanzdienstleistungen (RL 2002/65/EG, ABl. 2002 L 271/16), Art. 22 Abs. 4 Verbraucherkreditrichtlinie (RL 2008/48/EG, ABl. 2008 L 133/66). Zudem fallen hierunter Art. 9 der Kulturgüterrückgaberichtlinie (RL 93/7/EG, ABl. 1993 74/74; in Deutschland umgesetzt im Kulturgüterrückgabegesetz v. 18.5.2007 – BGBl. 2007 I 757, 2547). Ungeklärt ist der kollisionsrechtliche Gehalt von Art. 3 Abs. 1 E-CommerceRL (RL 2003/32/EG, ABl. 2000 L 178/1).

kollisions-[475] und sachrechtsvereinheitlichenden[476] Übereinkommen unterschieden wird. All diesen Normen ist indes gemein, dass sie keine auf den Vertragsschluss zwischen öffentlichen Auftraggeber und privaten Auftragnehmer passenden Regelungen enthalten.

Sinn und Zweck einer objektiven Anknüpfung nach Art. 4 Rom I-VO ist es, unter den in Betracht kommenden Rechtsordnungen derjenigen zur Anwendung zu verhelfen, welche die räumlich *engste* Verbindung zum Vertrag aufweist.[477]

1.   Anknüpfung über Art. 4 Abs. 1 Rom I-VO (einzelne Vertragstypen)

Im Gegensatz zu Art. 28 EGBGB a.F. finden sich in Art. 4 Abs. 1 Rom I-VO besondere Regelanknüpfungen für einzelne Vertragstypen, so dass eine selbständige Bestimmung der charakteristischen Leistung nach Art. 4 Abs. 2 Rom I-VO durch den Rechtsanwender insoweit nicht mehr erforderlich ist.[478] Wie beim Begriff der Zivil- und Handelssache in Art. 1 Abs. 1 S. 1 Rom I-VO hat auch hier eine autonome Begriffsbestimmung der einzelnen Vertragstypen zu erfolgen.[479] Dabei ist eine Schwerpunktbetrachtung vorzunehmen, bei der ergänzende Nebenpflichten der Parteien unberücksichtigt bleiben.[480] Erst wenn kein eindeutiger Schwerpunkt zu ermitteln ist,

---

475   Auf der Haager Konferenz für Internationales Privatrecht wurden das Haager Übereinkommen zum Internationalen Warenkauf (Text bei *Jayme/Hausmann* Nr. 76) und das Haager Übereinkommen zu Internationalen Vertreterverträgen (englische Fassung abgedruckt in RabelsZ 43 (1979) S. 176) initiiert. Zwar ist Deutschland selbst nicht Vertragspartner, wohl aber andere Mitgliedsstaaten der EU, so dass bei von Regelungen der Rom I-VO abweichenden Vorschriften die Möglichkeit zum *forum shopping* besteht.

476   Hierunter fallen das Wiener UN-Kaufrecht, sog. CISG (Text bei *Jayme/Hausmann* Nr. 77; in Deutschland umgesetzt durch BGBl. 1989 II, S. 588, berichtigt durch BGBl. 1990 II S. 1699) und die UNIDROIT-Übereinkommen über das internationale Factoring (Text bei *Jayme/Hausmann* Nr. 78) und das internationale Finanzierungsleasing (Englische Fassung abgedruckt in RabelsZ 51 (1987) S. 736.

477   *Thorn*, in: Rauscher, EuZPR/EuIPR, Art. 4 Rom I-VO, Rn. 1.

478   *Thorn*, in: Rauscher, EuZPR/EuIPR, Art. 4 Rom I-VO, Rn. 22.

479   So z.B. für den „Verkauf beweglicher Sachen", vgl. *Thorn*, in: Rauscher, EuZPR/EuIPR, Art. 4 Rom I-VO, Rn. 23. Für den Dienstvertrag, vgl. *Martiny*, in: Münchener Kommentar, BGB, Bd. 10, Art. 4 Rom I-VO, Rn. 17 mwN in Fn. 49.

480   So ändern nach europarechtlicher Lesart die Anlieferung und der Aufbau einer gekauften Sache nichts an der rechtlichen Einordnung als Kaufvertrag, vgl. Erwägungsgrund Nr. 19 S. 3 zur Rom I-VO.

greift die Auffangklausel des Art. 4 Abs. 2 Rom I-VO[481], wonach wiederum auf die charakteristische Leistung abzustellen ist.

a)   Öffentliche Auftragsvergabe als Kauf von beweglichen Sachen

Zielt das Vergabeverfahren darauf ab, für einen öffentlichen Auftraggeber eine oder mehrere bewegliche Sachen käuflich zu erwerben (vgl. § 99 Abs. 2 GWB), dann fällt der hierüber geschlossene Vertrag zwischen Auftraggeber und Auftragnehmer unter Art. 4 Abs. 1 lit. a Rom I-VO. Nach autonomer, europarechtlicher Definition, die ihrerseits im Einklang mit Art. 5 Nr. 1 lit. a EuGVO stehen sollte, sind unter „beweglichen Sachen" alle körperlichen Gegenstände zu verstehen, die im Raum abgrenzbar sind.[482] Hierzu zählen feste, flüssige und gasförmige Gegenstände, nicht hingegen elektrische Energie, Fernwärme oder Daten als solche.[483] Damit unterscheidet sich der autonome Sachbegriff des Art. 4 Abs. 1 lit. a Rom I-VO vom vergaberechtlichen Warenbegriff des § 99 Abs. 2 GWB. Denn hierunter fallen nicht nur Handelswaren jeder Art, sondern auch Softwarepakete (Daten), Fernwärme, Energie und Strom.[484] Für diese Art der Warenbeschaffung würde vorliegend (zunächst) Art. 4 Abs. 2 Rom I-VO in Betracht kommen, da Abs. 1 keine passende Zuordnungsnorm für nichtkörperliche Gegenstände bereithält.

Auch die Herstellung und anschließende Lieferung einer beweglichen Sache (sog. Werklieferungsvertrag) fällt unter Art. 4 Abs. 1 lit. a Rom I-VO.[485]

---

481   Zur Systematik der einzelnen Absätze zueinander vgl. *Thorn*, in: Rauscher, EuZPR/EuIPR, Art. 4 Rom I-VO, Rn. 18 ff.
482   *Kropholler/v. Hein*, EuZPR, Art. 5 EuGVO, Rn. 41; *Leible*, in: Rauscher, EuZPR/EuIPR, Art. 5 Brüssel-VO, Rn. 47.
483   *Thorn*, in: Rauscher, EuZPR/EuIPR, Art. 4 Rom I-VO, Rn. 23.
484   OLG Hamburg, Beschl. v. 04.11.1999 – 1 Verg 1/99 (zu Strombezugsverträgen); *Willenbruch*, in: Willenbruch/Wieddekind, Vergaberecht, § 99, Rn. 52.
485   OLG Köln, Urt. v. 26.08.1994 – 19 U 282/93 = NJW-RR 1995, S. 245; OLG Frankfurt, Urt. v. 17.09.1991 – 5 U 164/90 = NJW 1992, S. 633; OLG Düsseldorf, Urt. v. 02.07.1993 – 17 U 73/93 = RIW 1993, S. 845.

aa)   Vorrangige Anwendung von UN-Kaufrecht (CISG)[486]

Da aber, wie bereits[487] erwähnt, nach Art. 25 Rom I-VO völkerrechtliche
Übereinkommen vorrangig anwendbar sind, muss gerade beim Kauf beweglicher Sachen zuerst auf das materielle Einheitsrecht des Wiener „UN-
Übereinkommens über Verträge über den internationalen Warenkauf vom
11.4.1980" (CISG) eingegangen werden. Aufgrund der großen Anzahl der
Vertragspartner (Stand 2013: 79 Staaten haben das Übereinkommen ratifiziert – u.a. Deutschland, China, die USA, Frankreich)[488], die untereinander
über 80% des Welthandels abwickeln, kommt dem CISG auch bei Verträgen, die infolge von Vergaben mit Auslandsbezug geschlossen werden, eine
nicht zu unterschätzende Bedeutung zu. Sein räumlich-persönlicher Anwendungsbereich folgt aus Art. 1 CISG: Nach Abs. 1 lit. a ist das CISG
bereits dann anwendbar, wenn die Vertragspartner ihre Niederlassungen in
verschiedenen Vertragsstaaten haben. Gemäß Abs. 1 lit. b kommt man zu
dem gleichen Ergebnis, wenn die Regeln des Internationalen Privatrechts
zur Anwendung des Rechts eines Vertragsstaates führen. Dies wiederum
kann sich im Wege einer Rechtswahl nach Art. 3 Rom I-VO[489] oder aufgrund einer objektiven Anknüpfung nach Art. 4 Abs. 1 lit. a Rom I-VO[490]
ergeben.[491]

Ungeachtet dessen hat jeder Vertragsstaat nach Art. 95 CISG die Möglichkeit, einen Vorbehalt gegen die Anwendung des CISG aufgrund kollisionsrechtlicher Verweisung gemäß Art. 1 Abs. 1 lit. b CISG zu erklären.[492]
Aus deutscher Sicht[493] führt eine Vorbehaltserklärung jedoch dazu, dass ein
Staat, der diesen Vorbehalt eingelegt hat, nicht als Vertragsstaat im Sinne
von Art. 1 Abs. 1 lit. b CISG anzusehen ist, weshalb die Verweisung auf

---

486   *CISG* steht für (United Nations Convention on) „*Contracts for the International
       Sale of Goods*".
487   Vgl. oben: Kap. 2. B. III.
488   http://www.uncitral.org/uncitral/en/uncitral_texts/sale_goods/1980CISG_sta-
       tus.html (zuletzt aufgerufen am 06.12.2012).
489   Wahl deutschen Rechts: BGH, Urt. v. 23.07.1997 – VIII ZR 134/96 = NJW 1997,
       S. 3309; BGH, Versäuminsurt. v. 25.11.1998 – VIII ZR 259/97 = NJW 1999, S.
       1259.
490   OLG Köln, RIW 1994, S. 972; OLG Frankfurt RIW 1991, S. 383.
491   *Thorn*, in: Rauscher, EuZPR/EuIPR, Art. 4 Rom I-VO, Rn. 26.
492   Hiervon haben einige Staaten Gebrauch gemacht: China, Singapur, die Slowakei,
       St. Vincent und die Grenadinen, die Tschechische Republik und die Vereinigten
       Staaten, *Thorn*, in: Rauscher, EuZPR/EuIPR, Art. 4 Rom I-VO, Rn. 26, dort unter
       Fn. 63.
493   Art. 2 des deutschen Zustimmungsgesetzes v. 05.07.1989, BGBl. 1989 II, S. 586.

das Recht eines dieser Staaten nach deutscher Lesart das CISG *nicht* mitumfasst[494].

Sollte es also zur Vergabe eines öffentlichen Auftrags an einen ausländischen Auftragnehmer kommen, der seine Niederlassung in einem Staat hat, welcher selbst das Wiener-Übereinkommen ratifiziert und gleichzeitig keinen Vorbehalt nach Art. 95 CISG erklärt hat, findet UN-Kaufrecht auf diesen Vertrag Anwendung.

Greift hingegen das CISG nur aufgrund kollisionsrechtlicher Verweisung und hat der andere Vertragsstaat von dem Vorbehalt des Art. 95 CISG Gebrauch gemacht, so kann im Verhältnis zu diesem Staat das anwendbare Vertragsrecht über Art. 4 Abs. 1 lit. a Rom I-VO bestimmt werden.

Die Wahl des Rechts eines Nichtvertragsstaates wird nach Art. 6 CISG als konkludenter Ausschluss des Wiener-Übereinkommens gesehen.[495]

Dann findet auch hier die Rom I-VO Anwendung. Dies gilt beispielsweise für die Konstellation, dass englisches Vertragsrecht vereinbart wurde. Aufgrund des „opt-in" Großbritanniens[496] müsste sich die getroffene Rechtswahl nach Art. 3 Rom I-VO beurteilen. In der Sache kommt dann englisches materielles und nicht das UN-Kaufrecht zur Anwendung.

Umgekehrt kann allein in der Bezugnahme auf das Recht eines Vertragsstaates kein (konkludenter) Ausschluss des CISG gesehen werden.[497] Sollte es also in einer Klausel, die von Auftraggeberseite der Ausführungshandlung zugrunde gelegt wurde, heißen „es gilt deutsches Recht", so gehört dazu auch das UN-Kaufrecht. Sollten hingegen „die Vorschriften des BGB" Anwendung finden, so liegt hierin ein ausdrücklicher Bezug nur auf innerstaatliche Vorschriften und das CISG ist ausgeschlossen.

Art. 4 Rom I-VO behält aber selbst bei einer vorrangigen Anwendbarkeit des CISG eine gewisse Bedeutung: Soweit das CISG „interne Regelungslücken" enthält, wird über Art. 7 Abs. 2 CISG wieder auf das Kollisionsrecht des Vertragsstaates, also Art. 4 Rom I-VO, verwiesen.[498]

---

494   *Thorn*, in: Rauscher, EuZPR/EuIPR, Art. 4 Rom I-VO, Rn. 26.

495   *Ferrari*, in: Schlechtriem/Schwenzer, Kommentar zum einheitlichen UN-Kaufrecht, Art. 6 CISG, Rn. 20.

496   Vgl. oben: Fn. 471.

497   Außer es wird ausdrücklich Bezug auf dessen autonome innerstaatliche Regelungen genommen, vgl. OLG Rostock, Beschl. v. 17.02.2003 – 1 W 136/02 = IHR 2003, S. 17 (18); OLG Frankfurt, Urt. v. 30.08.2000 – 9 U 13/00 = RIW 2001, S. 383 f.; *Ferrari*, in: Schlechtriem/Schwenzer, Kommentar zum einheitlichen UN-Kaufrecht, Art. 6 CISG, Rn. 21; *Thorn*, in: Rauscher, EuZPR/EuIPR, Art. 4 Rom I-VO, Rn. 26.

498   Vgl. OLG Köln, Urt. v. 12.09.2005 – 16 U 36/05 = NJW-RR 2005, S. 932; OLG Karlsruhe, Urt. v. 19.12.2002 – 19 U 8/02 = RIW 2003, S. 544; OLG Düsseldorf,

bb)   Vorrangige Anwendung des Haager Kaufrechtsübereinkommens?

Das Haager „Übereinkommen über das auf den internationalen Kauf beweglicher Sachen anzuwendende Recht"[499] vom 15.06.1955 führt gemäß Art. 3 Abs. 1 S. 1 bei mangelnder Rechtswahl zur Anwendung des Rechts am Ort der Niederlassung des Verkäufers. Nimmt hingegen der Verkäufer oder einer seiner Repräsentanten im Käuferland die Bestellung entgegen, so gilt das Recht dieses Landes, vgl. Art. 3 Abs. 2. Ebenso ist zu verfahren, wenn die Bestellung durch eine Geschäftsniederlassung im Land des Käufers entgegen genommen wird, Art. 3 Abs. 1 S. 2. Deutschland ist weder diesem Übereinkommen[500] noch dessen Nachfolger aus dem Jahre 1986[501] beigetreten. Gemäß Art. 25 Rom I-VO genießt es zwar für jene EU-Mitgliedstaaten Anwendungsvorrang, die zugleich Unterzeichner des Haager Kaufrechtsübereinkommens sind. Vor deutschen Gerichten kann es aber aufgrund des Verbots der Rückverweisung (*renvoi*) gemäß Art. 20 Rom I-VO niemals zur Anwendung gelangen.

Demnach spielt der Vorrang des Haager Kaufrechtsübereinkommens nur dann eine Rolle, wenn der öffentliche Auftraggeber seinen Verwaltungssitz im Land eines Unterzeichnerstaates (z.B. Frankreich)[502] hat und der Verkäufer (=Auftragnehmer) selbst oder einer seiner Repräsentanten die Bestellung in Frankreich entgegen nimmt, obwohl der Verkäufer zum Zeitpunkt der Bestellung seinen gewöhnlichen Aufenthalt außerhalb Frankreichs (z.B. Deutschland) gehabt hätte. Dann käme es in Abweichung von Art. 4 Abs. 1 lit. a Rom I-VO, wonach das Recht am gewöhnlichen Aufenthaltsort des Verkäufers maßgeblich wäre, zur Anwendung des Rechts am Ort der Bestellungsentgegennahme, also französischem Vertragsrecht. Ein solcher Fall ist aber in der Praxis nur schwer vorstellbar, weil sich im Vergaberecht der Vertragsschluss in der Regel unter Abwesenden vollzieht, d.h.

Beschl.v. 22.11.1993 – 3 W 194/93 = IPRspr. 97 Nr. 145; OLG Hamm, Urt. v. 02.10.1998 – 29 U 212/97 = RIW 1996, S. 689.

499   „Haager-IntKaufR-Übk. v. 1955"; deutsche Übersetzung bei *Jayme/Hausmann* Nr. 76.

500   Derzeitige Vertragsstaaten sind Dänemark, Finnland, Frankreich, Italien, Niger, Norwegen, Schweden und die Schweiz.

501   „Haager-IntKaufR-Übk. v. 1986" steht für Haager „Übereinkommen über das auf internationale Warenkaufverträge anwendbare Recht". Bisher wurde es lediglich von Argentinien und Moldau ratifiziert und ist deshalb noch nicht in Kraft getreten.

502   Wie bereits oben unter Kap. 1. A. dargestellt, kann dies auch eine rechtlich selbständige Einrichtung eines deutschen öffentlichen Auftraggebers sein.

durch den Austausch verkörperter Willenserklärungen erfolgt.[503] Es kommt eigentlich so gut wie nie zu einer körperlichen bzw. persönlichen Entgegennahme der Bestellung am Sitz des Auftraggebers. Erschwerend tritt hinzu, dass es dem Wesen der öffentlichen Auftragsvergabe immanent ist, dass der erfolgreiche Bieter zuerst dem Auftraggeber ein Angebot unterbreitet, bevor dieser es durch Zuschlagserteilung annehmen kann. Nur wenn der Käufer, also der Auftraggeber, es inhaltlich abändert, bedarf es einer erneuten Annahme durch den Verkäufer als Auftragnehmer.

Für das Vergaberecht ist das Haager Kaufrechtsübereinkommens, abgesehen von dem eben geschilderten Fall, nur von theoretischem Interesse.

cc)   Bedeutung Internationaler Formulare und Handelsklauseln

Im Außenhandel ist es üblich, auf internationale Formulare und Handelsklauseln zurückzugreifen, insbesondere auf die detaillierten Lieferklauseln der Internationalen Handelskammer (ICC), die sog. *Incoterms*.[504] Hierbei handelt es sich um internationale Regelungen zur Auslegung von elf im internationalen Handel gebräuchlichen Lieferklauseln, wie etwa FOB oder CIF. Auch bei nicht ausdrücklicher Parteivereinbarung können die Klauseln von Gerichten als Auslegungshilfe herangezogen werden.[505] Sie enthalten selbst aber keine Rechtsregeln, die das Kaufvertragsstatut bilden könnten.[506] Sollte ein Auftragnehmer gegenüber einem deutschen öffentlichen Auftraggeber solche Lieferklauseln beim Vertragsschluss (als AGB) verwenden, dann könnten anhand dieser Klauseln (vorausgesetzt, sie wurden wirksam einbezogen)[507] beispielsweise Fragen des Gefahrübergangs[508] oder des Erfüllungsortes geklärt werden, selbst wenn deutsches Vertragsrecht grundsätzlich vereinbart worden sein sollte. Zudem kann anhand der

---

503   Vgl. *Dreher*, in: Immenga/Mestmäcker, Wettbewerbsrecht: GWB, Bd.2, § 114, Rn. 26.
504   ICC steht für „International Chamber of Commerce". Seit dem 01.01.2011 gelten die „Incoterms 2011". Die vorherige Fassung stammt aus dem Jahre 2000, *Thorn*, in: Rauscher, EuZPR/EuIPR, Art. 4 Rom I-VO, Rn. 27.
505   Vgl. BGH, Urt. v. 17.02.1971 – VIII ZR 4/70 = NJW 1971, S. 979 (980).
506   *Martiny*, in: Münchener Kommentar, BGB, Bd. 10, Art. 4 Rom I-VO, Rn. 10.
507   Dies kann beispielsweise durch die Formulierung „CIP gemäß Incoterms 2010" klar gemacht werden.
508   Allerdings wird in den Incoterms nur die Frage geklärt, wer das finanzielle Risiko bei Verlust/Schaden zu tragen hat, nicht, wer wann und wo Eigentümer wird.

Incoterms klar bestimmt werden, welche (zusätzlichen) Pflichten der Verkäufer zu tragen hat.[509] Gerade wenn mehre Transportmittel (insbesondere Schiff und LKW) benutzt werden müssen, bietet es sich auch für den öffentlichen Auftraggeber an, zur haftungsmäßigen Entlastung auf eine Miteinbeziehung der Incoterms hinzuwirken.[510] § 99 Abs. 2 S. 1 GWB sieht eine solche Möglichkeit sogar vor.[511]

dd)   Vorrangige Anwendbarkeit von Art. 4 Abs. 1 lit. g Rom I-VO?

Zu klären ist überdies, ob öffentliche Ausschreibungen inhaltlich mit Versteigerungen nach lit. g gleichzusetzen sind. Hiernach unterliegen Verträge über den Kauf beweglicher Sachen durch Versteigerung nach Abs. 1 lit. g dem Recht des Staates, in dem die Versteigerung abgehalten wird. Als lex specialis geht die Regelung Abs. 1 lit. a vor.[512] Sinn und Zweck der Sonderregelung ist es, den Besonderheiten, die bei Versteigerung auftreten, gerecht zu werden: Oftmals ist es für den Käufer nicht klar erkennbar, mit wem er als Ersteher einen Kaufvertrag schließt. Es kommen der Auktionator oder der Auftraggeber (hier: Verkäufer) in Betracht. Letzterer bleibt in der Regel der Auktion fern, so dass für den Bieter nicht ersichtlich wird, mit wem er den Vertrag schließt und nach welchem Recht sich der Vertrag gemäß Art. 4 Abs. 1 lit. a Rom I-VO richten würde. Um in diesem Zusammenhang unbillige Ergebnisse zu vermeiden, soll stattdessen immer auf das Recht des Staates abgestellt werden, in dem die Versteigerung abgehalten wird.[513] *Bitterich* ist der Ansicht, dass bei öffentlichen Auftragsvergaben

---

509   So hat der Verkäufers bei wirksamer Miteinbeziehung der CIF (*Cost Insurance Fright*) folgende Pflichten zu erfüllen: Verladung der Ware auf LKW, Export-Zollanmeldung, Transport zum Exporthafen, Entladen des LKW im Exporthafen, Ladegebühren im Exporthafen, Transport zum Importhafen, Entladegebühren im Importhafen, Verladen auf den LKW im Importhafen und Transport zum Zielort. Wurde hingegen die EXW (*Ex Works*) dem Kaufvertrag zugrunde gelegt, gilt nach dem Incoterms 2010 die Abholung ab Werk durch den Käufer als vereinbart (also nach deutscher Lesart eine klassische „Holschuld").

510   Dann sollten natürlich solche Lieferklauseln verwendet werden, die möglichst viele Pflichten dem Verkäufer aufbürden. Zum Beispiel DAP (*Delivered At Place*), CPT (*Carriage Paid To*), CIP (s.o.) und DDP (*Delivered Duty Paid*). Dies müsste aber schon in der Leistungsbeschreibung bei der Ausschreibung klar und eindeutig formuliert werden. Auch hier bietet es sich an, Klauseln wie „DDP gemäß Incoterms 2010" in die Leistungsbeschreibung unter Lieferbedingungen aufzunehmen.

511   Darin heißt es:„ *Die Verträge können auch Nebenleistungen umfassen.*"

512   *Thorn*, in: Rauscher, EuZPR/EuIPR, Art. 4 Rom I-VO, Rn. 31.

513   *Martiny*, in: Münchener Kommentar, BGB, Bd. 10, Art. 4 Rom I-VO, Rn. 131.

die Situation ähnlich sei: Wie bei einer Auktion schaffe das Vergabeverfahren im Vorfeld des Vertragsschlusses einen eigenen organisierten Markt, für den es unabdingbar sei, alle Teilnehmer denselben Regeln zu unterwerfen.[514] Grundsätzlich lässt auch die Rom I-VO eine analoge Anwendung einzelner Vorschriften zu, sofern der Normzweck eine den Wortlaut übersteigende Anwendung gebietet.[515] Voraussetzung dafür ist aber, dass ein praktisches Bedürfnis für eine Analogiebildung besteht. Ein solches Bedürfnis liegt vor, wenn der betroffene Vertragstypus nicht von den Art. 3 ff. Rom I-VO erfasst wird, obwohl es im Wege einer autonomen Auslegung aufgrund gemeinsamer rechtspolitischer Wertungen geboten wäre (also eine Regelungslücke vorliegt). Genau das ist aber beim Kauf beweglicher Sachen durch öffentliche Ausschreibung nicht der Fall: Derartige Konstellationen könnten ohne weiteres unter Art. 4 Abs. 1 lit. a Rom I-VO subsumiert werden, ohne dass dadurch gegen rechtspolitische Wertungen verstoßen würde oder diese unberücksichtigt blieben. Denn unbillige Ergebnisse können auf einer späteren Stufe, über Abs. 3 (oder 4) korrigiert werden. Zudem steht bei einem Vergabeverfahren unmittelbar vor Vertragsschluss immer fest, woher der Vertragspartner kommt und wo er seinen gewöhnlichen Aufenthalt hat. Der öffentliche Auftraggeber kann sich vor Zuschlagserteilung und damit vor Vertragsschluss eingehend mit den Angeboten und Angaben des Bieters auseinandersetzen. Überraschungen für den öffentlichen Auftraggeber sollten bei sorgfältiger Prüfung der Angebote eigentlich ausbleiben, so dass unbillige Ergebnisse wie bei einer Versteigerung unwahrscheinlich sind. Mangels Regelungslücke scheidet damit eine Analogie zu Art 4 Abs. 1 lit. g Rom I-VO aus.

---

514 *Bitterich*, Vergaberechtswidrig geschlossene Verträge und internationales Vertragsrecht, IPRax 2009, S. 465 (467).
515 *v. Hein*, in: Rauscher, EuZPR/EuIPR, Einl. Rom I-VO, Rn. 65.

ee) Vertragsstatut

Sollte keines der soeben dargestellten Beispiele zu einem Ausschluss von Art. 4 Rom I-VO führen und auch keine wirksame Rechtswahl vorliegen, dann ist nach Art. 4 Abs. 1 lit. a Rom I-VO grundsätzlich das Recht am Ort des gewöhnlichen Aufenthalts des Verkäufers maßgeblich.[516] Denn die charakteristische Leistung des Kaufvertrages ist in aller Regel die vom Verkäufer zu erbringende.[517] Verkäufer in diesem Sinne ist vorliegend der Auftragnehmer, der die ausgeschriebene Leistung erbringen will. Die Bestimmung des gewöhnlichen Aufenthalts richtet sich nach der eigenständigen Definitionsnorm des Art. 19 Rom I-VO.[518] Für juristische Personen ist gemäß Art. 19 Abs. 1 S. 1 Rom I-VO der Ort ihrer Hauptverwaltung[519] ausschlaggebend, für natürliche Personen gilt als gewöhnlicher Aufenthalt der Ort ihrer Hauptniederlassung, Art. 19 Abs. 1 S. 2 Rom I-VO. Dabei gilt das Vertragsstatut sowohl für Verkäufer- als auch Käuferpflichten, insbesondere auch für das Mängelgewährleistungsrecht.[520]

Befindet sich der Auftragnehmer also in Deutschland, so fände deutsches Recht auf den Kaufvertrag Anwendung. Kommt der Auftragnehmer hingegen aus dem Ausland, so müsste dessen fremdes Recht auf den Vertrag angewendet werden.

---

516 Damit entspricht Art. 4 Abs. 1 lit. a Rom I-VO seinen Vorgängervorschriften aus Art. 4 Abs. 2 EVÜ/Art. 28 Abs. 2 EGBGB, wonach das Recht des Erbringers der „vertragscharakteristischen Leistung" Anwendung findet, *Thorn*, in: Rauscher, EuZPR/EuIPR, Art. 4 Rom I-VO, Rn. 29. So auch: OLG Köln RIW 1996, S. 778; *Thorn*, in: Palandt, BGB, Art 28 EGBGB, Rn. 8.

517 Vgl. BGH, Urt. v. 13.05.1997 – IX ZR 129/96 = NJW 1997, S. 2322; OLG Karlsruhe, Urt. v. 09.10.1992 – 15 U 67/92 = NJW-RR 1993, S. 567; *Martiny*, in: Münchener Kommentar, BGB, Bd. 10, Art. 4 Rom I-VO, Rn. 11.

518 Früher enthielten die Art. 4 Abs. 2 EÜV und Art. 28 Abs. 2 EGBGB eigenständige Definitionen des gewöhnlichen Aufenthalts. Da aber der Begriff auch in anderen Normen Verwendung fand, hätte es jeweils eines nicht vorhandenen Verweises bedurft, so dass die nun gefundene Regelung „wesentlich eleganter" daher kommt, *Martiny*, in: Münchener Kommentar, BGB, Bd. 10, Art. 19 Rom I-VO, Rn. 2.

519 Der „Ort der Hauptverwaltung" ist dabei als der Ort zu verstehen, wo die grundlegenden unternehmerischen Entscheidungen getroffen werden, also am Sitz der geschäftlichen Oberleitung (z.B. Vorstand), BGH, Beschl. v. 27.06.2007 – XII ZB 114/06 = NJW-RR 2008, S. 551; BAG, Urt. v. 23.01.2008 – 5 AZR 60/07 = NJW 2008, S. 2797; *Martiny*, in: Münchener Kommentar, BGB, Bd. 10, Art. 19 Rom I-VO, Rn. 6.

520 *Martiny*, in: Münchener Kommentar, BGB, Bd. 10, Art. 4 Rom I-VO, Rn. 15.

b)   Öffentliche Auftragsvergabe zur Erbringung von Dienstleistung

Hat die öffentliche Auftragsvergabe die Erbringung einer Dienstleistung zum Gegenstand, dann fällt der im Rahmen der Ausführungshandlung geschlossene Vertrag zwischen Auftraggeber und Auftragnehmer grundsätzlich unter das Recht des Staates, in dem der Dienstanbieter seinen gewöhnlichen Aufenthalt hat, Art. 4 Abs. 1 lit. b Rom I-VO. Bezüglich des Begriffs des gewöhnlichen Aufenthalts muss erneut auf die Definition in Art. 19 Rom I-VO zurückgegriffen werden. Auch diese Regelung folgt dem bereits erwähnten Grundprinzip, wonach grundsätzlich das Recht des Erbringers der vertragscharakteristischen Leistung maßgeblich ist.

Der Begriff der Dienstleistung ist autonom auszulegen;[521] die deutsche Definition nach § 99 Abs. 4 GWB hilft hier also nicht weiter. Vielmehr ist der verordnungsrechtliche Begriff der Dienstleistung deutlich weiter als derjenige des GWB.[522] Dabei darf allerdings nicht auf den primärrechtlichen Begriff der Dienstleistung aus Art. 57 Abs. 1 AEUV (ex-Art. 50 Abs. 1 EG) zurückgegriffen werden.[523] In seiner Entscheidung „*Falco Privatstiftung*" aus dem Jahre 2009 hat der EuGH geurteilt, dass das Europarecht keinen einheitlichen Dienstleistungsbegriff kennt, sondern dieser immer abhängig von der Funktion der jeweiligen Auslegungsnorm ist.[524] Wie sich aber aus dem Erwägungsgrund Nr. 17 der Rom I-VO ergibt, ist inhaltlich

---

521   Für Art. 5 EuGVO, zu dem Art. 4 Abs. 1 lit. b Rom I-VO gemäß Erwägungsgrund Nr. 17 der Rom I-VO in Kongruenz stehen soll: EuGH, Urt. v. 23.04.2009 – Rs. C-533/07 (*Falco Privatstiftung*) – Slg. 2009, S. I-3327 = NJW 2009, S. 1865; BGH, Urt. v. 02.03.2006 – IX ZR 15/05 = NJW 2006, S. 1806; *Kropholler/v. Hein*, EuZPR, Art. 5 EuGVO, Rn. 42; *Schack*, Internationales Zivilverfahrensrecht, Rn. 304a.

522   Auch wenn dieser seinerseits deutlich weiter gefasst ist als der Dienstleistungsbegriff des § 611 BGB. So ist § 99 Abs. 4 GWB ein negativ formulierter Auffangtatbestand, dem ein weites Begriffsverständnis zugrunde zu legen ist, OLG Stuttgart, Beschl. v. 04.1.2002 – 2 Verg 4/02 = NJOZ 2003, S. 613; OLG Düsseldorf, Beschl. v. 12.01.2004 – VII Verg 71/03 = NVwZ 2004, S. 510.

523   So EuGH, Urt. v. 23.04.2009 – Rs. C-533/07 (*Falco Privatstiftung*) – Slg. 2009, S. I-3327 = NJW 2009, S. 1865, zu Art. 5 Abs. 1 lit. b EuGVO. Der Meinung des EuGH sich anschließend und auf Art. 4 Abs. 1 lit. b Rom I-VO übertragend; *Thorn*, in: Rauscher, EuZPR/EuIPR, Art. 4 Rom I-VO, Rn. 35. A.A.: *Martiny*, in: Münchener Kommentar, BGB, Bd. 10, Art. 4 Rom I-VO, Rn. 17 ff.

524   EuGH, Urt. v. 23.04.2009 – Rs. C-533/07 (*Falco Privatstiftung*), Slg. 2009, S. I-3327 = NJW 2009, S. 1865.

auf den Dienstleistungsbegriff des Art. 5 Abs. 1 lit. b EuGVO abzustellen.[525] Dieser ist zwar immer noch recht weit, aber enger als sein primärrechtliches Pendant aus Art. 57 Abs. 1 AEUV. Vorauszusetzen ist folglich ein Vertrag, durch den sich eine Partei gegen Entgelt verpflichtet, eine bestimmte Tätigkeit zu entfalten.[526] Entscheidend ist die Durchführung einer entgeltlichen Tätigkeit. Um eine Ausuferung des Begriffs zu vermeiden, darf nicht jedes Tun oder jegliche Leistung als „entgeltliche" Tätigkeit qualifiziert werden.[527]

Demnach fallen unter den Begriff der Dienstleistung in Art. 4 Abs. 1 lit. b Rom I-VO zunächst Dienstleistungsverträge iSv § 611 BGB, aber auch Werkverträge nach § 631 BGB wie Bau- und Anlagenbauverträge.[528] Damit steht der Dienstleistungsbegriff des Art. 4 Abs. 1 lit. b Rom I-VO klar im Widerspruch zu § 99 Abs. 4 GWB, wonach Bauaufträge gerade nicht als Dienstleistungen zu verstehen sind.[529] Sowohl vom Auffangtatbestand des § 99 Abs. 4 GWB als auch von der Definition der Dienstleistung iSv Art. 4

---

525 Darin heißt es: *„Soweit es das mangels einer Rechtswahl anzuwendende Recht betrifft, sollten die Begriffe "Erbringung von Dienstleistungen" und "Verkauf beweglicher Sachen" so ausgelegt werden wie bei der Anwendung von Artikel 5 der Verordnung (EG) Nr. 44/2001"* (EuGVO).

526 EuGH, Urt. v. 23.04.2009 – Rs. C-533/07 (*Falco Privatstiftung*) – Slg. 2009, S. I-3327 = NJW 2009, S. 1865; *Thorn*, in: Rauscher, EuZPR/EuIPR, Art. 4 Rom I-VO, Rn. 35. Dienstleistungen im Sinne des Art. 57 Abs. 1 AEUV sind hingegen alle entgeltlichen Leistungen, die im Rahmen einer gewerblichen, kaufmännischen, handwerklichen oder freiberuflichen Tätigkeit erbracht werden und nicht unter die Vorschriften zum freien Waren- und Kapitalverkehr fallen, *Martiny*, in: Münchener Kommentar, BGB, Bd. 10, Art. 4 Rom I-VO, Rn. 18.

527 Insofern stimmt *Martiny*, in: Münchener Kommentar, BGB, Bd. 10, Art. 4 Rom I-VO, Rn. 22 mit *Thorn*, in: Rauscher, EuZPR/EuIPR, Art. 4 Rom I-VO, Rn. 35 überein.

528 BGH, Urt. v. 25.02.1999 – VII ZR 406/97 = NJW 1999, S. 2442, IPRax 2001, S. 331; OLG Brandenburg, Urt. v. 29.11.2000 – 13 U 110/00 = NZBau 2002, S. 35.

529 Näher hierzu: *Pünder*, in: Müller-Wrede, Kompendium des Vergaberechts, S. 152 f.

Rom I-VO gedeckt, wären hingegen Architektenverträge[530], Reparaturverträge[531], Rechts- und Steuerberatungsaufträge[532] und Bankgeschäfte[533].

---

530 Für Art. 4 Rom I-VO: LG Kaiserslautern, Urt. v. 05.05.1987 – 2 S 123/84 = NJW 1988, S. 652. Zur stillschweigenden Wahl deutschen Rechts bei Vereinbarung der VOB, vgl. OLG Köln, Urt. v. 23.02.1983 – 16 U 136/82 = IPRspr. 1983 Nr. 133. Nach Vergaberecht werden sie gemäß § 1 Abs. 1 S. 1, Abs. 2 VOL/A iVm Anhang I Teil A Nr. 12 als normale Dienstleistung oder nach § 1 Abs. 1 VOF iVm Anhang I Teil A Nr. 12 als freiberufliche Leistung eingestuft.

531 Für Art. 4 Rom I-VO: LG Düsseldorf, Urt. v. 16.03.1959 – 2 O 373/58 = MDR 1960, S. 839, IPRspr. 1960/61, Nr. 24; LG Hamburg, Beschl. v. 26.08.1974 – 5 O 176/74 = IPRspr. 1974 Nr. 189; OLG Köln, Urt. v. 24.06.1977 – 19 U 15/77 = VersR 1979, S, 535, IPRspr. 1979 Nr. 11; OLG Schleswig, Urt. v. 19.09.1989 – 3 U 213/86 = IPRspr. 1989 Nr. 48; OLG Karlsruhe NZV 1995, S. 70; OLG Stuttgart, Beschl. v. 04.08.2000 – 5 W 23/00 = NJW-RR 2001, S. 858. Nach Vergaberecht werden sie gemäß § 1 Abs. 1 S. 1, Abs. 2 VOL/A iVm Anhang I Teil A Nr. 1 als normale Dienstleistung oder nach § 1 Abs. 1 VOF iVm Anhang I Teil A Nr. 1 als freiberufliche Leistung eingestuft.

532 Für Art. 4 Rom I-VO: KG Rpfleger 2000, S. 8; OLG Stuttgart, Urt. v. 13.12.2000 – 3 U 169/00 = IPRspr. 2000 Nr. 135, wonach das Recht des Sitzes der mit der Interessenwahrnehmung beauftragten Kanzlei maßgeblich ist. Nach Vergaberecht werden sie gemäß § 1 Abs. 1 S. 1, Abs. 2 VOL/A iVm Anhang I Teil A Nr. 11 (Unternehmensberatung) oder Teil B Nr. 21 (Rechtsberatung) als normale Dienstleistung oder nach § 1 Abs. 1 VOF iVm Anhang I Teil A Nr. 11(Unternehmensberatung) oder Teil B Nr. 21 (Rechtsberatung) als freiberufliche Leistung eingestuft.

533 Bankgeschäfte fallen nicht insgesamt unter Art. 4 Abs. 1 lit. b, sondern nur dann, wenn sie tätigkeitsbezogen sind. Somit sind lediglich Einlagengeschäfte, nicht hingegen Kreditgeschäfte als Dienstleistungen zu qualifizieren, BGH NJW 2001, S. 2960, 2970; WM 1957, S. 1574; WM 1968, S. 1170, 1172; OLG Celle, Urt. v. 16.09.1998 – 14a (6) U 281/96 = IPRax 1999, S. 113 = IPRspr. 1998 Nr. 76; OLG Saarbrücken, Urt. v. 06.07.2001 – 1 U 55/99.13 = WM 2001, S. 2055 =IPRspr. 2001 Nr. 30; OLG Düsseldorf, Urt. v. 08.12.1994 – 6 U 250/92 = RIW 1996, S. 155 = IPRax 1996, S. 423; LG Aachen, Urt. v. 09.09.1998 – 4 O 479/97 = RIW 1999, S. 304. Demnach unterliegt das Bankguthaben dem Recht der Bank, bei der es besteht. Trotzdem dürfte bei Bankgeschäften eine Rechtswahl erfolgen. Nach Vergaberecht werden sie gemäß § 1 Abs. 1 S. 1, Abs. 2 VOL/A iVm Anhang I Teil A Nr. 6 lit. b (Nr. 6 Finanzielle Dienstleistungen: b) Bankdienstleistungen und Wertpapiergeschäfte) als normale Dienstleistung oder nach § 1 Abs. 1 VOF iVm Anhang I Teil A Nr. 6 lit. b als freiberufliche Leistung eingestuft.

aa)   Bau- und Anlagenbauverträge

Wie bereits oben[534] kurz erwähnt, fällt der Bau- und Anlagenbau unter den Dienstleistungsbegriff des Art. 4 Abs. 1 lit. b Rom I-VO, obwohl aus deutscher Vergaberechtssicht beide Auftragsarten strikt voneinander getrennt werden müssen. Dies wird nicht nur anhand von § 99 Abs. 3 und Abs. 4 GWB, sondern auch generell anhand der Existenz unterschiedlicher Vergabe- und Vertragsordnungen für Bauaufträge (VOB/A EG) und sonstige Leistungen (VOL/A EG und VOF) deutlich. Dieser Widerspruch ist hier aber nicht weiter beachtlich, da die vergaberechtlichen Regelungen selbst keine Aussage darüber treffen, welches deutsche Vertragsrecht auf die jeweiligen Auftragsarten anzuwenden wäre. Auch nach deutschem Recht hätte im Anschluss an die Qualifizierung des Auftrags eine eigenständige Subsumtion des Vertragstypus unter die Vorschriften des BGB zu erfolgen. Ein Bau- oder Anlagenbauvertrag wäre dabei ohne weiteres als Werkvertrag nach § 631 BGB zu behandeln. Wie aber eben festgestellt, spielt die deutsche, nationale Lesart bei einem autonom auszulegenden Begriff keine Rolle. Da es sich nach der hier zugrunde zu legenden Definition um eine entgeltliche Tätigkeit handelt, liegt nach Art. 4 Abs. 1 lit. b Rom I-VO eine Dienstleistung vor. Eine Anwendung von Art. 4 Abs. 1 lit. c Rom I-VO kommt hingegen nicht in Betracht, da der Bauvertrag kein dingliches Recht an der Sache zum Gegenstand hat.[535] Damit wäre grundsätzlich an den Ort der Niederlassung des Unternehmers, also des Auftragnehmers anzuknüpfen.[536]

(1)   Internationale Formularbedingungen (z.B. FIDIC)

Nicht von Bedeutung sind in diesem Zusammenhang die vielfach verwendeten internationalen Formularbedingungen, v.a. die Internationalen Vertragsbedingungen für Ingenieurarbeiten der Fédération Internationale des Ingénieurs Conseils (FIDIC).[537] Diese Vertragsbedingungen haben im internationalen Baugeschäft die gleiche Bedeutung wie in Deutschland die

---

534   Vgl. oben: Kap. 2. B. III. 1. lit. b).
535   *Thorn*, in: Rauscher, EuZPR/EuIPR, Art. 4 Rom I-VO, Rn. 41.
536   So BGH, Urt. v. 25.02.1999 – VII ZR 408/97 = NJW 1999, S. 2442.
537   *Atzpodien/Müller*, FIDIC-Standardbedingungen als Vorlage für europäische AGB im Bereich des Industrieanlagen-Vertragsrechts, RIW 2006, S. 331; *Hök*, Handbuch des internationalen und ausländischen Baurechts, § 18, Rn. 1 ff. Die Bedingungen sind sämtlich in englischer Sprache ausgearbeitet worden. Im Einzelnen handelt es sich dabei um: „Conditions of Contract for Construction for

VOB/B. Oftmals enthalten sie eine eigene Rechtswahlklausel.[538] Jenseits einer ausdrücklichen oder konkludenten Rechtswahl regeln sie aber nicht die Frage des anwendbaren Rechts anhand eigener Kollisionsnormen.[539]

(2)   Subunternehmerverträge

Subunternehmerverträge, also solche zwischen dem Auftragnehmer und einem anderen Werkunternehmer, sind hingegen immer selbständig anzuknüpfen. Eine akzessorische Anknüpfung an den Hauptvertrag nach Art 4. Abs. 3 Rom I-VO muss mangels Personenidentität ausscheiden.[540] Es handelt sich zwar um zwei aufeinander abgestimmte, trotzdem aber völlig unabhängige Verträge mit unterschiedlicher Interessenlage.[541] Nach Art. 4 Abs. 2 Rom I-VO unterliegt der Subunternehmervertrag dem Recht am Niederlassungsort des Subunternehmers; Abs. 1 lit. c bleibt dabei außer Betracht.[542] Will man als deutscher Auftraggeber, dass eventuell bestehende Haftungsansprüche (in beide Richtungen) nicht an das Recht am Ort der Niederlassung des Subunternehmers anknüpfen, empfiehlt es sich, dem Auftragnehmer vorzuschreiben, dass sich die Subunternehmer der Geltung des Hauptvertrags zu unterwerfen haben.[543] Wenn die jeweilige ausländische Rechtsordnung einen Direktanspruch des Subunternehmers gegen den

---

Building and Engineering Works Designed by the Employer" (*„Red Book"*), „Conditions of Contract for Plant and Design-Build for Electrical and Mechanical Plant and for Building and Engineering Works Designed by the Contractor" (*„Yellow Book"*), *„Conditions* of Contract for EPC/Turnkey Projects" (*„Silver Book"*) und *„Short Form of Contract,"* (*„Green Book"*).

538   *Martiny*, in: Münchener Kommentar, BGB, Bd. 10, Art. 4 Rom I-VO, Rn. 40.
539   *Thorn*, in: Rauscher, EuZPR/EuIPR, Art. 4 Rom I-VO, Rn. 42. Auch eine stillschweigende Rechtswahl kommt in Frage, KG IPRax 2000, S. 405.
540   *Thorn*, in: Rauscher, EuZPR/EuIPR, Art. 4 Rom I-VO, Rn. 45. Für eine akzessorische Anknüpfung sprechen sich aus: *Jayme*, Subunternehmervertrag und Europäisches Gerichtstands- und Vollstreckungsübereinkommen (EuGVÜ), in: FS Pleyer, S. 371 (377 f.); *v.d. Seipen*, Akzessorische Anknüpfung und engste Verbindung im Kollisionsrecht der komplexen Vertragsverhältnisse, S. 272, 319; *Spickhoff*, in: Bamberger/Roth, BGB, Art. 28 EGBGB, Rn. 83; *Magnus*, in: Staudinger, BGB, Buch 6, Art. 28 EGBGB, Rn. 308.
541   *Martiny*, in: Münchener Kommentar, BGB, Bd. 10, Art. 4 Rom I-VO, Rn. 38.
542   *Martiny*, in: Münchener Kommentar, BGB, Bd. 10, Art. 4 Rom I-VO, Rn. 38.
543   *v. Bar/Mankowski*, IPR, Bd. II, Rn. 504; *Thorn*, in: Rauscher, EuZPR/EuIPR, Art. 4 Rom I-VO, Rn. 150; a.A. *Martiny*, in: Münchener Kommentar, BGB, Bd. 10, Art. 4 Rom I-VO, Rn. 255, der meint, ein Vertragsverhältnis mit einem Dritten, könne zu seinen Lasten nicht dem Recht des Hauptvertrages unterworfen werden,

Bauherrn, also den öffentlichen Auftraggeber vorsehen sollte, ist zu beden-ken, dass solche Direktansprüche beispielsweise im französischen Recht[544] als international zwingende Eingriffsnormen qualifiziert werden.[545]

(3)   Baukonzession nach § 99 Abs. 6 GWB

Die Baukonzession nach § 99 Abs. 6 GWB fällt nicht in den Anwendungs-bereich des Art. 4 Abs. 1 lit. b Rom I-VO. Prägendes Merkmal einer jeden Baukonzession ist, dass die Gegenleistung für Bauarbeiten *nicht* in einem Entgelt, sondern in dem befristeten Recht auf Nutzung der baulichen An-lage besteht, vgl. § 22 VOB/A EG.[546] Damit fehlt es gerade an dem ent-scheidenden Merkmal der Entgeltlichkeit, um eine Dienstleistung iSv lit. a bejahen zu können.[547] Eine Baukonzession kann zudem nicht als Franchise- oder Vertriebsvertrag nach Art. 4 Abs. 1 lit. f und e Rom I-VO qualifiziert werden, die als leges speciales grundsätzlich Vorrang gegenüber lit. a ge-nießen würden: Ein Vertriebsvertrag nach lit. f scheidet schon deshalb aus, weil hierunter nur solche Verträge fallen, in denen der Vertrags- oder Ei-genhändler im eigenen Namen und für eigene Rechnung Waren des Liefe-ranten oder Herstellers verkauft.[548] Weder kommt dem öffentlichen Auf-traggeber dabei die Position eines Warenlieferanten oder -herstellers zu, noch tritt der Auftragnehmer als Händler von Waren des Auftraggebers auf. Ein Franchisevertrag nach lit. e verlangt, dass ein Franchisenehmer von ei-

---

welches lediglich die Beziehungen zwischen den Parteien des fremden Hauptver-hältnisses regele.

544   Cass. ch. mixte Clunet 135 (2008), S. 1073; *Kondring*, Das französische Subun-ternehmergesetz als Eingriffsnorm - Trilogie einer Identitätsfindung, RIW 2009, S. 118 ff.; *Mansel/Thorn/Wagner*, Europäisches Kollisionsrecht 2008: Funda-mente der Europäischen IPR-Kodifikation, IPRax 2009, S. 1 (21).

545   Nachweise bei *Hök*, Handbuch des internationalen und ausländischen Baurechts, § 14 Rn. 3 ff.

546   Diese Definition geht wiederum zurück auf Art. 1 Abs. 3 der RL 2004/18/EG. Dort heißt es: *„Öffentliche Baukonzessionen" sind Verträge, die von öffentlichen Bauaufträgen nur insoweit abweichen, als die Gegenleistung für die Bauleistun-gen ausschließlich in dem Recht zur Nutzung des Bauwerks oder in diesem Recht zuzüglich der Zahlung eines Preises besteht.*" Hinsichtlich der rechtlichen Be-handlung der Baukonzession kann diesbezüglich auf die Art. 56 ff. der RL 2004/18/EG verwiesen werden.

547   A.A., die auch unengeltliche Verträge vom Dienstleistungsbegriff umfasst sieht, für Art. 5 EuGVO, *Berlioz*, La notion de fourniture de services au sens de l'article 5-1b) du règlement „Bruxelles I", Clunet 135 (2008), S. 714 ff.

548   *Martiny*, in: Münchener Kommentar, BGB, Bd. 10, Art. 4 Rom I-VO, Rn. 118 f.

nem Franchisegeber damit betraut wird, unter einer einheitlichen Geschäftsbezeichnung oder einer einheitlichen Marke Waren und Dienstleistungen am Markt anzubieten.[549] Ein Auftraggeber tritt aber im Wege der öffentlichen Auftragsvergabe niemals als Franchisegeber auf. Zudem wäre in beiden Fällen für die Nutzung der Markenrechte im Rahmen eines Franchisevertrags oder den Vertrieb fremder Produkte im Rahmen eines Vertriebsvertrags ein Entgelt zu entrichten.

bb) Zwischenergebnis

Bau- und Anlagenbauverträge fallen unter Art. 4 Abs. 1 lit. b Rom I-VO. Die FIDIC sind für die Frage des anwendbaren Rechts nicht von Belang: Sie regeln Vertragsbedingungen und sind mit den VOB/B und VOL/B vergleichbar. Subunternehmerverträge richten sich grundsätzlich nach Art. 4 Abs. 2 Rom I-VO. Will man als Auftraggeber ein Auseinanderfallen der Vertragsstatuten für den Hauptvertrag und den Subunternehmervertrag verhindern, bietet es sich an, dem Auftragnehmer vorzuschreiben, dass sich seine Subunternehmer dem Statut des Hauptvertrages unterwerfen. Mangels Entgeltlichkeit stellt eine Baukonzession keine Dienstleistung iSd Art. 4 Abs. 1 lit. b Rom I-VO dar. Ebenso scheidet die Möglichkeit aus, eine Baukonzession über Art. 4 Abs. 1 lit. f und e Rom I-VO als Vertriebs- oder Franchisevertrag einzuordnen.

2. Objektive Anknüpfung bei gemischtem Vertrag nach § 99 Abs. 7 GWB

Problematischer gestaltet sich die objektive Anknüpfung unter Art. 4 Abs. 1 oder 2 Rom I-VO, wenn der öffentlichen Auftragsvergabe ein Vorhaben zugrunde liegt, das aus mehreren Verträgen und/oder unterschiedlichen Leistungen besteht. In einem solchen Fall spricht man von „gemischten Verträgen"; d.h. auch wenn ein einheitlicher Vertrag vorliegt, hat sich eine Partei zu mehreren verschiedenartigen Hauptleistungen verpflichtet oder die Leistung und die Gegenleistung gehören verschiedenen Vertragsarten an.[550] Im Vergaberecht werden solche „gemischten Verträge" nach § 99

---

549 *Thorn*, in: Rauscher, EuZPR/EuIPR, Art. 4 Rom I-VO, Rn. 57a.
550 *Martiny*, in: Münchener Kommentar, BGB, Bd. 10, Art. 4 Rom I-VO, Rn. 262.

Abs. 7 GWB anhand ihres Schwerpunktes abgegrenzt.[551] Ähnlich wie bei § 99 Abs. 7 GWB steht auch im Internationalen Vertragsrecht die Frage im Raum, welche Leistung des Vertrags für die Bestimmung des anwendbaren Rechts maßgeblich ist.[552] Würde man hier über die Regeln der jeweiligen Vertragstypen anknüpfen, könnte das bei der Zuordnung zu unterschiedlichen Ergebnissen führen. Entsprechend ist zuerst über Art. 4 Abs. 2 Alt. 2 Rom I-VO auf die charakteristische Leistung oder, wenn das nicht möglich ist, auf die engste Verbindung nach Abs. 3 abzustellen.[553]

Deutlich wird diese Zuordnungsproblematik am Beispiel der Baukonzession: So könnte man, wenn es gleichzeitig zur Veräußerung eines (staats-)eigenen Grundstücks an den Baukonzessionär kommen sollte, über Art. 4 Abs. 1 lit. c Rom I-VO an das Recht des Belegenheitsstaates anknüpfen. Auf der anderen Seite könnte man argumentieren, dass die Bauleistung als solche maßgeblich ist, wenn das Vertragswerk in Zusammenschau mit einem städtebaulichen Vertrag die Verpflichtung zum Bau und ggf. die Sicherstellung des Betriebs bestimmter Gebäude beinhaltet. Da es am Merkmal der Entgeltlichkeit fehlt, könnte man über den Auffangtatbestand des Art. 4 Abs. 2 Rom I-VO an den gewöhnlichen Aufenthaltsort des Auftragnehmers anknüpfen. So gesehen würde nur die Beauftragung eines ausländischen Auftragnehmers dazu führen, dass nicht deutsches Vertragsrecht Anwendung finden würde. In solchen Konstellationen spricht vieles für das Überwiegen der Bauleistung. Die Veräußerung des Grundstücks bildet dann nur die Voraussetzung für die Realisierung des mitunter städtebaulich bedeutsamen Projekts.[554]

3. Objektive Anknüpfung über die Ausweichklausel[555] des Art. 4 Abs. 3 Rom I-VO

Damit wird deutlich, dass eine objektive Anknüpfung nach Art. 4 Abs. 1 oder Abs. 2 Rom I-VO bei öffentlichen Auftragsvergaben nahezu immer

---

551 Dies wird im Einzelfall nach Kriterien wie Preis, Leistungsumfang, Risikoverteilung usw. bestimmt, vgl. OLG Naumburg. Beschl. v. 30.05.2002 – 1 Vg 14/01; *Willenbruch*, in: Willenbruch/Wiedekind, Vergaberecht, § 99 GWB, Rn. 79.

552 Allgemein zur Abgrenzung bei Verträgen, die unterschiedliche Leistungen zum Gegenstand haben, *Vischer/Huber/Oser,* Internationales Vertragsrecht, Rn. 676.

553 *Martiny*, in: Münchener Kommentar, BGB, Bd. 10, Art. 4 Rom I-VO, Rn. 262; *Magnus*, in: Staudinger, BGB, Bd. 6, EGBGB, Art. 28, Rn. 95.

554 *Bitterich*, Vergaberechtswidrig geschlossene Verträge und internationales Vertragsrecht, IPRax 2009, S. 465 (466).

555 Vgl. Erwägungsgrund Nr. 20 zur Rom I-VO.

zur Anwendung ausländischen Vertragsrechts führen würde. Ein deutsches Vertragsstatut ließe sich aber eventuell über die Ausweichklausel nach Art. 4 Abs. 3 Rom I-VO begründen, wenn eine offensichtlich engere Verbindung des Vertrags zu Deutschland bestehen würde. Allerdings darf Abs. 3 nicht zu weit ausgelegt werden, um die Reichweite der Abs. 1 und 2 nicht zu sehr einzuschränken.[556] Es kann deshalb nur dann von der Regelanknüpfung nach Abs. 1 oder Abs. 2 abgewichen werden, wenn sie ihren Zweck, auf die Rechtsordnung hinzuweisen, zu der die engste Verbindung besteht, im konkreten Einzelfall nicht mehr erfüllen kann.[557] Nur wenn sich eine Anknüpfung nach den Abs. 1 und 2 als „unerträglich" erweisen sollte, setzt sich über Abs. 3 wieder die Grundregel der engsten Verbindung durch (sog. kollisionsrechtliche Einzelfallgerechtigkeit).[558] Maßgeblich dabei ist die „Gesamtheit der Umstände"[559], also die „konkreten Indizien für das einzelne Rechtsverhältnis"[560]. Besteht im konkreten Einzelfall ein anderes Zentrum des Leistungsaustausches, als es die typisierenden Abs. 1 und 2 vorsehen, findet Abs. 3 Anwendung. Mithin können nur solche Kriterien maßgeblich sein, die vom Telos der Abs. 1 und 2 gedeckt, also auf den Leistungsaustausch bezogen sind.[561] Vorliegend ist es denkbar, über den Ort der Ausschreibung, den Sitz der Vergabestelle, der Stellung als öffentlicher Auftraggeber oder über den Ort der Baustelle als Leistungsort eine engere Verbindung zu Deutschland zu begründen.

---

556 *Mankowski*, Rechtssicherheit, Einzelfallgerechtigkeit und Systemgerechtigkeit bei der objektiven Anknüpfung im Internationalen Schuldvertragsrecht - Zur Reichweite des Artikel 4 V EVÜ, ZEuP 2002, S. 804 (813 ff.); *ders.*; Die Ausweichklausel des Art. 4 V EVÜ und das System des EVÜ, IPRax 2003, S. 464 (469 ff.); *Martiny*, in: Leible, Das Grünbuch zum Internationalen Vertragsrecht, S. 118 ff.; *v. Hoffmann,* in: Soergel/Siebert, BGB, Bd. 10, Art. 28 EGBGB Rn. 34, 96.

557 *Martiny*, in: Münchener Kommentar, BGB, Bd. 10, Art. 4 Rom I-VO, Rn. 245.

558 *Martiny*, in: Münchener Kommentar, BGB, Bd. 10, Art. 4 Rom I-VO, Rn. 1 f. u. 247.

559 Diese Formulierung taucht in der deutschen Übersetzung der Verordnung auf. In der französischen Version der Verordnung heißt es hierzu: *„L' ensemble des cir-con-stances de la cause"*. Es bleibt abzuwarten, inwieweit die französische Variante eine restriktiver Handhabung des Art. 4 Abs. 3 Rom I-VO zur Folge haben wird.

560 *Martiny*, in: Münchener Kommentar, BGB, Bd. 10, Art. 4 Rom I-VO, Rn. 248.

561 *v. Hoffmann/Thorn*, IPR, § 10 Rn. 59; *Thorn*, in: Rauscher, EuZPR/EuIPR, Art. 4 Rom I-VO, Rn. 136.

a)   Anknüpfung an das Recht der Baustelle?

Eine besondere Nähebeziehung des Bau- oder Anlagenbauvertrags zur Baustelle nach Abs. 3 wird nach überwiegender Meinung[562] abgelehnt, da die Leistung des Auftragnehmers in der Regel nicht auf die Errichtung des Baus beschränkt ist, sondern auch dessen Planung und/oder Transportleistungen umfasst.[563] Dafür spricht auch das einschränkende Merkmals des Art. 4 Abs. 3 Rom I-VO („offensichtlich"):[564] Danach müsste die Beziehung zum Ort der Baustelle ein „ganz besonderes Gewicht haben"[565]. Dies kann aber nur der Fall sein, wenn die Leistungen am Ort der Baustelle deutlich überwiegen. Teilweise[566] wird ein solches Indiz darin gesehen, dass der Auftragnehmer am Ort der Baustelle ein mit verantwortlichen Mitarbeitern besetztes Büro (aber nicht länger als für ein Jahr)[567] unterhält.

Hök vertritt in diesem Zusammenhang die Meinung, dass „komplexe Bauvorhaben durchaus Elemente enthalten, die eine Anknüpfung des Bauvertrages an das Recht im Baustellenland rechtfertigen" würden.[568] Die Baustelle erzeuge für sich genommen besondere Verpflichtungen der Bauvertragsparteien. So können im französischen Recht gegenüber dem Bauherrn, wie oben[569] bereits erwähnt, Subunternehmerdurchgriffsansprüche und gegenüber dem Bauunternehmer Haftungsansprüche aus der „garantie décennale"[570] bestehen. Darüber hinaus würde die komplexe Arbeitsteilung

---

562   BGH, Urt. v. 25.02.1999 – VII ZR 408/97 = NJW 1999, S. 2442; *Freitag*, in: Messerschmidt/Voit, Privates Baurecht, Systmt. Teil P, Rn. 26 f.; *Martiny*, Anwendbares Recht für internationale Bauverträge, BauR 1a/2008, S. 241, 244; *Magnus*, in: Staudinger, BGB, Art. 28 EGBGB, Rn. 311.

563   *Thorn*, in: Rauscher, EuZPR/EuIPR, Art. 4 Rom I-VO, Rn. 43.

564   *Bitterich*, Vergaberechtswidrig geschlossene Verträge und internationales Vertragsrecht, IPRax 2009, S. 465 (466).

565   *Mankowski*, Die Rom I-Verordnung – Änderungen im europäischen IPR für Schuldverträge, IHR 2008, S. 137; *Pfeiffer*, Neues Internationales Vertragsrecht - Zur Rom I-Verordnung, EuZW 2008, S. 622 (626).

566   *Kropholler*, Internationales Privatrecht, § 53 III 2c.

567   Im Sinne des Art. 19 Abs. 2 Rom I-VO läge dann nämlich schon eine Zweigniederlassungen vor, die allerdings für eine gewisse Dauer, also mindestens ein Jahr, bestehen müsste, *Thorn*, in: Rauscher, EuZPR/EuIPR, Art. 19 Rom I-VO, Rn. 11.

568   Zu Art. 28 EGBGB; *Hök*, Handbuch des internationalen und ausländischen Baurechts, § 4 Rn. 63 ff.; *ders.*, Zum Sitz des Rechtsverhältnisses beim internationalen Bau- und Architektenvertrag, ZfBR 2006, S. 741 ff. Zu Art. 4 Rom I-VO: *ders.*, Neues europäisches Internationales Baurecht, ZfBR 2008, S. 741 (748 f.).

569   Vgl. oben: Kap. 2. B. III. 1. lit. b) lit. aa) (3).

570   Dabei handelt es sich um eine zehnjährige Baugarantie, wonach jeder Erbauer (dazu zählen: Architekten, Bauunternehmer, Techniker und Verkäufer eines Bauwerks) automatisch zehn Jahre für alle Schäden haftet, die die Standfestigkeit des

auf der Baustelle sowie der Einfluss öffentlichen Baurechts auf den Inhalt der vertraglichen Verpflichtung für eine Anwendung der Ausweichklausel des Art. 4 Abs. 3 Rom I-VO sprechen. Die Baustelle bilde bei komplexen Bauvorhaben das „Zentrum der Vertragsabwicklung"; in aller Regel werde ein lokaler Bauleiter bestellt, der die Koordinierung der Bauleistungen, ihre Überwachung und Leitung übernehme. Damit vollziehe sich die eigentliche Vertragsabwicklung vor Ort, am Ort der Baustelle. Der Sitz des Bauunternehmers spiele dann keine Rolle mehr. Schließlich sei auch in dem arbeitsteiligen Vorgehen ein Argument für eine einheitliche Anknüpfung an den Ort der Baustelle zu sehen; ein Bauvorhaben müsse geplant und überwacht werden. Zu diesem Zwecke müsse der Auftraggeber zusätzliche Planer, Projektsteuerer, Bauüberwacher etc. beschäftigen. Knüpfe man immer an deren Heimatrecht nach Art. 4 Abs. 1 oder 2 Rom I-VO an, würde man der Interessenlage auf der Baustelle nicht gerecht, wonach alle Einzelleistungen einem Ziel, nämlich der Herstellung eines Bauwerks, zu dienen bestimmt seien.

Dieser Argumentation liegen zwar durchaus nachvollziehbare Erwägungen zugrunde. Sie vermag aber nicht das Hauptargument der Gegenseite[571] zu entkräften – Rechtssicherheit zu schaffen. Ein Abweichen von der Regelanknüpfung beinhaltet zwangsläufig die Gefahr, dass Abs. 3 in Zukunft in weiteren Fällen beliebig Anwendung finden könnte. Die Ausnahme könnte zur Regel werden und damit die Vorhersehbarkeit des anwendbaren Rechts gefährden. In Konstellationen, in denen Subunternehmerdurchgriffsansprüche oder die „garantie décennale" eine Rolle spielen, ist überdies an eine eingriffsrechtliche Sonderanknüpfung nach Art. 9 Abs. 1 Rom I-VO zu denken.[572] Die in einem anderen Staat liegende Baustelle ist für

---

Bauwerks oder seine Nutzung zum Verwendungszweck beeinträchtigen, vgl. Art. 1792 und Art. 1792-2 des Code civil. Aus französischer Sicht ist es als zwingendes (indisponibles) Recht einzustufen. Zur Absicherung vor Haftungsansprüchen aus der „garantie décennale" sind alle Erbauer vor Baubeginn verpflichtet, eine Bauversicherung abzuschließen, die sog. „Assurance garantie décennale". Auch diese Versicherung ist in Frankreich zwingend. Die „garantie décennale" übernommen haben u.a Ägypten, Algerien, Angola, Belgien, Kamerun, Libanon, Luxemburg, Malta, Marokko, Philippinen, Rumänien, Tunesien, Vereinigte Arabische Emirate sowie viele Länder Lateinamerikas. Hierzu *Hök*, Zur Vergabe und Abwicklung öffentlicher Bauaufträge in Frankreich, ZfBR 2001, S. 220 (227 f.).

571 BGH, Urt. v. 25.02.1999 – VII ZR 408/97 = NJW 1999, S. 2442 = RIW 1999, S. 456 = IPRax 2001, S. 331; *Martiny*, in: Münchener Kommentar, BGB, Bd. 10, Art. 4 Rom I-VO, Rn. 40.

572 *Martiny*, in: Münchener Kommentar, BGB, Bd. 10, Art. 4 Rom I-VO, Rn. 40; *ders.* in: aaO, Art. 9 Rom I-VO, Rn. 94 u. 127 ff.

sich genommen mithin kein Umstand, der eine engere Verbindung zu begründen vermag.[573]

b)   Anknüpfung an die Stellung des öffentlichen Auftraggebers

Manche[574] wollen bei Schuldverträgen der öffentlichen Hand das Vertragsstatut im Zweifel immer an das Recht des betreffenden Staates anzuknüpfen. Demzufolge würden sich der Staat sowie Körperschaften und Anstalten des öffentlichen Rechts „fremdem Recht schwerer unterwerfen als natürliche und juristische Personen des Privatrechts"[575]. Dieser Umstand allein dürfte jedoch nicht genügen, um auf Art. 4 Abs. 3 Rom I-VO zu rekurrieren.[576] Nur weil die eine Vertragspartie öffentlicher Auftraggeber ist, verlagert sich der Schwerpunkt des Vertragsverhältnisses noch nicht vom Recht des Staates, in dem die charakteristische Leistung erbracht wird, zum Recht des Staates, in welchem ein öffentlicher Auftraggeber seinen Sitz hat. Auch hierin wäre, der Argumentation zu oben[577] folgend, eine unzulässige, die Rechtssicherheit gefährdende Abweichung von der Regelanknüpfung nach Art. 4 Abs. 1 Rom I-VO zu sehen.

c)   Anknüpfung an den „Ort der Ausschreibung"?

Bitterich bringt ins Spiel, dem vorgeschalteten Vergabeverfahren eine Verlagerungsfunktion im Sinne des Art. 4 Abs. 3 Rom I-VO zuzuschreiben.[578] Der aufgrund des Vergabeverfahrens geschlossene Vertrag werde in einer die Anwendung der Ausweichklausel rechtfertigenden Weise durch das zuvor durchgeführte Vergabeverfahren geprägt. Dies entspreche auch der

---

573   BGH, Urt. v. 25.02.1999 – VII ZR 408/97 = NJW 1999, S. 2442 = RIW 1999, S. 456, IPRax 2001, S. 331; *Martiny*, in: Münchener Kommentar, BGB, Bd. 10, Art. 4 Rom I-VO, Rn. 40.

574   RG 126, S. 196 (207), hier ging es um eine Anleihe der Stadt Wien. OLG Hamburg, Urt. v. 08.05.1969 – 6 U 189/68 = WM 1969, S. 709 (711), hierbei ging es um einen Schiedsvertrag zwischen einer jugoslawischen staatlichen Gesellschaft und einem Hamburger Unternehmen.

575   *Kegel/Schurig*, Internationales Privatrecht, S. 661.

576   *Hök*, Neues europäisches Internationales Baurecht, ZfBR 2008, S. 741 (747); *Bitterich*, Vergaberechtswidrig geschlossene Verträge und internationales Vertragsrecht, IPRax 2009, S. 465 (466).

577   Vgl. oben: Kap. 2. B. III. 3. lit. a).

578   *Bitterich*, Vergaberechtswidrig geschlossene Verträge und internationales Vertragsrecht, IPRax 2009, S. 465 (466 f.).

Rechtslage in der Russischen Föderation[579], deren Internationales Schuldvertragsrecht stark an das EVÜ als Vorläufer der Rom I-VO angelehnt sei. Wie bereits erwähnt[580], vergleicht er dabei die Rechtslage mit der bei einer Versteigerung nach Abs. 1 lit. g. Auch dort werde einheitlich an das Recht des Staates angeknüpft, in dem die Versteigerung durchgeführt werde, und zwar unabhängig davon, wo der Verkäufer seinen gewöhnlichen Aufenthalt habe. Der Grundgedanke sei jeweils der gleiche. Folglich sei als maßgeblicher Anknüpfungspunkt auf den Ort der Ausschreibung abzustellen.

Allerdings verkennt *Bitterich*, dass er damit zusätzliche Unsicherheiten schafft. So bleibt völlig unklar, wo er den Ort der Ausschreibung ansiedeln will. Zwar kann angenommen werden, dass er den Ort der Ausschreibung mit dem Sitz der Vergabestelle gleichsetzt. Dies ist aber unzutreffend: Denn gerade im oberschwelligen Bereich ist die Ausschreibung räumlich nicht auf Deutschland begrenzt. Aufgrund der Pflicht zur europaweiten Ausschreibung und Bekanntmachung in den Print- und Online-Ausgaben[581] des Supplements des Europäischen Amtsblatts muss die gesamte EU als Ort der Ausschreibung angesehen werden.[582] Ziel ist es, einen europäischen Binnenmarkt der öffentlichen Auftragsvergabe zu schaffen. Aber wenn schon der Vergabemarkt im oberschwelligen Bereich innerhalb der Europäischen Union nicht auf ein Land beschränkt ist, muss auch der Ort der Ausschreibung gesamteuropäisch verstanden werden.

Es könnte aber durchaus sein, dass *Bitterichs* Gedanken ihre Berechtigung haben, er aber mit dem Ort der Ausschreibung lediglich einen falschen Bezugspunkt gewählt hat. Daher sind seine Überlegungen unter dem Anknüpfungspunkt des Sitzes der Vergabestelle näher zu erörtern.

---

579   *Bitterich*, Vergaberechtswidrig geschlossene Verträge und internationales Vertragsrecht, IPRax 2009, S. 465 (466 f.), bezieht sich hier in Fn. 17 auf Art. 1211 Abs. 4 Unterabs. 3 russZGB. Deutsche Übersetzung in RabelsZ 67 (2003), S. 348: „*Wenn sich nichts anderes aus dem Gesetz, dem Inhalt oder der Art des Vertrages oder den Gesamtumständen ergibt, gilt als Rechtsordnung, mit der der Vertrag am engsten verbunden ist, (...) bei Verträgen, die auf Versteigerungen, im Ergebnis von Ausschreibungen (...) geschlossen werden, das Recht des Staates, in dem die Versteigerung bzw. Ausschreibung durchgeführt wird (...)*“.

580   Vgl. oben: Kap. 2. B. III. 1. lit. a) lit. dd).

581   Im „Tenders Electronic Daily“ (TED).

582   Vgl. oben: Kap. 1. A. II. 5. u. Kap. 1. B. I. 1. lit. a).

d)   Anknüpfung an den Sitz der Vergabestelle?

Zunächst ist klarzustellen, was unter dem Sitz der Vergabestelle zu verstehen ist. Wie bereits erläutert[583], ist der Sitz der Vergabestelle identisch mit dem Ort, an dem das Vergabeverfahren durchgeführt wird.[584] Dies wiederum entscheidet sich danach, wer im konkreten Fall für die Verfahrensdurchführung zuständig ist.[585] Das ist diejenige Stelle, deren Adresse für eingehende Angebote bei der Ausschreibung und Bekanntmachung angegeben wird. Diese Stelle ist (in aller Regel) zugleich verantwortlich für die Auswertung der Angebote, gefolgt von Mitteilungen der Nichtberücksichtigung an unterlegene Bieter sowie der Zuschlagserteilung an den erfolgreichen Bieter. Nicht zu verwechseln ist der Sitz der Vergabestelle mit dem Sitz des öffentlichen Auftraggebers. Zwar kann der Sitz des öffentlichen Auftraggebers identisch mit dem Sitz der Vergabestelle sein. Dies gilt für alle Fälle, in denen die zentrale Beschaffungsstelle für die Durchführung des Vergabeverfahrens nach interner Regelung für zuständig erklärt worden ist. Jedoch können der Sitz des öffentlichen Auftraggebers und der Sitz der Vergabestelle auseinanderfallen. Dies ist immer dann der Fall, wenn die jeweilige Bedarfsstelle für eine Beschaffung zuständig ist. Weil ein Vergabeverfahren nur auf der Grundlage in jeder Hinsicht vergleichbarer Angebote fair und transparent durchführbar sei[586], müssten nach *Bitterich* alle Bieter mit der Geltung des Rechts am Ort des Vergabeverfahrens rechnen.[587] Dies macht bei fehlender Rechtswahl auch durchaus Sinn; denn in der Tat bestehen zwischen Vertrags- und Vergabeverfahrensrecht viele Schnittstellen, die nicht nur für vorvertragliche Ansprüche von Bedeutung sind.[588]

Zwar bestünde über das internationalprivatrechtliche Instrument der Vorfrage die Möglichkeit, vergaberechtliche Aspekte, die sich im Rahmen von

---

583   Vgl. oben: Kap. 1. A. II. 4.

584   *Diehr*, in: Reidt/Stickler/Glahs, Vergaberecht Kommentar, § 98 GWB, Rn. 11.

585   Es kommen die zentrale Beschaffungsstelle und die dezentrale Bedarfsstelle in Betracht.

586   Darin bezieht sich *Bitterich*, Vergaberechtswidrig geschlossene Verträge und internationales Vertragsrecht, IPRax 2009, S. 465 (467), auf die st. Rspr. des BGH – zuletzt: Urt. v. 20.01.2009 – X ZR 113/07 Rn. 14 = ZfBR 2009, S. 388 (389).

587   *Bitterich*, Vergaberechtswidrig geschlossene Verträge und internationales Vertragsrecht, IPRax 2009, S. 465 (467).

588   Vgl. oben: Kap. 1. C. II. 1 lit. a) und lit. c) lit. aa).

Vertragsstreitigkeiten stellen, selbständig und damit isoliert anzuknüpfen.[589] Die Querverbindungen sind aber dermaßen zahlreich[590] und oft auch nicht bei Vertragsschluss klar ersichtlich, dass es im Sinne der Verfahrensökonomie, vor allem aber der Rechtssicherheit geboten wäre, Vergabeverfahren und Vertragsrecht einem einheitlichen Statut zu unterstellen. Dies ändert aber nichts an der oben[591] getroffenen Einteilung der öffentlichen Auftragsvergabe in unterschiedliche Phasen bzw. Rechtsverhältnisse. Denn anders als die Ausführungshandlung kann das Vergaberechtsverhältnis nicht mithilfe der Rom I-VO einem bestimmten Recht zugeordnet werden.[592] Art. 4 Abs. 3 Rom I-VO eröffnet nur die Möglichkeit, das Vergabeverfahrensrecht als Anhalts- und zugleich als Anknüpfungspunkt zu sehen, um das anwendbare *Vertrags*recht zu bestimmen. Ein umgekehrtes Vorgehen wäre rechtslogisch nicht möglich, da das Vergabeverfahren zeitlich vor dem Vertragsschluss liegt. Von dem anwendbaren Vertragsrecht kann also niemals auf das anwendbare Vergabeverfahrensrecht geschlossen werden. Insofern bindet sich das Vertragsrecht an das Vergabeverfahrensrecht, aber nicht umgekehrt. Das Vergabeverfahrensrecht beeinflusst damit das Vertragsrecht.[593] Art. 4 Abs. 3 Rom I-VO bietet nun die Möglichkeit, diese Behauptung auf „soliden Rechtsboden" zu stellen. Wie eben dargestellt, sind die Verbindungen des Vergabeverfahrens zum Vertragsrecht allein schon ob ihrer Anzahl von ganz besonderem Gewicht. In dieser Einflussnahme liegt zugleich ein großer Unterschied zu sonstigen Verträgen zwischen Auftraggeber und Auftragnehmer, die es vorliegend rechtfertigen, von einer offensichtlich engeren Verbindung zum Recht desjenigen Landes auszugehen, in dem das Vergabeverfahren durchgeführt wird.

Zudem ist bei der Auswahl und Wertung der Angebote deren Vergleichbarkeit nur gegeben, wenn jeweils dasselbe Recht Anwendung findet. Ansonsten wäre die Vergabestelle gezwungen, alle unterschiedlichen Vertragsrechtsordnungen der Mitgliedstaaten im Hinblick auf die Rechte des

---

589   *Schotten/Schmellenkamp*, Das Internationale Privatrecht in der notariellen Praxis, § 3, Rn. 49.
590   Vgl. oben Fn. 298 und *Bitterich*, Vergaberechtswidrig geschlossene Verträge und internationales Vertragsrecht, IPRax 2009, S. 465 (467 unter Fn. 21).
591   Vgl. oben: Kap. 1. C. II. 1 lit. c) lit. ff).
592   Vgl. oben: Kap. 2. A. I. 2. und 3.
593   Auch wenn vergabeverfahrensrechtliche Pflichtverstöße auf das Vertragsverhältnis einwirken, können daraus entstehende (vertragliche) Folgen wieder auf das Vergaberechtsverhältnis zurückwirken. So bspw. der Fall bei § 101b Abs. 1 GWB, wo aufgrund der Unwirksamkeit des Vertrages infolge eines Vergaberechtsverstoßes ein neues Vergabeverfahren durchgeführt werden muss.

öffentlichen Auftraggebers zu untersuchen (v.a. in Bezug auf Mängelge-währleistung, Verschulden, Verjährung, Garantien etc.).

In letzter Konsequenz hat dieses Ergebnis aber auch zur Folge, dass, wenn ausländisches Vergabeverfahrensrecht einschlägig ist, auch ausländisches Vertragsrecht zur Grundlage der Ausführungshandlung wird[594] In den Fällen, in denen eine rechtlich selbständige Stelle mit Sitz im Ausland ein Vergabeverfahren durchführt, ist demnach auch das jeweilige ausländische Vertragsrecht anzuwenden. Gleiches gilt für solche Konstellationen, in denen eine rechtlich unselbständige Stelle für die Vergabeverfahrensdurchführung zuständig ist.

Somit ist über den Sitz der Vergabestelle an das Recht des Ortes, an dem das Vergabeverfahren durchgeführt wird, nach Art. 4 Abs. 3 Rom I-VO objektiv angeknüpft werden.

4.   Sonderproblem: „de facto"-Vergabe

Eine besondere Konstellation ist gegeben, wenn ein öffentlicher Auftraggeber einen öffentlichen Auftrag erteilt, ohne zuvor ein förmliches Vergabeverfahren durchgeführt zu haben.[595] Ein solches Vorgehen wird allgemein unter dem Begriff der „de facto"-Vergabe zusammengefasst. Die Gründe hierfür liegen entweder in der Unkenntnis der jeweiligen Vergabestelle, dass es sich um eine vergabepflichtige Beschaffung handelt, oder aber am fehlenden Willen, die vergaberechtlichen Vorschriften ordnungsgemäß anzuwenden.[596] In beiden Fällen liegt jedoch ein Vergaberechtsverstoß vor, vgl. Art. 2d Abs. 1 lit. a der RL 2007/66/EG[597]. In Deutschland kommt der Verstoßcharakter in der Neuregelung des § 101b Abs. 1 Nr. 2 GWB[598] zum

---

594   Vorbehaltlich einer Rechtswahl. Hierzu ausführlich Kapitel 3.

595   *Mentzinis*, in: Pünder/Schellenberg, Vergaberecht, § 101b GWB, Rn. 8; *Fett*, in: Willenbruch/Wieddekind, Vergaberecht, S. 842.

596   *Knauff*, in: Müller-Wrede, Kompendium des Vergaberechts, S. 573. Die Ermittlung der genauen Ursachen kann sich deshalb mitunter schwierig gestalten.

597   Dort heißt es: „*(1) Die Mitgliedstaaten tragen in folgenden Fällen dafür Sorge, dass ein Vertrag durch eine von dem öffentlichen Auftraggeber unabhängige Nachprüfungsstelle für unwirksam erklärt wird oder dass sich seine Unwirksamkeit aus der Entscheidung einer solchen Stelle ergibt, a) falls der öffentliche Auftraggeber einen Auftrag ohne vorherige Veröffentlichung einer Bekanntmachung im Amtsblatt der Europäischen Union vergeben hat, ohne dass dies nach der Richtlinie 2004/18/EG zulässig ist, (...).*"

598   Vor Einführung des § 101b Abs. 1 Nr. 2 GWB wurde auf § 13 S. 6 VgV (analog) zurückgegriffen, um die „de facto"-Vergabe rechtlich berücksichtigen zu können.

Ausdruck, wonach ein infolge einer „de facto"-Vergabe geschlossener Vertrag von Anfang an unwirksam ist. Dabei wird zwischen der sog. unechten „de facto"-Vergabe[599] und der sog. echten „de facto"-Vergabe[600] unterschieden: Bei Ersterer stand der Auftraggeber mit mehreren Unternehmen in Kontakt und mehrere Unternehmen haben Interesse bekundet; trotzdem wurde der Auftrag ohne Durchführung eines förmlichen Verfahrens an ein Unternehmen vergeben.[601] Bei der echten „de facto"-Vergabe hat der Auftraggeber einen ausschreibungspflichtigen Auftrag ohne vorherige Ausschreibung direkt vergeben, ohne zuvor mit anderen Unternehmen verhandelt zu haben.[602]

Bei Auslandsvergaben – unabhängig vom Leistungsort – kann es im Zuge einer „de facto"-Vergabe zu Anknüpfungsproblemen kommen. So bleibt der oben[603] geschilderte Weg zum (deutschen) Vertragsstatut über Art. 4 Abs. 3 Rom I-VO versperrt, da es bei einer „de facto"-Vergabe gerade an der Durchführung eines Vergabeverfahrens fehlt, über das eine offensichtlich engere Beziehung zum Recht am Sitz der Vergabestelle hergestellt werden könnte. Wenn es dann auch noch an einer ausdrücklichen oder konkludenten Rechtswahl mangelt, müsste eigentlich wieder Art. 4 Abs. 1 oder 2 Rom I-VO zum Zuge kommen, mit der Folge, dass der gewöhnliche Aufenthaltsort des Auftragnehmers maßgeblich wäre.

Etwas anderes könnte jedoch gelten, wenn man die deutsche Regelung des § 101b Abs. 1 Nr. 2 GWB als international zwingende Vorschrift im Sinne des Art. 9 Abs. 1 Rom I-VO (Art. 34 EGBGB a.F.) einordnen würde: Das OLG Düsseldorf[604] hat in seiner Entscheidung aus dem Jahre 2008 die Anwendbarkeit des Art. 34 EGBGB a.F. bejaht. Der Beschluss ist insofern von Bedeutung, als damit ein deutsches Gericht erstmals bei einer „de facto"-Vergabe über eine Sonderanknüpfung deutsches Vergabeverfahrensrecht für anwendbar erklärt hat. Für den Vertrag selbst war das Gericht jedoch der Ansicht, dass auch ausländisches (hier: niederländisches) Recht gelten könne. Inhaltlich betrachtet, ist die Entscheidung aber wenig hilfreich; in den Bemühungen, eine nicht entscheidungserhebliche Frage zu

---

599 Auch „de facto"-Vergabe im weiteren Sinne genannt, vgl. *Braun*, in: Ziekow/Völlnik, Vergaberecht, § 101b GWB, Rn. 39.

600 Auch „de facto"-Vergabe im engeren Sinne oder „Direktvergabe" genannt, vgl. *Braun*, in: Ziekow/Völlnik, Vergaberecht, § 101b GWB, Rn. 39.

601 *Mentzinis*, in: Pünder/Schellenberg, Vergaberecht, § 101b GWB, Rn. 11.

602 *Mentzinis*, in: Pünder/Schellenberg, Vergaberecht, § 101b GWB, Rn. 16; *Braun*, in: Ziekow/Völlnik, Vergaberecht, § 101b GWB, Rn. 39.

603 Vgl. oben: Kap. 2. B. III. 3.

604 OLG Düsseldorf, Beschl. v. 14.05.2008 - VII-Verg 27/08, Verg 27/08 (dort Rn. 24) = VergabeR 2008, S. 661 (663).

klären, hat das Gericht nur noch mehr Fragen aufgeworfen und ohne nähere Begründung eine Zuordnungsentscheidung getroffen.

Ungeachtet dessen ist es schon fraglich, ob überhaupt die Voraussetzungen einer Sonderanknüpfung nach Art. 9 Abs. 1 Rom I-VO (Art. 34 EG-BGB a.f.) bei einer „de facto"-Vergabe vorliegen. Denn hierzu müsste es sich bei § 101b Abs. 1 Nr. 2 GWB um eine Eingriffsnorm im Sinne dieser Vorschrift handeln. Unter einer Eingriffsnorm wird nach der Legaldefinition des Abs. 1 eine international „zwingende Vorschrift" verstanden, „deren Einhaltung von einem Staat als so entscheidend für die Wahrung seines öffentlichen Interesses, insbesondere seiner politischen, sozialen und wirtschaftlichen Organisation angesehen wird, dass sie ungeachtet des nach Maßgabe dieser Verordnung auf den Vertrag anzuwendenden Rechts auf alle Sachverhalte anzuwenden ist, die in ihren Anwendungsbereich fallen." Es bedarf also neben dem internationalen Geltungsanspruch einer überindividuellen Zielrichtung.[605] Dafür muss die jeweilige Norm nach „Natur und Zweck" (vgl. Abs. 3) eingegrenzt werden.[606] Am gebräuchlichsten ist die Abgrenzung anhand der Zweckbestimmung.[607] Dient die jeweilige Norm vornehmlich öffentlichen (staats- und wirtschaftspolitischen) Interessen (Gemeinwohlinteressen)[608], so spricht das für eine Einordnung als international zwingende Norm.[609] Umgekehrt sollen Regelungen, die überwiegend

---

605 *Thorn*, in: Rauscher, EuZPR/EuIPR, Art. 9 Rom I-VO, Rn. 7.

606 *Martiny*, in: Münchener Kommentar, BGB, Bd. 10, Art. 9 Rom I-VO, Rn. 11.

607 *Martiny*, in: Münchener Kommentar, BGB, Bd. 10, Art. 9 Rom I-VO, Rn. 13.

608 *Martiny,* in: Münchener Kommentar, BGB, Bd. 10, Art. 9 Rom I-VO, Rn. 13 mwN dort unter Fn. 40: *Sonnenberger,* Randbemerkungen zum Allgemeinen Teil eines europäisierten IPR, in: FS für Kropholler, S. 242. Siehe zu Art. 34 EGBGB etwa BAG, Urt. v. 24.08.1989 – 2 AZR 3/89 = BAGE 63, S. 17 = IPRax 1991, S. 407 m. Aufsatz *Magnus* 382 = SAE 1990, S. 317 m. Anm. *Junker*; BAG, Urt. v. 29.10.1992 – 2 AZR 267/92 = BAGE 71, S. 297 = IPRax 1994, S. 123 m. Aufsatz *Mankowski* 88 = SAE 1994, S. 28 m. Anm. *Junker* (Kündigungsschutz); BAG, Urt. v. 03.05.1995 – 5 AZR 15/94 = BAGE 80, S. 84, IPRax 1996, S. 416 m. Aufsatz *Mankowski* 405 = IPRspr. 1995 Nr. 57 = SAE 1997, S. 31 m. Anm. v. *Magnus* (Seeleute); BAG, Urt. v. 12.12.2001 – 5 AZR 255/00 = BAGE 100, S. 130, NZA 2002, S. 734, IPRspr. 2001 Nr. 52 m. Anm. *Junker* = IPRax 2003, S. 258; *Kropholler*, Internationales Privatrecht, § 52 VIII 1; *Spickhoff, in:* Bamberger/Roth, BGB, Art. 34 EGBGB, Rn. 14; *Magnus*, in: Staudinger, BGB, Art. 34 EGBGB, Rn. 57. Krit. *v. Hoffmann*, Über den Schutz des Schwächeren bei internationalen Schuldverträgen, RabelsZ 38 (1974), S. 396 (408); *Kronke,* Handbuch Internationales Wirtschaftsrecht, S. 128 f.

609 *Martiny*, in: Münchener Kommentar, BGB, Bd. 10, Art. 9 Rom I-VO, Rn. 13.

Individualbelangen, also privaten Interessen, zugutekommen, nicht als Eingriffsnormen angesehen werden.[610] § 101b GWB regelt im Allgemeinen die Nichtigkeitsfolge des geschlossenen Vertrages zwischen Auftraggeber und Auftragnehmer. Konkret dient die Vorschrift damit dem Vergaberechtsschutz der übrigen (potentiellen) Bieter in Gestalt eines verfahrensrechtlichen „Türöffners"; der nicht berücksichtigte Bieter kann trotz der Regelung des § 114 Abs. 2 S 1 GWB[611] unter Hinweis auf die ex-tunc Nichtigkeit des geschlossenen Vertrages Primärrechtsschutz erlangen (also ein Nachprüfungsverfahren anstrengen).[612] Die wesentliche Funktion der Vorschrift besteht mithin im Schutz der Interessen der Mitbewerber um einen öffentlichen Auftrag.[613] Die betroffenen Interessen sind damit überwiegend[614] privater Natur. Die Bieter sollen zumindest die rechtliche Möglichkeit bekommen, im nachgeholten Vergabeverfahren doch noch den Zuschlag zu erhalten, um dadurch eine Umsatzchance samt Gewinnaussichten zu realisieren.[615] Im Grunde genommen spricht diese Zielrichtung klar gegen die schwerpunktmäßige Verfolgung von Gemeininteressen. Auch *Hök* ist zunächst der Ansicht, dass § 101b GWB erkennbar darauf gerichtet sei, europäischen wettbewerbsrechtlichen Vorgaben gerecht zu werden.[616] Demnach läge keine international zwingende Norm vor.

Etwas anderes könnte jedoch gelten, wenn mit § 101b GWB auch wirtschaftspolitische Ziele verfolgt werden, die international zwingend wären. *Bitterich* trägt in diesem Zusammenhang vor, dass die Norm der Durchsetzung der europäischen Vergaberechtsrichtlinien zur Harmonisierung des Vergaberechts und der Grundfreiheiten des Gemeinschaftsvertrages

---

610   *Bitterich*, Vergaberechtswidrig geschlossene Verträge und internationales Vertragsrecht, IPRax 2009, S. 465 (468).

611   Hiernach kann der unterlegene Bieter nur bis zur Zuschlagserteilung gegen die Vergabe an den erfolgreichen Bieter vorgehen. Danach ist gemäß § 114 Abs. 2 S. 2 GWB die Durchführung eines Nachprüfungsverfahrens unzulässig, vgl. BGH, Beschl. v. 19.12.2000 - X ZB 14/00 = NJW 2001, S. 1492 f. Damit bleibt ein Bieter nach Zuschlagserteilung auf die Geltendmachung von Schadensersatzansprüchen vor einem ordentlichen Gericht beschränkt.

612   *Mentzinis*, in: Pünder/Schellenberg, Vergaberecht, § 101b GWB, Rn. 2.

613   *Bitterich*, Vergaberechtswidrig geschlossene Verträge und internationales Vertragsrecht, IPRax 2009, S. 465 (468).

614   „Überwiegend" deshalb, weil auch diese Norm zumindest teilweise auf haushaltsrechtlichen Motiven fusst. Die individuelle Schutzrichtung ist aber dominanter.

615   So auch BVerfG, Beschl. v. 13.06.2006 – 1 BvR 1160/03 =BVerfGE 116, S. 135 (158); EuGH, Beschl. v. 18.04.2007 – Rs. T 195/05 R (*Deloitte Business Advisory BV/Kommission*), Slg. 2005, S. II-3485, Rn. 141.

616   *Hök*, Zum Vergabeverfahren im Lichte des Internationalen Privatrechts, ZfBR 2010, S. 440 (445).

diene.[617] Die Bieter würden folglich „instrumentalisiert, um den angestreb-
ten Binnenmarkt für öffentliche Aufträge Wirklichkeit werden zu lassen"[618]. An dieser Stelle meint *Hök*, dass § 101b GWB Fehler aufgreife, die
im Verwaltungshandeln lägen, da die Norm rechtswidriges Handeln der
Vergabestellen im Zuge des Vergabeverfahrens oder dort, wo ein Vergabeverfahren hätte stattfinden sollen, regele.[619] Solche Fehler hätten ihre Ursachen aber niemals im privatrechtlichen Handeln des Staates, sondern im davor liegenden Auswahlverfahren innerhalb der staatlichen Verwaltung.[620]
Die Vergabestelle solle dafür sanktioniert werden, dass sie sich nicht an das
gesetzlich vorgeschriebene Verfahren gehalten habe.

Wenn die Nichtigkeit des Vertrages aufgrund von fehlerhaftem Verwaltungshandeln also primäres Anliegen der Regelung des § 101b GWB wäre,
sind die Rechtsfolgen des § 101b Abs. 2 GWB aber nur schwer verständlich. Denn § 101b Abs. 2 GWB will einen bereits geschlossenen Vertrag
mit einem erfolgreichen Bieter nur innerhalb eines begrenzten Zeitraums
für unwirksam erklären.[621] Diese absolute Ausschlussfrist schützt damit
eindeutig den Vertragspartner und sein Bedürfnis nach Rechtssicherheit.
Ein vorrangig öffentliches Interesse würde aber dafür sprechen, den bereits
geschlossenen Vertrag bedingungslos für unwirksam zu erklären oder zumindest seinem Regelungsinhalt nach an § 48 Abs. 2 VwVfG anzulehnen[622]. Eine derartige Schwächung der Durchsetzung des deutschen

---

617   *Bitterich*, Vergaberechtswidrig geschlossene Verträge und internationales Ver-
      tragsrecht, IPRax 2009, S. 465 (468).
618   *Bitterich*, Vergaberechtswidrig geschlossene Verträge und internationales Ver-
      tragsrecht, IPRax 2009, S. 465 (468).
619   *Hök*, Zum Vergabeverfahren im Lichte des Internationalen Privatrechts, ZfBR
      2010, S. 440 (447).
620   *Hök*, Zum Vergabeverfahren im Lichte des Internationalen Privatrechts, ZfBR
      2010, S. 440 (447).
621   Nach dem Wortlaut der Vorschrift des § 101b Abs. 2 S. 1 GWB heißt es: „*Die
      Unwirksamkeit nach Absatz 1 kann nur festgestellt werden, wenn sie im Nach-
      prüfungsverfahren innerhalb von 30 Kalendertagen ab Kenntnis des Verstoßes,
      jedoch nicht später als sechs Monate nach Vertragsschluss geltend gemacht wor-
      den ist.*"
622   Nach § 48 Abs. 2 S. 1 VwVfG ist darauf abzustellen, ob der Begünstigte (ver-
      gleichbar mit einem erfolgreichen Bieter) eines rechtswidrigen Verwaltungsakts
      schutzwürdigerweise auf den Bestand des Verwaltungsakts vertrauen durfte. Im
      Satz 2 werden dann unter Ziffer 1-3 Tatbestände aufgezählt, bei denen sein Ver-
      trauen nicht schutzwürdig wäre.

Vergaberegimes steht auch im Einklang mit den Vorgaben aus der einschlägigen Vergaberichtlinie, Art. 2f Abs. 1 lit. b RL 2007/66/EG.[623] Mit der gesetzgeberischen Entscheidung, sich neben den Interessen der (potentiellen) Mitbewerber auch für die Interessen des Vertragspartners einzusetzen, werden (überwiegend) privatrechtliche Belange verfolgt, die einem international zwingenden Charakter der Vorschrift widersprechen.[624] Entsprechend kann nicht auf Art. 9 Abs. 1 Rom I-VO zurückgegriffen werden.

Folglich beurteilen sich die Folgen einer „de facto"-Vergabe auf den geschlossenen Vertrag, sofern keine Rechtswahl getroffen wurde, nach dem Recht des Staates, in dem der Auftragnehmer seinen gewöhnlichen Aufenthalt hat, vgl. Art. 4 Abs. 1 und 2 Rom I-VO. Diesbezüglich kann auf die Ausführungen zur objektiven Anknüpfung des vergaberechtlichen Vertrages verwiesen werden.[625]

IV.   Internationalprivatrechtliche Zuordnung nach nationalem Recht

Eine Internationalprivatrechtliche Zuordnung nach nationalem Recht scheidet schon deshalb aus, weil die Vorschriften der Rom I-VO auch gegenüber Nicht-EU-Staaten vorrangig Anwendung finden.[626] Insofern richtet sich die Anknüpfung hier allein nach der Rom I-VO (II-VO).

V.   Zwischenergebnis

Liegt keine ausdrückliche oder konkludente Rechtswahl nach Art. 3 Abs. 2 Rom I-VO vor, dann führt eine objektive Anknüpfung nach Art. 4 Abs. 1 oder Abs. 2 Rom I-VO bei öffentlichen Auftragsvergaben fast immer zu der Anwendung ausländischen Vertragsrechts. Ein deutsches Vertragsstatut lässt sich allerdings über die Ausweichklausel nach Art. 4 Abs. 3 Rom I-

---

623 Dort heißt es: „*(1) Die Mitgliedstaaten können vorsehen, dass eine Nachprüfung gemäß Artikel 2d Absatz 1 innerhalb der folgenden Fristen beantragt werden muss: (...) (b) und in jedem Fall vor Ablauf einer Frist von mindestens sechs Monaten, gerechnet ab dem Tag, der auf den Tag folgt, an dem der Vertrag geschlossen wurde.*"

624 So auch *Bitterich*, Vergaberechtswidrig geschlossene Verträge und internationales Vertragsrecht, IPRax 2009, S. 465 (468 ff., insb. 470). A.A. *Hök*, Zum Vergabeverfahren im Lichte des Internationalen Privatrechts, ZfBR 2010, S. 440 (447 f.).

625 Vgl. oben: Kap. 2. B. III. 3.

626 Vgl. oben: Kap. 2. A. I.

VO begründen, wenn die Vergabestelle ihren Sitz in Deutschland hat. Anders verhält es sich nur bei der sog. „de facto"-Vergabe: Sofern keine Rechtswahl getroffen wurde, richtet sich die objektive Anknüpfung hier – mangels durchgeführten Vergabeverfahrens – nach Art. 4 Abs. 1 oder 2 Rom I-VO nach dem gewöhnlichen Aufenthalt des Auftragnehmers.

C.   Primäre Rechtsschutzverfahren des Vergaberechts

Im Nachprüfungsverfahren wird zunächst die im Vergaberechtsverhältnis getroffene Vergabeentscheidung der Kontrolle durch die Vergabekammern unterzogen, vgl. §§ 102 ff. GWB.[627] Gegen diese Entscheidung (oder eine nicht fristgerechte Entscheidung) der Vergabekammer kann sofortige Beschwerde bei den Vergabesenaten der Oberlandesgerichte eingelegt werden, vgl. § 116 Abs. 1, 2 und 3 GWB. Auch wenn ein Rechtsschutz*verfahren* kein tauglicher Anknüpfungspunkt für eine kollisionsrechtliche Anknüpfung ist,[628] soll nach den Regeln der internationalen Zuständigkeit versucht werden, die zuständige Stelle für die Überprüfung von Auslandsvergaben für oder durch extraterritoriale Einrichtungen zu ermitteln. Innerhalb der EU bestimmt sich die internationale Zuständigkeit vorrangig nach der EuGVO.

I.   Internationale Zuständigkeit der Vergabekammern/-senate nach EuGVO

Auch eine Bestimmung der internationalen Zuständigkeit von Vergabekammern oder Vergabesenaten nach Maßgabe der EuGVO steht und fällt mit der „Eingangsfrage", ob die vor den Vergabekammern oder Vergabesenaten zu entscheidenden Sachverhalte als Zivil- oder Handelssache im Sinne des Art. 1 Abs. 1 S. 1 EuGVO anzusehen sind.

Wie bereits erwähnt[629], wird im Rahmen des Nachprüfungsverfahrens vor den Vergabekammern die Nichtbeachtung von Vergabevorschriften bei der Vergabe öffentlicher Aufträge geprüft. Als zugrunde liegender Streitgegenstand kommen nur Verstöße der für die Vergabe zuständigen Stelle im Zuge der Durchführung des Vergabeverfahrens in Betracht. Dann aber

---

627   Vgl. oben: Kap. 1. C. II. 1. lit. c) lit. ee) und 4.
628   So u.a. *Ziekow/Siegel*, Das Vergabeverfahren als Verwaltungsverfahren, ZfBR 2004, S. 30 (31 f.).
629   Vgl. oben: Kap. 1 C. II 4.

muss allein maßgeblich sein, ob das streitgegenständliche Vergabeverfahren als Zivil- oder Handelssache einzustufen ist. Wie bereits festgestellt,[630] ist das gerade nicht der Fall. Im Umkehrschluss hat eine Bestimmung der internationalen Zuständigkeit mithilfe der EuGVO vorliegend auszuscheiden.

Streitgegenstand der sofortigen Beschwerde vor den Vergabesenaten sind hingegen die Entscheidungen der vorgeschalteten Vergabekammern. Zentrale Frage im Rahmen einer autonomen Begriffsbestimmung ist also, ob der Staat oder seine Einrichtungen (die Vergabekammern) im Rahmen der Durchführung des Nachprüfungsverfahrens nicht hoheitlich handeln, sich also nach Aufgaben und Befugnissen nicht von Privatpersonen unterscheiden. Indiz dafür kann sein, dass der staatlichen Stelle keine hoheitlichen Befugnisse zur Durchsetzung bzw. Erzwingung ihres Rechts zustehen und sie vielmehr – wie ein Privater – den Rechtsweg beschreiten muss.[631] Genau das ist beim Nachprüfungsverfahren aber nicht der Fall. Die Vergabekammern sind innerhalb der Europäischen Union nach den Rechtsmittelrichtlinien[632] u.a. bei einer staatlichen Behörde einzurichten, vgl. Art. 2 Abs. 9 S. 1 RL 2007/66/EG. In Deutschland wurden die Vergabekammern u.a. beim Bundeskartellamt eingegliedert, vgl. § 106 GWB. Weiter ergibt sich aus der Richtlinie, dass den Nachprüfungsstellen weitestgehende Unabhängigkeit einzuräumen ist, vgl. Art. 2 Abs. 3. S. 1 RL 2007/66/EG.[633] Vor allem aber folgt bereits aus Art. 2 Abs. 1 RL 2007/66/EG, dass die Nachprüfungsstellen in allen Mitgliedstaaten mit hoheitlichen Befugnissen auszustatten sind: So sollen sie durch einstweilige Verfügungen vorläufige Maßnahmen ergreifen (lit. a), rechtswidrige Entscheidungen aufheben (lit. b) und Schadensersatz zu erkennen können (lit. c). In Deutschland werden

---

630 Vgl. oben: Kap. 1 A. I. 1 und 2.

631 *Rauscher*, Sozialhilferegress unter Brüssel I?, ZZPInt 8 (2002), S. 324 (325), der in diesem Zusammenhang den leicht missverständlichen Tenor des EuGH-Urteils Rs C-271/00 (*Steenbergen/Luc Baten*) Nr. 33, dem Schlussantrag *Tizzionos'* folgend, richtig auslegt. In dem Fall EuGH, Urt. v. 16.12.1980 - Rs 814/79 (*Niederlande/Rüffer*) = EuGHE 1980, S. 3807 (3819), dort unter Rn. 7, wurde eine hoheitliche Maßnahme in der Möglichkeit der einseitigen Festsetzung von Gebühren gesehen.

632 Die erste Rechtsmittelrichtlinie wurde bereits 1989 erlassen (RL 89/665/EWG – ABl. L 395 v. 30.12.1989). Darauf folgte RL 92/13/EWG. Unter Berücksichtigung des neuen europäischen Vergaberechts wurde am 11.12.2007 eine weitere Rechtsmittelrichtlinie (RL 2007/66/EG – ABl. L 335 v. 20.12.2007, S. 31) erlassen.

633 In Deutschland erfolgte diese Umsetzung in § 105 GWB. Ausführlich hierzu: *Schneevogel/Horn*, Das Vergaberechtsänderungsgesetz, NVwZ 1998, S. 1242 (1244 f.).

die Entscheidungen der Vergabekammern durch Verwaltungsakt, vgl. § 114 Abs. 3 S. 1 GWB getroffen. Zudem erwähnt Art. 2 Abs. 8 RL 2007/66/EG, dass die Entscheidungen der Nachprüfungsstellen wirksam durchgesetzt werden können. Im deutschen Recht folgt das u.a. aus § 114 Abs. 3 S. 2 GWB, wonach sich die Vollstreckung der getroffenen Nachprüfungsentscheidung nach den jeweiligen Verwaltungsvollstreckungsgesetzen des Bundes oder der Länder richtet. Ein Verwaltungsakt ist jedoch eine einseitig, hoheitliche Maßnahme, die einseitig vom Staat vollstreckt werden kann. Die Vergabekammern nehmen folglich niemals wie Private am Rechtsverkehr teil, sondern sind selbst als Träger hoheitlicher Gewalt anzusehen. Demzufolge kann im Zusammenhang mit der Entscheidung einer Vergabekammer als zugrunde liegender Streitgegenstand eines Verfahrens vor den Vergabesenaten ebenfalls keine Zivil- und Handelssache im Sinne des Art. 1 Abs. 1 S. 1 EuGVO vorliegen.

II.   Zwischenergebnis

Eine Bestimmung der internationalen Zuständigkeit mithilfe der Normen der EuGVO hat vorliegend sowohl für das Nachprüfungsverfahren vor den Vergabekammern als auch vor den Vergabesenaten auszuscheiden.

Den zugrunde liegenden Streitgegenstand im Rahmen eines Nachprüfungsverfahrens vor den Vergabekammern bildet das Vergabeverfahren. Dieses ist, wie bereits zu Beginn des Kapitels 2 festgestellt, nicht als Zivil- und Handelssache zu qualifizieren.

Das Verfahren der sofortigen Beschwerde vor den Vergabesenaten hat hingegen die Entscheidungen der Vergabekammern zum Streitgegenstand. Dabei handelt es sich um ein öffentlich-rechtliches Verwaltungsverfahren mit hoheitlichem Charakter. Die Entscheidungen der Vergabekammern ergehen durch Verwaltungsakt und werden nach den jeweiligen Verwaltungsvollstreckungsgesetzen des Bundes oder der Länder einseitig-hoheitlich vollzogen.

D.   *Sekundäransprüche*

Tauglicher Anknüpfungsgegenstand sind jedoch alle sekundären Rechtsschutzverhältnisse bzw. Ansprüche, die aufgrund von Pflichtverstößen im Zusammenhang mit der öffentlichen Auftragsvergabe entstehen. Vorweg ist klarzustellen, welche sekundären Rechtsschutzmöglichkeiten im Vergaberecht existieren. Denkbar sind Schadensersatzansprüche aus vorvertraglichem Schuldverhältnis zwischen dem öffentlichen Auftraggeber und allen Teilnehmern am Verfahren, vgl. §§ 280, Abs. 1, 241 Abs. 2, 311 Abs. 2 BGB. Daneben kommen Schadensersatzansprüche der erfolglosen Bieter/Bewerber gegen den öffentlichen Auftraggeber nach § 126 GWB in Frage. Schließlich besteht noch die Möglichkeit, einer ungerechtfertigter Geltendmachung eines Nachprüfungsverfahrens oder einer sofortigen Beschwerde mit Schadensersatzansprüchen zu begegnen (§ 125 GWB).

I.   Anspruch aus §§ 280 Abs. 1, 241 Abs. 2, 311 Abs. 2 BGB

Vorrangig kommt ein vorvertraglicher Anspruch auf Schadensersatz gemäß §§ 280, Abs. 1, 241 Abs. 2, 311 Abs. 2 BGB (*culpa in contrahendo*) in Betracht, der nachfolgend unter 2. internationalprivatrechtlich zugeordnet werden muss.

1.   Anspruch aus §§ 280 Abs. 1, 241 Abs. 2, 311 Abs. 2 BGB (culpa in contrahendo)

Bietern und Bewerbern, deren Rechte im Vergabeverfahren verletzt wurden, bleibt nach einer wirksamen Zuschlagserteilung[634] nach § 114 Abs. 2 GWB nur noch die Möglichkeit, Ersatzansprüche geltend zu machen. Ein solcher Anspruch kann sich nach deutschem Recht insbesondere aus§§ 280, Abs. 1, 241 Abs. 2, 311 Abs. 2BGB wegen der Verletzung vorvertraglichen Pflichten ergeben. Bereits vor Erteilung des Zuschlags und des darauf folgenden Vertragsschlusses entsteht ein vorvertragliches Schuldverhältnis zwischen Auftraggeber und Bietern bzw. Bewerbern mit der Verpflichtung des Auftraggebers, seinen gesetzlichen Ausschreibungsverpflichtungen

---

634   Wenn also die Durchführung eines Nachprüfungsverfahrens auf Primärebene nicht mehr möglich ist.

nachzukommen.[635] Der Auftraggeber ist verpflichtet, alle (bieterschützenden) Vergabevorschriften einzuhalten.[636] In Deutschland dürfen die Teilnehmer also grundsätzlich darauf vertrauen, dass der öffentliche Auftraggeber das Verfahren über die Vergabe seiner Aufträge ordnungsgemäß und unter Beachtung der für ihn geltenden Bedingungen einleitet und durchführt.[637] Schwerpunktmäßig kommt es während der Ausschreibung, im Rahmen der Bewertungsphase der Angebote und beim Zuschlag zu Pflichtverstößen.[638] Kann der jeweilige Bieter nachweisen, dass er bei rechtmäßigem Verlauf des Vergabeverfahrens den Zuschlag hätte erhalten müssen, sieht die deutsche Rechtsprechung sogar den Ersatz des positiven Interesses vor.[639] Kommt es zu einer rechtswidrigen Aufhebung einer bereits durchgeführten Phase des Verfahrens, dann haben alle Bieter gleichermaßen einen Anspruch aus §§ 280, Abs. 1, 241 Abs. 2, 311 Abs. 2 BGB in Höhe des negativen Interesses.[640] Daneben können auch die nicht mitbietenden Bewerber Schadensersatz wegen Verletzung verfahrensrechtlicher Pflichten durch den öffentlichen Auftraggeber geltend machen. Auch nach der Einführung von § 126 GWB bleiben Ansprüche aus §§ 280, Abs. 1, 241 Abs. 2, 311 Abs. 2 BGB „die praktisch wichtigste Grundlage für Schadensersatzforderungen in Vergabesachen"[641].

---

635   BGH, Urt. v. 12.06.2001 – X ZR 150/99 = BB 2001, S. 1119; BGH, Urt. v. 05.11.2002 – X ZR 232/00 = NZBau 2003, S. 168; VergabeR 2003, S. 163; BGH, Urt. v. 27.11.2007 – X ZR 18/07 = ZfBR 2008, S. 299, VergabeR 2008, S. 219 ff.; OLG Dresden, Urt. v. 10.02.2004 – 20 U 1697/03 = VergabeR 2004, S. 500.

636   *Alexander*, in Pünder/Schellenberg, Vergaberecht, § 126 GWB, Rn. 61; *Losch*, in: Ziekow/Völlnik, Vergaberecht, § 126 GWB, Rn. 53. BGH, Urt. v. 16.12.2003 – X ZR 282/02 = NJW 2004, S. 2165.

637   *Bungenberg*, in: Loewenheim/Meessen/Riesenkampff, Kartellrecht, § 126 GWB, Rn. 15.

638   *Boesen,* Vergaberecht, Rn. 48.

639   Vgl. BGH, Urt. v. 14.10.1993 – VII ZR 96/92 = NJW-RR 1994, S. 284; *Niebuhr* in: Niebuhr/Kulartz/Kus/Portz, Vergaberecht, Rn. 32; *Gronstedt*, in: Byok/Jaeger, Kommentar zum Vergaberecht, Rn. 1319; *Stockmann*, in: Immenga/Mestmäcker, Wettbewerbsrecht: GWB, § 126 GWB, Rn. 20.

640   *Feber*, Schadensersatzansprüche aus culpa in contrahendo bei VOB/A-Verstößen öffentlicher Auftraggeber, BauR 1989, S. 553 ff. u. 558 f.; *Schnorbus*, Der Schadensersatzanspruch des Bieters bei der fehlerhaften Vergabe öffentlicher Aufträge – Anspruchsgrundlagen, Umfang, Durchsetzung im Zivilprozeß und Zukunft des sekundären Rechtsschutzes nach der Neuordnung des Vergaberechts, BauR 1999, S. 77 ff. u. 89; *Gronstedt*, in: Byok/Jaeger, Kommentar zum Vergaberecht, Rn. 1321.

641   *Stockmann*, in: Immenga/Mestmäcker, Wettbewerbsrecht: GWB, Bd. 2, § 126 GWB, Rn. 20. Dies gilt umso mehr, als im unterschwelligen Bereich keine dem § 126 GWB vergleichbare Vorschrift existiert.

a)   Pflichtverletzung aufgrund Anwendung falschen Vergabeverfahrensrechts?

Zweifelhaft ist, ob auch die Durchführung eines Vergabeverfahrens nach einem *fremden* Vergaberechtsregime eine Ersatzpflicht nach culpa in contrahendo auslösen kann, etwa wenn ein öffentlicher Auftraggeber irrtümlich davon ausgeht, dass anstelle des deutschen ein ausländisches oder umgekehrt anstelle des nationalen ein fremdes Vergabeverfahrensrecht einschlägig ist, und er deshalb ein Vergabeverfahren nach falschem Recht durchführt.

Hier begründet allein die Wahl des falschen Verfahrensrechts eine vorvertragliche Pflichtverletzung. Der Auftraggeber hat dem Vergabeverfahren nicht die Vergabevorschriften zugrunde gelegt, die er von Gesetzes Rechts hätte anwenden und einhalten müssen. Bieter und Bewerber sind aber nur dann in ihrem Vertrauen schutzwürdig, wenn sie ihre Aufwendungen bezüglich der Teilnahme am Verfahren ohne Vertrauen auf die Rechtmäßigkeit nicht oder nicht so wie geschehen getätigt hätten.[642] Ist einem Bieter beispielsweise bekannt, dass falsches Verfahrensrecht angewandt wurde, und gibt er gleichwohl ein Angebot ab, dann ist er nicht schutzwürdig. Kommt es infolge des Verfahrensfehlers zur Aufhebung des Vergabeverfahrens, dann haben alle Teilnehmer einen Anspruch auf Ersatz ihres negativen Interesses.[643] Bleibt die Zuschlagsentscheidung des öffentlichen Auftraggebers hingegen wirksam, kann ein unterlegener Bieter nur dann den Ersatz des positiven Interesses geltend machen, wenn er glaubhaft darlegen und beweisen kann, dass ihm bei regelgerechter Durchführung des Vergabeverfahrens mit an Sicherheit grenzender Wahrscheinlichkeit der Zuschlag hätte erteilt werden müssen.[644] Dieser Beweis dürfte in der Praxis nur schwer zu führen sein. Ein Gericht hätte zu beurteilen, ob unter Anwendung eines anderen Rechtsregimes die Erfolgsaussichten des Klägers größer gewesen wären als unter dem tatsächlich zugrunde gelegten Recht. Das dürfte sich allenfalls mit Hilfe eines Sachverständigen feststellen lasssen.

---

642   *Bungenberg*, in: Loewenheim/Meessen/Riesenkampff, Kartellrecht, § 126 GWB, Rn. 15.

643   Dies dürfte wohl der Regel entsprechen, wenn man einen solchen Fehler als anfänglichen Verfahrensmangel einstuft, wonach das Vergabeverfahren von Anfang an unwirksam ist, vgl. OLG Dresden, Urt. v. 10.02.2004 - 20 U 1697/03 = VergabeR 2004, S. 500.

644   BGH, Urt. v. 08.09.1998 - X ZR 109/96 = NJW 1998, S. 3644 ff.; *Bungenberg*, in: Loewenheim/Meessen/Riesenkampff, Kartellrecht, § 126 GWB, Rn. 18.

b)   Pflichtverletzung durch Vergabestellen, § 311 Abs. 3 BGB

Gemäß § 311 Abs. 3 BGB kann auch gegenüber Hilfspersonen ein Schadensersatzanspruch aus *culpa in contrahendo* geltend gemacht werden.[645] Dazu zählen beispielsweise die Vergabestellen[646], die für den öffentlichen Auftraggeber das Vergabeverfahren durchführen. Sie werden zu keinem Zeitpunkt Vertragspartei, nehmen als Leiter des Vergabeverfahrens in besonderem Maße Vertrauen in Anspruch und beeinflussen dadurch gegebenenfalls stattfindende Vertragsverhandlungen. [647] Zudem erteilen die Vergabestellen anstelle des jeweiligen öffentlichen Auftraggebers den Zuschlag an den erfolgreichen Bieter und begründen damit den Vertragsschluss, vgl. § 311 Abs. 3 a.E. BGB. Diese Erwägungen greifen immer dann, wenn eine unselbständige Vergabestelle im Ausland für den öffentlichen Auftraggeber eine Beschaffung durchführt. Ein Haftungsrisiko wegen fehlerhafter Implementierung des Vergabeverfahrens besteht folglich nicht nur für den öffentlichen Auftraggeber, sondern auch für die unselbständige Vergabestelle.

c)   Schadensersatzanspruch aus §§ 241 Abs. 2, 311 Abs. 2, 280 Abs. 1
        BGB bei „de facto"-Vergabe

Auch die bereits diskutierte „de facto"-Vergabe[648] stellt einen Vergaberechtsverstoß dar, vgl. § 101b Abs. 1 Nr. 2 GWB. Ein vorvertragliches Schuldverhältnis entsteht aber nur dort, wo ein Vertrauensverhältnis zwischen Auftraggeber und dem benachteiligten Unternehmen existiert.[649] Gemäß § 311 Abs. 2 BGB kommt ein solches aber erst mit Vertragsverhandlungen zwischen Auftraggeber und potentiellen Bietern in Betracht, spätestens mit Anforderung der Ausschreibungsunterlagen zustande.[650] Zu Vertragsverhandlungen kommt es aber nur in den Fällen der sog. unechten „de facto"-Vergabe. [651] Bei den echten „de facto"-Vergaben wird mangels

---

645   Vgl. oben: Kap. 1. A. II. 3.
646   *Scharen*, in: Willebruch/Wiedekind, Vergaberecht, S. 1488 f.
647   Vertragsverhandlungen finden nur im Verhandlungsverfahren nach § 101 Abs. 5
      GWB und in bestimmtem Umfang im wettbewerblichen Dialog nach § 101 Abs.
      4 GWB statt.
648   Vgl. oben: Kap. 2. B. III. 4.
649   *Losch*, in: Ziekow/Völlnik, Vergaberecht, § 126 GWB, Rn. 49.
650   *Alexander*, in: Pünder/Schellenberg, Vergaberecht, § 126 GWB, Rn. 54.
651   Vgl. oben: Kap. 2. B. III. 4.

Durchführung eines Vergabeverfahrens der Auftrag direkt an den Auftragnehmer vergeben. Mithin kann bei Direktvergaben mangels Vertragsverhandlungen kein schutzwürdiges Vertrauen entstehen, welches zu einer Anspruchsstellung aus §§ 280 Abs. 1, 241 Abs. 2, 311 Abs. 2 BGB berechtigen würde.

Bei den unechten „de facto"-Vergaben ist die Geltendmachung eines Schadensersatzanspruches aus culpa in contrahendo überdies nur möglich, wenn dem Anspruchssteller ein Schaden iSd §§ 249 ff. BGB entstanden ist.[652] An einem messbaren Schaden fehlt es, wenn über § 101b Abs. 1 Nr. 2 GWB die Unwirksamkeit des Vertrages herbeigeführt werden kann. Dann ist das Vergabeverfahren erneut durchzuführen, so dass für den übergangenen (potentiellen) Bieter die nochmalige Möglichkeit zur Beteiligung besteht. Insofern kommt ein Anspruch aus §§ 280 Abs. 1 241 Abs. 2, 311 Abs. 2 BGB nur in Betracht, wenn die Frist zur Geltendmachung der Unwirksamkeit nach § 101b Abs. 2 GWB bereits abgelaufen und der Anspruchssteller trotzdem noch schutzwürdig ist. Das dürfte in den meisten Konstellationen nicht der Fall sein, da die Frist erst nach ordnungsgemäßer Belehrung zu laufen beginnt.[653]

2.   Internationalprivatrechtliche Zuordnung

Auch für einen Anspruch aus §§ 280 Abs. 1 241 Abs. 2, 311 Abs. 2 BGB ist auf die internationalprivatrechtliche Zuordnung dieses Rechtsverhältnisses einzugehen: Zunächst ist zu klären, ob ein Ersatzanspruch aus §§ 280 Abs. 1, 241 Abs. 2, 311 Abs. 2 BGB in den Anwendungsbereich der Rom I- oder II-VO fällt. Sollte dies nicht der Fall sein, ist in einem weiteren Schritt die Möglichkeit einer Zuordnung nach nationalen IPR-Vorschriften zu erörtern.

a)   Anwendbarkeit der Rom II-VO

Für eine internationalprivatrechtliche Zuordnung des Anspruches aus §§ 280 Abs. 1 241 Abs. 2, 311 Abs. 2 BGB nach europäischem Recht

---

652 *Alexander*, in: Pünder/Schellenberg, Vergaberecht, § 126 GWB, Rn. 72 ff.
653 Vgl. *Braun*, in: Pünder/Schellenberg, Vergaberecht, § 101b GWB, Rn. 62 ff.

kommt zunächst eine Anwendung der Rom II-VO in Betracht.[654] Dazu müsste ihr Anwendungsbereich eröffnet sein. Die Verordnung regelt grundsätzlich alle zivilrechtlichen, außervertraglichen Schuldverhältnisse außerhalb der Rom I-VO:[655] Um einen Gleichklang mit der EuGVO (und der Rom I-VO) zu erzielen, muss es sich bei einem Anspruch aus §§ 280 Abs. 1 241 Abs. 2, 311 Abs. 2 BGB um eine Zivil- und Handelssache iSv Art. 1 Abs. 1 S. 1 Rom II-VO handeln.[656] Dies ist bei einem Schadensersatzanspruch aus §§ 280 Abs. 1 241 Abs. 2, 311 Abs. 2 BGB grundsätzlich der Fall, wie aus Art. 2 Abs. 1 Rom II-VO[657] und dem Begründungsentwurf der Kommission zur Rom II-VO hervorgeht.[658]

Eine andere Frage ist indes, ob sich an dieser Sichtweise etwas dadurch ändert, dass sich der Ersatzanspruch gegen den Staat oder einen sonstigen öffentlichen Auftraggeber richtet. Handelt dieser während des Vergabeverfahrens in Ausübung hoheitlicher Gewalt, so ist der Anwendungsbereich der Rom II-VO ausgeschlossen.[659] Bei dieser Beurteilung ist vor allem die Art des Handelns entscheidend.[660] Das verdeutlicht Art. 1 Abs. 1 S. 2 Rom II-VO, wonach „insbesondere" *acta iure imperii* vom Anwendungsbereich der Verordnung ausgenommen sind.[661] Ob ihres fehlenden Maßnahme- bzw. Befehlscharakters sind vergabeverfahrensrechtliche Handlungen allerdings lediglich als *acta iure gestionis* zu beurteilen. Darunter wird alles

---

654   Die Rom II-Verordnung (VO) markiert die letzte Etappe der Bestrebungen, das europäische Kollisionsrecht der außervertraglichen Schuldverhältnisse zu vereinheitlichen, *Junker*, in: Münchener Kommentar, BGB, Bd. 10, vor Art. 1 Rom II-VO, Rn. 1.

655   KOM (2003) 427, S. 8.

656   Vgl. hierzu Erwägungsgrund Nr. 7 zur Rom II-VO und Art. 1 Abs. 1 S. 1 Rom II-VO.

657   Dort heißt es: „*Im Sinne dieser Verordnung umfasst der Begriff des Schadens sämtliche Folgen (...) eines Verschuldens bei Vertragsverhandlungen („culpa in contrahendo")."*

658   Der Begründungsentwurf vom 22.07.2003, KOM (2003) 427, S. 8 f., untergliedert sich der Begriff der außervertraglichen Schuldverhältnisse in zwei Untergruppen, wobei eine („Schuldverhältnisse aus anderer als unerlaubter Handlung") auf „quasivertragliche" Schuldverhältnisse, also auch die *culpa in contrahendo* erstreckt werden soll.

659   *Unberath/Cziupka*, in: Rauscher, EuZPR/EuIPR, Art. 1 Rom II-VO, Rn. 12 f.

660   EuGH, Urt. v. 21.04.1993 - Rs. C-172/91 (*Sonntag*), Slg. 1993, S. I-1963 = NJW 1993, S. 2091 (2092).

661   Dort heißt es: „*Sie gilt insbesondere nicht für Steuer- und Zollsachen, verwaltungsrechtliche Angelegenheiten oder die Haftung des Staates für Handlungen oder Unterlassungen im Rahmen der Ausübung hoheitlicher Rechte („acta iure imperii")."*

nicht-hoheitliche Handeln des Staates auf ausländischem Boden verstanden, insbesondere seine fiskalischen Aktivitäten im Ausland.[662] Bei Ersatzbegehren von Bietern gegen den Staat handelt es sich dem Grunde nach nicht um Ansprüche wegen *acta iure imperii*, sondern um zivilrechtlich zu beurteilende Regressansprüche wegen *acta iure gestionis*.[663] Darüber hinaus hat der EuGH schon in seinen Entscheidungen Sonntag[664] und Baten[665] angedeutet, zukünftig einem weiten Begriffsverständnis der zivilrechtlichen Streitigkeit zu folgen.

Allerdings sind die vom EuGH entschiedenen Fallkonstellationen nicht mit der vorliegenden Situation vergleichbar: Hier geht es um Schadensersatzbegehren wegen übergangener Gebote im Rahmen eines Vergabeverfahrens, das gerade *nicht* als Zivil- und Handelssache eingestuft werden kann. Denn wie oben[666] herausgearbeitet, verfolgt die Vergabestelle mit der Durchführung des Vergabeverfahrens vor allem Gemeininteressen und handelt dabei nicht wie ein Privater. Das Vergabeverfahren und die daraus resultierenden Pflichten der Vergabestellen bilden insoweit eine Einheit, die auch kollisionsrechtlich als solche zu behandeln ist. Diesbezüglich hat eine „vergabeverfahrensakzessorische Anknüpfung" zu erfolgen. Das Kollisionsrecht des sieht eine „akzessorischen Anknüpfung" sogar ausdrücklich

---

662   *Ohler*, Die Kollisionsordnung des Allgemeinen Verwaltungsrechts, S. 120 f.

663   In Bezug auf öffentliche Erstattungsansprüche in Umweltsachen; *Kadner Graziano*, Das auf außervertragliche Schuldverhältnisse anzuwendende Recht nach Inkrafttreten der Rom II-Verordnung, RabelsZ 73 (2009), S. 1 (54).

664   Im Fall *Sonntag*, EuGH, Urt. 21.04.1993 - Rs. C-172/91, Slg. 1993, S. I-1963, hatte ein Lehrer auf einem Schulausflug nach Italien seine Amtspflichten verletzt; in der Folge war ein Schüler tödlich verunglückt. Der EuGH sah es nicht als entscheidend an, dass der beklagte Lehrer Amtspflichten verletzt hatte und das für den geltend gemachten Anspruch eine sozialversicherungsrechtliche Absicherung bestand, die eine Haftung des Lehrers nach dem maßgeblichen nationalen Recht ausschloss. Ein Lehrer einer staatlichen Schule nehme vielmehr die gleichen Pflichten wie ein Lehrer einer Privatschule wahr und da der Anspruch auf Ersatz des Schadens gerichtet war, der aus einer strafrechtlich relevanten Tat herrührte, sei die Sache grundsätzlich zivilrechtlich einzustufen.

665   Im Fall *Baten*, EuGH, Urt. v. 14.11.2002 - Rs. C-271/00, Slg. 2002, S. I-10489, begehrte der niederländische Staat von einem in Belgien lebenden Mann den Ersatz für Sozialhilfeleistungen, die in den Niederlanden an dessen frühere Ehefrau gezahlt worden sind. Der EuGH stufte auch dieses Begehren als zivilrechtlich ein, da die Rechtsposition der öffentlichen Einrichtung mit der Stellung einer Privatperson vergleichbar sei, welche die Schuld eines anderen beglichen habe und hierfür Regress begehre, sowie mit der Rechtsstellung desjenigen, der von einem Dritten den Ersatz des Schadens fordere, der ihm durch ein diesem zurechenbares Handeln oder Unterlassen entstanden sei.

666   Vgl. oben: Kap. 2. I. 2. lit. a) lit. bb) (3).

vor, vgl. Art. 11 Abs. 1 Rom II-VO und Art. 39 Abs. 2 EGBGB.[667] Bedingung ist jeweils, dass an ein zwischen den Parteien bestehendes Rechtsverhältnis angeknüpft werden kann, zu dem eine enge Verbindung besteht.[668] Auch diese Regelungen sollen einen „Gleichklang" mit anderen Rechtsverhältnissen herstellen.[669] Wendet man diese Maßstäbe für das Vergabeverfahren an, dann wäre eine enge Beziehung in diesem Sinne alleine aufgrund der vergabeverfahrensrechtlichen Pflichtverstöße zu bejahen.

Entsprechend kann keine Zivil- und Handelssache bei Ansprüchen aus culpa in contrahendo in Bezug auf vergabeverfahrensrechtliche Pflichtverstöße angenommen werden. Eine Anwendbarkeit der Rom II-VO (Rom I-VO, EuGVO) scheidet folglich aus.

Zum selben Ergebnis gelangt man bei Schadensersatzansprüchen aus §§ 280 Abs. 1 241 Abs. 2, 311 Abs. 2 BGB im Zusammenhang mit sog. unechten „de facto"-Vergaben. Auch wenn es bei ihnen an der Durchführung eines förmlichen Vergabeverfahrens mangelt, kommt es doch zu verfahrensrechtlichen Handlungen (z.B. Zusenden der Ausschreibungsunterlagen), welche als akzessorische Anknüpfungspunkte herhalten können. Aufgrund der Möglichkeit einer vergabeverfahrensakzessorischen Anknüpfung ist auch hier das Vorliegen einer Zivil- und Handelssache zu verneinen. Die Rom II-VO ist nicht anwendbar.

---

667 Allerdings nur in Verbindung zu anderen Schuldverhältnissen. Die Rom I-VO hat hingegen keine eigenständige Norm, welche die akzessorische Anknüpfung von Verträgen regelt. Aus diesem Grund wird in solchen Fällen auf Art. 4 Abs. 3 Rom I-VO zurückgegriffen, vgl. *Martiny*, in: Münchener Kommentar, BGB, Bd. 10, Art. 4 Rom I-VO, Rn. 252. Doch auch in anderen Bereichen, wie bspw. beim Subunternehmervertrag, vgl. oben: Kap. 2. B. 1. lit. b) lit. aa) (2), finden sich Meinungen, die eine Anknüpfung über die Akzessorietät zu einem anderen (dominanteren) Rechtsverhältnis vornehmen, vgl. nur *Jayme*, Subunternehmervertrag und Europäisches Gerichtsstands- und Vollstreckungsübereinkommen (EuGVÜ), in: FS Pleyer, S. 371 (377 f.); *v.d. Seipen*, Akzessorische Anknüpfung und engste Verbindung im Kollisionsrecht der komplexen Vertragsverhältnisse , S. 272, 319; *Spickhoff*, in: Bamberger/Roth, BGB, Art. 28 EGBGB, Rn. 83; *Magnus*, in: Staudinger, BGB, Buch 6, Art. 28 EGBGB, Rn. 308.

668 *Junker*, in: Münchener Kommentar, BGB, Bd. 10, Art. 11 Rom II-VO, Rn. 12.

669 *Junker*, in: Münchener Kommentar BGB, Bd. 10, Art. 11 Rom II-VO, Rn. 13; *Leible/Lehmann*, Die neue EG-Verordnung über das auf außervertragliche Schuldverhältnisse anzuwendende Recht ("Rom II"), RIW 2007, S. 721 (732); *Ofner*, Die Rom II-Verordnung - Neues Internationales Privatrecht für außervertragliche Schuldverhältnisse in der Europäischen Union, ZfRV 2008, S. 13 (21).

b)   Internationalprivatrechtliche Zuordnung nach nationalem Recht

Aus dem gleichen Grunde scheidet eine kollisionsrechtliche Anknüpfung nach nationalem IPR aus. Um die eben angesprochene Akzessorietät zum Vergabeverfahren auch auf Ebene des nationalen IPR zu wahren, muss sich eine Anknüpfung nach den gleichen Grundsätzen und Ergebnissen wie oben[670] richten. Da aber weder § 130 Abs. 2 GWB als einseitige Kollisionsnorm auf das Kartellvergaberecht anwendbar ist, noch Vorschriften des EGBGB einschlägig sind, kommt auch für Schadensersatzansprüche aus §§ 280 Abs. 1 241 Abs. 2, 311 Abs. 2 BGB im Zusammenhang mit vergabeverfahrensrechtlichen Pflichtverstößen eine Zuordnung über nationale IPR-Normen nicht in Betracht.

3.   Zwischenergebnis

Vor deutschen Gerichten ist aufgrund der akzessorischen Anknüpfung zum Vergabeverfahren eine kollisionsrechtliche Anknüpfung von Ansprüchen aus §§ 280 Abs. 1 241 Abs. 2, 311 Abs. 2 BGB im Zusammenhang mit der Durchführung fehlerhafter Vergabeverfahren weder nach europäischem noch nach nationalem IPR möglich.[671]

II.   Sonstige außervertragliche Rechtsverhältnisse

Neben einem Anspruch nach §§ 280 Abs. 1 241 Abs. 2, 311 Abs. 2 BGB ist noch an zwei weitere Schadensersatzansprüche zu denken: An den Ersatz des Vertrauensschadens gemäß § 126 GWB und an den Schadensersatz bei Rechtsmissbrauch nach § 125 GWB. Auch hier stellt sich die Frage ihrer kollisionsrechtlichen Anknüpfung nach den Vorschriften des IPR.

---

670   Vgl. oben: Kap. 2. A. II.
671   A.A. *Hök*, Zum Vergabeverfahren im Lichte des Internationalen Privatrechts, ZfBR 2010, S. 440 (447), wonach allein aufgrund des Umstands, dass Ansprüche aus culpa in contrahendo die Folgen von Vergabeverstößen auf privatrechtlicher Ebene regeln, eine Zuordnung nach Art. 12 Rom II-VO möglich sei. Sie würden deshalb nicht mehr zum Vergabeverfahren gehören und müssten sich nach internationalprivatrechtlichen Vorschriften zuordnen lassen.

1.   Schadensersatzanspruch aus § 126 GWB

a)   Anspruchsvoraussetzungen

Im Unterschied zu einer Haftung aus §§ 280 Abs. 1 241 Abs. 2, 311 Abs. 2 BGB kann ein Anspruch aus § 126 GWB nur von Unternehmen geltend gemacht werden, die bereits mit einem Angebot für die vom öffentlichen Auftraggeber zu beschaffende Leistung hervorgetreten sind (Bieter)[672] und denen der Auftrag nicht erteilt wurde.[673] Als Anspruchsgegner kommt zudem nur der öffentliche Auftraggeber in Betracht.[674] Insoweit ist der Wortlaut des Satz 1 eindeutig und bewusst nicht § 311 Abs. 3 BGB nachgebildet.[675] Ein etwaiges Fehlverhalten der Vergabestellen kann dem jeweiligen öffentlichen Auftraggeber aber nach § 278 S. 1 BGB zugerechnet werden.[676] Die den Schadensersatzanspruch auslösende Verletzungshandlung muss in einem Verstoß gegen eine Vorschrift bestehen, welche den Schutz „von Unternehmen" bezweckt. Trotz dieser allgemeinen Formulierung sind nur Vorschriften gemeint, die zum Schutz des anspruchsberechtigten/-stellenden Unternehmens erlassen worden sind. Ob eine verletzte Norm einen solchen Schutz bezweckt, beurteilt sich danach, ob sie im wohlverstandenen Interesse am Auftrag interessierter Unternehmen aufgestellt und auch deshalb für öffentliche Auftraggeber verbindlich ist.[677] Die Vorschrift muss also dem Bieterschutz dienen, was wiederum durch Auslegung zu ermitteln ist.[678] Insoweit besteht Einigkeit, dass ein einklagbarer Anspruch aus § 126

---

672   *Alexander*, Vergaberechtlicher Schadensersatz gemäß § 126 GWB, WRP 2009, S. 28 (30); *Gronstedt*, in: Byok/Jaeger, Vergaberecht, Rn. 1297; *Dreher/Stockmann*, Vergaberecht, § 126 GWB, Rn. 8; *Scharen*, in: Willenbruch/Wieddekind, Vergaberecht, S. 1493.

673   *Scharen*, in: Willenbruch/Wieddekind, Vergaberecht, S. 1488. Ein erfolgreicher Bieter hat seine Chance auf Erhalt des Zuschlags realisiert und kann insoweit nicht im Sinne der Vorschrift beeinträchtigt sein.

674   *Niebuhr,* in: Niebuhr/Kulartz/Kus/Portz, Kommentar zum Vergaberecht, § 126 GWB, Rn. 4; *Gronstedt*, in: Byok/Jaeger, Kommentar zum Vergaberecht, Rn. 1266.

675   *Scharen*, in: Willenbruch/Wieddekind, Vergaberecht, S. 1488 f.

676   Der öffentliche Auftraggeber kann sich gerade nicht dadurch entlasten, dass er vorträgt, er habe die Vergabestelle sorgfältig ausgewählt (so etwa in § 831 Abs. 1 S. 2 BGB). Denn mit § 126 S. 1 GWB wird keine unerlaubte Handlung ausgeglichen, sondern für Sekundärrechtsschutz aus einem vertragsähnlichen Rechtsverhältnis gesorgt, *Boesen*, Vergaberecht, § 126 GWB, Rn. 6.

677   *Scharen*, in: Willenbruch/Wieddekind, Vergaberecht, S. 1488 f.

678   Eine gute Übersicht, welche Normen, welcher Gesetze konkret in Frage kommen oder nicht, findet sich bei *Scharen*, in: Willenbruch/Wieddekind, Vergaberecht, S. 1489 ff. So trifft dies beispielsweise nicht auf Normen zu, denen eine reine

GWB auf „Einhaltung sämtlicher Normen des GWB, der VgV und der Vertrags- und Vergabe- und Vertragsordnungen besteht", sofern diese Vorschriften dem Schutz des Wettbewerbs dienen.[679]

Auch hier stellt sich die Frage, ob allein die Anwendung des falschen Vergaberechtsregimes die jeweiligen Bieter in ihren Rechten verletzen würde. Das wäre der Fall, wenn daraus zu ihren Lasten die Nichtanwendung bieterschützender Vorschriften des zum deutschen Rechts folgt. Dies kann immer nur anhand eines Vergleichs der beiden Vergaberechtsregime (deutsches und fremdes) ermittelt werden. Innerhalb der Europäischen Union (bzw. des EWR-Raumes)[680] ist es allerdings wegen des (relativen) Gleichklangs der Vergaberechtskodifizierungen im oberschwelligen Bereich[681] nahezu ausgeschlossen, dass eine andere mitgliedstaatliche Kodifikation einen Ausschluss bieterschützender Vorschriften vorsieht. Insoweit haben die beiden Rechtsmittelrichtlinien klare Vorgaben an die Mitgliedsländer gesetzt.[682] Damit greift diese Problematik nur bei Vergaberechtsregimen außerhalb der EU und des EWR, die keine subjektiven Bieterrechte beinhalten. Im Gegensatz zu einem Anspruch aus culpa in contrahendo kommen diesbezüglich als Anspruchssteller vornehmlich deutsche bzw. europäische Bieter in Betracht, da nur sie in der Nichtanwendung deutschen/mitgliedstaatlichen Vergaberechts eine Benachteiligung zu ihren Lasten sehen werden. Dennoch bleiben erhebliche Zweifel an einer wirksamen Geltendmachung eines Anspruchs aus § 126 GWB, wenn schon das Vergabeverfahren als solches nach fremdem Recht durchgeführt wurde. Einzig für den Fall, dass es infolge des Verfahrensfehlers zu einer Aufhebung des bereits durchgeführten Verfahrens kommen sollte und infolgedessen eine erneute Ausschreibung nach deutschem Vergabeverfahrensrecht im Raum steht, scheint ein Anspruchsbegehren aus § 126 GWB formell erfolgversprechend.

Ordnungsfunktion zukommt oder die ausschließlich haushaltswirtschaftliche oder -rechtliche Gründe haben oder ausschließlich gesamtwirtschaftlichen Zielen dienen.

679 *Losch*, in: Ziekow/Siegel, Vergaberecht, § 126 GWB, Rn. 9.
680 Vgl. oben: Kap. 1 B. I. 3. lit. c) lit. aa).
681 Wie sich aus der Rechtsmittelrichtlinie (Art. 2 Abs. 2 lit. c RL 89/665/EWG) und der Sektoren-RMR (Art. 2 Abs. 1 lit. d RL 92/137EWG) ergibt, wurde die Schaffung einer dem § 126 GWB gleichenden Schadensersatzvorschrift nur für den oberschwelligen Bereich gefordert.
682 Vgl. für die Rechtsmittelrichtlinie Art. 2 Abs. 2 lit. c RL 89/665/EWG und für die Sektoren-RMR Art. 2 Abs. 1 lit. d RL 92/137/EWG.

b)   Kollisionsrechtliche Anknüpfung nach den Vorschriften des IPR

Auch bei § 126 GWB hängt die Frage nach einer kollisionsrechtlichen Anknüpfung nach den Vorschriften des IPR davon ab, ob darin eine Zivil- und Handelssache im Sinne der Rom I- oder II-VO zu sehen ist. Dem Grunde nach handelt es sich bei § 126 GWB um einen *verschuldensunabhängigen* Regressanspruch.[683] Es geht um die Kompensation privatrechtlicher Folgen aufgrund fehlerhafter vergaberechtlicher Vorgänge. Demzufolge müsste das Vorliegen einer Zivil- und Handelssache gemäß Art. 1 Abs. 1 S. 1 Rom I- oder II-VO eigentlich zu bejahen sein. Einer kollisionsrechtlichen Anknüpfung nach diesen Verordnungen stünde nichts im Wege.

Doch ähnlich wie bei einem Anspruchsbegehren aus §§ 280 Abs. 1, 241 Abs. 2, 311 Abs. 2 BGB gewährt § 126 GWB *ausschließlich* Schadensersatz bei der Verletzung solcher Normen, „die sich auf das Vergabeverfahren beziehen und die Wettbewerbsteilnehmer schützen"[684]. Der behauptete Pflichtverstoß des Auftraggebers steht damit in untrennbarem Zusammenhang mit dem bereits durchgeführten Vergabeverfahren[685]. Auch wenn in zeitlicher Hinsicht eine Trennung zwischen dem Vergabeverfahren und der Geltendmachung eines Anspruchs aus § 126 GWB besteht, müssen die gleichen Schlussfolgerungen wie oben[686] bei der kollisionsrechtlichen Anknüpfung des Anspruchs aus §§ 280 Abs. 1 241 Abs. 2, 311 Abs. 2 BGB getroffen werden: Aufgrund der Abhängigkeit des Anspruchsinhalts von dem vorgelagerten Vergabeverfahren muss eine „vergabeverfahrensakzessorische

---

683   BGH, Urt. v. 27.11.2007 - X ZR 18/07 = IBR 2008, S. 171. So auch *Boesen*, Vergaberecht, § 126 GWB, Rn. 6; *Gesterkamp*, in: Müller-Wrede, Kompendium des Vergaberechts, S. 716; *Horn/Graef*, Vergaberechtliche Sekundäransprüche - Die Ansprüche aus §§ 125, 126 GWB und dem BGB, NZBau 2005, S. 505 (506). A.A.: *Gronstedt*, in: Byok/Jaeger, Vergaberecht, § 126 GWB, Rn. 1301; *Stockmann*, in: Immenga/Mestmäcker, Wettbewerbsrecht: GWB, Bd. 2, § 126, Rn. 9.

684   *Losch*, in: Ziekow/Völlnik, § 126 GWB, Rn. 9 u. 16. A.A. OLG Düsseldorf, Beschl. v. 13.08.2008 – VII-Verg. 42/08, wonach die kommunalwirtschaftlichen Bestimmungen im Rahmen von § 126 GWB zu prüfen seien, wenn der Antragsteller eine unzulässige wirtschaftliche Betätigung der kommunalen Einrichtung geltend mache.

685   Der Sache nach dürfte es sich bei § 126 GWB damit um eine „Art" Amtshaftung handeln. Darüber hinaus kommt noch h.M. Aber keine Amtshaftung im Rahmen der Durchführung eines Vergabeverfahrens in Betracht. Denn der jeweilige Amtsträger wird gerade nicht hoheitlich tätig, so u.a. *Bungenberg*, in: Loewenheim/Meessen/Riesenkampf, Kartellrecht, § 126 GWB, Rn. 23; *Christian Alexander*, in: Pünder/Schellenberg, Vergaberecht, § 126 GWB, Rn. 84.

686   Vgl. oben: Kap. 2. D. I. 2.

Anknüpfung" erfolgen. Soweit ein Anspruch einzig auf vergabeverfahrens-rechtlichen Pflichtverstößen beruht, muss sich seine kollisionsrechtliche Zuordnung nach den gleichen Maßstäben richten, wie das zugrunde zu legende Vergabeverfahren. Auch wenn es sich um zwei unterschiedliche Rechtsverhältnisse handelt und der Schadensersatzanspruch klar privat-rechtlich ausgestaltet ist, bilden sie in kollisionsrechtlicher Hinsicht eine Einheit. Hierin liegt ein wesentlicher Unterschied der Ansprüche aus § 126 GWB und §§ 280 Abs. 1 241 Abs. 2, 311 Abs. 2 BGB zu einer kollisions-rechtlichen Zuordnung der Ausführungshandlung: Zwar können auch im Vertragsrechtsverhältnis Verbindungen zum Vergabeverfahren bestehen. Anders als bei § 126 GWB und §§ 280 Abs. 1 241 Abs. 2, 311 Abs. 2 BGB ist dies aber *niemals ausschließlich* der Fall. Im Rahmen der Ausführungs-handlung spielen auch andere, exklusiv auf Vertragsebene zu verortende Gesichtspunkte eine Rolle.

Wenn also das Vergabeverfahren nicht als Zivil- und Handelssache im Sinne des Art. 1 Abs. 1 S. 1 Rom I-VO (oder Rom II-VO) anzusehen ist, muss dies aufgrund der akzessorischen Verknüpfung auch für den privat-rechtlichen Anspruch aus § 126 GWB gelten. Damit ist § 126 GWB einer kollisionsrechtlichen Anknüpfung mit Hilfe von europarechtlichen IPR-Normen nicht zugänglich.[687]

Gleiches gilt für eine kollisionsrechtliche Anknüpfung nach nationalen IPR-Vorschriften. Auch hier spricht die Akzessorietät zum Vergabeverfah-ren gegen eine eigenständige Anknüpfung des Ersatzanspruchs aus § 126 GWB.

2.   Schadensersatzanspruch aus § 125 GWB

a)   Allgemeines

Rechtsschutzmöglichkeiten des Primärrechts wie Nachprüfungsverfahren gemäß §§ 107 ff. GWB und sofortige Beschwerde nach §§ 116 ff. GWB, enthalten aufgrund der hohen wirtschaftlichen Interessen bei Vergabever-

---

687   A.A. *Hök*, Zum Vergabeverfahren im Lichte des Internationalen Privatrechts, ZfBR 2010, S. 440 (447).

fahren ein besonderes Risiko missbräuchlicher oder willkürlicher Inanspruchnahme durch erfolglose Bieter.[688] Dieses Risiko wollte der Gesetzgeber mit § 125 GWB eindämmen. Laut Gesetzesbegründung muss die Schadensersatznorm des § 125 GWB als spezielle Ausprägung einer Haftung wegen sittenwidriger Schädigung gemäß § 826 BGB und des Prozessbetrugs gemäß § 823 Abs. 2 BGB iVm § 263 StGB gesehen werden.[689] § 125 GWB soll dafür sorgen, dass im Fall von willkürlichen Nachprüfungsanträgen und sofortigen Beschwerden dem Antragsteller neben dem allgemeinen Prozesskostenrisiko hohe Schadensersatzforderungen drohen.[690] Die praktische Bedeutung dieser Regressnorm ist indes eher gering, da es für den Anspruchssteller oftmals unmöglich ist, die subjektive Tatseite auf Seiten des Anspruchsgegners zu beweisen.[691]

b)   Kollisionsrechtliche Anknüpfung nach den Vorschriften des IPR

Im Rahmen einer kollisionsrechtliche Anknüpfung nach den Vorschriften des IPR muss wiederum der Frage nachgegangen werden, ob es sich bei einem Anspruchsbegehren aus § 125 GWB um eine Zivil- oder Handelssache im Sinne von Art. 1 Abs. 1 Rom II-VO handelt. Zwar geht es bei dieser Vorschrift um die Geltendmachung schadensersatzrechtlicher Forderungen auf privatrechtlicher Ebene.[692] Doch auch hier existiert eine akzessorische Verknüpfung, die stärker wirkt als die privatrechtliche Natur des Anspruchsbegehrens. Denn § 125 GWB steht im untrennbaren Zusammenhang mit den zuvor durchgeführten primären Rechtsschutzverfahren. Ein Anspruch wird nur gewährt, wenn die Durchführung eines Nachprüfungsverfahrens nach §§ 107 ff. GWB oder einer sofortigen Beschwerde gemäß §§ 116 ff. GWB sich als ungerechtfertigt erweist. Sowohl das Nachprüfungsverfahren als auch die sofortige Beschwerde sind aber nach autonomer

---

688   *Gesterkamp*, in: Müller-Wrede, Kompendium des Vergaberechts, S. 723; *Boesen*, Vergaberecht, § 125 GWB, Rn. 1; *Horn/Graef*, Vergaberechtliche Sekundäransprüche - Die Ansprüche aus §§ 125, 126 GWB und dem BGB, NZBau 2005, S. 505 (506).
689   BT-Drucks. 13/9340, S. 22.
690   *Scharen*, in: Willenbruch/Wieddekind, Vergaberecht, S. 1478.
691   *Gröning*, Rechtsschutzqualität und Verfahrensbeschleunigung im Entwurf für ein. Vergaberechtsänderungsgesetz, ZIP 1998, S. 370 (373).
692   *Hök*, Zum Vergabeverfahren im Lichte des Internationalen Privatrechts, ZfBR 2010, S. 440 (447).

Begriffsbestimmung nicht als Zivil- und Handelssache einzustufen.[693] Deshalb hat § 125 GWB, auch wenn er als Schadensersatzanspruch ausgeformt und damit selbst nicht Teil des Vergabeverfahrens ist[694], einen eindeutig verfahrensrechtlichen Bezug. Wenn er aber auf einem Verfahrensrechtsverhältnis beruht, entzieht er sich einer kollisionsrechtlichen Anknüpfung nach der Vorschrift des IPR.[695]

III. Zwischenergebnis

Für Ansprüche gemäß § 125 wie für solche aus § 126 GWB und §§ 280 Abs. 1, 241 Abs. 2, 311 Abs. 2 BGB scheidet eine kollisionsrechtliche Anknüpfung nach den Vorschriften des europäischen und nationalen IPR aus. Grund dafür ist ihre jeweilige verfahrensrechtliche Akzessorietät. Beruhen die im Rahmen von § 126 GWB und §§ 241 Abs. 2, 311 Abs. 2, 280 Abs. 1 BGB geltend gemachten Pflichtverstöße ausschließlich auf der Verletzung von Normen, die sich auf das Vergabeverfahren beziehen, sind Schadensersatzansprüche aus § 125 GWB nur dann zu gewähren, wenn eine missbräuchliche Geltendmachung eines Nachprüfungsverfahrens festgestellt werden kann. Die drei Ersatzbegehren bilden auf ihre Art eine Einheit mit den zuvor durchgeführten „Verfahren" und sind entsprechend verfahrensakzessorisch anzuknüpfen.

E. Ergebnis Kapitel 2

Zusammenfassend ist festzustellen, dass eine kollisionsrechtliche Anknüpfung nach den Vorschriften des IPR nur für das Vertragsrechtsverhältnis, also die Ausführungshandlung, gelingen kann. Sofern keine ausdrückliche oder konkludente Rechtswahl vorliegt, kann eine objektive Anknüpfung nach Art. 4 Rom I-VO vorgenommen werden. Ein deutsches Vertragsstatut

---

693   Vgl. oben: Kap. 2. C.
694   Das ist insofern denklogisch, als seine Geltendmachung erst nach Abschluss des Vergabeverfahrens in Frage kommt, wenn es also nach erfolgtem Zuschlag zur Erhebung eines Nachprüfungsverfahrens oder einer sofortigen Beschwerde kam.
695   *Hök*, Zum Vergabeverfahren im Lichte des Internationalen Privatrechts, ZfBR 2010, S. 440 (447), auch wenn er ein paar Absätze zuvor die Meinung vertritt, dass die Ansprüche aus §§ 125, 126 GWB „nicht mehr zum Vergabeverfahrensrecht gehören" und deshalb „unter die Normen des Internationalen Privatrechts" fallen würden.

lässt sich über die Ausweichklausel nach Art. 4 Abs. 3 Rom I-VO begründen, wenn die Vergabestelle ihren Sitz in Deutschland hat. Anders verhält es sich wiederum bei der sog. „de facto"-Vergabe: Wenn keine Rechtswahl getroffen wurde, richtet sich hier – mangels durchgeführten Vergabeverfahrens – die objektive Anknüpfung gemäß Art. 4 Abs. 1 oder 2 Rom I-VO nach dem gewöhnlichen Aufenthalt des Auftragnehmers. Insbesondere scheidet eine Sonderanknüpfung über Art. 9 Rom I-VO aus, da es sich bei § 101b GWB nicht um eine Eingriffsnorm handelt.

Für alle anderen Rechtsverhältnisse kommt eine kollisionsrechtliche Anknüpfung weder nach den Vorschriften des europäischen noch des nationalen IPR in Betracht. Insbesondere ist die einseitig (autonome) Kollisionsnorm des § 130 Abs. 2 GWB weder direkt noch analog auf das Vergaberecht im 4. Teil des GWB anwendbar.

Im Vergaberechtsverhältnis handeln öffentliche Auftraggeber oder die sie vertretenden Vergabestellen nicht wie Private. Für eine solche Sichtweise sprechen insbesondere die mit dem Vergabeverfahren verfolgten Allgemeininteressen. Zudem unterliegen – mit Ausnahme der Sektorenauftraggeber nach § 98 Nr. 4 Hs. 1 Alt. 1 GWB – öffentliche Auftraggeber verfassungs- und haushaltsrechtlichen Bindungen, denen private Auftraggeber gerade nicht unterworfen sind. Öffentliche Auftraggeber sind zur Durchführung des Vergabeverfahrens verpflichtet, private Auftraggeber hingegen nicht. Öffentliche Auftraggeber besitzen damit anders als Private insoweit keine Privatautonomie. Sie können ihren Vertragspartner nicht frei wählen. Darüber hinaus ist das Vergaberechtsverhältnis verfahrensrechtlich ausgeprägt. Es geht um die Einhaltung von Verfahrensvorschriften und nicht um die Eingehung einer rechtsgeschäftlichen Sonderverbindung. Etwas anderes gilt für den Zuschlag und das Angebot des erfolgreichen Bieters. Aufgrund ihres verfahrens- und zugleich vertragsrechtlichen Bezugs nehmen sie eine „Zwitterstellung" ein. Steht der verfahrensrechtliche Gehalt der Handlung(en) in Rede, ist das Verfahrensstatut des Vergaberechtsverhältnisses maßgeblich. Geht es hingegen um die vertragsrechtliche Komponente der beiden Elemente, ist auf das Vertragsstatut der Ausführungshandlung abzustellen. Zur Lösung des Problems muss folglich nicht auf das Institut der Doppelqualifikation zurückgegriffen werden.

Die internationale Zuständigkeit für die Durchführung von primären Rechtsschutzverfahren, dem Nachprüfungsverfahren nach §§ 107 ff. und der sofortigen Beschwerde gemäß §§ 116 ff. GWB, ist mit Hilfe der Vorschriften der EuGVO nicht möglich: Zum einen bildet das nicht als Zivil- oder Handelssache zu begreifende Vergabeverfahren den zugrunde zu legenden Streitgegenstand. Zum anderen sind Nachprüfungsverfahren vor den der Vergabekammern als öffentlich-rechtliche Verwaltungsverfahren mit hoheitlichem Charakter zu qualifizieren.

Aufgrund ihrer verfahrensakzessorischen Ausgestaltung richtet sich die kollisionsrechtliche Anknüpfung der hier diskutierten Sekundäransprüche allesamt nach den ihnen zugrundeliegenden Verfahren. Auch wenn es sich bei den Anspruchsbegehren um privatrechtlich ausgestaltete Schadensersatzansprüche handelt, beruhen die mit ihnen geltend gemachten Pflichtverstöße ausschließlich auf Verfahrenshandlungen. Daher bilden sie mit dem Vergabeverfahren (§§ 126 GWB und §§ 280 Abs.1, 241, Abs. 2, 311 Abs. 2 BGB), respektive den primären Rechtsschutzverfahren (§ 125 GWB), einen einheitlichen kollisionsrechtlichen Komplex, der einheitlich verfahrensakzessorisch anzuknüpfen ist.

Kapitel 3: Möglichkeit und Zulässigkeit der Wahl des Rechtsregimes

Es entspricht der gängigen Praxis, dass öffentliche Auftraggeber bei der Durchführung von Vergabeverfahren und dem sich anschließenden Vertrag auf Rechtswahlklauseln zurückzugreifen. So verwendet in der Regel das Auswärtige Amt im Rahmen der öffentlichen Bekanntmachung des jeweils auszuschreibenden Auftrags den Passus: *„Es gilt das deutsche Recht"*[696]. Darüber hinaus wird bereits in der öffentlichen Ausschreibung darauf hingewiesen, welches Recht Anwendung finden soll. Eine typische Formulierung hierfür lautet: *„Die Vergabe unterliegt deutschem Recht und erfolgt in deutscher Sprache"*[697]. Bei nicht-ausschreibungspflichtigen Verfahrensarten (z.B. Verhandlungsverfahren ohne öffentliche Vergabebekanntmachung, vgl. § 3 Abs. 1 Nr. 3 Alt. 2 VOB/A EG) wird spätestens mit Verhandlungsbeginn eine entsprechende Rechtswahlklausel den potentiellen Vertragspartnern vorgelegt. Unklar ist indes, worauf sich diese Rechtswahlklauseln beziehen. Betreffen sie nur die jeweilige Phase oder den gesamten Akt der öffentlichen Auftragsvergabe einschließlich des Vertragsschlusses? Zudem bedarf es der Klärung, ob die Verwendung derartiger Rechtswahlklauseln im Zusammenhang mit der Vergabe öffentlicher Aufträge überhaupt rechtmäßig ist.

Aufgrund der hier vertretenen gesonderten Anknüpfung[698] ist für die jeweiligen Rechtsverhältnisse eine eigenständige Untersuchung durchzuführen. Denn gerade im Verfahrensrecht können die Parteien nur eingeschränkt Einfluss auf das anwendbare Recht nehmen.[699]

---

696 http://www.auswaertigesamt.de/cae/servlet/contentblob/595814/publication-File/158406/111015-Brandschutz_Moskau_Anzeige.pdf (zuletzt abgerufen am: 30.11.2011). Hier ging es um die Durchführung von baulichen Brandschutzmaßnahmen am Goethe-Institut in Moskau. Hierzu wurde im Rahmen der Bekanntmachung nach § 12 Abs. 2 Nr. 2 VOB/A ein öffentlicher Teilnahmewettbewerb ausgeführt.

697 http://www.auswaertigesamt.de/cae/servlet/contentblob/597852/publication-File/158993/111115-TGA_Kiew.pdf (zuletzt abgerufen am: 30.11.2011). Im vorliegenden Fall ging es um die öffentliche Ausschreibung nach § 12 Abs. 1 Nr. 2 VOB/A bzgl. der Durchführung von Wartungsarbeiten an der deutschen Botschaft in Kiew/Ukraine.

698 Vgl. oben: Kap. 1. C. II. und III.

699 *Schack.* Internationales Zivilverfahrensrecht, S. 17.

Im Wesentlichen hängt die Antwort nach der Möglichkeit und Zulässigkeit von Rechtswahlvereinbarungen davon ab, ob man die jeweiligen Rechtsverhältnisse der Parteiautonomie unterstellt bzw. ob der Gesetzgeber eine Rechtswahl zulässt.[700] Unter Parteiautonomie wird allgemein die Freiheit der Parteien verstanden, selbst zu bestimmen, welches Recht für ihre vertraglichen (oder rechtlichen)[701] Beziehungen gilt.[702] Von der Parteiautonomie umfasst sind grundsätzlich das Vertrags-[703], Familien-[704] und Erbrecht[705] sowie die meisten außervertraglichen Schuldverhältnisse.[706]

A. Vergaberechtsverhältnis

Der Verwender einer Klausel mit dem Inhalt: *„die Vergabe unterliegt deutschem Recht"* will allem Anschein nach zum Ausdruck bringen, dass auch das Vergabeverfahren als solches nach deutschem Recht durchzuführen

---

700 *So Reimann*, in: Verschraegen, Rechtswahl: Grenzen und Chancen, S. 2, allgemein gesprochen, wonach es neben den unterschiedlichen Kollisionsnormen gerade auf das jeweilige *„Rechtsgebiet"* ankomme, ob eine Rechtswahl zulässig sei.

701 Eine Rechtswahl kann nicht nur für Verträge, sondern auch für andere Rechtsverhältnisse, wie beispielsweise erbrechtliche, familienrechtliche oder allgemein außervertragliche (c.i.c., deliktische) getroffen werden, vgl. Art. 14 Rom II-VO, *Kössinger*, in: Nieder/Kössinger, Handbuch des Testamentsgestaltung, § 5, Rn. 21 ff..

702 *Magnus*, in: Staudinger, BGB, Vorbm. zu Art. 27-37 EGBGB, Rn. 33. Die Parteiautonomie ist trennscharf von der sog. Privatautonomie abzugrenzen, worunter im deutschen Sprachgebrauch, die materiell-rechtliche Vertragsfreiheit zu verstehen ist. In anderen als der deutschen Sprache wird hingegen nicht zwischen Privat- und Parteiautonomie unterschieden. Während im Englischen allgemein von *„party autonomy"* die Rede ist, verwenden das Französische und Spanische die Begriffe *„autonomie de la volonté"* (frz.) bzw. *„autonomía de la voluntad"* (span.) für beide Institute. Ausführlich hierzu: *Maire*, Die Quelle der Parteiautonomie und das Statut der Rechtswahlvereinbarung im internationalen Vertragsrecht, S. 4 f., insbesondere unter Fn. 11.

703 Vgl. Art. 3 Rom I-VO. Anstelle vieler: *Reimann*, in: Verschraegen, Rechtswahl - Grenzen und Chancen, S. 3 ff.

704 Vgl. Art. 15 Abs. 2 EGBGB. Vgl. anstelle vieler: *Henrich*, in: Johannsen/Henrich, Familienrecht, Art. 15 EGBGB, Rn. 10 ff.

705 Vgl. beispielsweise Art. 25 Abs. 2 EGBGB, wonach der Erblasser nach deutschem Kollisionsrecht für im Inland befindliches unbewegliches Vermögen in der Form einer Verfügung von Todes wegen deutsches Recht wählen kann. Allgemein anstelle vieler: *Bonefeld/Kroiß/Tanck*, Der Erbprozess, § 14, Rn. 22 ff.; *Süß*, Erbecht in Europa, § 6, Rn. 29 ff.

706 Vgl. Art. 14 Abs. 2 Rom II-VO, mit Ausnahmen nach Art. 6 Abs. 4, Art. 8 Abs. 3 und Art. 13 iVm Art. 8. Anstelle vieler: *Jakob/Picht*, in: Rauscher, EuZPR/EuIPR, Art. 14 Rom II-VO, Rn. 1 ff.

sei.[707] Dabei stellt sich jedoch die Frage, ob für das Vergabeverfahren überhaupt eine Rechtswahlvereinbarung getroffen werden kann, es also einer Rechtswahl zugänglich ist. Denn auch wenn im Vergabeverfahren rechtliche Bindungen mit Rechten und Pflichten für beide Seiten entstehen, ist es nicht mit den herkömmlichen privatrechtlichen Rechtsverhältnissen zu vergleichen[708], bei denen eine Rechtswahl zulässig ist.

Das fiskalische Auftreten des öffentlichen Auftraggebers im Rahmen des Vergabeverfahrens stellt zwar keine acta iure imperii, sondern acta iure gestionis dar.[709] Trotzdem nimmt der Staat nicht wie ein sonstiger Marktteilnehmer am Marktgeschehen teil;[710] er unterliegt verfahrensrechtlichen Bindungen, denen herkömmliche Marktteilnehmer gerade nicht unterworfen sind, und verfolgt Gemeininteressen, die neben der Förderung des Wettbewerbs vornehmlich einer wirtschaftlichen Verwendung von Haushaltsmitteln dienen. Zudem kann man das Vergabeverfahren selbst nicht der Parteiautonomie unterstellen (und damit zur Rechtswahl „freigeben"), wenn es gerade dazu bestimmt ist, dem öffentlichen Auftraggeber seine Privatautonomie in Bezug auf die Wahl des Vertragspartners zu nehmen.[711] Dann aber stehen die Normen des Vergabeverfahrensrechts nicht zur Disposition der Parteien. Andernfalls bestünde die Möglichkeit, die Anwendbarkeit des Vergaberechts zu umgehen. So sind beispielsweise nach chinesischem Vergaberecht Auftraggeber, die nach deutschem Recht gemäß § 98 Nr. 2 oder Nr. 4 GWB vergaberechtspflichtig wären, nicht zur Durchführung eines Vergabeverfahrens angehalten.[712] Die Vergaberechts*pflichtigkeit* ist

---

707   Man könnte den Wortlaut natürlich auch dahingehend auslegen, dass der öffentliche Auftraggeber mit „Vergabe" den Zuschlag und den darauf folgenden Vertragsschluss meint, also das Verfahren als solches von der Rechtswahl gerade ausgeklammert wissen wolle. Auf der anderen Seite hätte der Verwender, die Kenntnis der Abgrenzungsproblematik vorausgesetzt, wohl kaum eine derartige, zu Missverständnissen einladende Formulierung gewählt.

708   Vgl. oben: Kap. 1. C. II und Kap. 2. A.

709   Vgl. oben: Kap. 2. D. I. 2. lit. a).

710   Vgl. oben: Kap. 2. A. I. 2. und 3.

711   Vgl. oben: Kap. 2. A. I. 1. lit. a) lit. bb) (3) (a).

712   Ausführlich dazu: *Gloyer/Xiaohua*, Vergaberecht in China, ZfBR 2007, S. 325. So ist in Art. 16 Satz. 2 (Chapter II – Parties of Government Procurement) des Government Procurement Law of the People's Republic of China nur von „non profit legal persons" die Rede, die als „institutions for centralized procurement" als öffentliche Auftraggeber in Frage kommen. Insgesamt werden als mögliche öffentliche Auftraggeber nur „government departments, institutions and public organizations" genannt, vgl. Art. 2 (Chapter I – General Provisions) und Art. 15 (Chapter II – Parties of Government Procurement) des Government Procurement Law of the People's Republic of China.

aber, wie der Name schon sagt, kein Umstand, dessen sich die Verfahrensbeteiligten aufgrund beiderseitigen Einverständnisses vorab entledigen
könnten. Das Vergaberechtsverhältnis ist einer Rechtswahl mithin nicht zugänglich.

Dann aber kann der Verwender derartiger Klauseln lediglich *klarstellen*
wollen, welches Recht (seiner Meinung nach) dem Vergabeverfahren zugrunde zu legen ist. Sie sind also rein *deklaratorischer* Natur. Andernfalls
wären sie unwirksam.

Gleichfalls hat eine konkludente Rechtswahl über das Vertragsstatut auszuscheiden. Eine solche kommt zudem nur dann in Betracht, wenn man den
gesamten Akt der öffentlichen Auftragsvergabe einheitlich anknüpft.[713] Bei
der hier vertretenen, gesonderten Anknüpfung der einzelnen Rechtsverhältnisse des öffentlichen Beschaffungsvorgangs kann über das vereinbarte
Vertragsstatut aber nicht das *vorgeschaltete* Vergabeverfahren mitbestimmt
werden.[714] Hierin ist zugleich ein weiterer Vorteil einer mehrgliedrigen Anknüpfung zu sehen: Die Parteien können niemals mithilfe einer einzigen
Rechtswahlklausel alle Rechtsverhältnisse, die im Rahmen einer öffentlichen Auftragsvergabe ent- bzw. bestehen, vorab einheitlich bestimmen.
Vielmehr sind sie angehalten, gesonderte Vereinbarungen zu treffen, sofern
eine Rechtswahl für das jeweilige Rechtsverhältnis rechtlich zulässig ist.
Dies dient der Übersichtlichkeit und verhindert, dass Erklärungen abgege-
ben werden, über deren Reichweite sich eine oder beide Parteien vorab nicht
bewusst war(en).[715]

B. Ausführungshandlung

Wie aus Erwägungsgrund Nr. 11 zur Rom I-VO hervorgeht, sollte die freie
Rechtswahl der Parteien „einer der zentralen Ecksteine des Systems der

---

713 So vertreten von *Bitterich*, Vergaberechtswidrig geschlossene Verträge, IPRax
     2009, S. 465 (467).
714 Ebenso wenig kann das Vertragsstatut auf vergabeverfahrensrechtliche Fragestel-
     lungen zurückwirken oder sie regeln, *Hök*, Zum Vergabeverfahren im Lichte des
     Internationalen Privatrechts, ZfBR 2010, S. 440 (445).
715 Hierbei würde es sich nämlich um einen unbeachtlichen Motivirrtum handeln, der
     nicht zur Anfechtung der abgegebenen Erklärung berechtigt; haben sich beide
     Parteien über einen rechtlichen Umstand geirrt, dann kommt u.U. § 313 BGB in
     Betracht, vgl. *Ellenberger*, in: Palandt, BGB § 119, Rn. 29 f. Dieser rechtliche
     Rückschluss würde allerdings nur gelten, wenn deutsches Recht für das Vertrags-
     verhältnis vereinbart wurde, vgl. Art. 10 Abs. 1 Rom I-VO iVm § 119 Abs. 2
     BGB

Kollisionsnormen im Bereich der vertraglichen Schuldverhältnisse sein". Anders als im Vergaberechtsverhältnis ist der im Rahmen der Ausführungshandlung geschlossene Vertrag zwischen öffentlichem Auftraggeber und erfolgreichem Bieter einer kollisionsrechtlichen Anknüpfung über die Vorschriften des IPR zugänglich:[716] Die Rom I-VO findet hierauf Anwendung. Dann dürfte es den Parteien aber unbenommen sein, über Art. 3 Abs. 1 S. 2 Alt. 1 Rom I-VO ausdrückliche oder über Art. 3 Abs. 1 S. 2 Alt. 2 Rom I-VO konkludente Erklärungen zur Rechtswahl abzugeben. Diese wiederum müssen den Schrankenregelungen des Art. 3 Abs. 3 und 4 Rom I-VO und den Eingriffsnormen aus Art. 9 Abs. 2 und Abs. 3 Rom I-VO genügen. Dabei ist das von den Parteien im konkreten Fall gewählte Recht immer am ordre public der lex fori zu messen, vgl. Art. 21 Rom I-VO.

I. Ausdrückliche Rechtswahl

Im Rahmen der Prüfung einer ausdrücklichen Rechtswahl ist zunächst die Möglichkeit einer Rechtswahl durch Individualvereinbarung zu untersuchen. Ein Unterfall davon ist der sog. Verweisungsvertrag. Daneben besteht die Möglichkeit einer ausdrücklichen Rechtswahlvereinbarung durch einbezogene Allgemeine Geschäftsbedingungen.

1. Ausdrückliche Rechtswahl durch Individualvereinbarung/Verweisungsvertrag

Eine ausdrückliche Rechtswahl kann durch Individualabrede formlos vereinbart werden, sofern sich aus Art. 3 Abs. 5 iVm Art. 11 Rom I-VO nicht ausnahmsweise etwas anderes ergibt.[717] Trotzdem bietet es sich im Sinne größtmöglicher Rechtssicherheit an, einen ausdrücklichen Verweisungsvertrag zu schließen.[718] Für die weitere Untersuchung soll auch hier von der

---

716 Vgl. oben: Kap. 2. B. I.
717 *v. Hein*, in: Rauscher, EuZPR/EuIPR, Art. 3 Rom I-VO, Rn. 6.
718 Gebräuchliche Formulierungen sind hierbei: „Dieser Vertrag untersteht deutschem Recht", „die Vertragsparteien wählen für diesen Vertrag deutsches Recht", „es gilt deutsches Recht". So auch *Hök*, Vertragsgestaltung mit Auslandsbezug, MDR 2003, S. 672 ff. Zahlreiche weitere Beispiele finden sich bei *Fetsch*, in: Schotten/Schmellenkamp, Das Internationale Privatrecht in der notariellen Praxis, Rn. 381.

bereits oben[719] genannten Klausel ausgegangen werden, welche das Auswärtige Amt im Rahmen der öffentlichen Bekanntmachung ihren auszuschreibenden Aufträgen in der Regel zugrunde legt (*„Es gilt das deutsche Recht"*)[720]. Zunächst ist näher auf den ungenauen Wortlaut einer derartigen Rechtswahlklausel einzugehen. Denn mit der Formulierung *„es gilt das deutsche Recht"* schließt der Verwender die Anwendbarkeit von UN-Kaufrecht (CISG) gerade nicht aus, da das UN-Kaufrecht auch Bestandteil des deutschen Rechts ist.[721] Will der öffentliche Auftraggeber verhindern, dass sich später die andere Partei auf UN-Kaufrecht beruft und dadurch teilweise nationales Vergaberecht aushebelt[722], erscheint folgende Wortwahl vorzugswürdig: *„Es gilt deutsches Recht. UN-Kaufrecht findet keine Anwendung"*.

a)   Abgrenzung Allgemeine Geschäftsbedingungen/Verweisungsvertrag

Fraglich ist indes, ob es sich bei derartigen Formulierungen um Allgemeine Geschäftsbedingungen handelt und nach welchem Recht sich das beurteilt. Finden die deutschen Vorschriften der §§ 305 ff. BGB oder vergleichbare Vorschriften ausländischen Rechts Anwendung?

Für das Zustandekommen und die Wirksamkeit jeder Rechtswahlvereinbarung gilt gemäß Art. 3 Abs. 5 iVm Art. 10 Abs. 1 Rom I-VO das Recht, das auf den Hauptvertrag anzuwenden wäre, wenn die Rechtswahlvereinbarung wirksam wäre.[723] Damit wird, wie *Martiny* feststellt, „das für die Rechtswahlvereinbarung geltende Recht im Vorgriff bestimmt"[724]. Zwar bestimmt das Recht des Forumstaats, inwieweit eine Rechtswahl überhaupt zulässig ist. Bezüglich der Frage, ob ein Verweisungsvertrag zustande gekommen ist, kann jedoch nicht einfach auf die lex fori zurückgegriffen wer-

---

719   Vgl. oben: Kap. 3. Einleitung.
720   Vgl.etwa:http://www.auswaertiges-amt.de/cae/servlet/contentblob/595814/publ
        icationFile/158406/111015-Brandschutz_Moskau_Anzeige.pdf (zuletzt abgerufen am: 30.11.2011).
721   *Kodek*, in: Verschraegen, Rechtswahl – Grenzen und Chancen, S. 90.
722   Vgl. *Schlechtriem/Schmidt-Kessel*, in: Schlechtriem/Schwenzer, Kommentar
        zum einheitlichen UN-Kaufrecht, Art. 11, Rn. 7.
723   BGH, Urt. v. 26.10.1993 – XI ZR 42/93 = BGHZ 123, S. 380 (383); *v. Hein*, in:
        Rauscher, EuZPR/EuIPR, Art. 3 Rom I-VO, Rn. 40.
724   *Martiny*, in: Münchener Kommentar, BGB, Bd. 10, Art. 3 Rom I-VO, Rn. 104.

den, weil in diesem Zeitpunkt noch gar nicht feststeht, welches Forum maßgeblich ist.[725] Die von den Parteien bezeichnete Rechtsordnung entscheidet also über das wirksame Zustandekommen einer Rechtswahlvereinbarung. Sollte es sich also um AGB handeln, die nach einer wirksamen Einbeziehung in den Hauptvertrag eine Rechtswahlvereinbarung enthalten können, muss das in dieser Rechtswahlklausel gewählte Recht als maßgeblich zur Beurteilung dieser Frage angesehen werden. Wenn also, wie bei der Formulierung der Klausel des Auswärtigen Amtes der Fall, ausdrücklich deutsches Recht für maßgeblich erklärt wird, bestimmt sich die Klärung der Frage, ob es sich um AGB oder individualvertragliche Regelungen handelt, nach den Vorschriften der §§ 305 ff. BGB.

§ 305 Abs. 1 S. 1 BGB fordert, dass die Vertragsbedingungen für eine Vielzahl von Verträgen vorformuliert werden. Da die o.g. Textbausteine aber nicht als solche ausgewiesen sind, sondern individuell in jede Ausschreibung und öffentliche Bekanntmachung eingearbeitet (teilweise sogar ganz weggelassen) werden, ist es näherliegend, darin eine empfangs- und gleichzeitig zustimmungsbedürftige Willenserklärung zu sehen, die vom Auftraggeber zu Verfahrensbeginn dem Auftragnehmer kundgetan wird.[726] Mit Zustimmung des Auftragnehmers wird diese Regelung zu einem eigenen kollisionsrechtlichen Verweisungsvertrag. Nachdem feststeht, dass es sich um keine AGB handelt, muss in einem weiteren Schritt geprüft werden,

---

725   *Spickhoff*, in: Bamberger/Roth, BGB, Art. 27 EGBGB, Rn. 12. Andernfalls wäre zu befürchten, dass es zu keiner einheitlichen Beurteilung eigentlich zusammengehörender Vorgänge kommen könnte, v. *Hein*, in: Rauscher, EuZPR/EuIPR, Art. 3 Rom I-VO, Rn. 40. Genau das aber würde dem Sinn und Zweck der Verordnung zuwider laufen, international für einen Entscheidungseinklang zu sorgen, vgl. Erwägungsgrund Nr. 6 der Rom I-VO: *„Um den Ausgang von Rechtsstreitigkeiten vorhersehbarer zu machen und die Sicherheit in Bezug auf das anzuwendende Recht sowie den freien Verkehr gerichtlicher Entscheidungen zu fördern, müssen die in den Mitgliedstaaten geltenden Kollisionsnormen im Interesse eines reibungslos funktionierenden Binnenmarkts unabhängig von dem Staat, in dem sich das Gericht befindet, bei dem der Anspruch geltend gemacht wird, dasselbe Recht bestimmen."*

726   Individualabreden zwischen öffentlichem Auftraggeber und privatem Auftragnehmer sind wie solche zwischen zwei Unternehmern zu behandeln. Dies hat zur Folge, dass weniger strenge Anforderungen als bei Verbraucherverträgen gelten. Es genügt demnach, wenn der Verwender dem anderen Teil eine angemessene Verhandlungsmöglichkeit einräumt und dieser seine Rechte in der konkreten Verhandlungssituation selbst wahrnehmen kann, *Grüneberg*, in: Palandt, BGB, § 305 BGB, Rn. 22; str., vgl. *v. Westphalen*, 30 Jahre AGB-Recht - Eine Erfolgsbilanz, ZIP 2007, S. 149 ff.

ob ein solcher Verweisungsvertrag seinerseits wirksam zustande gekommen ist. Dieser Frage ist unabhängig von dem auf der Ebene des Sachrechts angesiedelten Hauptvertrag nachzugehen.[727]

b)   Zustandekommen eines Verweisungsvertrages (Art. 3 Abs. 5 iVm Art. 10 Rom I-VO)

Das rechtswirksame Zustandekommen einer Rechtswahlvereinbarung beurteilt sich nach dem von den Parteien gewählten Recht, Art. 3 Abs. 5 iVm Art. 10 Abs. 1 Rom I-VO.[728] Wiederum ist nach dem Recht zu fragen, das anwendbar wäre, wenn der Vertrag wirksam zustande gekommen wäre. Da die seitens des Auswärtigen Amtes gestellte Rechtswahlklausel deutsches Recht für anwendbar erklärt, bestimmt sich das weitere Vorgehen nach deutschem Recht. Somit finden die Vorschriften der §§ 116 ff. BGB (über Willenserklärungen) und der §§ 145 ff. BGB (über Verträge), insbesondere aber die Auslegungsregel der §§ 133, 157 BGB Anwendung.

aa)   Willenserklärung des öffentlichen Auftraggebers

Zunächst ist zu klären, ob der öffentliche Auftraggeber, wenn er die o.g. Rechtswahlklausel im Rahmen der öffentlichen Bekanntmachung und Ausschreibung verwendet, mit dem potentiellen Auftragnehmer auch einen Verweisungsvertrag über das später anwendbare Vertragsrecht schließen wollte. Davon ist nicht auszugehen: Vielmehr soll die Klausel potentielle Teilnehmer am Verfahren darüber in Kenntnis setzen, nach welchem Recht der öffentliche Auftraggeber gedenkt, den späteren Vertrag zu schließen. In dieser Hinsicht hat der Verwender der Klausel den Erklärungswillen, eine Rechtswahl bezüglich des nach Abschluss des Vergabeverfahrens zu schließenden Ausführungsvertrages zu treffen, §§ 133, 157 BGB. Fraglich ist jedoch, ob der öffentliche Auftraggeber auch einen vertraglichen Bindungswillen hatte, also einen kollisionsrechtlichen Verweisungsvertrag schließen

---

727   *Martiny*, in: Münchener Kommentar, BGB, Bd. 10, Art. 3 Rom I-VO, Rn. 104.
728   Hingegen ergeben sich die Kriterien zur Beurteilung einer wirksamen, konkludenten Rechtswahlvereinbarung aus Art. 3 Abs. 1 S. 2 Alt. 2 Rom I-VO selbst. Art. 3 Abs. 5 Rom I-VO findet insofern keine Anwendung, *Thorn*, in: Palandt, BGB, Rom I Art. 3, Rn. 9; *Lorenz*, Die Auslegung schlüssiger und ausdrücklicher Rechtswahlerklärungen im internationalen Schuldvertrags, RIW 1992, S. 697 ff.

wollte. Gewöhnlich werden Haupt- und Verweisungsvertrag uno actu geschlossen.[729] Für eine solche Annahme spricht, dass es dem jeweiligen öffentlichen Auftraggeber – neben rechtspraktischen Erwägungen – wichtig sein dürfte, im Sinne einer einheitlichen Vergabepraxis nicht nur das Verfahren, sondern auch den anschließenden Vertrag nach einem einheitlichen, nämlich dem deutschen Recht zu gestalten.

bb)   Willenserklärung des Auftragnehmers

Für einen wirksamen Vertragsschluss bedarf es stets einer Annahmeerklärung des Antragsempfängers, im konkreten Fall der des Auftragnehmers. Dabei handelt es sich um eine empfangsbedürftige Willenserklärung, die grundsätzlich erst mit Zugang beim Auftraggeber wirksam wird, vgl. § 147 BGB.[730] Stimmt der Auftragnehmer der Rechtswahl ausdrücklich und vorbehaltlos[731] zu, kommt der Verweisungsvertrag zustande. Es ist jedoch durchaus üblich, dass sich der Bieter und später erfolgreiche Auftragnehmer nicht über diese Rechtswahlklausel erklärt, es also an einer ausdrücklichen dem Auftraggeber zugegangenen Annahmeerklärung fehlt.

(1)   Annahme durch schlüssiges Verhalten und Erklärungsbewusstsein

Allerdings ist die Annahme eines Vertragsangebots auch durch konkludentes oder schlüssiges Verhalten möglich.[732] Wie sich aus Art. 3 Abs. 1 S. 2 Rom I-VO ergibt, ist der Abschluss eines Verweisungsvertrages in seiner Formgültigkeit vom eigentlichen Hauptvertrag unabhängig und an keine weiteren Formerfordernisse gebunden.[733] Maßgeblich ist die Lage des Einzelfalls. Bei Willenserklärungen dieser Art findet das Gewollte nicht unmittelbar in einer Erklärung seinen Ausdruck, der Erklärende nimmt vielmehr

---

729   *Spellenberg*, in: Münchener Kommentar, BGB, Bd. 10, Art. 10 Rom I-VO, Rn. 163.
730   *Ellenberger*, in: Palandt, BGB, § 147, Rn. 1.
731   Eine Annahmeerklärung mit Änderung des Inhalts gilt als Ablehnung, vgl. § 150 Abs. 2 BGB.
732   BGH, Urt. v. 14.03.1963 – VII ZR 257/61 = NJW 1963, S. 1248; *Ellenberger*, in: Palandt, BGB, § 147, Rn. 2.
733   *v. Hein*, in: Rauscher, EuZPR/EuIPR, Art. 3 Rom I-VO, Rn. 44.

Handlungen vor, die mittelbar einen Schluss auf einen bestimmten Rechtsfolgewillen zulassen.[734] Der Erklärungstatbestand besteht mithin in einem Tun.[735] Ein solches „Tun" könnte in der widerspruchslosen Beteiligung am Vergabeverfahren samt Angebotsabgabe seitens des Auftragnehmers zu sehen sein. Entscheidend ist an dieser Stelle der Empfängerhorizont. Aus Sicht des öffentlichen Auftraggebers als „Klauselverwender" muss ein solches Verhalten den unmissverständlichen Eindruck erwecken, dass der Auftragnehmer mit den von Auftraggeberseite gestellten Bedingungen – u.a. der Rechtswahl für den später zu schließenden Vertrag – einverstanden ist. Dies wäre als aktives konkludentes Verhalten zu werten.[736] Damit führt die widerspruchslose Teilnahme am Vergabeverfahren als konkludente Willenserklärung zur Annahme des Verweisungsvertrages.

Dabei hatte der Auftragnehmer auch Erklärungsbewusstsein. Mit Teilnahme am Bieterwettbewerb gab der Auftragnehmer aus Sicht des Auftraggebers zu erkennen, dass er die *vor bzw. mit* Verfahrensbeginn gestellten Bedingungen bereit ist zu akzeptieren, u.a. auch die Wahl deutschen Rechts. Spätestens mit Unterbreitung eines Angebots nahm der Bieter das Angebot zum Abschluss eines Verweisungsvertrages an.[737] Ein anders lautender Wille wäre für den öffentlichen Auftraggeber nicht erkennbar. Damit hat ein fehlender Rechtswahlwille zunächst keinen Einfluss auf die Annahme des Verweisungsvertrages durch schlüssiges Verhalten.

(2)   Kein Ausschluss nach Art. 3. Abs. 5 iVm Art. 10 Abs. 2 Rom I-VO

Sollte das konkludente Verhalten des Auftragnehmers als Annahmeerklärung gewertet werden, ist in einem weiteren Schritt Art. 10 Abs. 2 Rom I-VO zu prüfen, auf den Art. 3 Abs. 5 Rom I-VO ebenfalls verweist. Demnach kann sich eine Partei für die Behauptung, sie habe dem Vertrag nicht zugestimmt, auf das Recht am Ort ihres gewöhnlichen Aufenthalts berufen.

---

734   OLG Brandenburg, Urt. v. 13.11.2008 = NJW-RR 2009, S. 1145; *Larenz/Wolf,* BGB, § 24, Rn. 17; *Ellenberger,* in: Palandt, BGB, Einf. v. § 116, Rn. 6.

735   *Ellenberger,* in: Palandt, BGB, Einf. v. § 116, Rn. 6, weshalb der Ausdruck „stillschweigende Willenserklärung" irreführend ist.

736   *Kramer,* in: Münchener Kommentar, BGB, Bd. 1, § 151 BGB, Rn. 3.

737   Dies gilt natürlich nur, insofern das Angebot des Bieters keine eigenständige, inhaltlich abweichende Rechtswahlklausel enthält. In einem solchen Fall gilt das seitens des Auftraggebers unterbreite Angebot als vom Bieter abgelehnt und müsste als völlig neues Angebot seinerseits wiederum vom Auftraggeber angenommen werden, vgl. § 150 Abs. 2 BGB.

Kommt beispielsweise in der anderen Rechtsordnung konkludentem Verhalten oder Schweigen im Rechtsverkehr *keine* rechtserhebliche Bedeutung zu[738], gilt der Vertrag als nicht geschlossen.[739] So verhindert in Frankreich ein fehlender Geschäftswille schon das Zustandekommen eines Vertrages.[740] Wiederum gilt, dass für jeden Einzelfall zu befinden ist, ob sich eine Partei (i.d.R. wohl der Auftragnehmer) auf Art. 10 Abs. 2 Rom I-VO beruft und wenn ja, welche Wirkung in seiner (Heimat-)Rechtsordnung schlüssigem Verhalten oder Schweigen beigemessen wird. Für den Fall, dass ein Verweisungsvertrag aufgrund dieser Regelung ausnahmsweise dennoch als unwirksam angesehen werden muss, hat dies keine Auswirkungen auf den Hauptvertrag. Auch wenn Verweisungs- und Hauptvertrag in der Regel gleichzeitig geschlossen werden, handelt es sich um zwei rechtlich selbständige Verträge.[741] Sollte also kein Verweisungsvertrag zustande gekommen sein (und auch eine konkludente Rechtswahl ausscheiden)[742], ist es immer noch möglich, den Hauptvertrag nach Art. 4 Rom I-VO anzuknüpfen.

(3)   Wirksamkeit des Verweisungsvertrages

Die materielle Wirksamkeit des geschlossenen Verweisungsvertrages richtet sich gemäß Art. 3 Abs. 5 iVm Art. 10 Abs. 1 Rom I-VO ebenfalls nach dem gewählten Recht, vorliegend also insbesondere nach §§ 116 ff. und §

---

738   Vgl. im Gegensatz hierzu die deutsche Regelung des § 362 HGB, wonach Schweigen im Rechtsverkehr zwischen Kaufleuten sehr wohl rechtserhebliche Wirkung haben kann.

739   Hierzu OLG Frankfurt, Urt. v. 01.06.1989 – 6 U 76/88 = RIW 1989, S. 646 ff. = NJW-RR 1989, S. 1018 ff. m. krit. Anm., *Martiny*, in: Münchener Kommentar, BGB, Bd. 10, Art. 3 Rom I-VO, Rn. 107 u. Fn. 402. A.A. *Stoll*, Das Statut der Rechtswahlvereinbarung – eine irreführende Konstruktion, in: FS für Heini, S. 429 (439).

740   Sog. „Erreurs obstacles", so z.B. in: Cass. civ. 21.05.2008 No. 07-10722 Juris-Data No. 2008-044125; Cass. Civ. 01.02.1995 Bull. Civ. III No. 36 = RTD civ. 1995, S. 879 obs; *Mazeaud/Chabas*, Leçons de droit civil B. II/1, Les Obligations, Théorie générale, 9. Aufl. 1988, No. 161.

741   BGH, Urt. v. 29.11.1961 – VIII ZR 146/60 = JZ 1963, S. 167 ff., IPRspr. 1962/63 Nr. 40; *Moser*, Vertragsschluss, Vertragsgültigkeit und Parteiwille im internationalen Obligationenrecht, S. 214; *Spellenberg*, in: Münchener Kommentar, BGB, Bd. 10, Art. 10 Rom I-VO, Rn. 164. Dies dürfte allerdings nicht für einen Verweisungsvertrag im Rahmen der Durchführung eines Vergabeverfahrens gelten, da bereits mit Abgabe eines Angebots im Bieterwettbewerb ein solcher Vertrag geschlossen wird.

742   Vgl. unten: Kap. 3. B. II.

119 ff. BGB. Sollte sich der Auftragnehmer auf mangelndes Erklärungsbewusstsein beim Abschluss des Verweisungsvertrags berufen, kommt grundsätzlich eine Anfechtung nach § 119 Abs. 1 Alt. 2 BGB *analog* in Betracht[743]. Das Erklärungsbewusstsein wird mit der herrschenden Meinung nicht als Tatbestandsmerkmal der Willenserklärung angesehen.[744] Daraus ist zu folgern, dass mangelndes Erklärungsbewusstsein entsprechend den Regeln über die Anfechtung wegen eines Erklärungsirrtums nach § 119 Abs. 1 Alt. 2 BGB zu behandeln ist.[745] Der Anfechtende ist gemäß § 121 Abs. 1 S. 1 BGB verpflichtet, unverzüglich ab Kenntnisnahme des Anfechtungsgrundes den Vertrag anzufechten.[746] Nach erklärter Anfechtung gemäß § 143 Abs. 1 BGB gegenüber dem Anfechtungsgegner, hier also dem Auftraggeber, wird der Verweisungsvertrag mit ex-tunc Wirkung unwirksam, § 142 Abs. 1 BGB. Nachteil einer solchen Anfechtung ist aber, dass der Anfechtende gemäß § 122 Abs. 1 BGB für den Vertrauensschaden haftet. § 122 Abs. 1 BGB gewährt dem Anfechtungsgegner einen verschuldensunabhängigen Anspruch auf Ersatz des negativen Interesses. Dieses umfasst insbesondere die pekuniären Aufwendungen, die im Vertrauen auf die Gültigkeit des Vertrages getätigt worden sind.[747] Auch wenn die Wirksamkeit des Verweisungsvertrags grundsätzlich nicht von der des Hauptvertrages abhängt[748], könnte sich der öffentliche Auftraggeber infolge der ex-tunc Unwirksamkeit des geschlossenen Verweisungsvertrages genötigt sehen, seinerseits den Inhalt oder Bestand des Hauptvertrages anzugreifen, weil die Rechtswahlvereinbarung für ihn von essentieller Bedeutung war.[749] Sollte es dann zu einer Neuausschreibung kommen, also das Vergabeverfahren erneut durchgeführt werden müssen, könnte er die dadurch entstandenen Mehrkosten über § 122 Abs. 1 BGB vom Anfechtenden verlangen. Sollte es hingegen bei einer Anwendung deutschen Rechts bleiben – z.B.

---

743 *Ellenberger*, in: Palandt, BGB Einf. v. § 116, Rn. 17.
744 Vgl. oben: Kap. 3. B. I. 1. lit. b) lit. bb) (3).
745 *Kramer*, in: Münchener Kommentar, Bd. 1, BGB, § 119 BGB, Rn. 103.
746 Nach § 121 Abs. 1 S. 1 BGB hat dies „unverzüglich", also ohne schuldhaftes Zögern zu erfolgen. Dies bestimmt sich immer nach den Umständen des Einzelfalls, BGH, Beschl. v. 15.03.2005 – VI ZB 74/04 = NJW 2005, S. 1869 ff.
747 BGH, Urt. v. 17.04.1984 – VI ZR 191/82 =NJW 1984, S. 1950 ff.; *Ellenberger*, in: Palandt, BGB, Einf. v. § 122, Rn. 4.
748 Vgl. BGH, Urt. v. 29.11.1961 – VIII ZR 146/60 = JZ 1963, S. 167 = IPRspr. 1962/63 Nr. 40.
749 Zumindest kann man diskutieren, ob die Rechtswahlklausel zur Geschäftsgrundlage des Hauptvertrages gehören sollte, so dass nach deutschem Recht über eine Anpassung des Vertrages oder gar einen Rücktritt vom selbigen nach § 313 Abs. 1 oder Abs. 3 BGB nachgedacht werden muss.

weil es auch aus anderen Gründen anwendbar ist[750] - wäre dem deutschen öffentlichen Auftraggeber kein Vertrauensschaden entstanden. Ein Schadensersatzanspruch aus § 122 Abs. 1 BGB stünde ihm dann nicht zu.

Nichtsdestotrotz bestünde bei einer Unwirksamkeit des Verweisungsvertrages weiterhin die Möglichkeit, über Art. 4 Rom I-VO an deutsches Vertragsrecht anzuknüpfen.

c)   Zwischenergebnis

Hat der Auftragnehmer der Rechtswahlklausel und damit dem Abschluss eines Verweisungsvertrages ausdrücklich oder konkludent zugestimmt und so ist die damit getroffene Vereinbarung auch sonst wirksam[751], ist deutsches Vertragsrecht zum maßgeblichen Recht gemäß Art. 3 Abs. 1 S. 2 Alt. 1 Rom I-VO bestimmt worden. Auf den Vertrag zwischen Auftraggeber und Auftragnehmer ist deutsches Recht, insbesondere das BGB anwendbar.

2.   Ausdrückliche Rechtswahl anhand einbezogener Allgemeiner Geschäftsbedingungen

Daneben ist es möglich, eine ausdrückliche Rechtswahlvereinbarung Allgemeinen Geschäftsbedingungen zu entnehmen.[752] Dies gilt selbst dann, wenn die AGB nur stillschweigend in den Vertrag aufgenommen wurden, selbst jedoch eine ausdrückliche Rechtswahlerklärung enthalten.[753] Diese Erklärung wiederum setzt nicht zwingend voraus, dass die fragliche Klausel

---

750   Über eine konkludente Rechtswahlvereinbarung (die allerdings auch über § 119 Abs. 1 Alt. 2 BGB anfechtbar ist) oder nach Art. 4 Rom I-VO. Eine andere Frage ist hingegen, ob der Auftragnehmer wirklich einen Verweisungsvertrag anfechten würde, wenn er dadurch nicht in die Anwendung eines anderen (von ihm gewünschten) Rechtsregimes kommen würde oder zumindest die Chance bestünde, dass er mit seinem Anliegen auch vor Gericht obsiegen könnte.

751   Insbesondere nicht mit ex-tunc Wirkung vom Auftragnehmer nach den §§ 119 ff. BGB angefochten worden sein. Bei fehlendem Erklärungsbewusstsein kommt v.a. eine Anfechtung nach § 119 Abs. 1 Alt. 2 BGB *analog* in Betracht, *Ellenberger*, in: Palandt, BGB Einf. v. § 116, Rn. 17.

752   Vgl. BGH, Urt. v. 26.09.1989 – XI ZR 178/88 = BGHZ 108, S. 353 (361 f.) = NJW 1990, S. 242 (244); *Spickhoff*, in: Bamberger/Roth, BGB, Art. 27 EGBGB, Rn. 34; *Hohloch*, in: Erman/Westermann, BGB, Art. 27 EGBGB, Rn. 12.

753   *v. Hein*, in: Rauscher, EuZPR/EuIPR, Art. 3 Rom I-VO, Rn 6.

das anwendbare Recht unmittelbar benennt.[754] Grundsätzlich ist die Rechtswahlvereinbarung nach dem präsumtiv gewählten Recht zu prüfen.[755] Das heißt, das Zustandekommen einer Rechtswahl durch Verweisungsvertrag in Allgemeinen Geschäftsbedingungen unterliegt dem in Aussicht genommenen Recht, also dem gewählten Vertragsstatut.[756] Ausgehend von einem deutschen öffentlichen Auftraggeber wären das die deutschen Vorschriften der §§ 305 ff. BGB. Nach ständiger Rechtsprechung des BGH bedarf es gemäß §§ 305, 310 Abs. 1 BGB keiner ausdrücklichen Einbeziehungserklärung als Voraussetzung für die Geltung der Allgemeinen Geschäftsbedingungen.[757]

Im vorliegenden Fall soll zur Veranschaulichung wiederum auf die gängige Praxis des Auswärtigen Amts abgestellt werden. Dortiger Verfahrenspraxis im Zusammenhang mit Bauvergaben entspricht es, zusammen mit der Bekanntmachung des zu vergebenden Auftrags die eigenen „Liefer- und Geschäftsbedingungen der Vergabestelle des Auswärtigen Amts (AGB-AA) für die Ausführung von Bauleistungen (VOB)" beizufügen. Aus Punkt 1 (Geltung der Liefer- und Geschäftsbedingungen, Unterpunkt 1 (Allgemeine Vertragsbedingungen) geht hervor, dass der Auftragnehmer neben der VOB/B (über § 8 Abs. 3 S. 1 VOB/A EG) alle weiteren (deutschen) gesetzlichen Bestimmungen und Verwaltungsvorschriften für das Öffentliche Bauwesen in der jeweils geltenden Fassung zu beachten hat.[758] In den

---

754 So reicht es aus, wenn die besagte Klausel zur Bestimmung des anwendbaren Rechts selbst nur auf einen anderen Vertrag verweist, in welchem eine Rechtswahlklausel enthalten ist, *v. Hein,* in: Rauscher, EuZPR/EuIPR, Art. 3 Rom I-VO Rn. 6; *Martiny,* in: Münchener Kommentar, BGB, Bd. 10, Art. 3 Rom I-VO, Rn. 42; *Magnus,* in: Staudinger, BGB, Art. 27 EGBGB, Rn. 53.

755 BGH, Urt. v. 26.10.1993 – XI ZR 42/93 = BGHZ 123, S. 380 (383) = IPRax 1994, S. 449 ff.; *v. Hein,* in: Rauscher, EuZPR/EuIPR, Art. 3 Rom I-VO, Rn. 42. Vgl. oben: Kap. 3. B. I. 1. lit. a).

756 BGHZ 123, S. 380 ff. = IPRax 1994, S. 449 ff.; OLG München, Urt. v. 28.09.1989 – 24 U 391/87 = IPRax 1991, S. 46 ff.; *Spellenberg,* in: Münchener Kommentar, BGB, Bd. 10, Art. 10 Rom I-VO, Rn. 165.

757 Anstelle vieler BGH, Beschl. v. 04.03.2004 – IX ZR 185/02 = IPRax 2005, S. 446 (447).

758 So heißt es dort unter 1.1.: „*Dem Auftrag liegen gem. § 8 III 1 VOB/A die Allgemeinen Vertragsbedingungen für die Ausführung von Bauleistungen (VOB/B) in der Fassung vom 31. Juli 2009 und die Allgemeinen Technischen Vertragsbedingungen für Bauleistungen (VOB/C) von Oktober 2009 zugrunde. Der Auftragnehmer hat zudem die weiteren gesetzlichen Bestimmungen und die Verwaltungsvorschriften für das Öffentliche Bauwesen in der jeweils geltenden Fassung zu beachten; insbesondere die Bundeshaushaltsordnung (BHO) und ihre Verwaltungsvorschriften (VV -BHO), die Richtlinien für die Durchführung von Bauaufgaben*

eigenen Allgemeinen Liefer- und Geschäftsbedingungen des Auswärtigen Amtes ist hernach eine ausdrückliche Erklärung über das anzuwendende Recht enthalten. Allerdings fehlt es an einer ausdrücklichen Erklärung über das anwendbare *Vertrags*recht. Wie bereits zuvor dargestellt, ist es aber nicht nötig, dass die fragliche Klausel unmittelbar das anwendbare *Vertrags*recht benennt. Es genügt der Verweis auf einen anderen Vertrag, aus welchem sich die Rechtswahl ausdrücklich ergibt. Einen solchen Verweis enthalten die Allgemeinen Liefer- und Geschäftsbedingungen des Auswärtigen Amtes aber ebenfalls nicht. Den AGB-AA kann mithin keine ausdrückliche Rechtswahl nach Art. 3 Abs. 1 S. 2 Alt. 1 Rom I-VO hinsichtlich des anzuwendenden *Vertrags*rechts entnommen werden. Rechtlich wäre eine Teilverweisung, wie sich auch Art 3. Abs. 1 S. 3 Rom I-VO ergibt, aber durchaus möglich.[759]

II. Konkludente Rechtswahl

Gegebenenfalls kann den Liefer- und Geschäftsbedingungen des Auswärtigen Amtes aber eine konkludente Rechtswahl zugunsten deutschen Vertragsrechts entnommen werden. Jedoch ist im Gegensatz zur alten Regelung des EVÜ zu fordern, dass die konkludente Rechtswahl nicht nur mit hinreichender Sicherheit, sondern *eindeutig* festgestellt werden kann.[760] Das

---

des Bundes (RBBau), den Vierten Teil des Gesetzes gegen Wettbewerbsbeschränkungen (GWB), die Vergabeverordnung für EG-Vergabeverfahren (VgV) sowie die Verdingungsordnung für Leistungen – ausgenommen Bauleistungen (VOL) und die Verdingungsordnung für freiberufliche Leistungen (VOF). Jede Änderung oder Ergänzung des Vertrags bedarf der Individualvereinbarung. Für die Durchführung des Vertrags gilt ausschließlich die deutsche Sprache."

759   Allerdings soll dies nur „ausnahmsweise" angenommen werden, da der Grundsatz gilt, die vertraglichen Beziehungen der Parteien möglichst allein einer Rechtsordnung zu unterwerfen, *Martiny*, in: Münchener Kommentar, BGB, Bd. 10, Art. 3 Rom I-VO, Rn. 44.

760   Insoweit haben sich der deutsche („*eindeutig*") und der englische („*clearly demonstrated*") Wortlaut an der ursprünglichen französischen Sprachfassung („*de façon certaine*") der alten EVÜ orientiert, *v. Hein*, in: Rauscher, EuZPR/EuIPR, Art. 3 Rom I-VO, Rn. 14. Daraus folgt aber nicht, dass der bisherigen französischen Rechtsprechung in irgendeiner Weise ein verbindlicher Charakter für die zukünftige Auslegung zukäme. In dieser Hinsicht macht *v. Hein* deutlich, dass wenn schon bei der Auslegung von Richtlinien, die dem Recht eines bestimmten Mitgliedstaates nachgebildet sind, dieser Rechtsordnung keine präjudizielle Wirkung beigemessen werden dürfe, dies „mutatis mutandis" auch für Verordnungen zu gelten habe, *v. Hein*, aaO, Rn. 15.

heißt, es muss sich aus den Bestimmungen des Vertrages oder den Umständen des Falles, insbesondere dem Parteiverhalten, eindeutig ergeben, welches Recht Anwendung finden soll.[761] Wiederum ist danach zu fragen, ob für beide Parteien ein tatsächlicher Rechtswahlwille feststellbar ist.[762] Ob es zu einer stillschweigenden Rechtswahl gekommen ist, bestimmt sich insbesondere nach der Anzahl, dem Gewicht und der Aussagekraft einzelner Indizien:[763]

1.   Konkludente Rechtswahl durch Bezugnahme auf VOB/B

Wird das Vergabeverfahren nach deutschem Recht durchgeführt, so gelangt z.B. bei Bauvergaben auch § 8 Abs. 3 S. 1 VOB/A EG zur Anwendung. Insofern kommt Punkt 1, Unterpunkt 1 Satz 1 AGB-AA rein klarstellende Funktion zu. § 8 Abs. 3 S. 1 VOB/A EG erklärt die Allgemeinen Vertragsbedingungen für die Ausführung von Bauleistungen (VOB/B) zum Bestandteil eines jeden Vertrages, der zwischen öffentlichem Auftraggeber und privatem Auftragnehmer über Bauleistungen geschlossen wird. Die Vorschriften des VOB/B ergänzen und gestalten das Werkvertragsrecht des BGB ihrerseits.[764] Die Einbeziehung der VOB/B in den mit dem erfolgreichen Bieter geschlossenen Vertrag spricht somit für die stillschweigende Wahl deutschen Rechts.[765]

---

761 *Thorn*, in: Palandt, BGB, Rom I-VO Art. 3, Rn. 6.
762 Fehlt ein solcher, muss eine objektive Anknüpfung erfolgen, KG, Beschl. v. 16.08.1956 – 1 W Umst. 1029/56 = NJW 1957, S. 347 ff. = RabelsZ 23 (1958), S. 280 ff.; *Martiny*, in: Münchener Kommentar, BGB, Bd. 10, Art. 3 Rom I-VO, Rn. 46.
763 *Martiny*, in: Münchener Kommentar, BGB, Bd. 10, Art. 3 Rom I-VO, Rn. 46.
764 *Bitterich*, Vergaberechtswidrig geschlossene Verträge und internationales Vertragsrecht, IPRax 2009, S. 465 (466).
765 BGH, Urt. v. 14.01.1999 – VII ZR 19/98 = NJW-RR 1999, S. 813 ff. = RIW 1999, S. 537 ff., IPRax 2001, S. 336 ff.; OLG Brandenburg, Urt. v. 29.11.2000 – 13 U 110/00 = NZBau 2002, S. 35 (36); *Bitterich*, Vergaberechtswidrig geschlossene Verträge, IPRax 2009, S. 465 (466); *Nikisch*, Internationale Zuständigkeit bei vereinbarten Standardvertragsbedingungen (VOB/B), IPRax 1987, S. 286 (287 f.); *Martiny*, Anwendbares Recht für internationale Bauverträge, BauR I/2008, S. 241 (242). A.A.: BGH, Urt.. v. 25.02.1999 – VII ZR 408/97 = NJW 1999, S. 2442 ff. = IPRax 2001, S. 331 ff.

2.   Weitere Indizien für eine konkludente Rechtswahl

a)   Gerichtsstandsklausel

Wie sich aus dem Erwägungsgrund Nr. 12 zu Rom I-VO ergibt, „sollte eine Vereinbarung zwischen den Parteien, dass ausschließlich ein Gericht oder mehrere Gerichte eines Mitgliedstaats für Streitigkeiten aus dem Vertrag zuständig sein sollen, (…) bei der Feststellung, ob eine Rechtswahl eindeutig getroffen wurde, einer der zu berücksichtigenden Faktoren sein". Allerdings kann nur eine ausdrückliche Prorogation positive Indizwirkung in Bezug auf die Rechtswahl entfalten.[766]

Die Liefer- und Geschäftsbedingungen des Auswärtigen Amtes enthalten beispielsweise unter Punkt 2 eine ausschließliche örtliche und zugleich internationale Zuständigkeitsregelung, wonach einziger Gerichtsstand Berlin sein soll.[767] Die Wirksamkeit einer Zuständigkeitsvereinbarung richtet sich aufgrund des Vorrangs der Verordnung ausschließlich nach Art. 23 EuGVO.[768] Insbesondere verdrängt Art. 23 EuGVO die §§ 38, 40 ZPO und die §§ 305 ff. BGB.[769] Um den Gepflogenheiten des kaufmännischen Verkehrs gerecht zu werden, kann dem Schriftformerfordernis aus Art. 23 Abs. 1 lit. a EuGVO aber auch durch Bezugnahme auf Allgemeine Geschäftsbedingungen genüge getan werden.[770] Dabei ist aber die bloße Übergabe oder Beifügung der Allgemeinen Geschäftsbedingungen nicht ausreichend.[771]

---

766   *Martiny,* in: Münchener Kommentar, BGB, Bd. 10, Art. 3 Rom I-VO, Rn. 45; *Thorn,* in: Palandt, BGB, Rom I-VO Art. 3, Rn. 7; *v. Hein,* in: Rauscher, EuZPR/EuIPR, Art. 3 Rom I-VO, Rn. 26.

767   Liefer- und Geschäftsbedingungen der Vergabestelle des Auswärtigen Amts (AGB-AA) für die Ausführung von Bauleistungen (VOB), S. 1 (Stand 01.09.2011).

768   OLG Hamburg, Urt. v. 14.04.2004 – 13 U 76/03 = NJW 2004, S. 3126, IPRspr. 2004 Nr. 109; LG Karlsruhe, Beschl. v. 31.10.1995 – 12 O 492/95 = NJW 1996, S. 241 = IPRspr. 1995 Nr. 158; *Geimer,* in: Schütze/Geimer, Europäisches Zivilverfahrensrecht, Art. 23 EuGVVO, Rn. 72.

769   *Kropholler/v. Hein,* EuZPR, Art. 23 EuGVO, Art. 23, Rn. 16 u. 19. Im Einzelnen ist dies allerdings sehr umstritten. In Bezug auf § 38 ZPO und §§ 305 ff. BGB, vgl. OLG Hamburg, Urt. v. 14.04.2004 – 13 U 76/03 = NJW 2004, S. 3126 (3128); in Bezug auf § 307 BGB, vgl. *Thüsing,* in: Graf v. Westphalen, Vertragsrecht und AGB-Klauselwerke, Bd. 1, Teil „Vertragsrecht": Gerichtsstandsklauseln, Rn. 54; in Bezug auf § 40 ZPO, vgl. OLG Karlsruhe, Urt. v. 09.08.2006 – 19 U 8/05 = IPRspr. 2006 Nr. 127, S. 286, ZMR 2007, S. 929. Strittig zu diesem Komplex: *Hau,* in: Wolf/Lindacher/Pfeiffer, AGB-Recht, G 178.

770   EuGH, Urt. v. 14.12.1976 – Rs. 24/76 (*Estasis Salotti*), Slg. 1976, S. I-1831.

771   OLG Hamm, Urt. v. 20.01.1977 – 2 U 120/76 = IPRspr. 1977 Nr. 118; *Kropholler/v. Hein,* EuZPR, Art. 23 EuGVVO, Art. 23, Rn. 35.

Zu fordern ist grundsätzlich, dass der von beiden Parteien unterzeichnete Vertrag ausdrücklich selbst auf die Allgemeinen Geschäftsbedingungen Bezug nimmt[772] und dass dem anderen Vertragsteil diese zum Zeitpunkt des Vertragsschlusses vorliegen[773]. Allerdings wird ein ausdrücklicher Verweis auf die Allgemeinen Geschäftsbedingungen für entbehrlich erachtet, wenn besagte Geschäftsbedingungen seit vielen Jahren zwischen den Vertragsparteien gebräuchlich sind oder wenn die AGB aus einem üblicherweise in der Branche benutzten oder von einer anerkannten Organisation/Stelle aufgestellten Klauselwerk herrühren, das den Parteien bekannt sein musste.[774] Im Rahmen einer öffentlichen Ausschreibung mit anschließender Auftragsvergabe kommt es aber in der Regel zu ständig wechselnden Vertragspartnern. Ein Zweck des öffentlichen Beschaffungswesens ist gerade, für mehr Wettbewerb unter den Bewerbern zu sorgen und jedes Mal nach objektiven Kriterien das wirtschaftlichste Angebot herauszufiltern. Dabei kommt es sicherlich vor, dass mehrere Aufträge an ein und denselben Auftragnehmer vergeben werden. Trotzdem sollen auch neue Marktteilnehmer eine Chance erhalten und den Zuschlag erteilt bekommen. Gerade in solchen Situationen kann aber von keiner Geschäftsgewohnheit zwischen den Parteien die Rede sein.[775] Zudem handelt es sich bei den Liefer- und Geschäftsbedingungen des Auswärtigen Amtes nicht um ein üblicherweise in der Branche benutztes oder von einer anerkannten Stelle aufgestelltes Klauselwerk. In derartigen Konstellationen ist mithin zu fordern, dass auf die AGB (mit ihrer Gerichtsstandsklausel) beim Vertragsschluss ausdrücklich Bezug genommen wird und diese dem privaten Auftragnehmer spätestens bei Vertragsschluss vorliegen. Nach erfolgter, wirksamer Einbeziehung der Liefer- und Geschäftsbedingungen des Auswärtigen Amtes kommt es zu einer ausdrücklichen Prorogation zugunsten eines deutschen Gerichtsstandes. Diesem Umstand kann eine positive Indizwirkung dahingehend entnommen werden, dass es zur stillschweigenden Vereinbarung deutschen Rechts, also dem Recht, das am Ort des Gerichtsstandes gilt, gekommen ist.

---

772 EuGH, Urt. v. 14.12.1976 – Rs. 24/76 (*Estasis Salotti*), Slg. 1976, S: I-1831; BGH, Urt. v. 04.05.1977 – VIII ZR 14/75 = WM 1977, S. 795 ff., RIW 1977, S. 649 ff., IPRspr. 1977 Nr. 125.
773 OLG Düsseldorf, Urt. v. 16.03.2000 – 6 U 90/99 = RIW 2001, S. 63 ff. = WM 2000, S. 2191 = IPRspr. 2000 Nr. 119; OLG Oldenburg, Urt. v. 20.12.200 – 8 U 138/07 = IHR 2007, S. 218 ff. = IPRspr. 2007 Nr. 158.
774 *Kropholler/v. Hein*, EuZPR, Art. 23 EuGVO, Art. 23, Rn. 35 mwN unter Fn. 112 u. 113.
775 Insoweit kann auch auf die Ausführungen zu „Geschäftsverbindungen" zwischen öffentlichen Auftraggebern und Auftragnehmern nach oben verwiesen werden, vgl. oben: Kap. 3. B. I. 1. lit. b) lit. bb). (1).

b)   Sonstige Bestimmungen des Vertrages

Nach wirksamer Einbeziehung der AGB der Auftraggeberseite werden diese fester Bestandteil des Vertrages. In der Folge ist es möglich, einzelnen Bestimmungen des Vertrages eine stillschweigende Rechtswahl zu entnehmen. Dies gilt insbesondere für Bezugnahmen auf zivilrechtliche Vorschriften und Begriffe einer bestimmten Rechtsordnung.[776]

An dieser Stelle bietet es sich erneut an, auf die AGB-AA (VOB) aus Veranschaulichungsgründen zurückzugreifen. So nennen Punkt 11.2. (Gefahrübergang)[777] und Punkt 12.1. AGB-AA (Gesetzliche Mängelansprüche)[778] jeweils Vorschriften aus dem Werkvertragsrecht des BGB (§§ 631 ff. BGB). Gleiches gilt, wenn im Vertrag auf deutsche baurechtliche Bestimmungen (z.B. die VOB/B) Bezug genommen wurde (hier u.a. Punkt 8.9.2.[779], 9.[780], 10.[781] der AGB-AA).[782] Diesen Umständen ist ein Indizcharakter zuzusprechen: Den Parteien kommt es u.a. zur Beurteilung von etwaigen Mängelansprüchen auf die Auslegung nach deutschem Recht an. Hierin ist eine stillschweigende Rechtswahl zu sehen.

---

776   Vgl. BGH, Urt. v. 14.01.1999 – VII ZR 19/98 = NJW-RR 1999, S. 813 ff. = IPRax 2001, S. 333 = RIW 1999, S. 537 ff; BGH, Urt. v. 19.01.2000 – VIII ZR 275/98 = NJW-RR 2000, S. 1002 ff. = JZ 2000, S. 1115 f.; KG, Urt. v. 21.02.2008 – 19 U 60/07 = NJW-RR 2009, S. 195 ff.

777   Dort heißt es u.a.: „*Bei Werkverträgen regeln die §§ 644 und 645 BGB den Gefahrübergang. Nach § 644 I 1 BGB geht mit der Abnahme die Gefahr auf den Besteller, das Auswärtige Amt, über. Bei sog. unkörperlichen Werkleistungen ist für den Gefahrübergang die Vollendung der Leistung gemäß § 646 BGB relevant. (...)*"

778   Dort heißt es u.a.: „*Mängelansprüche richten sich nach den gesetzlichen Bestimmungen, vor allem nach §§ 634 ff. BGB (...).*"

779   Dort heißt es u.a.: „*Im Übrigen richten sich Kündigungen durch das Auswärtige Amt nach § 8 VOB/B und durch den Auftragnehmer nach § 9 VOB/B.*"

780   Dort heißt es u.a.: „*Die Haftung des Auftragnehmers richtet sich nach den gesetzlichen Vorschriften, insbesondere nach den §§ 10 und 13 VOB/B.*"

781   Dort heißt es u.a.: „*Individuell vereinbarte Vertragsstrafen richten sich nach den gesetzlichen Bestimmungen, insbesondere nach § 11 VOB/B.*"

782   BGH, Urt. v. 14.01.1999 – VII ZR 19/98 = NJW-RR 1999, S. 813 ff., IPRax 2001, S. 333, RIW 1999, S. 537 ff.

c)   Weitere Indizien: Sprache, Staatsangehörigkeit, Abschlussort des Vertrages, Geschäftssitz

Der Sprache, in welcher ein Vertrag abgefasst worden ist, kommt allenfalls unterstützende Funktion zu.[783] Für sich alleingenommen kann sie nicht auf die Wahl eines bestimmten Rechts hindeuten.[784] Gleiches gilt für die Staatsangehörigkeit[785], den Wohn- und Geschäftssitz der Parteien[786] oder den Abschlussort des Vertrages[787]. Zwar sind beispielsweise die AGB-AA (VOB) in deutscher Sprache abgefasst und unter Punkt 1.1. S. 4 AGB-AA (VOB)[788] wird für die Durchführung des Vertrages die deutsche Sprache als maßgeblich festgesetzt. Zudem handelt es sich zumindest beim Auswärtigen Amt um ein deutsches Ministerium, das seinen Hauptverwaltungssitz in Deutschland hat. Auch wenn jedem einzelnen Indiz grundsätzlich eine untergeordnete Rolle zukommen soll, können sie in ihrer Summe durchaus einen positiven Indizcharakter haben. Wären nicht bereits andere, gewichtigere Umstände vorhanden, die eine stillschweigende Wahl deutschen Vertragsrechts eindeutig erkennen lassen, könnte zur Not anhand dieser Hilfsindizien eine deutsche Rechtswahl begründet werden. Dies gilt insbesondere für Fälle, bei denen der öffentliche Auftraggeber nicht eigene AGB mit derartigen Bestimmungen in den Vertrag durch Vereinbarung einbeziehen lässt.

III.   Schrankenregelungen des Art. 3 Abs. 3 und 4 Rom I-VO

Eine wirksame ausdrückliche oder konkludente Rechtswahl hängt aber ihrerseits von der Schrankenregelung des Art. 3 Abs. 3 und 4 Rom I-VO ab.

---

783   BGH, Urt. v. 07.12.2004 – XI ZR 366/03 = NJW-RR 2005, S. 581 ff.; *Thorn*, in: Palandt, BGB, Rom I-VO Art. 3, Rn. 7.

784   *Martiny*, in: Münchener Kommentar, BGB, Bd. 10, Art. 3 Rom I-VO, Rn. 63.

785   *Magnus*, in: Staudinger, BGB, Art. 27 EGBGB, Rn. 85.

786   *v. Hein*, in: Rauscher, EuZPR/EuIPR, Art. 3 Rom I-VO, Rn. 38.

787   BGH, Urt. v. 07.12.2000 – VII ZR 404/99 = NJW 2001, S. 1936 ff. = IPRspr. 2000 Nr. 33; KG, Urt. v. 21.02.2008 – 19 U 60/07 = NJW-RR 2009, S. 195 ff.

788   Dort heißt es: *„Für die Durchführung des Vertrags gilt ausschließlich die deutsche Sprache.“*

1.   Die Schrankenregelung des Art. 3 Abs. 3 Rom I-VO

Die Schrankenregelung des Art. 3 Abs. 3 Rom I-VO grenzt die Rechtswahl-freiheit nur bei reinen Inlandssachverhalten ein.[789] Hierunter fallen jedoch keine sog. „EU-Binnensachverhalte"[790], da dieser Bereich bereits von Art. 3 Abs. 4 Rom I-VO abgedeckt wird. Da die vorliegende Untersuchung aber nur solche Sachverhalte zum Gegenstand hat, die zum Zeitpunkt der Rechtswahl (mindestens) eine Auslandsberührung aufweisen, also keine In-landssachverhalte darstellen, muss auf Abs. 3 nicht weiter eingegangen werden. Dies gilt selbst für solche Auftragsvergaben, bei denen sich der Sitz der Vergabestelle und der Erfüllungsort des Auftrags in ein und demselben Land befinden, aus Sicht dieses Staates es sich folglich um einen Inlands-sachverhalt handelt.

2.   Die Schrankenregelung des Art. 3 Abs. 4 Rom I-VO

Art. 3 Abs. 4 Rom I-VO überträgt die Rechtswahlschranke des Abs. 3 auf rein „*innerunionale*" Fälle, d.h. Konstellationen, in denen alle Sachverhalt-selemente in einem oder mehreren Mitgliedstaaten belegen sind, aber die Parteien das Recht eines Drittstaates gewählt haben"[791]. Es müsste folglich ein „Binnensachverhalt" im Sinne des Abs. 4 vorliegen. In Erweiterung zu Abs. 2 darf kein relevanter[792] Bezug zu einem Drittstaat gegeben sein. Wel-che Umstände im Einzelfall als relevant einzustufen sind, ist umstritten.[793]

---

789   *v. Hein,* in: Rauscher, EuZPR/EuIPR, Art. 3 Rom I-VO, Rn. 100.

790   In der Vorgängervorschrift des Art. 27 Abs. 3 EGBGB a.F. wurde der zugrunde liegende Falltypus von der Literatur teilweise als „Binnensachverhalt" bezeich-net. So u.a. *Thorn,* in: Palandt, BGB (2009), Art. 27 EGBGB, Rn. 4; *Magnus,* in: Staudinger, BGB (2002), Art. 27 EGBGB, Rn. 115.

791   *v. Hein,* in: Rauscher, EuZPR/EuIPR, Art. 3 Rom I-VO, Rn. 126.

792   Insofern besteht Einigkeit, dass ungeachtet des weitgefassten deutschen Wort-lauts („alle anderen Elemente des Sachverhalts") eine gewisse Relevanz der Aus-landsberührung zu fordern ist. So wird in der englischen Fassung auch von „all other elements relevant to the situation" gesprochen, *v. Bar,* Internationales Pri-vatrecht, Bd. II, Rn. 419; *Lorenz,* Vom alten zum neuen internationalen Schuld-vertragsrecht, IPRax 1987, S. 269; *Magnus,* in: Staudinger, BGB, Art. 27 EG-BGB, Rn. 122.

793   So *v. Hein,* in: Rauscher, EuZPR/EuIPR, Art. 3 Rom I-VO, Rn. 107.

Dazu gehören soll beispielsweise der gewöhnliche Aufenthalt bzw. die Niederlassung der Parteien.[794] Gleiches gilt wohl für die Grundstücksbelegenheit[795], den Erfüllungsort[796] und den Abschlussort[797]. Befindet sich bereits eines dieser Elemente bei der Auslandsvergabe nicht innerhalb Deutschlands oder eines anderen Mitgliedstaates, so wäre eine Anwendbarkeit des Abs. 4 ausgeschlossen. Darüber hinaus wird vertreten, auch der Staatsangehörigkeit eine derartige Relevanz beizumessen.[798] Jedoch sprechen die gewichtigeren Argumente dafür, das Personalstatut nur als Indiz in Verbindung mit anderen Faktoren, aber niemals für sich genommen als relevant im Sinne von Abs. 4 einzustufen.[799] Überzeugend ist hier insbesondere das Argument, dass man andernfalls juristischen Personen oder rechtsfähigen Personengesellschaften gestatten würde – sofern das Personalstatut nach der Gründungstheorie zu bestimmen ist - durch bloße „Briefkastengesellschaften" das national umgesetzte Unionsrecht zu umgehen[800]. Zudem definiert bereits Art. 19 Abs. 1 Rom I-VO als gewöhnlichen Aufenthaltsort

---

794 *Mäsch*, Die Rechtswahlfreiheit und Verbraucherschutz, S. 100 f.; *Spickhoff*, in: Bamberger/Roth, BGB, Art. 27 EGBGB, Rn. 33; *v. Hein*, in: Rauscher, EuZPR/EuIPR, Art. 3 Rom I-VO, Rn. 108.

795 BGH, Urt. v. 19.03.1997 – VIII ZR 316/96 = BGHZ 135, S. 124 (130) = NJW 1997, S. 1697, IPRspr. 1998, Nr 34, S. 63, IPRax 1998, S. 449 = RIW 1991, S. 421; *v. Hein*, in: Rauscher, EuZPR/EuIPR, Art. 3 Rom I-VO, Rn. 116.

796 *Spickhoff*, in: Bamberger/Roth, BGB, Art. 27 EGBGB, Rn. 33; *Martiny*, in: Münchener Kommentar, BGB, Bd. 10, Art. 3 Rom I-VO, Rn. 93. Dies soll allerdings nicht für den fiktiven Erfüllungsort gelten, vgl. *v. Hein*, in: Rauscher, EuZPR/EuIPR, Art. 3 Rom I-VO, Rn. 115.

797 BGH, Urt. v. 19.03.1997 – VIII ZR 316/96 = BGHZ 135, S. 124 (130) = NJW 1997, S. 1697, IPRspr. 1998, Nr 34, S. 63 = IPRax 1998, S. 449 = RIW 1991, S. 421; LG Hildesheim, IPRax 1993, S. 173 (174); *Leible*, in: Heidel/Dauner-Lieb, Anwaltkommentar BGB, Bd. 1, Art. 27 EGBGB, Rn. 123. A.A.: OLG Frankfurt/M. NJW-RR 1990, S. 696 = IPRax 1990, S. 236; LG Hamburg RIW 1990, S. 664 = IPRspr. 1990, Nr. 30; *v. Bar*, Internationales Privatrecht, Bd. II, Rn. 419; *Mäsch*, Die Rechtswahlfreiheit und Verbraucherschutz, S. 103 ff.

798 *Sandrock*, Die Bedeutung des Gesetzes zur Neuregelung des Internationalen Privatrechts für die Unternehmenspraxis, RIW 1986, S. 841 (846); *v. Bar*, Internationales Privatrecht, Bd. II, Rn. 419; *Theobald*, Die Rechtswahlfreiheit im internationalen Schuldvertragsrecht, RIW 1987, S. 569. Nur u.U. (z.B. wenn der Ausländer im Inland Leistungen erbringt, welche üblicherweise nicht auf einem ausländischen Markt erhältlich sind): *Martiny*, in: Münchener Kommentar, BGB, Bd. 10, Art. 3 Rom I-VO, Rn. 93; *Schurig*, Zwingendes Recht, „Eingriffsnormen" und neues IPR, RabelsZ 54 (1990), S. 217 (223); *Leible*, in: Heidel/Dauner-Lieb, AnwaltKommentar BGB, Bd. 1, Art. 27 EGBGB, Rn. 77.

799 *v. Hein*, in: Rauscher, EuZPR/EuIPR, Art. 3 Rom I-VO, Rn. 109; *v. Hoffmann/Thorn*, IPR, § 10, Rn. 30; *Magnus*, in: Staudinger, BGB, Art. 27 EGBGB, Rn. 124.

800 *v. Hein*, in: Rauscher, EuZPR/EuIPR, Art. 3 Rom I-VO, Rn. 110.

von Gesellschaften und juristischen Personen den Ort ihrer Hauptverwaltung.

Bei Auslandsvergaben sind durchaus Konstellationen denkbar, die keinen relevanten Bezug zu einem Drittstaat, wohl aber zu einem Mitgliedstaat aufweisen. Ein Binnensachverhalt im Sinne des Abs. 4 läge demnach vor. Fraglich ist indes, ob aus Sicht deutscher öffentlicher Auftraggeber überhaupt die Vereinbarung des Rechts eines Drittstaates, also eines Nicht-EU-Staates[801], bei Binnensachverhalten in Betracht kommt. Es dürfte der deutschen Vergabepraxis entsprechen, hinsichtlich des zu wählenden Vertragsrechts immer auch an das zugrunde zu legende Verfahrensrecht anzuknüpfen. Aus verfahrensökonomischen Gründen ist es für die öffentliche Auftraggeberseite durchaus sinnvoll, auf eine einheitliche Abwicklung des Vergabevorgangs bis hin zur späteren Vertragsabwicklung hinzuwirken. Nach dieser Lesart sind auch die AGB-AA des Auswärtigen Amtes zu verstehen, wonach für den gesamten Vorgang auf *ein* – sofern rechtlich möglich – Rechtsregime abzustellen ist. Anders dürfte es sich hingegen verhalten, wenn sich der Erfüllungsort der öffentlichen Auftragsvergabe in einem Drittstaat befindet. Dann aber liegt bereits kein Binnensachverhalt vor.

Aufgrund der voranschreitenden Angleichung auf verschiedenen Gebieten des (Zivil-)Rechts nimmt die Europäische Union zunehmend den Charakter eines materiell-rechtlich harmonisierten Rechtsraums an.[802] Die EU wird insoweit kollisionsrechtlich wie *ein* Staat behandelt.[803] Bei einer derartigen Sachlage ist es folglich im Lichte der Prozessökonomie vertretbar, dass es infolge der Umsetzungsverpflichtung von Richtlinien (vgl. Art. 288 Abs. 3 AEUV) zur Anwendung der hieraus resultierenden lex fori kommt, da die mitgliedstaatlichen Rechtsordnungen in derartigen Konstellationen

---

801   *Martiny,* in: Münchener Kommentar, BGB, Bd. 10, Art. 1 Rom I-VO, Rn. 74, wonach „Mitgliedstaaten" iSd Verordnung die Mitgliedsländer sind, auf die diese Verordnung auch anwendbar ist. Also nicht alle EU-Staaten sind zugleich Mitgliedstaaten iSd Verordnung. Einziges Land, das sich bisher nicht an der Annahme der Rom I-VO beteiligt hat, ist Dänemark. Es gehört daher grundsätzlich nicht zu den Mitgliedstaaten iSv Rom I-VO. Allerdings erweitert Art. 1 Abs. 4 S. 2 Rom I-VO im vorliegenden Kontext den Begriff der Rom I-Mitgliedstaaten auf alle EU-Mitgliedstaaten, eingeschlossen Dänemarks. Außen vor bleiben hingegen die EWR-Staaten, näher hierzu, *v. Hein,* in: Rauscher, EuZPR/EuIPR, Art. 1 Rom I-VO, Rn. 74 ff.

802   *v. Hein,* in: Rauscher, EuZPR/EuIPR, Art. 3 Rom I-VO, Rn. 126.

803   *Mankowski,* Die Rom I-Verordnung – Änderungen im europäischen IPR für Schuldverträge, IHR 2008, S. 133 (135).

nur marginal voneinander abweichen.[804] Allerdings wird hieraus geschlossen, dass lediglich ein unionsrechtlicher Mindeststandard abgesichert werde.[805] Dann aber könne die Verweisung auf eine mitgliedstaatliche lex fori, die eine überschießende Umsetzung der Richtlinie beinhalte, nicht mehr von dem Gedanken des Abs. 4 getragen werden.[806] Soweit es sich um eine Maßnahme der Mindestharmonisierung handelt (wie z.B. das Vergaberecht im oberschwelligen Bereich), kann daraus abgeleitet werden, dass der Verordnungsgeber Umsetzungsdifferenzen in den einzelnen Mitgliedsländern im Interesse der Prozessökonomie grundsätzlich hingenommen hat[807].

Die Schrankenregelung des Art. 3 Abs. 4 Rom I-VO ist folglich nicht berührt.

IV.   Eingriffsnormen aus Art. 9 Abs. 2 und Abs. 3 Rom I-VO

Die Vereinbarung deutschen Vertragsrechts darf darüber hinaus nicht gegen eigene (Art. 9 Abs. 2 Rom I-VO) oder ausländische (Art. 9 Abs. 3 Rom I-VO) zwingender Normen verstoßen.

1.   Unterscheidung zwischen national und international zwingenden
       Eingriffsnormen

Hierzu bedarf es zunächst der Klärung, was unter zwingenden Normen im Sinne des Art. 9 Rom I-VO zu verstehen ist. Grundsätzlich ist zwischen einfach bzw. innerstaatlich oder *national* zwingenden Normen auf der einen und *international* zwingenden Normen auf der anderen Seite zu unterschei-

---

804   *Lagarde/Tenenbaum*, De la Convention de Rome au règlement Rome I, Rev. criv. d.i.p. 2008, S. 737 f.; *Mankowski*, Die Rom I-Verordnung – Änderungen im europäischen IPR für Schuldverträge, IHR 2008, S. 133 (135); *v. Hein*, in: Rauscher, EuZPR/EuIPR, Art. 3 Rom I-VO, Rn. 127.

805   *Mankowski*, Die Rom I-Verordnung – Änderungen im europäischen IPR für Schuldverträge, IHR 2008, S. 133 (135); *v. Hein*, in: Rauscher, EuZPR/EuIPR, Art. 3 Rom I-VO, Rn. 127.

806   *Pfeiffer*, Neues Internationales Vertragsrecht - Zur Rom I-Verordnung, EuZW 2008, S. 622 (625).

807   *v. Hein*, in: Rauscher, EuZPR/EuIPR, Art. 3 Rom I-VO, Rn. 127.

den. Unter ersteren werden alle Vorschriften subsumiert, die im normset-
zenden Staat nicht dispositiv sind.[808] Darunter fallen sowohl Bestimmungen in Gesetzesform als auch das allgemeine Gewohnheitsrecht oder das
Richterrecht (v.a. in Common-Law-Staaten).[809] Von diesen Regelungen
darf grundsätzlich nicht durch vertragliche Vereinbarung abgewichen werden. Das schließt aber nicht aus, dass „in Fällen mit Auslandsberührung
eine andere Rechtsordnung zur Anwendung" kommt.[810] Bei fehlendem
Auslandsbezug greift dann die Schrankenregelung des Art. 3 Abs. 3 Rom
I-VO ein.

International zwingend sind hingegen solche Normen, die ihre Geltung
für grenzüberschreitende Fälle unabhängig vom Vertragsstatut ausdrücklich anordnen.[811] Nur die international zwingenden Normen fallen unter den
Begriff der Eingriffsnormen nach Art. 9 Rom I-VO.[812] Strittig ist hingegen,
wem die Auslegungskompetenz zukommt, wer also entscheiden darf, ob es
sich bei der jeweiligen Norm um eine solche iSd Art. 9 Rom I-VO handelt.
Denkbar wäre, dass entweder der nationale Gesetzgeber bzw. die nationalen
Gerichte oder aber der EuGH für die Auslegung der Rom I-VO zuständig
sind. Grundsätzlich hat der EuGH Sekundärrecht, wozu auch die Rom I-VO
gehört, auszulegen. Teil davon ist die Kompetenz, den „Rahmen abzustecken", also zu definieren, wann eine Eingriffsnorm vorliegt und innerhalb
welcher Grenzen die nationalen Gesetzgeber Eingriffsnormen schaffen
können.[813] Der EuGH darf aber nicht das nationale Recht als solches auslegen.[814] Die Frage nach der Qualifikation einer Eingriffsnorm bezieht sich
aber zwangsläufig unmittelbar auf die Rechtsnatur und die Auslegung nationaler Rechtsnormen.[815] Dies macht auch der Wortlaut des Art. 9 Abs. 1
Rom I-VO deutlich, wonach die Einhaltung der Vorschrift von einem Staat
als entscheidend für die Wahrung der politischen, sozialen und wirtschaftlichen Organisation eines Staates angesehen werden muss.[816] Erhellender

---

808   So der Fall im alten Art. 34 EGBGB (a.F.); *Magnus*, in. Staudinger, BGB, Art.
      34 EGBGB, Rn. 11.
809   Vgl. englische Fassung des Art. 3 Abs. 3 Rom I-VO, wo von „*provisions of law*"
      die Rede ist, *Martiny*, in: Münchener Kommentar, BGB, Bd. 10, Art. 3 Rom I-
      VO, Rn. 89.
810   *Martiny*, in: Münchener Kommentar, BGB, Bd. 10, Art. 9 Rom I-VO, Rn. 7.
811   *Martiny*, in: Münchener Kommentar, BGB, Bd. 10, Art. 9 Rom I-VO, Rn. 9.
812   Vgl. oben: Kap. 2. B. III. 4.
813   *Thorn,* in: Rauscher, EuZPR/EuIPR, Art. 9 Rom I-VO, Rn. 21.
814   *Thorn,* in: Rauscher, EuZPR/EuIPR, Art. 9 Rom I-VO, Rn. 21.
815   *Thorn,* in: Rauscher, EuZPR/EuIPR, Art. 9 Rom I-VO, Rn. 20.
816   In Art. 9 Abs. 1 Rom I-VO heißt es: „*Eine Eingriffsnorm ist eine zwingende Vor-*
      schrift, deren Einhaltung von einem Staat als so entscheidend für die Wahrung
      seines öffentlichen Interesses, insbesondere seiner politischen, sozialen oder

ist hierbei der Blick auf die englische[817] und französische[818] Fassung von Art. 9 Abs. 1 Rom I-VO, in denen dieser Norminhalt noch klarer zum Ausdruck kommt. Dem EuGH ist es mithin überlassen, die Definition von Eingriffsnormen (weiter) auszubilden. Die nationalen Gerichte und Gesetzgeber entscheiden allerdings, ob die eigenen oder ausländischen Vorschriften als Eingriffsnormen im Sinne des Art. 9 Abs. 1 Rom I-VO zu verstehen sind. Diese Frage beurteilt sich also nach dem Kollisionsrecht der lex fori.[819]

Wie bereits oben[820] erwähnt und aus Art. 9 Abs. 3 S. 2 Rom I-VO[821] ersichtlich, sind für die Eingrenzung der international zwingenden Eingriffsnormen „Natur und Zweck" maßgeblich.[822] Da mit vergabeverfahrensrechtlichen Vorschriften auch Gemeininteressen verfolgt werden[823] und im oberschwelligen Bereich deren Einhaltung durch verwaltungsrechtliche Verfahren (Nachprüfungsverfahren) überprüft und notfalls hoheitlich durchgesetzt werden kann, spricht vieles dafür, von international zwingenden Normen auszugehen. So werden auch kartellrechtliche Bestimmungen, welche wie vergabeverfahrensrechtliche Vorschriften den Wettbewerb und die Marktordnung regeln, als international zwingende Normen qualifiziert.[824] Beide

---

wirtschaftlichen Organisation, angesehen wird, dass sie ungeachtet des nach Maßgabe dieser Verordnung auf den Vertrag anzuwendenden Rechts auf alle Sachverhalte anzuwenden ist, die in ihren Anwendungsbereich fallen."

817 Article 9 Rome I Regulation: „(...) *regarded as crucial by a country for safeguarding its public interests, such as its political, social or economic organisation* (…)."

818 Article 9 Rome Règlement: „(...) *jugé crucial par un pays pour la sauvegarde de ses intérêts publics, tels que son organisation politique, sociale ou économique* (…)."

819 *Martiny*, in: Münchener Kommentar, BGB, Bd. 10, Art. 9 Rom I-VO, Rn. 10.

820 Vgl. oben: Kap. 2. B. III. 4.

821 Dort heißt es: „*Bei der Entscheidung, ob diesen Eingriffsnormen Wirkung zu verleihen ist, werden Art und Zweck dieser Normen sowie die Folgen berücksichtigt, die sich aus ihrer Anwendung oder Nichtanwendung ergeben würden.*"

822 *Martiny*, in: Münchener Kommentar, BGB, Bd. 10, Art. 9 Rom I-VO, Rn. 11 f. So ist eine Unterscheidung danach, ob die Norm „öffentlich-rechtlicher oder privatrechtlicher Natur" ist, *nicht* vorzunehmen, so BAG, Urt. v. 29.10.1992 – 2 AZR 267/92 = BAGE 71, S. 297, NZA 1993, S. 743 ff., IPRax 1994, S. 123; *Freitag*, in: Reithmann/Martiny, Internationales Vertragsrecht (7.Aufl.), Rn. 514; *Hohloch*, in: Erman/Westermann, BGB, Bd. 2, Art. 34 EGBGB, Rn. 12; *Magnus*, in: Staudinger, BGB, Art. 34 EGBGB, Rn. 46, 50 u. 65. Die Grenzen verlaufen demnach „fließend und häufig (…) zufällig", *Martiny*, in: Münchener Kommentar, BGB, Bd. 10, Art. 9 Rom I-VO, Rn. 12.

823 Vgl. oben: Kap. 2. I. 2. lit. a) lit. bb) (3) (b) (aa).

824 Ausführlich zum Kartellrecht: *Freitag*, in: Reithmann/Martiny, Internationales Vertragsrecht, Rn. 610; *Häuslschmid*, in: Reithmann/Martiny, Internationales

sichern (u.a.)[825] das Funktionieren des Wirtschaftssystems.[826] Darüber hinaus kann auch ein Staat, ähnlich wie ein Unternehmen, seine marktbeherrschende Stellung missbrauchen, vgl. Art. 102 AEUV (ex-Art. 82 EG). Das alles darf aber nicht darüber hinwegtäuschen, dass das Vergabeverfahrensrecht nur gelegentlich „wettbewerbsrechtlich überlagert wird", ansonsten aber stark im „Haushaltsrecht verankert ist".[827] Zudem gelten die vergabeverfahrensrechtlichen Vorschriften (mehrheitlich) für die Phase vor Abschluss und Durchführung des Vertrags. Sie sind *Verfahrensvorschriften.* Ihre Einhaltung ist grundsätzlich nur bis zum Abschluss des Verfahrens maßgeblich. Danach, also mit Vertragsschluss, obliegt es zumindest nach deutschem Recht der Parteiautonomie, welche Vertragsgestaltungen *en detail* getroffen werden. Die vergabeverfahrensrechtlichen Vorschriften verfolgen im Sinne und unter Einhaltung der jeweiligen Gemeininteressen das Ziel, ein geordnetes Verfahren bis zum Zuschlag zu gewährleisten, also staatliches Handeln zu reglementieren. Mit erfolgreichem Vertragsschluss gilt dieses Ziel als erreicht. Die Zäsurwirkung des Zuschlags bringt dies am deutlichsten zum Ausdruck. Nach Verfahrensende gelten im deutschen Recht (vgl. aber Frankreich)[828] die Vorschriften des Zivilrechts (BGB). *Reine* Vergabeverfahrensvorschriften, also solche, die einzig der ordnungsgemäßen Durchführung des Vergabeverfahrens dienen, dürfen folglich außerhalb des Vergaberechtsverhältnisses[829] nicht als Eingriffsnormen iSd Art. 9 Abs. 1 Rom I-VO angesehen werden.

Vertragsrecht, Rn. 201 ff., 228; *Magnus*, in: Staudinger, BGB, Art. 34 EGBGB, Rn. 106. Einzig bislang für das Vergaberecht (aber viel zu unpräzise): OLG Düsseldorf ZfBR 2008, S. 820.

825   Beim Vergaberecht ist der Wettbewerbsgrundsatz nur einer der zentralen Grundsätze/Zielsetzungen und dies auch abhängig vom Schwellenwert, unterschiedlich stark (kein subjektiver Bieterschutz im unterschwelligen Bereich). Im Vordergrund steht aber auch weiterhin die Reglementierung staatlichen Handelns, als Ausprägung des immer noch herrschenden haushaltsrechtlichen Gedankens, einen „sparsamer Umgang mit den Haushaltsmittelns" zu gewährleisten.

826   *Martiny*, in: Münchener Kommentar, BGB, Bd. 10, Art. 9 Rom I-VO, Rn. 72.

827   *Hök*, Zum Vergabeverfahren im Lichte des Internationalen Privatrechts, ZfBR 2010, S. 440 (445). Als Ausnahme sind auch hier wieder die Sektorenauftraggeber nach § 98 Nr. 4 Hs. 1 Alt. 1 GWB anzuführen. Sie weisen mangels staatlicher Einflussnahme bzw. Beherrschung keinen staatlichen Bezug auf.

828   Vgl. oben: Kap. 2. B. I. 4.

829   Da sich bei der 3. Phase, dem Nachprüfungsverfahren bzw. der sofortigen Beschwerde, nicht die Frage nach einer IPRechtlichen Zuordnung stellt, kann es auch nicht zur Anwendung des Art. 9 Rom I-VO kommen.

2. Berücksichtigung ausländischer Eingriffsnormen nach Art. 9 Abs. 3 Rom I-VO

Anders gestaltet sich die Herangehensweise hinsichtlich der Berücksichtigung ausländischer Eingriffsnormen nach Art. 9 Abs. 3 Rom I-VO. Dabei ist an Situationen zu denken, in denen ausländische Vorschriften den Vertrag zwischen Auftraggeber und Auftragnehmer für „unrechtmäßig" erklären und damit unmittelbar die zuvor getroffene Vergabeentscheidung „angreifen". Hierin ist auch schon die erste Anwendungsvoraussetzung des Art. 9 Abs. 3 Rom I-VO zu sehen, nämlich die Unrechtmäßigkeit der Vertragserfüllung. Unproblematisch sind davon alle echten Verbotsnormen umfasst, welche die Unwirksamkeit oder Nichtigkeit des Vertrages anordnen oder dessen Erfüllung verbieten.[830] Gleiches gilt für Normen, die nur eine Teilunwirksamkeit des zugrundeliegenden Vertrages fordern.[831] Auf der anderen Seite konkretisiert Abs. 3 Satz 1 den zu fordernden engen Bezug des Lebenssachverhalts des Eingriffstaates dahingehend, dass die unter Umständen zu berücksichtigende Norm aus dem jeweiligen Staat des Erfüllungsortes stammen muss. Hierbei verbietet es die anderslautende Zweckrichtung des Art. 9 Abs. 3 S. 1 Rom I-VO, den Begriff inhaltlich an den des Art. 5 Nr. 1 lit. b EuGVO anzulehnen.[832] Vielmehr sollte der Begriff des Erfüllungsortes *faktisch* verstanden werden.[833] Somit ist allein der Ort entscheidend, an dem der Leistungserfolg eintritt. Insbesondere bei der Vergabe von Bauleistungen, die außerhalb Deutschlands zu erfüllen sind, liegt der Ort des Leistungserfolgs im Ausland.[834]

Soweit eine ausländische Eingriffsnorm den Vertrag zwischen öffentlichem Auftraggeber und privatem Auftragnehmer für (teilweise) unwirksam

---

830   *Freitag*, Die kollisionsrechtliche Behandlung ausländischer Eingriffsnormen nach Art. 9 Abs. 3 Rom I VO, IPRax 2009, S. 109 (112).

831   *Thorn,* in: Rauscher, EuZPR/EuIPR, Art. 9 Rom I-VO, Rn. 67 f.: Nicht von Art. 9 Abs. 3 S. 1 Rom I-VO erfasst sind hingegen anspruchsbegründende Eingriffsnormen, wie sie das deutsche Recht im Bereich des Urheberrechts (§§ 32, 32a UrhG iVm § 32b UrhG) und das Europarecht für den Ausgleichsanspruch des Handelsvertreters (§ 89b HGB) kennt.

832   So insbesondere *Thorn,* in: Rauscher, EuZPR/EuIPR, Art. 9 Rom I-VO, Rn. 63; *Freitag,* in: Reithmann/Martiny, Internationales Vertragsrecht, Rn. 643. A.A. *Pfeiffer*, Neues Internationales Vertragsrecht - Zur Rom I-Verordnung, EuZW 2008, S. 622 (628).

833   *Thorn,* in: Rauscher, EuZPR/EuIPR, Art. 9 Rom I-VO, Rn. 64.

834   Vgl. oben: Kap. 1. A. II. 1.

erklärt, sieht Art. 9 Abs. 3 Rom I-VO eine Ermessensentscheidung des jeweiligen Richters vor („kann").[835] Dabei konkretisiert Satz 2 das Ermessen
des zuständigen Richters bezüglich der Berücksichtigung als solcher („ob")
und der Art und Weise der Berücksichtigung („wie") durch entsprechende
Abwägungsfaktoren.[836]

a)   Entschließungsermessen („ob")

Art. 9 Abs. 3 Rom I-VO räumt dem Richter ein recht weites Entschließungsermessen ein. Die Abwägungsfaktoren in Satz 2 beziehen sich zum einen
auf Art und Zweck und zum anderen auf die möglichen Folgen einer Anwendung bzw. Nichtanwendung der ausländischen Eingriffsnorm. Ersteres
ermöglicht es den Richtern, eine materiell-rechtliche Bewertung der ausländischen Eingriffsnorm vorzunehmen.[837] Sofern die entsprechenden Vorschriften im Widerspruch zu wesentlichen Wertvorstellungen des deutschen oder europäischen Rechts stehen, bleiben sie von vornherein unberücksichtigt.[838] Umgekehrt sollen sie dann als unbedenklich eingestuft werden, wenn es im Inland vergleichbare Bestimmungen gibt bzw. Interessenidentität herrscht.[839]
Denkbar wäre hier folgendes Szenario: Am ausländischen Erfüllungsort
(z.B. Ort der Baustelle) existiert eine Sanktionsnorm, welche „de facto"-
Vergaben untersagt und daraufhin geschlossene Verträge für unwirksam erklärt. Gleichzeitig fehlt es an einer dem § 101b Abs. 2 GWB vergleichbaren
Fristenregelung. Im Gegenteil, die Unwirksamkeit kann jederzeit nach Vertragsschluss festgestellt werden (solange noch nicht Erfüllung eingetreten
ist). Zusätzlich ist nach autonomer Begriffsbestimmung des Art. 9 Abs. 1
Rom I-VO eine überindividuelle Zielrichtung gegeben und zumindest aus
dem Zweck der Norm folgt deren internationaler Geltungsanspruch.

---

835   *Garcimartín Alférez*, The Rome II Regulation: On the way towards a Eu-
      ropean Private International Law Code, EuLF 2007-I, S. 77; *Pfeiffer*,
      Neues Internationales Vertragsrecht - Zur Rom I-Verordnung, EuZW 2008, S.
      628.
836   *Thorn*, in: Rauscher, EuZPR/EuIPR, Art. 9 Rom I-VO, Rn. 69.
837   Was nach *Thorn*, in: Rauscher, EuZPR/EuIPR, Art. 9 Rom I-VO, Rn. 71, einer
      „vorweggenommenen ordre public-Prüfung nahekommt".
838   *Thorn*, in: Rauscher, EuZPR/EuIPR, Art. 9 Rom I-VO, Rn. 71.
839   *Czernich/Heiss*, Das Europäische Schuldvertragsübereinkommen: EVÜ, Art. 7,
      Rn. 41; *Martiny*, in: Münchener Kommentar, BGB, Bd. 10, Art. 9 Rom I-VO, Rn.
      119; *Pfeiffer*, Neues Internationales Vertragsrecht - Zur Rom I-Verordnung,
      EuZW 2008, S. 628.

Kurzum: Es liegt eine Eingriffsnorm im Sinne des Absatz 1 vor. Nunmehr kommt es durch einen öffentlichen Auftraggeber (nach deutschem Recht) zu einer „de facto"-Vergabe an ein deutsches Unternehmen. Davon erfährt ein Unternehmen mit Sitz am Erfüllungsort, welches als potentieller Teilnehmer eines pflichtgemäß durchzuführenden Vergabeverfahrens in Frage gekommen wäre. Allerdings ist die Frist des § 101b Abs. 2 GWB schon abgelaufen. Nach deutschem Recht könnte das Unternehmen nicht mehr gegen den Vertrag vorgehen. Er wäre im Hinblick auf den vergaberechtlichen Verfahrensverstoß unangreifbar geworden. Indes sieht die ausländische Rechtsordnung eine Regelung vor, wonach auch jetzt noch ein erfolgreiches Vorgehen gegen die „de facto"-Vergabe möglich wäre. Sollte das entsprechende Unternehmen in Deutschland gegen diesen Vertrag gerichtlich vorgehen, hätte das deutsche Gericht nach Art. 9 Abs. 3 Rom I-VO zu entscheiden, ob es die ausländische Eingriffsnorm zu berücksichtigen hat und den geschlossenen Vertrag – trotz Ablauf der 6-Monatsfrist des § 101b Abs. 2 GWB – für unwirksam erklären muss. Dies hinge maßgeblich davon ab, welches Gewicht dem Umstand beigemessen wird, dass die ausländische Eingriffsnorm eine längere Angreifbarkeit des aufgrund der „de facto"-Vergabe geschlossenen Vertrages ermöglicht und damit das Gut der Rechtssicherheit zugunsten der Vertragspartner als weniger schutzwürdig angesehen wird. Denn auf der anderen Seite ließe sich genauso argumentieren, dass eine Sanktionsnorm, die gegen „de facto"-Vergaben vorgeht, im Grunde genommen dasselbe Ziel verfolgt, wie die nationale Norm, nämlich derartige Vergaben generell zu unterbinden. Je nachdem, ob man auf den Rechtssicherheitsaspekt oder aber den Sinn und Zweck des Sanktionscharakters abstellt, scheint es gerechtfertigt, eine Interessenidentität abzulehnen oder anzunehmen.[840]

Zudem sind bei der Frage der Wirkungsverleihung auch die Folgen einer Anwendung oder Nichtanwendung zu berücksichtigen (vgl. Art. 9 Abs. 3 S. 2 Rom I-VO). Diesbezüglich wird auf die Vereinbarkeit der Rechtsfolgen mit dem Vertragsstatut abgestellt.[841]

---

840   Allein dieses abstrakte Beispiel macht deutlich, wie „nützlich" das Einräumen eines Entschließungsermessens zugunsten der Forumsrichter in der konkreten Anwendungsfrage ist. Mit Blick auf die Rechtssicherheit und eine einheitliche Rechtswendung in den Mitgliedstaaten ist die Regelung des Art. 9 Abs. 3 Rom I-VO mehr als bedenklich, so auch *Thorn,* in: Rauscher, EuZPR/EuIPR, Art. 9 Rom I-VO, Rn. 70.

841   *Czernich/Heiss,* Das Europäische Schuldvertragsübereinkommen: EVÜ, Art. 7 EVÜ Rn. 42; *Martiny,* in: Münchener Kommentar, BGB, Bd. 10, Art. 9 Rom I-VO, Rn. 120.

b)   Methodik der Wirkungsverleihung („wie")

Fraglich bleibt das „Wie" der Wirkungsverleihung. Hierzu schweigt Absatz 3, weswegen vorerst auch weiterhin auf die hierzu entwickelten Thesen abzustellen ist. Im Wesentlichen werden zur Frage der Art und Weise der Wirkungsverleihung drei Ansätze vertreten: Eine kollisionsrechtliche Sonderanknüpfung[842], eine materiell-rechtliche Berücksichtigung ausländischer Eingriffsnormen[843] und die sog. Schuldstatutstheorie[844].

---

842   Zumindest in der Lehre scheint diese Ansicht herrschend zu sein: *Hohloch*, in: Erman/Westermann, BGB, Bd.2, Art. 34 EGBGB, Rn. 24; *Kropholler*, Internationales Privatrecht, § 52 IX 3; *Lando/Nielsen*, "The Rome I Regulation", Common Market Law. Review, CML Rev. 45 (2008), S. 1716 (1719); *Limmer*, in: Reithmann/Martiny, Rn. 458; *Martiny*, in: Münchener Kommentar, BGB, Bd. 10, Art. 9 Rom I-VO, Rn. 43; *Wengler*, Die Anknüpfung des zwingenden Schuldrechts im IPR, ZVglRWiss 54 (1941), S. 168 ff.; *Zweigert,* Nichterfüllung aufgrund ausländischer Leistungsverbote, RabelsZ 14 (1941), S. 283 ff. Dafür spricht auch, dass bereits die Vorgängervorschrift des Art. 7 Abs. 1 EVÜ und auch Art. 19 des Schweizer IPRG der Sonderanknüpfungslehre folgt(e).

843   Hiernach wird vertreten, ausländische Eingriffsnormen als Erfüllungshindernisse oder über Generalklauseln wie § 134, 138 BGB zu berücksichtigen. Hauptsächlich wird der Vorteil darin gesehen, dass somit flexibel, je nach Einzelfall, ausländische Normen in die Entscheidungsfindung Einzug finden könnten. Gerade für deutsche Gerichte ist dieser Ansatz attraktiv (sofern deutsches Recht Vertragsstatut ist), da so – ohne großen Begründungsaufwand - ausländische Regelungen in die heimische Rechtsordnung eingebaut werden konnten. U.a. vertreten von: BGH, Urt. v. 21.12.1960 – VIII ZR 1/60 = BGHZ 34, S. 169 (177); BGH, Urt. v. 22.06.1972 II ZR 113/70 = BGHZ 59, S. 82 (85 f.); BGH, Urt. v. 17.11.1994 – III ZR 70/93 = BGHZ 128, S. 41 (53).

844   Nach dieser Auffassung sind ausländische Eingriffsnormen nach deren Herkunft zu differenzieren. So seien Eingriffsnormen der lex causae als Bestandteil des Vertragsstatuts anzuwenden, weshalb sie nicht unter Art. 9 Abs. 3 Rom I-VO fallen würden. Auf der anderen Seite könnten Eingriffsnormen anderer ausländischer Rechtsordnungen (also solche, die nicht Bestandteil der lex causae wären) nur auf der Ebene des materiellen Rechts Berücksichtigung finden. Vorteil dieser Ansicht ist natürlich, dass es nicht notwendig wird, im Rahmen der lex causae zwischen einfachen und international zwingenden Normen zu unterscheiden, da die lex causae in ihrer Gesamtheit angewandt wird, vgl. hierzu *Thorn,* in: Rauscher, EuZPR/EuIPR, Art. 9 Rom I-VO Rn. 77. Vertreter dieser Ansicht sind u.a.: *Mann,* Conflict of Laws and public Law, Rec. des Cours 132 (1971 -I), S.107 (157 ff.); *ders.* Eingriffsgesetze und IPR, in: FS für Wahl, S. 147 ff.; *Serick*, Die Sonderanknüpfung von Teilfragen im Internationalen Privatrecht, RabelsZ 18 (1953), S. 633 (646 ff.); *van Hecke*, Vertragsautonomie und Wirtschaftsgesetzgebung im IPR, ZfRV 7 (1966), S. 23 (28 ff.); *Heini*, Ausländische Staatsinteressen und IPR, ZSchweizR 100 I (1981), S. 77 ff.; *Busse*, Die Berücksichtigung ausländischer „Eingriffsnormen" durch die deutsche Rechtsprechung, ZVglRWiss. 95 (1996), S. 386 (390 ff.); *Spickhoff*, in: Bamberger/Roth, Art. 34 EGBGB, Rn. 27.

Mit *Magnus*[845] und *Thorn*[846] wird vorliegend der erstgenannten Auffassung gefolgt, wonach sämtliche ausländischen Eingriffsnormen im Wege einer kollisionsrechtlichen Sonderanknüpfung zu beachten sind. Gegen die Schuldstatutstheorie sprechen vor allem dogmatische Gesichtspunkte.[847] Eine materiell-rechtliche Berücksichtigung ausländischer Eingriffsnormen – also auf der Ebene des materiellen Vertragsrechts – führt hingegen „als Kehrseite ihrer Flexibilität zu großer Rechtsunsicherheit"[848]. Neben dogmatischen Argumenten streitet für eine kollisionsrechtliche Sonderanknüpfung zudem der Umstand, dass sie den internationalen Entscheidungseinklang fördert: Ausländische Eingriffsnormen werden wie eigene, unabhängig vom Forum, auf gleiche Art und Weise berücksichtigt.[849]

Auf das obige Beispiel der ausländischen Eingriffsnorm zurückgreifend, die den als Folge einer „de facto"-Vergabe geschlossenen Vertrag auch nach Ablauf einer 6-Monatsfrist für unwirksam erklären würde, müsste das deutsche Gericht diese Vorschrift im Wege der kollisionsrechtlichen Sonderanknüpfung berücksichtigen. Sie ist gerade *nicht* Bestandteil des Vertragsstatuts[850] und kann bzw. muss deshalb „besonders", also eigenständig

---

845   *Magnus*, in: Staudinger, BGB (2002), Art. 34 EGBGB, Rn. 139.

846   *Thorn,* in: Rauscher, EuZPR/EuIPR, Art. 9 Rom I-VO, Rn. 80.

847   *Thorn,* in: Rauscher, EuZPR/EuIPR, Art. 9 Rom I-VO Rn. 78, weil bspw. traditionelle Eingriffsnormen aus dem öffentlichen Recht nicht Bestandteil des Vertragsstatuts sein können. Gleiches gelte auch für das Sonderprivatrecht; auch sonderprivatrechtliche Eingriffsnormen haben einen selbstbestimmten räumlichen Anwendungsbereich (vgl. § 32b UrhG), der oftmals von den Anknüpfungskriterien des allgemeinen Vertragsstatuts abweicht.

848   *Magnus*, in: Staudinger, BGB (2002), Art. 34 EGBGB, Rn. 140; *Fetsch*, Eingriffsnormen und EG-Vertrag (2002), S. 20 f. Eine materiell-rechtliche Berücksichtigung ist immer abhängig von der lex causae: Sind lex fori und lex causae identisch, ist es für die Richter ohne weiteres möglich, ausländische Eingriffsnormen zu berücksichtigen. Ganz anders verhält es sich allerdings, wenn die lex causae fremdes Recht darstellt. Dann „steht der Richter vor einer anspruchsvollen, bisweilen kaum zu erfüllenden Aufgabe", *Thorn,* in: Rauscher, EuZPR/EuIPR, Art. 9 Rom I-VO, Rn. 79.

849   *Thorn,* in: Rauscher, EuZPR/EuIPR, Art. 9 Rom I-VO, Rn. 80. Im Zusammenhang mit Art. 9 Abs. 3 Rom I-VO vertritt zudem auch *Freitag*, Die kollisionsrechtliche Behandlung ausländischer Eingriffsnormen nach Art. 9 Abs. 3 Rom I VO, IPRax 2009, S. 109 (115), die Meinung, dass der Richter im Zweifel der Sonderanknüpfung den Vorzug zu geben habe. Grundsätzlich stehe es aber in seinem Ermessen, ob er ausländischen Eingriffsnormen über die Sonderanknüpfung oder durch materielle Berücksichtigung Wirkung verleihe.

850   So auch *Einsele*, Auswirkungen der Rom I-Verordnung auf Finanzdienstleistungen, WM 2009, S. 289 (297); *Freitag*, in: Reithmann/Martiny, Internationales Vertragsrecht, Rn. 646; *Schurig*, Zwingendes Recht, „Eingriffsnormen" und neues IPR, RabelsZ 54 (1990), S. 217 (244 ff.); *Kleinschmidt*, Zur Anwendbarkeit

angeknüpft werden. Das Einfallstor des Art. 9 Abs. 3 Rom I-VO ermöglicht ein solches Vorgehen, sofern die oben genannten Voraussetzungen erfüllt sind.

V.   Rechtswahl verstößt nicht gegen ordre public, Art. 21 Rom I-VO

Sollte es zur Wahl deutschen Vertragsrechts kommen, bedarf es keiner weiteren Überprüfung nach Art. 21 Rom I-VO, wenn ein deutsches Gericht in der jeweiligen Streitigkeit angerufen wurde. Kommt es hingegen bei deutschem Vertragsstatut zur Klage vor einem ausländischen Gericht, ist dessen lex fori für die Beurteilung maßgeblich. D.h. aus Sicht des Forums könnte über Art. 21 Rom I-VO eine Nichtanwendbarkeit deutschen Vertragsrechts herbeigeführt werden, sofern die deutschen Regelungen dem ordre public des Forumstaates widersprechen. Gleiches gilt für Konstellationen, in denen fremdes Vertragsrecht die lex causae bildet und ein deutsches Gericht angerufen wurde. Die lex fori ist hier das deutsche Recht, so dass die vereinbarte lex causae dem deutschen ordre public genügen muss.

Innerhalb der Europäischen Union darf von dem ordre public-Vorbehalt allerdings nur zurückhaltend Gebrauch gemacht werden: Insoweit gebietet der Grundsatz des *effet utile*[851], dass die europäischen Grundfreiheiten, aber auch die europäischen Verordnungen und ins nationale Recht umgesetzte Richtlinien, nicht durch eine Berufung auf den nationalen ordre public „konterkariert" werden.[852] Unter dem ordre public werden nach der Definition des EuGH „alle nationalen Vorschriften" verstanden, „deren Einhaltung als so entscheidend für die Wahrung der politischen, sozialen oder wirtschaftlichen Organisation des betreffenden Mitgliedstaates angesehen

---

zwingenden Rechts im internationalen Vertragsrecht unter besonderer Berücksichtigung von Absatzmittlerverträgen, S. 284; *Droste*, Der Begriff der „zwingenden Bestimmung" in den Art. 27 ff. EGBGB, S. 116 ff.

851   Danach soll das Gemeinschaftsrecht nach seiner „praktischen Wirksamkeit" ausgelegt werden, anstelle vieler, EuGH, Urt. v. 19.11.1991 – verb. Rs. C-6/90 und C-9/90, Slg. 1991, S. I-5357 (5414).

852   *Lorenz*, in: Bamberger/Roth, BGB, Art. 6, Rn. 14; *Sonnenberger*, in: Münchener Kommentar, BGB, Bd. 10, Einl. IPR, Rn. 209. *Thorn,* in: Rauscher, EuZPR/EuIPR, Art. 21 Rom I-VO, Rn. 5. Das ergibt insoweit Sinn, als die Grundfreiheiten sowie die Menschenrechte des EMRK ohnehin Teil des nationalen ordre public eines jeden Mitgliedstaats sind, *Leible/Lehmann*, Die neue EG-Verordnung über das auf außervertragliche Schuldverhältnisse anzuwendende Recht ("Rom II"), RIW 2007, S. 721 (734); *Thorn*, in: Palandt: BGB, Art. 21 Rom I-VO, Rn. 4.

wird, dass ihre Beachtung für alle Personen, die sich im nationalen Hoheitsgebiet dieses Staates befinden, und für jedes dort lokalisierte Rechtsverhältnis vorgeschrieben ist"[853]. Im Bereich des Vertragsrechts existieren bereits
auf der Ebene der Anknüpfungsregelungen zahlreiche wirkungsvolle In-
strumente zur Durchsetzung materiell-rechtlicher Gerechtigkeitsvorstellungen. Genannt sei hier nur Art. 9 Rom I-VO.[854] Eines Rückgriffs auf den
ordre public-Vorbehalt bedarf es in einer solchen Konstellation nicht
mehr.[855] So ist es nicht verwunderlich, dass Art. 21 Rom I-VO auf der
Ebene des Vertragsrechts praktisch keine Rolle (mehr) spielt.[856] Höchstens
in seiner Ausgestaltung als negativer ordre public, also zur Abwehr ausländischen (Sach-)Rechts (Abwehrfunktion), kann Art. 21 Rom I-VO weiterhin eine gewisse Bedeutung erlangen.[857] Innerhalb der Europäischen Union
darf der nationale ordre public nur zur Erreichung von Zielen herangezogen
werden, die im Einklang mit dem Unionsrecht (u.a. den Grundfreiheiten)
stehen.[858] Vor allem aber ist zu fordern, dass das jeweilige ausländische
Sachrecht „offensichtlich" unvereinbar mit dem ordre public der lex fori ist,
vgl. Art. 21 Rom I-VO. Wie Erwägungsgrund Nr. 37[859] zur Verordnung
klarstellt, kann es nur unter „außergewöhnlichen Umständen" gerechtfertigt
sein, dass die Gerichte eines Mitgliedstaats von der Vorbehaltsklausel Gebrauch machen.[860] Erforderlich ist also ein „eklatanter Verstoß gegen den

---

853   EuGH, Urt. v. 23.11.1999 - Rs. C-369/96 (*Arblade*), Slg. 1999 I, S. 8453, Rn. 30
      = EuZW 2000, S. 88; zust. *Thorn,* in: Rauscher, EuZPR/EuIPR, Art. 21 Rom I-
      VO, Rn. 6 u. 8; *Martiny,* in: Münchener Kommentar, BGB, Bd. 10, Art. 21 Rom
      I-VO, Rn. 3 f.

854   Insoweit kommt Art. 9 Rom I-VO einer „vorweggenommenen ordre public-Prü-
      fung" sehr nahe, *Thorn,* in: Rauscher, EuZPR/EuIPR, Art.9 Rom I-VO, Rn. 71.
      Mit *Hausmann,* in: Staudinger, BGB, EGBGB/IPR, Art. 21 Rom I-VO, Rn. 2, ist
      davon auszugehen, dass nunmehr einzig Art. 9 Rom I-VO zur unmittelbaren
      Durchsetzung von ordnungsrechtlichen Sachnormen der lex fori herangezogen
      werden muss (positive Funktion). Der „positive" ordre public liegt der Rom I-VO
      damit nicht mehr zugrunde.

855   *Thorn,* in: Rauscher, EuZPR/EuIPR, Art. 21 Rom I-VO, Rn. 10.

856   Eine größere Rolle nimmt der ordre public-Vorbehalt vornehmlich im Personen-
      , Familien- und Erbrecht ein.

857   Nach dem negativen ordre public-Vorbehalt soll verhindert werden, dass die An-
      wendung ausländischer Rechtsnormen im Gerichtsstaat zu einem Ergebnis führt,
      welches mit grundlegenden Gerechtigkeitsvorstellungen der lex fori unvereinbar
      ist, *Hausmann,* in: Staudinger, BGB, EGBGB/IPR, Art. 21 Rom I-VO, Rn. 9.

858   Sog. „europarechtlichen Schranken des nationalen ordre public", *Hausmann,* in:
      Staudinger, BGB, EGBGB/IPR, Art. 21 Rom I-VO, Rn. 12.

859   Dort heißt es in Satz 1: „*Gründe des öffentlichen Interesses rechtfertigen es, dass
      die Gerichte der Mitgliedstaaten unter außergewöhnlichen Umständen die Vor-
      behaltsklausel („ ordre public") und Eingriffsnormen anwenden können*.".

860   *Hausmann,* in: Staudinger, BGB, EGBGB/IPR, Art. 21 Rom I-VO, Rn. 17.

Kernbestand der Rechtsordnung des Gerichtsstaates"[861]. Der BGH sieht einen solchen nur, wenn das ausländische Recht „zu den Grundgedanken der deutschen Regelungen und den in ihnen enthaltenen Gerechtigkeitsvorstellungen in so starkem Widerspruch steht, dass es nach inländischer Vorstellung schlechthin untragbar erscheint", dieses anzuwenden.[862] Die Rechtsprechungshistorie des BGH zeigt hier sehr anschaulich, wie restriktiv der ordre public-Vorbehalt zur Abwehr ausländischen Sachrechts allgemein zur Anwendung gelangt.[863] Bis heute existieren keine Entscheidungen im Zusammenhang mit der Ausführung von Bau-, Liefer-, Werk- oder sonstigen Dienstleistungsverträgen, die als Ausführungshandlungen vergaberechtlicher Zuschlagsentscheidungen in Betracht kommen. Ist die Praxisrelevanz des ordre public nach Art. 21 Rom I-VO schon dem Grunde nach gering, so gilt dies erst recht für Verträge zwischen öffentlichem Auftraggeber und privaten Auftragnehmer.

VI. Zwischenergebnis

Der Vertrag zwischen öffentlichem Auftraggeber und privatem Auftragnehmer ist einer ausdrücklichen (Art. 3 Abs. 1 S. 2 Alt. 1 Rom I-VO) wie konkludenten Rechtswahl (Art. 3 Abs. 1 S. 2 Alt. 2 Rom I-VO) zugänglich.

Eine ausdrückliche Rechtswahl kann durch Verweisungsvertrag, ggfs. auch in AGB getroffen werden. Der Verweisungsvertrag muss unter der Beachtung von Art. 3 Abs. 5 iVm Art. 10 Abs. 1 und 2 Rom I-VO geschlossen werden.

Eine konkludente Rechtswahl kann für sich genommen bereits durch die Bezugnahme auf die VOB/B in den AGB des öffentlichen Auftraggebers zustande kommen. Gleiches gilt für Gerichtsstandsklauseln. In der Summe (aber niemals für sich alleine) können zudem von der Vertragssprache, der

---

861 *Hausmann*, in: Staudinger, BGB, EGBGB/IPR, Art. 21 Rom I-VO, Rn. 18, Bezug nehmend auf die Begründung des Regierungsentwurfs zu Art. 6 EGBGB, BT-Drucks. 10/504, S. 43; zustimmend BGH NJW 1998, S. 2452 (2453).

862 Zu Art. 6 EGBGB: BGH, Urt. v. 21.04.1998 – XI ZR 377/97 = BGHZ 138, S. 331 (335) = NJW 1998, S. 2358; BGH, Urt. v. 28.04.1988 – IX ZR 127/87 = BGHZ 104, S. 240 (243) = NJW 1988, S. 2173. Zu Art. 27 Nr. 1 EuGVÜ: BGH, Urt. v. 16.09.1993 – IX ZB 82/90 = BGHZ 123, S. 268 (270) = NJW 1993, S. 3269. Zu § 328 Abs. 1 Nr. 4 ZPO: BGH, Urt. v. 04.06.1992 – IX ZR 149/91 = BGHZ 118, S. 312 (330) = NJW 1992, S. 2096.

863 Sehr übersichtlich (unterteilt nach „allgemeinen Vertragsrecht" und „einzelne Vertragstypen") und informativ hierzu: *Hausmann*, in: Staudinger, BGB, EGBGB/IPR, Art. 21 Rom I-VO, Rn. 25 f.

Staatsangehörigkeit der Vertragspartner, dem Abschlussort des Vertrages und dem Geschäftssitz der Parteien Indizwirkungen für eine konkludente Rechtswahl ausgehen.

Die jeweiligen Rechtswahlvereinbarungen müssen ihrerseits der Schrankenregelung des Art. 3 Abs. 4 Rom I-VO genügen.

Die Normen des Vergabeverfahrensrechts des GWB haben nicht den Charakter international zwingender Eingriffsnormen nach Art. 9 Abs. 2 Rom I-VO.

Nach Art. 9 Abs. 3 Rom I-VO können ausländische Eingriffsnomen auch vor deutschen Gerichten berücksichtigt werden. Allerdings geschieht dies nicht auf materiell-rechtlicher Ebene, sondern im Wege der kollisionsrechtlichen Sonderanknüpfung.

Der ordre public nach Art. 21 Rom I-VO ist dagegen nur von untergeordneter Bedeutung und spielt bei Verträgen zwischen öffentlichen Auftraggebern und privaten Auftragnehmern de facto keine Rolle.

C.   Primäre Rechtsschutzverfahren des Vergaberechts

Von der Möglichkeit und Zulässigkeit von Rechtswahlvereinbarung ausgenommen sind die primären Rechtsschutzverfahren. Dies sind, wie bereits dargestellt,[864] einer kollisionsrechtlichen Anknüpfung nicht zugänglich.

D.   Sekundäransprüche

Wenn Rechtswahlvereinbarungen diskutiert werden, ist auch bei sekundären Anspruchsbegehren den kollisionsrechtlichen Verknüpfungen der Schadensersatznormen zu ihren jeweiligen Verfahren (Vergabeverfahren und primäres Rechtsschutzverfahren) Rechnung zu tragen.

Wenn aber weder für das Vergabeverfahren noch für die primären Rechtsschutzverfahren nach §§ 107 ff. und §§ 116 ff. GWB die Möglichkeit einer ausdrücklichen oder konkludenten Rechtswahlvereinbarung bzw. einer kollisionsrechtlichen Anknüpfung in Frage kommt, muss das bei konsequenter Beachtung der verfahrensakzessorischen Anknüpfung auch für die Sekundäransprüche gelten. Ansonsten könnte man über Rechtswahlver-

---

864   Vgl. oben: Kap. 2, C.

einbarungen den aus kollisionsrechtlicher Sicht einheitlichen Komplex zwischen Verfahren und Schadensersatzanspruch aufheben und die akzessorische Anknüpfung zunichtemachen. Um diesen Einheit zu wahren, hat sowohl für die Anspruchsbegehren aus § 126 GWB und §§ 280 Abs. 1, 241 Abs. 2, 311 Abs. 2 BGB als auch für die gemäß § 125 GWB die Möglichkeit einer Rechtswahl auszuscheiden. [865]

E.   Ergebnis Kapitel 3

Erneut ist nur die Ausführungshandlung einer ausdrücklichen wie konkludenten Rechtswahl nach Art. 3 Abs. 1 S. 2 Alt. 1 oder 2 Rom I-VO unter Beachtung der Schrankenregelung nach Art. 3 Abs. 4 Rom I-VO zugänglich. Die Rechtswahl muss dabei zusätzlich den Anforderungen des Art. 9 Rom I-VO genügen.

Für alle anderen Rechtsverhältnisse kommt die Möglichkeit einer ausdrücklichen oder konkludenten Rechtswahl nicht in Betracht.

Bei dem Vergaberechtsverhältnis verhindert der verfahrensrechtliche Charakter der Normen die Möglichkeit einer Rechtswahlvereinbarung.

Zudem entspricht es gerade Sinn und Zweck des Vergabeverfahrens, die Privatautonomie bei öffentlichen Auftragsvergaben in Bezug auf die freie Wahl des Vertragspartners außer Kraft zu setzen. Dann kann aber nicht über eine privatautonome Rechtswahlvereinbarung dieser Regelungszweck konterkariert werden. Die Vergaberechtspflichtigkeit ist damit kein Umstand, denen sich die Verfahrensbeteiligten aufgrund beiderseitigen Einverständnisses vorab entledigen könnten.

Da für die primären Rechtsschutzverfahren eine kollisionsrechtliche Anknüpfung nicht in Frage kommt, (vgl. Kapitel 2 C.) scheidet die Möglichkeit und Zulässigkeit einer Rechtswahlvereinbarung denklogisch ebenfalls aus.

Aufgrund ihrer verfahrensrechtlichen Akzessorietät gelten die gleichen Schlussfolgerungen für die hier angesprochenen Sekundäransprüche. Um die kollisionsrechtliche Einheit zwischen Verfahren und Anspruch zu wahren, scheidet eine Rechtswahl konsequenterweise aus.

---

865   Aus diesem Grund ist an dieser Stelle auch nicht näher auf Art. 14 Rom II-VO einzugehen, der grundsätzlich die Möglichkeit von Rechtswahlvereinbarung im Rahmen von außervertraglichen Schuldverhältnissen zulässt.

Kapitel 4: Reichweite und Grenzen vergaberechtlicher Rechtsregime

Im Folgenden Kapitel sind die Reichweite und Grenzen sonstiger, insbesondere vergaberechtlicher Regelungen zu untersuchen.

Zunächst ist hierzu das Vergaberechtsverhältnis kollisionsrechtlich zuzuordnen. Da dieses (und die mit ihm in untrennbaren Zusammenhang stehenden Ansprüche aus § 126 GWB und §§ 280 Abs.1, 241 Abs. 2, 311 Abs. 2 BGB)[866] einer kollisionsrechtlichen Anknüpfung nach den Vorschriften des europäischen oder nationalen IPR nicht zugänglich ist[867], soll ein Zuordnungsversuch über die „Regelungen" des „Internationalen Öffentlichen Rechts"[868] vorgenommen werden. Dabei ist zu untersuchen, ob die innerstaatliche Rechtsordnung (z.B. das GWB) über öffentliches Kollisionsrecht angeknüpft werden kann. Das öffentliche Kollisionsrecht ist vom Internationalen Privatrecht abzugrenzen. Deshalb „bestimmen sich seine Methoden auch nach eigenständigen Grundsätzen"[869]. So fehlt es dem öffentlichen Kollisionsrecht anders als dem Internationalen Privatrecht an ausdrücklich geschriebenen Normen.[870] Sie müssen daher aus dem materiellen Recht[871]

---

866 Zwar sind auch die primären Rechtsschutzverfahren und der Anspruch aus § 125 GWB einer internationalprivatrechtlichen Zuordnung nicht zugänglich. Bei den Entscheidungen der Vergabekammern und Vergabesenaten handelt es sich aber um hoheitliche Maßnahmen, also acta iure imperii, die sich nach der lex fori richten, vgl. Kap. 2. C. und Kap. 3. C. Zudem werden die Entscheidungen der Vergabekammern und -senate auf deutschem Territorium getroffen. Bei dem Vergaberechtsverhältnis verhält es sich hingegen deutlich problematischer: Aufgrund seiner doppelten Zielsetzung, auf der einen Seite wettbewerblichen Zwecken zu dienen, auf der anderen Seite haushaltsschonenden Vorgaben zu genügen, ist es alles andere als leicht, für das Vergabeverfahren eine eindeutige Zuordnungsaussage zu treffen. Darüber hinaus können Vergabeverfahrenshandlungen auch außerhalb Deutschlands vorgenommen werden. Entsprechend muss hierzu eine weitergehende, vertiefende Prüfung vorgenommen werden.

867 Vgl. oben: Kap. 2. A. I. 2. u. D. III.

868 Ausführlich zum Begriff *Menzel*, Internationales Öffentliches Recht, S. 1 ff. und oben: Kap. 1. B. II. 2.

869 *Ohler*, Die Kollisionsordnung des Allgemeinen Verwaltungsrechts, S.131.

870 *Ohler*, Die Kollisionsordnung des Allgemeinen Verwaltungsrechts, S. 131 f.

871 Gegenüber dem Kollisionsrecht ist das Begriffsverständnis von „materiellem Recht" deutlich weiter; neben den herkömmlichen materiell-rechtlichen Vorschriften fallen auch Verfahrens-. Form- und Prozessvorschriften hierunter, vgl. *Kropholler*, Internationales Privatrecht, § 13 I.

entwickelt und abgeleitet werden.[872] Aus diesem Grunde sollen das Kartellvergaberecht, die Vergaberichtlinien und die völkerrechtlichen Verträge,
welche sich mit dem öffentlichen Beschaffungswesen auseinandersetzen[873],
hinsichtlich ihres kollisionsrechtlichen Gehalts untersucht und entsprechend ausgelegt werden. Hierdurch soll der *räumliche* Anwendungsbereich
des Kartellvergaberechts bestimmt werden.

Erst danach kann auf die Frage nach dem *sachrechtlichen*[874] Anwendungsbereich des 4. Teils des GWB eingegangen werden und auch nur, soweit der räumliche Anwendungsbereich des deutschen Kartellvergaberechts eröffnet ist. Dabei ist neben der öffentlichen Auftraggebereigenschaft
der inländischen[875] und extraterritorialen Einrichtungen gemäß § 98 GWB
auf die Eröffnung des *sachlichen*[876] Anwendungsbereich nach §§ 99 ff.
GWB einzugehen.

Das dann gefundene Ergebnis ist auf seine Rechtskonformität nach völ-
kergewohnheits-, europa- und verfassungsrechtlichen Gesichtspunkten hin
zu untersuchen. Dabei ist insbesondere auf die Regelungshoheit des deutschen Gesetzgebers einzugehen.

---

872   *Schlochauer*, Internationales Verwaltungsrecht, S. 6; *Neumeyer*, Internationales
      Verwaltungsrecht, Bd. 4, S. 484.
873   Das sind im vorliegenden Falle das EWR- und das EFTA-Abkommen, sowie das
      GPA und das GATT/GATS.
874   „Sachrechtlich" meint in diesem Zusammenhang das in der Sache anwendbare
      (materielle) Recht. Die Sachnorm entscheidet in der Sache selbst und ist insofern
      von der Kollisionsnorm abzugrenzen, die nur bestimmt, welche materiell-rechtli-
      chen Vorschriften zur Regelung des Sachverhalts einschlägig sind (deshalb auch
      Verweisungsnorm), vgl. *Kegel/Schurig*, Internationales Privatrecht, S. 50.
875   Also die jeweiligen öffentlichen Rechtsträger, Hauptniederlassungen und Mutter-
      gesellschaften.
876   Unter „sachlich" ist in diesem Zusammenhang das Gegenüber des „persönlichen"
      Anwendungsbereichs gemäß § 98 GWB zu verstehen.

A.   Bestimmung des räumlichen Anwendungsbereichs deutschen Kartellvergaberechts

Zur Klarstellung soll an dieser Stelle der kurze Hinweis erfolgen, dass unter Anwendungsbereich in Abgrenzung zum Geltungsbereich die sachverhaltsbezogene Reichweite des nationalen Rechts verstanden wird.[877] Der Geltungsbereich umschreibt hingegen die Vollzugsebene, also den Bereich, in dem das Gesetz vollzogen wird.[878] Vorliegend geht es *nur* um den Anwendungsbereich deutschen Kartellvergaberechts, da dessen sachverhaltsbezogene Reichweite bei Auftragsvergaben für oder durch extraterritoriale Einrichtungen in Rede steht.

Es fehlt dem öffentlichen Kollisionsrecht an geschriebenen Normen; d.h. es existieren keine sog. „offenen" Kollisionsregeln, die als solche formuliert sind.[879] Deshalb müssen etwaige kollisionsrechtliche Anwendungsregeln aus dem konkreten Sachrecht heraus entwickelt werden. Dabei können jedoch die „Institute des IPR auf das öffentliche Kollisionsrecht unter Berücksichtigung seiner Besonderheiten" übertragen werden[880]. Insofern besteht u.U. die Möglichkeit, den 4. Teil des GWB, die Vergaberichtlinien und die völkerrechtlichen Verträge zum öffentlichen Beschaffungswesen über sog. „versteckte" Kollisionsnormen anzuknüpfen. Darunter werden jene Sachnormen verstanden, die sowohl auf Tatbestands- als auch auf Rechtsfolgeseite eine bestimmte kollisionsrechtliche Behandlung voraussetzen[881], aber auf den ersten Blick objektiv verborgen bleiben[882]. Dies könnte insbesondere bei sog. „autolimitierten" oder „selbstbeschränkten Sachnormen"[883] der Fall sein: Dabei handelt es sich um Sachnormen, mit

---

877   So u.a. *Feldmüller*, Die Rechtsstellung fremder Staaten, S. 31; *v. Bar/Mankowski*, Internationales Privatrecht, Bd. 1, § 4, Rn. 68.

878   *Feldmüller*, Die Rechtsstellung fremder Staaten, S. 31. A.A. *Menzel*, Internationales Öffentliches Recht, S. 156, der zwischen dem Geltungs- und Vollzugsbereich unterscheidet.

879   *Sonnenberger*, in: Münchener Kommentar, BGB, Bd. 10, Einl. IPR, Rn. 389 u. 466.

880   *Ohler*, Die Kollisionsordnung des Allgemeinen Verwaltungsrechts, S.132.

881   *Sonnenberger*, in: Münchener Kommentar, BGB, Bd. 10, Einl. IPR, Rn. 466.

882   *Kropholler*, Internationales Privatrecht, § 13 IV 1. In gewisser Hinsicht muss das auf alle Kollisionsnormen des Internationalen Verwaltungsrechts zutreffen, wenn es im Internationalen Verwaltungsrecht keine offenen Kollisionsnormen geben kann.

883   Vgl. hierzu *Kropholler*, Internationales Privatrecht. § 13 IV 2.

eigener Bestimmung ihres räumlich-persönlichen Anwendungsbereichs.[884] Denn anders als beim Internationalen Privatrecht wird beim Internationalen Verwaltungsrecht eine „kollisionsrechtliche Entscheidung zumeist ohne weiteres entsprechend dem Zweck der Sachnorm getroffen"[885]. *Menzel* macht diesbezüglich klar, dass Aussagen zum extraterritorialen Anwendungsbereich von nationalen Rechtsnormen gerade im Öffentlichen Recht in Sachnormen enthalten sein können.[886] Am sinnvollsten erscheint es deshalb, das Vergaberecht im oberschwelligen Bereich nach seiner nationalen, europäischen und völkervertragsrechtlichen Ausgestaltung in Bezug auf seinen räumlichen Anwendungsbereich anhand seiner Sachnormen auszulegen. In der Folge wird daher versucht, eine „kollisionsrechtliche Aussage" in die unterschiedlichen „Bestimmungen hineinzulesen".[887]

I.   Auslegung der §§ 98 ff. GWB zur Bestimmung des räumlichen Anwendungsbereichs

Zunächst ist anhand einer Auslegung der §§ 98 ff. GWB deren räumliche Reichweite zu ermitteln. Dabei soll festgestellt werden, ob sich das Kartellvergaberecht von sich aus für Vergaben extraterritorialer Stellen kollisionsrechtlich für anwendbar erklärt. Die Methode der Auslegung beschränkt sich dabei auf eine grammatikalische, systematische, historische und teleologische Exegese der §§ 98 ff. GWB im Zusammenhang mit dem vorliegenden Untersuchungsgegenstand. Gerade bei der grammatikalischen und systematischen Auslegung kann es zu Überschneidungen insoweit kommen, als wortlautbezogene Deutungen immer auch auf gesetzessystematische Bezüge Rücksicht nehmen.

1.   Grammatikalische Auslegung (Wortlaut)

Bei der grammatikalischen Auslegung ist anhand des Wortlauts der jeweiligen Norm eine Inhaltsaussage zu ermitteln.

---

884   *Kegel/Schurig*, Internationales Privatrecht, S. 308 ff. Aber auch *v. Hoffmann/Thorn*, Internationales Privatrecht, S. 181, welche diese Kategorie auch zu den versteckten Kollisionsnormen zählen.
885   *Sonnenberger*, in: Münchener Kommentar, BGB, Bd. 10, Einl. IPR, Rn. 389.
886   *Menzel*, Internationales Öffentliches Recht, S. 781.
887   So *Menzel*, Internationales Öffentliches Recht, S. 782.

a)   Wortlautanalyse des § 98 GWB

Zwar findet in § 98 Nr. 1 GWB das Wort „Gebiet" Verwendung. Nach deutscher Sprachdefinition wird hierunter u.a. ein „in sich geschlossener räumlicher Bereich von größerer Ausdehnung verstanden"[888]. Es wird aber nicht erwähnt, wo dieser räumliche Bereich liegen muss, damit eine Auftraggeber-eigenschaft bejaht werden kann. So geht *von Strenge*[889] davon aus, dass der Wortlaut sogar ausländische Gebietskörperschaften umfasse. Dem Wortlaut aus § 98 Nr. 1 GWB kann mithin keine territoriale Anwendungseinschränkung entnommen werden; extraterritoriale, rechtlich unselbständige Stellen, wie Botschaften, konsularische Vertretungen oder die sog. Bundeswehrverwaltungsstellen im Ausland, fallen nach dem Wortlaut unter den Auftraggeberbegriff des § 98 Nr. 1 GWB.

Gleiches gilt für § 98 Nr. 2 GWB. Eine räumliche Eingrenzung der Auftraggebereigenschaft auf inländische Einrichtungen ist auch dieser Norm nicht zu entnehmen. Ebenso verhält es sich mit § 98 Nr. 4 GWB. Zwar taucht auch hier das Wort „Gebiet" auf, allerdings in einem anderen Zusammenhang als bei § 98 Nr. 1 GWB. Bei § 98 Nr. 4 GWB ist lediglich ein bestimmter Sachbereich gemeint[890], losgelöst von einem räumlichen Bezug[891].

Dem Wortlaut nach enthält § 98 GWB insoweit keine Aussage über eine Nichtanwendbarkeit des Kartellvergaberechts bei Auftragsvergaben durch extraterritoriale Einrichtungen. Gleiches gilt für § 99 GWB: Die Norm lässt keinerlei Rückschlüsse in Bezug auf die exterritoriale Anwendbarkeit deutschen Kartellvergaberechts zu.

b)   Wortlautanalyse der §§ 100 ff. GWB

Ergiebiger sind diesbezüglich die § 100 ff. GWB. Vorliegend lohnt insbesondere ein Blick auf § 100c Abs. 3. GWB. In Satz 1 GWB heißt es, dass das Kartellvergaberecht „nicht für die Vergabe von Aufträgen, die in einem Land außerhalb der Europäischen Union vergeben werden," gilt, „(...) wenn

---

888   Duden: http://www.duden.de/rechtschreibung/Gebiet (zuletzt abgerufen am: 30.11.2012).

889   *v. Strenge*, Auftraggebereigenschaft wegen Beherrschung durch ausländische Gebietskörperschaften, NZBau 2011, S. 17.

890   Vgl. § 98 Nr. 4 GWB: „(...) *Gebiet der Trinkwasser- oder Energieversorgung oder des Verkehrs* (...)".

891   Duden: http://www.duden.de/rechtschreibung/Gebiet (zuletzt abgerufen am: 30.11.2012).

der Einsatz[892] es erfordert, dass sie mit im Einsatzgebiet ansässigen Unternehmen geschlossen werden (...)". Daraus können vier interessante Rück- bzw. Umkehrschlüsse gezogen werden:

- Erstens, dass innerhalb der EU das deutsche Kartellvergaberecht bei allen Auftragsvergaben für oder durch extraterritoriale Einrichtungen grundsätzlich immer Anwendung findet.

- Zweitens, dass öffentliche Auftraggeber bei Auftragsvergaben außerhalb der EU nicht unter den 4. Teil des GWB fallen, sofern sie die Aufträge *vor Ort,* also an ortsansässige Unternehmen vergeben müssen.

- Drittens, dass wenn keine Verpflichtung besteht, an ortsansässige Marktteilnehmer verteidigungs- oder sicherheitsrelevante Aufträge zu vergeben, das Kartellvergaberecht sehr wohl auch bei solchen Aufträgen außerhalb der EU zur Anwendung gelangen kann.

- Und Viertens, dass für alle nicht verteidigungs- und sicherheitsrelevanten Aufträge außerhalb der EU deutsches Kartellvergaberecht grundsätzlich immer gilt.

Ebenso enthält die Regelung des § 100b Abs. 4 Nr. 2 GWB eine Aussage mit offen zur Schau getragenem, territorialem Anwendungsbezug. Danach bestimmt § 100b Abs. 4 Nr. 2 GWB, dass Aufträge zur Durchführung von Sektorentätigkeiten *außerhalb des Gebietes der Europäischen Union* vom Kartellvergaberecht nach §§ 97 ff. GWB ausgeschlossen sind, sofern diese Tätigkeiten „nicht mit der tatsächlichen Nutzung eines Netzes oder einer Anlage innerhalb dieses Gebietes verbunden sind". Diesem Passus kann entnommen werden, dass sich das Kartellvergaberecht ansonsten zur Durchführung von Vergabeverfahren für Sektorenauftraggeber innerhalb der EU nach deutschem Recht richtet, auch wenn es um Tätigkeiten außerhalb der eigenen Landesgrenzen geht. Für das außereuropäische Ausland kann das deutsche Vergaberecht hingegen nicht zur Anwendung gelangen, außer es liegen Verbindungen zu Anlagen innerhalb der EU vor, vgl. § 100b Abs. 4 Nr. 2 GWB.

---

892   Vgl. § 100c Abs. 3 S. 1 Hs. 2 GWB: „(...) *von Streitkräften oder von Polizeien des Bundes oder der Länder außerhalb des Gebiets der Europäischen Union* (...)".

c) §§ 100c Abs. 3. S. 1, 100b Abs. 4 Nr. 2 GWB „versteckte" Kollisions- und „selbstbegrenzte" Sachnormen?

Aufgrund ihres jeweils klar und eindeutig formulierten räumlichen Anwendungsbereichs erscheint es angebracht, diese beiden Normen einer genaueren Betrachtung zu unterziehen.

Zunächst einmal könnte es sich bei §§ 100c Abs. 3. S. 1, 100b Abs. 4 Nr. 2 GWB um sog. *„versteckte"* Kollisionsnormen handeln. Denn nur weil es im Internationalen Öffentlichen Recht an ausdrücklich formulierten Kollisionsnormen fehlt, kann daraus noch nicht der zwingende Rückschluss gezogen werden, dass nationale Regelungen, die einer internationalprivatrechtlichen Zuordnung nicht zugänglich sind, selbst keine versteckten Kollisionsnormen enthalten können. Denn der Terminus der Kollisionsnorm gilt universell.[893] Ihn kann nicht das Internationale Privatrecht alleine für sich beanspruchen.

Fraglich ist indes, ob die Grundsätze zu „versteckten" Kollisionsnormen vorliegend überhaupt anwendbar sind. So handelt es sich dem Grunde nach beim Vergaberechtsverhältnis, dessen Teil die Normen aus §§ 100c Abs. 3 S. 1, 100b Abs. 4 Nr. 2 GWB bilden, um deutsches Verfahrensrecht. Dieses kennt aber grundsätzlich keine versteckten Kollisionsnormen:[894] Das wiederum ist auf den einfachen Umstand zurückzuführen, dass international-verfahrensrechtliche und international-privatrechliche Gerechtigkeitsmaßstäbe voneinander unabhängig sind und entsprechend getrennt werden müssen[895]. Allerdings ist vorliegend, wie oben[896] erwähnt, auf die Besonderheiten des öffentlichen Kollisionsrechts Rücksicht zu nehmen. Eine solche ist, dass das Verwaltungsverfahrensrecht grundsätzlich nicht vom Sachrecht getrennt werden kann.[897] Denn das Verwaltungsverfahrensrecht „verwirklicht in weiten Teilen materiell-rechtliche Anforderungen aus dem Rechtsstaatsprinzip, die durchgängig sachrechtlichen Charakter haben"[898]. Genau diese Feststellung trifft auch auf das Vergabeverfahrensrecht zu. *Ziekow*

---

893 Vgl. hierzu *Ohler*, Die Kollisionsordnung des Allgemeinen Verwaltungsrechts, S. 113 ff.

894 *Sonnenberger*, in: Münchener Kommentar, BGB, Bd. 10, Einl. IPR, Rn. 468; *v. Hoffmann/Thorn*, Internationales Privatrecht, S. 181.

895 *Sonnenberger*, in: Münchener Kommentar, BGB, Bd. 10, Einl. IPR, Rn. 468.

896 Vgl. oben: Kap. 4. Einl.

897 *Ohler*, Die Kollisionsordnung des Allgemeinen Verwaltungsrechts, S. 126. A.A.: *Schurig*, Kollisionsnorm und Sachrecht, S. 165.

898 *Ohler*, Die Kollisionsordnung des Allgemeinen Verwaltungsrechts, S. 126 f mwN in Bezug auf die Anforderungen an das Verwaltungsverfahrensrecht unter Fn. 213.

und *Siegel* heben insoweit zutreffend hervor, dass das Vergabeverfahrens-recht als Handlungsrecht der Verwaltung und in diesem (formellen) Sinne als Verwaltungsverfahren anzusehen ist, bei dem es um die Wahrnehmung öffentlicher Aufgaben im Rahmen fiskalischer Hilfsgeschäfte geht[899]. Dann aber muss es möglich sein, dass das Vergabeverfahrensrecht als Teil des Verwaltungsverfahrensrechts, dem Sachrecht gleich, versteckte Kollisi-onsnormen enthält.

Der Aufbau einer (versteckten) Kollisionsnorm gleicht weitestgehend dem einer herkömmlichen Sachnorm.[900] Wie bei diesen ist das Vorhanden-sein gewisser Voraussetzungen (Tatbestand) mit einer bestimmten rechtli-chen Wirkung (der Rechtsfolge) verknüpft. Im Unterschied zur Sachnorm wird allerdings auf Rechtsfolgenseite keine Sachentscheidung getroffen, sondern lediglich das für die Sachentscheidung maßgebliche Recht be-stimmt.[901] Der Tatbestand einer Kollisionsnorm setzt sich in aller Regel aus Anknüpfungsgegenstand und Anknüpfungsmoment zusammen.[902]

§ 100c Abs. 3 S. 1 Hs. 1 GWB nennt als Anknüpfungsgegenstand Auf-tragsvergaben in den Bereichen Verteidigung und Sicherheit („dieser Teil", vgl. die Überschrift von § 100c GWB). Anknüpfungsmoment ist die „Vergabe von Aufträgen, die in einem Land außerhalb der Europäischen Union vergeben werden". Als Rechtsfolge wird bestimmt, dass deutsches Kartellvergaberecht auf derartige Auftragsvergaben keine Anwendung fin-det („gilt nicht"). Insofern handelt es sich um eine *„negativ einseitige"* Kol-lisionsnorm[903], die für Auftragsvergaben aus den Bereichen Verteidigung und Sicherheit inländisches Recht, also deutsches Kartellvergaberecht ein-seitig ausschließt, ohne die Anwendung einer entsprechenden ausländi-schen Rechtsordnung für diesen Fall anzuordnen.

Gleiches gilt für § 100b Abs. 4 Nr. 2 GWB: Auf Tatbestandsseite werden zunächst Auftragsvergaben „zur Durchführung von Tätigkeiten auf dem Gebiet der Trinkwasserversorgung oder des Verkehrs" von Sektorenauf-traggebern nach § 98 Nr. 4 GWB als Anknüpfungspunkt genannt. Das An-knüpfungsmoment bilden derartige Auftragsvergaben „außerhalb des Ge-bietes der Europäischen Union, wenn sie nicht mit der tatsächlichen Nut-zung eines Netzes oder einer Anlage innerhalb dieses Gebietes verbunden

---

899   *Ziekow/Siegel*, Das Vergabeverfahren als Verwaltungsverfahren, S. 30 (33 f.).
900   *v. Hoffmann/Thorn*, Internationales Privatrecht, S. 175; *Kropholler*, Internationa-les Privatrecht, § 13 II.
901   *v. Hoffmann/Thorn*, Internationales Privatrecht, S. 175.
902   Zum Begriffsinhalt vgl. oben: Kap. 2 Einl.
903   *Kropholler*, Internationales Privatrecht, § 13 III.

sind". Auf Rechtsfolgenseite wird erneut die Nichtanwendbarkeit des deutschen Kartellvergaberechts angeordnet („gilt nicht", vgl. Abs. 4). Deshalb handelt es sich auch hier ob des Ausschlusses deutschen Rechts und der gleichzeitig fehlenden Bestimmung einer entsprechenden ausländischen Rechtsordnung um eine sog. „negativ einseitige" Kollisionsnorm.

Mithin sind die §§ 100c Abs. 3 S. 1, 100b Abs. 4 Nr. 2 GWB in Bezug auf die sie ausschließenden Bereiche als versteckte, negativ einseitige Kollisionsnormen anzusehen.[904]

Zugleich sind diese beiden Normen aber auch „autolimitierte" oder „selbstbeschränkte" Sachnormen[905], da sie den räumlichen Anwendungsbereich für spezielle Auftragsvergaben aus dem (deutschen) Sachrecht heraus bestimmen.

Es handelt sich also um einseitig negative Kollisionsnormen, die in selbstbeschränkten Verfahrensvorschriften deutschen Rechts versteckt sind.

Daneben stellt sich jedoch die Frage, ob die beiden Vorschriften nicht auch in anderer Hinsicht als einseitige Kollisionsnormen angesehen werden können[906]. Denn Kollisions- oder Grenznormen ergeben sich hinsichtlich ihres kollisionsrechtlichen Gehalts bisweilen nicht ausdrücklich aus einer Sachnorm, sondern lassen sich unter Umständen erst durch Auslegung ermitteln.[907] Auch in solchen Fällen handelt es sich um versteckte Kollisionsnormen.[908] Dies trifft vorliegend auf sämtliche aus den beiden Normen zu ziehenden Rück- bzw. Umkehrschlüsse zu: Wie oben[909] erörtert, haben diese aufgrund ihrer Anwendungsaussagen mit räumlichen Bezug einen versteckten kollisionsrechtlichen Gehalt.

Folglich sind §§ 100c Abs. 3 S. 1, 100b Abs. 4 Nr. 2 GWB auch in Bezug auf ihre ungeschriebenen Aussagen zum Anwendungsbereich als versteckte einseitige Kollisionsnomen zu qualifizieren.

---

904 Damit entsprechen die Normen hinsichtlich ihres einseitigen Anwendungsbefehls der Mehrzahl der bekannten Kollisionsnomen im Öffentlichen Recht, wonach die Normgeltungsregeln grundsätzlich einseitig ausgestaltet sind, auch wenn eine all- oder zumindest zweiseitige Aufmachung durchaus möglich wäre, *Menzel*, Internationales Öffentliches Recht, S. 778 ff.

905 Vgl. *v. Hoffmann/Thorn*, Internationales Privatrecht, S. 181 f.; *Kegel/Schurig*, Internationales Privatrecht, S. 308 ff.; *Kropholler*, Internationales Privatrecht, § 13 IV 2. u. V.

906 *Kegel/Schurig*, Internationales Privatrecht, S. 309.

907 *v. Hoffmann/Thorn*, Internationales Privatrecht, S. 181.

908 *v. Hoffmann/Thorn*, Internationales Privatrecht, S. 181.

909 Vgl. oben: Kap. 4. A. I. 2. und 3.

d)   Zwischenergebnis

§§ 100c Abs. 3 S. 1, 100b Abs. 4 Nr. 2 GWB sind hinsichtlich ihrer ausdrücklichen Anordnung der Nichtanwendbarkeit deutschen Kartellvergaberechts bei Gegebensein bestimmter Bedingung als negativ einseitige Kollisionsnormen anzusehen, die sich in Sachnormen „versteckt" halten.

Bezüglich ihrer durch Auslegung zu ermittelnden kollisionsrechtlichen Bedeutung sind sie ebenfalls als versteckte (negativ oder positiv) einseitige Kollisionsnomen des Sachrechts zu qualifizieren.

2.   Systematische Auslegung

Bei einer systematischen Auslegung ist grundsätzlich das Ergebnis vorzugswürdig, welches den sachlichen Zusammenhang einer Norm mit anderen Normen wahrt[910]. Insbesondere dürfen sich innerhalb eines Regelungszusammenhangs nicht einzelne Regelungen widersprechen[911]. Der Zusammenhang der Normen innerhalb einer bestimmten Gruppe bildet dabei die Grundlage für die Schlussfolgerungen bezüglich der zu untersuchenden Norm.[912] Vorliegend muss geprüft werden, ob eine systematische Auslegung der §§ 98 ff. GWB allgemeine Aussagen zulässt, die auf andere Auftraggeber/-arten übertragen werden können.

Für alle öffentlichen Auftraggeber, die keine Sektorenauftraggeber sind, insbesondere solche nach § 98 Nr. 1 und Nr. 2 GWB (GIZ, Goethe-Institut, Fraunhofer-Gesellschaft, Max-Planck-Gesellschaft, KfW Entwicklungsbank), ist aus gesetzessystematischer Sicht gerade § 100b Abs. 4 Nr. 2 GWB von Interesse. Als Ausnahmevorschrift regelt sie die Anwendbarkeit des Kartellvergaberechts in Bezug auf besondere Auftraggeber (nach § 98 Nr. 4 GWB). Sie ist keine allgemeine Vorschrift. Trotzdem können aus ihr allgemeingültige Umkehrschlüsse für alle anderen Auftraggeber gezogen werden. § 100b Abs. 4 Nr. 2 GWB schließt für Sektorenauftraggeber die Anwendbarkeit des Kartellvergaberechts außerhalb der EU grundsätzlich aus. Aufgrund des Fehlens einer entsprechenden Regelung in den allgemein gehaltenen Vorschriften der §§ 100 f. GWB heißt das im Umkehrschluss,

---

910   *Larenz/Canaris*, Methodenlehre der Rechtswissenschaften, S. 164.
911   *Stein*, Die rechtswissenschaftliche Arbeit: Methodische Grundlegung und praktische Tipps, S. 38.
912   *Crass*, Der öffentliche Auftraggeber, S. 55 mVa *Bleckmann/Pieper*, in: Dauses, Handbuch EU-Wirtschaftsrecht, Bd. 2, B.I., Rn. 30.

dass für alle anderen Auftrag*geber,* die außerhalb der EU Aufträge ausschreiben und vergeben, das Kartellvergaberecht grundsätzlich immer Anwendung findet. Dies gilt aber nur insoweit, als kein verteidigungs- oder
sicherheitsrelevanter Auftrag vorliegt und die Voraussetzungen des § 100c
Abs. 3 S. 1 GWB erfüllt sind.

3.   Zwischenergebnis

Sofern extraterritoriale Einrichtungen eine Vergabeverfahren durchführen,
ob als Auftraggeber oder Stellvertreter, sind sie nach wortlautbezogener
und gesetzessystematischer Auslegung der §§ 98 ff. GWB im europäischen
und außereuropäischen Ausland vergaberechtspflichtig. Für Sektorenauftraggeber nach § 98 Nr. 4 GWB gilt dies grundsätzlich nur für den innereu-
ropäischen Bereich. Für verteidigungs- oder sicherheitsrelevante Aufträge
ist eine Anwendung des Kartellvergaberechts außerhalb der EU nur dann
vorgesehen, wenn keine Verpflichtung besteht, mit örtlich ansässigen
Marktteilnehmern zu kooperieren.

4.   Historische Auslegung

Sinn und Zweck einer historischen Auslegung ist es, nach dem Willen der
Schöpfer einer Norm bei ihrer Entstehung zu suchen.[913]
Genau an einer solchen rechtshistorisch begründbaren Aussage fehlt es
aber beim Kartellvergaberecht in Bezug auf seinen räumlichen Anwendungsbereich. Diese Frage wird in keiner Gesetzesbegründung thematisiert.
Im Hinblick auf die historische Entwicklung des Auftraggeberbegriffs ist
nicht erkennbar, dass sich der nationale Gesetzgeber mit dieser Problematik
auseinandergesetzt hat. Insofern kann einer rechtshistorischen Auslegung
kein Argument für, aber eben auch keines gegen eine Ausdehnung des Kartellvergaberechts auf extraterritoriale Einrichtungen entnommen werden.

---

913   *Magnus,* in: Staudinger, BGB, Buch 6, Art. 36 EGBGB a.F., Rn. 19.

5.   Teleologische Auslegung

Bei einer teleologischen Auslegung ist auf den Sinn und Zweck der zu untersuchenden Normen abzustellen.[914] Bei jeder Exegese nimmt sie eine herausragende Rolle ein.[915] Vorliegend bietet sich an, Sinn und Zweck der unterschiedlichen Vergaberechtsgrundsätze einer räumlichen Ausdehnung
des Kartellvergaberechts auf extraterritoriale Einrichtungen gegenüberzu-
stellen. Als Ausdruck des Wettbewerbsgrundsatzes soll zunächst auf das
Transparenzgebot und den Gleichbehandlungsgrundsatz eingegangen werden. Danach erfolgt eine teleologische Auslegung anhand des Wirtschaftlichkeitsgrundsatzes.

a)   Betrachtung im Lichte des Transparenzgebots (§ 97 Abs. 1 GWB)

Ziel des bereits oben erwähnten[916] Transparenzgebotes ist es, einen unverfälschten Wettbewerb zu garantieren und zur Öffnung der nationalen
Märkte beizutragen.[917] Transparenz wird durch Öffentlichkeit und öffentliche Ausschreibung, also durch „Verbreitung von Informationen über zu
vergebende Aufträge, verwirklicht"[918]. Die Anwendung deutschen Kartellvergaberechts im Ausland durch extraterritoriale Stellen sichert diesen
Grundsatz, sofern es in Deutschland zur öffentlichen Ausschreibung
kommt. Es liefe also nach diesem Grundsatz dem Zweck des deutschen
Vergaberechts zuwider, wenn es zur Anwendung fremden oder gar keines
Vergaberechts käme. Denn dann würde die Auftragsvergabe nicht zur Öffnung des nationalen Vergabemarktes beitragen. Dies gilt für alle öffentlichen Auftraggeber nach § 98 GWB gleichermaßen.

---

914   Vgl. EuGH, Urt. v. 25.02.1988 – Rs. 427/85 – Slg. 1988, S. 1123, Rn. 12 f. u. 22.
915   *Bleckmann/Pieper*, in: Dauses, Handbuch EU-Wirtschaftsrecht, Bd. 2, B.I., Rn.
      15, wonach der EuGH bei der Auslegung von Normen in rund der Hälfte seiner
      Entscheidungen auf die Ziele des Vertrags- und Sekundärrechts abstellt.
916   Vgl. oben: Kap. 2. A. I. 2. lit. a) lit. bb) (3) (b) (aa) (β).
917   *Bungenberg*, Vergaberecht im Wettbewerb der Systeme, S. 164.
918   *Bungenberg*, Vergaberecht im Wettbewerb der Systeme, S. 164.

b)   Betrachtung im Lichte des Gleichbehandlungsgrundsatzes (§ 97 Abs. 2 GWB)

Um einen fairen Wettbewerb zu gewährleisten, ist die Gleichbehandlung aller Bieter unerlässlich.[919] Gefordert sind gleiche Chancen für jedermann beim Zugang zum Markt der öffentlichen Auftragsvergabe.[920] Allen potentiellen Anbietern ist deshalb die Teilnahme am Vergabeverfahren zu ermöglichen.[921] Der Gleichheitssatz, in § 97 Abs. 2 GWB[922] für das Kartellvergaberecht ausdrücklich festgeschrieben, ist als Konkretisierung aller völker-, europa- und verfassungsrechtlichen Gleichheitssätze zu verstehen.[923] Die Frage ist, ob bei einer Anwendung deutschen Kartellvergaberechts durch extraterritoriale Stellen alle potentiellen Anbieter die Chance auf eine Teilnahme am jeweiligen Vergabeverfahren haben. Für europäische Marktteilnehmer ist dies ohne weiteres zu bejahen: Aufgrund der europaweiten Ausschreibung im Supplement des Amtsblatts der EU und über die Online-Suchmaske von TED besteht für jeden potentiellen Anbieter jederzeit eine Teilnahmemöglichkeit.[924] Innerhalb der EU wäre eine räumliche Ausdehnung des Auftraggeberbegriffs mithin vom Zweck des Gleichbehandlungsgrundsatzes gedeckt.

Bei Auftragsvergaben extraterritorialer Stellen außerhalb der EU (und des EWR) gilt indes Folgendes: Potentielle Anbieter sind nach der Definition des europarechtlich geprägten Vergaberechts nur solche, die innerhalb des EU-Binnenmarktes für Vergabesachen ansässig sind. Diejenigen am Ort der extraterritorialen Einrichtung zählen hingegen nicht dazu, außer es existiert ein entsprechender Staatsvertrag. Auf diese außerunionalen, aber ortsansässigen potentiellen Teilnehmer ist mithin nach dem Gleichbehand-

---

919   Vgl. oben ausführlich: Kap. 2. A. I. 2. lit. a) lit. bb) (3) (b) (aa) (γ).
920   *Bungenberg*, Vergaberecht im Wettbewerb der Systeme, S. 167.
921   *Bungenberg*, Vergaberecht im Wettbewerb der Systeme, S. 167.
922   Auch wenn der Wortlaut des § 97 Abs. 2 GWB nur von „Teilnehmern" spricht, greift der Gleichbehandlungsgrundsatz bereits dann ein, wenn ein öffentlicher Auftraggeber in einem „materiellen Sinn einen Beschaffungsbedarf dem Markt zugänglich macht", *Ziekow*, in: Ziekow/Völlnik, Vergaberecht, § 97, Rn. 21.
923   *Bungenberg*, Vergaberecht im Wettbewerb der Systeme, S. 167 f.: Dazu zählen die Gebote der Inländergleichbehandlung und der Meistbegünstigung nach den Vorschriften des GPA, der allgemeinen gemeinschaftsrechtliche Gleichheitssatz, das gemeinschaftsrechtliche Diskriminierungsverbot (Art. 18 AEUV), die Grundfreiheiten (Art. 34 ff., 49 ff., 56 ff. AEUV) sowie Art. 3 GG.
924   Zumindest in der Theorie: Denn wie die Zahlen aus der Einleitung belegen, beträgt die direkte grenzüberschreitende Vergabe nur europaweit nur 1,6%. Vgl oben: Einl. A. Fn. 20 ff.

lungsgrundsatzes keine Rücksicht zu nehmen. Sie spielen bei einer teleologischen Auslegung auf Grundlage des Gleichbehandlungsgrundsatzes keine Rolle.

Eine Ausdehnung des räumlichen Anwendungsbereichs des Kartellvergaberechts würde dem Zweck des Gleichbehandlungsgrundsatzes nicht zuwiderlaufen.

c) Sparsamer Umgang mit Steuergeldern (Wirtschaftlichkeitsgrundsatz, § 97 Abs. 5 GWB)[925]

Allgemeine Ratio des Vergaberechts ist darüber hinaus, eine wirtschaftliche Haushaltsführung der öffentlichen Hand und einen sparsamen Umgang mit Steuergeldern zu sichern.[926] So werden bestimmte privatrechtliche Gesellschaften gerade deshalb in den Anwendungsbereich des Gesetzes miteinbezogen, weil sie unmittelbar mit Steuergeldern umgehen. Im deutschen Kartellvergaberecht findet dieser Grundsatz in § 97 Abs. 5 GWB seinen Ausdruck, wonach der Zuschlag immer auf das wirtschaftlichste Angebot erteilt werden muss.

aa) Auftraggeberbegriff nach § 98 Nr. 1 oder Nr. 2 GWB im Lichte des Wirtschaftlichkeitsgrundsatzes

Natürlich sind extraterritoriale Einrichtungen öffentlicher Auftraggeber nach § 98 Nr. 1 GWB auch außerhalb Deutschlands zum sparsamen Umgang mit deutschen Steuergeldern verpflichtet. An welchem Ort das Geld

---

925 *Ziekow*, in: ders/Völlnik, Vergaberecht, § 97, Rn. 105.
926 *Noch*, Vergaberecht kompakt, S. 17. Vgl. aber auch dem Wortlaut von § 97 Abs. 5 GWB, wonach der Zuschlag auf das wirtschaftlichste Angebot erteilt wird. Auch wenn darunter nicht notgedrungen das „preiswerteste" Angebot zu verstehen ist, sieht doch Art. 53 RL 2004/18/EG und Art. 55 RL 2004/17/EG als zweiten Weg die Vergabe eines Auftrages an das „billigste Angebot" vor. Entsprechend kann der Auftraggeber auch dem preiswertesten Angebt den Zuschlag erteilen, vgl. OLG Düsseldorf, Beschl. 14.01.2009 – Az. VII-Verg 59/08 = VergabeR 2009, S. 619 (621 f.).

ausgegeben wird, macht im Zusammenhang mit dem Wirtschaftlichkeits-grundsatz keinen Unterschied.[927] Einzig und allein die Herkunft der zu ver-wendenden (Steuer-)Mittel ist entscheidend. Dies gilt auch für alle juristi-schen Personen des öffentlichen und privaten Rechts, die der Staat überwie-gend finanziert, vgl. § 98 Nr. 2 S. 1 Alt. 1 GWB. Denn jede Finanzierung, so u.a. auch die Zuwendungen an die GIZ oder an gemeinnützige Vereine wie das Goethe-Institut, die Max-Planck-Gesellschaft oder die Fraunhofer-Gesellschaft, wird erst durch Steuergelder ermöglicht. Zudem macht es sich unmittelbar im Haushalt der finanzierenden Gebietskörperschaften (Bund, Länder) bemerkbar, wenn eine von ihr beherrschte juristische Person des öffentlichen oder privaten Rechts schlecht wirtschaftet oder unwirtschaft-lich handelt[928]. Das Ziel des sparsamen Umgangs mit deutschen Steuergel-dern muss dann aber auch im Ausland gelten. Der Wirtschaftlichkeitsgrund-satz spricht aus teleologischer Sicht für eine räumliche Ausdehnung des deutschen Kartellvergaberechts.

bb)   Auftraggeberbegriff nach § 98 Nr. 4 GWB im Lichte des Wirt-schaftlichkeitsgrundsatzes

Ob dieses Argument auch für Sektorenauftraggeber gilt, ist indes fraglich. Bei Auftraggebern nach § 98 Nr. 4 GWB „handelt es sich eigentlich um private Unternehmen, die aber wie der öffentlichen Hand zugehörig behan-delt werden, da sie entweder eine Form der Staatsnähe aufweisen oder in einem gesetzlich geschützten Wettbewerb stehen"[929]. § 98 Nr. 4 GWB sieht zwei Konstellationen vor: Zum einen jene Unternehmen, denen von einer zuständigen Stelle besondere oder ausschließliche Rechte gewährt wurden (Alt. 1), zum anderen solche, die durch öffentliche Auftraggeber nach § 98 Nr. 1 bis 3 GWB beherrscht werden (Alt. 2). Damit sollen vor allem formal privatisierte Unternehmen erfasst werden, die in den genannten Sektoren-bereichen tätig sind (Trinkwasser- oder Energieversorgung, Verkehr). Für die 2. Alternative des § 98 Nr. 4 GWB gelten die gleichen Feststellungen wie zu oben unter lit. aa). Auch diese Unternehmen gehen mittelbar mit

---

927 Aus protektionistischer, also vom Kartellvergaberecht verbotener Sicht würde es
     auf den ersten Blick natürlich immer Sinn ergeben, die auszugebenden Steuergel-
     der wieder unmittelbar der eigenen Wirtschaft zugute kommen zu lassen.
928 *v. Strenge*, Auftraggebereigenschaft wegen Beherrschung durch ausländische Ge-
     bietskörperschaften, NZBau 2011, S. 17 (19).
929 *Wieddekind*, in: Willenbruch/Wieddekind, Vergaberecht Kompaktkommentar, §
     98 GWB, Rn. 75.

deutschen Steuergeldern um und schlechtes Wirtschaften wirkt sich auf die Haushalte der sie finanzierenden Gebietskörperschaften nach Ziffer 1 aus. Für Unternehmen, die hingegen ohne staatliche Beherrschung auskommen, sondern nur aufgrund besonderer oder ausschließlicher Rechte in den Sektorenbereichen tätig sind, fehlt es an der „steuerlichen Komponente". Eine sparsame Verwendung deutscher Steuergelder allein kann diesbezüglich keine Ausdehnung des räumlichen Anwendungsbereichs rechtfertigen.

d)   Begrenzung der Nachfragemacht der öffentlichen Auftraggeber

Ausfluss des dem Kartellvergaberecht immanenten Wettbewerbsgrundsatzes ist es zudem, eine Ausnutzung der Nachfragemacht[930] des öffentlichen Auftraggebers zu verhindern. Nur so kann ein diskriminierungsfreier Wettbewerb entstehen[931]. Dies gilt aber nur dort, wo von der Nachfragemacht der öffentlichen Auftraggeber ein Einfluss auf den zu schützenden Markt ausgeht. Aus deutscher Sicht ist das zunächst nur der nationale Markt. Der ist von einer Tätigkeit extraterritorialer Einrichtungen aber nicht betroffen.

e)   Zwischenergebnis

Der Zweck der unterschiedlichen Vergaberechtsgrundsätze spricht für eine Ausdehnung des räumlichen Anwendungsbereichs des deutschen Kartellvergaberechts durch extraterritoriale Einrichtungen. Hinsichtlich der sparsamen Verwendung deutscher Steuergelder (als Ausprägung des Wirtschaftlichkeitsgrundsatzes) durch extraterritoriale Einrichtungen gilt dies nur für Auftraggeber nach § 98 Nr. 1, Nr. 2 und Nr. 4 Hs. 1 Alt. 2 GWB.

---

930   *Weiss,* in: Tietje, Internationales Wirtschaftsrecht, § 5, Rn. 2. Der Staat tritt, wenn er einkauft, unabhängig von der Form und der Art des Auftretens, immer als großer und starker Nachfrager auf den Märkten auf. Völlig ungeregeltes und völlig willkürliches Auftreten könnte angesichts dieser Nachfragemacht zu einer erheblichen Störung der Märkte führen, *Jasper/Marx,* DTV-Vergaberecht, Einf., S. 17 (XVII).
931   *Zilch/Diederichs/Katzenbach,* Handbuch für Bauingenieure, S. 60; *Völlmöller* in: Schmidt/Vollmöller, Kompendium des öffentlichen Wirtschaftsrechts, S. 180.

6.   Zwischenergebnis

Aus kollisionsrechtlicher Sicht ist den Sachnormen der §§ 98 ff. GWB eine Ausdehnung des räumlichen Anwendungsbereichs des Kartellvergaberechts auf *andere EU-Mitgliedstaaten* zu entnehmen. Für Auftraggeber nach § 98 Nr. 1 und Nr. 2 GWB gilt diese Schlussfolgerung auch für das *außereuropäische* Ausland. Für eine solche Auslegung streitet insbesondere die als versteckte einseitige Kollisionsnorm des Sachrechts zu qualifizierende Vorschrift des § 100c Abs. 3 S. 1 GWB.

Der räumliche Anwendungsbereich des deutschen Kartellvergaberechts für Sektorenauftraggeber ist hingegen nach wortlautbezogener und gesetzessystematischer Auslegung gemäß der ebenfalls versteckten einseitigen Kollisionsnorm des § 100b Abs. 4 Nr. 2 GWB *nur innerhalb* der EU eröffnet.

Für verteidigungs- oder sicherheitsrelevante Aufträge ist eine Anwendung des Kartellvergaberechts außerhalb der EU nur dann vorgesehen, insoweit keine Verpflichtung besteht, mit örtlich ansässigen Marktteilnehmern zu kooperieren.

Auch das Telos des Wirtschaftlichkeitsgrundsatzes spricht kollisionsrechtlich für eine räumliche Ausdehnung des Kartellvergaberechts auf Vergaben innerhalb und außerhalb der Europäischen Union. Mangels Verwendung deutscher Steuergelder greift dieser Gedanke allerdings nicht bei Sektorenauftraggebern nach § 98 Nr. 4 Alt. 1 GWB.

Einer historischen Auslegung ist keine Aussage über die (Nicht-)Anwendbarkeit des Kartellvergaberechts bei extraterritorialem Bezug zu entnehmen.

II.   Europarechtliche (richtlinienkonforme) Auslegung

Neben den nationalen müssen auch die europarechtlichen Vorschriften auf ihren kollisionsrechtlichen Gehalt überprüft werden. Vorliegend ist eine Auslegung auf sekundärrechtlicher Ebene anhand der sog. Vergaberichtlinien vorzunehmen (sog. richtlinienkonforme Auslegung)[932]. Darunter versteht man die aus Art. 288 AEUV (ex. Art. 249 EG) iVm Art. 10 AEUV

---

932   *Brechmann*, Die richtlinienkonforme Auslegung, S. 31 ff.; *Di Fabio*, Richtlinienkonformität als ranghöchstes Normauslegungsprinzip?, NJW 1990, S. 947 ff.; *Hakenberg*, Grundzüge des europäischen Unionsrecht, S. 69 ff.; *Lechler*, Einführung in das Europarecht, S. 132.

folgende Pflicht aller Behörden und Gerichte, im Rahmen ihrer Zuständigkeit bei der Anwendung nationalen Rechts dieses im Lichte des Wortlautes und des Zweckes der Richtlinien auszulegen.[933] Das gilt auch für die hier durchzuführende Untersuchung. Besteht ein nicht zu behebender Widerspruch zwischen nationaler und richtlinienkonformer Auslegung, dann greift der Vorrang des Unionsrechts.[934] Dabei bietet es sich an, zunächst mit einer Wortlautanalyse des sekundärrechtlichen Auftraggeberbegriffs zu beginnen.[935] Im Anschluss daran erfolgt dessen systematische und teleologische Auslegung.

1. Wortlautanalyse des sekundärrechtlichen Auftraggeberbegriffs

An erster Stelle ist der Wortlaut des Auftraggeberbegriffs aus den Vergaberichtlinien mit dem aus § 98 GWB zu vergleichen. Nach der europarechtlichen Definition in Art. 1 Abs. 9 RL 2004/18/EG und Art. 2 RL 2004/17/EG sind öffentliche Auftraggeber *„der Staat, die Gebietskörperschaften, die Einrichtungen des öffentlichen Rechts und die Verbände, die aus einer oder mehreren dieser Körperschaften oder Einrichtungen des öffentlichen Rechts bestehen"*. Hierauf verweist auch Art. 17 RL 2009/81/EG.[936] Dieser Begriff fand sich auch schon in den Vorgängerrichtlinien der BKR und LKR.[937] Auffällig ist einzig, dass neben den aus § 98 GWB bekannten Kategorien zusätzlich der „Staat" erwähnt wird. Der Staat wird hier als weitere Kategorie genannt, ohne dass dies für die Auslegung des § 98 GWB von weiterer Bedeutung wäre. Denn nach dem Grundgesetz ist der Staat in Bund und Länder unterteilt, vgl. Art. 20 Abs. 1 GG. Beide Einheiten fallen aber schon unter den zweitgenannten Begriff der Gebietskörperschaften. Darüber hinaus ist der Wortlaut des Auftraggeberbegriffs aus den Vergaberichtlinien mitgliedstaatsneutral gehalten. Hinsichtlich einer Ausdehnung der Anwendungspflicht des Vergaberechts auf extraterritoriale Einrichtungen enthält er keine Aussage. Aus Wortlautsicht ändert sich für Auftraggeber

---

933 *Crass*, Der öffentliche Auftraggeber, S. 57; *Zacker/Wernicke*, Examinatorium Europarecht, S. 89.
934 *Crass*, Der öffentliche Auftraggeber, S. 58.
935 Dabei soll grundsätzlich nicht allein der deutsche Wortlaut, sondern sämtliche „gleichermaßen verbindliche Vertragssprachen" berücksichtigt werden, *Schack*, Internationales Zivilverfahrensrecht, S. 33 f.
936 Dort heißt es: *„Auftraggeber: öffentliche Auftraggeber im Sinne von Artikel 1 Absatz 9 der Richtlinie 2004/18/EG und Auftraggeber im Sinne von Artikel 2 der Richtlinie 2004/17/EG."*
937 Jeweils in Art. 1 lit. b RL 93/37/EWG (BKR) und RL 93/36/EWG (LKR).

nach § 98 Nr. 1 GWB auch nach richtlinienkonformer Auslegung nichts an dem oben[938] gefundenen Ergebnis.

Auftraggeber nach § 98 Nr. 2 und Nr. 4 GWB fallen unter die Definition der „Einrichtung des öffentlichen Rechts".[939] Von Interesse ist hier nur das Merkmal der Beherrschung: Danach ist allein maßgeblich, dass die Einrichtung *„überwiegend vom Staat, von Gebietskörperschaften oder von anderen Einrichtungen des öffentlichen Rechts finanziert wird"*. Auch hier ist der Wortlaut mitgliedstaatsneutral, weshalb grundsätzlich jede staatliche Beherrschung europaweit zu einer Qualifizierung als öffentlicher Auftraggeber führt.[940]

2. Der sekundärrechtliche Auftraggeberbegriff im Kontext der Vergaberichtlinien

Die allgemeine Vergaberichtlinie RL 2004/18/EG enthält keine Aussage über die Anwendbarkeit eines bestimmten nationalen Vergaberechtsregimes bei extraterritorialen Auftragsvergaben.

Eine mögliche Antwort auf diese Frage könnte hingegen eine andere vergaberechtliche Richtlinie, die RL 2009/81/EG, liefern. Dort heißt es in Erwägungsgrund Nr. 29: „Für den Fall, dass die Streitkräfte oder die Sicherheitskräfte der Mitgliedstaaten außerhalb der Grenzen der Union Operationen durchführen, sollten die *im Einsatzgebiet stationierten Auftraggeber*, wenn der Einsatz dies erfordert, die Erlaubnis erhalten, bei der Vergabe von Aufträgen an im Einsatzgebiet ansässige Marktteilnehmer von der Anwendung dieser Richtlinie abzusehen, und zwar auch für zivile Beschaffungen, die in unmittelbarem Zusammenhang mit der Durchführung dieses Einsatzes stehen." Fraglich ist indes, ob die spezielle RL 2009/81/EG eine allgemeine Aussage über den europarechtlichen Auftraggeberbegriff treffen kann. Denn schließlich betrifft sie nur verteidigungs- und sicherheitsrelevante Aufträge. Unabhängig davon enthält Erwägungsgrund Nr. 29 aber Sachverhaltselemente, die losgelöst von verteidigungs- und sicherheitsrelevanten Aspekten ohne weiteres auf alle Auftragsarten zutreffen könnten. Ähnlich wie oben[941] können diesem Passus damit zwei signifikante Feststellungen entnommen werden:

---

938 Vgl. oben: Kap. 4. A. I. 6.
939 Vgl. oben: Kap. 4. A. I. 4.
940 So auch *v. Strenge*, Auftraggebereigenschaft wegen Beherrschung durch ausländische Gebietskörperschaften, NZBau 2011, S. 17 (20).
941 Vgl. oben: Kap. 4. A. I. 1 lit. a).

- Erstens, dass auch extraterritoriale Einrichtungen als öffentliche Auftraggeber in Betracht kommen,
- zweitens, dass diese grundsätzlich auch außerhalb der EU zur Anwendung des Kartellvergaberechts verpflichtet sind.

Fraglich ist indes, ob alle extraterritorialen Einrichtungen als Auftraggeber in Betracht kommen. Dann bestünde die Gefahr, dass hieraus ein Widerspruch zur sekundärrechtlichen Auftraggeberdefinition entsteht. Denn „im Einsatzgebiet stationierte Auftraggeber" können vom Wortlaut her neben rechtlich selbständigen auch rechtlich unselbständige Einrichtungen sein. Dies trifft gerade auf Versorgungsstellen der jeweiligen Streitkräfte zu. Jedoch kann nach sekundärrechtlicher Auftraggeberdefinition keine rechtlich unselbständige Einrichtung öffentlicher Auftraggeber sein. Dies folgt aus Art. 1 Abs. 9 RL 2004/18/EG und Art. 2 Abs. 1 RL 2004/17/EG. Alle dort genannten Auftraggeber müssen eine eigene Rechtspersönlichkeit haben. Der „Staat" und die „Gebietskörperschaften" sind als juristische Personen[942] ebenso mit eigener Rechtspersönlichkeit ausgestattet wie die „Einrichtungen des öffentlichen Rechts" nach Art. 9 Unterabs. 2 lit. b)[943]. Rechtlich unselbständige Auftraggeber sehen die Richtlinien nicht vor. Insofern liegt auch der sekundärrechtlichen Auftraggeberdefinition eine materiellwirtschaftliche Sichtweise zugrunde. Folglich muss der Erwägungsgrund Nr. 29 der RL 2009/81/EG so ausgelegt werden, dass nur rechtlich selbständige Einrichtungen außerhalb des eigenen Staatsterritoriums öffentliche Auftraggeber sein können.

In der Summe lässt sich daraus folgender Rückschluss ziehen: Extraterritoriale Stellen kommen als öffentlicher Auftraggeber iSd Vergaberichtlinien in Betracht, wenn sie rechtlich selbständig sind. Die Auftraggeberstellung ist dann nicht an das Territorium eines Staates gebunden. *Außerhalb der EU* sind extraterritoriale Einrichtungen, unabhängig von ihrer Rechtspersönlichkeit, dem Grunde nach zur Anwendung des europarechtlichen Kartellvergaberechts verpflichtet. Da aber kein anderes EU-Mitglied aus völkergewohnheitsrechtlichen Gründen[944] auf die Einhaltung des eigenen, europarechtlich geprägten Vergaberechts bestehen kann, kommt vorliegend denklogisch nur das deutsche Kartellvergaberecht in Frage. Bei Auftraggebern nach § 98 Nr. 1 GWB wäre hierfür der deutsche Rechtsträger der ext-

---

942 Vgl. anstelle vieler: *Burgi*, in: Erichsen/Ehlers, Allgemeines Verwaltungsrecht, S. 257.

943 Dort heißt es: „*Als „Einrichtung des öffentlichen Rechts" gilt jede Einrichtung, die (...) b) Rechtspersönlichkeit besitzt und (...).*"

944 Vgl. unten: Kap. 4. C. I.

raterritorialen Einrichtung verantwortlich. Gleiches gilt für die extraterritorialen Stellen juristischer Personen des öffentlichen Rechts und Privatrechts (§ 98 Nr. 2 und Nr. 4 GWB). Für deutsche öffentliche Auftraggeber gilt folglich auch im außereuropäischen Ausland die grundsätzliche Pflicht, deutsches Kartellvergaberecht anzuwenden.

Für extraterritoriale und zugleich innerunionale Einrichtungen trifft Erwägungsgrund Nr. 29 hingegen keine Aussage. Diesbezüglich bleibt weiterhin offen, welches nationale Vergaberechtsregime maßgeblich ist.

3.   Teleologische Auslegung des sekundärrechtlichen Auftraggeberbegriffs

Eine Ausdehnung des sekundärrechtlichen Auftraggeberbegriffs auf extraterritoriale Einrichtungen ist zudem mit dem Zweck der Vergaberichtlinien in Einklang zu bringen.

Aus Art. 2 RL 2004/18/EG und Art. 10 RL 2004/17/EG folgt, dass Grundlage jedes Vergabeverfahrens die Einhaltung des Gleichbehandlungsgrundsatzes, des Diskriminierungsverbots sowie des Transparenzgebots ist.[945] Zum Gleichbehandlungsgrundsatz und zum Transparenzgebot kann nach oben[946] verwiesen werden: Auch hier gilt, dass eine Vergabe nach deutschem Kartellvergaberecht außerhalb und innerhalb der EU den Transparenzerfordernissen genügt. Innerhalb der EU wird eine Ausschreibung nach deutschem Kartellvergaberecht darüber hinaus dem Gleichbehandlungsgrundsatz gerecht. Für Märkte außerhalb der EU (und des EWR) erklärt sich dieser Grundsatz hingegen nicht für anwendbar, vgl. Art. 52 EUV und Art. 355 AEUV.

Zusätzlich enthalten die Vergaberichtlinien aber den Verweis auf das Diskriminierungsverbot aus Art. 18 AEUV (ex. Art. 12 EG). Dieser ist in § 97 GWB nicht unmittelbar enthalten.[947] Art. 18 AEUV wäre betroffen, wenn durch die Vergabe einer extraterritorialen Stelle nach deutschem Kartellvergaberecht ein anderes europäisches Unternehmen allein wegen seiner

---

945   Dort heißt es jeweils: *„Die Auftraggeber behandeln alle Wirtschaftsteilnehmer gleich und nichtdiskriminierend und gehen in transparenter Weise vor."*

946   Vgl. oben: Kap. 4. B. IV. 5. lit. a) und b).

947   Der Grund dafür liegt darin, dass das Transparenzgebot aus dem Diskriminierungsgebot abgeleitet wird, siehe nur EuGH, Urt. v. 07.12.2002 - Rs. C-324/98, Slg. 2000, S I-10 745, Rn. 60 f.; Urt. v. 21.07.2005 - Rs. C-231/03, Slg. 2005, S. I-7287, Rn. 17–19; Urt. 13.10.2005 - Rs. C-458/03, Slg. 2005, S. I-8585, Rn. 46–50; Urt. v. 13.11.2007 - Rs. C-507/03, Slg. 2007, S. I-9777,Rn. 30 f.; Urt. 15.05.2008 - verb. Rs. C-147/06 und C-148/06, Slg. 2008, S. I-3565, Rn. 20.

Herkunft benachteiligt wäre. Aufgrund der Verpflichtung zur europaweiten Ausschreibung im Supplement des Amtsblattes der EU besteht für deutsche wie für ausländische (europäische) Unternehmen gleichermaßen die (theoretische) Möglichkeit zur Teilnahme an einem Verfahren nach deutschem Kartellvergaberecht. Im Zuge der einheitlichen und standardisierten Ausgestaltungen der Kodierungen der öffentlichen Aufträge im oberschwelligen Bereich anhand des CPV-Kodexes kommt es auch zu keiner sprachlichen Benachteiligung ausländischer Marktteilnehmer.[948] Eine Anwendung deutschen Kartellvergaberechts durch extraterritoriale Einrichtungen würde folglich auch nicht das Diskriminierungsverbot aus Art. 18 AEUV verletzen.

Als Ausfluss des Wirtschaftlichkeitsgrundsatzes fordern Art. 53 RL 2004/18/EG und Art. 55 RL 2004/17/EG[949] im Rahmen der Zuschlagserteilung einen sparsamen Umgang mit Steuergeldern. Dann aber kann es keinen Unterschied machen, in welchem Mitgliedstaat eine extraterritoriale Stelle Steuergelder ausgibt.[950] Denn auch in einem anderen Mitgliedstaat ist die extraterritoriale Einrichtung über das Rechtsträgerprinzip oder den sie auf andere Weise beherrschenden Staat an das Prinzip der Wirtschaftlichkeit gebunden. Zudem bestünde ohne eine Unterwerfung unter das Vergaberecht zumindest bei juristischen Personen des Privatrechts die Gefahr, dass sich vergaberechtspflichtige Einrichtungen durch Sitzverlegung, ausländische Beteiligungen oder durch komplizierte „Unternehmensverschachtelungen" ihrer Stellung als öffentlicher Auftraggeber entledigen

---

948 Trotzdem gaben laut Bericht der Kommission aus dem Jahre 2011 über 50% der Befragten an, dass Sprachbarrieren für sie ein entscheidendes Merkmal sind, um sich nicht an einem Vergabeverfahren nach fremdem Recht zu beteiligen, Final Report: Cross-border Procurement above EU Thresholds, EU-Kommission, 2011, http://ec.europa.eu/internal_market/publicprocurement/docs/modernising_rules/cross-border-procurement_en.pdf, S. 13 (zuletzt abgerufen am: 30.11.2012).

949 Dort heißt es jeweils in Abs. 1: „*Unbeschadet nationaler Rechts- und Verwaltungsvorschriften über die Vergütung bestimmter Dienstleistungen sind die für die Zuschlagserteilung maßgebenden Kriterien a) entweder, wenn der Zuschlag auf das aus Sicht des Auftraggebers wirtschaftlich günstigste Angebot erfolgt, verschiedene mit dem Auftragsgegenstand zusammenhängende Kriterien wie: Lieferfrist bzw. Ausführungsdauer, Betriebskosten, Rentabilität, Qualität, Ästhetik und Zweckmäßigkeit, Umwelteigenschaften, technischer Wert, Kundendienst und technische Hilfe, Zusagen hinsichtlich der Ersatzteile, Versorgungssicherheit, Preis, oder b) ausschließlich der niedrigste Preis.*"

950 So auch *v. Strenge*, Auftraggebereigenschaft wegen Beherrschung durch ausländische Gebietskörperschaften, NZBau 2011, S. 17 (20).

könnten.[951] Ausgenommen sind auch hier Sektorenauftraggeber nach § 98 Nr. 4 Hs. 1 Alt. 1 GWB, da sie keine staatlichen Gelder beziehen.

Weiteres Ziel der Vergaberichtlinien ist es, die Nachfragemacht der Staaten zu kontrollieren und entsprechend zu beschränken. Für die hier in Frage kommenden extraterritorialen Stellen deutscher Gebietskörperschaften oder Auftraggeber nach § 98 Nr. 1 oder Nr. 2 GWB ist eine wettbewerbsverzerrende Wirkung grundsätzlich nicht zu befürchten. Dafür ist der Einfluss auf den ausländischen Markt zu unbedeutend.[952] Zudem erfüllen sie allesamt nichtgewerbliche Aufgaben und stehen auch in anderen Ländern nicht oder nur bedingt in wettbewerblicher Konkurrenz zueinander. Anders verhält es sich indes bei staatlich beherrschten Unternehmen nach § 98 Nr. 4 S. 1 Alt. 2 GWB. Staatlich beherrschte Sektorenauftraggeber aus Deutschland hätten ohne eine bestehende Verpflichtung zur Einhaltung der Vergaberechtsvorschriften einen Wettbewerbsvorteil gegenüber direkten inländischen Konkurrenten vor Ort, also außerhalb Deutschlands.[953]

Allerdings gilt es zu beachten, dass aus Sicht desjenigen Staates, in welchem sich die jeweilige extraterritoriale Einrichtung befindet, die vorgebrachten Argumente teilweise ebenso greifen würden. Auch dieser EU-Mitgliedstaat könnte extraterritorialen Einrichtungen ausländischer Staaten (oder von diesen beherrschte extraterritoriale Einrichtungen) eine Vergaberechtspflichtigkeit nach eigenem Recht aufbürden, um eine Umgehung der Vergaberechtspflichtigkeit zu verhindern und die Nachfragemacht fremder Staaten auf dem eigenen Staatsgebiet zu begrenzen. Gleiches gilt für die Sektorenauftraggeber. Die EU-Vergaberichtlinien sind also diesbezüglich als aussageneutral zu bezeichnen. Aus ihnen kann nicht abgeleitet werden, welches Recht auf rechtlich selbständige Einrichtungen im EU-Ausland anzuwenden ist.

---

951   Trotzdem besteht natürlich die Möglichkeit den Sitz der selbständigen Einrichtung ins außereuropäische Ausland zu verlegen. Dort gelten dann die europarechtlichen Grundsätze nur noch in den EWR-Staaten. In allen anderen Staaten ist das EU-Binnenmarktrecht nicht von Relevanz.

952   Danach stellen direkte grenzüberschreitende Vergaben nur 1,6% und indirekte 24,6% des Gesamtvolumens der öffentlichen Auftragsvergabe im oberschwelligen Bereich dar, vgl. Final Report: Cross-border Procurement above EU Thresholds, EU-Kommission, 2011, http://ec.europa.eu/internal_market/publicprocurement/docs/modernising_rules/cross-border-procurement_en.pdf, S. 3, 7, 9 und 36 (zuletzt abgerufen am: 30.11.2012).

953   So auch der Tenor von *v. Strenge*, Auftraggebereigenschaft wegen Beherrschung durch ausländische Gebietskörperschaften, NZBau 2011, S. 17 ff.

4.   Exkurs: Richtlinienkonforme Auslegung bei Freistellungen nach
       Art. 30 RL 2004/17/EG

Eine andere Frage ist indes, wie es aus Sicht einer richtlinenkonformen
Auslegung zu beurteilen ist, wenn in dem jeweiligen EU-Mitgliedstaat Sektorenauftraggeber von der Anwendungspflicht des Vergaberechts nach Art.
30 Abs. 4 bis 6 RL 2004/17/EG freigestellt wurden. Neben Österreich ist
bereits in Finnland, Schweden, England und Wales eine Freistellung in Bezug auf Auftragsvergaben im Sektor der Stromerzeugung nach Art. 30 Abs.
6 RL 2004/17/EG erfolgt.[954] In diesen Ländern ist der Markt der Stromerzeugung frei zugänglich und unmittelbar dem Wettbewerb ausgesetzt, vgl.
Art. 30 Abs. 1 iVm Abs. 2 und 3 RL 2004/17/EG. Wenn aber nun eine
deutsche Vergaberechtspflichtigkeit für Sektorenauftraggeber räumlich auf
extraterritoriale Einrichtungen ausgedehnt wird, dann führt das zu einer
Umgehung der mit Art. 30 RL 2004/17/EG bezweckten Ziele. Durch die
„Hintertür" käme es, trotz Freistellung von der Vergaberechtspflichtigkeit
in dem jeweiligen Mitgliedstaat, zu einer Anwendung deutschen Kartellvergaberechts. Das würde dem Zweck des Art. 30 RL 2004/17/EG konter-
karieren. Denn durch eine Aufhebung der Anwendungspflicht des Vergaberechts in bestimmten Sektoren sollen diejenigen Staaten belohnt werden,
die einen frei zugänglichen Markt mit unmittelbarem Wettbewerb schaffen.
Entsprechend einer richtlinienkonformen Auslegung darf es in solchen
Staaten, die eine wirksame Freistellung nach Art. 30 RL 2004/17/EG durch
Beschluss der EU-Kommission für einen bestimmten Sektor vorweisen,
selbst wenn nach deutschem Recht auf dem gleichen Sektor keine Befreiung von der SektVO nach § 3 SektVO vorliegt, nicht zur Anwendung deutschen Kartellvergaberechts kommen. Zwar kam es im Bereich der Stromerzeugung auch in Deutschland bereits zu einer Freistellung nach Art. 30
RL 2004/17/EG.[955] Diese bezog sich allerdings nur auf die Stromerzeugung
aus konventionellen Quellen.[956] Handelt es sich aber beispielsweise um ei-

---

954   Für Österreich: Vgl. Art. 1 der Entscheidung der EU-Kommission v. 07.07.2008,
      ABl. Nr. L 118, S. 30.
955   ABl. Nr. L 114, S. 21. Vgl. unten: Kap. 4. B. III. 4. lit. b).
956   Anlagen, die in den Anwendungsbereich des EEG fallen, sind indes weiter verga-
      berechtspflichtig, Erwägungsgrund Nr. 43 u. 44 Durchführungsbeschluss der EU-
      Kommission v. 26.04.2012, ABl. Nr. L 114, S. 26 sowie Art. 1 Abs. 2 des Be-
      schlusses, S. 27. Dort heißt es: *„Für diesen Beschluss bedeutet „aus konventio-
      nellen Quellen erzeugter Strom" Strom, der nicht unter das EEG fällt. Ferner
      bezeichnet der Begriff „erneuerbare Energien" im Sinne des EEG und zu den*

251

nen Stromerzeuger aus Windenergie, dann wäre eine Sektorenauftraggeber-
eigenschaft nach dem EEG weiter zu bejahen. In Österreich ist beispielsweise der gesamte Markt der Stromerzeugung von der Anwendungspflicht
des Vergaberechts freigestellt. Würde nun eine extraterritoriale Stelle eines
deutschen Windenergieerzeugers in Österreich als Auftraggeber nach deutschem Kartellvergaberecht auftreten, stünde dies im klaren Widerspruch zu
den auf einem freien Wettbewerbsmarkt herrschenden Zuständen. In einem
solchen Fall muss, wie eben dargelegt, aufgrund einer richtliniekonformen
Auslegung die Ausdehnung deutschen Kartellvergaberechts auf extraterritoriale Einrichtungen ausscheiden.

5.   Zwischenergebnis

Der Wortlaut des sekundärrechtlichen Auftraggeberbegriffs ist in Bezug auf
die hier interessierende Fragestellung aussageneutral. Im Kontext der
Vergaberichtlinien ist einzig Erwägungsgrund Nr. 29 zur RL 2009/81/EG
erhellend. Daraus geht u.a. hervor, dass extraterritoriale Einrichtungen als
Auftraggeber in Frage kommen, wenn sie über eine eigene Rechtspersönlichkeit verfügen. Darüber hinaus folgt aus Erwägungsgrund Nr. 29 der RL
2009/81/EG, dass das eigene nationale, also in diesem Falle das deutsche
Kartellvergaberecht auf Auftragsvergaben *außerhalb der EU* grundsätzlich
anzuwenden ist. Für eine Ausdehnung der Anwendbarkeit deutschen Kartellvergaberechts auf extraterritoriale Einrichtungen *innerhalb der EU* findet sich in den Vergaberichtlinien hingegen kein Hinweis. Diesbezüglich
sind sie mitgliedstaatsneutral gehalten. Insbesondere können die jeweiligen
Argumente (z.B. Begrenzung der Nachfragemacht eines Staates) teilweise
auch von demjenigen EU-Mitgliedstaat vorgetragen werden, in dem sich
die extraterritoriale Einrichtung befindet.
    Wie sich aus Erwägungsgrund Nr. 29 der RL 2009/81/EG ergibt, können
extraterritoriale Einrichtungen öffentliche Auftraggeber sein, wenn sie über
eine eigene Rechtspersönlichkeit verfügen. *Außerhalb der EU* ist deutsches
Kartellvergaberecht grundsätzlich anwendbar. Allerdings enthält eine richt-

---

*darin festgelegten Bedingungen Wasserkraft einschließlich der Wellen-, Gezei-
ten-, Salzgradienten- und Strömungsenergie, Windenergie, solare Strahlungsenergie, Geothermie, Energie aus Biomasse einschließlich Biogas, Biomethan,
Deponiegas und Klärgas sowie aus dem biologisch abbaubaren Anteil von Abfällen aus Hauhalten und Industrie."*

linienkonforme Auslegung keine Aussage darüber, das Recht welchen Staates bei Auftragsvergaben extraterritorialer Einrichtungen *innerhalb der EU* maßgeblich ist.

Ein Auslegungskonflikt besteht nur dort, wo es bereits zu einer Freistellung nach Art. 30 RL 2004/17/EG gekommen ist. Hier liefe eine Anwendung deutschen Kartellvergaberechts durch extraterritoriale Einrichtungen dem Zweck des Art. 30 RL 2004/17/EG zuwider.

III.   Verhältnis nationale und europarechtliche Auslegung

Da bis auf die Freistellungsproblematik[957] kein Widerspruch zwischen der nationalen und der europarechtskonformen Auslegung des öffentlichen Auftraggeberbegriffes besteht, befindet sich das innerstaatliche Recht vom Prinzip her im Einklang mit den Zielen der Richtlinie. Im Gegensatz zum deutschen Recht wird in Erwägungsgrund Nr. 29 der RL 2009/81/EG die Existenz extraterritorialer Auftraggeber ausdrücklich erwähnt. Aufgrund des Vorrangs des Unionsrechts muss aus der Nichterwähnung im deutschen Recht der Rückschluss gezogen werden, dass dies auch nach hiesigen Rechtsvorstellungen zu gelten hat, wenn die extraterritoriale Einrichtung über eine eigene Rechtspersönlichkeit verfügt. Einer maximalen Wirksamkeit der europäischen Vergaberichtlinien wird damit zur Geltung verholfen.[958]

IV.   Völkervertragsrechtskonforme Auslegung

Aus kollisionsrechtlicher Sicht sind zudem (vorrangig) die Regelungen aus völkerrechtlichen Verträgen heranzuziehen, um den genauen räumlichen Anwendungsbereich des deutschen Kartellvergaberechts zu bestimmen. Nach Art. 216 Abs. 2 AEUV (ex. Art. 300 Abs. 7 EG) sind die von der Union geschlossenen Staatsverträge sowohl für die Union als auch die Mitgliedstaaten vorrangig verbindlich. Darin ist eine innergemeinschaftliche Befolgungsanordnung zu sehen. Denn völkerrechtliche Verträge der Union

---

957   Vgl. oben Kap. 4. B. I. 2. lit. d).
958   EuGH, Urt. v. 19.11.1991 – Rs. C-6/90 u. 9/90 (*Francovich*), Slg. 1991, S. I-5357
      = NJW 1992, S. 165 (167), sowie Erwägungsgrund Nr. 2 der RL 2004/18/EG.

stellen einen „integrierenden Bestandteil der Unionsrechtsordnung" dar.[959] Sie stehen damit grundsätzlich über dem gemeinschaftlichen Sekundärrecht und gehen entgegenstehenden nationalen Rechtsordnungen vor.[960] Im Folgenden sind die oben[961] dargestellten völkerrechtlichen Verträge daraufhin zu untersuchen, ob sie eine erweiterte Auslegung der § 98 Nr. 1, Nr. 2 und Nr. 4 GWB rechtfertigen. Darüber hinaus ist auch das Unionsrecht selbst einer völkerrechtskonformen Auslegung zugänglich.[962] Sekundäres Unionsrecht, hier also die Vergaberichtlinien, sind im Einklang mit den jeweiligen völkerrechtlichen Verträgen auszulegen.[963]

1.   Räumliche Ausdehnung des Kartellvergaberechts im Einklang mit dem EWR-Abkommen[964]

Gemäß Art. 65 Abs. 1 EWR-Vertrag müssen die Vertragsstaaten des EWR nach dem in Anhang XVI genannten Umfang das gemeinschaftliche Vergaberecht (insbesondere die Vergaberichtlinien) anwenden und die EWR-Grundfreiheiten beachten. Damit findet im Europäischen Wirtschaftsraum das EU-Binnenmarktrecht Anwendung.[965] In der Folge gelten für extraterritoriale Einrichtungen deutscher Auftraggeber in Liechtenstein, Norwegen oder Island die gleichen Schlussfolgerungen wie innerhalb der Europäischen Union: Extraterritoriale Einrichtungen sind grundsätzlich vergaberechtspflichtig. Außerhalb des EWR kann sich dies vorliegend nach deutschem Kartellvergaberecht vollziehen (Ausnahme: Sektorenauftraggeber nach § 98 Nr. 4 GWB). Da aber den Vergaberichtlinien keine Aussage darüber entnommen werden konnte, welches Recht bei innerunionalen Auftragsvergaben extraterritorialer Einrichtungen Anwendung finden soll, bleibt dies auch für die Vertragsstaaten des EWR im Unklaren. Zumindest aber steht eine räumliche Ausdehnung des Auftraggeberbegriffs zu diesen Regelungen nicht im Widerspruch.

---

959   St. Rspr. des EuGH seit: Urt. v. 12.12.1971 - verb. Rs. 21-24/72 (*International Fruit*), Slg. 1972, S. I-1219 (1229); Urt. v. 30.04.1974 - Rs. 181/3 (*Haegemann*), Slg. 1974, S. 449 (460).
960   *Bungenberg*, Vergaberecht im Wettbewerb der Systeme, S. 108 f.
961   Vgl. oben unter: Kap. 1. B. III.
962   Vgl. EuGH, Rs. C-61/94, Slg. 1996, S. I-3989.
963   *Bungenberg*, Vergaberecht im Wettbewerb der Systeme, S. 110.
964   Ausführlich zum EWR-Abkommen oben: Kap. 1. B. III. 3. lit. a).
965   *Bungenberg*, in: Loewenheim/Meessen/Riesenkampff, KartellR, v. §§ 97 ff. GWB, Rn. 115.

2. EFTA[966]/"Bilaterale Abkommen I"[967] im Zusammenhang mit der räumlichen Ausdehnung des Kartellvergaberechts

Diesbezüglich ebenso wenig aussagekräftig ist das EFTA-Freihandelsabkommen. Es regelt nur die Grundfreiheiten und nicht den räumlichen Anwendungsbereich nationaler Vergaberechtsvorschriften. Zudem ist einziges Mitglied der EFTA, welches nicht zugleich Mitglied der EU oder des EWR ist, die Schweiz.

Im Verhältnis zur Schweiz regelt aber das „Bilaterale Abkommen I", als Ergänzung des GPA-Abkommens, vorrangig das Vergaberecht im Verhältnis zu den Mitgliedstaaten der EU. Nach Art. 3 Abs. 1 des Abkommens fallen aber nur „Anbieter von Telekommunikationsdienstleistungen und von Dienstleistungen des Schienenverkehrs" sowie Vergabestellen, die im Bereich der Energieversorgung (mit Ausnahme der Stromversorgung) tätig sind und „private Vergabestellen, die öffentliche Dienstleistungen erbringen", in seinen Anwendungsbereich. Öffentliche Auftraggeber nach § 98 Nr. 1 GWB sind erst gar nicht erfasst. Bezüglich rein staatlicher Auftraggeber ist mithin eine Öffnung des jeweiligen Beschaffungsmarktes nicht erwünscht. Darüber hinaus lässt sich gemäß Art. 3 des Abkommens keine Aussage über eine erweiterte Auslegung des Kartellvergaberechts bei Auftraggebern nach § 98 Nr. 1, Nr. 2 oder Nr. 4 GWB entnehmen.

Ferner verlangt das Abkommen eine nichtdiskriminierende und zugleich reziproke Behandlung von Auftraggebern und Auftragnehmern beider Seiten, vgl. Art. 3 Abs. 1 des Abkommens.[968] Auch wenn nach EU-Sekundärrecht extraterritoriale Einrichtungen verpflichtet sind, außerhalb der EU (also z.B. in der Schweiz) das jeweilige Kartellvergaberecht anzuwenden,[969] besteht aufgrund des Abkommens keine Verpflichtung, Schweizer Auftraggebern oder Auftragnehmern in der EU die Anwendung eigenen Rechts zu gestatten. Schließlich fordert das Abkommen lediglich eine Nichtdiskriminierung, nicht aber die Gleichbehandlung aller in Frage kommenden Auftraggeber und Auftragnehmer[970]. Vor allem aber existiert mit

---

966 Ausführlich zum EFTA-Abkommen oben: Kap. 1. B. III. 3. lit. b).
967 Ausführlich zum „Bilateralen-Abkommen I" oben: Kap. 1. B. III. 3. lit. c).
968 Dort heißt es: „*Ziel dieses Abkommens ist die Sicherstellung eines gegenseitigen, transparenten und nichtdiskriminierenden Zugangs der Lieferanten und Dienstleistungserbringer der beiden Vertragsparteien zu den (…) Vergabestellen (…) beider Vertragsparteien (…).*"
969 Vgl. oben: Kap. 4. B. I. 2. lit. b), dort insbesondere die aus Erwägungsgrund Nr. 29 der RL 2009/81/EG zu ziehenden Rück- und Umkehrschlüsse.
970 *v. Strenge*, Auftraggebereigenschaft wegen Beherrschung durch ausländische Gebietskörperschaften, NZBau 2011, S. 17 (21).

der Schweiz kein gemeinsamer Binnenmarkt. Es wäre nicht gerechtfertigt, die Schweiz den anderen EU- und EWR-Staaten gleichzustellen, wenn sie sich bewusst gegen die Aufnahme in die EU und den EWR entschieden hat.[971] Andererseits kann, wie unten[972] nach völkergewohnheitsrechtlichen Maßstäben noch zu untersuchen ist, die Schweiz u.U. die Anwendung fremden, hier also deutschen Kartellvergaberechts auf eigenem Territorium untersagen.

3.   Räumliche Ausdehnung des Auftraggeberbegriffs im Kontext des GPA[973]

Das GPA wurde gemäß Art. 216 Abs. 2 AEUV (ex.-Art. 300 Abs. 7 EG) von der Union ratifiziert und ist damit für die Union und für die Mitgliedstaaten verbindlich. Zwar scheidet eine unmittelbare Anwendbarkeit des GPA-Abkommen innerhalb der EU aus.[974] Trotzdem ist das gemeinschaftliche Vergaberecht so weit wie möglich im Lichte der völkerrechtlichen Verpflichtungen auszulegen.[975] Gleiches gilt für das deutsche Vergaberecht, da das GPA als integrierender Bestandteil des Unionsrechts Vorrang gegenüber den nationalen Rechtsordnungen hat.[976] Insofern kommt dem GPA eine „unmittelbare Wirkung" zu, als die Mitgliedstaaten bei der Auslegung nationaler Vergabevorschriften neben dem Unionsrecht auch das GPA berücksichtigen müssen.[977]

Um stichhaltige Argumente für oder gegen die kollisionsrechtliche Aussage des Kartellvergaberechts zu finden, interessiert ein Vergleich der Auftraggeberbegriffe nach § 98 GWB und den entsprechenden GPA-Vorschriften. Zuerst ist zu prüfen, ob die extraterritorialen Stellen unter den Anwendungsbereich des GPA fallen. Im Anschluss daran ist anhand der Regelungsinhalte des GPA eine Aussage über die extraterritoriale Anwendung nationalen Vergaberechts zu treffen.

---

971   *v. Strenge*, Auftraggebereigenschaft wegen Beherrschung durch ausländische Gebietskörperschaften, NZBau 2011, S. 17 (21).

972   Vgl. unten: Kap. 4. C. I.

973   Ausführlich zum GPA oben: Kap. 1. B. III. 1.

974   Vgl. oben: Kap. 1. B. III. 1. lit. b).

975   St. Rspr. EuGH, Urt. v. 17.10.1995 - Rs. C-70/94 (*Werner*), Slg. 1995, S. I-3189 (3225); Urt. v. 10.09.1996 - Rs. C-61/94 (*Kommission/Deutschland*), Slg. 1996, S. I-3989 (4020).

976   *Bungenberg*, Vergaberecht im Wettbewerb der Systeme, S. 108.

977   *Bungenberg*, Vergaberecht im Wettbewerb der Systeme, S. 115.

a)   Anwendungsbereich des GPA eröffnet?

In umfangreichen, nach den einzelnen Vertragspartnern differenzierten Anlagen (Annexes) im Appendix I des Übereinkommens wird konkret-indivi-
duell festgelegt, ob das GPA von dieser oder jener Einrichtung als öffentlicher Auftraggeber zu berücksichtigen ist. Der Appendix I ist gemäß
Art. XXIV Nr. 12 GPA Bestandteil des Übereinkommens. In den Anlagen
wird für jeden Vertragsstaat einzeln aufgeführt, welche Stellen dem Übereinkommen unterliegen (Art. I:1 GPA) und welche Beschaffungsvorgänge
(Art. I:2 GPA) ab welchem Auftragswert (Art. 1:4 GPA) erfasst werden.[978]
Im Umkehrschluss folgt hieraus, dass diejenigen Vergabestellen oder Beschaffungsvorgänge, die nicht im Appendix genannt sind, das GPA nicht
(mittelbar) beachten müssen.[979] Hier ist nur Art. 1:1 GPA[980] iVm Appendix
I von Belang. Der Auftraggeberbegriff des GPA wird ausschließlich durch
Appendix I mit Inhalt gefüllt. Innerhalb des Appendix I ist vornehmlich auf
die Anlagen (1) bis (3)[981] einzugehen.

aa)   Auftraggeber nach Anlage (1) des Appendix I GPA

Auftraggeber, die mit dem Begriff in § 98 Nr. 1 GWB korrespondieren,
finden sich u.a. in Anlage (1) des Appendix I des GPA-Abkommens. Dort
werden nur die obersten Bundesbehörden[982] in Gestalt der jeweiligen Bun-
desministerien aufgezählt.[983] Anders als beispielsweise Frankreich[984] oder
Großbritannien[985] hat Deutschland nur Beschaffungsstellen auf zentraler

---

978   Zur genauen Prüfungsreihenfolge *Prieß*, in: Prieß/Berrisch, WTO-Handbuch, S.
       623.
979   *Pünder,* in: Müller-Wrede, Kompendium des Vergaberechts, S. 63.
980   Dort heißt es: „*This Agreement applies to any law, regulation, procedure or prac-
       tice regarding any procurement by entities covered by this Agreement, as spe-
       cified in Appendix I.*"
981   In Art. 1:1 GPA heißt es hierzu in der Originalfußnote: „*For each Party, Appen-
       dix I is divided into five Annexes: Annex 1 contains central government entities.
       Annex 2 contains sub-central government entities. Annex 3 contains all other en-
       tities that procure in accordance with the provisions of this Agreement.(...)*"
982   *Burgi,* in: Erichsen/Ehlers, Allgemeines Verwaltungsrecht, S. 319.
983   Vgl. S. 11/102 „Annex I", Appendix I des GPA-Abkommens.
984   Unter (B) *Etablissements publics nationaux à caractère administratif* werden
       z.B. alle nationalen Bildungs-, Forschungs- und Kultureinrichtungen (sogar Uni-
       versitäten) genannt.
985   Unter Nr. 11 *DEPARTMENT OF NATIONAL HERITAGE* werden sogar das Bri-
       tish Museum und das Imperial War Museum genannt.

Regierungsebene in der Anlage (1) benannt. Dies trifft u.a. auf das Auswärtige Amt und das Bundesministerium der Verteidigung nach Nr. 1 und Nr. 16 der Anlage (1) im Appendix I des GPA zu. Auf die vorliegende Problematik bezogen, hätten Botschaften, konsularische Vertretungen oder die Bundeswehrverwaltungsstellen im Ausland - über ihre jeweilige Zuordnung zum Auswärtigen Amt oder zum Bundesministerium der Verteidigung als oberste Bundesbehörden - das GPA bei extraterritorial durchzuführenden Vergabeverfahren zu beachten.

bb)   Auftraggeber nach Anlage (2) des Appendix I GPA

Nummer 2 der Anlage (2) des Appendix I entspricht vom Grundsatz her § 98 Nr. 2 GWB. Die Definition der „Einrichtung des öffentlichen Rechts" bezieht sich explizit auf die Vergaberichtlinie RL 93/37/EWG (BKR)[986], in der erstmals der Auftraggeberbegriff auf juristische Personen des Privatrechts erweitert wurde.[987] Demnach werden unter *„bodies governed by public law"* alle Einrichtungen verstanden, die (a) für den bestimmten Zweck gegründet wurden, Allgemeininteressen zu dienen, ohne dabei einen gewerbsmäßigen oder kommerziellen Charakter zu haben, (b) eine eigene Rechtspersönlichkeit haben und (c) mehrheitlich vom Staat, regionalen oder lokalen staatlichen Stellen oder anderen Einrichtungen des öffentlichen Rechts finanziert (oder von diesen Stellen überwacht) werden.[988] Extraterritoriale Stellen, die keine eigene Rechtspersönlichkeit haben, fallen eindeutig nicht hierunter. Damit sind alle rechtlich unselbständigen Stellen deutscher Kultur-, Forschungs- und Entwicklungseinrichtungen[989] im Ausland nicht vom Auftraggeberbegriff des GPA erfasst. Dies stimmt mit dem Begriffsverständnis nach deutscher[990] und europarechtlicher[991] Lesart überein. Unter den Auftraggeberbegriff fallen hingegen die extraterritorialen

---

986   Dort heißt es: *„Bodies governed by public law as defined in Directive 93/37".*
987   Vgl. unten: Kap. 4. B. I. 2.
988   Vollständiger Text: *„Financed, for the most part, by the State, or regional or local authorities, or other bodies governed by public law, or subject to management supervision by those bodies, orhaving an administrative, managerial or supervisory board; more than half of whose members are appointed by the State, regional or local authorities or by other bodies governed by public law."*
989   Hierzu zählen nach vorliegender Untersuchung das Goethe-Institut, die Fraunhofer-Gesellschaft, die Max-Planck-Gesellschaft, die GIZ und die KfW Entwicklungsbank, vgl. oben unter Kap. 1. A. I. 2. und 3. lit. c).
990   Vgl. unten: Kap. 4. B. II. 7.
991   Vgl. oben: Kap. 4. A. II.

Trägergesellschaften des Goethe-Instituts e.V. außerhalb Europas. Sie erfüllen neben den Tatbestandsmerkmalen aus (a) und (c) auch das Merkmal der eigenen Rechtspersönlichkeit und sind somit einer GPA-konformen Auslegung zugänglich.

cc)   Auftraggeber nach Anlage (3) des Appendix I GPA

Anlage (3) korrespondiert mit § 98 Nr. 4 GWB und regelt, dass staatliche Stellen oder öffentliche Unternehmen, die eine Sektorentätigkeit im Sinne von RL 93/38/EWG ausüben, in den Anwendungsbereich des GPA fallen. Dies gilt vor allem für die Sektorenauftraggeber in den Bereichen der Wasser-, Strom- und Energieversorgung sowie des Verkehrswesens.[992] Aber auch privatrechtliche Unternehmen werden in diesem Zusammenhang erfasst, wenn sie einer überwiegend staatlichen Einflussnahme unterliegen, vgl. Art. XXIV Nr. 6b GPA.[993] Für alle anderen Sektorenauftraggeber scheidet eine Anwendbarkeit des Übereinkommens aus.[994] Insofern ist der Regelungsbereich des gemeinschaftlichen und damit auch deutschen Kartellvergaberechts breiter. Die rechtlich selbständigen Tochtergesellschaften der Fraport AG und der (fiktiven) Stadtwerke GmbH würden die Tatbestandsmerkmale aus Anlage (3) erfüllen und wären als Auftraggeber im Sinne des GPA zu qualifizieren.

Demnach würden Botschaften, konsularische Vertretungen sowie die Bundeswehrverwaltungsstellen im Ausland nur über ihre Zuordnungen zu den obersten Bundesbehörden in den Anwendungsbereich des GPA fallen. Gleiches gilt für die extraterritorialen Trägergesellschaften des Goethe-Instituts e.V. sowie für die extraterritorialen Tochtergesellschaften der Fraport AG und der deutschen (fiktiven) Stadtwerke GmbH. Alle anderen extraterritorialen Einrichtungen sind per definitionem aus Sicht des GPA nicht als Auftraggeber zu behandeln.

---

992   *Kunnert*, WTO-Vergaberecht, S. 220. Zudem enthält Anlage (3) andere Schwellenwerte als Anlage (2).
993   Nur wenn die Unternehmen vollständig privatisiert sind, fallen sie nicht hierunter und sind aus der Liste zu streichen, *Pünder*, in: Müller-Wrede, Kompendium des Vergaberechts, S. 64, Fn. 4.
994   Das sind neben den Unternehmen, die ausschließlich in privater Hand sind, obwohl sie nach § 98 Nr. 4 GWB als Sektorenauftraggeber einzustufen wären, Aufträge von Sektorenauftraggebern nach § 8 Nr. 2 VgV hinsichtlich Gasversorgung, Nr. 3 Wärmeversorgung und Nr. 4c hinsichtlich der Eisenbahndienstleistungen.

b)   Enthält GPA Aussagen über extraterritoriale Anwendungbarkeit nationalen Vergaberechts?

Nur bei extraterritorialen Stellen, welche die GPA-Vorschriften zu beachten haben, ist eine völkerrechtskonforme Auslegung anhand der Zielsetzungen und Regelungen des GPA vorzunehmen. Da diese aber inhaltsgleich mit denen der Vergaberichtlinien sind,[995] dürfte es zu keinen abweichenden Beurteilungen kommen. Insbesondere enthält das GPA-Abkommen, ähnlich wie die Vergaberichtlinien, keine Aussage über die Ausdehnung des Auftraggeberbegriffs nach eigenem Recht bei extraterritorialen Einrichtungen. Zwar werden nach Nummer 1 der Anlage (2) des Appendix I auch *regionale* oder *lokale* Vergabestellen dem Anwendungsbereich des GPA unterworfen.[996] Allerdings ist von *extraterritorialen* Einrichtungen der öffentlichen Hand/Verwaltung gerade nicht die Rede. Das Recht bzw. die Verpflichtung der Vertragsparteien des GPA-Abkommens, den Anwendungsbereich der jeweils eigenen nationalen Auftraggeberbegriffe auf extraterritoriale Gebiete auszuweiten, besteht nach dem Inhalt der Vereinbarung nicht. Dann kann aber unmöglich daraus abgeleitet werden, dass jede extraterritoriale Einrichtung zur Anwendung des jeweiligen Heimat-Vergaberechts verpflichtet oder berechtigt ist.

4.   Räumliche Ausdehnung des Auftraggeberbegriffs im Kontext des GATT/GATS[997]

Weder das GATT- noch das GATS-Abkommen behandeln extraterritoriale Einrichtungen im Hinblick auf vergaberechtliche Fragestellungen.[998] Denn

---

995   Außer bei der Vergabe von Dienstleistungskonzessionen: In diesem Bereich fehlt es an einer gemeinschaftlichen Regelung im Vergaberecht, vgl. hierzu: *Pünder*, in: Müller-Wrede, Kompendium des Vergaberechts, S. 65.

996   Unter Nr. 1 heißt es: *„Contracting authorities of regional or local public authorities"*.

997   Ausführlich zu GATT/GATS oben unter: Kap. 1. B. III. 2.

998   So auch *v. Strenge*, Auftraggebereigenschaft wegen Beherrschung durch ausländische Gebietskörperschaften, NZBau 2011, S. 17 (21), aber aus umgekehrter Sicht, dass sich ausländische Gebietskörperschaften in Deutschland an Unternehmen des Privatrechts beteiligen.

Kernelement beider WTO-Abkommen ist vor allem, ausländische Unternehmen nicht schlechter zu behandeln als inländische.[999] Insbesondere begründen die Abkommen keine Pflicht, vom deutschen Staat beherrschte Einrichtungen irgendeinem Vergaberecht zu unterwerfen. Das trifft für das Recht des Aufnahmestaates wie für das Recht des Herkunftslandes zu, aus dem die Beherrschung dieser Einrichtung hervorgeht (hier Deutschland). Ein Anknüpfungspunkt für eine Ausdehnung des deutschen Kartellvergaberechts ist ihnen jedenfalls nicht zu entnehmen. Dies gilt umso mehr, als es beide WTO-Abkommen ausdrücklich ablehnen, das öffentliche Vergabewesen zu regeln, vgl. Art. I:1, Art. III:8 lit. a), Art. XVII:2 S. 1 GATT und Art. XIII:1 GATS.

5.   Zwischenergebnis

Bezüglich des EWR-Abkommens sind die gleichen Schlussfolgerungen zu treffen wie nach richtlinienkonformer Auslegung: 1. Extraterritoriale Einrichtungen können ohne weiteres öffentliche Auftraggeber sein, sofern sie rechtlich selbständig sind. 2. Auftragsvergaben deutscher Einrichtungen außerhalb des EWR sind nach deutschem Kartellvergaberecht zu beurteilen. 3. Innerhalb des EWR bleibt die Frage weiterhin offen. Alle anderen völkervertraglichen Abkommen verhalten sich neutral zur Frage der Anwendbarkeit deutschen Kartellvergaberechts, sofern sie überhaupt vergaberechtliche Konstellationen regeln (so z.B. nicht im GATT/GATS), bei der Auftragsvergabe durch extraterritoriale Einrichtungen. Im Rahmen der völkervertraglichen Auslegung anhand des GPA fällt auf, dass neben den Botschaften, konsularischen Vertretungen und Bundeswehrverwaltungsstellen im Ausland (über ihre Zuordnung zu den obersten Bundesbehörden wie das Auswärtige Amt und das Bundesministerium der Verteidigung) nur die extraterritorialen Trägergesellschaften des Goethe-Instituts e.V. und die rechtlich selbständigen Tochtergesellschaften Fraport AG und der Stadtwerke GmbH zur „mittelbaren" Anwendung des GPA-Vorschriften verpflichtet sind.

---

999   Inländergleichbehandlung und Meistbegünstigungsprinzip sind die wesentlichen Grundsätze der Abkommen. Vgl. oben unter: Kap. 1. B. III. 2.

V.   Zwischenergebnis

Nach nationaler wie auch europarechtlicher Auslegung ist eine räumliche Ausdehnung des Anwendungsbereichs deutschen Kartellvergaberechts für Auftragsvergaben deutscher Auftraggeber nach § 98 Nr. 1 und Nr. 2 GWB *außerhalb der EU* kollisionsrechtlich gerechtfertigt. Für das deutsche Recht folgt dies insbesondere aus den im Sachrecht versteckten einseitigen Kollisionsnormen der §§ 100c Abs. 3 S. 1 und 100b Abs. 4 Nr. 2 GWB. Bei deren richtlinienkonformen Auslegung konnte vor allem Erwägungsgrund Nr. 29 zu RL 2009/81/EG in dieser Hinsicht kollisionsrechtlich fruchtbar gemacht werden. Dafür, dass Auftragsvergaben extraterritorialer Einrichtungen *innerhalb der EU* nach deutschem Kartellvergaberecht zu behandeln sind, sprechen aus kollisionsrechtlicher Sicht nur die nationalen Vorschriften der §§ 98 ff. GWB. Die Vergaberichtlinien verhalten sich zu dieser Fragestellung mitgliedstaatsneutral.

Allerdings besteht ein Konflikt zwischen nationalem Recht und richtlinienkonformer Auslegung dann, wenn es in dem betroffenen EU-Mitgliedstaat bereits zu einer Freistellung nach Art. 30 RL 2004/17/EG kam. Dann würde eine Anwendung deutschen Kartellvergaberechts durch extraterritoriale Einrichtungen dem Zweck des Art. 30 RL 2004/17/EG zuwider laufen. Eine Anwendbarkeit deutschen Vergaberechts hat in einem solchen Fall aufgrund richtlinienkonformer Auslegung auszuscheiden.

Diese Schlussfolgerungen können nach völkervertragsrechtskonformer Auslegung nur auf die Vertragsstaaten des EWR-Abkommens übertragen werden. Alle anderen Völkerrechtsverträge, die sich mit dem öffentlichen Auftragswesen beschaffen, enthalten zur Frage der räumlichen Anwendbarkeit keine Hinweise.

B.   *Eröffnung des sachrechtlichen Anwendungsbereichs der 98 ff. GWB*

Da eine räumliche Ausdehnung des Anwendungsbereichs deutschen Kartellvergaberechts aus kollisionsrechtlicher Sicht bejaht werden kann, gilt es im nun folgenden Abschnitt zu klären, ob §§ 98 ff. GWB überhaupt in der Sache auf Auftragsvergaben extraterritorialer Einrichtungen anwendbar sind. Hierzu bedarf es zunächst einer eingehenden Diskussion der öffentlichen Auftraggebereigenschaft inländischer[1000] und extraterritorialer Einrichtungen gemäß § 98 GWB. Erst danach ist zu fragen, ob bei derartigen Auftragsvergaben der sachliche Anwendungsbereich nach §§ 99 ff. GWB eröffnet ist.

I.   Inländische Einrichtungen als öffentliche Auftraggeber nach § 98 GWB

Bevor festgestellt wird, ob die extraterritorialen Einrichtungen selbst zur Anwendung des deutschen Kartellvergaberechts verpflichtet sind, soll klargestellt werden, ob deren Rechtsträger oder Muttergesellschaften unter den öffentlichen Auftraggeberbegriff des § 98 GWB fallen. Hierzu bietet es sich an, Zuordnungen nach den jeweiligen Auftraggebereigenschaften gemäß den Nummern 1, 2 und 4 vorzunehmen.[1001]

1.   Auftraggeber nach § 98 Nr. 1 GWB

Einrichtungen der unmittelbaren Staatsverwaltung fallen allesamt unter den Auftraggeberbegriff des § 98 Nr. 1 GWB. Aufgrund fehlender Rechtspersönlichkeit sind sie Teil der jeweiligen Gebietskörperschaft. So gehören beispielsweise das Auswärtige Amt[1002] sowie das Bundesamt für Wehrverwaltung[1003] zur Gebietskörperschaft des Bundes und sind folgerichtig nach § 98 Nr. 1 GWB vergaberechtspflichtig. Gleiches gilt für die Gebietskör-

---

1000 Also die jeweiligen öffentlichen Rechtsträger, Hauptniederlassungen und Muttergesellschaften.
1001 Auf eine Darstellung der Nr. 3, 5 und 6 des § 98 GWB wird aufgrund fehlender Relevanz verzichtet. Vgl. oben: Einl. B.
1002 Als Oberbehörde der Botschaften und konsularischen Vertretungen.
1003 Als Oberbehörde der Bundeswehrverwaltungsstellen im Ausland. Wird hingegen einer juristischen Person des Privatrechts, bei der der Bund Eigengesellschafter ist, die Aufgabe übertragen, für die Bundeswehr Kleidung zu beschaffen, so fällt diese Tätigkeit unter den Auftraggeberbegriff des § 98 Nr. 2 GWB, vgl. VK Bund, Beschl. v. 12.12.2002 – VK 1-83/92, Rn. 74; OLG Düsseldorf, Beschl. v. 30.04.2003 – Verg 67/02. Die Ausstattung der Bundeswehr liegt deshalb im Allgemeininteresse nach Ziffer 2, da sie *„die unabdingbare Voraussetzung für eine jederzeit gegebene Funktionsfähigkeit und Einsatzbereitschaft der Bundeswehr darstellt. Ohne eine sachgerechte Bedarfsdeckung kann die Bundesweh den ihr verfassungsgemäß zugewiesenen Auftrag nicht erfüllen (...)“*.

perschaften der Länder, die Rechtsträger ihrer jeweiligen Landesvertretungen in Brüssel sind. Den Gebietskörperschaften sind folglich alle Vergaben ihrer Untergliederungen zuzurechnen, wobei es keine Rolle spielt, ob sie selbst durch ihre Behörden oder aber durch Dritte bzw. Vertreter tätig werden.[1004]

2. Auftraggeber nach § 98 Nr. 2 GWB

Einrichtungen der mittelbaren Staatsverwaltung, also juristische Personen des Öffentlichen oder Privaten Rechts, die eine besondere Staatsnähe aufweisen, fallen hingegen in der Regel unter den Auftraggeberbegriff des § 98 Nr. 2 GWB. Die europarechtlich geprägte Norm[1005] erweitert den Auftraggeberbegriff in funktionaler Hinsicht um Einrichtungen mit besonderer Staatsnähe, die unabhängig von ihrer rechtlichen Ausgestaltung Aufgaben nichtgewerblicher Art wahrnehmen, welche im Allgemeininteresse liegen. § 98 Nr. 2 GWB greift sinngemäß den Begriff der „öffentlichen Einrichtung" aus den Vergaberichtlinien auf.[1006] Allerdings wird nicht in allen EU-Mitgliedstaaten unter „Einrichtung des öffentlichen Rechts" dasselbe verstanden. Folglich musste jedes Mitgliedsland dem EU-Gesetzgeber benennen, welche Einrichtungen seines Erachtens nach unter diesen Begriff fallen.[1007] Diese Auflistung findet sich jeweils im Anhang III zu RL 2004/18/EG und RL 2004/17/EG. Der Anhang hat eine erklärende Funktion und kann zu Auslegungszwecken herangezogen werden.[1008] Einen konstitutiven Charakter hat die Aufzählung indes nicht.[1009]

1004 *Crass*, Der öffentliche Auftraggeber, S. 61.

1005 Zum funktionalen Verständnis des § 98 Nr. 2 GWB: *Ziekow*, Der funktionelle Auftraggeberbegriff des § 98 Nr. 2 GWB, VergabeR 2003, S. 483 ff.; *Dietlein*, Der Begriff des `funktionalen´ Auftraggebers nach § 98 Nr. 2 GWB, NZBau 2002, S. 136 ff.

1006 Vgl. Art. 1 Abs. 9 (Unterabsatz 2) RL 2004/18/EG und Art. 2 (Unterabsatz 2) RL 2004/17/EG.

1007 *Crass*, Der öffentliche Auftraggeber, S. 65.

1008 *Crass*, Der öffentliche Auftraggeber, S. 66. *Dreher*, DB 1998, S. 2579 (2583) spricht u.a. von Indizwirkung.

1009 *Boesen*, Vergaberecht, § 98, Rn. 31; *Ohler*, Zum Begriff des öffentlichen Auftraggebers im europäischen Vergaberecht, S. 4 f.; *Werner*, in: Byook/Jaeger, GWB, § 98, Rn. 227.

a)   KfW Entwicklungsbank

Die KfW Entwicklungsbank ist innerhalb der KfW Bankengruppe, welche
ebenfalls als Anstalt des Öffentlichen Rechts ausgestaltet ist, für die finanzielle Zusammenarbeit mit den Entwicklungsländern zuständig.[1010]
   Zunächst gilt es zu klären, ob die Bank Aufgaben erfüllt, die im Allgemeininteresse liegen. Da weder eine nationale noch eine europarechtliche
Definition des Begriffs besteht, bietet sich eine einzelfallbezogene Prüfung
an.[1011] Dabei ist vor allem darauf zu achten, ob im Rahmen der jeweiligen
Tätigkeit Belange des Staates wahrgenommen werden, es sich bei der Aufgabe um hoheitliche Befugnisse handelt, Aufgaben betroffen sind, welche
der Staat in der Regel selbst erfüllen will, und ob diese Aufgabe anstelle
privater Interessen eines Einzelnen oder einer Gruppe das Interesse der Gesamtheit der Bevölkerung fördert.[1012] Zudem vermag bereits eine öffentlich-rechtliche Organisationsform eine Vermutung zugunsten der Annahme
eines Allgemeininteresses zu begründen.[1013]
   Dies alles spricht für das Vorliegen eines Allgemeininteresses im Rahmen der Tätigkeit der KfW Entwicklungsbank: Zum einen ist sie Teil einer
Anstalt des öffentlichen Rechts. Zum anderen nimmt sie mit ihrer Aufgabe
der finanziellen Zusammenarbeit im Rahmen von Entwicklungshilfeprojek-
ten staatliche Belange wahr. Zugleich fördert sie damit nicht die privaten
Interessen Einzelner, sondern handelt im Interesse der gesamten Gesellschaft.
   Wie bei den Landesbanken und Stadtsparkassen[1014] stellt sich auch bei
der KfW Entwicklungsbank die Frage der Nichtgewerblichkeit der jeweiligen Aufgaben. Als Bezugspunkt sollen die ausgeführten Tätigkeiten und
nicht die juristische Person, welche die Aufgaben erfüllt, dienen.[1015] Für
den Begriff der „nichtgewerblichen Art" existiert bislang keine nationale
oder europarechtliche Definition.[1016] Er konkretisiert sich aber zunehmend

---

1010 „Geschäftsbericht 2011" der KfW Bankengruppe, S. 80. Online abrufbar über:
       http://www.kfw.de/kfw/de/I/II/Download_Center/Finanzpublikatio-
       nen/PDF_Dokmente_Berichte_etc./1_Geschaeftsberichte/Geschaeftsbe-
       richt_2011.pdf (zuletzt abgerufen am: 13.12.2012).
1011 *Wieddekind*, in: Willenbruch/Wieddekind, Vergaberecht, S. 56.
1012 BayObLG, Beschl. v. 21.10.2004 - Verg 17/04; OLG Düsseldorf, Beschl. v.
       06.07.2005 – Verg 22/05.
1013 BayObLG, Beschl. 10.09.2002 – Verg 23/02.
1014 Vgl. hierzu: *Wieddekind*, in: Willenbruch/Wieddekind, Vergaberecht, S. 66.
1015 OLG Düsseldorf, Beschl. v. 30.04.2003 – Verg 67/02 = VergabeR 2001, S. 79
       (83).
1016 *Wieddekind*, in: Willenbruch/Wieddekind, Vergaberecht, S. 58.

dahingehend, dass das zu beurteilende Handeln „nicht nach wirtschaftlichen Grundsätzen ausgerichtet" sein darf, „sondern unter Berücksichtigung gesellschaftlicher, politischer und sozialer Belange geführt wird"[1017]. Spielen alleine wirtschaftliche Überlegungen eine Rolle, kann umgekehrt von einer gewerblichen Tätigkeit ausgegangen werden. Gegen eine Gewerblichkeit des Handelns spricht vor allem das Fehlen von mit der Tätigkeit verbundenen Risiken.[1018] Starkes Indiz für eine nichtgewerbliche Tätigkeit ist zudem eine fehlende Gewinnerzielungsabsicht.[1019]

Das Handeln der KfW Entwicklungsbank verbietet es nicht, Gewinne zu erzielen. Ihr Handeln ist aber eindeutig nicht darauf gerichtet. Dies verdeutlicht indirekt auch § 10 Abs. 1 KfW-Gesetz, wonach keine Gewinnausschüttung stattfindet.[1020] Vielmehr ist das „übergeordnete" Leitprinzip der finanziellen Zusammenarbeit, „die Armut zu reduzieren und die Lebensbedingungen der Menschen, vor allem der armen Bevölkerungsschichten, zu verbessern"[1021]. Dafür spricht darüber hinaus das Fehlen von mit der Tätigkeit verbundenen Risiken: So haftet nach § 1a KfW-Gesetz[1022] der Bund für alle Verbindlichkeiten der KfW Bankengruppe (also einschließlich der KfW Entwicklungsbank). Eine Zahlungsunfähigkeit der Bank ist damit ausgeschlossen. Darüber hinaus ist gerade die Tätigkeit der KfW Entwicklungsbank nicht mit der von Landesbanken oder Stadtsparkassen zu vergleichen. Mit Wegfall der Anstaltslast und der Gewährträgerhaftung stehen diese Institute mit anderen Kreditanstalten im Wettbewerb. Allein deshalb müssen sie ihr Handeln „gewinnorientiert ausrichten"[1023].

Die nach § 98 Nr. 2 GWB geforderte Staatsnähe kann zunächst nicht über das von den Gebietskörperschaften nach Nummer 1 gestellten Grundkapital (der Bund mit drei Milliarden Euro, die Länder mit 750 Millionen Euro,

---

1017 *Wieddekind*, in: Willenbruch/Wieddekind, Vergaberecht, S. 58 f.
1018 So etwa EuGH, Urt. v. 10.04.2003 – Rs. C-20/01 u. C-28/01 – Slg. 2003, S. I-3609 ff. = NZBau 2003, S. 396; *Wieddekind*, in: Willenbruch/Wieddekind, Vergaberecht, S. 59.
1019 *Werner*, in: Byok/Jaeger, Vergaberecht, § 98, Rn. 345.
1020 D.h., es wird zwar Gewinn gemacht, das Streben danach darf aber nicht zum „Antrieb" der KfW Bankengruppe werden. Wenn der Gewinn nicht ausgeschüttet wird, hat keiner einen unmittelbaren Vorteil davon.
1021 http://www.bmz.de/de/was_wir_machen/wege/bilaterale_ez/akteure_ez/einzelakteure/kfw/index.html. (zuletzt abgerufen am: 13.12.2012).
1022 Dort heißt es: „*Der Bund haftet für die von der Anstalt aufgenommenen Darlehen und begebenen Schuldverschreibungen, die als Festgeschäfte ausgestalteten Termingeschäfte, die Rechte aus Optionen und andere Kredite an die Anstalt, sowie für Kredite an Dritte, soweit sie von der Anstalt ausdrücklich gewährleistet werden.*"
1023 *Wieddekind*, in: Willenbruch/Wieddekind, Vergaberecht, S. 66.

vgl. § 1 Abs. 2 KfW-Gesetz) begründet werden. Denn eine überwiegende Finanzierung bzw. Beteiligung verlangt innerhalb eines Geschäftsjahres eine Gesamtfinanzierung der Einrichtung von wenigstens 50%.[1024] Wie aber aus dem Geschäftsbericht des Jahres 2011 hervorgeht, stammt mittlerweile jeder zweite Euro aus selbst erwirtschafteten Mitteln.[1025]

Das Merkmal der Staatsnähe lässt sich auch nicht ohne weiteres dadurch bejahen, dass nach § 12 KfW-Gesetz eine Rechtsaufsicht durch das Bundesministerium der Finanzen besteht.[1026] Zwar ist in § 98 Nr. 2 lediglich von „Aufsicht" die Rede, doch ist strittig, ob auch die Rechtsaufsicht als ausreichend in diesem Sinne anzusehen ist.[1027] Denn anders als bei der Fachaufsicht findet hier nur eine Rechts- aber keine zusätzliche Zweckmäßigkeitskontrolle statt. Daher wird von Teilen der Rechtsprechung und der Literatur das Merkmal der Staatsgebundenheit bei bloßer Rechtsaufsicht abgelehnt.[1028] Auf der anderen Seite gibt es Gerichtsentscheider, die auch bei der Rechtsaufsicht das Merkmal bejahen.[1029] Eine dritte, vermittelnde Ansicht will abhängig vom Einzelfall entscheiden, ob auch beim Vorliegen einer Rechtsaufsicht das Merkmal der Staatsnähe vorliegt.[1030]

Hier kann der Streit dahinstehen, da bereits aus einem anderen Grund das Merkmal der Staatsnähe als erfüllt angesehen werden muss. So reicht es nach § 98 Nr. 2 GWB aus, wenn mehr als die Hälfte der Mitglieder der zur Geschäftsführung oder Aufsicht berufenen Organe von Stellen, die unter Nr. 1 oder Nr. 3 fallen, bestimmt werden. Genau das ist hier der Fall. Gemäß § 7 Abs. 1 KfW-Gesetz stellen der Bund und die Länder deutlich mehr als die Hälfte des Verwaltungsrats der KfW. Zudem kommt dem Verwaltungs-

---

1024 BayObLG, Beschl. v. 10.09.2002 - Verg 23/02 = VergabeR 2003, S. 94.

1025 „Geschäftsbericht 2011" der KfW Bankengruppe, S. 80. Zudem geht aus der Übersicht zu den Geschäftszahlen hervor, dass die KfW Entwicklungsbank 4,5 Milliarden Euro Umsatz im Jahre 2011 hatte, vgl. Schaubild „Kennzahlen der KfW Bankengruppe" des „Geschäftsberichts 2011", S. 2.

1026 Dort heißt es in Absatz 1: „*Das Bundesministerium der Finanzen übt die Aufsicht über die Anstalt im Benehmen mit dem Bundesministerium für Wirtschaft und Technologie aus. Die Aufsichtsbehörde ist befugt, alle Anordnungen zu treffen, um den Geschäftsbetrieb der Anstalt mit den Gesetzen, der Satzung und den sonstigen Bestimmungen im Einklang zu halten.*"

1027 *Wieddekind*, in: Willenbruch/Wieddekind, Vergaberecht, S. 63 f.

1028 BayObLG, Beschl. v. 24.05.2004 – Verg 6/04; *Dietlein*, Der Begriff des ´funktionalen´ Auftraggebers nach § 98 Nr. 2 GWB, NZBau 2002, S. 136 (141).

1029 OLG Düsseldorf, Beschl.v. 06.07.2005 – Verg 22/05.

1030 *Wieddekind*, in: Willenbruch/Wieddekind, Vergaberecht, S. 64.

rat, wie sich aus § 7 Abs. 5 KfW-Gesetz ergibt, die Aufgabe einer Fachaufsicht zu.[1031] Auf den Streit zur Rechtsaufsichtsbefugnis des Bundesministeriums der Finanzen kommt es deshalb nicht mehr an.

Für eine Bejahung der Auftraggebereigenschaft spricht auch Anhang III zur RL 2004/18/EG. Dort wird unter III. (Deutschland) 2. (Juristische Personen des Privatrechts) letzter Spiegelstrich die „Zusammenarbeit mit den Entwicklungsländern" - und dort wiederum insbesondere die „Finanzierung" - als beispielhaft für eine „öffentliche Einrichtung" genannt.

Fraglich ist indes, ob § 130 Abs. 1 S. 2 GWB an dieser Beurteilung etwas ändert. Dort heißt es: *„Die Vorschriften des Ersten bis Dritten Teils dieses Gesetzes finden keine Anwendung auf (...) die Kreditanstalt für Wiederaufbau."* Im Umkehrschluss bedeutet dies aber, dass die Vorschriften des „Vierten Teils", also des Vergaberechts weiterhin anwendbar bleiben.[1032]

Mithin fällt die KfW Entwicklungsbank unter den öffentlichen Auftraggeberbegriff des § 98 Nr 2 GWB.

b) Deutsches Archäologisches Institut (DAI)

Das Deutsche Archäologische Institut ist als öffentlicher Auftraggeber iSv § 98 Nr. 2 GWB anzusehen. Als juristische Person des Öffentlichen Rechts (Anstalt des Öffentlichen Rechts) handelt es im Auftrag des Auswärtigen Amtes ohne Gewinnerzielungsabsicht, also nichtgewerblich. Die Aufgaben des DAI liegen darüber hinaus im Allgemeininteresse: Das Instiut dient „nicht nur wissenschaftlichen Interessen und dem Ansehen der deutschen Forschung, sondern auch der Erschließung des kulturellen Erbes anderer Länder und trägt damit zu einem nicht unerheblichen Teil zum Dialog und Austausch im Rahmen der auswärtigen Kultur- und Bildungspolitik Deutschlands bei"[1033]. Foglich nimmt das DAI Belange des Staates im Bereich des interkulturellen Austauschs auf wissenschaftlicher Basis wahr. Es ist Teil der „Auswärtigen Kultur- und Forschungspolitik" des Auswärtigen Amtes.

1031 Dort heißt es: *„Dem Verwaltungsrat obliegt die laufende Überwachung der Geschäftsführung und Vermögensverwaltung der Anstalt. Er kann dem Vorstand allgemeine oder besondere Weisungen erteilen. Insbesondere kann er sich die Zustimmung zu dem Abschluss bestimmter Geschäfte oder Arten von Geschäften vorbehalten."*

1032 So auch *Emmerich/Rehbinder/Markert*, in: Immenga/Mestmäcker, GWB, § 130, Rn. 114.

1033 http://www.dainst.org/de/content/foreign-cultural-activities?ft=all (zuletzt abgerufen am: 30.11.2012).

c)   KfW IPEX-Bank

Problematischer gestaltet sich die Einordnung als öffentlicher Auftraggeber bei der KfW IPEX-Bank. Zwar sagt die Rechtsform einer Bank als GmbH zunächst nichts über deren mögliche Staatsnähe aus. Allerdings ist die KfW IPEX-Bank losgelöst von den anderen Einrichtungen der KfW Bankengruppe zu betrachten. Im Einverständnis mit der EU-Kommission wurde das Geschäftsfeld der IPEX-Bank auf ein rechtlich selbständiges Institut verlagert, das – im Gegensatz zur KfW Bankengruppe – der Bankenaufsicht und der Steuerpflicht unterliegt und sich zu marktgerechten Konditionen refinanzieren muss. Die IPEX Bank steht damit, ähnlich wie die Landesbanken und Sparkassen, im direkten Wettbewerb mit anderen Geschäftsbanken und kann nicht mehr mit einer uneingeschränkte Risikoübernahme und Gewährträgerhaftung durch den Bund rechnen. Um am Markt bestehen zu können, ist aber ein auf Gewinnerzielung ausgerichtetes Handeln unausweichlich. Deshalb fehlt neben dem Merkmal der Staatsnähe auch das Merkmal der Nichtgewerblichkeit der Tätigkeit.

Zu guter Letzt erfüllt die KfW IPEX-Bank keine Aufgaben, die im Allgemeininteresse liegen: Zwar leiten sich die Finanzierungsprojekte aus dem gesetzlichen Auftrag der KfW Bankengruppe ab, die deutsche und europäische Wirtschaft zu fördern. Wenn man aber die Aufgaben selbst beurteilt, muss man feststellen, dass die Bank sich neben reiner Investmenttätigkeit vor allem auf Exportfinanzierung und Kreditgewährleistung deutscher und europäischer Unternehmen beschränkt und außerhalb der genuinen Fördertätigkeit der KfW Bankengruppe anzusiedeln ist.[1034] Folglich ist die KfW IPEX Bank als Tochter der KfW Bankengruppe nicht als öffentlicher Auftraggeber iSd § 98 Nr. 2 GWB zu behandeln. Sie ist nicht vergaberechtspflichtig.

d)   Goethe-Institut, Fraunhofer-Gesellschaft, Max-Planck-Gesellschaft

Das Goethe-Institut, die Fraunhofer-Gesellschaft sowie die Max-Planck-Gesellschaft sind hingegen als öffentlicher Auftraggeber nach § 98 Nr. 2 GWB einzustufen. Zum einen nehmen sie allesamt Allgemeininteressen wahr: Das Goethe-Institut dient der Förderung des Kulturaustauschs und

---

1034 Vgl. „Geschäftsbericht 2011" der KfW Bankengruppe, S. 66. http://www.kfw.de /kfw/de/I/II/Download_Center/Finanzpublikationen/PDF_Dokmente_Berichte_ etc./1_Geschaeftsberichte/Geschaeftsbericht_2011.pdf (zuletzt abgerufen am: 13.12.2012).

der deutschen Sprache[1035]; die Fraunhofer-Gesellschaft[1036] und die Max-Planck-Gesellschaft[1037] fördern durch ihre Tätigkeit den Forschungs- und Wissenschaftsstandort Deutschland. Zum anderen sind die Aufgaben der drei Vereine nichtgewerblicher Art. Für das Goethe-Institut folgt dies aus § 2 Abs. 2 S. 1 bis 3 der Vereinssatzung.[1038] Für die Fraunhofer-Gesellschaft aus § 2 Abs. 5 und für die Max-Planck-Gesellschaft aus § 1 Abs. 3 S. 2 der jeweiligen Vereinssatzung.[1039] Die Staatsnähe folgt bereits daraus, dass in allen Fällen der Bund (über die jeweiligen Ministerien) als Stelle, die unter Nr. 1 fällt, die weit überwiegende Finanzierung der Vereine trägt (sog. Zuwendungsempfänger nach §§ 23, 44 BHO)[1040]. Für eine Bejahung der Auftraggebereigenschaft spricht auch hier der Anhang III zur RL 2004/18/EG. Dort werden unter III. (Deutschland) 2. (Juristische Personen des Privatrechts) ausdrücklich „Wissenschaft, Forschung und Entwicklung" genannt. Dazu zählen insbesondere „wissenschaftliche Gesellschaften und Vereine".

1035   Vgl. § 2 Abs. 1 S. 1 u. 2 der Vereinssatzung, wo es heißt: „*Vereinszweck sind die Förderung der Kenntnis deutscher Sprache im Ausland, die Pflege der internationalen kulturellen Zusammenarbeit und die Vermittlung eines umfassenden Deutschlandbildes durch Informationen über das kulturelle, gesellschaftliche und politische Leben. Der Verein verfolgt ausschließlich und unmittelbar gemeinnützige Zwecke im Sinne des Abschnitts „Steuerbegünstigte Zwecke" der Abgabenordnung.*"

1036   Vgl. § 2 Abs. 4 S. 1 u. 2 der Vereinssatzung: „*Die Gesellschaft verfolgt ausschließlich und unmittelbar gemeinnützige Zwecke im Sinne des Abschnitts »steuerbegünstigte Zwecke« der Abgabenordnung. Mittel der Gesellschaft dürfen nur für den satzungsgemäßen Zweck verwendet werden.*"

1037   Vgl. § 1 Abs. 3 S. 1 der Vereinssatzung: „*Die Gesellschaft verfolgt den in Absatz 1 genannten gemeinnützigen Zweck im Sinne des Abschnitts "Steuerbegünstigte Zwecke" der Abgabenordnung 1977 ausschließlich und unmittelbar.*"

1038   Dort heißt es: „*Der Verein ist selbstlos tätig. Durch die Tätigkeit des Vereins werden nicht in erster Linie eigenwirtschaftliche Zwecke angestrebt. Die Mittel des Vereins dürfen nur für die satzungsgemäßen Zwecke verwendet werden.*"

1039   Dort heißt es in beiden Fällen: „*Die Gesellschaft ist selbstlos tätig; sie verfolgt nicht in erster Linie eigenwirtschaftliche Zwecke.*"

1040   Für das Goethe-Institut e.V. folgt dies u.a. aus § 6 Abs. 1 S. 1 des Rahmenvertrages zwischen Auswärtigen Amt und Goethe-Institut, wonach das Auswärtige Amt dem Goethe-Institut Haushaltmittel über einen Zuwendungsbescheid zur Verfügung stellt. Dort heißt es: „*Das Goethe-Institut erhält zur Durchführung der Vertragsaufgaben Haushaltsmittel, über deren Höhe das Auswärtige Amt im Rahmen der im Haushaltsplan zur Verfügung stehenden Mittel jeweils durch Zuwendungsbescheid entscheidet. (...)*". Darüber hinaus nennt § 9 Abs. 1 S. 2 der Vereinssatzung Folgendes: „*(...) Zu den Bareinlagen oder geleisteten Sacheinlagen gehören auch Gegenstände (einschließlich Grundstücke), die der Verein aus Mitteln erworben hat, die die Bundesrepublik Deutschland als Zuwendung gemäß §§ 23, 44 BHO sowie §§ 49 und 49a VwVfG zur Verfügung gestellt hat. (...)*".

e)   Gesellschaft für Internationale Zusammenarbeit (GIZ)

Eine Zuordnung der Gesellschaft für Internationale Zusammenarbeit erfolgt unter den Auftraggeberbegriff des § 98 Nr. 2 GWB. So hat die Vergabekammer des Bundes bereits die Vorgängergesellschaft der GTZ als öffentlichen Auftraggeber in diesem Sinne eingeordnet.[1041] Zum einen erfüllt die GIZ Aufgaben im Allgemeininteresse: Mit der Förderung der Entwicklungszusammenarbeit nimmt die GIZ Aufgaben des Bundes, also einer Gebietskörperschaft nach Nr. 1, konkret des Bundesministeriums für wirtschaftliche Zusammenarbeit und Entwicklung, wahr. Wie oben[1042] herausgearbeitet, ist die GIZ damit Teil der mittelbaren Staatsverwaltung. Zum anderen sind die Aufgaben der Entwicklungszusammenarbeit solche, die der Staat in der Regel selbst erfüllen will/muss. Die Nichtgewerblichkeit folgt aus dem Umstand, dass die GIZ ihre Einkünfte ausschließlich für eigene Entwicklungsprojekte verwendet.[1043] Als Eigengesellschaft[1044] des Bundes weist die GIZ auch die geforderte Staatsnähe auf. Auch hier hat die Nennung im Anhang III zur RL 2004/18/EG eine gewisse Indizwirkung: Die GIZ ist ohne weiteres als juristische Person des Privatrechts einzustufen, die für die „Zusammenarbeit mit den Entwicklungsländern" in „technischer" Hinsicht zuständig ist.[1045]

3.   Auftraggeber nach § 98 Nr. 4 GWB (Sektorenauftraggeber)

§ 98 Nr. 4 GWB ermöglicht es, auch solche Auftraggeber in den Anwendungsbereich des Kartellvergaberechts einzubeziehen, die nicht zur öffentlichen Hand gehören und gewerblich handeln.[1046] Entscheidend ist eine Tätigkeit in den Sektoren der Trinkwasser- oder Energieversorgung oder des

---

1041 VK Bund, Beschl. v. 11.09.2002 – VK 2-42/02.
1042 Vgl. oben: Kap. 1. A. I. 3. lit. c) lit. bb).
1043 So auch für die Vorgängergesellschaft „GTZ", VK Bund, Beschl. v. 11.09.2002 –-VK 2-42/02, dort Rn. 56.
1044 http://www.bmz.de/de/was_wir_machen/wege/bilaterale_ez/akteure_ez/einzel-akteure/giz/index.html (zuletzt abgerufen am: 30.11.2012).
1045 Dort heißt es unter III. (Deutschland) 2. (Juristische Person des Privatrechts): *„Zusammenarbeit mit den Entwicklungsländern (Finanzierung, technische Zusammenarbeit, Entwicklungshilfe, Ausbildung)"*
1046 *Wieddekind*, in: Willenbruch/Wieddekind, Vergaberecht, S. 75.

Verkehrs.[1047] Zusätzlich müssen sie eine bestimmte Form der Staatsnähe aufweisen oder in einem gesetzlich geschützten Wettbewerb stehen.

Vorliegend kommt eine Sektorenauftraggeberstellung für die Fraport AG in Betracht. Die Fraport AG ist im Sektorenbereich „Verkehr" tätig: Die Bereitstellung und der Betrieb von Flughäfen zum Zwecke der Versorgung von Beförderungsunternehmen aus der Luftfahrt fällt in den Verkehrssektorenbereich nach § 98 Nr. 4 GWB.[1048] Zudem befinden sich über 51% der Aktien im Besitz der öffentlichen Hand.[1049] Damit liegen eine Beherrschung durch die öffentliche Hand und die nach § 98 Nr. 4 Hs. 1 Alt. 2 GWB geforderte Staatsnähe vor.

Für eine Stadtwerke GmbH ist zwar eine Staatsnähe zu bejahen: Sie befindet sich zu Hundertprozent im Eigentum einer Gebietskörperschaft „Kommune". Auch ist sie im Sektor „Energieversorgung" tätig. Hierzu zählt insbesondere die Versorgung dieser Netze mit Strom. Dem Grunde nach läge auch hier ein Fall des § 98 Nr. 4 Alt. 2 GWB vor. Allerdings erfolgt die Stromerzeugung der GmbH ausschließlich durch konventionelle Quellen[1050]. Hierzu hat die EU-Kommission am 24.04.2012 auf Antrag des Bundesverbands der Energie- und Wasserwirtschaft (BDWE) nach § 3 Abs. 4 S. 7 und Abs. 7 SektVO iVm Art. 30 Abs. 4 bis 6 der RL 2004/17/EG (SKR) festgestellt, dass Strom, der aus konventionellen Quellen erzeugt wurde, in Deutschland unmittelbar dem Wettbewerb ausgesetzt ist und dass für diesen eine entsprechende Freistellung von der Anwendung der Sektorenrichtlinie erfolgen kann.[1051] Entsprechend besteht für die Stadtwerke

---

1047 *Brüning*, Zum Verhältnis von öffentlichem Preisrecht und Vergaberecht, ZfBR 2012, S. 642 (643).

1048 *Wieddekind*, in: Willenbruch/Wieddekind., Vergaberecht, S. 77.

1049 Fraport Geschäftsbericht 2011, S. 65.

1050 Anlagen, die in den Anwendungsbereich des EEG fallen, sind indes weiter vergaberechtspflichtig, Erwägungsgrund Nr. 43 u. 44 Durchführungsbeschluss der EU-Kommission v. 26.04.2012, ABl. Nr. L 114, S. 26 sowie Art. 1 Abs. 2 des Beschlusses, S. 27. Dort heißt es: *„Für diesen Beschluss bedeutet „aus konventionellen Quellen erzeugter Strom" Strom, der nicht unter das EEG fällt. Ferner bezeichnet der Begriff „erneuerbare Energien" im Sinne des EEG und zu den darin festgelegten Bedingungen Wasserkraft einschließlich der Wellen-, Gezeiten-, Salzgradienten- und Strömungsenergie, Windenergie, solare Strahlungsenergie, Geothermie, Energie aus Biomasse einschließlich Biogas, Biomethan, Deponiegas und Klärgas sowie aus dem biologisch abbaubaren Anteil von Abfällen aus Hauhalten und Industrie."*

1051 Durchführungsbeschluss der EU-Kommission v. 26.04.2012, ABl. Nr. L 114, S. 21.

GmbH in Deutschland *keine* Vergaberechtspflichtigkeit; sie ist von der Pflicht zur Anwendung des Kartellvergaberechts befreit.[1052]

II. Extraterritoriale Einrichtungen: Öffentliche Auftraggeber oder lediglich Stellvertreter?

Im Folgenden soll der Frage auf den Grund gegangen werden, ob extraterritoriale Einrichtungen selbst als öffentliche Auftraggeber einzuordnen sind oder, wenn nicht, zumindest als Stellvertreter für einen öffentlichen Auftraggeber handeln können.

Ob eine extraterritoriale Einrichtung öffentlicher Auftraggeber sein kann oder doch eher als Stellvertreter handelt, ist anhand der Umstände des Einzelfalls *materiell-wirtschaftlich* zu bestimmen.[1053] Auftraggeber wird danach, wer die Chancen und Risiken aus dem im Rahmen des konkreten Beschaffungsvorhabens abzuschließenden Vertrages *endgültig* tragen soll.[1054]

Sollte eine Auftraggebereigenschaft nicht in Frage kommen, kann die vergebende Stelle immer noch als rechtsgeschäftlich bestellter Vertreter mit der Durchführung des Vergabeverfahrens betraut werden.[1055] In einem solchen Fall kann der Beauftragte in mittel-[1056] oder unmittelbarer[1057] Stellvertretung für den eigentlichen Auftraggeber handeln. Bei mittelbarer Stellvertretung ist der Vertreter zwar im Außenverhältnis als alleiniger Auftraggeber anzusehen, im Innenverhältnis ist die Beschaffung jedoch dem eigentlichen öffentlichen Auftraggeber zuzurechnen.[1058] Zwar ist es grundsätzlich vorgesehen, dass der Geschäftsherr nicht für Fehler seines sich als solchen

---

1052 Ausführlich hierzu: *Rosenkötter/Plantiko*, Die Befreiung der Sektorentätigkeiten vom Vergaberechtsregime, NZBau 2010, S. 78 ff.

1053 *Diehr*, in: Reidt/Stickler/Glahs, Vergaberecht Kommentar, § 98, Rn. 11.

1054 *Eschenbruch*, in: Kulartz/Kus/Portz, Kommentar zum Vergaberecht, § 98, Rn. 65 mwN.

1055 VK Bund, Beschl. v. 08.06.2006 – VK 2-114/05, Rn. 41/S. 17 f. = VergabeR 2007, S. 100 (108).

1056 Eine mittelbare (auch indirekte, versteckte oder stille) Stellvertretung liegt vor, wenn jemand ein Rechtsgeschäft im eigenen Namen, aber im Interesse und für Rechnung eines anderen, des Geschäftsherrn, vornimmt, *Heinrichs*, in: Palandt, BGB, Einf. v. § 164, Rn. 6.

1057 Im fremden Namen, im Interesse und für Rechnung eines anderen, *Heinrichs*, in: Palandt, BGB, Einf. v. § 164, Rn. 6.

1058 VK Bund, Beschl. v. 08.06.2006 – VK 2-114/05, Rn. 41 = VergabeR 2007, S. 100 (108).

nicht zu erkennen gebenden Geschäftsführers haften soll.[1059] Entscheidend ist aber die Vereinbarung im Innenverhältnis. Wurde hier ein Geschäftsführungvertrag geschlossen, dann hat der Geschäftsführer eventuelle Schadensersatzansprüche im Innenverhältnis auszugleichen, auch wenn er nicht Partei im Außenverhältnis ist. In Fällen der mittelbaren und der unmittelbaren Stellvertretung liegen damit die Chancen und Risiken der konkreten Beschaffung weiterhin beim eigentlichen Auftraggeber. Abweichungen hiervon sind im Einzelfall möglich.

Um eine Zuordnungsaussage für die jeweiligen extraterritorialen Einrichtungen treffen zu können, ist eine nähere Untersuchung angezeigt:

1.   Botschaften, konsularische Vertretungen (Landesvertretungen der Länder)

Botschaften und Konsulate können nach deutschem Verständnis[1060] keine öffentlichen Auftraggeber sein. Botschaften wie konsularische Vertretungen sind keine juristischen Personen.[1061] Mangels Rechtsfähigkeit können sie grundsätzlich nicht im Rechtsverkehr auftreten und auch keine Verträge abschließen.[1062] Botschaften und Konsulate sind als unselbständige Behörden des Staates einzustufen.[1063] Ein Botschafter oder Konsul repräsentiert den Entsendestaat und handelt dabei in dessen Vertretung, soweit dies von seinem Aufgabenbereich umfasst ist. Das wiederum richtet sich nach der

---

1059 Vgl. *Schramm*, in: Münchener Kommentar, BGB, Bd. I, Vorbm. §§ 164 ff., Rn. 13.

1060 Vgl. hierzu die französische Sicht: Nach Conseil d'État, Urt v. 04.07.2008 – Az. 316028 (Société Colas Djibouti), Art. 551-1, führt ein französischer Botschafter nicht nur das Vergabeverfahren durch.

1061 *Tischler*, in: Lindner-Figura/Oprée/Stellman, Geschäftsraummiete, Kap. 2, Rn. 93.

1062 *Buch*, Botschaften und Konsulate als Mieter – Hinweise für die Vertragsgestaltung, NZM 2000, S. 367.

1063 *Heinz*, Ausländische Missionen als Mieter - einige juristisch-praktische Anmerkungen zu einem "Hauptstadt-Problem", ZfIR 1999, S. 559.

innerstaatlichen Organisation des jeweiligen Entsendestaates. [1064] Allerdings ist ein Botschafter oder Konsul kraft seines Amtes zur Führung der
üblichen laufenden Geschäfte ermächtigt[1065].

Das Auswärtige Amt zählt zu diesen Geschäften im begrenzten Umfang
auch die Durchführung von Vergabeverfahren.[1066] Dabei handeln sie in unmittelbarer Stellvertretung, also im fremden Namen (der Bundesrepublik
Deutschland), im fremden Interesse und auf fremde Rechnung. Die Risiken
einer fehlerhaften Durchführung eines Vergabeverfahrens trägt damit allein
die Bundesrepublik Deutschland als Gebietskörperschaft über das Auswärtige Amt als oberste Bundesbehörde.[1067]

Der Bund bleibt folglich nach materiell-wirtschaftlicher Definition öffentlicher Auftraggeber. Die Botschaften und konsularischen Vertretungen
können aber als unmittelbare Stellvertreter für das Auswärtige Amt und damit für den Bund öffentliche Auftragsvergaben im Ausland durchführen.
Gleiches gilt für die Landesvertretungen der Bundesländer in Brüssel

2. Bundeswehrverwaltungsstellen im Ausland

Ähnlich verhält es sich bei den Auslandsverwaltungsstellen der Bundeswehr. Zwar sind die Bundeswehrverwaltungsstellen im Ausland im Gegensatz zu den Botschaften oder konsularischen Vertretungen als eigenständige
Ortsbehörden einzustufen.[1068] Trotzdem tragen sie nach materiell-wirtschaftlicher Auftraggeberdefinition nicht das endgültige Risiko der durch-

---

1064 *Heinz*, Ausländische Missionen als Mieter - einige juristisch-praktische Anmerkungen zu einem "Hauptstadt-Problem", ZfIR 1999, S. 559 f. Wie sich aus der
unter Fn. 1096 zitierten Entscheidung des französischen Conseil d'État ergibt, ist
in Frankreich die interne Organisation völlig anders als in Deutschland geregelt.

1065 *Buch*, Botschaften und Konsulate als Mieter – Hinweise für die Vertragsgestaltung, NZM 2000, S. 367.

1066 Es fehlt diesbezüglich an einem schriftlichen Quellennachweis. Lediglich aufgrund eines Gesprächs mit der zuständigen Vergaberechtsjuristin im AA konnte
diese Information erlangt werden. Die Herausgabe weiterer Informationen, vor
allem aber schriftlicher Nachweise dessen, seien ihr untersagt, da es sich um nicht
nach außen zu kommunizierende Interna handele.

1067 Dies muss, wie weiter oben unter Kap. 2. D. I. 1. lit. b) festgestellt wurde, insoweit
eine Einschränkung erfahren, als über eine Haftung aus *culpa in contrahendo*
nach §§ 241 Abs. 2, 311 Abs. 3, 280 Abs. 1 BGB auch Hilfspersonen in Anspruch
genommen werden können. Vgl. auch *Scharen*, in: Willenbruch/Wieddekind,
Vergaberecht, § 126 GWB, Rn. 5.

1068 Vgl. oben unter Kap. 1. A. I. 1. lit. b).

zuführenden Auftragsvergaben. Dieses verbleibt beim Bund. Über das Bundesamt für Wehrverwaltung als Bundesoberbehörde wird das Risiko der Gebietskörperschaft „Bund" zugerechnet. Sofern die Bundeswehrverwaltungsstellen im Ausland Vergabeverfahren durchführen, geschieht dies im Wege der unmittelbaren Stellvertretung.

3.   Tochtergesellschaften der Fraport AG und einer Stadtwerke GmbH

Die ausländischen Tochtergesellschaften der Fraport AG und einer (fiktiven) Stadtwerke GmbH sind allesamt nach fremdem Recht gegründet, also rechtlich selbständig.[1069] Aufgrund ihrer eigenen Rechtspersönlichkeit haben sie auch eigenes Gesellschaftskapital, eine eigene Satzung, einen eigenen Gesellschaftsvertrag und ihre eigene Geschäftsführung. Unabhängig davon, dass die Tochtergesellschaften im Volleigentum bzw. mehrheitlich im Eigentum ihrer Mutterkonzerne stehen, haften diese (also die Fraport AG und eine Stadtwerke GmbH) grundsätzlich nicht für Verbindlichkeiten ihrer Tochtergesellschaften. Damit haben die Tochtergesellschaften die Chancen, vor allem aber die Haftungsrisiken im Rahmen eines konkreten Beschaffungsvorhabens vollständig zu tragen. Nach materiell-wirtschaftlicher Lesart kommt den Tochtergesellschaften im Ausland eine öffentliche Auftraggebereigenschaft unabhängig davon zu, ob und wenn ja, welches Vergaberecht im konkreten Fall Anwendung findet.

Dies gilt unabhängig von der Feststellung, dass die deutsche Muttergesellschaft, die Stadtwerke GmbH aufgrund von § 3 Abs. 7 SektVO iVm Art. 30 Abs. 4 bis 6 der RL 2004/17/EG in Deutschland nicht vergaberechtspflichtig ist. Die Tochtergesellschaft ist nach dem materiell-wirtschaftlich Auftraggeberbegriff einer eigenständigen Betrachtung zu unterziehen. Eine Auftraggebereigenschaft kommt also beispielsweise in Polen, wo bislang kein freier Markt auf dem Gebiet der konventionellen Energieversorgung herrscht, weiterhin in Betracht.

4.   Auslandsinstitute des Goethe-Instituts e.V. (inkl. ausländischer Trägergesellschaften)

Die Auslandsinstitute des Goethe-Instituts e.V. werden in der Regel als rechtlich unselbständige Einrichtungen betrieben. Ausnahmsweise ist das

---

1069 Vgl. oben: Kap. 1. A. I. 3. lit. c) lit. cc) u. dd).

Goethe-Institut e.V. jedoch angehalten, extraterritoriale Trägergesellschaften zu gründen (in Lateinamerika); dabei handelt es sich um rechtlich selbständige Einrichtungen, gegründet in der Rechtsform des jeweiligen Aufnahmestaates.[1070] Abhängig von den örtlichen Gründungsvoraussetzungen dürften sie eine eigene Satzung, einen eigenen Gesellschaftsvertrag und ihren eigenen Vorstand haben. Damit sollte das Goethe-Institut e.V. grundsätzlich nicht für die Verbindlichkeiten seiner rechtlich selbständigen Trägergesellschaften im Ausland haften. De facto verhält es sich aber anders: Wie oben[1071] dargestellt, sind die extraterritorialen Trägergesellschaften weiterhin finanziell, personell und organisatorisch vom Goethe-Institut e.V. abhängig. Materiell verbleibt damit die Aufgabenerfüllung bei der „Mutter". Dass formal-rechtlich eine eigene Rechtspersönlichkeit besteht, ist aus Sicht der materiell-wirtschaftlichen Auftraggeberdefinition nicht von Belang.[1072] Hier ist einzig und allein entscheidend, wer die Chancen und Risiken der Auftragsvergabe endgültig zu tragen hat. Aufgrund der wirtschaftlichen Abhängigkeit und materiellen Aufgabenübernahme durch die deutsche Zentrale kann den extraterritorialen Trägergesellschaften keine Auftraggeberstellung zukommen. Diese verbleibt beim Goethe-Institut e.V. in München.

Trotzdem ist es der Zentrale unbenommen, für gewisse Auftragsvergaben die Auslandseinrichtungen hinsichtlich der Durchführung der Vergabeverfahren für zuständig zu erklären. Wie allerdings aus § 6 Abs. 8 S. 1 des Rahmenvertrages zwischen dem Goethe-Institut und dem Auswärtigen Amt folgt, verbleiben gerade Baumaßnahmen und sonstige Geschäfte im Zusammenhang mit Grundstücken in der ausschließlichen Zuständigkeit des Auswärtigen Amtes.[1073] Bei derartigen Auftragsvergaben kann die Zentrale schon mangels eigener Zuständigkeit keine extraterritorialen Einrichtungen für zuständig erklären.

1070 Vgl. oben: Kap. 1. A. I. 2. lit. a).

1071 Vgl. oben: Kap. 1. A. I. 2. lit. a).

1072 In diesem Zusammenhang passt der von *Schulz*, Parastaatliche Verwaltungsträger im Verfassungs- und Völkerrecht, S. 191, geprägte Ausdruck einer „organisatorischen Hülle".

1073 Dort heißt es: „*Erwerb, Belastung und Veräußerung von Grundstücken oder grundstücksähnlichen Rechten sowie Baumaßnahmen gehören zur ausschließlichen Zuständigkeit des Auswärtigen Amtes. (...)*".

5. Auslandsinstitute der Fraunhofer-Gesellschaft und der Max-Planck-Gesellschaft

Grundsätzlich sind auch die Auslandsinstitute der beiden Forschungsgesellschaften rechtlich unselbständig.[1074] Trotzdem sehen die jeweiligen Vereinsatzungen vor, Einrichtungen mit eigener Rechtspersönlichkeit zu gründen.[1075] Für diese gilt in gewisser Hinsicht das zu Tochtergesellschaften von Unternehmen des Privatrechts Gesagte: Auch sie sind öffentliche Auftraggeber, da sie eine eigene, vom Dachverein nicht vorab zu genehmigende Satzung, ein eigenes Präsidium und getrennt vom Dachverein zur Verfügung stehende finanzielle Mittel haben.[1076] Die rechtlich unselbständigen Institute, ob im Aus- oder Inland, haben ebenfalls eigene Satzungen (sog. Institutssatzung)[1077] und stehen unter der wissenschaftlichen und verwaltenden Leitung eines Direktors oder Leiters[1078]. Kraft der Vereinssatzung ist es den Instituten im beschränkten Umfang darüber hinaus gestattet, eine eigene Haushaltshoheit über die zur Verfügung gestellten Mittel auszuüben.[1079] Im Rahmen dieser selbständigen Haushaltsverantwortung sind die Institute in der Mittelverwendung größtenteils frei und unabhängig vom Hauptsitz der Vereine,[1080] d.h. sie tragen die Chancen und Risiken der damit in Zusammenhang stehenden öffentlichen Beschaffungen grundsätzlich selbst.

Ob sie diese auch *endgültig* tragen, ist indes äußerst fraglich: Insofern ist anzunehmen, dass die Zentrale im Falle der Zahlungsunfähigkeit der jeweiligen Institute, z.B. aufgrund eines unkalkulierbaren Haftungsfalles, die

---

1074 Vgl. oben unter Kap. 1 A. I. 2. lit. b) u. c).

1075 Vgl. für die Max-Planck-Gesellschaft: § 28 Abs. 1 („in der Regel") und § 29 Abs. 1 lit. a) der Vereinssatzung. Für die Fraunhofer-Gesellschaft: § 20 Abs. 1, 2 und 5 der Vereinssatzung.

1076 So beispielsweise der Fall bei der *Stiftung Max-Planck-Institut für Kohlenforschung* und dem *Max-Planck-Institut für Eisenforschung GmbH*, die als eigenständige juristische Personen Mitglieder des Dachvereins Max-Planck-Gesellschaft e.V. sind.

1077 Vgl. für die Max-Planck-Gesellschaft: § 28 Abs. 2 der Vereinssatzung. Für die Fraunhofer-Gesellschaft: § 20 Abs. 3 der Vereinssatzung.

1078 Vgl. für die Max-Planck-Gesellschaft: § 28 Abs. 3 der Vereinssatzung. Für die Fraunhofer-Gesellschaft: § 21 der Vereinssatzung.

1079 Vgl. für die Max-Planck-Gesellschaft: § 28 Abs. 3 lit. i) Hs. 2 der Vereinssatzung. Für die Fraunhofer-Gesellschaft: § 21 lit. g) der Vereinssatzung.

1080 Natürlich muss die Mittelverwendung immer im Einklang mit der Vereinssatzung und dem geltenden Recht stehen.

Verbindlichkeiten übernimmt.[1081] Das endgültige Risiko trägt dann aber nicht das jeweilige Institut. Mithin spricht vieles dafür, bei Auftragsvergaben, die im Zusammenhang mit der Verwendung der zugestandenen Haushaltsmittel stehen, von einer mittelbaren Stellvertretung auszugehen. Die Institute handeln dann nach außen als Auftraggeber, obwohl im Innenverhältnis das Geschäft für die Zentrale als eigentlichen Auftraggeber abgeschlossen werden soll.

Einem rechtlich selbständigen Institut der Fraunhofer- oder Max-Planck-Gesellschaft käme, sofern ein solches in Zukunft gegründet werden sollte, eine öffentliche Auftraggebereigenschaft zu. Die rechtlich unselbständigen Einrichtungen der beiden Forschungsgesellschaften im Ausland kommen hingegen nicht als öffentliche Auftraggeber in Betracht; sie können allerdings für die Durchführung von Vergabeverfahren im Wege mittelbarer oder unmittelbarer Stellvertretung für zuständig erklärt werden.

6.   Auslandsbüros der GIZ GmbH und der KfW Entwicklungsbank

Die Auslandsbüros der GIZ GmbH[1082] und der KfW Entwicklungsbank (inklusive ihrer Auslandsrepräsentanz in Brüssel)[1083] werden als sog. Zweigniederlassungen betrieben. Damit haben sie keine eigene Rechtspersönlichkeit. Dann aber fehlt es ihnen auch an einem eigenen Gesellschaftsvertrag, einer Satzung, einer Gesellschaftseinlage und einem Vorstand. Nach der materiell-rechtlichen Definition des Auftraggeberbegriffs hat dies zur Folge, dass der jeweilige Hautverwaltungssitz im vollen Umfang für Verbindlichkeiten der Zweigniederlassungen haftet, selbst wenn diese im Ausland eingegangen wurden. Damit scheidet eine Auftraggebereigenschaft für Zweigniederlassungen der GIZ GmbH und der KfW Entwicklungsbank im Ausland aus. Unabhängig davon ist die Durchführung eines Vergabeverfahrens für die Zweigniederlassung in Form der Stellvertretung möglich.

1081 Insofern haftet die Gesellschaft als Rechtsträger mit ihrem gesamten Vermögen für Verbindlichkeiten der Zweigniederlassung, *Doralt/Bachner*, in: Münchener Kommentar, AktG, § 13 HGB, Rn. 63.
1082 Vgl. hierzu oben unter Kap. 1. A. I. 3. lit. c) lit. bb)
1083 Vgl. hierzu oben unter Kap. 1. A. I. 1. lit. a) lit. aa) (2)

7.   Zwischenergebnis

Grundsätzlich kommen nur rechtlich verselbständigte Einrichtungen (im Ausland) als öffentliche Auftraggeber in Betracht. Doch selbst dann ist mithilfe der materiell-wirtschaftlichen Auftraggeberdefinition danach zu differenzieren, wer das wirtschaftliche Risiko *endgültig* trägt. Bei den extraterritorialen Trägergesellschaften des Goethe-Instituts e.V. verbleibt dieses Risiko bei der deutschen Zentrale. Deshalb kann von keiner eigenen Auftraggeberstellung dieser Einrichtungen ausgegangen werden. Anders verhält es sich beispielsweise bei den Tochtergesellschaften der Fraport AG und der (fiktiven) Stadtwerke GmbH. Losgelöst von einer territorialen Betrachtung kommt diesen aufgrund ihrer wirtschaftlichen Eigenständigkeit die Fähigkeit zu, öffentlicher Auftraggeber zu sein. Alle anderen rechtlich unselbständigen Einrichtungen im Ausland scheiden dagegen in der Regel als Auftraggeber aus. Hier besteht aber zumindest die theoretische Möglichkeit, seitens der Zentrale diese in Gestalt der mittel- oder unmittelbaren Stellvertretung mit der Durchführung des Vergabeverfahrens zu betrauen. Auch bei Auftragsvergaben, bei denen es um die kraft Satzung zur Verfügung gestellten eigenen Mittel geht, liegt keine eigenständige Auftraggebereigenschaft der rechtlich unselbständigen Institute, sondern ein Fall der mittelbaren Stellvertretung vor.

III.   Eröffnung des sachlichen Anwendungsbereichs nach §§ 99 ff. GWB

Für das Kartellvergaberecht definieren §§ 99 und 100 ff. GWB den sachlichen Anwendungsbereich.[1084] Zunächst ist danach zu fragen, ob ein öffentlicher Auftrag im Sinne des § 99 GWB vorliegt und, wenn ja, welche Zuordnung konkret vorzunehmen ist. Abhängig davon greifen unterschiedliche Nichtanwendungsregeln nach §§ 100 ff. GWB. Einer näheren Untersuchung sollen im Folgenden die Aufträge für Botschaften, konsularische Vertretungen und der Bundeswehrverwaltungsstellen, für die gemeinnützigen Vereine, für die KfW Entwicklungsbank sowie für die Tochtergesellschaften der Fraport AG und der (fiktiven) Stadtwerke GmbH unterzogen werden.

1084 *Willenbruch*, in: Willenbruch/Wieddekind, Vergaberecht, S. 126.

1. Auftragsvergaben für oder durch Botschaften, konsularische Ver-
    tretungen und Bundeswehrverwaltungsstellen im Ausland

Gerade bei Aufträgen für oder durch Botschaften, konsularische Vertretungen sowie Bundeswehrverwaltungsstellen im Ausland stellt sich die Frage
der Zuordnung nach § 99 GWB.[1085] Denn infolge der Umsetzung der Richtlinie 2009/81/EG (VSVKR)[1086] zur Koordinierung bestimmter Verfahren
bei Vergaben von Bau-, Liefer- und Dienstleistungsaufträgen in den Bereichen Verteidigung und Sicherheit wurde das GWB am 14.12.2011[1087] um
ein weiteres Sondervergaberecht erweitert. Folglich ist zu klären, ob Aufträge im Zusammenhang mit den eben genannten Einrichtungen unter §§
99 Abs. 7 bis 9 und § 13 GWB zu subsumieren sind. Nach der Vorgängernorm des aktuellen § 100 GWB waren gemäß § 100 Abs. 2 lit. d und lit. e
GWB a.F.[1088] verteidigungs- und sicherheitsrelevante Aufträge vom Anwendungsbereich des Kartellvergaberechts grundsätzlich exkludiert.[1089]
Nunmehr sollen Aufträge auch aus diesen Bereichen zur Schaffung eines
europäischen Binnenmarktes nach den Vorschriften des 4. Teils des GWB
vergeben werden.[1090] In der Folge fände für derartige Aufträge anstelle der

---

1085   Bei den Landesvertretungen der Länder in Brüssel dürften hingegen kaum sicher-
       heitsrelevante Aspekte eine Rolle spielen. Anders als Botschaften und konsulari-
       sche Vertretungen haben sie keine hoheitlichen Befugnisse, sondern dienen aus-
       schließlich repräsentativen Zwecken.
1086   ABl. v. 20.08.2009, Nr. L 216, S. 76 ff. und Richtlinie 2009/81/EG.
1087   Vom Bundestag am 07.12.2011 beschlossen und am 14.12.2011, einen Tag nach
       seiner Verkündigung, in Kraft getreten, BGBl. 2011, Teil 1, Nr. 64, S. 2570 ff.
1088   Dort hieß es in der bis zum 14.12.2011 gültigen Fassung: „ (...) *d) aa) die in
       Übereinstimmung mit den Rechts- und Verwaltungsvorschriften in der Bundesre-
       publik Deutschland für geheim erklärt werden, bb) deren Ausführung nach die-
       sen Vorschriften besondere Sicherheitsmaßnahmen erfordert, cc) bei denen es
       ein Einsatz der Streitkräfte oder die Umsetzung von Maßnahmen der Terroris-
       musbekämpfung oder wesentliche Sicherheitsinteressen bei der Beschaffung von
       Informationstechnik oder Telekommunikationsanlagen gebietet oder dd) bei de-
       nen der Schutz sonstiger wesentlicher Interessen der Sicherheit des Staates es
       gebietet; e) die dem Anwendungsbereich des Artikels 296 Abs. 1 Buchstabe b des
       Vertrages zur Gründung der Europäischen Gemeinschaft unterliegen; (...)*".
1089   Nach der Neuregelung der §§ 99 ff. GWB ist dies zwar auch noch möglich, aber
       nur nach § 100 Abs. 3 bis 6 GWB oder § 100c Abs. 2 bis 4 GWB, vgl. § 100c
       Abs. 1 GWB.
1090   Vgl. v.a. Erwägungsgrund Nr. 4 der RL 2009/81/EG. Dort heißt es: „*Die Schaf-
       fung eines europäischen Markts für Verteidigungsgüter setzt einen auf dessen
       Bedürfnisse zugeschnittenen rechtlichen Rahmen voraus. Im Bereich des Auf-*

VgV die neue Vergabeverordnung Verteidigung und Sicherheit (VSVgV) Anwendung. Gerade für Dienstleistungs- und Lieferaufträge enthält die VSVgV eigene, von der VgV abweichende Verfahrensregeln.[1091] Zur Veranschaulichung sollen ausgewählte Beschaffungsgegenstände unter die neuen vergaberechtlichen Vorgaben aus den Bereichen Verteidigung und Sicherheit subsumiert werden.

a)   § 99 Abs. 7 Nr. 1 und Nr. 2 GWB im Zusammenhang mit Vergaben durch die Bundeswehrverwaltungsstellen im Ausland

Bei den Beschaffungen der Bundeswehrverwaltungsstellen im Ausland für die Auslandsstreitkräfte der Bundeswehr könnte ein Fall von § 99 Abs. 7 Nr. 1 oder Nr. 2 GWB vorliegen. Dies hängt davon ab, ob man die Ausstattung der Auslandsstreitkräfte mit Kleidung und Verpflegung[1092] als „Lieferung von Militärausrüstung im Sinne des Absatzes 8" (dann Nr. 1) oder als „Lieferung von Ausrüstung, die im Rahmen eines Verschlusssachenauftrags im Sinne des Absatzes 9 vergeben wird," (dann Nr. 2) einstuft. Zunächst handelt es sich bei der Beschaffung von Waren (Kleidung und Verpflegung) um Lieferaufträge nach § 99 Abs. 2 GWB.

aa)   Beschaffung von Militärausrüstung nach § 99 Abs. 7 Nr. 1 GWB

Militärausrüstung nach Absatz 8 ist „jede Ausrüstung, die eigens zu militärischen Zwecken konzipiert oder für militärische Zwecke angepasst wird und zum Einsatz als Waffe, Munition oder Kriegsmaterial bestimmt ist". Vorliegend kommt allenfalls eine Qualifizierung als „Kriegsmaterial" in Betracht. Darunter werden alle Gegenstände verstanden, „die für die Verwendung im Kampfeinsatz oder zur Gefechtsführung bestimmt sind"[1093].

---

tragswesens ist hierfür die Koordinierung der Vergabeverfahren unter Beachtung der Sicherheitsanforderungen der Mitgliedstaaten und der aus dem Vertrag erwachsenden Verpflichtungen erforderlich."

1091 *Scherer-Leydecker*, Verteidigungs- und sicherheitsrelevante Aufträge – Eine neue Auftragskategorie im Vergaberecht, NZBau 2012, S. 533 (534).

1092 http://www.terrwv.bundeswehr.de/portal/a/terrwv/!ut/p/c4/Fcs7DoA-gDAQE0l3N0-huJiCDZBIS8rv-mre_OCED-NIA-VsSxgcOsD6tbppGqnOY7kivztWItuooit6w_6sohoxgWRaPPhKUn-LcXg63CJw!!/ (zuletzt abgerufen am: 30.11.2012).

1093 *Scherer-Leydecker*, Verteidigungs- und sicherheitsrelevante Aufträge – Eine neue Auftragskategorie im Vergaberecht, NZBau 2012, S. 533 (536).

Gardeuniformen, die ausschließlich zu feierlichen Anlässen getragen werden, sowie sämtliche Verpflegungsgüter fallen demnach nicht unter den Begriff des Kriegsmaterials. Sie sind nicht für die Verwendung im Kampfeinsatz bestimmt und folglich nicht als Militärausrüstung anzusehen. Geht es
allerdings um die Beschaffung militärischer Schutz- und Tarnausrüstung,
spezieller Kampfanzüge sowie normaler Instandhaltungs-, Transport- oder
Pioniergeräte, dann handelt es sich um Kriegsmaterial und damit um militärische Ausrüstung.[1094] Hierzu zählt beispielsweise die Beschaffung militärischer Schutzhelme, die anders als Polizeihelme auch Querschläger und
Granatsplitter abhalten sollen. Schwieriger gestaltet sich eine Einordnung
der herkömmlichen Flecktarnuniform der Bundeswehr. Zwar wird sie auch
bei zivilen Einsätzen der Bundeswehr (z.B. Hilfe bei Naturkatastrophen)
getragen. Darüber hinaus ist sie im alltäglichen Gebrauch der Bundeswehrsoldaten, außerhalb jedweder Gefechtssituation, im Einsatz (z.B. auf dem
Kasernengelände, im öffentlichen Raum). Trotzdem muss auch hier auf die
schwerpunktsmäßige Bestimmung der Flecktarnuniform abgestellt werden.
Die Uniform besteht aus einem leichten, strapazierfähigen Material, das op-
timal auf die Bedürfnisse der Soldaten im Felde zugeschnitten ist. Das
Flecktarn-Design soll eine frühzeitige Entdeckung durch den Feind verhindern. Beide Merkmale - Material und Design - sind dazu bestimmt, den Soldaten eine kampfeinsatztaugliche Bekleidung zu verschaffen. Dass die Uni-
formen auch dazu geeignet sind, im zivilen Alltag getragen zu werden,
spielt hier keine Rolle. Mithin fällt die Flecktarnuniform der Bundeswehr
unter den Begriff der Militärausrüstung.[1095] Gleiches gilt nach dem Bestim-
mungsprinzip für die Kampfstiefel der Bundeswehrsoldaten. Laut *Scherer-
Leydecker*[1096] bedarf es immer einer konkreten Prüfung des Einzelfalls. Generelle Zuordnungsaussagen lassen sich nicht treffen.

bb)   Beschaffung von Ausrüstung nach § 99 Abs. 7 Nr. 2 GWB

Die Lieferung der Gardeuniformen sowie sämtlicher Verpflegungsgüter
könnte eventuell unter § 99 Abs. 7 Nr. 2 GWB subsumiert werden. Danach

---

1094 So auch: *Scherer-Leydecker*, Verteidigungs- und sicherheitsrelevante Aufträge –
      Eine neue Auftragskategorie im Vergaberecht, NZBau 2012, S. 533 (535).
1095 In der Folge kommt es zur Anwendung der VSVgV, vgl. § 1 und § 2 Abs. 1
      VSVgV.
1096 Am Beispiel der Verschlusssache iSd § 99 Abs. 9 GWB: *Scherer-Leydecker*, Ver-
      teidigungs- und sicherheitsrelevante Aufträge – Eine neue Auftragskategorie im
      Vergaberecht, NZBau 2012, S. 533 (538).

kann grundsätzlich jede Art von Ausrüstung Gegenstand eines Auftrags nach § 99 Abs. 7 Nr. 2 GWB sein.[1097] Fraglich ist indes, was unter „Ausrüstung" in diesem Sinne zu verstehen ist. Generell soll eine Ausrüstung „die Erfüllung der Aufgabe und Erreichung des Ziels unterstützen oder ermöglichen"[1098]. Damit werden vom Ausrüstungsbegriff „sämtliche Ausstattungs-, Hilfs- und Betriebsmittel sowie sonstige Gegenstände, die dazu bestimmt sind, für einen bestimmten Zweck eingesetzt zu werden"[1099], umfasst. Neben körperlichen Gegenständen (z.B. Sachen) können das auch nicht körperliche sein (z.B. Software, Daten, Informationen, Energie oder Nutzungsrechte).[1100] Lebensmittel aller Art zur Versorgung der Streitkräfte dienen dem Zweck, die Auslandstreitkräfte der Bundeswehr funktionstüchtig zu halten. Sie erfüllen also das Kriterium des Ausrüstungsgegenstandes nach Nr. 2. Gardeuniformen sind indes für die Aufrechterhaltung der Funktionstüchtigkeit der Auslandsstreitkräfte der Bundeswehr nicht erforderlich. Sie fallen folglich nicht unter den Begriff der Ausrüstung.

Darüber hinaus muss die Beschaffung der Verpflegungsgüter im Rahmen einer Verschlusssache nach Absatz 9 vergeben werden. Als erstes Kriterium wird gefordert, dass es sich um einen Auftrag für Sicherheitszwecke handelt, vgl. § 99 Abs. 9 GWB. Nach europarechtskonformer Auslegung[1101] ist dies dann der Fall, wenn die jeweilige Ausrüstung, deren Lieferung beauftragt werden soll, dem Zweck der Sicherheit dient.[1102] Sicherheitsbelange sind immer dann betroffen, wenn es um den Schutz der Gesellschaft oder des Staates vor inneren oder äußeren Bedrohungen geht.[1103] Auslandseinsätze verfolgen den Zweck, den Staat und die Gesellschaft vor äußeren Bedrohungen zu schützen. Dann dient aber auch die (nicht militärische) Ausrüstung der Streitkräfte mit Verpflegung dem Zweck der Bedrohungsabwehr zugunsten Deutschlands. Denn eine Einsatzbereitschaft der Auslandsstreitkräfte ist nur bei ausreichender Verpflegungsversorgung gegeben.

1097 *Scherer-Leydecker*, Verteidigungs- und sicherheitsrelevante Aufträge – Eine neue Auftragskategorie im Vergaberecht, NZBau 2012, S. 533 (537).

1098 *Scherer-Leydecker*, Verteidigungs- und sicherheitsrelevante Aufträge – Eine neue Auftragskategorie im Vergaberecht, NZBau 2012, S. 533 (535).

1099 *Scherer-Leydecker*, Verteidigungs- und sicherheitsrelevante Aufträge – Eine neue Auftragskategorie im Vergaberecht, NZBau 2012, S. 533 (535).

1100 *Stresemann*, in: Münchener Kommentar, BGB, Bd. 1, § 90, Rn. 1.

1101 So heißt es in Art. 1 Abs. 7 der Richtlinie 2009/81/EG, dass nicht der Auftrag als solcher, sondern nur die *Ausrüstung* selber Sicherheitszwecken dienen muss.

1102 *Scherer-Leydecker*, Verteidigungs- und sicherheitsrelevante Aufträge – Eine neue Auftragskategorie im Vergaberecht, NZBau 2012, S. 533 (537).

1103 *Scherer-Leydecker*, Verteidigungs- und sicherheitsrelevante Aufträge – Eine neue Auftragskategorie im Vergaberecht, NZBau 2012, S. 533 (537).

Auf zweiter Stufe ist zu prüfen, ob eine Verschlusssache nach § 99 Abs. 9 GWB vorliegt. Die Definition der Verschlusssache richtet sich ausweislich des Bezugs aus § 99 Abs. 9 Nr. 1 GWB nach § 4 des Sicherheitsüberprüfungsgesetzes des Bundes (SÜG). Gemäß § 4 Abs. 1 S. 1 SÜG sind Verschlusssachen „im öffentlichen Interesse geheimhaltungsbedürftige Tatsachen, Gegenstände oder Erkenntnisse, unabhängig von ihrer Darstellungsform". Abhängig von der Schutzbedürftigkeit werden die Aufträge nach § 4 Abs. 2 SÜG eingestuft.[1104] Allerdings muss die nationale Definition der Verschlusssache ihrerseits europarechtskonform sein. So werden Verschlusssachen im Sinne des Art. 1 Nr. 8 der RL 2009/81/EG wie folgt definiert: „Informationen bzw. Material, denen (dem) unabhängig von Form, Beschaffenheit oder Art der Übermittlung ein Geheimhaltungsgrad zugewiesen ist oder für die (das) eine Schutzbedürftigkeit anerkannt wurde und die (das) im Interesse der nationalen Sicherheit und nach den in dem betreffenden Mitgliedstaat geltenden Rechts- und Verwaltungsvorschriften gegen Missbrauch, Zerstörung, Entfernung, Bekanntgabe, Verlust oder Zugriff durch Unbefugte oder jede andere Art der Preisgabe an Unbefugte geschützt werden müssen (muss)." *Scherer-Leydecker*[1105] kritisiert hier zu Rech die missverständliche deutsche Übersetzung. Hilfreich sei seiner Meinung nach die englische Fassung[1106] der Richtlinie, aus der klar hervorgehe,

---

1104 Nach § 4 Abs. 2 SÜG findet folgende Kategorisierung statt: „*Eine Verschlußsache ist 1. STRENG GEHEIM, wenn die Kenntnisnahme durch Unbefugte den Bestand oder lebenswichtige Interessen der Bundesrepublik Deutschland oder eines ihrer Länder gefährden kann, 2. GEHEIM, wenn die Kenntnisnahme durch Unbefugte die Sicherheit der Bundesrepublik Deutschland oder eines ihrer Länder gefährden oder ihren Interessen schweren Schaden zufügen kann, 3. VS-VERTRAULICH, wenn die Kenntnisnahme durch Unbefugte für die Interessen der Bundesrepublik Deutschland oder eines ihrer Länder schädlich sein kann, 4. VS-NUR FÜR DEN DIENSTGEBRAUCH, wenn die Kenntnisnahme durch Unbefugte für die Interessen der Bundesrepublik Deutschland oder eines ihrer Länder nachteilig sein kann.*"

1105 *Scherer-Leydecker*, Verteidigungs- und sicherheitsrelevante Aufträge – Eine neue Auftragskategorie im Vergaberecht, NZBau 2012, S. 533 (538).

1106 Die Wortwahl „*and which*" mache deutlich, dass sich zweite Teil der Definition unmissverständlich auf beide Alternativen beziehe, *Scherer-Leydecker*, Verteidigungs- und sicherheitsrelevante Aufträge – Eine neue Auftragskategorie im Vergaberecht, NZBau 2012, S. 533 (538): „*Classified information means any information or material, regardless of the form, nature or mode of transmission thereof, to which a certain level of security classification or protection has been attributed, and which, in the interests of national security and in accordance with the laws, regulations or administrative provisions in force in the Member State concerned, requires protection against any misappropriation, destruction, removal, disclosure, loss or access by any unauthorized individual, or any other type of compromise.*"

dass sich der Schutz im Interesse der nationalen Sicherheit nicht nur auf die zweite Tatbestandsalternative („Schutzbedürftigkeit anerkannt wurde"), sondern auf beide beziehe.

Ausgehend von der europarechtlichen Definition stellt sich mithin die Frage, ob eine entsprechende Schutzbedürftigkeit oder Geheimhaltungswürdigkeit im Interesse der nationalen Sicherheit mit der Lieferung dieser Gegenstände verbunden ist. Gerade daran fehlt es im vorliegenden Fall: Aus Informationen über die Essgewohnheiten der Auslandstreitkräfte können keine nachteilige oder gar schädliche Folgen für die Bundesrepublik Deutschland abgeleitet werden. Nationale Interessen wären durch offen zugängliche Informationen im Zusammenhang mit einer derartigen Beschaffung nicht betroffen. Nur weil es um die Grundversorgung der Auslandsstreitkräfte geht, sind noch keine nationalen Sicherheitsinteressen Deutschlands betroffen.

b)   Bau- und Dienstleistungsaufträge iSv § 99 Abs. 7 Nr. 4 iVm § 99 Abs. 9 GWB?

Bau- oder Dienstleistungsaufträge von Botschaften oder konsularischen Vertretungen könnten vorliegend ebenfalls als Verschlusssache nach § 99 Abs. 7 Nr. 4 iVm Abs. 9 GWB eingestuft werden. Ausgehend von der oben[1107] erörterten Definition stellt sich insbesondere die Frage, ob Aufträge für die oben genannten Einrichtungen grundsätzlich *immer* im Interesse der nationalen Sicherheit aufgrund besonderer Schutzbedürftigkeit oder Geheimhaltungswürdigkeit stehen. Dies muss verneint werden: *In der Regel* sind Dienstleistungsaufträge im Auftrag von Botschaften oder konsularischer Vertretungen genauso zu behandeln wie sonstige Aufträge des Bundes. Dennoch sind *Ausnahmen* denkbar: Unproblematisch ist dies für die Beschaffung von Sicherheitstechnik zu bejahen, die im Interesse der nationalen Sicherheit einen gewissen Geheimhaltungsgrad erfordert (z.B. Alarmanlagen, Schließsysteme oder Sicherheitssoftware für Computer).[1108] Je nachdem, ob die Beschaffung nur die Lieferung oder auch die Installation dieser Sicherheitstechnik vorsieht, kommt eine Sonderzuordnung nach § 99 Abs. 7 Nr. 2 oder Nr. 4 GWB in Betracht.

1107 Vgl. oben: Kap. 4. B. III. 1. lit. a) lit. bb).
1108 *Herrmann/Polster*, Die Vergabe von sicherheitsrelevanten Aufträgen, NVwZ 2010, S. 341.

Komplizierter gestaltet sich die Beantwortung der Frage, ob der Auftrag zum (Aus-)Bau eines Botschaftsgebäudes oder einer konsularischen Vertretung als sicherheitsrelevant im Sinne von § 99 Abs. 7 Nr. 4 GWB einzustufen ist. Zunächst einmal berührt der Bau eines solchen Gebäudes, unabhängig in welchem Land dieses zu errichten ist, unzweifelhaft nationale Sicherheitsinteressen: Zum einen aufgrund des besonderen rechtlichen Status als hoheitsrechtliche Enklave im Ausland. Zum anderen weil das zu errichtende Gebäude wirksame Sicherungs- und Abschottungsmechanismen nach außen beinhalten muss, um Rückzugsmöglichkeiten und Schutz für die Bürger des eigenen Landes im Ausland gewährleisten zu können. Den genauen Inhalt dieses Auftrags für jedermann durch eine öffentliche Ausschreibung nach § 99 Abs. 1 GWB offen zu legen, würde die Wirksamkeit der Schutzmaßnahmen und damit das Wohlergehen der eigenen Bürger gefährden. Dann aber ist ein entsprechender Geheimhaltungsgrad des Auftrags erforderlich. Mitunter wird dies allein schon dadurch deutlich, dass jeder Staat bei Botschaftsbaustellen besondere Sicherheits- und Überwachungsvorkehrungen trifft (z.B. Sicherheits-/Eingangskontrolle, Umzäunung und Videoüberwachung der Baustelle). An dieser Einschätzung ändert sich auch nichts, wenn man den Bauauftrag in unterschiedliche Lose unterteilt und beispielsweise nur die Installation von Alarm- und Sicherheitssystemen als Verschlusssache behandeln würde. Auch hier hätten die Auftragnehmer zur Herstellung anderer Gewerke (z.B. Mauerwerk, Fenster, Putz) vor Ort Einsichtsmöglichkeiten, welche die Wirksamkeit der Sicherheitssysteme jederzeit zunichtemachen könnte. Daher muss der Auftrag zum Bau eines Botschaftsgebäudes oder einer konsularischen Vertretung insgesamt, ob nun in Teillose unterteilt oder nicht, als sicherheitsrelevant im Sinne von § 99 Abs. 7 Nr. 4 GWB angesehen werden.[1109] Vorliegend kommt diesbezüglich eine Verschlusssache nach § 99 Abs. 9 Nr. 1 GWB i.V.m. § 4 Abs. 2 Nr. 2 SÜG in Betracht.[1110]

1109 In der Folge kommt es zur Anwendung der §§ 1 ff. VS VOB/A, vgl. § 2 Abs. 2 S. 2 VSVgV.

1110 Der Auftrag zum Bau eines Botschaftsgebäudes oder einer konsularischen Vertretung dürfte als „GEHEIM" iSd § 4 Abs. 2 Nr. 2 SÜG eingestuft werden, da durch die Kenntnisnahme entsprechender Auftragsinhalte die Sicherheitsinteressen der Bundesrepublik Deutschland (im Ausland) gefährdet wären. In § 4 Abs. 2 Nr. 2 SÜG heißt es: „*GEHEIM, wenn die Kenntnisnahme durch Unbefugte die Sicherheit der Bundesrepublik Deutschland oder eines ihrer Länder gefährden oder ihren Interessen schweren Schaden zufügen kann,* (...)".

Es bleibt festzuhalten, dass auch hier die Prüfung für jeden Einzelfall unerlässlich ist. Eine generelle Aussage über das Vorliegen eines sicherheitsrelevanten Auftrags für alle Beschaffungen von Botschaften oder konsularische Vertretungen lässt ist nicht treffen.

c)   Keine Eröffnung des Anwendungsbereichs nach §§ 100 ff. GWB?

Je nachdem, welche Auftragsart vorliegt, muss geprüft werden, ob der sachliche Anwendungsbereich des Kartellvergaberechts nicht gemäß §§ 100 ff. GWB ausgeschlossen ist. Für die Fälle, bei denen ausnahmsweise eine Zuordnung als verteidigungs- oder sicherheitsrelevant nach § 99 Abs. 7 GWB in Frage kommt (z.B. Kampfanzug, Sicherheitssysteme für Gebäude, Bau einer Auslandsvertretung), muss auf § 100 Abs. 3 bis 6 und auf § 100c Abs. 2 bis 4 GWB eingegangen werden, vgl. § 100c Abs. 1 GWB. Für alle sonstigen Aufträge seitens der Botschaften, konsularischen Vertretungen und Auslandsverwaltungsstellen der Bundeswehr kommen § 100 Abs. 3 bis 6 und 8 GWB sowie § 100a Abs. 2 bis 4 GWB in Betracht, vgl. § 100a Abs. 1 GWB.

§ 100 Abs. 5 GWB regelt, dass der 4. Teil des GWB keine Anwendung auf Verträge findet, die den Erwerb von Grundstücken, vorhandener Gebäude oder anderer unbeweglicher Vermögenswerte (Nr. 1), Mietverhältnisse für selbige (Nr. 2) oder Rechte an Gebäuden zum Gegenstand haben. Wenn beispielsweise für eine Botschaft oder konsularische Vertretung ein Mietvertrag abgeschlossen oder ein Grundstück erworben oder verkauft werden soll, findet das Kartellvergaberecht – unabhängig von der Frage seiner extraterritorialen Dimension – schon aus sachrechtlichen Gesichtspunkten keine Anwendung.

Daneben postuliert § 100 Abs. 6 GWB[1111], dass dann kein Vergabeverfahren nach §§ 98 ff. GWB durchzuführen ist, wenn eine Anwendung dieser Vorschriften den Auftraggeber dazu zwingen würde, im Zusammenhang mit dem Vergabeverfahren oder der Auftragsausführung Auskünfte zu erteilen, deren Preisgabe seiner Ansicht nach wesentliche Sicherheitsinteressen der Bundesrepublik Deutschland iSd Art. 346 Abs. 1 lit. a AEUV (ex.-Art. 296 EGV) widerspricht (Nr. 1) oder bei solchen, die in den Anwendungsbereich von Art. 346 Abs. 1 lit. b AEUV[1112] fallen (Nr. 2). Welche

---

1111   In Umsetzung des Art. 13 lit. a) der RL 2009/81/EG.
1112   Dort heißt es: „(...) *jeder Mitgliedstaat kann die Maßnahmen ergreifen, die seines Erachtens für die Wahrung seiner wesentlichen Sicherheitsinteressen erforder-*

wesentlichen Interessen betroffen sein können, erläutert beispielhaft § 100 Abs. 7 GWB.[1113] Aus Art. 16 und 17 RL 2009/81/EG geht indes hervor, dass der Dispens vom Vergaberecht zur Wahrung legitimer Sicherheitsinteressen „unbedingt erforderlich" sein muss.[1114] In die gleiche Kerbe schlug jüngst der EuGH[1115], indem er eine enge Auslegung des Art. 346 AEUV forderte. Dies gilt insbesondere für sog. „dual-use"-Güter, d.h. Gegenstände, die sowohl zivilen als auch militärischen Zwecken dienen können.[1116] Sollten die Bundeswehrverwaltungsstellen im Ausland Gegenstände beschaffen, die auf der Liste des Rates vom 15.04.1958 stehen, auf die Art. 346 Abs. 2 AEUV ausdrücklich verweist, dann wäre der Ausnahmetatbestand des § 100 Abs. 6 Nr. 2 GWB erfüllt und das Kartellvergaberecht wäre ausgeschlossen. Für die Beschaffung sensibler Sicherheitstechnik für Botschaften oder konsularische Vertretungen wären wesentliche Sicherheitsinteressen nach § 100 Abs. 6 Nr. 1 iVm Abs. 7 GWB dann zu bejahen, wenn sie als Informationstechnik (oder Telekommunikationsanlagen) einzustufen sind. Darunter werden alle technischen Mittel zur Verarbeitung oder Übertragung von Informationen verstanden.[1117] Eine Videoüberwachungseinrichtung, die Bild- (und teilweise auch Ton-)Informationen anzeigen und aufzeichnen kann, würde zum Beispiel diese Voraussetzung erfüllen. Gleiches gilt für Alarmanlagen, die auf Bewegungssensorik basieren. Umgekehrt dürften mechanische Schließ- und Sicherheitssysteme sowie der Auftrag zum Bau eines Gebäudes, das als Botschaft oder konsularische Vertretung dienen soll, nicht hierunter fallen.

Den Geheimhaltungserfordernissen ist grundsätzlich schon dadurch genüge getan, dass es zur Anwendung der speziellen §§ 1 ff. VS VOB/A[1118] kommt und es nach § 101 Abs. 7 S. 3 GWB dem Auftraggeber frei steht, zwischen dem nicht offenen Verfahren nach § 101 Abs. 3 GWB und dem Verhandlungsverfahren nach § 101 Abs. 5 GWB zu wählen. Entscheidend

---

lich sind, soweit sie die Erzeugung von Waffen, Munition und Kriegsmaterial oder den Handel damit betreffen; diese Maßnahmen dürfen auf dem Binnenmarkt die Wettbewerbsbedingungen hinsichtlich der nicht eigens für militärische Zwecke bestimmten Waren nicht beeinträchtigen."

1113 *Roth/Lamm*, Die Umsetzung der Verteidigungsgüter-Beschaffungsrichtlinie in Deutschland, NZBau 2012, S. 609 (611).

1114 *Herrmann/Polster*, Die Vergabe von sicherheitsrelevanten Aufträgen, NVwZ 2010, S. 341 (345).

1115 EuGH, Urt. v. 07.06.2012 – C-615/10 (Rn. 35) = NZBau 2012, S. 509 (511).

1116 EuGH, Urt. v. 07.06.2012 – C-615/10 (Rn. 39 ff.) = NZBau 2012, S. 509 (511); *Roth/Lamm*, Die Umsetzung der Verteidigungsgüter-Beschaffungsrichtlinie in Deutschland, NZBau 2012, S. 609 (611).

1117 Vgl. etwa § 2 Abs. 1 BSIG.

1118 Vgl. § 2 Abs. 2 S. 2 VSVgV.

ist darüber hinaus, ob Bieter Einblick in den inneren Ablauf des Auftraggebers erhalten und dieser sicherheitsrelevant ist.[1119]

Daneben bestimmt § 100 Abs. 8 GWB, dass der 4. Teil des GWB nicht
für die Vergabe von Aufträgen gilt, die „nicht nach § 99 Abs. 7 GWB ver-
teidigungs- und sicherheitsrelevant sind". Es handelt sich also um (sonstige)
sicherheitsrelevante Aufträge, die nicht unter § 99 Abs. 7 GWB fallen.[1120]
Ihre Sicherheitsrelevanz folgt aus den jeweiligen Ausnahmevorschriften
der Nr. 1 bis 6. Diese sind dem § 100 Abs. 2 lit. a bis d lit. aa bis cc GWB
a.f. nachgebildet. Auf das oben angeführte Beispiel der Beschaffung von
Kleidung und Verpflegung für die Auslandsstreitkräfte der Bundeswehr
würde keiner der dort genannten Ausnahmetatbestände passen. Gleiches
würde für Bauarbeiten an der Fassade eines Botschaftsgebäudes gelten: In
all diesen Fällen fehlt es an einer entsprechenden Sicherheitsrelevanz.

In einem Fall von § 99 Abs. 7 GWB, muss in einem weiteren Schritt
geprüft werden, ob über die Fälle des § 100 Abs. 3 bis 6 GWB hinaus kein
Fall des § 100c Abs. 2 bis 4 GWB einschlägig ist, der das Kartellvergaberecht ebenfalls ausschließen würde. Mit § 100c GWB hat der Gesetzgeber
Art. 13 der RL 2009/81/EG umgesetzt. Besondere Aufmerksamkeit gebührt
im Zusammenhang mit dieser Untersuchung § 100c Abs. 3 GWB. Danach
sind solche Aufträge vom Anwendungsbereich des 4. Teils des GWB ausgenommen, die in einem Land außerhalb der Europäischen Union vergeben
werden. Zu diesen Aufträgen zählt die Norm auch zivile Beschaffungen im
Rahmen des Einsatzes von Streitkräften. Demzufolge wäre es durchaus
denkbar, Beschaffungen der Bundeswehrverwaltungsstellen im außereuropäischen Ausland vom Anwendungsbereich auszuschließen, wenn sie als
Auftrag nach § 99 Abs. 7 GWB zu qualifizieren sind. Zusätzlich muss nach
§ 100c Abs. 3 GWB aber das Kriterium erfüllt sein, dass der Einsatz der
Streitkräfte es erfordert, dass die zu vergebenden Verträge mit im Einsatzgebiet ansässigen Unternehmen geschlossen werden.[1121] Nach der Ein-

---

1119 *Schellenberg*, in: Pünder/Schellenberg, Vergaberecht, § 100 GWB, Rn. 42, mVa
       BT-Drs. 16/10117, S. 19 (Mitte rechts).

1120 *Roth/Lamm*, Die Umsetzung der Verteidigungsgüter-Beschaffungsrichtlinie in
       Deutschland, NZBau 2012, S. 609 (611).

1121 Vgl. Art. 13 lit. d) der RL 2009/81/EG: „*Aufträge, die in einem Drittland verge-
       ben werden, einschließlich ziviler Beschaffungen im Rahmen des Einsatzes von
       Truppen außerhalb des Gebiets der Union, wenn der Einsatz es erfordert, dass
       sie mit im Einsatzgebiet ansässigen Wirtschaftsteilnehmern geschlossen wer-
       den;(...)*".

schätzung des EU-Gesetzgebers ist ein solches Szenario gerade in außereuropäischen Einsatzgebieten durchaus realistisch.[1122] Daran dürfte es im Regelfall scheitern. Eine Prüfung des Einzelfalls ist also auch hier unerlässlich. Die anderen Ausnahmetatbestände des § 100c GWB spielen für die hier durchgeführte Untersuchung hingegen keine Rolle.

2. Kartellvergaberecht anwendbar auf Auftragsvergaben für GIZ, Goethe-Institut, Max-Planck- und Fraunhofer-Gesellschaft

Aufträge für die GIZ, das Goethe-Institut, die Fraunhofer-Gesellschaft sowie die Max-Planck-Gesellschaft sind immer § 99 Abs. 1 GWB zuzuordnen[1123]. Die Sondervorschriften der Absätze 7 bis 9 sowie 12 bis 13 kommen diesbezüglich nicht in Betracht.

Bei den Nichtanwendungsregeln der §§ 100 ff. GWB interessiert vor allem ein Blick auf § 100 Abs. 4 Nr. 2 GWB (§ 100 Abs. 2 lit. n GWB a.F.).[1124] Darin wird eine Anwendbarkeit des Kartellvergaberechts für Aufträge ausgeschlossen, die Forschungs- und Entwicklungsdienstleistungen zum Gegenstand haben, es sei denn, ihre Ergebnisse werden ausschließlich Eigentum des Auftraggebers für seinen Gebrauch bei der Ausübung seiner Tätigkeit und die Dienstleistung wird vollständig durch den Auftraggeber vergütet. Grund dafür ist, dass Forschungsarbeit und Entwicklungsförderung eigenen Regelungen unterliegen sollen.[1125] Greift allerdings die Rückausnahme ein, so bleibt das Vergaberecht anwendbar. In der Regel treten die oben genannten Einrichtungen selber als Erbringer von Forschungs- oder Entwicklungsdienstleistungen auf, d.h. sie werden vom Staat beauftragt, entsprechende Leistungen zu erbringen. Dann liegt kein Fall des § 100 Abs. 4 Nr. 2 GWB vor. Nach der Definition von Art. 1 Nr. 27 der RL 2009/81/EG sind unter Forschung und Entwicklung „alle Tätigkeiten, die

---

1122 Vgl. Erwägungsgrund Nr. 29 der RL 2009/81/EG: *„Für den Fall, dass die Streitkräfte oder die Sicherheitskräfte der Mitgliedstaaten außerhalb der Grenzen der Union Operationen durchführen, sollten die im Einsatzgebiet stationierten Auftraggeber, wenn der Einsatz dies erfordert, die Erlaubnis erhalten, bei der Vergabe von Aufträgen an im Einsatzgebiet ansässige Marktteilnehmer von der Anwendung dieser Richtlinie abzusehen, und zwar auch für zivile Beschaffungen, die in unmittelbarem Zusammenhang mit der Durchführung dieses Einsatzes stehen."*

1123 In Verbindung mit den jeweiligen Definitionsabsätzen nach Absatz 2 bis 6 sowie Absatz 10 bis 11.

1124 Diese Vorschrift basiert auf Art. 13 lit. j) der RL 2009/81/EG.

1125 *Schellenberg*, in: Pünder/Schellenberg, Vergaberecht, § 100 GWB, Rn. 87.

Grundlagenforschung, angewandte Forschung und experimentelle Entwicklung beinhalten"[1126], zu verstehen. Aus Erwägungsgrund Nr. 13 zur RL 2009/81/EG geht wiederum hervor, was unter den jeweiligen Begriffen konkret zu verstehen ist.[1127] Die Haupttätigkeiten der Max-Planck- und Fraunhofer-Gesellschaft und ihrer rechtlich unselbständigen Institute umfassen alle drei Bereiche nach Art. 1 Nr. 27 der RL 2009/81/EG. Das Goethe-Institut betreibt hingegen keine Forschungs- oder Entwicklungsarbeit in diesem Sinne: Grundlagenforschung, angewandte Forschung oder experimentelle Entwicklung gehören nicht zu den klassischen Aufgabenbereichen des Instituts. Etwas komplizierter gestaltet sich die Einordnung bei der GIZ: Deren Tätigkeitsschwerpunkt liegt eigentlich auch nicht in der Erbringung von Forschungs- oder Entwicklungsleistungen, sondern vielmehr im Bereich der technischen Zusammenarbeit. Dort tritt sie als Berater, finanzieller Förderer oder Projektleiter auf. Teil der Beratungstätigkeit ist aber die Erstellung wissenschaftlicher Studien und Gutachten. Diese dürften den Tatbestand der Forschungstätigkeit nach Art. 1 Nr. 27 der RL 2009/81/EG erfüllen. Allerdings wird die Erstellung von Gutachten und Studien teilweise ausgeschrieben und an Dritte delegiert.[1128] In einem solchen Fall verlangt die GIZ selbst als öffentlicher Auftraggeber die Erbringung einer Forschungsdienstleistung. Dem Grunde nach läge damit ein Fall des § 100 Abs. 4 Nr. 2 GWB vor. Dann wiederum dürfte nicht die Rückausnahme greifen. Demnach unterliegen dem Vergaberecht weiterhin alle Aufträge,

---

1126 Weiter heißt es dort: „(...) *wobei letztere die Herstellung von technologischen Demonstrationssystemen, d. h. von Vorrichtungen zur Demonstration der Leistungen eines neuen Konzepts oder einer neuen Technologie in einem relevanten oder repräsentativen Umfeld einschließen kann.*"

1127 In Erwägungsgrund Nr. 13 zur RL 2009/81/EG heißt es hierzu in Absatz 2: „*Grundlagenforschung umfasst experimentelle oder theoretische Arbeiten, die hauptsächlich dem Erwerb von neuem Grundlagenwissen über Phänomene oder beobachtbare Tatsachen ohne erkennbare direkte praktische Anwendungsmöglichkeiten dienen. Angewandte Forschung umfasst auch Originalarbeiten zur Erlangung neuer Erkenntnisse. Sie ist jedoch in erster Linie auf ein spezifisches praktisches Ziel oder einen spezifischen praktischen Zweck ausgerichtet. Experimentelle Entwicklung umfasst Arbeiten auf der Grundlage von vorhandenen, aus Forschung und/oder praktischer Erfahrung gewonnenen Kenntnissen zur Initiierung der Herstellung neuer Materialien, Produkte oder Geräte, zur Entwicklung neuer Verfahren, Systeme und Dienstleistungen oder zur erheblichen Verbesserung des bereits Vorhandenen. Experimentelle Entwicklung kann Herstellung von technologischen Demonstrationssystemen, d. h. von Vorrichtungen zur Demonstration der Leistungen eines neuen Konzepts oder einer neuen Technologie in einem relevanten oder repräsentativen Umfeld einschließen.*"

1128 http://www.giz.de/de/mit_der_giz_arbeiten/ausschreibungen.html (zuletzt abgerufen am: 14.12.12).

die der Beschaffung von Forschungs- und Entwicklungsergebnissen zu Gunsten des Auftraggebers für eigene Zwecke dienen. Sollen die Ergebnisse hingegen einer breiten Öffentlichkeit zugänglich gemacht werden, also einem weiten Personenkreis zu Gute kommen, dann ist die erbrachte Dienstleistung vergaberechtsfrei.[1129] Dies trifft typischerweise auf alle Forschungs- und Entwicklungsdienstleistungen zu, die im Rahmen staatlicher Unterstützung erfolgen.[1130] Zweck der Gutachten- bzw. Studienerstellung ist es gerade, dass die dort gefunden Ergebnisse einem weiten Personenkreis zu Gute kommen. Dann läge keine Rückausnahme vor, weshalb eine Vergaberechtspflichtigkeit auszuscheiden hätte.

3. Kartellvergaberecht anwendbar auf Auftragsvergaben für die KfW Entwicklungsbank

Fraglich ist, ob Aufträge der KfW Entwicklungsbank unter den Ausnahmetatbestand nach § 100a Abs. 2 Nr. 2 GWB zu subsumieren sind.[1131] Demnach gilt das Kartellvergaberecht nicht für die Vergabe von Aufträgen, die „finanzielle Dienstleistungen im Zusammenhang mit Ausgabe, Verkauf, Ankauf oder Übertragung von Wertpapieren oder anderen Finanzinstrumenten, insbesondere Geschäfte, die der Geld- oder Kapitalbeschaffung der Auftraggeber dienen, sowie Dienstleistungen der Zentralbanken" zum Gegenstand haben. Um den Besonderheiten des Kapitalmarkts gerecht zu werden, ist eine weite Auslegung angezeigt.[1132] Somit sind sämtliche Wertpapiergeschäfte und sonstige Finanzinstrumente von der Vorschrift erfasst.[1133] Anders als ihre „Schwester", die KfW IPEX-Bank, erbringt die KfW Entwicklungsbank keine finanziellen Dienstleistungen im Zusammenhang mit der Ausgabe, dem An- oder Verkauf von Wertpapieren oder Finanzinstrumenten. Sie beschränkt sich auf die finanzielle Zusammenarbeit mit staatlichen Institutionen.[1134] Haupttätigkeitsfeld der KfW Entwicklungsbank ist das Geschäft der Kreditvergabe. Darüber hinaus dienen die Geschäfte der

---

1129 Sofern die Forschungsergebnisse nur nachgeordneten Behörden zugänglich gemacht und die Ergebnisse später veröffentlicht werden, ist weiterhin von einer Vergaberechtspflichtigkeit auszugehen, BayObLG, Beschl. v. 27.02.2003 – Verg 25/02 = NZBau 2003, S. 634 (635).

1130 *Willenbruch*, in: Willenbruch/Wieddekind, Vergaberecht, S. 136.

1131 § 100 Abs. 2 lit. m) GWB a.F.

1132 *Willenbruch*, in: Willenbruch/Wieddekind, Vergaberecht, S. 136.

1133 *Marx*, in: Motzke/Pietzcker/Prieß, VOB (2001), § 100, Rn. 30 ff.

1134 http://www.kfw-entwicklungsbank.de/ebank/DE_Home/Ueber_uns/Unsere_Arbeitsweise/index.jsp (zuletzt abgerufen am: 14.12.2012).

KfW Entwicklungsbank nicht der Geld- oder Kapitalbeschaffung von Auftraggebern. Vielmehr sollen sie ausländischen staatlichen Institutionen finanzielle Mittel im Rahmen Entwicklungsförderung zur Verfügung stellen. Die KfW Entwicklungsbank arbeitet dabei auch nicht gewinnorientiert. § 100a Abs. 2 Nr. 2 GWB ist mithin nicht erfüllt.

4.   Kartellvergaberecht anwendbar auf Auftragsvergaben deutscher
        Sektorenauftraggeber im Ausland

Für Sektorenauftraggeber, wie einer (fiktiven) Stadtwerke GmbH oder die Fraport AG gelten neben § 100 Abs. 3 bis 6 GWB die Ausnahmevorschriften des § 100b Abs. 2 bis 9 GWB. Vorliegend kommt neben § 100b Abs. 4 Nr. 2 ein Fall der Nr. 4 GWB in Betracht.

a)   Sektorenaufträge außerhalb der EU, § 100b Abs. 4 Nr. 2 GWB[1135]

Das Kartellvergaberecht findet keine Anwendung auf die Vergabe von Aufträgen, die „zur Durchführung von Tätigkeiten auf dem Gebiet der Trinkwasser- oder Energieversorgung oder des Verkehrs außerhalb des Gebiets der Europäischen Union vergeben werden, wenn sie nicht mit der tatsächlichen Nutzung eines Netzes oder einer Anlage innerhalb dieses Gebietes verbunden sind". Privilegiert werden Netze und Anlagen der genannten Sektorenbereiche also nur, wenn sie sich in einem Drittland befinden und ausschließlich dort betrieben werden.[1136]

Sollte nun die Stadtwerke GmbH ein Kraftwerk in einem Nicht-EU-Staat betreiben (z.B. Schweiz, Serbien), dann wäre das Vergaberecht nicht anwendbar. Umgekehrt wäre § 100b Abs. 4 Nr. 2 GWB nicht einschlägig, wenn das Kraftwerk an der deutsch-schweizerischen Grenze betrieben wird und in beide Netze Strom einspeist. In solchen Fällen fehlt es am Merkmal der „Ausschließlichkeit".

Für die Tochtergesellschaften der Fraport AG außerhalb Europas[1137] gilt das Gleiche: Sofern sie ausschließlich im außereuropäischen Ausland betrieben werden, sind sie von der Anwendung des Vergaberechts befreit. Bei

---

1135   § 100 Abs. 2 lit. q) GWB a.F.
1136   *Willenbruch*, in: Willenbruch/Wieddekind, Vergaberecht, S. 137.
1137   Das wären bspw. die „Fraport IC Ictas Antalya" in der Türkei, die „Lima Airport Partners" in Peru sowie die „Air-Transport IT Services, Inc." in den USA, vgl. oben: Fn. 142.

Flughäfen, deren Betrieb zwangsläufig einen örtlichen „Ausschließlichkeitsbezug" aufweist, dürfte § 100b Abs. 4 Nr. 2 GWB erfüllt sein. Eine Befreiung von der Vergaberechtspflichtigkeit (insbesondere der SektVO) wäre zu bejahen. Die Tochtergesellschaft in Bulgarien, sesshaft also innerhalb der EU, namens „Fraport Twin Star Airport Management AD"[1138], wäre hingegen weiterhin zur Anwendung des Vergaberechts verpflichtet.

b)   Freistellung von der Vergaberechtspflichtigkeit

Zwar hat die EU-Kommission[1139] am 24.04.2012 auf Antrag des BDWE nach § 3 Abs. 4 S. 7 und Abs. 7 SektVO iVm Art. 30 Abs. 4 bis 6 der RL 2004/17/EG festgestellt, dass Strom, der aus konventionellen Quellen erzeugt wurde, in Deutschland unmittelbar dem Wettbewerb ausgesetzt ist und für diesen eine entsprechende Freistellung von der Anwendung der Sektorenrichtlinie erfolgen kann. Eine Ausschreibung nach den Vorschriften der SektVO ist mithin nicht mehr erforderlich. Daraus kann aber nicht gefolgert werden, dass auch für Aufträge, die *außerhalb* Deutschlands vergeben und erfüllt werden, eine entsprechend unmittelbare Wettbewerbssituation vorliegt. Sofern der Auftrag in einem anderen EU-Mitgliedstaat ausgeführt werden soll, ist zu prüfen, ob vor Ort eine Freistellung nach Art. 30 der RL 2004/17/EG erfolgte oder nicht. Dies trifft u.a. auf Österreich zu.[1140]

5.   Zwischenergebnis

Beschaffungen für die hier zu untersuchenden Einrichtungen fallen grundsätzlich unter § 99 Abs. 1 GWB und sind damit als öffentliche Aufträge einzustufen.

Ausnahmsweise kann jedoch die Beschaffung bestimmter Güter für oder durch die sog. Bundeswehrverwaltungsstellen im Ausland dazu führen,

---

1138 http://www.fraport.de/content/fraport/de/konzern/fraport-weltweit/beteiligungen/fraport-twin-star-airport-management-ad.html (zuletzt abgerufen am: 13.12.2012). An dieser „AD" hält die Fraport AG 60% der Anteile.

1139 Durchführungsbeschluss der EU-Kommission v. 26.04.2012, ABl. Nr. L 114, S. 21.

1140 Art. 1 der Entscheidung der EU-Kommission v. 07.07.2008, ABl. Nr. L 118, S. 30. Vgl. auch OLG München, Beschl. v. 12.05.2011 – Verg 26/10, S. 8 f. Daneben wurde eine entsprechende Freistellung für die Stromversorgung für England und Wales, Finnland und Schweden anerkannt.

dass sie nach § 99 Abs. 7 Nr. 1 GWB als verteidigungs- und sicherheitsrelevanter Auftrag zu qualifizieren sind. Dies trifft insbesondere auf militärische Spezialbekleidung zu, die zur Verwendung im Kampfeinsatz bestimmt ist und damit das Kriterium der Militärausrüstung nach § 99 Abs. 7 Nr. 1 GWB erfüllt. Aufgrund der Zweckbestimmung gilt das auch für die herkömmliche Flecktarnuniform der Bundeswehr. Wird der Auftrag dann auch noch außerhalb der EU an im Einsatzgebiet ansässige Unternehmen vergeben, liegt eine Ausnahme nach § 100c Abs. 3 GWB vor. Hiernach wäre eine Anwendbarkeit des Kartellvergaberechts gänzlich ausgeschlossen.

Für alle sonstigen Beschaffungen für die Auslandsverwaltungsstellen der Bundeswehr (insbesondere Verpflegung) kommt *keine* Sonderzuordnung nach § 99 Abs. 7 Nr. 2 GWB in Betracht. Diesbezüglich fehlt es am erforderlichen Kriterium der Verschlusssache nach § 99 Abs. 9 GWB: Nach europarechtskonformer Auslegung müssten durch die Qualifizierung als „normaler" öffentlicher Auftrag nationale Sicherheitsinteressen betroffen sein, welche eine Einschränkung der Publikationserfordernisse im Rahmen der zur Verfügung stehenden Vergabeverfahren (vgl. § 101 Abs. 7 S. 3 GWB)[1141] rechtfertigen würde. Gerade das ist bei der Grundversorgung der Auslandsstreitkräfte mit Verpflegung nicht der Fall.

Aus den gleichen Gründen scheidet auch eine Sonderzuordnung nach § 99 Abs. 7 Nr. 4 GWB für herkömmliche Dienstleistungsaufträge für Botschaften oder konsularischen Vertretungen aus. Anders verhält es sich indes für Aufträge zum Bau eines Botschaftsgebäudes oder einer konsularischen Vertretung: Hier sind nationale Sicherheitsinteressen betroffen, die einen entsprechenden Geheimhaltungsgrad (§ 99 Abs. 9 Nr. 1 GWB iVm § 4 Abs. 2 Nr. 2 SÜG) rechtfertigen.

Das Kartellvergaberecht findet dagegen keine Anwendung, wenn es um Verträge für den Erwerb von Grundstücken oder Gebäuden, über Mietverhältnisse oder sonstige Grundstücksrechte geht, die im Zusammenhang mit Botschaften oder konsularischen Vertretungen stehen, vgl. § 100 Abs. 5 GWB.

Hat die Auftragsvergabe die Beschaffung sensibler Sicherheitstechnik zum Gegenstand, kommt neben einer Sonderzuordnung als sicherheitsrelevanten Auftrag nach § 99 Abs. 7 Nr. 2 (nur Lieferung) oder Nr. 4 (Dienstleistung) GWB zugleich ein Ausschluss der Vergaberechtspflichtigkeit nach § 100 Abs. 6 Nr. 1 iVm Abs. 7 GWB in Betracht. Bestimmte Sicher-

---

1141 Dort heißt es: *„Bei der Vergabe von verteidigungs- und sicherheitsrelevanten Aufträgen können öffentliche Auftraggeber zwischen dem nicht offenen Verfahren und dem Verhandlungsverfahren wählen."*

heitstechniken, wie u.a. Videoüberwachungsanlagen, sind als Informationstechnik (vgl. § 2 Abs. 1 BSIG) im Sinne von § 100 Abs. 7 GWB einzustufen.

Für Forschungs- und Entwicklungseinrichtungen wie das GIZ, das Goethe-Institut, die Fraunhofer-Gesellschaft oder die Max-Planck-Gesellschaft, kommt eine Anwendung der Ausnahmevorschrift nach § 100 Abs. 4 Nr. 2 GWB nur in Betracht, wenn die Aufträge Forschungs- oder Entwicklungsdienstleistungen zum Gegenstand haben, deren Ergebnisse einer breiten Öffentlichkeit zugänglich gemacht werden sollen. In der Regel stehen diese Einrichtungen bei der Vergabe von Forschungs- und Entwicklungsdienstleistungen aber auf der Auftrag*nehmerseite*. Nur ausnahmsweise geben sie diese Aufträge als Auftraggeber weiter an andere Entwicklungs- oder Forschungsinstitutionen, wie z.B. die GIZ, wenn sie die Erstellung von Gutachten oder Studien an Dritte vergibt.

Für die KfW Entwicklungsbank scheidet eine Anwendbarkeit des § 100a Abs. 2 Nr. 2 GWB hingegen vollständig aus. Insbesondere dienen von ihr vergebene Aufträge nicht der Geld- oder Kapitalbeschaffung von Auftraggebern, sondern unterstützen ausländische staatliche Institutionen im Rahmen der Entwicklungsförderung bzw. -zusammenarbeit.

Für Sektorenauftraggeber wie die (fiktive) Stadtwerke GmbH kommt eine Befreiung von der Pflicht zur Anwendung des Kartellvergaberechts nach § 100b Abs. 4 Nr. 2 GWB in Betracht, wenn der Auftrag außerhalb der EU zu vergeben ist und nur dort Netze betrieben oder Strom ins Netz eingespeist werden soll. Nach § 100b Abs. 4 Nr. 4 GWB iVm Art. 30 Abs. 5 und 6 RL 2004/17/EG muss zudem für jeden Einzelfall geprüft werden, ob im jeweiligen EU-Ausland im Sektor Energieversorgung bereits ein unmittelbarer Wettbewerb herrscht und eine entsprechende Freistellung von der Vergaberechtspflichtigkeit in einer Entscheidung der EU-Kommission festgestellt wurde.

Zusammenfassend lässt sich sagen, dass gerade für die Anwendbarkeit der §§ 100 ff. GWB keine generelle Zuordnungsaussage getroffen werden kann. Eine konkrete Prüfung des Einzelfalls ist aufgrund der Vielfalt der Ausnahmetatbestände unabdingbar.

C. Zuständigkeit zur Regelung extraterritorialer Auftragsvergaben nach deutschem Kartellvergaberecht

Die Ausführungen unter Kapitel 4. A. haben gezeigt, dass der räumliche Anwendungsbereich des deutschen Kartellvergaberechts bei Auftragsvergaben für oder durch extraterritoriale Einrichtungen nach eigener kollisionsrechtlicher Definition eröffnet ist und dies auch keinen Widerspruch nach richtlinien- und völkervertragskonformer Auslegung erfährt.

Daraus ist aber nicht zu folgern, dass der deutsche Gesetzgeber diese extraterritorialen Sachverhalte regeln durfte. Denn die Regelungshoheit eines souveränen Staates unterliegt bei Sachverhalten mit extraterritorialem Bezug immer auch den Schranken des Völkergewohnheits-, primären Europa- und deutschen Verfassungsrechts.[1142] Die Beachtlichkeit des Völkergewohnheitsrechts aus der Perspektive des deutschen Gesetzgebers und Rechtsanwenders folgt aus Art. 25 S. 1 GG.[1143] Danach sind die allgemeinen Regeln des Völkerrechts, wozu auch das Völkergewohnheitsrecht zählt[1144], Bestandteil des Bundesrechts. Gleiches gilt für Europäisches Primärrecht, vgl. Art. 23 Abs. 1 GG. Dass sich das Handeln des Gesetzgebers natürlich auch nach den Vorgaben des Grundgesetzes[1145] richten muss, ergibt sich aus Art. 20 Abs. 3 GG.

Im Folgenden ist zu prüfen, ob sich der deutsche Gesetzgeber innerhalb dieser Vorgaben bzw. Schranken im Rahmen seiner kollisionsrechtlichen Regelung des Kartellvergaberechts bewegt hat.

I. Völkergewohnheitsrecht: „jurisdiction to prescribe" bei sinnvoller Anknüpfung

Unter Völkergewohnheitsrecht werden alle universell geltenden Völkerrechtssätze verstanden.[1146] Als „universell" sind die Rechtssätze dann anzusehen, wenn sie sich aus einer in der Staatengemeinschaft hinreichend verfestigten und verbreiteten Praxis und aufgrund entsprechender Rechtsüberzeugung herausgebildet haben.[1147]

1142 Vgl. hierzu ausführlich *Ohler*, Kollisionsordnung des Allgemeinen Verwaltungsrechts, S. 327 ff.
1143 Vgl. *Menzel*, Internationales Öffentliches Recht, S. 788.
1144 Anstelle vieler *Herdegen*, in: Maunz/Dürig, GG, Art. 25, Rn. 23.
1145 Ausführlich hierzu *Herzog/Grzeszick*, in: Maunz/Dürig, GG, Art. 20, Rn. 36 ff.
1146 BVerfG, Beschl. v. 30.10.1962 – 2 BvM 1/60 = BVerfGE 15, S. 25 (33).
1147 BVerfG, Beschl. v. 13.05.1994 – 2 BvL 33/93 = BVerfGE 94, S. 315 (332). Anstelle vieler: *Herdegen*, in: Maunz/Dürig, GG, Art. 25, Rn. 23.

Aus Sicht des Völkergewohnheitsrechts bestehen grundsätzlich keine Ge- oder Verbote, welche Regelungen Staaten innerstaatlich treffen dürfen, selbst wenn diese Regelungen darauf abzielen, auch extraterritorial zur Anwendung zu gelangen.[1148] Diese Regelungshoheit wird gemeinhin als „jurisdiction to prescribe" bezeichnet.[1149] Zudem existieren keine Zuweisungen ausschließlicher Regelungsbereiche, in denen es den Staaten immer gestattet wäre, extraterritorial anwendbare Regelungen zu erlassen.[1150] Folglich ist es nicht verwunderlich, dass oft mehrere Staaten bei der Regelung extraterritorialer Sachverhalte miteinander konkurrieren.[1151] Dieser Regelungsfreiheit sind vor allem durch das völkerrechtliche Verbot der Einmischung in die inneren Angelegenheiten eines fremden Staates Grenzen gesetzt.[1152] Als weitere Schranken werden die Arbeitsteilung zwischen den

---

1148 StIGH, Series A, No. 10, S: 19 f. („Lotus-Entscheidung"); *Dahm/Delbrück/Wolfrum*, Völkerrecht, Bd. I/1, S. 319. *Eping/Gloria*, in: Ipsen, Völkerrecht, § 23, Rn. 86 f.; *Meessen*, Völkerrechtliche Grundsätze des internationalen Kartellrechts, S. 74 ff.; *Rudolf*, Territoriale Grenzen der staatlichen Rechtsetzung, BerDGEsVR Heft 11, S. 7 (17).

1149 Zu unterscheiden von der *„jurisdiction to enforce"*: Damit wird zum Ausdruck gebracht, dass ein Staat nur auf seinem eigenen Gebiet Hoheitsakte (Realakte, Vollstreckung, Verwaltungsakte oder Gerichtsurteile) erlassen kann. Außerhalb dessen bedarf es einer ausdrücklichen Genehmigung des fremden Staates. Erfasst ist also nur die physische Ausübung von Hoheitsgewalt, d.h. ihre körperliche Manifestation durch staatliche Stellen an einem bestimmten Ort, *Ohler*, Kollisionsordnung des Allgemeinen Verwaltungsrechts, S. 329. Bei der Durchführung eines Vergabeverfahrens kommt es aber gerade nicht zur Ausübung von Hoheitsgewalt. Vielmehr geht es um die Frage, ob das eigene Verfahrensrecht auch extraterritoriale Sachverhalte, also die Vergabe von öffentlichen Aufträgen im Ausland erfasst. Dabei handelt es sich um eine Frage nach der *„jurisdiction to prescribe"*. Als drittes Element staatlicher Hoheitsmacht kommt noch die *„jurisdiction to adjudicate"* in Betracht. Hierunter wird das Recht des souveränen Staates verstanden, auf seinem Hoheitsgebiet die Gerichtsbarkeit auszuüben, *Doehring*, Völkerrecht, Rn. 808. Doch auch wenn nur von „jurisdiction" die Rede ist, handelt es sich „um die Reichweite der inländischen Gerichtsbarkeit, also um das Bestehen von Gerichtsgewalt und (...) internationaler Zuständigkeit", so *Schack*, Einführung in das US-amerikanische Zivilprozessrecht, S. 23.

1150 *Ohler*, Kollisionsordnung des Allgemeinen Verwaltungsrechts, S. 327 f.

1151 *Dahm/Delbrück/Wolfrum*, Völkerrecht, Bd. I/1, S. 319; *Kokott/Doehring/Buergenthal*, Grundzüge des Völkerrechts, Rn. 324; *Mann*, The doctrine of jurisdiction in international law, Rec. des Cours 111 (1964-I), S. 9 f.; *Ohler*, Kollisionsordnung des Allgemeinen Verwaltungsrechts, S. 328.

1152 BVerfG, Beschl. v. 22.03.1983 – 2 BvR 475/78 = BVerfGE 63, S. 343 (369); BVerfG, Beschl. v. 12.12.2000 – 2 BvR 1290/99 = NJW 2001, S. 1848 (1852); *Geiger*, Völkerrecht und Grundgesetz im Europarecht, S. 309; *Herdegen*, Völkerrecht, § 26, Rn. 7; *Kaffanke*, Nationales Wirtschaftsrecht und internationale Wirtschaftsordnung, S. 287 ff.; *Mann*, The doctrine of jurisdiction in international

Staaten[1153], das Willkürverbot[1154], das Verhältnismäßigkeitsgebot[1155] und das Missbrauchsverbot[1156] genannt. Gemeinsam ist diesen Schrankenregelungen, dass sie eine „jurisdiciton to prescribe" solange als rechtens ansehen, wie ein Staat eine sinnvolle Anknüpfung (sog. „genuine link")[1157] für die Erfassung extraterritorialer Sachverhalte durch eigene Regelungen vorweisen kann.[1158] Es muss also ein hinreichender Inlandsbezug zum regelnden Staat bestehen.[1159] Ein solcher ist zu bejahen, wenn ein schützenswertes

law, Rec. des Cours 111 (1964-I), S. 9 (47); *Meng*, Extraterritoriale Jurisdiktion im öffentlichen Wirtschaftsrecht, S. 551; *Ohler*, Kollisionsordnung des Allgemeinen Verwaltungsrechts, S. 328; *Ziegenhain*, Extraterritoriale Rechtsanwendung und die Bedeutung des Genuine-Link-Erfordernisses, S. 49.

1153 *Dahm/Delbrück/Wolfrum*, Völkerrecht, Bd. I/1, S. 321.

1154 *Streinz*, in: Sachs, GG, Art. 25, Rn. 53 f.

1155 *Meng*, Extraterritoriale Jurisdiktion im öffentlichen Wirtschaftsrecht, S. 603 ff.

1156 *Dahm/Delbrück/Wolfrum*, Völkerrecht, Bd. I/1, S. 324; *Rehbinder*, Extraterritoriale Wirkungen des deutschen Kartellrechts, S. 82, 90.

1157 Andere gebräuchliche Begriffe hierfür sind: „effet territorial", „Binnenbeziehung", „Beziehung zum Inland", „hinreichend starke Inlandsbeziehung", „substantial and bona fide connection", „close, substantial, direct and weighty contact", „sufficiently close connection", „relevant and reasonable contact", „un lien", etc: Nachzulesen bei *Meng*, Extraterritoriale Jurisdiktion im öffentlichen Wirtschaftsrecht, S. 543. Ob das genuine-Link-Erfordernis auch auf das IPR im Allgemeinen anzuwenden ist, muss hier nicht behandelt werden (sehr strittig), vgl. *Sonnenberger*, in: Münchener Kommentar, BGB, Bd. 10, Einl. IPR, Rn. 102. Mangels praktischer Bedeutung soll vorliegend nicht erörtert werden, ob das Prinzip der sinnvollen Anknüpfung aus dem Rechtsmissbrauchsverbot oder dem Nichteinmischungsprinzip abgeleitet wird, *Fezer/Koos*, in: Staudinger, BGB, EGBGB/IPR, Internationales Kartellprivatrecht, Rn. 135, 138 u. 144. Die genuine link-Theorie wurde bereits im Jahr 1927 vom Ständigen Internationalen Gerichtshof im sog. Lotus-Fall formuliert, Urt. v. 07.09.1927, PCIJ Série A No. 10 (1927), vgl. auch BVerfGE 63, S. 343 (369).

1158 *Eping/Gloria*, in: Ipsen, Völkerrecht, § 23, Rn. 88; *Geiger*, Völkerrecht und Grundgesetz im Europarecht, S. 309; *Herdegen*, Völkerrecht, § 26, Rn. 88; *Mann*, The doctrine of jurisdiction in international law, Rec. des Cours 111 (1964-I), S. 9, 44 ff.; *Meessen*, Völkerrechtliche Grundsätze des internationalen Kartellrechts, S. 101 ff.; *Meng*, Extraterritoriale Jurisdiktion im öffentlichen Wirtschaftsrecht, S. 541 ff.; *Ohler*, Kollisionsordnung des Allgemeinen Verwaltungsrechts, S. 328, *Rehbinder*, in: Immenga/Mestmäcker, GWB, § 130 Abs. 2, Rn. 18; *Verdross/Simma*, Universelles Völkerrecht, § 1183; *Wengler*, Völkerrecht, Bd. II, S. 935 f.

1159 *Herdegen*, Internationales Wirtschaftsrecht, S. 33.

Regelungsinteresse des Staates besteht.[1160] Das Prinzip der sinnvollen Anknüpfung fungiert damit als Schranke[1161] aus Sicht des regelnden Staates. Es bestimmt, bis zu welcher Grenze der regelnde Staat inländisches Recht auf Sachverhalte mit extraterritorialem Bezug anwenden darf. Sollten sowohl Deutschland als auch der Aufnahmestaat über das Prinzip der sinnvollen Anknüpfung ein schützenswertes Regelungsinteresse geltend machen können, muss in einem weiteren Schritt eine Interessenabwägung vorgenommen und einer Entscheidung zugeführt werden. Insofern orientiert sich die nachfolgende Prüfung (bzgl. Reihenfolge und Inhalt)[1162] an *Ohler*, wonach eine finale Abwägung „nach Maßgabe der Interessen der beteiligten Staaten" immer dann durchzuführen ist, wenn nach dem Prinzip der sinnvollen Anknüpfung weiterhin „konkurrierende Zuständigkeiten der Staaten bestehen"[1163]. Das Völkergewohnheitsrecht darf grundsätzlich nicht als sog. weltweites Überkollisionsrecht fungieren, sondern soll vorliegend versuchen, aufgrund fehlender völkerrechtlicher Verträge bzw. Regelungen im Zusammenhang mit extraterritorialen Auftragsvergaben der Regelungshoheit des deutschen Gesetzgebers Schranken zu setzen.

1. Prinzip der „sinnvollen Anknüpfung"[1164]

Zuerst ist deshalb zu klären, ob Deutschland oder der Aufnahmestaat gemäß dem Prinzip der sinnvollen Anknüpfung über ein schützenswertes Regelungsinteresse verfügen. Fraglich ist indes, wonach sich das Vorliegen eines schützenswertes Regelungsinteresses im Sinne einer sinnvollen Anknüpfung bestimmt. *Ohler* meint hierzu treffend, dass „die Versuche einer inhaltlichen Eingrenzung trotz erheblicher literarischer Anstrengungen ohne

---

1160 Anstelle vieler *Fezer/Koos*, in: Staudinger, BGB, EGBGB/IPR, Internationales Kartellprivatrecht, Rn. 132.

1161 Obwohl nach *Fezer/Koos*, in: Staudinger, BGB, EGBGB/IPR, Internationales Kartellprivatrecht, Rn. 134, die Frage, ob das Prinzip der sinnvollen Anknüpfung nun als Schrankenregelung oder positive Abgrenzungsregel bezeichnet werden muss, rein theoretischer Natur sei.

1162 In Bezug auf das Prinzip der sinnvollen Anknüpfung, *Ohler*, Kollisionsordnung des Allgemeinen Verwaltungsrechts, S. 330 ff. In Bezug auf die durchzuführende Interessenabwägung, *Ohler*, Kollisionsordnung des Allgemeinen Verwaltungsrechts, S. 339 ff.

1163 *Ohler*, Kollisionsordnung des Allgemeinen Verwaltungsrechts, S. 339 f.

1164 Ausführlich zum Begriff des „genuine link"-Erfordernisses, *Ziegenhain*, Extraterritoriale Rechtsanwendung und die Bedeutung des Genuine-Link-Erfordernisses, S. 1 ff.

greifbare Ergebnisse geblieben" sind.[1165] Der Grund dafür liegt in der Mannigfaltigkeit möglicher Szenarien, in denen extraterritoriale Regelungen und Sachverhalte in Betracht kommen. Insofern besteht zumindest dahingehend Einigkeit, dass es überhaupt einer sinnvollen Anknüpfung bei internationalen Sachverhalten bedarf und dass für jeden Einzelfall zu bestimmen ist, worin diese zu sehen sein könnte.[1166] Darüber hinaus stellt *Ohler* klar, dass es für die Frage, ob es völkerrechtlich zulässig sei, eigenes Recht auf extraterritoriale Sachverhalte anzuwenden, keine Rolle spielt, wie diese ihrer Rechtsnatur nach innerstaatlich eingeordnet werden.[1167] Im Folgenden soll das Prinzip der sinnvollen Anknüpfung als „Oberprinzip"[1168] fungieren, um mithilfe der unterschiedlichen dem Völkergewohnheitsrecht entspringenden Anknüpfungsprinzipien eine Zuordnungsaussage treffen zu können.[1169] Dabei gilt es zu bedenken, dass nicht nur der regelnde Staat (hier: Deutschland) das Prinzip der sinnvollen Anknüpfung zu beachten hat, sondern auch der jeweilige Aufnahmestaat. Soweit dieser nämlich ein eigenes Regelungsinteresse reklamiert und anstelle Deutschlands auf die Anwendung seines Rechts besteht, stellt sich auch aus seiner Sicht der Sachverhalt als ein solcher mit extraterritorialem Bezug dar. Folglich sollen im Rahmen der Darstellung der einzelnen Anknüpfungsprinzipien immer auch denkbare Anknüpfungsmomente des Aufnahmestaates diskutiert werden.

a)   Die einzelnen Anknüpfungsprinzipien

Die einzelnen Anknüpfungsprinzpien des Völkergewohnheitsrechts setzen sich aus unterschiedlichen Anknüpfungsmomenten zusammen, über die ein

---

1165 *Ohler*, Kollisionsordnung des Allgemeinen Verwaltungsrechts, S. 330. So auch schon *Mann*, The doctrine of jurisdiction in international law,„Rec. des Cours 111 (1964-I), S. 9 u. 23.
1166 BVerfG, Beschl. v. 12.12.2000 - 2 BvR 1290/99 = NJW 2001, S. 1848 (1852).
1167 *Ohler*, Kollisionsordnung des Allgemeinen Verwaltungsrechts, S. 330.
1168 *Ohler*, Kollisionsordnung des Allgemeinen Verwaltungsrechts, S. 330.
1169 Vgl. *Herdegen*, Internationales Wirtschaftsrecht, S. 33; Bzgl. Auswirkungsprinzip im Kartellrecht, vgl. *Meessen*, Völkerrechtliche Grundsätze des internationalen Kartellrechts, S. 101 ff.

räumlich-persönlicher Anwendungsbezug zum Regelungsgegenstand hergestellt werden kann.[1170] Hierfür kommen grundsätzlich das Territorialitätsprinzip, das Personalitätsprinzip, das Weltrechtsprinzip[1171], das Wirkungsprinzip, das Imperialprinzip, das lex-fori-Prinzip, das sog. Schutzprinzip sowie der negative/positive ordre public in Frage. Oft überschneiden sich die unterschiedlichen Prinzipien, sei es, weil über ihre Reichweite nicht hinreichend definiert ist oder weil ein Sachverhalt mehrere Bezugspunkte aufweist.[1172] Die Begründung einer sinnvollen Anknüpfung kann sich dabei auch kumulativ auf mehrere Prinzipien stützen. Eine klare Rangordnung hat sich bislang noch nicht herausgebildet,[1173] auch wenn die „Territorialität" grundsätzlich „der maßgebliche Ausgangspunkt der Betrachtung"[1174] ist. Im Folgenden sollen die einzelnen Prinzipien begrifflich dargestellt und anschließend hinsichtlich einer etwaigen Zuordnungsaussage in Bezug auf die vorliegende Problematik untersucht werden. Daneben wird die Möglichkeit erörtert, über das (unionsrechtliche) Herkunftslandprinzip sinnvoll anzuknüpfen.

1170 *Ohler*, Kollisionsordnung des Allgemeinen Verwaltungsrechts, S. 330 f.

1171 Eine Anknüpfung über das Weltrechtsprinzip muss, auf den vorliegenden Fall übertragen, von vornherein ausscheiden: Vor allem erzeugt dieses Prinzip seine Wirkung im Strafrecht, d.h. bei der Frage, ob ein Staat berechtigt sein soll, Gerichtsbarkeit auszuüben, auch wenn der Tatort nicht zu seinem Territorium gehört und weder Täter noch Opfer seine Staatsangehörigen sind, *Doehring*, Völkerrecht, Rn. 819; *Ohler*, Kollisionsordnung des Allgemeinen Verwaltungsrechts, S. 335. Dies soll dann der Fall sein, wenn durch die Tat ein Schutzgut verletzt wird, dessen Verletzung als solche der Staatengemeinschaft insgesamt schadet. Manche nehmen an, dass dies für jedes Verhalten, also nicht nur strafrechtlich zu würdigendes, gelten müsse, *Menzel*, Internationales Öffentliches Recht, S. 804; *Verdross/Simma*, Universelles Völkerrecht, § 1184; *Doehring*, Völkerrecht, Rn. 822. Bei der Durchführung eines Vergabeverfahrens aber ist die Annahme der Beeinträchtigung eines Schutzguts, das in irgendeiner Weise gefährdende Auswirkungen auf die Staatengemeinschaft haben könnte, fernliegend.

1172 *Ohler*, Kollisionsordnung des Allgemeinen Verwaltungsrechts, S. 331.

1173 *Merkli/Batliner/Batliner*, Internationales Verwaltungsrecht: Das Territorialitätsprinzip und seine Ausnahmen, LJZ 2003, S. 82 (84).

1174 So *Menzel*, Internationales Öffentliches Recht, S. 325, der sich seinerseits auf *Brownlie*, Principles of Public International Law, S, 298, bezieht. Dies trifft insoweit zu, als alle genannten Prinzipien immer als besondere oder erweiterte Form des Territorialitätsprinzips anzusehen sind, *Menzel*, aaO, S. 325 f.

aa)   Territorialitätsprinzip

(1)   Begriffserläuterung

Das Territorialitätsprinzip[1175] beinhaltet das Recht eines jeden souveränen Staates auf die Unverletzlichkeit seines Territoriums und auf die exklusive Errichtung einer Lebensordnung für die dort lebenden Menschen.[1176] Es bestimmt den räumlichen Geltungsbereich eigenen Rechts.[1177] So beschränkt sich der Geltungsbereich eigenen Rechts auf das Gebiet, auf dem es der regelnde Staat auch selbst, aus eigenen, autonomen Vermögen durchsetzen

---

1175   Das Territorialitätsprinzip findet seinen Ursprung in der Ablösung der vorwiegend personalen Herrschaftsgewalt des Altertums und Mittelalters durch die Entstehung des modernen Nationalstaates, wie er sich seit dem Westfälische Frieden von 1648 manifestierte. Die „moderne" Vorstellung eines Subordinationsverhältnisses als Grundlage hoheitlicher Regelungsbefugnisse konnte sich erst im Territorialstaat entwickeln, da jetzt nicht mehr ein Personenverhältnis, sondern das Territorium Grundlage des staatsrechtlichen Herrschaftsverhältnisses war. Ausführlich zur Entstehung des modernen Staates, *Kimminich*, Deutsche Verfassungsgeschichte, S. 113 f. Diese Eigenart des Territorialtätsprinzips, auch als „Eigenschafts-" oder „Raumtheorie" bezeichnet, siehe insb. *Fricker*, Gebiet und Gebietshoheit (1901), S. 100 ff., findet ihren Ausdruck in der prägnanten Formulierung des Rechtssatzes „*quidquid est in territorio, est de territorio*", vgl. *Zippelius*, Allgemeine Staatslehre, § 12 I. Auch wenn *Bodin*, der allgemein als Begründer der Souveränitätslehre gilt, noch keineswegs zwingend den Territorialstaat vor Augen hatte, wurde doch in seiner Zeit immer klarer, dass ein Staat einen untrennbarer Dreiklang aus Territorium, Herrschaft und Rechtsgeltung bildet, *Tietje*, in: ders., Internationales Wirtschaftsrecht, 2009, S. 46. Die für den Staat schlichtweg konstitutive Rechtsordnung wurde nunmehr am Territorium festgemacht. Dadurch war die Grundlage geschaffen, die völkerrechtliche Verankerung der Souveränitätslehre zum maßgeblichen Gegenstand des ius inter gentes zu erheben, *Tietje*, in: ders., Internationales Wirtschaftsrecht, S. 46. Die völkerrechtlich garantierte Unverletzlichkeit des territorialen Herrschaftsgebiets führte zu anerkannten Abgrenzung staatlicher Rechtsordnungen und dadurch zur Manifestation des territorialen Bezugs des Rechts, zur Entwicklung des Souveränitätsbegriffs, *Randelzhofer,* in: Isensee/Kirchhof, HBStR, Bd. II, § 17, Rn. 13 ff. Im Jahre 1684 befasste sich erstmals *Ulrich Huber* mit der Frage des räumlichen Anwendungsbereichs eigener Gesetze und begründete damit die Lehre vom territorialen Bezug des Rechts, *Vogel*, Der räumliche Anwendungsbereich der Verwaltungsrechtsnorm, S. 28 ff. Als Folge entstanden erste kollisionsrechtliche Lehren. *Story,* Commentaries on the Conflict of Laws, 2. Aufl. (1841), Chapter II, § 18, fasst dies Mitte des 19. Jahrhunderts wie folgt zusammen: „*The first and most general maxim or proposition is (...) that every nation possesses an exclusive sovereignty and jurisdiction within its own territory*".
1176   *Meng*, Extraterritoriale Jurisdiktion im öffentlichen Wirtschaftsrecht, S. 500.
1177   *Lindemann*, in: Frankfurter Kommentar, Kartellrecht, § 130 GWB, Rn. 229.

kann. Der Geltungsbereich bezeichnet mithin, in welchem Gebiet staatliches Recht Gegenstand der hoheitlichen physischen Rechtsdurchsetzung sein kann.[1178] Nach dem Territorialitätsprinzip kann der Inlandsbezug einer Regelung durch die Belegenheit einer Sache, den Handlungsort einer Person oder den Ort, an dem der Handlungserfolg eintritt[1179], hergestellt werden[1180]. Aber auch die inländische Ansässigkeit einer juristischen (oder auch natürlichen) Person – ungeachtet ihrer Staatsangehörigkeit – löst die Anwendbarkeit des Prinzips aus.[1181] Für eine sinnvolle Anknüpfung nach dem Territorialitätsprinzip wird gerade nicht verlangt, dass sich alle Elemente des Sachverhalts im Inland zutragen.[1182]

(2)   Sitz der rechtlich selbständigen Einrichtung

Wenn die inländische Ansässigkeit einer juristischen Person eine sinnvolle Anknüpfung über das Territorialitätsprinzip ermöglicht, stellt sich die Frage, wo die jeweilige Einrichtung ihren Sitz hat. Da die Staatsangehörigkeit im Rahmen des Territorialitätsprinzips keine Beachtung findet, kann es nur auf den Verwaltungssitz der juristischen Person ankommen. Denn der Verwaltungssitz ist immer losgelöst vom je nach Einzelfall anzuwendenden Gründungsrecht zu bestimmen. Das Gesellschaftsstatut regelt hingegen nur

---

1178 *Meng*, Extraterritoriale Jurisdiktion im öffentlichen Wirtschaftsrecht, S. 501.

1179 Soweit es um die Erfassung des Handlungserfolgs bei Wettbewerbsbeschränkungen geht, muss klargestellt werden, dass dies wohl unter das Auswirkungsprinzip fällt, vgl. *Lindemann*, in: Frankfurter Kommentar, Kartellrecht, § 130 Abs. 2 GWB, Rn. 213. Da es hier aber nicht um Wettbewerbsbeschränkungen im Zusammenhang mit der Anwendung deutschen Vergabeverfahrensrechts ging, kann auch weiterhin über das Territorialitätsprinzip an den Ort, an dem der Handlungserfolg eintritt, angeknüpft werden.

1180 *Herdegen*, Internationales Wirtschaftsrecht, § 2, Rn. 56; *Meng*, Extraterritoriale Jurisdiktion im öffentlichen Wirtschaftsrecht, S. 501; *Ohler*, Kollisionsordnung des Allgemeinen Verwaltungsrechts, S. 331; *Schwarze*, Die Jurisdiktionsabgrenzung im Völkerrecht, S. 21, der von „allen Situationen in ihrem Staatsgebiet" spricht.

1181 *Meng*, Extraterritoriale Jurisdiktion im öffentlichen Wirtschaftsrecht, S. 501; *Ohler*, Kollisionsordnung des Allgemeinen Verwaltungsrechts, S. 331. Von großer Bedeutung und deshalb ausführlich diskutiert ist dieser Umstand im Internationalen Strafrecht, vgl. *Oehler*, Internationales Strafrecht, Rn. 157 ff. Allerdings besteht hier zugleich die Möglichkeit, über das Personalitätsprinzip eine sinnvolle Anknüpfung zu erstellen, so gesehen von *Doehring*, Völkerrecht, Rn. 813; *Herdegen*, Internationales Wirtschaftsrecht, § 2, Rn. 56.

1182 *Oxman*, Jurisdiction of States, in: EPIL, Bd. III, S. 55 (57).

das Innenverhältnis der Gesellschaft, nicht aber das im Verhältnis zu potentiellen Teilnehmern eines Vergabeverfahrens nach außen hin anwendbare Recht. So gesehen spricht das Merkmal der rechtlichen Selbständigkeit einer extraterritorialen Einrichtung (z.B. extraterritoriale Trägergesellschaften des Goethe-Instituts e.V. sowie Tochtergesellschaften der Fraport AG und einer (fiktiven) Stadtwerke GmbH) für eine sinnvolle Anknüpfung zugunsten des Aufnahmestaates mithilfe des Territorialitätsprinzips.

Bei rechtlich unselbständigen Einrichtungen bestünde demgegenüber immer ein hinreichender räumlicher Bezug zum Hoheitsgebiet des Bundesrepublik Deutschland. Denn deren Rechtsträger haben auf deutschem Staatsterritorium ihren Verwaltungssitz.

(3)   Sitz der Vergabestelle

Ist die extraterritoriale Einrichtung für die Auftragsvergabe zuständig, dann bildet sie auch – unabhängig von ihrer rechtlichen Selbständigkeit – den Sitz der Vergabestelle. Hier, am Sitz der Vergabestelle, wird die Entscheidung für die Beschaffung getroffen, hier werden Vorabinformationen eingeholt, die Leistungsbeschreibungen erstellt und am Ende das Vergabeverfahren durchgeführt. Am Sitz des Vergabestelle werden die Art des Vergabeverfahrens gewählt, die eingehenden Angebote gesichtet und bewertet und letzten Endes der Zuschlag erteilt. *Handlungsort* für die Durchführung des Vergabeverfahrens ist somit derjenige Staat, an dem die Vergabestelle ihren Sitz hat. Gleichzeitig tritt mit dem Zuschlag am Sitz der Vergabestelle auch ein *Handlungserfolg* ein: Mit der Entscheidung, einem Bieter den Auftrag zu erteilen, wird die vorherige „Vergabeverfahrenshandlung" zu einem erfolgreichen Ende gebracht. Die Durchführung des Vergabeverfahrens einschließlich des Zuschlags ist folglich mit dem fremden Territorium, mit dem Sitz der Vergabestelle „verwurzelt". Aus diesem Grund kann sich über den Sitz der Vergabestelle der Aufnahmestaat immer erfolgreich auf das Territorialitätsprinzip berufen. Umgekehrt kann Deutschland über den Sitz der Vergabestelle sinnvoll anknüpfen, sofern es die Auftragsvergabe zentral von Deutschland aus betreibt.

(4)   Liegenschaften deutscher Behörden im Ausland dem eigenen
Staatsterritorium zugehörig?

Darüber hinaus könnte Deutschland unter Umständen dann sinnvoll anknüpfen, wenn die Liegenschaften der unmittelbaren Staatsverwaltung im
Ausland nicht als extraterritorial zu qualifizieren wären, weil Grund und
Boden dem deutschen Staat gehören. Aber nach allgemeiner Ansicht sind
Liegenschaften ausländischer Behörden (z.B. Botschaften, Konsulate, Bundeswehrverwaltungsstellen im Ausland) oder Kulturinstitute nicht extraterritorial.[1183] Vielmehr gehören sie zum inländischen Territorium.[1184] Eine
sinnvolle Anknüpfung mithilfe des Territorialitätsprinzips in Bezug auf das
Merkmal des Grundstückseigentums scheidet demnach aus.

(5)   Zwischenergebnis

Es bleibt festzuhalten, dass sich bei rechtlich selbständigen Einrichtungen
nur der Staat, in dem diese ihren Verwaltungssitz und damit zugleich den
Sitz der Vergabestelle haben, sinnvoll über das Territorialitätsprinzip anknüpfen kann. Bei rechtlich unselbständigen Einrichtungen kann sich sowohl Deutschland über den Verwaltungssitz der Rechtsträger als auch der
Aufnahmestaat über den Sitz der Vergabestelle, als der Ort, an dem der
Handlungserfolg eintritt, erfolgreich auf das Territorialitätsprinzip berufen.

1183 BGH, Beschl. v. 14.10.1981 - IVb ZB 718/80 = BGHZ 82, S. 34 (44); BAG, Urt.
v. 20.11.1997 – 2 AZR 631/96 = NZA 1998, S. 813 (815), *Eping*, in: Ipsen,
Völkerrecht, § 26 Rn. 43; *Schack*, Internationales Zivilverfahrensrecht, Rn. 141
f.; *Verdross/Simma*, Universelles Völkerrecht, §§ 895, 901. *Junker*, in: Münchener Kommentar, BGB, Bd. 10, Art. 4 Rom II-VO, Rn. 36; *ders*, in: Münchener
Kommentar, BGB, Bd. 11, Art. 40 EGBGB, Rn. 44.
1184 *Junker*, in: Münchener Kommentar, BGB, Bd. 10, Art. 4 Rom II-VO, Rn. 36.

bb) Personalitätsprinzip („Nationality Principle")

(1) Begriffserläuterung

Unter dem Personalitätsprinzip sind völkerrechtliche Regeln zu verstehen, die eine Hoheitsmacht des Staates über Personen zum Gegenstand haben.[1185] Die Personalhoheit eines Staates umfasst alle natürlichen und juristischen Personen, die sich auf seinem Staatsgebiet[1186] befinden oder dort handeln[1187]. Der Staat unterwirft sie seinen Rechtsregeln, seiner Gerichtsbarkeit und seiner Exekutivmacht.[1188] Grundsätzlich wird zwischen zwei Ausprägungen, dem aktiven und dem passiven Personalitätsprinzip, unterschieden.[1189]

(a) Aktives Personalitätsprinzip

Grundsätzlich bedeutet das aktive Personalitätsprinzip, dass ein Staat die Taten seiner Angehörigen bestrafen kann, unabhängig davon, auf welchem Territorium sie begangen wurden und ob sie am Tatort straflos sind.[1190]

Ganz allgemein kann diesem Prinzip aber auch der Grundsatz entnommen werden, dass ein hinreichender Inlandsbezug schon dann gegeben ist, sobald es sich um inländische juristische (oder natürliche) Personen handelt, die der eigenen Rechtsordnung angehören, selbst wenn diese Personen sich im Ausland aufhalten oder dort handeln.[1191] Von einer Staatsangehörigkeit geht eine starke Inlandswirkung aus, die eine sinnvolle Anknüpfung rechtfertigt.

1185 *Doehring*, Völkerrecht, Rn. 811.
1186 Aus diesem Grund ist das Personalitätsprinzip eng mit dem Territorialitätsprinzip verwoben.
1187 *Doehring*, Völkerrecht, Rn. 811.
1188 *Doehring*, Völkerrecht, Rn. 811.
1189 *Menzel*, Internationales Öffentliches Recht, S. 266 f. am Beispiel des Internationalen Strafrechts.
1190 *Oehler*, Criminal Law, International, in: EPIL, Bd. I, S. 878; *Rehbinder*, Extraterritoriale Wirkungen des deutschen Kartellrechts, S. 79.
1191 *Ohler*, Kollisionsordnung des Allgemeinen Verwaltungsrechts, S. 332.

(b)   Passives Personalitätsprinzip

Auch wenn seine völkerrechtliche Zulässigkeit bis heute bestritten wird[1192], zielt das passive Personalitätsprinzip auf den Schutz inländischer Personen im Ausland ab.[1193] Damit ist es zugleich Ausprägung des völkerrechtlichen Schutzprinzips.

(2)   Anwendung auf den Fall

Eine Anknüpfung über das *passive* Personalitätsprinzip scheidet vorliegend aus: Bei der Durchführung eines Vergabeverfahrens durch eine extraterritorialen Einrichtung für einen im Ausland auszuführenden Auftrag geht es nicht um den Schutz inländischer Personen.

Deutschland könnte aber über das *aktive* Personalitätsprinzip sinnvoll anknüpfen, wenn es sich bei den das Vergabeverfahren durchführenden öffentlichen Auftraggebern um *inländische* juristische Personen handelt. Für den Fall, dass die betreffende juristische Person nach deutschem Recht gegründet wurde, gehört sie grundsätzlich unabhängig davon, wo sie ihren Verwaltungssitz hat, der deutschen Rechtsordnung an. Mit der Neufassung des § 4a GmbHG ist das Erfordernis eines Verwaltungssitzes im Inland weggefallen. In dieser Hinsicht ist bereits von einer Staats*zu*gehörigkeit auszugehen, die eine Anknüpfung deutschen Vergabeverfahrensrechts auch für Vergaben von öffentlichen Aufträgen im Ausland ermöglicht. Dies gilt allerdings nicht für nach fremden Recht zu gründende Trägergesellschaften im Ausland (vgl. Goethe-Institut). Hier fehlt es an einem hinreichenden Inlandsbezug. Gleichermaßen trifft das zu auf juristische Personen des Privatrechts, die außerhalb der Europäischen Union und des EWR in einen Staat „ziehen", in dem ebenfalls die Sitztheorie gilt. Dann kommt es, wie oben dargestellt[1194], zu einem Statutenwechsel mit dem Verlust der deutschen Rechtspersönlichkeit. Ebenso verhält es sich, wenn für die juristische Person im Ausland eine ausländische Rechtsform (frei) gewählt wird, wie beispielsweise die britische „Limited" (ltd.). Hier handelt es sich aus deutscher Sicht schon per definitionem nicht mehr um eine *inländische* juristische Person. Insofern können die jeweiligen Sitzstaaten der extraterritorialen

---

1192 *Mann*, The doctrine of jurisdiction in international law, Rec. des Cours 111 (1964, I), S. 9 (92); *Oehler*, Internationales Strafrecht, v. Rn. 657; *Wengler*, Völkerrecht, Bd. II, S. 941.

1193 *Doehring*, Völkerrecht, Rn. 817.

1194 Vgl. oben: Kap. 1 A. I. 3.

Tochtergesellschaften von Fraport AG und der (fiktiven) Stadtwerke GmbH, da diese allesamt in der Rechtsform des Aufnahmestaates gegründet wurden, auch über das aktive Personalitätsprinzip sinnvoll anknüpfen.

Bei allen rechtlich unselbständigen Einrichtungen im Ausland gilt hingegen das Rechtsträgerprinzip. Die jeweiligen Verwaltungsstellen, Zweigniederlassungen und Dependancen handeln für eine deutsche juristische Person des Privat- oder öffentlichen Rechts. Diesbezüglich könnte Deutschland ebenfalls immer über das aktive Personalitätsprinzip sinnvoll anknüpfen.

cc)   Schutzprinzip

Das Schutzprinzip sichert die Wahrung inländischer Rechtsgüter, allerdings nur, soweit sie nicht bereits durch andere Anknüpfungsprinzipien erfasst sind.[1195] Denn in vielen Fällen korrespondiert das Schutzprinzip mit dem Territorialitätsprinzip.[1196] So auch im vorliegenden Fall.[1197] Insoweit bedarf es keiner näheren Untersuchung, ob eine Anknüpfung *nur* über das Schutzprinzip möglich ist.

dd)   Wirkungsprinzip[1198]

(1)   Begriffserläuterung

Das Wirkungsprinzip hat seinen Ursprung im Kartell- und internationalen Wirtschaftsrecht.[1199] Eigentlich ist es seiner Funktion nach Bestandteil eines weit aufzufassenden Schutzprinzips, wonach ein Staat berechtigt ist, auch durch extraterritoriale Rechtsausübung seine eigenen Interessen zu

.

1195   *Ohler*, Kollisionsordnung des Allgemeinen Verwaltungsrechts, S. 335.
1196   BVerfG, Beschl. v. 17.03.1999 - 2 BvR 1565/97 = NJW 1999, S. 3325.
1197   Vgl. oben: Kap. 4. C. I. 1. lit. a) lit. aa).
1198   Auch „Auswirkungsprinzip" oder „effects doctrine" bezeichnet: *Meng*, Extraterritoriale Jurisdiktion im öffentlichen Wirtschaftsrecht, S. 504.
1199   *Doehring*, Völkerrecht, Rn. 823 ff.; *Meng*, Extraterritoriale Jurisdiktion im öffentlichen Wirtschaftsrecht, S. 504 ff.; *Ohler*, Kollisionsordnung des Allgemeinen Verwaltungsrechts, S. 336 ff.; *Rehbinder*, Extraterritoriale Wirkungen des deutschen Kartellrechts, S. 62 ff., 89 ff.; *Rudolf*, Territoriale Grenzen der staatlichen Rechtsetzung, BerDGEsVR Heft 11 1973, S. 7 (23).

verteidigen. [1200] Im internationalen Wirtschaftsrecht besteht eine völkerrechtlich anerkannte[1201] Berechtigung des Staates, wettbewerbsrelevante Verhaltensweisen von Wirtschaftsteilnehmern im Ausland, wozu Staaten wie private Unternehmen zählen können, die sich im Inland auswirken, nach eigenem Recht beurteilen und ggf. untersagen zu dürfen.[1202] Hintergrund ist, dass wenn nach dem Territorialitätsprinzip nur die im Inland veranlassten Wettbewerbsbeschränkungen erfasst wären, angesichts der immer stärkeren Verflechtung der Weltwirtschaft der inländische Wettbewerb nur lückenhaft geschützt werden könnte. [1203] Ebenfalls nur unzureichenden Schutz kann das Personalitätsprinzip bei von ausländischen Personen oder Unternehmen ausgehenden Wettbewerbsbeschränkungen vermitteln. Fraglich ist indes, welches Ausmaß bzw. welche Qualität die Inlandsauswirkung haben muss, um einer ausufernden Anknüpfung über dieses Prinzip entgegenzuwirken.[1204] Allein die Tatsache, dass ein Staat seine Wirtschaft vor Angriffen aus dem Ausland schützen muss, rechtfertigt noch nicht jedes Mittel, diese Angriffe abzuwehren.[1205] Zudem drohen bei einer weiten Interpretation des Begriffes „Auswirkung" Regelungskonflikte mit anderen Rechtsordnungen. [1206] Angesicht der Vielfalt denkbarer Rückwirkungen

---

1200 *Doehring*, Völkerrecht, Rn. 823.

1201 Vgl. hierzu insbesondere *Lindemann*, in: Frankfurter Kommentar, Kartellrecht, § 130 Abs. 2 GWB, Rn. 211. Einzig ablehnend bis heute teilweise die britische Völkerrechtslehre: *Brownlie*, Principles of Public International Law, S. 310 ff. A.A. *Graupner/Ballantyne*, in: Frankfurter Kommentar, Ausland – Vereinigtes Königreich, Rn. 39 f. Hiernach gilt der Abschnitt 1 des britischen „Competition Act 1998" auch für wettbewerbsrelevante Beeinträchtigungen, wenn die Vereinbarung selbst deutschem Recht unterliegt, Tz. 40.

1202 *Ohler*, Kollisionsordnung des Allgemeinen Verwaltungsrechts, S. 336.

1203 *Lindemann*, in: Frankfurter Kommentar, Kartellrecht, § 130 Abs. 2 GWB, Rn. 213. Stellt man hingegen beim Territorialitätsprinzip nicht nur auf den Begehungsort der Wettbewerbsbeschränkung ab, sondern auch auf den Ort des Erfolges, so handelt es sich nur scheinbar um die Beibehaltung des Territorialitätsprinzips, in Wirklichkeit aber nur um die Anwendung des Auswirkungsprinzips. Hingegen hat das Restatement (Second) das Wirkungsprinzip als einen Unterfall des Territorialitätsprinzips angesehen, *Metzger*, The Restatement of Foreign Relations Law of the United States: Bases and Conflicts of Jurisdiction, New York University Law Review 41 (1966), S. 7 (16 ff.).

1204 *Lindemann*, in: Frankfurter Kommentar, Kartellrecht, § 130 Abs. 2 GWB, Rn. 213 ff.; *Ohler*, Kollisionsordnung des Allgemeinen Verwaltungsrechts, S. 336.

1205 *Rehbinder*, Extraterritoriale Wirkungen des deutschen Kartellrechts, S. 89.

1206 Ausführlich hierzu: *Mann*, The doctrine of jurisdiction in international law, Rec. des Cours 111 (1941-I), S. 9 (100 ff.); *Herdegen*, Internationales Wirtschaftsrecht, § 2, Rn. 61.

ausländischer Wettbewerbsbeschränkungen auf den inländischen Markt bedarf es daher einer Konkretisierung und Eingrenzung des Begriffs.[1207] Hierbei haben sich verschiedene Begrenzungskriterien in Literatur und Gerichtspraxis herausgebildet: So wird vorgeschlagen, das Wirkungsprinzip auf solche Fälle zu beschränken, bei denen die Absicht der Beteiligten, im Inland eine Wettbewerbsbeschränkung zu bewirken, besteht[1208] oder diese Inlandswirkung objektiv vorhersehbar[1209] war. Zudem wird eine Unmittelbarkeit[1210] und Spürbarkeit (Wesentlichkeit)[1211] der Inlandsauswirkungen verlangt. Im Sinne der US- amerikanischen Völkerrechtslehre spricht vieles

---

1207 *Lindemann*, in: Frankfurter Kommentar, Kartellrecht, § 130 Abs. 2 GWB, Rn. 219.

1208 Da eine solche Absicht of nur schwer nachweisbar sein dürfte, soll der inländische Markt auch vor solchen Beeinträchtigungen geschützt werden, deren Ziel und Zweck es gerade nicht war, den inländischen Markt zu beeinträchtigen, *Rehbinder*, in: Immenga/Mestmäcker, Wettbewerbsrecht, Bd. 2: GWB, § 130, Rn. 70; *Stadtler*, in: Langen/Bunte, Kommentar zum deutschen und europäischen Kartellrecht, § 130 GWB, Rn. 107 u. 129.

1209 Dies entspricht insbesondere der US-amerikanischen Eingrenzung des Wirkungsprinzips, wonach es eines „*direct, substantial and reasonably foreseeable effects*" im Inland bedarf, *Lowenfeld*, Conflict, Balancing of Interests, and the Exercise of Jurisdiciton to Prescribe: Reflections on the Insurance Antitrust Case, AJIL 89 (1995), S. 42 (47); *Shenefield/Beninca*, Extraterritoriale Anwendung US-amerikanischen Kartellrechts, WuW 2004, S. 1276 ff.

1210 Aufgrund der immer stärkeren Verflechtung der internationalen Märkte und Volkswirtschaften können Wettbewerbsbeschränkungen in einem Land mittelbare Auswirkungen in vielen anderen Ländern hervorrufen. Es wäre sowohl völker- als auch kollisionsrechtlich nicht zu rechtfertigen, all diese Auswirkung zu erfassen, *Lindemann*, in: Frankfurter Kommentar, Kartellrecht, § 130 Abs. 2; Rn. 222. Deshalb ist eine unmittelbare Inlandsauswirkung zu fordern; OLG Düsseldorf, Beschl. v. 08.07.1969 – U (Kart) 9/68 – („Kundenschutzvereinbarung"), WuW 70, S. 305 ff.; *Meessen*, Kollisionsrecht der Zusammenschlusskontrolle, S. 15 ff.; *Lindemann*, in: Frankfurter Kommentar, Kartellrecht, § 130 GWB, Rn. 73 ff.

1211 BGH, Beschl. v. 02.07.1973 – KRB 2/72 = NJW 1973, S. 1609 ff.; BGH, Beschl. v. 29.05.1979 – KVR 2/78 = GRUR 1979, S. 790 ff.; BGH, Urt. v. 20.06.1989 – KZR 13/88 = NJW-RR 1989, S. 1393 ff.; OLG Frankfurt/M, Urt. v. 02.10.2001 – 11 U (Kart) 70/00) = WuW/E DE-R 801; *Stockmann*, in: Loewenstein/Meessen/Riesenkampff, Kartellrecht, § 130 GWB, Rn. 30. Was genau hierunter verstanden wird, ist umstritten: So wird teilweise gefordert, dass die Erfassung von Auslandsbeschränkungen unterhalb der Bagatellgrenze unzulässig ist, *Rehbinder*, in: Immenga/Mestmäcker, Wettbewerbsrecht, Bd. 2: GWB, § 130, Rn. 31. Die Auslegungen in den USA („substantial effects") deuten aber eher darauf hin, von höheren Anforderungen auszugehen. So verlangt auch der EuGH „beträchtliche" Auswirkungen, ohne näher auf den Inhalt dieses Begriffs einzugehen, EuGH, Urt. v. 25.3.1999 – Rs. T-102/96, Slg. 1999,S. II-753, Rn. 90 ff. = WuW/E EU-R 213 ff.

dafür, diese drei Elemente kumulativ miteinander zu verbinden.[1212] Als weiteres Kriterium wird vereinzelt noch das Merkmal der Tatsächlichkeit angeführt.[1213] *Ohler* spricht sich zudem dafür aus, das Wirkungsprinzip in Bezug zu den inländischen Rechtsgütern zu sehen, zu deren Schutz es angewendet wird.[1214] Als Bestandteil eines weit aufgefassten Schutzprinzips geht es mit diesen eine wechselseitige Beziehung ein.

(2)   Anwendung auf den Fall

Eine (negative) Inlandsauswirkung zugunsten Deutschlands geht von einer Vergabe durch eine extraterritoriale Einrichtung nach deutschem Kartellvergaberecht nicht aus. Der inländische Markt ist nicht nachteilig betroffen. Im Gegenteil: Es soll eine Auftragsvergabe nach deutschem Recht stattfinden, obwohl sich die Einrichtung außerhalb der eigenen Landesgrenzen befindet.

Vielmehr stellt sich die Frage, ob nicht der Aufnahmestaat der extraterritorialen Einrichtung über das Wirkungsprinzip sinnvoll eigenes Rechts anknüpfen kann. Dies wäre dann der Fall, wenn dem Marktortprinzip entsprechend darauf abgestellt wird, ob den einheimischen Wettbewerbern, insbesondere den lokalen Anbietern dadurch ein Wettbewerbsnachteil entsteht, dass sie für einen vor Ort auszuführenden Auftrag an einem Vergabeverfahren nach fremdem, hier deutschem Recht teilnehmen müssen. Von der Ausschreibung und Vergabe nach deutschem Vergabeverfahrensrecht müsste eine für den einheimischen Markt wettbewerbsbeschränkende Inlandsauswirkung ausgehen. Dies wäre dann zu bejahen, wenn - im Vergleich zu den einheimischen Vergabeverfahrensvorschriften - die Anwen-

---

1212 *Dahm/Delbrück/Wolfrum*, Völkerrecht, Bd. I/1, S. 325; *Geiger*, Grundgesetz und Völkerrecht, S. 312; *Meessen*, Völkerrechtliche Grundsätze des internationalen Kartellrechts, S. 162 ff.; *Ohler*, Kollisionsordnung des Allgemeinen Verwaltungsrechts, S. 336; *Rehbinder*, in: Immenga/Mestmäcker, Wettbewerbsrecht, Bd. 2: GWB, § 130, Rn. 27 ff.

1213 Hiernach ist nicht nur eine mögliche, sondern eine tatsächliche (nachweisbare) Inlandsauswirkung zu fordern, *Bechthold*, GWB, § 130, Rn. 17; *Koenigs*, in: GK GWB, § 98 Abs. 2 a.F., Rn. 26; ablehnend: *Stockmann*, in: Loewenheim/Meessen/Riesenkampff, Kartellrecht, § 130, Rn. 51.

1214 *Ohler*, Kollisionsordnung des Allgemeinen Verwaltungsrechts, S. 336. So aber auch *Habscheid/Rudlof*, Territoriale Grenzen der staatlichen Rechtssetzung, S. 47 u. 59.

dung deutscher Normen einheimische Unternehmen in wettbewerbsrelevanter Sicht benachteiligen würde. Dabei ist zwischen EU-/EWR-Staaten und außereuropäischen Staaten zu unterscheiden.

(a)   Inlandsauswirkung zulasten eines EU-Mitgliedstaates[1215] bei Anwendung deutschen Kartellvergaberechts?

Insoweit sind alle einheimischen Bieter, die in einem EU-Mitgliedstaat ansässig sind und als potenzielle Teilnehmer des Vergabeverfahrens in Betracht kommen, durch die europaweite Ausschreibung und Bekanntmachung im Supplement des Amtsblatts der Europäischen Union[1216] zur Teilnahme aufgefordert und damit Wettbewerber um den Zuschlag des zu vergebenden Auftrags. Sie stehen damit in Konkurrenz zu allen anderen potenziellen Bietern aus der gesamten EU. Genau darin liegt der Grund, warum nicht von einer Inlandswirkung zulasten eines EU-Mitgliedstaates ausgegangen werden kann. Zum einen ist der Markt für die Vergabe öffentlicher Aufträge im oberschwelligen Bereich innerhalb der Europäischen Union nicht auf ein Land beschränkt. Im Gegenteil, aufgrund der europaweiten Ausschreibung kann jedes europäische Unternehmen, wenn es will, an einer Vergabe in jedem anderen Land innerhalb der Europäischen Union teilnehmen. Der Marktort für das öffentliche Beschaffungswesen oberhalb der EU-Schwellenwerte ist folglich die gesamte Europäische Union. Ein einzelnes Land kann keine Inlandswirkung zu seinen Lasten geltend machen, sobald dieser gesamteuropäische Markt betroffen ist. Zum anderen kann aus rein rechtlicher Sicht [1217] keine wettbewerbsbeschränkende Regelung zum Nachteil eines Mitgliedslandes darin gesehen werden, dass deutsche öffentliche Auftraggeber ihr eigenes Vergabeverfahrensrecht im oberschwelligen

---

1215 Im Folgenden gelten alle Feststellungen für EU-Mitgliedstaaten auch für Staaten des EWR-Abkommens, so dass auf die zusätzliche Erwähnung der EWR-Staaten verzichtet wird. Vgl. Kap. 1. B. III. 3. lit. a) und Kap. 4. A. I. 1. lit. a).

1216 Zudem sind alle europaweiten Ausschreibungen über die Online-Suchmaske von TED abrufbar. Hierbei handelt es sich um die Onlineversion des „Supplements zum Amtsblatt der Europäischen Union" für das europäische öffentliche Auftragswesen, http://ted.europa.eu/TED/main/HomePage.do (zuletzt abgerufen am: 30.11.2012).

1217 Obwohl in *tatsächlicher* Sicht dem Bericht der EU-Kommission aus dem Jahre 2011 zufolge in den Sprachbarrieren ein Nachteil gesehen wird, vgl. Final Report: Cross-border Procurement above EU Thresholds, EU-Kommission, 2011, http://ec.europa.eu/internal_market/publicprocurement/docs/modernising_rules /cross-border-procurement_en.pdf, S. 13 (zuletzt abgerufen am: 30.11.2012).

Bereich anwenden. Denn im Wege der Harmonisierung des EU-Vergaberechts für Auftragsvergaben oberhalb der Schwellenwerte durch die Vergaberichtlinien wurden die nationalen Vergabeordnungen weitestgehend angeglichen. Allesamt weisen sie nun die in den Richtlinien geforderten zentralen Bestandteile einer europaweit einheitlichen Vergabekodifizierung auf: Angefangen bei den Definitionen[1218], über die Vergabegrundsätze[1219], die Vergabeverfahrensarten[1220], den Verfahrensablauf[1221], die bei der öffentlichen Bekanntmachung (auch nach dem CDV) zu machenden Angaben[1222], bis hin zu den subjektiven Bieterrechten[1223] ist ein relativer Gleichklang der Ordnungen entstanden. Es kann einem Teilnehmer aus einem anderen europäischen Land also durchaus zugemutet werden, sich in die (vermeintlich) fremde Vergabeverfahrensrechtsordnung des ausschreibenden Landes einzuarbeiten. Zudem ist es ausländischen Teilnehmern aufgrund der pflichtmäßig zu verwendenden numerischen Vergaberechtskodierungen nach dem CPV[1224] auch ohne fremde Sprachkenntnisse möglich, den Vergabegegenstand zu erfassen.[1225]

(b)   Inlandsauswirkung zulasten eines EU-Mitgliedstaates bei Anwendung deutscher Vergabe- und Vertragsordnungen?

Es stellt sich einzig die Frage, ob aufgrund der national doch recht unterschiedlich ausfallenden Vergabe- und Vertragsordnungen, die en détail das Vergabeverfahren[1226] und insbesondere die technischen Spezifikationen[1227]

1218   Vgl. Art. 1 RL 2004/18/EG.

1219   Vgl. Art. 2 und 3 RL 2004/18/EG.

1220   Vgl. Art. 28 ff. (Kap. V) RL 2004/18/EG.

1221   Vgl. Art. 44 ff. (Kap. VII) RL 2004/18/EG.

1222   Vgl. Art. 35 ff (Kap. VI) und Anhang VII (insbesondere Teil A) zu RL 2004/18/EG.

1223   Vgl. nur Art. 1 ff. RL 89/665/EWG und Art. 1 ff. RL 2007/66/EG.

1224   Common Procurement Vocabulary (CPV), VO 2151/2003 v. 16.12.2003, ABl. 2003 L-329/1 ff.

1225   Auch hier kann wieder auf Final Report: Cross-border Procurement above EU Thresholds,EU-Kommission,2011,http://ec.europa.eu/internal_maket/publicprocurement /docs/modernising_rules/cross-border-procurement_en.pdf, S. 13, verwiesen werden (zuletzt abgerufen am: 30.11.2012).

1226   Vorliegend zählen hierzu die VOB/A EG, VS VOB/A, VOL/A EG, SektVO und VOF.

1227   Vor allem § 7 Abs. 3 bis 8 VOB/A EG, § 8 Abs. 2 bis 8 VOL/A EG, § 7 Abs. 2 bis 11 SektVO und § 6 Abs. 2 bis 7 VOF. In § 7 Abs. 3 befindet sich der Verweis auf die Definition von „Technischer Spezifikation" in dem *Anhang TS.* Allerdings wird der Begriff der „Technischen Spezifikation" weiter ausgelegt, als in Anhang

regeln, eine Wettbewerbsbeschränkung zulasten ausländischer Unternehmen angenommen werden kann. Doch auch die nationalen Vergabe- und Vertragsordnungen unterlagen der Umsetzungsverpflichtung aus den Vergaberichtlinien. So enthält Art. 23 Abs. 2 RL 2004/18/EG explizit den Hinweis, dass die technischen Spezifikationen allen Bietern gleichermaßen zugänglich sein müssen und die Öffnung der öffentlichen Beschaffungsmärkte für den Wettbewerb nicht in ungerechtfertigter Weise behindern dürfen. Für ausländische Bieter sind technische Spezifikationen (auch Anforderungen genannt, vgl. § 8 Abs. 3 VOL/A EG) nach den Vergabe- und Vertragsordnungen aber nur dann „in gleicher Weise zugänglich" wie den inländischen Bietern, wenn sich die technischen Anforderungen an die Leistungsbeschreibungen nach den gleichen Grundlagen richten. Insoweit handelt es sich um eine Konkretisierung des Gleichbehandlungsgrundsatzes, wie er in § 97 Abs. 2 GWB Erwähnung findet. Art. 23 Abs. 1 S. 2 RL 2004/18/EG schreibt weiter vor, dass, wo immer dies möglich ist, die technischen Spezifikationen so festgelegt werden sollten, dass den Zugangskriterien für Behinderte oder der Konzeption für *alle Benutzer* Rechnung getragen wird. Zu *allen* Benutzern gehören aber auch ausländische Bieter. Die Leistungsbeschreibung anhand technischer Spezifikationen iSd nationalen Vergabe- und Vertragsordnungen sollte also so gestaltet sein, dass ausländischen Bietern kein wettbewerbsrelevanter Nachteil entsteht. Für den hypothetischen Fall, dass eine Vergabordnung den gesamteuropäischen Wettbewerb auf dem Vergabesektor behindern sollte, besteht zudem die Möglichkeit, das jeweilige Land wegen Schäden, die aufgrund einer säumigen oder unzureichenden Umsetzung einer Richtlinie entstehen, haftungsweise in Anspruch zu nehmen.[1228] Darin aber eine unmittelbare, spürbare und objektiv vorhersehbare Wettbewerbsbeeinträchtigung ausländischer Teilnehmer zu sehen, ist eher fernliegend. Zudem wäre, wie bereits erläutert, nicht der spezifische Markt eines Landes, sondern der *gesamteuropäische* Markt des öffentlichen Beschaffungswesens im oberschwelligen Bereich betroffen. Hieran eine *Inlands*auswirkung festzumachen, kann schon begriffslogisch nicht gelingen.

TS definiert. So sind auch solche Beschreibungen als „Technische Spezifikation" anzusehen, die ausschließlich für die spezifische Leistungsbeschreibung erstellt wurden, *Schellenberg*, in. Pünder/Schellenberg, Vergaberecht, § 7 VOB/A, Rn. 65 mwN dort unter Fn. 165.

1228 Grundlegend hierzu: EuGH, Urt. v. 19.11.1991 – Rs. C-6/90, Slg. 1991, S. 5357, Rn. 31 ff. = NJW 1992, S. 165.

(c)   Inlandsauswirkung zulasten eines außereuropäischen Bieters bei Anwendung deutschen (Kartell-)Vergaberechts?

Für außereuropäische Bieter stellt die Teilnahme an einem Vergabeverfahren nach fremdem Recht hingegen unzweifelhaft einen Wettbewerbsnachteil dar (außer im EWR-Raum). Nicht nur steht zu befürchten, dass das einheimische Vergaberecht von dem deutschen Rechtsregime teilweise stark abweicht. Ein Gleichklang der Ordnungen ist gerade nicht vorhanden. Darüber hinaus existiert für außereuropäische Bieter nicht im gleichen Maße die Möglichkeit der Kenntnisnahme von ausgeschriebenen Vergabeverfahren. Für einen einheimischen Bieter ist es nur schwer in Erfahrung zu bringen, wann und wo die jeweilige Einrichtung nach EU-Binnenrecht neue Aufträge ausschreibt, wenn sie diese nur im Supplement des Amtsblatts der Europäischen Union veröffentlichen muss. Der außereuropäische Staat könnte, um seine eigenen potenziellen Teilnehmer keiner Wettbewerbsbeeinträchtigung auszusetzen, mit Hilfe des Wirkungsprinzips eigenes Rechts sinnvoll anknüpfen.

(3)   Zwischenergebnis

Das Wirkungsprinzip ist für alle Auslandsvergaben *innerhalb der EU* (und des EWR) ungeeignet. *Außerhalb der EU* stellt die Verwendung fremden EU-Binnenvergaberechts aber einen Wettbewerbsnachteil für die einheimischen Unternehmen dar. Eine solche Inlandsauswirkung rechtfertigt eine sinnvolle Anknüpfung eigenen Vergaberechts (aus Sicht des jeweiligen Aufnahmestaates).

ee)   Positiver oder negativer ordre public („public policy")?

(1)   Begriffserläuterung

Keine Rechtsordnung liefert sich der Anwendung fremden Rechts ohne Kontrollmöglichkeit aus. Jede Rechtsordnung weist einen unantastbaren Bereich auf, den preiszugeben keine Rechtsordnung bereit ist; dieser Bereich wird allgemein als „ordre public" bezeichnet.[1229] *Kegel* formuliert

---

1229 *Kegel/Schurig*, Internationales Privatrecht, S. 516.

hierzu prägnant: *„Fremdes Recht, das dem widerspricht, wird nicht ange-wandt; eigenes Recht, das zu diesem Kernbereich gehört, wird gegenüber anwendbarem fremdem Recht durchgesetzt "*[1230].

Der negative ordre public, u.a. in Art. 21 Rom I-VO[1231] normiert, führt zur Nichtanwendung des betroffenen ausländischen Rechts, wenn dieses mit der öffentlichen Ordnung bzw. wesentlichen Grundsätzen des eigenen Rechts unvereinbar ist.

Der positive ordre public hingegen bestimmt, dass stattdessen das natio-nale Recht der lex fori den Sachverhalt zwingend regelt.[1232]

(2) Anwendung auf den Fall

Auch hier greift wieder die Differenzierung nach EU- und EWR-Staaten auf der einen und allen übrigen Staaten auf der andere Seite: Zwar könnte sich ein EU- oder EWR-Staat auf die Anwendung des negativen ordre public berufen, um deutsches Kartellvergaberecht auszuschließen. Dann müsste in der Anwendung deutschen Rechts ein so schwerer Widerspruch zu den Grundgedanken des eigenen Rechts und den ihnen innewohnenden Gerechtigkeitsvorstellungen bestehen, dass seine Anwendung als untragbar angesehen werden muss. Genau das kann aber bei der Durchführung eines Vergabeverfahrens nach deutschem Recht innerhalb der EU oder des EWR nicht der Fall sein. Denn das deutsche Vergabeverfahrensrecht steht wegen dessen Harmonisierung im oberschwelligen Bereich nicht in Widerspruch zu den jeweils einheimischen Vergaberechtsvorschriften (auch wenn es u.U. vollständig dem öffentlichen Recht zugeordnet sein kann)[1233]. Der je-weilige EU-Mitgliedstaat oder ein EWR-Staat könnte sich mithin nicht auf den negativen ordre public berufen.

Aus demselben Grund muss es dann aber auch Deutschland verwehrt sein, deutsches Recht auf einen Sachverhalt mit territorialem Bezug zu ei-nem EU- oder EWR-Staat über einen positiven ordre public anzuknüpfen. Eine Verletzung tragender Verfassungs- oder sonstiger Prinzipen der deut-schen Rechtsordnung wäre umgekehrt bei einer Anwendung des jeweils an-deren Vergabeverfahrensrechts zulasten Deutschlands nicht zu befürchten.

1230 *Kegel/Schurig*, Internationales Privatrecht, S. 516.
1231 Der nationale ordre public ist in Art. 6 EGBGB geregelt, vgl. oben: Kap. 3. B. V.
1232 *v. Hoffman/Thorn*, Internationales Privatrecht, § 6, Rn. 142.
1233 Vgl. zu den französischen Verhältnissen oben: Kap. 1. B. I. 1. lit. a) u. Kap. 2. B. I. 4.

Für eine sinnvolle Anknüpfung kommt der ordre public vorliegend nur in Betracht, wenn sich die extraterritoriale Einrichtung in einem Staat befindet, der weder Mitglied des EWR noch der EU ist. Hier ist für jeden Einzelfall zu prüfen, ob eine Anwendung fremden Vergabeverfahrensrechts die eigenen tragenden Verfassungs- oder sonstigen Prinzipien verletzen würde.

ff)   Imperialprinzip[1234]

(1)   Begriffserläuterung

Nach dem Imperialprinzip sind die Erfüllung öffentlicher Aufgaben und die Wahrnehmung damit verbundener *hoheitlicher* Befugnisse mit dem Recht desjenigen Staates verbunden, dessen Bedienstete tätig werden, unabhängig davon in welchem Land diese Tätigkeit ausgeübt wird.[1235] Der Begriff leitet sich aus dem terminus technicus der acta iure imperii ab, wonach das Recht der Staatenimmunität, also das Recht des Entsendestaates maßgeblich ist[1236]. Neben der Regelung des Dienstverhältnisses ergibt sich hieraus ebenfalls, welche fachlichen Befugnisse die Bediensteten zu Erfüllung der ihnen übertragenen öffentlichen Aufgaben wahrnehmen dürfen.

(2)   Anwendung auf den Fall

Für alle extraterritorialen Einrichtungen, die nicht Teil der unmittelbaren Staatsverwaltung sind, scheidet eine Anwendbarkeit des Imperialprinzips von vornherein aus. Bei extraterritorialen Vergaben deutscher Botschaften, konsularischer Vertretungen oder Bundeswehrverwaltungsstellen im Ausland ist eine sinnvolle Anknüpfung über das Imperialprinzip aber zumindest denkbar. Denn schließlich handeln für diese Stellen in der Regel deutsche Staatsbedienstete. Unklar ist indes, ob die Durchführung eines Vergabeverfahrens der Erfüllung öffentlicher Aufgaben dient. Zwar ist mit *Ziekow* und

---

1234 Auch „Hoheitsrechtsprinzip", „Organisationshoheit", „Organhoheit", „Diensthoheit", „Flaggenstaatsprinzip", mit weiteren Nachweisen, insbesondere die Urheber dieser Begrifflichkeiten aufführend, *Ohler*, Kollisionsordnung des Allgemeinen Verwaltungsrechts, S. 338 f.

1235 *Ohler*, Kollisionsordnung des Allgemeinen Verwaltungsrechts, S. 338 mwN dort unter Fn. 75: *Rudolf*, Territoriale Grenzen der staatlichen Rechtsetzung, BerDGesVR 11 (1973), S. 7 (27); *Oxman*, Jurisdiction of States, in: EPIL, Bd. III, S. 55 (59), aber nur bezüglich des Tätigwerdens von nationaler Streitkräfte.

1236 *Ohler*, Kollisionsordnung des Allgemeinen Verwaltungsrechts, S. 339.

Siegel – unabhängig von der nach deutschem Recht privatrechtlichen Ausgestaltung des Kartellvergaberechts als Teil des GWB – zunächst davon auszugehen, dass das Vergabeverfahrensrecht Handlungsrecht der Verwaltung und in diesem (formellen) Sinne Verwaltungsverfahren ist, bei dem es um die Wahrnehmung öffentlicher Aufgaben im Rahmen fiskalischer Hilfsgeschäfte geht.[1237] Darüber hinaus dient das Vergaberecht mittelbar der öffentlichen Daseinsvorsorge und damit gewichtigen Allgemeininteressen.[1238] Allerdings greift das Imperialprinzip nur bei acta iure imperii. Denn über Art. 1 Abs. 3 GG und Art. 20 Abs. 3 GG sind staatliche Bedienstete auch im Ausland an deutsches Recht gebunden, sofern es sich um „vollziehende Gewalt" handelt.[1239] Dabei dehnt Art. 20 Abs. 3 GG nicht den räumlichen Geltungsbereich deutschen Rechts auf das Ausland aus, sondern dessen räumliche Anwendbarkeit, die Verpflichtung deutscher Behörden – unabhängig vom Handlungsort – allein aufgrund hoheitlicher Aufgabenwahrnehmung im Namen und zugunsten der Bundesrepublik Deutschland, deutsches Verwaltungsrecht anzuwenden.[1240]

Allerdings handelt es sich bei der Durchführung eines Vergabeverfahrens nicht um „vollziehende Gewalt". Wie bereits oben[1241] festgestellt, stellt das zwecks öffentliche Auftragsvergabe durchgeführte Verfahren aus deutscher Sicht[1242] keinen Fall hoheitlicher Tätigkeit dar, sondern ist vielmehr

---

1237 *Ziekow/Siegel*, Das Vergabeverfahren als Verwaltungsverfahren, S. 30 (33 f.).

1238 Vgl. ausführlich hierzu oben: Kap. 2. A. I. 2. lit. a) lit. bb) (3) (b) (aa).

1239 So bspw. *Baldus*, Transnationales Polizeirecht, S. 334 ff.

1240 *Ohler*, Kollisionsordnung des Allgemeinen Verwaltungsrechts, S. 79.

1241 Vgl. oben: Kap. 2. E. II. 1. lit. b) lit. bb).

1242 Da, wie bereits oben Kap. 1. B. I. 1. lit. a) und Kap. 2. B. I. 4. dargestellt, in Frankreich das Vergabeverfahren samt Ausführungshandlung hoheitlich ausgestaltet ist, es sich also um acta iure imperii handelt, könnte sich Frankreich bei der gleichen Fragestellung bei extraterritorialen Auftragsvergaben auf das Imperialprinzip berufen. Um so interessanter mutet es an, dass französische Botschafter bei Auslandsvergaben außerhalb der EU (und des EWR) das Recht des Aufnahmestaates anzuwenden haben, Conseil d'État, Entscheidung v. 04.07.2008 – 316028 – Société Colas Djibouti, Art. 551-1: In dem Fall ging es um den seitens des französischen Botschafters nach französischen Vergaberecht ausgeschriebenen Bau einer „Finanzkasse" und den Umbau des Konsulats. Bei der Ausschreibung nahm auch das örtlich ansässige Unternehmen SCD teil. Aufgrund der Höhe des Angebots, was das Budget der Botschaft überstieg, wurde der SCD mitgeteilt, dass es nicht mehr berücksichtigt werden könne. Daraufhin klagte der SCD nach Art. 551-1 des französischen Verwaltungsgerichtsgesetzes vor dem Richter des vorläufigen Rechtsschutzes des Conseil d'État auf Aufhebung des Vergabeverfahrens. Das Gericht wies die Klage ab und führte hierzu aus, da es sich um eine Vergabe außerhalb des französischen Territoriums handle, das französische Vergaberecht (CMP) keine Anwendung finde, und zwar weder von Gesetzes wegen noch aufgrund Unterwerfung unter den CMP. Auch handele es sich um keine

als acta iure gestionis, also privatrechtlich einzustufen. Auch wenn es als Verfahrensrecht der Verwaltung anzusehen ist, wird der Zuschlag nicht als hoheitlicher Vollziehungsakt qualifiziert. Mithin scheidet eine Anwendung des Imperialprinzips aus deutscher Sicht auch bei der Vergabe von öffentlichen Aufträgen im oberschwelligen Bereich durch extraterritoriale Einrichtungen der unmittelbaren Staatsverwaltung aus.

gg)   lex-fori-Prinzip

(1)   Begriffserläuterung

Bereits im Oberitalien des 12. Jahrhunderts[1243] wurde von *Jacobus Balduini*[1244] folgende Unterscheidung eingeführt: Das Verfahrensrecht unterfällt

---

Vergabe iSd europäischen Rechts. Mithin liege keine Vergabe vor, bei der einstweiliger Rechtsschutz nach Art. 551-1 franz. Verwaltungsgerichtsgesetz (VVG) gewährt werden könne. Dabei nahm es Bezug auf eine ältere Entscheidung aus dem Jahre 1968, bei der das Gericht die Anwendung französischen Vergaberechts auf extraterritoriale Vergaben verneint hatte, weil der damalige CMP gegenüber der früheren Regelung des Art. 551-1 VVG (die ihrerseits die extraterritoriale Anwendung französischen Rechts noch ausdrücklich ausgeschlossen hatte) keinen erweiterten extraterritorialen Anwendungsbereich vorsah. Diesem Urteil fügte das hier besprochene hinzu, dass es auch heute „nicht möglich sei, ein derart strenges Regelwerk (*Anm. d. Verf.*: das französische Vergaberecht) auf Vergaben anzuwenden, die unter sehr unterschiedlichen tatsächlichen und rechtlichen Bedingungen erfolgen. (...) Sehr oft können Regelungen, die unter Berücksichtigung der besondern Bedingungen in Frankreich erlassen wurden, nicht im Ausland angewendet werden, weil sie inkompatibel mit der örtlichen Gesetzgebung oder schlecht an die tatsächlichen Verhältnisse angepasst sind".

1243   Dort entstanden im Hochmittelalter mächtige städtische Gemeinschaften (Stadtstaaten wie Bologna, Venedig, Pisa, Padua, Siena, Florenz), die alle ihre eigenen Gesetze (*statuta*) schufen. Aufgrund der engen wirtschaftlichen Verflechtung der oberitalienischen Städte untereinander stellte sich zwangsläufig die Frage, wie diese Gesetze zueinander standen und welches im Konfliktfall Anwendung finden sollte. Der erste, der auf dieses Problem aufmerksam wurde und eine Lösung versuchte zu entwickeln, war der den Glossatoren zugehörige Rechtslehrer *Aldricus*. Seiner Vorstellung nach sollte der Richter entscheiden, welche der beiden konfligierenden Statuten anzuwenden sei. Vorzuziehen sei die „consuetudo, quae potior et utilior videtur", d.h. diejenige Rechtsordnung, die von größerem Gewicht und größerem Nutzen sei. Der Richter habe also nach dem Recht zu urteilen, dass er besser bzw. für zweckmäßiger erachte, *v. Hoffman/Thorn*, Internationales Privatrecht, § 2, Rn. 10 f.

1244   Gestorben im Jahre 1235 n. Chr. Ausführlich zu „Balduini": *Savigny*, Geschichte des römischen Rechts im Mittelalter, Bd. 5, S. 90 ff.

der lex fori[1245]; das Recht, das die sachliche Entscheidung bestimmt (sog. lex causae), kann hingegen auch ausländisches Recht sein. Im Folgenden entwickelten die Postglossatoren[1246] hieraus die Statutenlehre[1247], wobei weiter zwischen Rechtssätzen „ad decisionem", also materiellem Recht, und „ad ordinem litis", also Verfahrensrecht, unterschieden wurde. Staatliche Gerichte hatten folglich ihr eigenes Verfahrensrecht, die lex fori anzuwenden. Im Großen und Ganzen hat diese Differenzierung bis heute ihre Gültigkeit.[1248] Die lex-fori-Regel wurde seit der Trennung von formellen und materiellen Recht teilweise als Gewohnheitsrecht[1249] oder allgemeiner Grundsatz[1250] als selbstverständlich vorausgesetzt.[1251] Indes sind ausdrückliche Regelungen zur lex fori eher spärlich gesät. Dabei meint die lex fori[1252] grundsätzlich das eigene Recht der jeweils mit einem internationalen Sachverhalt befassten Stelle, worunter im Einzelfall auch eine Behörde oder eine Amtsperson zu verstehen ist.[1253] Für eine einheitliche Behandlung von gerichtlichem und „exekutivem" Verfahrensrecht spricht zudem, dass für beide Gewalten die Einhaltung und Anwendung von Amts wegen gilt. Folglich kann das ursprünglich für Gerichtszuständigkeiten entwickelte lex-fori-Prinzip auch auf das Verfahrensrecht von Behörden oder anderer Stellen, die öffentliche Aufgaben erfüllen oder wahrnehmen, angewendet

---

1245 Auch „forum regit processum": Darunter versteht man eigentlich „Recht des Forums", also das Recht, das am Ort des Gerichtsstands gilt.

1246 Deren wichtigste Vertreter waren *Bartolus de Sassferrato* (1314-1357) und sein Schüler *Baldus de Ubaldis* (1327-1400), aber auch *Bartholomaeus de Saliceto* (1330-1412), v. *Hoffmann/Thorn*, Internationales Privatrecht, § 2, Rn. 11.

1247 Hiernach wurde zwischen drei Arten von Statuten unterschieden, die jeweils unterschiedlichen Kollisionsregeln gehorchten: die *statuta personalia* (alle Normen, die die Person betreffen: Sie folgen der Person überall hin), die *statuta relia* (galt ausschließlich für unbewegliche Sachen innerhalb des Gebietes des jeweiligen Stadtstaates) und die *statuta mixta* (Auffangtatbestand für alles, was nicht den anderen beiden *statuti* zugeordnet werden konnte), v. *Hoffmann/Thorn*, Internationales Privatrecht., § 2, Rn. 9 ff. Weitere Ausführungen zur historischen Entstehung bei *Gutzwiller*, Geschichte des Internationalprivatrechts, S. 22 ff. u 31 ff.

1248 So betont auch der BGH: „Die deutschen Gerichte wenden in den vor ihnen anhängigen Verfahren nur deutsches Verfahrensrecht an", BGH, Urt. v. 27.06.1984 - IVb ZR 2/83 = NJW 1985, S. 552 (553).

1249 *Leipold*, Lex fori, Souveränität, Discovery, S. 27.

1250 *Neuhaus*, Internationales Zivilprozeßrecht und internationales Privatrecht, RabelsZ 20 (1955), S. 257.

1251 *Arnold*, Lex fori als versteckte Anknüpfung, S. 47.

1252 Darunter versteht man eigentlich „Recht des Forums" - also das Recht am Ort des Gerichtsstands.

1253 *Kropholler*, Internationales Privatrecht, S. 42.

werden. In einem ersten Schritt gilt es nunmehr zu prüfen, ob das Kartell-vergaberecht (samt der dazugehörigen Vergabeverordnungen [1254] und Vergabe- und Vertragsordnungen[1255]) als Verfahrensrecht einzuordnen ist. Sollte dies der Fall sein, muss in einem weiteren Schritt geprüft werden, ob das lex-fori-Prinzip aufgrund der Eigenarten des Vergaberechts nicht aus-nahmsweise auszuklammern ist. Auch wenn das lex-fori-Prinzip „als ge-wohnheitsrechtlich verfestigt" anzusehen ist, kann sich im konkreten Ein-zelfall die Grenzziehung zwischen materiellem Recht und Verfahrensrecht als kompliziert erweisen.[1256]

(2) Anwendung auf den Fall

(a) Einordnung des Kartellvergaberechts samt Vergabeverordnungen und Vergabe- und Vertragsordnungen als Verfahrensrecht

Im Folgenden ist zu bestimmen, ob das Vergabeverfahren Teil des Sach- oder des Verfahrensrechts ist. Darüber entscheidet eine „funktionale Ana-lyse" des Regelungszwecks der in Betracht kommenden Norm(en).[1257] Von Sachrecht, also materiellem Recht, wäre dann auszugehen, wenn eine Re-gelung „ad decisionem", d.h. Einfluss auf die zu fällende Sachentscheidung hätte.[1258] Eine Norm ist hingegen verfahrensrechtlicher Natur, wenn sie den Ablauf eines Verfahrens regelt („ad ordinem litis").[1259] Insofern müsste für jede Vorschrift der §§ 97 ff. GWB einzeln untersucht werden, ob von ihrer Einhaltung ein Einfluss auf die Entscheidung in der Sache ausgeht. Dahinter steckt der von *Savigny* geforderte Grundsatz des internationalen Entschei-dungseinklangs.[1260] Im Vergaberecht ist die maßgebliche Sachentschei-dung der Zuschlag. Er führt zum Vertragsschluss, woraufhin mit der Aus-führung des Auftrages begonnen werden kann.

1254 Vgl. VgV und VSVgV.

1255 Vorliegend die VOB/A EG, VS VOB/A, VOL/A EG, SektVO und VOF.

1256 *Schack*, Internationales Zivilverfahrensrecht, S. 14, wonach der „Teufel im De-tail" stecke und eine klare Trennung von „substance and procedure" nicht mög-lich sei. Näher zum lex fori-Prinzip, *Schack*, aaO, S. 14 ff.

1257 *Geimer*, IZPR, Rn. 53 ff. u. 313; *Riezler*, IZPR, S. 105.

1258 *v. Hoffmann/Thorn*, Internationales Privatrecht, § 3, Rn. 9.

1259 *Niederländer*, Materielles und Verfahrensrecht im Internationalen Privatrecht, RabelsZ 20 (1955), S. 1 (19 u. 43).

1260 *Savigny*, System des heutigen römischen Rechts, Bd. 7, S. 27, auch wenn er die-sen Grundsatz nicht auf das Handeln der Verwaltung, sondern der Gerichte bezo-gen hat.

Der „Erste Abschnitt" des „Vierten Teils" des GWB, also die Normen §§ 97 bis 101b GWB, und die Vergabe- und Vertragsordnungen (VOB/A, EG VS VOB/A, VOL/A EG, SektVO und VOF), regeln detailliert den Verfahrenshergang der öffentlichen Auftragsvergabe bis zum Zuschlag. § 97 GWB setzt allgemeingültige Verfahrensgrundsätze fest. Die Normen der §§ 98 ff. GWB entscheiden eigentlich nur über die sachliche Anwendbarkeit des Kartellvergaberechts. Gleiches gilt für den „Zweiten" (§§ 102 ff. GWB) und „Dritten Abschnitt" (§§ 125 ff. GWB) des Kartellvergaberechts: Die Vorschriften regeln den primären und sekundären Aspekt des Vergaberechtsschutzes in seiner „verfahrensmäßigen Ausgestaltung".[1261] Auch die Vorgaben aus den Vergabeverordnungen sowie den Vergabe- und Vertragsordnungen haben einen eindeutig verfahrensrechtlichen Bezug, da sie sich mit dem korrekten Ablauf des Vergabeverfahrens beschäftigen. Zwar sind die Vorschriften der Vergabeverordnungen und Vergabe- und Vertragsordnungen mittelbar von Einfluss auf die zu treffende Sachentscheidung, als sie bestimmen, welche Verfahrensregeln eingehalten werden müssen, um überhaupt als Teilnehmer ein zu berücksichtigendes Angebot abgeben zu können. So enthält beispielsweise § 7 VOB/A EG Vorgaben für die Erstellung einer Leistungsbeschreibung, deren Anforderungen die Angebote der Bieter erfüllen müssen. Sobald allerdings der Zuschlag erteilt ist, haben die Vorgaben nach § 7 VOB/A EG „keine unmittelbaren Auswirkungen mehr auf den Vertrag"[1262]. Auch § 16 VOB/A EG und VS VOB/A, § 19 VOL/A EG, §§ 26 ff. SektVO sowie § 34 VSVgV, welche die Prüfung und Wertung der Angebote regeln, beeinflussen die zu treffende Sachentscheidung. Eine vollständige Trennung ist aber in der Regel niemals möglich.[1263] Zu eng ist hierfür die Verzahnung von Sach- und Verfahrensrecht. Insgesamt aber überwiegt der verfahrensrechtliche Charakter der Vorschriften. Vieles spricht mithin dafür, beim Kartellvergaberecht und den dazugehörigen Vergabeverordnungen und Vergabe- und Vertragsordnungen von einer „Domäne des Prozess- und Verfahrensrechts" auszugehen.[1264] So sprechen sich auch *Ziekow* und *Siegel* dafür aus, im Vergabeverfahrensrecht ein „re-

---

1261 *Hök,* Neues europäisches Internationales Baurecht, ZfBR 2008, S. 741 (747).
1262 *Schellenberg,* in: Pünder/Schellenberg, Vergaberecht, § 7 VOB/A, Rn. 3.
1263 Vgl. hierzu die Ausführungen zur Sonderstellung des Zuschlags und des Angebots des erfolgreichen Bieters, oben: Kap. 2. A. III. A u. Kap. 4. A: I. 1 lit. c);
      Schack, Internationales Zivilverfahrensrecht, S. 14 ff.
1264 *Hök,* Neues europäisches Internationales Baurecht ZfBR 2008, S. 741/747.

guliertes Verfahren der Vertragsanbahnung", also „die Regelung von Verwaltungshandeln" zu sehen.[1265] Als „Handlungsrecht der Verwaltung" handelt es sich im (formellen) Sinne beim Vergabeverfahren um Verwaltungsverfahren.[1266] Unter dieser Annahme würde das lex-fori-Prinzip Anwendung finden. Gegebenenfalls muss im Einzelfall das eigene Verfahrensrecht an das (eventuell) anwendbare ausländische Sachrecht angepasst werden. Dann hätte die deutsche Vergabestelle einzelne „sachrechtsergänzende Verfahrensvorschriften" des fremden Rechts anzuwenden.[1267] Vergabeverfahrensrecht ist damit als Teil des Verfahrensrechts anzusehen.

(b)   Argumente für und gegen eine Anwendung des lex-fori-Prinzips
        auf das Vergabeverfahrensrecht

Nur weil das Kartellvergaberecht samt seiner Vergabeverordnungen und Vergabe- und Vertragsordnungen als Verfahrens- und nicht als Sachrecht einzustufen ist, muss daraus noch nicht zwangsläufig gefolgert werden, dass automatisch die lex-fori-Regel zugunsten Deutschlands Anwendung findet. Deshalb sollen im Folgenden Argumente für und gegen eine Anwendung dieser Regel herausgearbeitet werden.

(aa)   Argumente gegen eine Anwendung des lex-fori-Prinzips

Gegen eine Anwendung des lex-fori-Prinzips könnte vorliegend sprechen, dass es in mancherlei Hinsicht an einer Vergleichbarkeit mit dem Prozessverfahrensrecht mangelt.

So gilt beim gerichtlichen Verfahren die Verfahrenssprache der lex fori[1268]. Es soll dem Gericht nicht zugemutet werden, sich auf sprachlich ungewohntes, also „unsicheres" Terrain zu begeben. Insoweit fehlt es aber beim Vergabeverfahren, anders als bei einem Gerichtsverfahren, an der

---

1265   *Ziekow/Siegel*, Das Vergabeverfahren als Verwaltungsverfahren, ZfBR 2004, S. 34.
1266   *Ziekow/Siegel*, Das Vergabeverfahren als Verwaltungsverfahren, ZfBR 2004, S. 34.
1267   In etwas anderer Form vorgeschlagen von *v. Hoffmann/Thorn*, Internationales Privatrecht, § 3, Rn. 11.
1268   *Geimer*, IZPR, Rn. 2650.

Mündlichkeit, bis es zu einem Zuschlag kommt. Bis auf vereinzelte Nachfragen läuft das Verfahren in der Regel schriftlich ab.[1269] Es dürfte also durchaus die Zeit seitens der Vergabestelle bestehen, sich auf die Anwendung einer fremden Sprache in Schriftform entsprechend einzustellen und vorzubereiten. Im oberschwelligen Bereich wird dies durch die gesetzliche Regelungen der § 12 Abs. 2 Nr. 4 S. 2 EG VOB/A oder § 15 Abs. 3 S. 3 EG VOL/A oder § 9 Abs. 4 S. 3 VOF zum Ausdruck gebracht. Dort ist jeweils der Hinweis enthalten, dass die wichtigsten Bestandteile der auf Deutsch (Originalsprache) verfassten Bekanntmachungen in allen anderen Amtssprachen veröffentlicht werden müssen.[1270]

(bb)   Argumente für eine Anwendung des lex-fori-Prinzips

Für die Anwendung der lex fori (zugunsten Deutschlands) sprechen insbesondere Praktikabilitätsgesichtspunkte. So ist es in praktischer Hinsicht sinnlos, nur einzelne Elemente fremden Vergabeverfahrensrechts anzuwenden. Denn zu den Schwierigkeiten der extraterritorialen Einrichtung bei der Anwendung ungewohnten ausländischen Rechts (z.B. im Bereich des Vertragsrechts) käme das Problem hinzu, die verschiedenen Vergaberechtsordnungen aufeinander abzustimmen. Um diese Umständlichkeiten zu vermeiden und einen schnellen und reibungslosen Verfahrensablauf zu gewährleisten, sollte folglich die extraterritoriale Einrichtung als Vergabestelle stets nach ihrer eigenen, vertrauten Vergabeverfahrensordnung, also nach der lex fori verfahren.[1271]

Dagegen ließe sich jedoch einwenden, dass auch die Ermittlung und Anwendung materiellen Rechts nach Maßgabe des Internationalen Privatrechts umständlich und zeitraubend sein kann. Trotzdem müssen Parteidispositionen in Kauf genommen werden.[1272] Jedoch ist mit *Kegel*[1273] und

---

1269 Mit Ausnahme des Verhandlungsverfahrens, das vom Auftraggeber „weitestgehend frei gestaltet werden kann", *Antweiler*, in: Ziekow/Völlnik, Vergaberecht, § 101 GWB, Rn. 34. Praktischerweise dürften die Verhandlungsrunden dann mündlich durchgeführt werden.

1270 Siehe auch Art 44 Abs. 4 SKR: Dieser Teil der RL 2004/17/EG wurde allerdings nicht in die deutsche SektVO übernommen.

1271 *Wagner*, Prozessverträge, S. 356.

1272 *Coester-Waltjen*, Internationales Beweisrecht, Rn. 137.

1273 *Kegel/Schurig*, Internationales Privatrecht, S. 1055: „Es ist etwas anderes, ob man ein Recht anwendet oder es befolgt. Für das Anwenden hat man Zeit, für das Befolgen oft nicht."

Wagner[1274] davon auszugehen, dass ein solcher Vergleich hinkt und vielmehr zwischen der Anwendung und der Befolgung fremden Rechts zu differenzieren ist. Denn beim Kollisionsrecht des IPR geht es um die Anwendung fremder Rechtsnormen auf einen abgeschlossenen Sachverhalt und gerade nicht um ein aktuelles Verfahrensverhalten wie das der Vergabestellen und der teilnehmenden Bieter im Zusammenhang mit der Durchführung einer öffentlichen Auftragsvergabe.

Sofern die Auftragsvergaben *durch* extraterritoriale Stellen im Ausland durchgeführt werden, könnte sich aber eventuell auch der Aufnahmestaat auf das lex-fori-Prinzip berufen. Insoweit findet das durchzuführende Vergabeverfahren dem Kern nach nicht im Inland statt.[1275] Denn mittlerweile sind, wie oben[1276] dargestellt, selbst Liegenschaften ausländischer Behörden (Botschaften, Konsulate, Bundeswehrverwaltungsstellen im Ausland) oder Kulturinstitute aus Sicht des Aufnahmestaates nicht mehr als extraterritorial einzustufen. Dann aber stellt sich die Frage, ob extraterritoriale Einrichtungen Deutschland zu ihrem Forumstaat erklären können, wenn sie sich doch gar nicht auf dessen Territorium befinden. Dies hängt davon ab, wie man den Forumstaat bestimmt. Grundsätzlich ist als Forumstaat derjenige Staat anzusehen, bei dem ein gerichtliches Verfahren anhängig gemacht wird.[1277] Hier geht es aber um außergerichtliche Verfahrenshandlungen einer Vergabestelle.[1278] Wenn aber grundsätzlich der Sitz des Gerichtes als verfahrensleitende Institution maßgeblich ist, um das Forumsrecht zu eruieren, muss im Grunde genommen das Gleiche für außergerichtliche Einrichtungen wie Vergabestellen gelten, die ebenfalls Verfahrensrecht anzuwenden haben. Der Sitz der Vergabestelle befindet sich allerdings im Ausland. Dann aber ist aus Sicht der verfahrensleitenden Vergabestellen der jeweilige Aufnahmestaat als Forumstaat anzusehen. Nach dem lex-fori-Prinzip könnte sich dieser auf die Anwendung eigenen Rechts berufen. Dieses Argument spricht umgekehrt nur dann für Deutschland als Forumstaat, wenn das Vergabeverfahren *für* die extraterritorialen Stellen zentral *von Deutschland aus* betrieben wird.

1274 *Wagner*, Prozessverträge, S. 356.
1275 Aus umgekehrter Sicht *Menzel*, Internationales Öffentliches Recht, S. 673, der bei Verfahren, die vornehmlich vom Inland aus betrieben werden, von „territorialen Verfahren mit transnationalem Thema" spricht.
1276 Vgl. oben unter Kap. 4. C. I. 1. lit a) lit. aa) (4).
1277 *Junker*, in: Münchener Kommentar, BGB, Bd. 10, Art. 16 Rom II-VO, Rn. 1.
1278 Vgl. oben unter. Kap. 4. C. I. 1. lit a) lit. ff).

(cc) Entscheidung

Zwar sind die Praktikabilitätsgesichtspunkte nicht von der Hand zu weisen. Allerdings könnte man meinen, dass gerade extraterritoriale Stellen, die sich nicht nur vorübergehend im Ausland befinden (wie z.B. Botschaften), durchaus den Zeitaufwand betreiben können, um sich mit den rechtlichen Gegebenheiten vor Ort vertraut zu machen. Dann aber ist es praktisch zumutbar, dass extraterritoriale Einrichtungen, sofern sie für die Durchführung des Vergabeverfahrens zuständig sind, den Aufnahmestaat als ihren Forumstaat anerkennen und nach lokalem Recht Aufträge vergeben.

Bei rechtlich selbständigen Einrichtungen, die selbst als Auftraggeber einzuordnen sind, würde das lex-fori-Prinzip also für die Anwendung des Rechts des Aufnahmestaates als Forumstaat sprechen. Bei rechtlich unselbständigen Einrichtungen trifft das nur insoweit zu, als der Sitz der Vergabestelle im Ausland ist, die extraterritoriale Einrichtung also für die Durchführung des Vergabeverfahrens zuständig ist. Verbleibt der Sitz der Vergabestelle indes bei der deutschen Zentrale im Inland, ist Deutschland als Forumstaat anzusehen. Entsprechend dem lex-fori-Prinzip richtet sich die Durchführung des Vergabeverfahrens dann nach deutschem Kartellvergaberecht.

hh) Herkunftslandprinzip

Das unionsrechtlich geprägte [1279] Herkunftslandprinzip beruht auf dem Grundsatz der gegenseitigen Anerkennung und des gegenseitigen Vertrauens.[1280] Derjenige Staat, von dessen Gebiet die zu überprüfende wirtschaftliche Aktivität ausgeht, hat dafür Sorge zu tragen, dass diese den unionsrechtlichen Regeln entspricht.[1281] In seiner Anwendung bewirkt das Prinzip, dass *inländische* Unternehmen bei *extraterritorialer* Tätigkeit sich dann nicht nach der Rechtslage im Ausland erkundigen müssen, wenn sie sich auf die Anwendung ihres Heimatrechts verlassen können. Dann aber

---

1279 Bislang findet das Herkunftslandprinzip nur Anwendung in Bereichen, die durch EU-Richtlinien eine Harmonisierung erfahren haben, vgl. *Martiny*, in: Münchener Kommentar, BGB, Bd. 10, Art. 9 Rom I-VO, Anh. III, Rn. 19; *Micklitz/Rott*, in: Dauses, EU-Wirtschaftsrecht, H. Wettbewerbsregeln, V. Verbraucherschutz, Rn. 48.

1280 *Ohly*, in: Piper/Ohly/Sosnitza, UWG, B. 1. Einf. C., Rn. 67.

1281 *Martiny*, in: Münchener Kommentar, BGB, Bd. 10, Art. 9 Rom I-VO, Anh. III, Rn. 19.

beurteilt sich die Tätigkeit des inländischen Unternehmens allein nach deutschem Recht, selbst wenn die damit im Zusammenhang stehende Leistung in einem anderen Mitgliedstaat erbracht wird.[1282] Es setzt daher einen zumindest annähernd vergleichbaren internationalen Schutzstandard voraus, beziehungsweise im gemeinschaftlichen Rahmen die Harmonisierung auf dem vom Herkunftslandprinzip erfassten Rechtsgebiet.[1283] Deshalb eignet sich das Herkunftslandprinzip zunächst schon nicht als Kollisionsprinzip[1284] im außereuropäischen Rahmen.[1285] Zwar wird vereinzelt vertreten, dass das Herkunftslandprinzip auch zur Beantwortung anderer Fragen herangezogen werden kann.[1286] Mit *Ohly* ist jedoch hierin kein allgemeingültiger Grundsatz zu sehen.[1287] Demnach bedarf es immer einer konkreten Anordnung durch eine gemeinschaftliche Norm.[1288] Heute gilt das Herkunftslandprinzip ausschließlich im Bereich einzelner Medien.[1289] Da es nicht im Bereich des öffentlichen Beschaffungswesens genannt wird, muss eine sinnvolle Anknüpfung hierüber vorliegend ausscheiden.

1282 Vgl. nur Art. 3 Abs. 1 der RL 2000/31/EG, wo es heißt: *„Jeder Mitgliedstaat trägt dafür Sorge, dass die Dienste der Informationsgesellschaft, die von einem in seinem Hoheitsgebiet niedergelassenen Diensteanbieter erbracht werden, den in diesem Mitgliedstaat geltenden innerstaatlichen Vorschriften entsprechen, die in den koordinierten Bereich fallen."*

1283 *Fezer/Koos*, in: Staudinger, BGB, EGBGB, C. Internationales Wettbewerbsprivatrecht, Rn. 496.

1284 Sofern man es überhaupt *kollisionsrechtlich* behandelt. Da der mitunter sehr komplexe Streit zu dieser Frage aber vorliegend keine Rolle spielt, soll ein Hinweis auf die ausführliche Darstellung bei *Martiny*, in: Münchener Kommentar, BGB, Bd. 10, Art. 9 Rom I-VO, Anh. III, Rn. 23 ff., ausreichen.

1285 *Fezer/Koos*, in: Staudinger, BGB, EGBGB, C. Internationales Wettbewerbsprivatrecht, Rn. 496.

1286 *Martiny*, in: Münchener Kommentar, BGB, Bd. 10, Art. 9 Rom I-VO, Anh. III, Rn. 21.

1287 *Ohly*, in: Piper/Ohly/Sosnitza, UWG, B. 1. Einf. C., Rn. 66.

1288 *Ohly*, in: Piper/Ohly/Sosnitza, UWG, B. 1. Einf. C., Rn. 66.

1289 *Drexl*, in: Münchener Kommentar, BGB, Bd. 11, Internationales Recht gegen den unlauteren Wettbewerb, dort Rn. 9. Es gilt aufgrund sekundärrechtlicher Bestimmungen vor allem für das Fernsehen, audiovisuelle Mediendienste und den elektronischen Geschäftsverkehr. Die wichtigsten Bestimmungen hierzu sind Art. 2 u. 2a der RL 2007/65/EG (Richtlinie über audiovisuelle Mediendienste), Art. 3 der RL 2000/31/EG (E-Commerce-Richtlinie) und als abgeschwächte Version Art. 4 der RL 2005/29/EG (RL über unlautere Geschäftspraktiken).

b)   Zwischenergebnis

Bei rechtlich unselbständigen Einrichtungen im Ausland greift zugunsten Deutschlands das Territorialitätsprinzip ein, da der Verwaltungssitz weiterhin in Deutschland verbleibt. Darüber hinaus gilt bei rechtlich unselbständigen oder selbständigen Einrichtungen zugunsten Deutschlands das aktive Personalitätsprinzip, es sei denn, dass die selbständige Einrichtung in einer ausländischen Rechtsform betrieben wird. Dann kann sich der ausländische Staat auf das aktive Personalitätsprinzip beziehen. Der ausländische Staat kann sich zudem über den Sitz der Vergabestelle immer auf das Territorialitätsprinzip berufen, unabhängig davon, ob die extraterritoriale Einrichtung mit eigener Rechtspersönlichkeit ausgestattet ist oder nicht. Gleiches gilt für eine sinnvolle Anknüpfung mit Hilfe des lex-fori-Prinzips: Hier ist der Aufnahmestaat immer dann als Forumstaat anzusehen, wenn er zugleich Sitz der Vergabestelle ist. Umgekehrt kann sich Deutschland mit Hilfe des lex-fori-Prinzips auf die Anwendbarkeit eigenen Rechts berufen, wenn die jeweiligen Zentralen von Deutschland aus das Vergabeverfahren für die rechtlich unselbständigen, extraterritorialen Einrichtungen betreiben. Bei den extraterritorialen Trägergesellschaften des Goethe-Instituts und den Tochtergesellschaften der Fraport AG sowie der (fiktiven) Stadtwerke GmbH kann sich nur der Aufnahmestaat auf das Territorialitätsprinzip beziehen. Außerhalb der EU oder des EWR wäre darüber hinaus eine sinnvolle Anknüpfung über das Wirkungsprinzip und den negativen ordre public begründbar. Dies ist von der jeweiligen rechtlichen Situation im Aufnahmestaat abhängig. Aufgrund des relativen Normengleichklangs im Vergaberecht oberhalb der EU-Schwellenwerte hat das Wirkungsprinzip oder der negative ordre public hingegen innerhalb der EU oder des EWR keine Bedeutung.

Das Imperialprinzip ist auf die vorliegende Untersuchung nicht anwendbar, weil die Verfahrenshandlungen der Vergabestellen keine acta iure imperii darstellen. Das Herkunftslandprinzip kommt hier ebenfalls nicht in Betracht: Insofern fehlt es an einer sekundärrechtlichen Anordnung des Herkunftslandprinzips in den Vergaberichtlinien. Zudem kann es nicht als allgemeingültiger Anknüpfungsgrundsatz angesehen werden.

2.   Abwägung und Eingrenzung

Eine eindeutige Zuordnungsaussage lässt sich mit Hilfe des Prinzips der sinnvollen Anknüpfung im vorliegenden Fall nicht treffen. Deutschland wie auch der jeweilige Aufnahmestaat könnte über unterschiedliche Anknüpfungsprinzipien eigenes Recht sinnvoll anknüpfen. Aufgrund dieser Pattsituation muss in einem weiteren Schritt nach Maßgabe der abzuwägenden Interessen der beteiligten Staaten den räumlichen Anwendungsbereich des deutschen Vergabeverfahrensrechts einzugrenzen.[1290] Denn erst mit Hilfe einer solchen Interessenabwägung können die im vorliegenden Fall bestehenden konkurrierenden Zuständigkeiten der Staaten und die damit verbundenen Regelungskonflikte einer Lösung zugeführt werden. Anders ist diesem kollisionsrechtlichen Zuordnungsproblem hier nicht beizukommen. Ein solches Vorgehen läuft auch nicht auf die Schaffung eines sog. Überkollisionsrechts hinaus, sondern ist einzig und allein dem Umstand geschuldet, dass aufgrund mangelnder ausdrücklicher, völkerrechtlich abgesegneter Kollisionsnormen vorliegend keine andere Korrektivmöglichkeit besteht. Andere Alternativen, die Jurisdiktionsentscheidung des deutschen Gesetzgebers in einem solchen Fall zu überprüfen und notfalls auch zu begrenzen, sieht das normierte Kollisionsrechts auf den konkreten Fall bezogen nicht vor. Auch wäre es im Falle konkurrierender, sinnvoller Anknüpfungen ungerecht, nur demjenigen Staat, der zuerst agiert, eine eigenständige Bewertungsmöglichkeit einzuräumen.[1291]

1290 *Ohler*, Kollisionsordnung des Allgemeinen Verwaltungsrechts, S. 339. Das Prinzip der sinnvollen Anknüpfung im Zusammenhang mit einer bei konkurrierenden Zuständigkeiten durchzuführenden Interessenabwägung ist ein juristisch hergeleiteter, aber dringend benötigter Rettungsanker, der auch von einem gewichtigen Teil der IPR-Lehre anerkannt und hinzugezogen wird, *Meessen*, in Loewenheim/Meessen/Riesnkampff, Kartellrecht, 1. Teil: Internationales Kartellrecht der EU, Rn. 100 ff. mwN unter Fn. 100, dort u.a. *Wildhaber*, Schweizerisches Jahrbuch für Internationales Recht 41 (1985) S. 99 (104 f.); *Kaffanke*, Nationales Wirtschaftsrecht und internationale Wirtschaftsordnung, S. 273 f.; *Pearce*, Stanford Journal of International Law 30 (1994), S. 535; *Bremer*, Treuhandverwaltung und Jurisdiktionsbefugnis, S. 137 f.; Darüber hinaus *Meessen*, Völkerrechtliche Grundsätze des internationalen Kartellrechts, S. 101 ff.; *N. Baron von Behr*, Multinationale Unternehmen und Exportkontrollen: völkerrechtliche Zulässigkeit und Grenzen extraterritorialer Ausfuhrbeschränkungen, 187 f.; *Schwarze*, Die Jurisdiktionsabgrenzung im Völkerrecht – Neuere Entwicklungen im internationalen Wirtschaftsrecht, 29 f.; *Spothelfer*, Völkerrechtliche Zuständigkeiten und das Pipeline-Embargo, S. 32; *Meng*, Völkerrechtliche Zulässigkeit und Grenzen wirtschaftsverwaltungsrechtlicher Hoheitsakte mit Auslandswirkung, ZaöRV 44 (1984) S, 675 (762 ff.).
1291 *Menzel*, Internationales Öffentliches Recht, S. 343 f.

Als weitere, nach dem Völkergewohnheitsrecht anerkannte[1292] Begrenzungskriterien kommen daneben das *Verbot des Rechtsmissbrauchs* und das *Verbot der Einmischung* in Frage.

a)   Begrenzungskriterien

aa)   Verbot des Rechtsmissbrauchs

Das völkerrechtliche Verbot des Rechtsmissbrauchs verbietet die Einwirkung auf Auslandssachverhalte immer dann, wenn ein krasses Missverhältnis zwischen dem eigenen Regelungsinteresse eines Staates und dem durch die Regelung einem anderen Staat zugefügten Nachteil besteht.[1293] Aufgrund des Erfordernisses eines „krassen Missverhältnisses" besteht ein weiter Spielraum für staatliches Handeln.[1294] So könnte vorliegend der jeweilige Aufnahmestaat vortragen, dass es einen starken Souveränitätsverlust darstellen würde, wenn extraterritoriale Einrichtungen Vergabeverfahren auf seinem Gebiet nach deutschem Recht durchführen. Ob darin allerdings ein krasses Missverhältnis zu sehen ist, scheint fraglich. Eine solche Begründung könnte zudem nur zugunsten solcher Staaten eingreifen, die nicht Mitglied der EU oder des EWR sind. Denn innerhalb dieser Staatenbünde ist, wegen des relativen Gleichklangs der Vergaberechtsordnungen, keine ein krasses Missverhältnis begründende Souveränitätsbeeinträchtigung des Aufnahmestaates zu befürchten. Das Begrenzungskriterium des Rechtsmissbrauchsverbots hilft folglich nicht weiter.

bb)   Verbot der Einmischung

Im Gegensatz zum Verbot des Rechtsmissbrauchs verbietet das völkerrechtliche Verbot der Einmischung in innere Angelegenheiten eines Staates

---

1292   Anstelle vieler *Ohler*, Kollisionsordnung des Allgemeinen Verwaltungsrechts, S. 130. mwN.

1293   *Lindemann*, in: Frankfurter Kommentar, Kartellrecht, § 130 Abs. 2 GWB, Rn. 215; *Rehbinder*, in: Immenga/Mestmäcker, Wettbewerbsrecht, Bd. 2, GWB, § 130 Abs. 2, Rn. 23 f.

1294   Genau darin wird teilweise auch der Nachteil dieses Prinzips gesehen, nur bei extremen Fällen einzugreifen, vgl. *Hector*, Das völkerrechtliche Abwägungsgebot, S. 142; *Ohler*, Kollisionsordnung des Allgemeinen Verwaltungsrechts, S. 341.

die qualifizierte Beeinflussung der Willensbildung fremder Staaten.[1295] Für eine qualifizierte Beeinflussung ist zumindest die Anwendung von Druck notwendig.[1296] Zum einen ist äußerst fraglich, ob es sich bei der Auftragsvergabe extraterritorialer Einrichtungen um eine rein innere Angelegenheit aus Sicht des Aufnahmestaates handelt. Höchstens für rechtlich selbständige Einrichtungen ließe sich das noch bejahen. Darüber hinaus wird durch die Anwendung deutschen Kartellvergaberechts auf extraterritoriale Auftragsvergaben in keiner Weise Druck auf den Aufnahmestaat ausgeübt. Damit ist auch dieses Begrenzungskriterium aufgrund seiner hohen Anforderungen in der Entscheidungsfindung nicht weiter hilfreich.

cc)   Grundsatz der Interessenabwägung

Der Grundsatz der Interessenabwägung bedeutet, dass die Interessen des handelnden Staates mit den gegensätzlichen Interessen des von der Maßnahme betroffenen Staates abzuwägen sind; sofern letztere eindeutig überwiegen, ist die Maßnahme zu unterlassen.[1297] Eigentlich ist dieses Prinzip beim Wirkungsprinzip angesiedelt.[1298] Allerdings lässt sich in der völkerrechtlichen Praxis bislang noch nicht erkennen, dass von der Möglichkeit zur Interessenabwägung außerhalb des Anwendungsbereichs des Wirkungsprinzips ausgegangen werden kann.[1299] Mit *Ohler* ist aber davon auszugehen, dass erst anhand einer Interessenabwägung die oftmals bestehenden konkurrierenden Zuständigkeiten der Staaten und die damit verbundenen Regelungskonflikte einer Lösung zugeführt werden können.[1300] Gerade die zuvor erörternden Verbote des Rechtsmissbrauchs und der Einmischung stellen zu hohe Anforderungen, um den Anwendungsbereich nationaler Normen im Ausland auf niedrigem Eingriffsniveau zu begrenzen.

1295 *Rehbinder*, in: Immenga/Mestmäcker, Wettbewerbsrecht, Bd. 2, GWB, § 130 Abs. 2, Rn. 22 f.

1296 *Lindemann*, in: Frankfurter Kommentar, Kartellrecht, § 130 Abs. 2 GWB, Rn. 216.

1297 *Lindemann*, in: Frankfurter Kommentar, Kartellrecht, § 130 Abs. 2 GWB, Rn. 217.

1298 *Lindemann*, in: Frankfurter Kommentar, Kartellrecht, § 130 Abs. 2 GWB, Rn. 214 u. 217.

1299 *Meng*, Extraterritoriale Jurisdiktion im öffentlichen Wirtschaftsrecht, S. 568 f.; *Schwarze*, Die Jurisdiktionsabgrenzung im Völkerrecht, S. 53 u. 55.

1300 *Ohler*, Kollisionsordnung des Allgemeinen Verwaltungsrechts, S. 339 f.; aber auch *Meessen*, Kollisionsrecht der Zusammenschlusskontrolle, S. 30 f.

Um eine dogmatisch saubere Einordnung einer grundsätzlich bestehenden Abwägungspflicht vorzunehmen, bietet es sich an, die Interessenabwägung im allgemein anerkannten [1301] völkerrechtlichen Verhältnismäßigkeitsgrundsatz zu verorten. [1302] Als Korrektiv kommt diesem Prinzip immer dann Bedeutung zu, wenn Staaten durch ihr Verhalten in die Rechtssphäre anderer Staaten eindringen. [1303] Dieser allgemeine Charakter des völkerrechtlichen Verhältnismäßigkeitsgebots rechtfertigt eine Aufnahme des Abwägungsprinzips. [1304] Nur so kann bei konkurrierenden Zuständigkeiten eine angemessene Lösung erzielt werden.

b)   Schwerpunkt des Rechtsverhältnisses

Fraglich ist indes, welche Gesichtspunkte in die Interessenabwägung einzustellen und anhand welcher Maßstäbe diese zu bewerten sind. In Anlehnung an die Lehren von *Savigny*[1305] und *Gierke*[1306] macht es mangels kollisionsrechtlicher Regelungen vorliegend durchaus Sinn, auf den *Schwerpunkt des Rechtsverhältnisses* abzustellen, also das anwendbare Recht „nach den wichtigsten örtlichen Beziehungen zu bestimmen". [1307] Auch *Kment* schlägt vor, insofern auf die „*Nähebeziehung zwischen Staat und Sachverhalt*" abzustellen. [1308] So ist es in der Praxis durchaus nachprüfbar, ob der Schwerpunkt einer Aktivität mehr in dem einen oder dem anderen Staatsterritorium liegt. [1309] Dabei soll nicht maßgeblich sein, welcher Staat formal ein Rechtsverhältnis durch gesetzliche Regelung begründet, sondern zu welcher Rechtsordnung ein Lebenssachverhalt seiner Eigenart nach das

---

1301   *Koch*, Die grenzüberschreitende Wirkung von nationalen Genehmigungen für umweltbeeinträchtigende industrielle Anlagen, S. 63 f.; *Meng*, Extraterritoriale Jurisdiktion im öffentlichen Wirtschaftsrecht, S. 608 f.
1302   *Ohler*, Kollisionsordnung des Allgemeinen Verwaltungsrechts, S. 341.
1303   *Verdross/Simma*, Universelles Völkerrecht, §§ 474, 1343.
1304   *Ohler*, Kollisionsordnung des Allgemeinen Verwaltungsrechts, S. 341.
1305   *Savigny*, System des heutigen Römischen Rechts, Bd. 8, 1849, S. 28, 108 u. 118.
1306   *Gierke*, Deutsches Privatrecht, Bd. 1, 1895, S. 217 f.
1307   *Ohler*, Kollisionsordnung des Allgemeinen Verwaltungsrechts, S. 343:, *Kment*, Grenzüberschreitendes Verwaltungshandeln, S. 136. Zum Internationalen Privatrecht, *v.Bar/Mankowski*, Internationales Privatrecht, 2003, S. 514; *Kropholler*, IPR, 2006, S. 16 ff.
1308   *Kment*, Grenzüberschreitendes Verwaltungshandeln, S. 136 mVa *Schwarze*, Die Jurisdiktionsabgrenzung im Völkerrecht, S. 60.
1309   *Kment*, Grenzüberschreitendes Verwaltungshandeln, S. 136.

engere Verhältnis aufweist.[1310] Insoweit ähnelt eine Interessenabwägung aus völkergewohnheitsrechtlicher Sicht abhängig vom konkreten Schwerpunkt des zu regelnden Rechtsverhältnisses dem aus dem Internationalen Privatrecht bekannten Grundsatz der „engeren Verbindung", vgl. Art. 4 Abs. 3 Rom I-VO, Art. 5 Abs. 1 EGBGB.[1311] Auch das US-amerikanischen Restatement (Third), Foreign Relations Law of the United States[1312] stellt in § 403 Abs. 3 auf den Schwerpunkt des zugrunde liegenden Rechtsverhältnisses ab[1313]. Zudem steigen die Rechtfertigungsanforderungen an diejenigen Staaten, die gleichfalls einen eigenen Regelungsanspruch erheben wollen.[1314]

Die entscheidende Frage ist demnach, zu welcher Rechtsordnung die Vergabe von öffentlichen Aufträgen im Ausland das engere bzw. engste Verhältnis aufweist.

Wie sich nach bisher erfolgter Untersuchung herauskristallisiert, ist eine dreigeteilte Abwägungsprüfung am Sinnvollsten: An erster Stelle ist auf die rechtlich selbständigen Einrichtungen im Ausland einzugehen. Danach folgen die extraterritorialen Einrichtungen ohne eigene Rechtspersönlichkeit, die für die Durchführung des Vergabeverfahrens zuständig erklärt wurden. Schlussendlich ist auf solche Auftragsvergaben einzugehen, die von der Zentrale in Deutschland aus für rechtlich unselbständige Einrichtungen im Ausland betrieben werden.

1310 *Ohler*, Kollisionsordnung des Allgemeinen Verwaltungsrechts, S. 343 f. Wenn auch in einem anderen Zusammenhang, *Schack*, Internationales Zivilverfahrensrecht, S. 15, wonach es Aufgabe des Kollisionsrechts sei, „unvorbelastet nach dem Schwerpunkt des Rechtsverhältnisses" zu suchen.

1311 *Ohler* ist hingegen der Ansicht, dass hier eher eine Vergleichbarkeit mit der Sonderanknüpfung von Eingriffsnormen gegeben ist, *ders.*, Kollisionsordnung des Allgemeinen Verwaltungsrechts, S. 344 mwN dort unter Fn. 109. Dort *Wengler*, Die Anknüpfung zwingenden Schuldrechts im internationalen Privatrecht, ZVglRWiss 54 (1941), S. 168 ff.; *Zweigert*, Nichterfüllung auf Grund ausländischer Leistungsverbote, RabelsZ 14 (1942), S. 283 (287 ff.).

1312 American Law Institute, Restatement (Third) in Foreign Relations Law of the United States, 1987, § 403.

1313 Dort heißt es: „*When it would not be unreasonable for each of the two states to exercise jurisdiction over a person or activity, but the prescriptions by the two states are in conflict, each state has an obligation to evaluate its own as well as the other's state interest in exercising juristiction, in light of all relevant factors, (...); a state should defer to the other state if that state's interest is clearaly greater.*"

1314 *Ohler*, Kollisionsordnung des Allgemeinen Verwaltungsrechts, S. 344.

aa)   Rechtlich selbständige Einrichtungen im Ausland

Bei rechtlich selbständigen Einrichtungen im Ausland spricht vieles für eine *engere* Bindung an die ausländische Rechtsordnung: Zum einen befinden sich sowohl der Sitz der Vergabestelle als auch der verwaltungsmäßige Sitz der juristischen Person in diesem Staat. Über das Territorialitätsprinzip könnte der Aufnahmestaat über beide Bezugspunkte sinnvoll anknüpfen.[1315] Auch wenn die Gebietshoheit in Zeiten, in denen immer mehr Souveränität auf supranationale oder internationale Organisationen übertragen wird, an Bedeutung verliert, dürfte die Anknüpfung an das Territorialitätsprinzip in aller Regel stärker wirken als die Anknüpfung über die gesellschaftsrechtliche Verbindung an die Rechtsordnung der Muttergesellschaft.[1316] Selbst wenn die rechtlich selbständige Einrichtung eine deutsche Rechtsform aufweist, überwiegt daher die Bedeutung des Territorialitätsprinzips. Zudem erweist sich im Vergleich mit unselbständigen Zweigstellen die territoriale Anbindung von Tochterunternehmen (-vereinen) aufgrund ihrer rechtlichen Selbständigkeit als grundsätzlich stärker.[1317] Ist die ausländische Einrichtung auch noch in einer Rechtsform des Aufnahmestaates gegründet worden (vgl. Fraport AG), dann spricht darüber hinaus das aktive Personalitätsprinzip für eine sinnvolle Anknüpfung zugunsten des Aufnahmestaates.[1318] Aus eben diesen Gründen ist auch der Aufnahmestaat als der Forumstaat dieser Einrichtung anzusehen. Nach dem lex-fori-Prinzip richtet sich aber das anzuwendende Verfahrensrecht, wozu auch das Vergabeverfahrensrecht gehört, nach dem Recht des Forumstaates.[1319] Mit in die Waagschale geworfen werden muss aber auch die Intensität einer eventuellen Beherrschung durch den deutschen Staat oder eine deutsche Muttergesellschaft (-verein). Wie bei Muttergesellschaften kann eine Mehrheitsbeteiligung oder eine sonstige wirksame Einflussnahme durch den Staat eine Anknüpfung zugunsten seines Rechts begründen.[1320]

1315   Vgl. oben: Kap. 4. C. I. 1. lit. a) lit. aa) (2) und (3).

1316   *Herdegen*, Internationales Wirtschaftsrecht, § 2, Rn. 56; *Mann*, The doctrine of jurisdiction in international law revisisted after twenty years, Rec. des Cours 186 (1984- III), S. 9 (56 ff.); *Doehring*, Völkerrecht, Rn. 824.

1317   *Ohler*, Kollisionsordnung des Allgemeinen Verwaltungsrechts, S. 333; American Law Institute, Restatement of the Law (Third), The Foreign Relations Law of the United States, 1987, § 414, comment b), S. 271.

1318   Vgl. oben: Kap. 4. C. I. 1. lit. a) lit. bb) (2).

1319   Vgl. oben: Kap. 4. C. I. 1. lit. a) lit. gg) (2) (b) (aa) und (cc).

1320   *Ohler*, Kollisionsordnung des Allgemeinen Verwaltungsrechts, S. 333. American Law Institute, Restatement of the Law (Third), The Foreign Relations Law of the United States, 1987, § 414, comment b), S. 272.

(1)   Extraterritoriale Trägergesellschaften des Goethe-Instituts e.V.

Die Beurteilung der Vergaberechtspflichtigkeit der extraterritorialen Trägergesellschaften des Goethe-Instituts e.V. gestaltet sich in diesem Zusammenhang schwieriger: Zwar handelt es sich de iure um eine ausländische Gesellschaft, mit Sitz im Ausland. De facto besteht aber über die deutsche Mutter, das Goethe-Institut e.V., eine starke Einflussnahme über die Zurverfügungstellung finanzieller und personeller Mittel.[1321] Trotzdem dürfte sich hier das Territorialitäts-[1322] im Verbund mit dem lex-fori-Prinzip[1323] durchsetzen und für eine Anwendbarkeit ausländischen Rechts streiten. Zudem spricht das aktive Personalitätsprinzip für eine Anwendung ausländischen Rechts.[1324] Außerhalb der EU und des EWR ist darüber hinaus nicht ausgeschlossen, dass ein Staat über das Wirkungsprinzip zu seinen Gunsten sinnvoll anknüpfen kann. Mithin besteht eine *engere* Beziehung zum ausländischen Staat.[1325]

(2)   Extraterritoriale Tochtergesellschaften der Fraport AG und der Stadtwerke GmbH

Bei den extraterritorialen Tochtergesellschaften der Fraport AG und der (fiktiven) Stadtwerke GmbH muss die Entscheidung ebenso zugunsten des ausländischen Staates ausfallen.

Wohl besteht über die Eigentumsverhältnisse bei den Tochtergesellschaften (Mehrheitsbeteiligung; hundertprozentiges Eigentum) nach dem aktiven Personalitätsprinzip zugunsten Deutschlands eine um Nuancen stärkere Verbindung als bei den extraterritorialen Trägergesellschaften des Goethe-Instituts.[1326] Doch zum einen könnte sich auch der Aufnahmestaat über die Rechtsform auf das aktive Personalitätsprinzip berufen. Zum anderen ist aber auch hier auf die besondere Stellung der territorialen Souveränität bei der finalen Abwägung hinzuweisen. Selbst wenn eine hundertprozentige Beherrschung durch eine deutsche Gebietskörperschaft (z.B. Kommune) gegeben ist, bestimmen sich die verfahrensrechtlichen Vorga-

---

1321 Vgl. oben: Kap. 4. B. II. 4.
1322 Vgl. oben: Kap. 4. C. I. 1. lit. a) lit. aa) (2).
1323 Vgl. oben: Kap. 4. C. I. 1. lit. a) lit. gg) (2) (b) (aa) und (cc).
1324 Vgl. oben: Kap. 4. C. I. 1. lit. a) lit. bb) (2).
1325 Vgl. oben: Kap. 4. C. I. 1. lit. a) lit. dd) (2) (c).
1326 Vgl. oben: Kap. 4. C. I. 1. lit. a) lit. bb) (2).

ben nach der lex fori des Sitzstaates, also dem ausländischen Forum-staat.[1327] Auch hier wirkt sich der territoriale Bezug entscheidend aus und begründet eine engere Beziehung des zu regelnden Sachverhalts zugunsten des ausländischen Staates. Für Staaten außerhalb der EU und des EWR ist zudem das Wirkungsprinzip zu beachten.

bb)   Rechtlich unselbständige Einrichtung führt Vergabeverfahren durch

Bei den rechtlich unselbständigen Einrichtungen, die als Bedarfsstelle für die Durchführung des Vergabeverfahrens für zuständig erklärt worden sind, kann auch Deutschland über das Territorialitätsprinzip sinnvoll anknüpfen: Der Verwaltungssitz des jeweiligen Rechtsträgers (z.B. GIZ, Auswärtiges Amt für den Bund als Gebietskörperschaft) befindet sich in Deutsch-land.[1328] Zusätzlich besteht über das aktive Personalitätsprinzip die Mög-lichkeit einer sinnvollen Anknüpfung.[1329] Da es aber aus Sicht des lex-fori-Prinzips auf den Sitz der Stelle ankommt, wo die Verfahrenshandlungen vorgenommen werden, also den Sitz der Vergabestelle, ist auch in einer derartigen Konstellation der ausländische Staat als Forumstaat anzuse-hen.[1330] Konsequenterweise muss dann auch die lex fori des Aufnahmestaa-tes gelten. Dazu zählt das Vergaberechtsverhältnis als Verfahrensrecht. Folglich weisen auch die Fälle der Auftragsvergaben durch extraterritoriale Einrichtungen eine engere Beziehung zum ausländischen Staat auf. Bei Auftragsvergaben außerhalb der EU und des EWR spricht (ggf.) darüber hinaus das Wirkungsprinzip für eine engere Verbindung des zu regelnden Sachverhalts zugunsten des Aufnahmestaates. Auch hier muss das Recht am Sitz der Vergabestelle angewendet werden.

cc)   Deutsche Zentrale führt für extraterritoriale Einrichtung Vergabe-verfahren durch

Für den Fall, dass ein Vergabeverfahren für eine extraterritoriale Einrich-tung von Deutschland aus durch die jeweilige Zentrale betrieben wird, be-steht eine eindeutig engere Beziehung des zu regelnden Sachverhalts zu-gunsten Deutschlands. Deutschland bildet in solchen Konstellationen den

---

1327 Vgl. oben: Kap. 4. C. I. 1. lit. a) lit. gg) (2) (b) (aa) und (cc).
1328 Vgl. oben: Kap. 4. C. I. 1. lit. a) lit. aa) (2).
1329 Vgl. oben: Kap. 4. C. I. 1. lit. a) lit. bb) (3).
1330 Vgl. oben: Kap. 4. C. I. 1. lit. a) lit. gg) (2) (b) (aa) und (cc).

Forumstaat, da die verfahrensleitende Vergabestelle im Inland sitzt.[1331] Darüber hinaus ist eine sinnvolle Anknüpfung über das aktive Personalitätsprinzip[1332] sowie das Territorialitätsprinzip in Bezug auf den Sitz der Vergabestelle[1333] und den Verwaltungssitz[1334] der Zentrale möglich. In solchen Fällen vermag auch das Wirkungsprinzip, auf das sich unter Umständen Staaten außerhalb der EU oder des EWR berufen könnten, keine engere Beziehung zugunsten des ausländischen Staates begründen.

3.   Zwischenergebnis

Bei einer Interessenabwägung unter maßgeblicher Berücksichtigung des Schwerpunktes des Rechtsverhältnisses gelangt man im Rahmen einer sinnvollen Anknüpfung vorliegend zu folgenden Ergebnissen:

- Die Anwendung deutschen Kartellvergaberechts auf extraterritoriale Sachverhalte ist nur dann gerechtfertigt, wenn die Auftragsvergabe zentral von Deutschland aus durchgeführt wird. Da zentrale Vorschriften des Kartellvergaberechts als Verfahrensrecht einzuordnen sind, findet das lex-fori-Prinzip Anwendung. Als Ausprägung des Prinzips der territorialen Souveränität bestimmt sich das anzuwendende Verfahrensrecht nach dem Sitz der verfahrensleitenden Stelle. Das ist die Vergabestelle, die bei Vergaben für ihre rechtlich unselbständigen Einrichtungen im Ausland die Auftragsvergabe zentral durchführt. Darüber hinaus besteht über das aktive Personalitätsprinzip und das Territorialitätsprinzip als solches eine engere Bindung des zu regelnden Sachverhalts zugunsten Deutschlands.
- Umgekehrt gilt bei allen rechtlich selbständigen Einrichtungen im Ausland, unabhängig von ihrer Rechtsform, eine engere Bindung zugunsten des jeweiligen ausländischen Staates. Denn nach dem lex-fori-Prinzip ist dieser als zuständiger Forumstaat anzusehen, so dass sich das anzuwendende Verfahrensrecht nach ausländischem Recht richtet.
- Gleichermaßen hat eine Rechtfertigung nach völkergewohnheitsrechtlichen Gesichtspunkten auszuscheiden, wenn die extraterritorialen Einrichtungen selbst als Bedarfsstelle die Vergabeverfahren nach deutschem Kartellvergaberecht durchführen wollen. Auch hier spricht das lex-fori-Prinzip für eine engere Anbindung an den ausländischen Staat,

---

1331 Vgl. oben: Kap. 4. C. I. 1. lit. a) lit. gg) (2) (b) (aa) und (cc).
1332 Vgl. oben: Kap. 4. C. I. 1. lit. a) lit. bb) (2).
1333 Vgl. oben: Kap. 4. C. I. 1. lit. a) lit. aa) (3).
1334 Vgl. oben: Kap. 4. C. I. 1. lit. a) lit. aa) (2).

da sich in diesem der Sitz der Vergabestelle als verfahrensleitende Institution befindet.

- Bei Auftragsvergaben außerhalb der EU oder des EWR kann u.U. eine sinnvolle Anknüpfung über das Wirkungsprinzip oder den positiven/negativen ordre public zugunsten des ausländischen Staates stattfinden. Allerdings sind diese im Vergleich zu dem lex-fori-Prinzip nur von untergeordneter Bedeutung.

- Das Imperialitäts- und Herkunftslandprinzip sind auf die vorliegende Untersuchung nicht anwendbar.

Folglich kann aus völkergewohnheitsrechtlicher Sicht der deutsche Gesetzgeber den Anwendungsbereich deutschen Kartellvergaberechts nur dann räumlich ausdehnen, wenn die Auftragsvergaben von Deutschland aus durchgeführt werden. Bei alle anderen Auftragsvergaben liegt der Schwerpunkt des Rechtsverhältnisses im Aufnahmestaat, so dass ihm nach Maßgabe der durchgeführten Interessenabwägung die Regelungshoheit fehlt.

II. Europarechtliche Rechtfertigung

Darüber hinaus muss die Ausdehnung der räumlichen Anwendbarkeit des Kartellvergaberechts im Einklang mit EU-Primärrecht stehen.

Zunächst ist zu prüfen, ob hierin ein Verstoß gegen das *Diskriminierungsverbot* aus Art. 18 AEUV zu sehen ist. Danach muss geklärt werden, ob eine räumliche Ausdehnung des Anwendungsbereichs mit den *Grundsätzen* des EU-Primärrechts konform geht. Im Rahmen dessen ist zu untersuchen, ob andere Marktteilnehmer hierdurch in ihren Grundfreiheiten, v.a. der Freiheit des Warenverkehrs nach Art. 34 ff. AEUV und die Dienstleistungsfreiheit gemäß Art. 56 ff. AEUV, betroffen sind. Ein grenzüberschreitender Bezug ist insoweit gegeben, als ein aus deutscher Sicht extraterritorialer Sachverhalt nach eigenem Vergabeverfahrensrecht durchgeführt werden soll. Zum Schluss soll der Frage nachgegangen werden, inwiefern das Völkergewohnheitsrecht vorliegend auf die Rechtsbeziehungen der Mitgliedstaaten untereinander von Einfluss ist oder nicht.

1. Verstoß gegen das Diskriminierungsverbot nach Art. 18 AEUV?

Das Diskriminierungsverbot aus Art. 18 AEUV postuliert als „Leitmotiv" der EU-Verträge das Verbot der Diskriminierung aufgrund der Staatsangehörigkeit.[1335] Da es sich um ein hinreichend konkretisiertes Verbot in Form einer Unterlassungspflicht handelt, das wegen seiner primärrechtlichen Ausgestaltung keines innerstaatlichen Vollzugsaktes bedarf und den Adressaten keinen Ermessensspielraum belässt, kommt Art. 18 AEUV unmittelbare Wirkung zu.[1336] Wie oben[1337] bereits kurz angesprochen, ist Art. 18 AEUV als Ausprägung des allgemeinen Gleichheitssatzes anzusehen.[1338]

Art. 18 AEUV erfasst dabei sowohl den Tatbestand der unmittelbaren als auch der mittelbaren Diskriminierung.[1339] Die Wahrscheinlichkeit einer unmittelbaren Diskriminierung, also eine direkte Anknüpfung an das Merkmal der Staatsangehörigkeit, ist im Zusammenhang mit der öffentlichen Auftragsvergabe eher niedrig einzustufen.[1340] In der Ausdehnung des räumlichen Anwendungsbereichs deutschen Kartellvergaberechts auf extraterritoriale Einrichtungen liegt keine unmittelbare Anknüpfung an das Kriterium der Staatsangehörigkeit. Eine mittelbare Diskriminierung liegt hingegen dann vor, wenn durch Anlegung anderer Kriterien bzw. Unterscheidungs-

---

1335 *Wohlfahrt*, in: ders./Everling/Glaesner/Sprung, EWG, Art. 7, Anm. 1 (1960); *v. Bogdandy*, in: Grabitz/Hilf/Nettesheim, Das Recht der Europäischen Union, Bd. 1, Art. 18 AEUV, Rn. 1.

1336 EuGH, Urt. v. 13.02.1985 - Rs. 293/83, Slg. 1985, S. 593, Rn. 14 f.; Urt. v. 06.12.1988 - Rs.186/87, Slg. 1989, S. 195, Rn. 11; Urt. v. 20.10.1993 - verb. Rs. C-92/92 und C-326/92, Slg. 1993, S. I-5145, Rn. 34; Urt. v. 12.05.1998 - Rs. C-85/96, Slg. 1998, S. I-2691, Rn. 63.

1337 Vgl. oben: Kap. 4. A. II. 3.

1338 EuGH, Urt. v. 08.10.1980 - Rs. 810/79, Slg. 1980, S. 2747, Rn. 16.

1339 EuGH, Urt. v. 14.07.1982 - Rs. 155/80, Slg. 1981, S. 1993, Rn. 8. A.A.: *v. Bogdandy*, in: Grabitz/Hilf/Nettesheim, Das Recht der Europäischen Union, Bd. 1, Art. 18 AEUV, Rn. 10 ff., der als dritte Kategorie noch sonstige Beschränkungen und Behinderungen unter Art. 18 AEUV subsumieren will.

1340 *Ziekow*, in: Ziekow/Völlnik, Vergaberecht, § 97 GWB, Rn. 13. Demnach ist auch eine Bevorzugung ortsansässiger oder regional verwurzelter Unternehmen kein Fall einer unmittelbaren Diskriminierung nach Art. 18 AEUV, da nicht an die Staatsangehörigkeit, sondern an die Ansässigkeit als Unterscheidungskriterium angeknüpft wird. Eine mittelbare Diskriminierung ist aber weiterhin möglich. Vgl. hierzu: *Müller-Wrede*, Örtliche Präsenz, Ortsnähe und Ortsansässigkeit als Wertungskriterien - eine Verletzung des Diskriminierungsverbotes? VergabeR 2005, S. 32 (33 f.).

merkmale *faktisch* das gleiche Ergebnis, also eine Diskriminierung aufgrund der Staatsangehörigkeit erzielt wird.[1341] Die Vorgabe, deutsche Vergaberechtsnormen auf extraterritoriale Sachverhalte anzuwenden, könnte insofern einen Verstoß gegen Art. 18 AEUV darstellen, als der EuGH in der Vorgabe nationaler Normen eine mittelbare Diskriminierung bejaht hat.[1342] Allerdings ging es in den vom Gericht zu beurteilenden Sachverhalt um die Normierung von Produkten, die diese erfüllen mussten, um bei der Auftragserfüllung verwendet werden zu dürfen.[1343] Dieser Fall ist mit der Vorgabe von Vergabeverfahrensvorschriften nicht zu vergleichen.

Jedoch könnten sich nicht-deutsche Marktteilnehmer durch die Vorgabe deutschen Kartellvergaberechts von der Teilnahme an dem Vergabeverfahren abgeschreckt und damit *faktisch* ausgeschlossen sehen. Schließlich stimmen die Vorschriften des deutschen Kartellvergaberechts mit keiner anderen europäischen Vergaberechtsordnung im oberschwelligen Bereich vollständig überein. Wie aber oben[1344] festgestellt werden konnte, herrscht innerhalb der EU trotz der bestehenden Unterschiede ein relativer Gleichklang der nationalen Vergaberechtsregime. Demnach macht es keinen garierenden Unterschied, ob sich das Vergabeverfahren im oberschwelligen Bereich nach fremdem oder inländischem Recht richtet. Durch die Verpflichtung der Mitgliedstaaten, die Vorgaben aus den Vergaberichtlinien in ihrer Vergaberechtskodifizierungen umzusetzen, ist im oberschwelligen Bereich innerhalb der EU ein einheitlicher Vergaberechtsstandard entstanden;[1345] es finden sich in allen nationalen Vergaberegimen Vorschriften gleichen Inhalts, nur mit unterschiedlicher Verortung. Es kann den Teilnehmern aus dem europäischen Ausland also ohne weiteres zugemutet werden, auch bei Vergabeverfahren nach fremden Vergaberecht teilzunehmen und zwar unabhängig davon, ob sich diese auf dem eigenen oder fremden Territorium vollziehen. Unabhängig davon geschieht dies auch im Interesse der teilnehmenden Unternehmen, erleichtert ihnen die Vereinheitlichung des europäischen Vergabewesens doch die eigene internationale Aufstellung und Ausrichtung sowie die Erschließung neuer Märkte. Warum aber sollte es einen unzumutbaren, diskriminierenden Unterschied machen, wenn ein öffentlicher Auftraggeber in einem anderen Mitgliedstaat einen Auftrag

---

1341 EuGH, Urt. 29.10.1980 Rs. 22/80, Slg. 1980, S. 3427, Rn. 9; Urt. 05.12.1989 – Rs. 3/88, Slg. 1989, S. 4035, Rn. 8.
1342 EuGH, Urt. 22.09.1988 – Rs. 45/87, Slg. 1988, S. 4929, Rn. 19 f.
1343 EuGH, Urt. 22.09.1988 – Rs. 45/87, Slg. 1988, S. 4929, Rn. 20 ff.
1344 Vgl. oben: Kap. 4. A. und C. I. 1. lit. a) lit. dd) (2) (aa) und (bb).
1345 Vgl. oben: Kap. 4. C. I. 1. lit. a) lit. dd) (2) (a).

nach seinem eigenen Vergabeverfahrensrecht ausschreibt und vergibt? Zumindest im oberschwelligen Bereich[1346] ist darin keine mittelbare Diskriminierung nicht-deutscher, potentieller Teilnehmer zu sehen.

Art. 18 AEUV ist durch eine Anwendung deutschen Kartellvergaberechts auf Auftragsvergaben extraterritorialer Einrichtungen nicht verletzt. Dies gilt unabhängig davon, ob die extraterritoriale Einrichtung das Vergabeverfahren selbst oder, wie bei rechtlich unselbständige Einrichtungen, die Zentrale für diese das Vergabeverfahren durchführt.

2.   Konformität mit den Zielen der EU (Schaffung eines Binnenmarktes)

Nach Art. 3 Abs. 3 S. 1 EUV ist die Schaffung eines gemeinsamen Binnenmarktes Ziel der EU. Die Errichtung eines solchen ist als Daueraufgabe aufzufassen.[1347] Nach nicht abschließender Definition[1348] des Art. 26 Abs. 2 AEUV umfasst der Binnenmarkt einen Raum ohne Binnengrenzen, in dem der freie Verkehr von Waren, Personen, Dienstleistungen und Kapital gemäß den Bestimmungen der Verträge gewährleistet wird. Zur Errichtung einen Binnenmarktes soll insbesondere die Vereinheitlichung des Vergaberechts im oberschwelligen Bereich beitragen: Wie aus den Vergaberichtlinien hervorgeht, ist die Öffnung des Marktes der öffentlichen Auftragsvergabe, um einen gemeinschaftsweiten Wettbewerb im Einklang mit den Grundfreiheiten zu schaffen, eines der Hauptmotive der sekundärrechtlichen Regelungen und damit verbundenen Umsetzungsverpflichtung.[1349] Ob

---

1346 Aufgrund der weiterhin fehlenden Vereinheitlichung des Vergaberechts im *unterschwelligen* Bereich kann hier die Anwendung eines fremden anstelle des eigenen Vergaberechts für die Marktteilnehmer aus der EU einen großen Unterschied machen. Allein die Tatsache, dass es keine Verpflichtung zur europaweiten Ausschreibung gibt, lässt vermuten, dass die Anwendung nationalen Vergaberechts auf extraterritoriale Sachverhalte sehr wohl eine mittelbare Diskriminierung nach Art. 18 AEUV begründen könnte.

1347 Dazu ausführlich: *Hatje*, Das Binnenmarktrecht als Daueraufgabe, EuR-Beiheft 1/2002.

1348 *Terhechte*, in: Grabitz/Hilf/Nettesheim, Das Recht der Europäischen Union, Bd. 1, Art. 3 EUV, Rn. 39.

1349 So steht u.a. in RL 92/13/EWG (Vorgängerrichtlinie zu RL 2004/17/EG) in Erwägungsgrund Nr. 5: „*Die Öffnung des Auftragswesens in den genannten Sektoren für den gemeinschaftsweiten Wettbewerb erfordert Maßnahmen (...)*". In der RL 2004/17/EG heißt es unter Erwägungsgrund Nr. 9: „*Um zu gewährleisten, dass die Vergabe von Aufträgen durch Auftraggeber (...) für den Wettbewerb geöffnet wird, ist es ratsam, Bestimmungen für eine Gemeinschaftskoordinierung von Aufträgen, die über einen bestimmte Wert hinausgehen, festzulegen. (...)*" In

die Anwendung deutschen Kartellvergaberechts, das die gemeinschaftlichen Vorgaben der Vergaberichtlinien entsprechend umsetzte, das Binnenmarktziel fördert oder dem entgegenwirkt, hängt aber in erster Linie davon ab, ob hierdurch Grundfreiheiten verletzt werden, vgl. Art. 26 Abs. 2 AEUV. Vorliegend sind vor allem die Freiheit des Warenverkehrs nach Art. 34 ff. AEUV und die Dienstleistungsfreiheit aus Art. 56 ff. AEUV maßgeblich.

a)   Kein Verstoß gegen die Warenverkehrsfreiheit nach Art. 34 ff.
       AEUV

Die Warenverkehrsfreiheit verbietet alle staatlichen Maßnahmen, die den Handel zwischen den Mitgliedstaaten beschränken.[1350] Nach der „Dassonville-Formel" fallen unter Art. 28 AEUV alle Handelsregelungen, die „geeignet sind, den Handel innerhalb des Binnenmarktes unmittelbar oder mittelbar, tatsächlich oder potentiell zu behindern".[1351] Zu klären ist demnach, ob die Anwendung deutschen Kartellvergaberechts zumindest mittelbar den freien Warenverkehr zwischen den Mitgliedstaaten beschränkt. Dies gilt es unter Zuhilfenahme der gleichen Argumente wie oben zu Art. 18 AEUV zu verneinen: Zweck einer Angleichung der Vergaberechtskodifizierungen im oberschwelligen Bereich innerhalb der EU war es, einen gemeinsamen Bin-

---

Erwägungsgrund Nr. 2 der RL 2004/18/EG heißt es: *„Die Vergabe von Aufträgen in den Mitgliedstaaten auf Rechnung des Staates, der Gebietskörperschaften und anderer Einrichtungen des öffentlichen Rechts ist an die Einhaltung der im Vertrag niedergelegten Grundsätze gebunden, insbesondere des Grundsatzes des freien Warenverkehrs, des Grundsatzes der Niederlassungsfreiheit und des Grundsatzes der Dienstleistungsfreiheit sowie der davon abgeleiteten Grundsätze wie z.B. des Grundsatzes der Gleichbehandlung, des Grundsatzes der Nichtdiskriminierung, des Grundsatzes der gegenseitigen Anerkennung, des Grundsatzes der Verhältnismäßigkeit und des Grundsatzes der Transparenz. Für öffentliche Aufträge, die einen bestimmten Wert überschreiten, empfiehlt sich indessen die Ausarbeitung von auf diesen Grundsätzen beruhenden Bestimmungen zur gemeinschaftlichen Koordinierung der nationalen Verfahren für die Vergabe solcher Aufträge, um die Wirksamkeit dieser Grundsätze und die Öffnung des öffentlichen Beschaffungswesens für den Wettbewerb zu garantieren. (...)"* In Erwägungsgrund Nr. 4 der RL 2009/81/EG steht: *„Die Schaffung eines europäischen Markts für Verteidigungsgüter setzt einen auf dessen Bedürfnisse zugeschnittenen rechtlichen Rahmen voraus".*

1350   Anstelle vieler: *Schulte-Beckhausen*, in: Gloy/Loschelder/Erdmann, Wettbewerbsrecht, § 8, Rn. 3.

1351   EuGH, Urt. v. 11.07.1974 - Rs. 8/74, Slg. 1974, S. 837 ff. u. 852 f.

nenmarkt der öffentlichen Auftragsvergabe zu schaffen. Aufgrund der europaweiten Ausschreibung im Supplement des Amtsblattes der EU ist jeder Marktteilnehmer angesprochen, sich an dem Vergabeverfahren zu beteiligen. Dann kann es aber keinen Unterschied machen, von wo aus und nach welchem nationalen Vergaberechtsregime innerhalb der EU das Vergabeverfahren durchgeführt wird. Der innerunionale Handel wird dadurch nicht beeinträchtigt.

b)   Kein Verstoß gegen die Dienstleistungsfreiheit nach Art. 56 ff. AEUV

Aus den gleichen Gründen hat auch ein Verstoß gegen die Dienstleistungsfreiheit nach Art. 56 ff. AEUV auszuscheiden. Danach ist es jedem EU-Bürger innerhalb der EU erlaubt, ungehindert einzelne Dienstleistungen aus einem Mitgliedstaat heraus in einem anderen Mitgliedstaat zu erbringen.[1352] Die potentiellen Marktteilnehmer aus anderen europäischen Staaten werden nicht in ihrer Freiheit beschränkt, auch in Vergabeverfahren nach deutschem Recht ihre Dienstleistungen, sofern diese Gegenstand der Auftragsvergabe sind, anzubieten. Dies gilt unabhängig davon, ob das Vergabeverfahren von Deutschland aus oder vor Ort durch die extraterritoriale Einrichtung betrieben wird.

c)   Zwischenergebnis

Da eine Ausdehnung des Anwendungsbereichs deutschen Kartellvergaberechts auf extraterritoriale Einrichtungen nicht gegen Grundfreiheiten verstößt, sondern im Gegenteil zur Öffnung des Binnenmarktes für Vergabesachen im oberschwelligen Bereich beiträgt, steht ein derartiges Vorgehen auch im Einklang mit Art. 3 Abs. 3 EUV.

1352 *Schulte-Beckhausen*, in: Gloy/Loschelder/Erdmann, Wettbewerbsrecht, § 8, Rn. 12.

3. Geltung/Reichweite des Völkergewohnheitsrechts innerhalb der EU

Fraglich ist indes, ob die oben[1353] gefundenen, völkergewohnheitsrechtlichen Ergebnisse von Einfluss auf eine europarechtliche Untersuchung dieses Themenkomplexes sind. Da die EU selbst Völkerrechtssubjekt ist, also die Fähigkeit besitzt, Trägerin völkerrechtlicher Rechte und Pflichten zu sein, ist sie grundsätzlich auch an das Völkergewohnheitsrecht gebunden.[1354] Allerdings gilt das nur für solche Regelungen, die auf internationale Organisationen anwendbar sind, vgl. Art. 3 Abs. 5 EUV.[1355] Hier geht es aber um die Frage, ob Deutschland im Verhältnis zu den anderen Mitgliedstaaten bei extraterritorialen (aber innerunionalen) Sachverhalten sich bezüglich der Anwendbarkeit deutschen Kartellvergaberechts auf eine eigene Jurisdiktionshoheit berufen kann. Für die Beziehungen der Mitgliedstaaten untereinander werden die Regeln des Völkergewohnheitsrechts aber grundsätzlich durch das speziellere Unionsrecht verdrängt.[1356] Unbestritten gilt dies, soweit das Unionsrecht als Sonderrecht die Beziehungen der Mitgliedstaaten zueinander regelt.[1357] Maßgeblich ist folglich, ob die vorliegende Thematik von Unionsrecht als Sonderrecht bereits abgedeckt wird. Dann würde kein Anwendungsspielraum für das Völkergewohnheitsrecht bestehen.

Dem Grunde nach ist das Vergaberecht eine Rechtsmaterie, derer sich die EU, wie die zahlreichen Vergaberichtlinien bezeugen, angenommen hat, gerade weil sie der öffentlichen Auftragsvergabe eine enorme Binnenmarktrelevanz zumisst. Wenn aber die Vereinheitlichung des Vergaberechts im oberschwelligen Bereich innerhalb der EU, wie eben gezeigt, zum Ziel hat, einen gemeinsamen Binnenmarkt zu schaffen, dann kann über die Anwendbarkeit der allgemeinen Grundsätze des Völkergewohnheitsrechts dieser Integrationsprozess nicht konterkariert werden. So sagte schon *Schwarze* im Jahre 1983: „Wer anstelle des Unionsrechts (…) auf das allgemeine Völkerrecht zurückgreift (…), schwächt ohne Not die instrumentale Wirksamkeit, die das Recht im Integrationsprozess besitzen kann"[1358]. Hier geht es zwar auch um die Anwendbarkeit des Vergaberechts. Wenn

---

1353 Kap. 4. C. I. 3.
1354 Anstelle vieler: *Haratsch/Koenig/Pechstein*, Europarecht, Rn. 437.
1355 *Haratsch/Koenig/Pechstein*, Europarecht, Rn. 437.
1356 *Nettesheim*, in: Oppermann/Classen/Nettesheim, Europarecht, § 9, Rn. 152.
1357 *Nettesheim*, in: Oppermann/Classen/Nettesheim, Europarecht, § 9, Rn. 154; *Schwarze*, Das allgemeine Völkerrecht in den innergemeinschaftlichen Rechtsbeziehungen, EuR 1983, S. 1 (5).
1358 *Schwarze*, Das allgemeine Völkerrecht in den innergemeinschaftlichen Rechtsbeziehungen, EuR 1983, S. 1 (35).

aber nicht deutsches Kartellvergaberecht bei Auftragsvergaben extraterritorialer Einrichtungen eingreifen würde, bestünde eine Anwendungspflicht des ausländischen Vergaberechts, welches aber ebenfalls nach den Vorgaben der Vergaberichtlinien erlassen wurde. Auch die anderen europäischen Vergaberechtsregime im oberschwelligen Bereich tragen zur Errichtung eines Binnenmarktes des Vergabewesens bei. Es würde mithin keinen Unterschied zur Durchsetzung der Zielvorgabe „Schaffung eines Binnenmarktes" machen, ob deutsches oder anderes mitgliedstaatliches Vergaberecht Anwendung finden würde.

Innerhalb der EU bedarf es damit nicht des Völkergewohnheitsrechts, um die Reichweite deutschen Kartellvergaberechts zu definieren.

4. Zwischenergebnis

Europarechtlich ist es nicht geboten, *innerhalb der EU* Völkergewohnheitsrecht zur Bestimmung des geltenden Rechts bei extraterritorialen Auftragsvergaben anzuwenden. Das Unionsrecht weist hier gerade keine Regelungslücke auf. Aufgrund der zahlreichen unionsrechtlichen Vorgaben ist im Bereich der Vergaben oberhalb der EU-Schwellenwerte innerhalb der Union ein relativer Gleichklang der nationalen Vergaberechtsregime entstanden. Dann aber kann es innerhalb der EU keinen gravierenden Unterschied machen, ob sich das Vergabeverfahren im oberschwelligen Bereich nach fremden oder inländischen Recht richtet. Der unionsrechtlich vorgegebene Vergaberechtsstandard (insbesondere auch der subjektive Bieterschutz) bleibt gewahrt.

In der Folge spielt es innerhalb der EU im Bereich oberhalb der EU-Schwellenwerte keine Rolle, ob deutsches oder fremdes Vergaberecht Anwendung findet. Eine Anwendung deutschen Kartellvergaberechts würde insbesondere nicht gegen das Diskriminierungsverbot gemäß Art. 18 AEUV, die Warenverkehrsfreiheit gemäß Art. 34 ff. AEUV oder die Dienstleistungsfreiheit gemäß Art. 56 ff. AEUV verstoßen.

Bei Auftragsvergaben, die für oder durch extraterritoriale Einrichtungen *außerhalb der EU* durchgeführt werden sollen, ist indes auf die entsprechenden völkerrechtlichen Prinzipien abzustellen. Dieser Bereich ist vom Unionsrecht nicht abgedeckt. Dann aber kommt man zu dem selben Ergebnis wie oben.[1359] Aufgrund des lex-fori-Prinzips als spezielle Ausprägung des Territorialitätsgrundsatzes richtet sich das anwendbare Verfahrensrecht

---

1359 Vgl. oben: Kap. 4. C. I. 3.

außerhalb der EU nach dem Sitz der verfahrensleitenden Stelle. Dies ist die Vergabestelle. Sofern die Vergabestelle ihren Sitz in Deutschland hat, findet deutsches Kartellvergaberecht Anwendung. Bei allen anderen Vergaben außerhalb der EU, in denen die extraterritoriale Einrichtung das Vergabeverfahren in Eigenregie durchführt, kommt hingegen das Recht desjenigen Mitgliedstaates zur Anwendung, der zugleich Aufnahme- bzw. Sitzstaat ist. Für Auftragsvergaben die von außerhalb der EU durchgeführt werden, kann der deutsche Gesetzgeber mithin nicht deutsches Recht für anwendbar erklären.

III. Verfassungsrechtliche Rechtfertigung

Auch aus national-verfassungsrechtlicher Sicht ist zu prüfen, ob die räumliche Ausdehnung des Kartellvergaberechts auf extraterritoriale Sachverhalte gerechtfertigt ist. Neben einer sachverhaltsbezogenen Subsumtion des Art. 3 Abs. 1 GG soll der Frage nachgegangen werden, ob das Grundgesetz die Regelung extraterritorialer Sachverhalte zulässt und wenn ja, welche Maßstäbe beachtet werden müssen.

1. Allgemeine Gleichheitssatz gemäß Art. 3 Abs. 1 GG

Zwar genießt der unionsrechtliche Gleichheitsgrundsatz aus Art. 18 AEUV grundsätzlich Vorrang.[1360] Da er aber vorliegend nicht einschlägig ist,[1361] kann auf den allgemeinen Gleichheitssatz aus Art. 3 Abs. 1 GG zurückgegriffen werden. Aus Art. 1 Abs. 3 GG folgt, dass für die Verwaltung auch bei fiskalischem Handeln im Rahmen der öffentlichen Beschaffung eine Grundrechtsbindung gilt.[1362] Dann müsste durch die Anwendbarkeit deutschen Kartellvergaberechts auf extraterritoriale Sachverhalte der allgemeine Gleichheitssatz aus Art. 3 Abs. 1 GG betroffen sein. Nach der Recht-

---

1360 Insofern hat das BVerwG entschieden, dass die privatrechtlich ausgestaltete Auftragsvergabe durch öffentlich-rechtliche Bindungen überlagert werde und deshalb Verwaltungsprivatrecht gelte, BVerwG, Beschl. v. 02.05.2007- 6 B 10/07 = NZBau 2007, S. 389 (391). Für einen privaten Sektorenauftraggeber, der nicht vom Staat beherrscht wird, gilt hingegen keine Grundrechtsbindung, *Fehling*, in: Pünder/Schellenberg, Vergaberecht, § 97, Rn. 41.

1361 Vgl. oben: Kap. 4. C. II. 1.

1362 Vgl. BVerfG, Beschl. v. 15.07.1998 – 1 BvR 1554/89, 1 BvR 963 u. 1 BvR 964/94 = BVerfGE 98, S. 365 (395).

sprechung des BVerfG ist dieser verletzt, wenn eine Gruppe von Normadressaten im Vergleich zu einer anderen Gruppe von Normadressaten anders behandelt wird, obwohl zwischen beiden Gruppen keine Unterschiede von solcher Art und solchem Gewicht bestehen, dass sie eine Ungleichbehandlung rechtfertigen könnten.[1363] Als Normadressaten kommen hier die Marktteilnehmer aus Deutschland auf der einen und solche aus dem Ausland auf der anderen Seite in Betracht. Neben allen natürlichen zählen hierzu über Art. 19 Abs. 3 GG auch juristische Personen.[1364] Allerdings sind nur die Marktteilnehmer innerhalb der EU (und des EWR) aufgrund des gemeinsamen Binnenmarktes als gleich anzusehen. Außerhalb der EU (und des EWR) haben die potentiellen Bieter nur begrenzte Zugangsmöglichkeiten zum europäischen Vergabebinnenmarkt. Sie sind folglich nicht mit denen innerhalb der EU (des EWR) vergleichbar. Für die innerunionalen Marktteilnehmer fehlt es allerdings an einer Ungleichbehandlung. Aufgrund des relativen Gleichklangs der nationalen Vergaberechtsregime im oberschwelligen Bereich ist es für jeden potentiellen Teilnehmer zumutbar, nach den Normen eines anderen EU-Mitgliedstaates an einem Vergabeverfahren teilzunehmen.[1365] Insofern muss eine Verletzung des Gleichheitsgrundsatzes nach Art. 3 Abs. 1 GG aus den gleichen Gründen ausscheiden wie oben[1366] nach Art. 18 AEUV.

2. Sonstiges Verfassungsrecht

Darüber hinaus ist zu fragen, ob sonstige verfassungsrechtliche Vorgaben der Anwendung deutschen Kartellvergaberechts auf extraterritoriale Sachverhalte entgegenstehen. Grundsätzlich gewährt das Grundgesetz dem Gesetzgeber einen weiten Spielraum, extraterritoriale Sachverhalte zu regeln.[1367] Das Grundgesetz befolgt dabei aber die gleichen Wertungen wie

---

1363 BVerfG, Beschl. v. 07.10.1980 – 1 BvL 50, 89/79, 1 BvR 240/79 = BVerfGE 55, S. 72 (88), BVerfG, Beschl. v. 29.05.1990 – 1 BvL 20, 26, 184 u. 4/86 = BVerfGE 82, S. 60 (86); BVerfG, Beschl. v. 11.06.1991 – 1 BvR 538/90 =BVerfGE 84, S. 197 (199); BVerfG, Beschl. v. 0810.1996 – 1 BvL 15/91 = BVerfGE 95, S. 39 (45); BVerfG, Beschl. v. 22.03.2000 – I BvR 1136/96 = NJW 2000, S 3341 (3342). Vgl. bei: *Ziekow,* in: Ziekow/Völlnik, Vergaberecht, § 97 GWB, Rn. 18 u. Fn. 37.
1364 *Kischel,* in: Epping/Hillgruber, BeckOK, GG, Art. 3, Rn. 6 ff.
1365 Vgl. oben: Kap. 4. A. II. und C. I. 1. lit a) lit. dd) (2) (aa) und (bb).
1366 Vgl. oben: Kap. 4. C. II. 1.
1367 *Ohler,* Kollisionsordnung des Allgemeinen Verwaltungsrechts, S. 346.

das Völkerrecht.[1368] Dies bringt Art. 25 GG zum Ausdruck gebracht, wonach die allgemeinen Regeln des Völkerrechts Bestandteil des Bundesrechts sind, vgl. Art. 25 S. 1 GG. Dazu zählen insbesondere die Regeln des Völkergewohnheitsrechts.[1369] Allerdings ist vorliegend auch Art. 23 Abs. 1 S. 1 GG (iVm der Präambel) zu beachten, der eine Staatszielbestimmung zur Einigung Europas und einen bindenden Auftrag Europas zur Mitwirkung Deutschlands an der Entwicklung der EU enthält.[1370] Daraus folgt das Gebot einer europarechtsfreundlichen Auslegung des GG.[1371] Hinzu kommt der unbestrittene Anwendungsvorrang des Unionsrechts.[1372] Dieser Vorrang gilt *rangunabhängig*, d.h. EU-Recht jeglicher Stufe überlagert Normen jeden nationalen Ranges.[1373] Daraus folgt, dass das im Rahmen des Art. 25 S. 1 GG zu beachtende Völkergewohnheitsrecht grundsätzlich seinerseits nur unter Berücksichtigung des vorrangigen Europarechts zur Geltung gelangen kann. Da aber auch aus unionsrechtlicher Sicht die Anwendung des Völkergewohnheitsrechts für Auftragsvergaben *innerhalb der EU* nicht angezeigt ist,[1374] kann aus verfassungsrechtlicher Sicht nichts anderes gelten. Für Auftragsvergaben für oder durch extraterritoriale Einrichtungen *außerhalb der EU* kommt es zur Anwendung des Völkergewohnheitsrechts. Folglich hält über Art. 25 S. 1 GG auch das lex-fori-Prinzip Einzug, um die extraterritoriale Anwendbarkeit deutschen Kartellvergaberechts zu bestimmen.

1368 Einziger Unterschied ist, dass die deutsche Einrichtungen innerstaatliches Recht immer nur unter Beachtung des Verhältnismäßigkeitsprinzips auf extraterritoriale Sachverhalte anwenden dürfen, *Ohler*, Kollisionsordnung des Allgemeinen Verwaltungsrechts, S. 346 u. 348. Hieraus folgt eine Beschränkung der Rechtsfolgen auf den Schutz inländischer Rechtsgüter, *Meessen*, Kollisionsrecht der Zusammenschlusskontrolle, S. 57. Da es sich bei der Anwendung von Vergaberecht allerdings nach deutscher Definition um privates Recht handelt, von ihm also keine hoheitsrechtliche Wirkung ausgeht, ist auf eine Verhältnismäßigkeit der extraterritorialen Anwendung nicht näher einzugehen.

1369 *Herdegen*, in: Maunz/Dürig, GG, Art. 25, Rn. 23.

1370 *Scholz*, in: Maunz/Dürig, GG, Art. 23, Rn. 5; v. *Heinegg*, in: Epping/Hillgruber, BeckOK, GG, Art. 23, Rn. 4.

1371 BVerfG, Urt. v. 30.06.2009 – 2 BvE 2/08 = NJW 2009, S. 2267 (2270).

1372 *Nettesheim*, in: Oppermann/Classen/ders., Europarecht, § 10, Rn. 33.

1373 *Nettesheim*, in: Oppermann/Classen/ders., Europarecht, § 10, Rn. 34 mVa EuGH, Urt. v. 11.01.2000 -Rs. C-285/98, Slg. 2000, S. I-69 = NJW 2000, S. 497 ff. In diesem Fall hat der Inhalt einer Richtlinie bewirkt, dass der deutsche Gesetzgeber Art. 12 Abs. 4 S. 2 GG anpassen musste.

1374 Vgl. oben: Kap. 4. C. II. 3. und 4.

3.   Zwischenergebnis

Demnach ist es aus verfassungsrechtlicher Sicht zulässig, dass Einrichtungen, wenn die Vergabestelle ihren Sitz *innerhalb der EU* hat, deutsches Kartellvergaberecht bei Auftragsvergaben mit extraterritorialem Bezug anwenden. Der deutsche Gesetzgeber konnte den Anwendungsbereich deutschen Kartellvergaberechts in dieser Hinsicht räumlich ausdehnen. Umgekehrt ist für extraterritoriale Einrichtungen *außerhalb der EU*, die zugleich Sitz der Vergabestelle sind, der ausländische Staat als Forumstaat maßgeblich. Dann aber richtet sich das anzuwendende (Vergabe-)Recht nach der lex fori des ausländischen Staates. Das deutsche Vergabeverfahrensrecht kann sich für diese Auftragsvergaben kollisionsrechtlich nicht für zuständig erklären.

IV.   Zwischenergebnis

Nach völkergewohnheitsrechtlichen[1375], europa-[1376] und verfassungsrechtlichen[1377] Gesichtspunkten darf Deutschland sein eigenes Recht auf die Fälle, in denen der zu vergebende Auftrag im Ausland ausgeführt werden soll, anwenden, solange die vergebende Stelle ihren Sitz *innerhalb der EU* hat. In allen anderen Fällen, also in denen die Vergabestelle ihren Sitz *außerhalb der EU* hat, bestimmt das lex-fori-Prinzip den ausländischen Staat zum Forumstaat. Deutschland fehlt insoweit die Jurisdiktionshoheit.

Aus völkergewohnheitsrechtlicher Sicht ist es nur dann gerechtfertigt, Auftragsvergaben mit extraterritorialem Bezug nach deutschem Kartellvergaberecht durchzuführen, wenn die jeweilige Vergabestelle ihren Sitz im Inland hat. Sind die extraterritorialen Einrichtungen hingegen selbst als Vergabestelle für die Durchführung des Verfahrens zuständig (aufgrund interner Zuständigkeitsregelung bei rechtlich unselbständigen Einrichtungen oder aufgrund eigener Auftraggeberstellung bei rechtlich selbständigen Einrichtungen), dann ist der ausländische Staat als Forumstaat anzusehen. Da das Kartellvergaberecht einschließlich seiner Vergabeverordnungen und Vergabe- und Vertragsordnungen als Verfahrensrecht zu qualifizieren ist, bestimmt sich gemäß dem lex-fori-Prinzip das anwendbare Recht nach dem Sitz der verfahrensleitenden Einrichtung, also der Vergabestelle.

1375   Vgl. oben: Kap. 4. C. I. 3.
1376   Vgl. oben: Kap. 4. C. II. 3.
1377   Vgl. oben: Kap. 4. C. III.

Nach europarechtlicher Sichtweise wird dieses Ergebnis dahingehend korrigiert, dass es aufgrund des relativen Normengleichklangs der Vergaberechtsregime sowie der Tatsache, dass sich die EU der vergaberechtlichen Materie oberhalb der EU-Schwellenwerte in zahlreichen Regelwerken angenommen hat, nicht angezeigt, das Völkergewohnheitsrecht zur Bestimmung des geltenden Rechts bei extraterritorialen Auftragsvergaben anzuwenden. Die allgemeinen Regeln des Völkergewohnheitsrechts werden durch das speziellere Unionsrecht verdrängt. Insofern kommt man zu dem Ergebnis, dass es *innerhalb der EU* im Bereich oberhalb der EU-Schwellenwerte keine Rolle spielen kann, ob deutsches oder fremdes Vergaberecht Anwendung findet bzw. wo die Vergabestelle ihren Sitz hat. Eine Anwendung deutschen Kartellvergaberechts würde insbesondere nicht gegen die Grundfreiheiten aus dem AUEV verstoßen. (Art. 18 AEUV, Art. 34 ff. AEUV, Art. 56 ff. AEUV).

Aus verfassungsrechtlicher Sicht ist aufgrund des Rangvorrangs von Unionsrecht die gleiche Schlussfolgerung zu treffen: Bei Auftragsvergaben innerhalb der EU spielt es keine Rolle, wo die Vergabestelle ihren Sitz hat. Deutsches Kartellvergaberecht ist anwendbar. *Außerhalb der EU* bewirkt Art. 25 S. 1 GG iVm dem völkergewohnheitsrechtlichen lex-fori-Prinzip, dass nur Auftragsvergaben durch Vergabestellen im Inland *für* extraterritorialen Einrichtungen nach deutschem Kartellvergaberecht durchgeführt werden dürfen.

D.   Ergebnis Kapitel 4

In Bezug auf extraterritorialen Einrichtungen erklärt sich das deutsche Kartellvergaberecht aus kollisionsrechtlicher Sicht nach deutscher und richtlinienkonformer Lesart für räumlich anwendbar. Wenn dann auch noch der sachliche Anwendungsbereich der §§ 98 ff. GWB eröffnet ist, bestünde für diese Stellen dem Grunde nach eine Pflicht, deutsches Kartellvergaberecht anzuwenden.

Allerdings kann ein souveräner Staat seinem eigenen Recht nur in den Grenzen des allgemeinen Völkerrechts, des europäischen Primärrechts und des eigenen Verfassungsrechts einen grenzüberschreitenden Anwendungsbereich beimessen. Deutschland verfügt danach nur insoweit über eine extraterritoriale Regelungshoheit, als das eigene Recht auf Vergabeverfahren angewandt wird, die innerhalb der EU durchgeführt werden sollen bzw. wenn die Vergabestelle ihren Sitz innerhalb der EU hat.

Für alle Auftragsvergaben, die von den extraterritorialen Einrichtungen außerhalb der EU in Eigenregie betrieben werden, kann sich Deutschland mangels sinnvoller Anknüpfungsmöglichkeit nicht auf eine Regelungshoheit (jurisdiction to prescribe) berufen. Aufgrund des lex-fori- und des Territorialitätsprinzips findet hier das Recht des Aufnahmestaates Anwendung.

Kapitel 5: Schlussfolgerungen, Folgefragen und Empfehlungen

Die Ausführungen unter Kapitel 4. C. haben gezeigt, dass der deutsche Gesetzgeber nur für Auftragsvergaben, die *innerhalb der EU* durchgeführt werden, die Regelungshoheit besitzt. Dieses Ergebnis wirft jedoch für die Bereiche, in denen der deutsche Gesetzgeber sein Kartellvergaberecht nicht für anwendbar erklären kann, gewichtige Folgefragen auf. So stellt sich die Frage, ob *außerhalb der EU* trotz fehlender Jurisdiktionshoheit deutsches Kartellvergaberecht zur Anwendung gelangen kann. Welche Gestaltungsmöglichkeiten bestehen hier aus Sicht des deutschen Staates? Darüber hinaus muss geklärt werden, welche Folgewirkungen der Ausschluss deutschen Kartellvergaberechts nach sich zieht: Führt dies zur unbedingten Anwendungspflicht ausländischen Rechts oder bestehen weiterhin, wenn auch in eingeschränktem Umfang, Verpflichtungen gegenüber der deutschen Rechtsordnung fort? Für das weitere Vorgehen bietet es sich an, mithilfe der unter Kapitel 2. bis 4. ermittelten Ergebnisse aus der Perspektive der handelnden Vergabestellen entsprechende Fallgruppen zu bilden.[1378]

A.   *Inlandshandeln mit extraterritorialer Wirkung*

Zunächst existiert die Fallgruppe sog. *Inlandshandeln mit extraterritorialer Wirkung*[1379]: Dabei geht es um die „Anwendung deutschen Sachrechts auf internationale Sachverhalte im Inland"[1380]. Genau das trifft auf die Fälle zu, in denen von Deutschland aus das Vergabeverfahren für die rechtlich unselbständigen Einrichtungen im Ausland betrieben wird. *Menzel* spricht in diesem Zusammenhang zutreffend von sog. „jurisdiktionellen Immissio-

---

1378 So auch vertreten von *Menzel*, Internationales Öffentliches Recht, S. 800 ff. und *Ohler*, Kollisionsordnung des Allgemeinen Verwaltungsrechts, S. 149 f.

1379 Vgl. *Menzel*, Internationales Öffentliches Recht, S. 802, der aber von „transnational" anstelle von „extraterritorial" spricht. Seiner Meinung nach fehlt es beim Begriff der „Extraterritorialität" am Bezug zum Inland, was deutlicher bei der Begriffswahl „transnational" zum Ausdruck komme.

1380 *Ohler*, Kollisionsordnung des Allgemeinen Verwaltungsrechts, S. 150, der in diesem Zusammenhang § 130 Abs. 2 GWB als Beispiel nennt.

nen", da der eigentliche Handlungsort immer im Inland verbleibt, aber zugleich Auswirkungen im Ausland hervorgerufen werden.[1381] Für Inlandshandeln mit extraterritorialem Bezug ist hinsichtlich der räumlichen Ausdehnung des Kartellvergaberechts deutsche Jurisdiktionshoheit zu bejahen.[1382] Die in der Einleitung angesprochenen Problemfelder haben hier aufgrund der Anwendungsverpflichtung bzw. -berechtigung deutschen Kartellvergaberechts keine Bedeutung.

B. Ausschließlich extraterritoriales Handeln

Vom Inlandshandeln mit extraterritorialer Wirkung strikt zu trennen, ist sog. *ausschließlich extraterritoriales Handeln:*[1383] Hierunter fallen neben den Auftragsvergaben rechtlich selbständiger Einrichtungen im Ausland solche, in denen rechtlich unselbständige Stellen das Vergabeverfahren in Eigenregie anstelle des Rechtsträgers durchführen. Die Auftragsbeschaffung wird also immer von der extraterritorialen Einrichtung selbst organisiert. Für Auftragsvergaben, die außerhalb der EU durchgeführt werden bzw. wo die Vergabestelle ihren Sitz außerhalb der EU hat, fehlt es dem deutschen Gesetzgeber an der rechtmäßigen Ausübung extraterritorialer Jurisdiktion.[1384]

Daraus darf aber nicht gefolgert werden, dass die Anwendung deutschen Kartellvergaberechts bei ausschließlich extraterritorialem Handeln der Vergabestellen generell ausgeschlossen ist. Dem deutschen Gesetzgeber ist es nur verwehrt, seine Jurisdiktionshoheit soweit auszudehnen. Nach *Ohler* muss deshalb in derartigen Fallkonstellationen an erster Stelle geprüft werden, ob und in welchem Umfang die Anwendung eigenen Rechts trotz fehlender Jurisdiktionshoheit durch den Empfangsstaat zugelassen werden kann.[1385] Im Gegensatz zu inländischem Handeln mit extraterritorialer Wirkung ist auf dieser Ebene das Kollisionsrecht und Verhalten des Aufnahmestaates das entscheidende Kriterium. Liegt eine Zustimmung vor, gelangt man zur Anwendung deutschen Kartellvergaberechts, selbst wenn der

---

1381 *Menzel*, Internationales Öffentliches Recht, S. 802 mwN dort Fn. 164.

1382 Vgl. oben: Kap. 4. C.

1383 Vgl. *Menzel*, Internationales Öffentliches Recht, S. 800. *Ohler*, Kollisionsordnung des Allgemeinen Verwaltungsrechts, spricht hier entweder von „Anwendung deutschen Rechts im Ausland", S. 149, oder von „Vollzug deutschen Rechts mit extraterritorialem Anwendungsbereich", S. 304.

1384 Vgl. oben: Kap. 4. C.

1385 *Ohler*, Kollisionsordnung des Allgemeinen Verwaltungsrechts, S. 149 f.

deutsche Gesetzgeber einen derart weiten räumlichen Anwendungsbereich nicht definieren durfte.

Im Folgenden ist deshalb zu klären, ob eine Zustimmung des Aufnahmestaates vorliegt. Sollte eine Rechtsanwendungserlaubnis nicht existieren, ist in einem weiteren Schritt zu prüfen, wodurch eine solche unter Umständen erlangt werden kann. Zuletzt wird erörtert, in welchem Maße die extraterritorialen Einrichtungen im Ausland zur Anwendung fremden Rechts verpflichtet werden können. Diese Problematik stellt sich in allen Fällen, in denen es den extraterritorialen Einrichtungen verwehrt ist, auf deutsches Vergabeverfahrensrecht zurückzugreifen. Zugleich soll dabei diskutiert werden, ob der Ausschluss deutschen Vergaberechts die Nichtanwendbarkeit der Grundrechte miteinschließt.

I. Das Zustimmungserfordernis des Aufnahmestaates

Aus völkerrechtlicher Sicht ist ein rein extraterritoriales Verhalten bei fehlender Jurisdiktionsbefugnis nur mit ausdrücklicher Zustimmung des Aufnahmestaates zulässig.[1386] Eine derartige Erlaubnis kann entweder für einen konkreten Einzelfall eingeholt und erteilt oder allgemein durch völkerrechtlichen Vertrag vereinbart werden.[1387] Allerdings ist nicht bekannt, dass bei Auftragsvergaben extraterritorialer Einrichtungen zuvor von deutscher Seite aus versucht wird, beim Aufnahmestaat die Zustimmung in Bezug auf die Anwendbarkeit eigenen Rechts einzuholen. Dass sich der deutsche Staat der Existenz derartiger Konstellationen grundsätzlich bewusst ist, veranschaulicht beispielsweise § 8 BPolG: Aus § 8 Abs. 1 S. 2 BPolG geht hervor, dass der Einsatz der deutschen Bundespolizei *nicht gegen den Willen desjenigen Staates erfolgen darf,* auf dessen Hoheitsgebiet die Maßnahme stattfinden soll. Nach Abs. 3 bedarf es hierfür eines völkerrechtlichen Vertrags mit entsprechenden Befugnisnormen, auf Grundlage dessen die Beamten im Aufnahmestaat tätig werden können.[1388] Im Kartellvergaberecht fehlt eine vergleichbare Regelung. Erst recht mangelt es an einer ausdrücklichen völkerrechtlichen Vereinbarung mit einem oder mehreren Staaten in Bezug auf extraterritoriales Handeln eigener Vergabestellen.

1386 *Menzel,* Internationales Öffentliches Recht, S. 800.
1387 *Menzel,* Internationales Öffentliches Recht, S. 800 f.
1388 *Ohler,* Kollisionsordnung des Allgemeinen Verwaltungsrechts, S. 319, der gleichzeitig anmerkt, dass § 8 Abs. 3 BPolG (dort die Vorgängernorm des § 8 Abs. 3 BGSG) keinen ausdrücklichen Hinweis auf die grundsätzlich Anwendbarkeit der Befugnisnorm des BPolG auch im Ausland enthält.

Liegt keine Zustimmung vor, dann bleibt es bei dem Grundsatz, dass deutsche Einrichtungen, „jenseits des eigenen Hoheitsbereichs üblicherweise kein aktives *Handlungsmandat*"[1389] haben. Es gibt kein „allgemeines Respektierungsgebot" fremden staatlichen Handelns.[1390] Also kann auch kein Staat völkerrechtlich dazu verpflichtet werden, im eigenen Bereich fremdstaatlichem Handeln zur Wirksamkeit zu verhelfen.[1391] Ohne spezielle Zuweisung oder besondere Vereinbarung sind „Verwaltungsverhaltensweisen" deutscher Stellen, wozu auch die Durchführung eines Vergabeverfahrens zählt, territorial auf Deutschland begrenzt.[1392] Alles andere muss als „eigenmächtiges Handeln" angesehen werden und würde einen „Völkerrechtsbruch implizieren", der mangels Vorliegen einer Ausnahmesituation [1393] weder völker- noch verfassungsrechtlich zu rechtfertigen ist.[1394] Diese Sichtweise stimmt auch mit der obigen Beurteilung nach der Reichweite und den Grenzen bei der extraterritorialen Jurisdiktion – mit Ausnahme der EU und des dort geltenden spezielleren Unionsrechts - überein.

Auf Rechtsfolgenseite ergeben sich bei fehlender Zustimmung keine Änderungen in Bezug auf die Nichtanwendbarkeit deutschen Kartellvergaberechts.

1.   Zustimmung durch kollisionsrechtliche Regelung des Aufnahmestaates

Grundsätzlich spielt es keine Rolle, ob der Aufnahmestaat seinerseits über eine entsprechende Vergaberechtskodifikation verfügt. In Bezug auf sein Rechtsregime ist allein maßgeblich, ob sich Anwendungsregeln finden lassen, die ob ihres kollisionsrechtlichen Gehalts als Zustimmung im oben genannten Sinne verstanden werden können.[1395] Wenn demnach die Rechtsordnung des Aufnahmestaates kollisionsrechtliche Regeln aufweist, die

---

1389   *Menzel*, Internationales Öffentliches Recht, S. 800 f.
1390   *Menzel*, Internationales Öffentliches Recht, S. 343.
1391   *Menzel*, Internationales Öffentliches Recht, S. 344.
1392   Vgl. *Menzel*, Internationales Öffentliches Recht, S. 801.
1393   Jede Ausnahmesituation stellt aufgrund der damit im Zusammenhang stehenden Folgewirkungen einen Akt „Auswärtiger Gewalt" dar und ist gemäß Art 32 Abs. 1 GG von der Bundesregierung zu verantworten, *Menzel*, Internationales Öffentliches Recht, S. 801. *Menzel*, aaO, meint zu Recht, dass dann der „Rahmen für alltäglich-transnationales Verwaltungshandeln durchbrochen" sei.
1394   Vgl. *Menzel*, Internationales Öffentliches Recht, S. 801.
1395   Vgl. *Ohler*, Kollisionsordnung des Allgemeinen Verwaltungsrechts, S. 149 f.

fremdes, in diesem Falle deutsches Vergabeverfahrensrecht auf seinem Staatsterritorium neben seinem Recht für anwendbar erklärt, dann ist darin eine verbindliche Zustimmung zu sehen.[1396] Die Anwendung deutschen Kartellvergaberechts wäre dann aus Sicht des „importierenden"[1397] Staates zugelassen.

2.   Zustimmung durch Anerkennung des Aufnahmestaates

Davon zu unterscheiden ist die Anerkennung fremden Rechts auf eigenem Hoheitsgebiet.[1398] Darunter ist die Annahme einer durch fremdes Recht geschaffenen Rechtslage zu verstehen, „als sei sie durch einen vergleichbaren eigenen Akt geschaffen worden"[1399]. Die Anerkennung fremden Rechts „unterscheidet sich von der kollisionsrechtlichen Anwendung fremden Rechts dadurch, dass der anerkennende Staat das Ergebnis des Jurisdiktionsprozesses des ausländischen Staates übernimmt"[1400]. „Ob und unter welchen Voraussetzungen" der ausländische Staat „dies tut, ist seine souveräne Entscheidung"[1401]. Darin ist dann eine Zustimmung zu Aussagen eines fremden Staates über die rechtliche Bewertung von Vorgängen und Zuständen zu sehen.[1402] Der ausländische Rechtsanwendungsakt muss daher bereits aus Sicht des anerkennenden Staates erfolgt sein, so dass es keiner Wiederholung des Rechtsanwendungsvorgangs im Inland bedarf.[1403] Der Aufnahmestaat würde also bei Auftragsvergaben deutscher extraterritorialer Einrichtungen der Anwendung deutschen Kartellvergaberechts zustimmen, indem er Entscheidungen der extraterritorialen Vergabestellen, die auf

---

1396 Dabei müsste es sich dann um eine sog. *allseitige* Kollisionsnorm handeln. Darunter sind solche Kollisionsvorschriften zu verstehen, die anders als einseitige nicht nur festlegen, wann inländisches, sondern auch ausländisches Recht Anwendung findet, vgl. *Kegel/Schurig*, Internationales Privatrecht, § 6 I 2.

1397 Begriff bei *Ohler*, Kollisionsordnung des Allgemeinen Verwaltungsrechts, S. 150.

1398 Damit dürfte die Anerkennung als „comity" oder „courtoisie" eingestuft werden, also als die freiwillige Selbstbeschränkung eines souveränen Staates, zu der er nicht völkerrechtlich verpflichtet ist, die aber aufgrund der Struktur der internationalen Gemeinschaft notwendig oder geboten erscheint, *Meng*, Extraterritoriale Jurisdiktion im Öffentlichen Wirtschaftsrecht, S.102.

1399 *Meng*, Extraterritoriale Jurisdiktion im Öffentlichen Wirtschaftsrecht, S. 90 f;. *ders.*; Recognition of Foreign Legislative and Adminstrative Acts, in: EPIL, B. X, S. 348 ff.

1400 *Meng*, Extraterritoriale Jurisdiktion im Öffentlichen Wirtschaftsrecht, S. 92.

1401 *Schack*, Internationales Zivilverfahrensrecht, S. 295.

1402 *Neumeyer*, Internationales Verwaltungsrecht, Bd. 4, S. 295 ff.

1403 *Meng*, Extraterritoriale Jurisdiktion im Öffentlichen Wirtschaftsrecht, S. 92 f.

Grundlage deutschen Rechts getroffen wurden (z.B. Zuschlag, Wahl des Vergabeverfahrens etc.), auf seinem Territorium anerkennt.

3. Kann eine Zustimmung durch reziprokes Verhalten herbeigeführt werden?

Gerade im Zusammenhang mit eben Erörtertem[1404] scheint es möglich, eine Zustimmung durch reziprokes Verhalten herbeizuführen Nach dem völkerrechtlich anerkannten Prinzip der Gegenseitigkeit (Reziprozität) kann der eine vom anderen Staat nur das erwarten, was er auch selber bereit ist zu gewähren.[1405] So besteht zwischen den meisten Staaten Einigkeit dahingehend, „dass bestimmte Regelungen nur dann einen Sinn haben, wenn sie nicht an der Grenze ihre Wirksamkeit verlieren"[1406]. Staaten haben deshalb in der Regel ein übereinstimmendes Interesse daran, auch im Ausland das eigene Handeln nach eigenen Regeln zu gestalten und zu bestimmen.[1407] Dabei ist die Verwirklichung der Reziprozität nicht von einer vertraglichen Vereinbarung abhängig.[1408] Insofern liegt es nahe, will man die gewünschten extraterritorialen Wirkungen eigenen Rechts durchsetzen, diese mit der „*intraterritorialen Akzeptanz fremden Rechts*" abzustimmen.[1409]

Zudem ist das Prinzip der Reziprozität dem Vergaberecht nicht völlig fremd: So finden sich auch im GPA Gegenseitigkeitsklauseln[1410], die festschreiben, dass GPA-Liberalisierungen gegenüber anderen Vertragsparteien solange nicht gelten, bis diese ihre Vergabemärkte geöffnet haben.[1411]

1404 Vgl. oben: Kap. 5. I. 2.
1405 Ausführlich zum Begriff der Reziprozität *Simma*, Das Reziprozitätselement in der Entstehung des Völkergewohnheitsrechts, S. 45 ff.
1406 *Meng*, Extraterritoriale Jurisdiktion im Öffentlichen Wirtschaftsrecht, S. 93.
1407 *Meng*, Extraterritoriale Jurisdiktion im Öffentlichen Wirtschaftsrecht, S. 93.
1408 *Menzel*, Internationales Öffentliches Recht, S. 823.
1409 *Menzel*, Internationales Öffentliches Recht, S. 818.
1410 So. z.B. Art. XXIV:7 lit. b). Dort heißt es: „*Not later than the end of the third year from the date of entry into force of this Agreement and periodically thereafter, the Parties thereto shall undertake further negotiations, with a view to improving this Agreement and achieving the greatest possible extension of its coverage among all Parties on the basis of mutual reciprocity, having regard to the provisions of Article V relating to developing countries.*"
1411 *Pünder*, in: Müller-Wrede, Kompendium des Vergaberechts, S. 63. Dabei handelt es sich um eine *negative* Reziprozität, da sie als Druckmittel/Repressalie eingesetzt wird, vgl. *Simma*, Das Reziprozitätselement in der Entstehung des Völkergewohnheitsrechts, S. 47 f.

a)   Ordre public-Vorbehalt

Wenn also Deutschland im Ausland sein Vergabeverfahrensrecht anwenden möchte, sollte es im Gegenzug dazu bereit sein, fremdes Vergabeverfahrensrecht auf seinem Territorium zuzulassen. Ob sich ein Staat zu einem solchen reziproken Verhalten im Stande sieht, hängt maßgeblich davon ab, ob es im Sinne eigener Staatsinteressen- oder aufgaben geboten erscheint.[1412] Bewertungsmaßstab ist hier vor allem der *ordre public* der eigenen Rechtsordnung.[1413] Denn keine Rechtsordnung liefert sich der Anwendung fremden Rechts ohne Kontrollmöglichkeit aus.[1414] Jede Rechtsordnung weist deshalb einen unantastbaren Bereich auf, den preiszugeben keine Rechtsordnung bereit ist; dieser Bereich wird allgemein als „ordre public" bezeichnet.[1415]

Vorliegend geht es um den negativen ordre public: D.h. das ausländische Recht darf nicht mit der öffentlichen Ordnung oder wesentlichen Grundsätzen des eigenen Rechts unvereinbar sein.[1416] Die Anwendung ausländischen Rechts wäre also dann zuzulassen, wenn es den wesentlichen Grundsätzen der deutschen Rechtsordnung nicht widerspräche. Auch der Gesetzeszweck kann vom nationalen ordre public umfasst sein.[1417] Um aber eine Ausuferung der Reichweite des ordre public-Vorbehalts zu verhindern, muss bei einem Vergleich zwischen den beiden Rechtsordnungen eine „erhebliche Diskrepanz" vorliegen.[1418] Dabei ist danach zu fragen, ob die nationale Norm hinsichtlich ihres Zwecks „Ausdruck rechtlicher Grundwerte von zentraler Bedeutung für die deutschen Vorstellungen von ausgleichender Individualgerechtigkeit" ist oder „tragende Staatsinteressen" betrifft.[1419] Auch einfachgesetzliche Normen wie die §§ 97 ff. GWB können dabei zum unverzichtbaren Kernbestand der eigenen Rechtsordnung gehören, sofern in ihnen ein oder mehrere Prinzipien verwirklicht werden sollen,

---

1412   *Simma*, Das Reziprozitätselement in der Entstehung des Völkergewohnheitsrechts, S. 53.

1413   So u.a. *Meng*, Extraterritoriale Jurisdiktion im Öffentlichen Wirtschaftsrecht, S. 99; *Meessen*, Völkerrechtliche Grundsätze des internationalen Kartellrechts, S. 178; *Kropholler*, Internationales Privatrecht, S. 648.

1414   Zum Ordre-public-Vorbehalt vgl .bereits oben: Kap. 4. C. I. 1. lit. a) lit. ee).

1415   *Kegel/Schurig*, Internationales Privatrecht, § 16 I.

1416   *Kropholler*, Internationales Privatrecht, S. 242 f.

1417   *Sonnenberger*, in: Münchener Kommentar, BGB, Bd. 10, Art. 6 EGBGB, Rn. 55. So auch BGH, Urt. v. 17.09.1968 – IV ZB 501/68 = NJW 1969, S. 369 ff.; BGH, Urt. 18.10.1968 – V ZR 38/65 = BGHZ 50, S. 370 (375 f.).

1418   So BayObLG, Beschl. v. 21.02.1969 – BReg. 1 b Z 95/68 = BayObLGZ 1969, S. 70, NJW 1969, S. 988

1419   *Sonnenberger*, in: Münchener Kommentar, BGB, Bd. 10, Art. 6 EGBGB, Rn. 59.

die selbst als unverzichtbarer Bestandteil der Rechtsordnung aufzufassen sind.[1420]

Die Anwendung deutschen Vergabeverfahrensrechts durch extraterritoriale Einrichtungen dient, wie oben[1421] dargestellt, vor allem folgenden Prinzipien: Dem Prinzip der Wirtschaftlichkeit, im Sinne einer sparsamen Haushaltsführung und den Grundsätzen der Transparenz und der Gleichbehandlung, im Sinne der Schaffung eines fairen und offenen Wettbewerbs. Kernanliegen ist damit der Schutz wesentlicher Individual- und Allgemeininteressen. *Sonnenberger* merkt hierzu an, dass das „Gewicht" einer deutschen Regelung höher angesehen werden muss, wenn sie „mit europäischen oder internationalen Standards" übereinstimmt.[1422] Genau das trifft auf die Vorschriften des Vergabeverfahrensrechts im oberschwelligen Bereich zu. Aufgrund der Umsetzungsverpflichtung im Zuge der Vergaberichtlinien kam es hier zu einer Harmonisierung und Standardisierung des Rechts innerhalb der EU. Gerade die hinter § 97 GWB stehenden Grundsätze bilden damit einen wesentlichen Bestandteil der deutschen Rechtsordnung und sind in der Folge vom Schutzbereich des nationalen ordre public umfasst.

Ob nun fremdes Recht im Inland rezipiert werden kann, um im Gegenzug eigenes Recht im Ausland anwenden zu können, hängt maßgeblich davon ab, inwiefern durch die Zulassung fremden Rechts wesentliche Grundsätze der eigenen Rechtsordnung beeinträchtigt werden. Dabei müssen die für eine reziproke Anwendung in Frage kommenden Rechtsordnungen nicht in jeder Hinsicht qualitativ gleichwertig sein.[1423] Entscheidend ist vor allem eine Übereinstimmung der tragenden Verfahrensgrundsätze des Vergaberechts.

In Bezug auf einen sparsamen Umgang mit eigenen Steuergeldern ist eine Beeinträchtigung der eigenen Rechtsordnung schon deshalb nicht möglich, als die ausländischen Verwaltungseinrichtungen nicht durch deutsche Steuermittel finanziert werden. Die sparsame Haushaltsführung des deutschen Staates wird nicht dadurch behindert, dass ausländische Stellen im Inland ihr eigenes Recht zur (öffentlichen) Auftragsvergabe anwenden.

1420 *Sonnenberger*, in: Münchener Kommentar, BGB, Bd. 10, Art. 6 EGBGB, Rn. 59 mwN dort unter Fn. 216.
1421 Vgl. oben Kap. 4. A. I. 5.
1422 *Sonnenberger*, in: Münchener Kommentar, BGB, Bd. 10, Art. 6 EGBGB, Rn. 59.
1423 So hat bspw. der BayVerwGH, Urt. v. 03.04.2003 – 5 BV 02.1943, zu § 87a AuslG a.F. (heute § 12 Abs. 2 StAngG) entschieden, dass es nicht auf eine Gleichwertigkeit aller Einbürgerungsvoraussetzungen ankomme.

Anders verhält es sich in Bezug auf die beiden anderen Grundsätze wettbewerbsrechtlicher Prägung (Gleichbehandlungsgrundsatz und Transparenzgrundsatz): Bestünde hier keine Teilnahmemöglichkeit deutscher Unternehmen am Vergabeverfahren, läge dies eindeutig nicht im Sinne deutscher Interessen.

Eine potentielle Teilnahmemöglichkeit deutscher Unternehmen scheidet immer aus, wenn der ausländische Staat über kein Rechtsregime verfügt, das die Vergabe öffentlicher Aufträge regelt. Dann fehlt es generell an einer Möglichkeit, sich an irgendeinem Verfahren zu beteiligen.

Darüber hinaus ist eine Teilnahmemöglichkeit deutscher Unternehmen zu verneinen oder zumindest stark beschränkt, wenn trotz Ausschreibung (z.B. im außereuropäischen Ausland) nicht die Aussicht auf Kenntnisnahme besteht. Eine solche ist innerhalb der EU und des EWR bei europaweiten Vergaben im Bereich oberhalb der EU-Schwellenwerte aber grundsätzlich gegeben. Werden die Vergabeverfahren hingegen exklusiv in außereuropäischen Ländern durchgeführt, dann ist aus Sicht deutscher Unternehmen, die (erfolgreiche) Teilnahme am Verfahren so gut wie ausgeschlossen. Darin läge aus deutscher ordre public-Sicht ein klarer Verstoß gegen den Gleichbehandlungs- und Transparenzgrundsatz: Denn danach ist innerhalb der EU und des EWR ein Binnenmarkt für Vergabesachen zu schaffen, auf dem aus wettbewerbsrechtlicher Sicht allen Unternehmen zumindest theoretisch die Möglichkeit einer erfolgreichen Teilnahme am Vergabeverfahren eingeräumt werden muss. In Staaten, in denen das nationale Vergaberecht nicht auf den Vergaberichtlinien basiert und entsprechend harmonisiert wurde, widerspricht eine reziproke Anwendung demnach dem deutschen ordre public. Da vorliegend bereits festgestellt wurde, dass bei Auftragsvergaben innerhalb der EU deutsches Kartellvergaberecht unabhängig vom Sitz der Vergabestelle angewendet werden kann,[1424] kommt eine auf Gegenseitigkeit basierende Anwendung des eigenen Vergaberechts im Ausland darüber hinaus nur innerhalb des EWR für den Bereich der oberschwelligen Auftragsvergaben in Betracht.

b)   Zwischenergebnis

Auch wenn bis lang nicht bekannt ist, dass Deutschland auf seinem Staatsterritorium fremdes Vergaberecht zulässt, um umgekehrt innerhalb eines EWR-Mitgliedstaates eigenes Vergabeverfahrensrecht bei ausschließlich

---

1424 Vgl. oben: Kap. 4 C. II. und III.

extraterritorialem Handeln anwenden zu können, scheint ein solches Vorgehen für die Zukunft denkbar, da rechtlich möglich. Die Anwendbarkeit ausländischen, aber europarechtlich geprägten Vergaberechts würde im Inland nicht den ordre public-Vorbehalt auslösen. Dann wäre in dem reziproken Verhalten eine Zustimmung zur Anwendbarkeit deutschen Vergabeverfahrensrechts bei ausschließlich extraterritorialem Handeln zu sehen. Deutsches Kartellvergaberecht wäre anwendbar. Sofern allerdings die ausländische Rechtsordnung kein Vergabeverfahren oder nur eine eingeschränkte Teilnahmemöglichkeit für deutsche Unternehmen vorsieht, wäre eine Anerkennung fremden Rechts nicht möglich. Der nationale ordre public würde einem solchen Vorgehen widersprechen. Folglich muss dann auch die Erlangung einer Zustimmung über reziprokes Verhalten ausscheiden.

4.   Zwischenergebnis

Wenn eine entsprechende Zustimmung seitens des Aufnahmestaates vorliegt, führt dies bei ausschließlich extraterritorialem Handeln zur Anwendungsberechtigung deutschen Kartellvergaberechts. Da diese Entscheidung der Souveränität des Aufnahmestaates (und auch seiner Jurisdiktionshoheit) entspringt, kommt es nicht darauf an, dass der deutsche Staat bezüglich solcher Sachverhalte über keine Jurisdiktionsbefugnis verfügt.

II.   Unbedingte Anwendungspflicht ausländischen Rechts?

Sofern keine Zustimmung zur Anwendung deutschen Vergabeverfahrensrechts vorliegt, müsste eigentlich im Gegenzug das jeweilige Recht des Aufnahmestaates uneingeschränkt Anwendung finden. Das wirft die Frage auf, ob und, wenn ja, in welchem Umfang deutsche Einrichtungen überhaupt zur Anwendung ausländischen (öffentlichen) Rechts verpflichtet werden können. Hat also der Ausschluss deutschen Kartellvergaberechts die unbedingte Anwendungspflicht ausländischen Rechts zur Folge? Oder bleiben deutsche Stellen, die ausschließlich extraterritorial tätig werden, zumindest in Teilbereichen deutschem Recht unterworfen?

1.   Dürfen deutsche Einrichtungen im Ausland ausländisches Recht anwenden?

Im Kern geht es bei diesem Prüfungspunkt um die Frage, ob ein souveräner Staat (hier der Aufnahmestaat) auf seinem Territorium einen anderen souveränen Staat (hier Deutschland) zur Anwendung eigenen Rechts *zwingen* darf. Kann also ein Staat zur Anwendung fremden Rechts auf für ihn fremdem Rechtsgebiet verpflichtet werden?

Dies is uneingeschränkt zu bejahen, wenn diese Anwendungspflicht das Ergebnis einer jurisdiktionellen Zuordnungsentscheidung ist. Die unter Kapitel 4. C. vorgenommene Prüfung ist Ausdruck eines Verständnisses, wonach innerhalb einer internationalen Gemeinschaft von Staaten nicht jeder ausschließlich auf die Durchsetzung und Anwendung seines Rechts bestehen kann. Genau darin besteht das Kernanliegen des Internationalen Öffentlichen Rechts: Es möchte wie das Internationale Privatrecht als „horizontales Kollisions- und Grenzrecht"[1425] Leitsätze bilden, anhand derer sich die Anwendbarkeit all jener nationalen Rechtsordnungen richtet, die gerade nicht über das IPR kollisionsrechtlich zugeordnet werden können. Es möchte Klarheit und Transparenz schaffen, um das Miteinander der Staaten auf öffentlich-rechtlicher oder hoheitlicher Ebene zu erleichtern. Nur so kann eine „Abgrenzung und Einbindung des eigenen Öffentlichen Rechts in das Weltnetz der Rechtsordnungen" gelingen.[1426] Dann aber muss ein souveräner Staat, der sich als Teil der internationalen Staatengemeinschaft begreift, die Ergebnisse einer Kollisions- und Zuordnungsentscheidung des Internationalen Öffentlichen Recht in gleicher Weise und Vollständigkeit akzeptieren, wie ein Privater im Privatrechtsverkehr. Ansonsten wäre die ganze Thematik einer Zuordnungs- und Kollisionsordnung für das Öffentliche Recht obsolet und hinfällig.

Zwar erklärte sich das deutsche Kartellvergaberecht aus einseitig-kollisionsrechtlicher Sicht nach nationaler und richtlinienkonformer Lesart bei allen Auftragsvergaben mit extraterritorialem Bezug für räumlich anwendbar.[1427] Wie aber eingangs unter Kap. 4. C. erwähnt, ist eine solche Anwendungsauslegung bzw. -ausdehnung eigenen Rechts immer auch an völkergewohnheits-, europa- und verfassungsrechtlichen Maßstäben zu messen. Wenn man aber nach Zugrundelegung genau dieser Maßstäbe zu dem Ergebnis gelangt[1428], dass der deutsche Gesetzgeber nur innerhalb der EU eine

---

1425   *Menzel*, Internationales Öffentliches Recht, S. 7 f.
1426   *Menzel*, Internationales Öffentliches Recht, S. 6.
1427   Vgl. oben Ergebnisse aus Kap. 4. A.
1428   Vgl. oben: Kap. 4. C.

Jurisdiktionshoheit für die Durchführung von Vergabeverfahren ausschließlich extraterritorialer Einrichtungen hat, dann kann der deutsche Staat die damit zusammenhängende Zuordnungsentscheidung nicht einfach ignorieren. Andernfalls läge ein Verstoß gegen Völkergewohnheitsrecht bzw. Unionsrecht vor.[1429] Insoweit ist Folge der Zuordnungsaussage in Bezug auf ausschließlich extraterritoriales Handeln deutscher Stellen, außerhalb der EU, dass im Umkehrschluss das jeweilige Recht des Aufnahmestaates anzuwenden ist. Dieser Entscheidung hat sich der deutsche Staat im Sinne einer funktionierenden internationalen Staatengemeinschaft und eines wirkungsvollen Internationalen Öffentlichen Rechts zu fügen.

Die Anwendung fremden Rechts bei Auftragsvergaben außerhalb der EU erscheint umso einleuchtender, wenn man bedenkt, das nationale Gerichte und Verwaltungseinrichtungen keine Bedenken haben, ihren Entscheidungen, sofern erforderlich, ausländisches öffentliches Recht zugrunde zu legen.[1430] Dabei handelt es sich um die Anwendung fremden Rechts auf eigenem Rechtsgebiet.[1431] *A maiore ad minus* muss sich dann aber auch ein souveräner Staat im Stande sehen, fremdes Recht auf für ihn fremdem Rechtsgebiet zu rezipieren. Aus Sicht eines souveränen Staates lässt sich hierzu „beruhigend" anmerken, dass die Anwendung ausländischen öffentlichen Rechts keinen Einfluss auf die Zugehörigkeit einer Verwaltungseinrichtung hat: Die jeweilige Einrichtung, ob im In- oder Ausland, bleibt funktional weiterhin Teil der eigenen Staatsverwaltung.[1432]

Im Rahmen ausschließlich extraterritorialen Handelns können deutsche Einrichtungen zur Anwendung des jeweils einschlägigen Rechts des Aufnahmestaates verpflichtet werden.

2.   Fortbestehende Grundrechtsverpflichtung

Unabhängig von der (Nicht-)Anwendbarkeit deutschen Kartellvergaberechts innerhalb oder außerhalb der EU stellt sich die Frage, ob die extraterritorialen Einrichtungen weiterhin an die Grundrechte des Grundgesetzes gebunden sind.

1429   Vgl. Ergebnisse aus Kap. 4. C.
1430   Ausführlich dazu *Menzel*, Internationales Öffentliches Recht, S. 340 ff.
1431   Vgl. *Menzel*, Internationales Öffentliches Recht, S. 336.
1432   *Ohler*, Kollisionsordnung des Allgemeinen Verwaltungsrechts, S. 213 f. u. 217 mwN dort unter Fn. 146: *Coester-Waltjen,* Internationales Beweisrecht, S. 94 (Rn. 117).

a)   Räumlicher Anwendungsbereich von Grundrechten

Dies hängt maßgeblich von dem räumlichen Anwendungsbereich der Grundrechte des Grundgesetzes ab. Das Grundgesetz selbst enthält hierzu „keine ausdrücklichen Aussagen"[1433]. Die Frage nach der räumlichen Anwendbarkeit der Grundrechte bedarf aber erst dann einer näheren Auseinandersetzung, wenn bereits klar ist, dass eine *Adressateneigenschaft* der handelnden Verwaltungseinheit gegeben ist.[1434]

aa)   Adressateneigenschaft bei der Vergabe öffentlicher Aufträge

Ob aber eine Vergabestelle oder ein öffentlicher Auftraggeber *Adressat(in)* von Grundrechten ist, kann nicht von einem „räumlichen Faktum" abhängig gemacht werden, sondern muss normativ bestimmt werden.[1435] Aus Art. 1 Abs. 3 GG folgt, dass auch die Verwaltung an Grundrechte gebunden ist. Die Bindungsklausel des Art. 1 Abs. 3 GG erfasst dabei sowohl die Tätigkeit der Regierung als auch nachgeordneter staatlicher Verwaltungsbehörden sowie aller autonomen Träger mittelbarer Staatsverwaltung (inkl. der sog. Beliehenen).[1436] Aus deutscher Sicht wird die Vergabe von öffentlichen Aufträgen, also die Durchführung eines Vergabeverfahrens bis zum Zuschlag, als privatrechtliches Verwaltungshandeln angesehen.

Allerdings ist strittig, ob in diesem Bereich eine Grundrechtsbindung gilt. So lehnt der BGH eine Grundrechtsbindung für Bedarfsdeckungsgeschäfte

---

1433 *Ohler*, Kollisionsordnung des Allgemeinen Verwaltungsrechts, S. 277 f.: Auch wenn das GG zu diesem Themenfeld schweigen würde, weil sich die damaligen Verfassungsgeber nicht über diese Sachverhalte im Klaren waren, könne daraus nicht der Schluss gezogen werden, dass eine Rechtsfortbildung ausgeschlossen sei. Zwar ginge es zu weit, ein eigenständiges grundrechtliches Kollisionsrecht zu entwickeln. Vielmehr handele es sich auch hier um die Auslegung materiellen Rechts unter Berücksichtigung kollisionsrechtlicher Fragestellungen, wobei sich aus dem Vorrang der Verfassung Besonderheiten ergeben würden.

1434 Vgl. *Ohler*, Kollisionsordnung des Allgemeinen Verwaltungsrechts, S. 278 f.

1435 *Ohler*, Kollisionsordnung des Allgemeinen Verwaltungsrechts, S. 278.

1436 BVerfG, Beschl. v. 04.05.1971 – 1 BvR 636/68 = NJW 1971, S. 1509, *Schack*, Höchstrichterliche Rechtsprechung zum Internationalen Privat- und Verfahrensrecht, S. 3, wonach auch im IPR von „der Leitnorm des Art. 1 Abs. 3 GG auszugehen sei. *Höfling*, in: Sachs, GG, Art. 1, Rn. 100.

ab.[1437] Überzeugender ist es jedoch, von einer „Fiskalgeltung der Grundrechte"[1438] auszugehen.[1439] Die Grundrechte binden und konstituieren den Staat in allen seinen Ausprägungen.[1440] Insofern kann der Staat auch nicht bei privatrechtlich ausgestaltetem Fiskalhandeln als grundrechtsgeschützter Privater angesehen werden[1441], sondern immer nur als „Sachwalter der Allgemeinheit"[1442]. Denn Grundmotivation allen staatlichen Handelns – ob öffentlich- oder privatrechtlicher Natur – ist immer das öffentliche Interesse, niemals die Privatnützigkeit.[1443] Auch bei der Durchführung von Vergabeverfahren unterliegen Vergabestellen bzw. öffentliche Auftraggeber als Adressaten deshalb einer Grundrechtsbindung.[1444]

bb)   Grundrechtsbindung extraterritorialer Einrichtungen

Eine andere Frage ist indes, ob diese Bindungen auch für deutsche Einrichtungen im Ausland greifen. Dabei ist es ganz h.M., dass inländisches Handeln mit extraterritorialer Wirkung grundsätzlich der bindenden Wirkung der Verfassung und damit auch den Grundrechten unterworfen ist.[1445] Das BVerfG hat hierzu geurteilt, dass Ansatzpunkt für die Beantwortung der Frage nach der räumlichen Geltung der Grundrechte Art. 1 Abs. 3 GG ist.[1446] Da, wie eben herausgearbeitet, auch Fiskalhandeln unter die „vollziehende Gewalt" nach Art. 1 Abs. 3 GG zu subsumieren ist, wäre zumindest bei einer Vergabe durch die zentrale Vergabestelle (von Deutschland

---

1437   BGH, Urt. v. 26.10.1961 - KZR 1/61 = BGHZ 36, S. 91 (95 ff.). Ohne näher darauf einzugehen oder seine Entscheidung zu begründen, geht das Gericht bei rein fiskalischen Geschäften der Verwaltung offensichtlich davon aus, dass es zu keiner (unmittelbaren) Grundrechtsbindung kommen könne.

1438   Begriff bei *Löw*, Fiskalgeltung der Grundrechte, DÖV 1957, S. 879.

1439   *Höfling*, in: Sachs, GG, Art. 1 Rn. 103.

1440   *Höfling*, in: Sachs, GG, Art. 1 Rn. 103; *Jarrass*, in: ders./Pieroth, GG, Art. 1, Rn. 35; *Starck*, in: Mangoldt/Klein/ders., GG, Art 1, Rn. 221.

1441   So aber *Forsthoff*, Der Staat als Auftraggeber, 1963, S. 14.

1442   *Höfling*, in: Sachs, GG, Art. 1, Rn. 103.

1443   *Höfling*, in: Sachs, GG, Art. 1, Rn. 103.

1444   *Dreier*, in: Dreier, GG, Bd. I, Art. 1, Rn. 53; *Höfling*, in: Sachs, GG, Art. 1, Rn. 103; *Jarrass*, in: Jarrass/Pieroth, GG, Art. 1, Rn. 35; *Starck*, in: Mangoldt/Klein/Strack, GG, Art 1, Rn. 221.

1445   BVerfG, Urt. v. 14.07.1999 – 1 BvR 2226/94, 2420/95 u. 2437/95 = BVerfGE 100, S. 313 (362 f.), Rn. 176; *Sachs*, in: Sachs, GG, Einf., Rn. 28; v. Art. 1, Rn. 19.

1446   BVerfG, Urt. v. 14.07.1999 – 1 BvR 2226/94 u.a.= BVerfGE 100, S. 313 (362 f.), Rn. 176.

aus) für einen im Ausland zu realisierenden Auftrag eine Grundrechtsbindung gegeben.

(1)   Allgemeine Ausführungen zur Grundrechtsbindung extraterritorialer Einrichtungen

Ob dieser Folgerung uneingeschränkt auch für extraterritoriale Einrichtungen gilt, muss nun weiter erörtert werden. So bestehen erhebliche Meinungsverschiedenheiten im Hinblick auf staatliches Handeln außerhalb des deutschen Territoriums.[1447] Auf der einen Seite finden sich Äußerungen des Inhalts, dass eine Differenzierung zwischen inländischen Handlungen und solchen auf ausländischem Boden unzulässig sei und eine Grundrechtsbindung deshalb immer und überall gelte.[1448] Auf der anderen Seite wird es für völlig übertrieben angesehen, jedem Menschen, der mit einer deutschen Stelle in Berührung kommt, einen grundrechtlichen, gegebenenfalls sogar beim Bundesverfassungsgericht einklagbaren Abwehranspruch einzuräumen.[1449]

Richtig ist, dass nur weil staatliches Handeln (also auch fiskalisches) im Ausland völkerrechtlich begrenzt ist, damit nicht der Ausschluss der Grundrechtsbindung deutscher Stellen einhergehen kann.[1450] Insbesondere lässt sich dem Völkerrecht kein allgemeines Verbot entnehmen, wonach eine extraterritoriale Grundrechtsbindung grundsätzlich unzulässig sei.[1451] Insofern ist die extraterritoriale Grundrechtsverpflichtung auch nicht mit der fehlenden Jurisdiktionshoheit in Bezug auf deutsches Kartellvergaberecht vergleichbar. Extraterritorialem Handeln des deutschen Staates einen „grundrechtlichen Freibrief zu erteilen", „passt nicht zum Konzept einer umfassenden Rechtsbindung unter dem Grundgesetz"[1452]. Es erscheint deshalb angebracht, die Grundrechtsbindung bei extraterritorialem Verwaltungshandeln nicht von einer pauschalen (Nicht-)Anwendbarkeitsaussage abhängig zu machen, sondern je nach Lage des Einzelfalls „bereichs- und

---

1447 *Nettesheim*, in: Maunz/Dürig, GG, Art. 59, Rn. 230.

1448 So etwa *Dreier*, in: Dreier. GG, Art. 1 III, Rn. 44; *Murswiek,* in: Sachs, GG, Art. 2, Rn. 172; *Ohler*, Kollisionsordnung des Allgemeinen Verwaltungsrechts, S. 291.

1449 So *Isensee*, in: Isensee/Kirchhof, Handbuch des Staatsrechts der Bundesrepublik Deutschland, Bd. V, Allgemeine Grundrechtslehren, § 115, Rn. 90 u. Fn. 201.

1450 So *Menzel*, Internationales Öffentliches Recht, S. 565.

1451 *Menzel*, Internationales Öffentliches Recht, S. 567.

1452 *Menzel*, Internationales Öffentliches Recht, S. 593.

themenspezifische Abschichtungen" der Grundrechtsunterworfenheit vorzunehmen.[1453]

Vorliegend werden die Vergabestellen im Ausland u.a. gegenüber ausländischen Unternehmen, die als Vertragspartner in Frage kommen, tätig. Mangels deutscher Staatsangehörigkeit können sich ausländische Personen damit zunächst nur auf die Jedermann-Grundrechte des Grundgesetzes berufen.

Menzel schlägt vor, die Grundrechtsbindung danach abzuschichten, „ob eine abwehrrechtliche oder eine leistungs- bzw. schutzrechtliche Dimension des Staatshandelns in Rede steht"[1454]. Dabei gibt er jedoch zu, dass bei ausschließlich extraterritorialem Verwaltungshandeln aufgrund stark eingeschränkter personaler und territorialer Nähe die Verneinung der Grundrechtsbindung am nächsten liege.[1455] Allerdings ist zumindest denkbar, dass extraterritoriale Stellen, auch wenn in der Sache kein deutsches Kartellvergaberecht Anwendung findet, in ihrem Verhalten gegenüber potentiellen Auftragnehmern grundrechtlich an Art. 3 GG gebunden sind. Hat die extraterritoriale Einrichtung hier das Recht gegenüber einem Ausländer auf Gleichbehandlung verletzt, liegt ein Eingriff seitens der deutschen Stelle vor. Durch das Handeln der extraterritorialen Einrichtung ist eine Verantwortlichkeit gegenüber einem ausländischen Unternehmen entstanden. In einer solchen Situation, ist es nachvollziehbar, mit *Menzel* von einer „Haftung des Staates mit seinen Grundrechten aus Ingerenz" zu sprechen.[1456]

Niedriger ist hingegen die Grundrechtsbindung bei Schutzpflichten und Leistungsansprüchen. Ohne selbst involviert zu sein, ist der deutsche Staat nicht originär aus grundrechtlicher Sicht zuständig. Hier greift der Grundrechtsschutz nur, sofern Deutschland über die extraterritoriale Einrichtung konkret Verantwortung übernimmt und damit Schutzpflichten begründet.[1457] Von einer solchen Verantwortungsübernahme kann etwa bei Asylsuchenden in Botschaften ausgegangen werden.[1458] Warum aber sollen nicht auch Vertragspartner oder Teilnehmer an einem Vergabeverfahren, selbst wenn dieses nach fremdem Recht durchzuführen ist, eine grundrechtliche Bindung der extraterritorialen Stellen als Auftraggeber ihnen gegenüber auslösen? Zugleich erscheint es wenig sinnvoll, Folgewirkungen, die mit einer Vergabe von Aufträgen im Ausland verbunden sein könnten, wie

---

1453 *Menzel*, Internationales Öffentliches Recht, S. 571.
1454 *Menzel*, Internationales Öffentliches Recht, S. 573.
1455 *Menzel*, Internationales Öffentliches Recht, S. 591.
1456 *Menzel*, Internationales Öffentliches Recht, S. 573 f.
1457 *Menzel*, Internationales Öffentliches Recht, S. 593 f.
1458 Vgl. *Asylum Case* (Colombia vs. Peru), ICJ Reports 1950, S. 266 ff.

z.B. die mittelbare Förderung von Kinderarbeit, grundrechtlich zu erfassen. Ansonsten wäre die Folge, dass sich jede Person, die sich durch die Vergabe der Bedarfsstelle im Ausland in ihren Autonomie- oder Freiheitsrechten beeinflusst fühlt, auf Grundrechte aus dem Grundgesetz berufen und eventuell sogar aus diesen Grundrechten Leistungsansprüche gegenüber dem deutschen Staat herleiten könnte. Das wiederum könnte den deutschen Staat zu entsprechenden Maßnahmen verpflichten. Deutsche Behörden dürfen im Ausland aber nur soweit tätig werden, als sie in Übereinstimmung mit dem völkerrechtlichen Territorialitätsprinzip die Rechtsordnung des Aufnahmestaates wahren.[1459]

Eine Freistellung der extraterritorialen Einrichtungen von ihrer Grundrechtsverpflichtung kommt damit grundsätzlich nicht in Betracht. Dies wäre mit Art. 1 Abs. 3 GG nicht vereinbar.[1460] Vielmehr bedarf es immer einer Entscheidung anhand des konkreten Falls.

(2)   Konkrete Grundrechtsverpflichtung der extraterritorialen Einrichtungen

Die eben angestellten Schlussfolgerungen gelten insbesondere für die *rechtlich unselbständigen Einrichtungen* deutscher Verwaltung im Ausland (Botschaften, Konsulate, Bundeswehrverwaltungsstellen im Ausland, etc.) aber auch für die Zweigniederlassungen der GIZ.[1461]

Ob eine Grundrechtsverpflichtung auch für die *rechtlich selbständigen* Trägergesellschaften des Goethe-Instituts e.V. oder die Tochtergesellschaften der (fiktiven) Stadtwerke GmbH oder der Fraport AG im Ausland angenommen werden kann, ist hingegen fraglich.

Teilweise wird vertreten, das Goethe-Institut e.V. unterliege im Ausland keiner Grundrechts*verpflichtung*, sondern im Gegenteil einer Grundrechts*berechtigung*.[1462] Eine solche Sichtweise irritiert, wird doch für das Inland

---

1459 *Ohler*, Kollisionsordnung des Allgemeinen Verwaltungsrechts, S. 291.
1460 *Menzel*, Internationales Öffentliches Recht, S. 594.
1461 Vgl. *Menzel*, Internationales Öffentliches Recht, S. 840, zur Vorgängerorganisation „GTZ".
1462 So *Schulz*, Parastaatliche Verwaltungsträger, S. 509 ff.

eine entsprechende Grundrechtsbindung für den in Privatrechtsform handelnden Staat weithin anerkannt.[1463] Warum soll dann für „Auslandshandeln grundsätzlich anderes gelten"[1464]? So erweisen sich auch die Auslandseinrichtungen des Goethe-Instituts e.V. „bei materieller Betrachtung als staatsgetragener Organisator auswärtiger Kulturverwaltung[1465]". Dann aber sind auch die ausländischen Trägergesellschaften des Goethe-Instituts. e.V. grundrechtsverpflichtet.[1466]

Etwas schwieriger gestaltet sich die Beurteilung der Grundrechtsbindung bei rechtlich selbständigen Unternehmensteilen im Ausland. Auf den ersten Blick erfüllen diese Tochtergesellschaften keine Verwaltungsaufgaben mit Staatsbezug. Für die Fraport AG hat allerdings das BVerfG eine Grundrechtsverpflichtung erst kürzlich aufgrund der staatlichen Beherrschung bejaht.[1467] Wenn aber die staatliche Beherrschung das für die Bejahung einer Grundrechtsbindung übergeordnete Kriterium ist[1468], kann eine Grundrechtsverpflichtung nicht von einer Tätigkeit des Unternehmens im In- oder Ausland abhängen. Damit ist auch für die beiden rechtlich selbständigen Tochtergesellschaften der Fraport AG und der Stadtwerke GmbH im Ausland, die vom Staat zumindest mittelbar beherrscht werden, eine Grundrechtsbindung zu bejahen.

b) Zwischenergebnis

Extraterritorialen Einrichtungen unterliegen bei Beschaffungsvorgängen grundsätzlich weiterhin allesamt einer Grundrechtsverpflichtung nach dem GG.

C. Zwischenergebnis

Grundsätzlich ist zwischen Inlandshandeln mit extraterritorialem Bezug und ausschließlich extraterritorialem Handeln zu unterscheiden.

1463 *Kunig*, in: Münch/Kunig, GG, Bd. 1, Art. 1, Rn. 60; *Dreier*, in: Dreier, GG, Art. 1 Abs. 3, Rn. 51.
1464 *Menzel*, Internationales Öffentliches Recht, S. 840.
1465 *Menzel*, Internationales Öffentliches Recht, S. 840.
1466 *Menzel*, Internationales Öffentliches Recht, S. 840.
1467 BVerfG, Urt. v. 22.02.2011 – 1 BvR 699/06 = NJW 2011, S. 1201 ff., Rn. 51 ff.
1468 *Gurlit*, Grundrechtsbindung von Unternehmen, NZG 2012, S. 249 (252) in Bezug auf das Urteil des BVerfG, Urt. v. 22.02.2011.

Für Ersteres besitzt Deutschland die extraterritoriale Jursidiktionshoheit (vgl. Kap. 4. C.), so dass die zu Beginn dieses Abschnitts aufgeworfenen Fragen im Rahmen von Vergabeverfahren, die vom Inland aus durchgeführt werden, keine Rolle spielen. Gleiches gilt für ausschließlich extraterritoriales Handeln, sofern es um Auftragsvergaben im Bereich oberhalb er EU-Schwellenwerte innerhalb der EU geht.

Für alle anderen Fälle des ausschließlich extraterritorialen Handelns (außerhalb der EU) gelangt man mangels bestehender deutscher Regelungshoheit zu folgenden Feststellungen:

Über die reziproke Anwendung europarechtlich geprägten und harmonisierten Vergaberechts innerhalb des EWR kann eine Zustimmung zur Anwendung eigenen Rechts bei ausschließlich extraterritorialem Handeln erwirkt werden. Eine etwaige Zustimmung kann darüber hinaus durch eine entsprechende kollisionsrechtliche Regelung oder eine davon getrennt zu beurteilende Anerkennung des Aufnahmestaates erfolgen.

Liegt keine Zustimmung des Aufnahmestaates in Gestalt einer einzelfallgebunden Zuweisung oder eines allgemeinen völkerrechtlichen Vertrages vor, dann bleibt den extraterritorialen Einrichtungen die Anwendung eigenen Vergabeverfahrensrechts verwehrt. Insoweit folgt im Umkehrschluss aus der Entscheidung, dass der deutsche Gesetzgeber nicht die Fälle ausschließlich extraterritorialen Vergabehandelns außerhalb der EU regeln durfte, dass er zur Anwendung des jeweiligen Rechts des Aufnahmestaates verpflichtet ist.

Extraterritoriale Einrichtungen unterliegen grundsätzlich weiterhin einer Grundrechtsbindung.

D.   Empfehlungen

Will der öffentliche Auftraggeber, dass deutsches Kartellvergaberecht bei extraterritorialen Sachverhalten zu Anwendung gelangt, dann sollte er Vergabeverfahren, die dazu dienen, den Beschaffungsbedarf rechtlich *unselbständiger* Einrichtungen *außerhalb der EU* zu decken, immer zentral von Deutschland aus durchführen.

Ansonsten bietet es sich aus deutscher Sicht innerhalb des EWR an, über reziprokes Verhalten fremdes Vergabeverfahrensrecht im eigenen Land zuzulassen, um im Gegenzug außerhalb der eigenen Landesgrenzen deutsches Kartellvergaberecht anwenden zu können.

Eine weitere Möglichkeit wäre, mit den unterschiedlichen Aufnahmestaaten völkervertragliche (bilaterale) Vereinbarungen über den räumlichen

Anwendungsbereich deutschen Kartellvergaberechts zu treffen. Die Erfolg-saussichten einer solchen Vereinbarung dürften innerhalb des EWR ob des relativen Gleichklangs der Vergaberechtsregime im oberschwelligen Bereich deutlich höher liegen als außerhalb.

Für die Fälle des Inlandshandeln mit extraterritorialer Wirkung sowie ausschließlich extraterritorialem Handeln innerhalb der EU ist es angezeigt, eine dem § 130 Abs. 2 GWB vergleichbare Vorschrift in das deutsche Kartellvergaberecht einzufügen, aus der sich klar und unmissverständlich die Anwendbarkeit eigenen Rechts bei Auslandssachverhalten ergibt.[1469] Eine offen-einseitige Kollisionsnorm[1470] würde für Rechtsklarheit zugunsten aller Verfahrensbeteiligter sorgen und den Raum für Interpretationen in Bezug auf die räumliche Anwendbarkeit deutschen Kartellvergaberechts weitestgehend einengen.

E.   *Ergebnis Kapitel 5*

Deutschland verfügt insoweit über eine extraterritoriale Jurisdiktionshoheit, als das eigene Recht auf Vergabeverfahren angewandt wird, die von Deutschland aus durchgeführt werden sollen (sog. Inlandshandeln mit extraterritorialer Wirkung). Gleiches gilt für alle Auftragsvergaben, die von den extraterritorialen Einrichtungen in Eigenregie *innerhalb der EU* betrieben werden (sog. ausschließlich extraterritoriales Handeln). Für ausschließlich extraterritoriales Handeln außerhalb der EU, besteht keine Regelungshoheit (jurisdiction to prescribe) zu Gunsten Deutschlands. Es gilt das Recht des Aufnahmestaates. Zu dessen Anwendung können deutsche Einrichtungen im Ausland auch verpflichtet werden. Andernfalls läuft der Regelungszweck Internationalen Öffentlichen Rechts leer. Jedoch bleiben alle extraterritorialen Einrichtungen weiterhin an die Grundrechte gebunden.

Bei ausschließlich extraterritorialem Handeln *außerhalb der EU* kann deutsches Kartellvergaberecht ausnahmsweise dann zur Anwendung gelangen, wenn diesbezüglich eine Zustimmung des Aufnahmestaates vorliegt. Eine solche kann entweder (versteckt) über das Kollisionsrecht des Aufnahmestaates vermittelt oder durch schlichte Anerkennung seinerseits erlangt werden. Innerhalb des EWR bietet es sich aus deutscher Sicht an, über reziprokes Verhalten fremdes Vergabeverfahrensrecht im eigenen Land zuzulassen, um im Gegenzug außerhalb der eigenen Landesgrenzen deutsches

---

1469 So auch *Menzel*, Internationales Öffentliches Recht, S. 771 f.
1470 Vgl. *Menzel*, Internationales Öffentliches Recht, S. 780 f.

Kartellvergaberecht anwenden zu können. Ein solches Vorgehen würde auch nicht dem nationalen Ordre-public-Vorbehalt widersprechen.

Öffentliche Auftraggeber sollten folglich, wollen sie, dass deutsches Kartellvergaberecht zur Anwendung gelangt, immer für ihre extraterritorialen Einrichtungen außerhalb der EU die Auftragsvergaben von Deutschland aus durchführen. Doch auch für das Inlandshandeln mit extraterritorialer Wirkung bzw. ausschließlich extraterritoriales Handeln innerhalb der EU bietet es sich an, eine offen-einseitige Kollisionsnorm, vergleichbar dem § 130 Abs. 2 GWB, in das Kartellvergaberecht zu inkorporieren, um künftig für mehr Rechtsklarheit zugunsten aller Verfahrensbeteiligten zu sorgen.

Kapitel 6: Zusammenfassung der Ergebnisse

Ergebnisse Kapitel 1

Im Zusammenhang mit der Frage nach dem Anwendungsbereich deutschen Kartellvergaberechts in Bezug auf extraterritoriale Einrichtungen kann ein Auslandsbezug vor allem über den jeweiligen Sitz des Auftraggebers bzw. der Vergabestelle sowie über den Leistungsort und den Ort der Ausschreibung hergestellt werden. Bei einer Vergabe im oberschwelligen Bereich weist der Ort der Ausschreibung keinen konkreten Bezug zu einem bestimmten Staat auf, sondern nur zur gesamten EU. Der Sitz oder gewöhnliche Aufenthaltsort des Auftragnehmers kann höchstens bei der Frage nach dem anwendbaren Vertragsrecht eine Rolle spielen.

Extraterritoriale Stellen deutscher Einrichtungen können sowohl mit als auch ohne eigene Rechtspersönlichkeit ausgestattet sein.

Allerdings befinden sich im Ausland keine Einrichtungen der mittelbaren deutschen Staatsverwaltung mit eigener Rechtspersönlichkeit. Als Teil der unmittelbaren Staatsverwaltung kommen als rechtlich unselbständige, extraterritoriale Einrichtungen u.a. Botschaften, konsularische Vertretungen, die Landesvertretungen der Bundesländer in Brüssel sowie die Bundeswehrverwaltungsstellen im Ausland in Betracht. Die Auslandsstützpunkte der Bundeswehrstreitkräfte sind hingegen kein Teil der Staatsverwaltung. Zudem sind die KfW Entwicklungsbank, das DAI und die GIZ als Teil der mittelbaren Staatsverwaltung anzusehen. Sie alle unterhalten im Ausland aber ausschließlich rechtlich unselbständige Einrichtungen.

Die extraterritorialen Trägergesellschaften des Goethe-Instituts e.V. stellen rechtlich selbständige Kultureinrichtungen im Ausland dar. Sie wurden auf Verlangen der Aufnahmestaaten in fremder (einheimischer) Rechtsform gegründet. Auch die Fraunhofer-Gesellschaft sowie die Max-Planck-Gesellschaft sehen ausnahmsweise die Möglichkeit ihren Vereinssatzungen nach vor, rechtlich selbständige Einrichtungen im Ausland zu unterhalten. Beide Gesellschaften haben aber bislang nicht von diesem Recht Gebrauch gemacht. Unabhängig davon betreiben aber alle drei Vereine im Ausland rechtlich unselbständige Stellen, die als „Organe" die satzungsmäßigen Ziele der jeweiligen Gesellschaften fördern.

„Einrichtungen" deutscher Unternehmen des Privatrechts können im Ausland als rechtlich selbständige Tochtergesellschaften oder als rechtlich unselbständige Zweigniederlassungen, Betriebsstätten oder Repräsentanzen unterhalten werden. Bei den Tochtergesellschaften ist es aus Gründen der Steuergestaltung in der Regel sinnvoll, im Ausland eine Kapital- anstelle einer Personengesellschaft zu gründen. Abhängig vom Sitz der Gesellschafter kann es bei Personengesellschaften dadurch u.U. zu einer Doppelbesteuerung kommen. Nach der Neufassung von § 4a GmbHG können aufgrund der Niederlassungsfreiheit, vgl. Art. 49, 54 AEUV, auch innerhalb der EU (und wegen Art. 31, 34 EWR-Abkommen auch innerhalb des EWR) Vereine und Gesellschaften nach deutschem Recht gegründet werden. Außerhalb der EU bzw. des EWR entscheidet sich das Gesellschaftsstatut danach, ob im Aufnahmeland die Gründungs- oder Sitztheorie gilt. So betreibt beispielsweise die deutsche Fraport AG im Ausland zahlreiche Tochtergesellschaften, an denen sie Mehrheitsanteile hält. Allerdings wurden diese allesamt in der Rechtsform des jeweiligen Sitzstaates gegründet.

Bei den rechtlich unselbständigen Unternehmensteilen richtet sich das Gesellschaftsstatut nach dem Sitz der deutschen Muttergesellschaft. Bei der Repräsentanz gilt es zu beachten, dass sie ausnahmsweise auch als rechtlich selbständige Einrichtung in Betracht kommt, sofern sie im Ausland nicht von Mitarbeitern des Mutterkonzerns, sondern von rechtlich selbständigen, natürlichen oder juristischen Personen des Privatrechts betrieben wird.

Bislang wurden alle öffentlich bekannten, rechtlich selbständigen, extraterritorialen Einrichtungen nach dem Recht des Aufnahmelandes gegründet.

Für die vorliegende Untersuchung sind aus sachrechtlicher Sicht die Normen des nationalen Kartellvergaberechts (einschließlich der entsprechenden Vergabeverordnungen sowie Vergabe- und Vertragsordnungen), die europäischen Vergaberichtlinien, sowie die völkerrechtlichen Verträge zum EWR und des GPA von Bedeutung.

Aus kollisionsrechtlicher Sicht spielen vor allem die geschriebenen Normen des Internationalen Privatrechts eine Rolle. Hierzu gehören die europarechtlichen Kollisionsordnungen der Rom I- und Rom II-VO sowie die nationalen Normen des EGBGB und autonome IPR-Vorschriften des deutschen (Sach-)Rechts.

Sofern eine kollisionsrechtliche Anknüpfung über Vorschriften des Internationalen Privatrechts nicht möglich ist, kommt es zur Anwendung des „Kollisions- und Grenzrechts" des Internationalen Öffentlichen Rechts. Gegenstand des Internationalen Öffentlichen Rechts ist die Frage nach der Reichweite des eigenen Rechts sowie der eigenen hoheitlichen Gewalt „im Verhältnis zu fremden Rechtsordnungen und Hoheitsgewalten". Da es dem öffentlichen Kollisionsrecht anders als dem Internationalen Privatrecht an ausdrücklich geschriebenen Normen fehlt, müssen sie aus dem materiellen Recht, insbesondere dem Kartellvergaberecht und den Vergaberichtlinien entwickelt und abgeleitet werden. Im Zusammenhang mit der Prüfung der extraterritorialen Regelungshoheit des deutschen Staates bedarf es zudem einer eingehenden Diskussion von Regelsätzen und Vorschriften des Völkergewohnheitsrechts, EU-Primärrechts und deutschen Verfassungsrechts.

In Bezug auf die Frage nach der Anwendbarkeit deutschen Vergaberechts bei Auftragsvergaben von oder durch extraterritoriale Einrichtungen ist entscheidend, den Akt der öffentlichen Auftragsvergabe aufgrund seiner mehrphasigen Ausgestaltung nach seinen einzelnen Rechtsverhältnissen differenziert zu betrachten und anzuknüpfen. Dafür sprechen neben der Sonderstellung der §§ 107 ff. GWB insbesondere normative und tatsächliche Gesichtspunkte. Entsprechend spielen beim Akt der öffentlichen Auftragsvergabe im oberschwelligen Bereich bis zu vier Rechtsverhältnisse eine Rolle: das Vergaberechtsverhältnis, die Ausführungshandlung, die primären Rechtsschutzverfahren sowie die sekundären Anspruchsbegehren.

Ergebnisse Kapitel 2

Eine kollisionsrechtliche Anknüpfung des Vergabeverfahrens mit Hilfe der Normen des Internationalen Privatrechts scheidet aus. Eine Anwendbarkeit der Rom I-VO kommt insoweit nicht in Betracht, als öffentliche Auftraggeber bei der Durchführung des Verfahrens zur Auftragsvergabe nicht wie Private am Rechtsverkehr teilnehmen, sondern zur Erfüllung von Allgemeininteressen handeln. Zudem unterliegen alle öffentlichen Auftraggeber– mit Ausnahme der Sektorenauftraggeber nach § 98 Nr. 4 Hs. 1 Alt. 1 GWB – verfassungs- und haushaltsrechtlichen Bindungen, denen private Auftraggeber gerade nicht unterworfen sind. Darüber hinaus kommen öffentliche Auftraggeber nicht in den Genuss der Vertragsfreiheit. Die Ermittlung des Vertragspartners muss zwingend über das Vergabeverfahren erfolgen. Damit liegt keine Zivil- und Handelssache iSd Art. 1 Abs. 1 S. 1 Rom I-VO vor. Entsprechend ist auch eine Anwendbarkeit der Rom II-VO ausgeschlossen, vgl. Art. 1 Abs. 1 S. 1 Rom II-VO.

Die (autonome) einseitige Kollisionsnorm des § 130 Abs. 2 GWB ist weder direkt noch analog auf den vierten Teil des GWB, das Kartellvergaberecht, anwendbar: Der Gesetzgeber wollte nur „Wettbewerbsbeschränkungen" iSd ersten Teils des GWB hiervon umfassen. Die Vorschriften des EGBGB sind nicht einschlägig.

Das gleiche Ergebnis gilt für die Zuschlagsentscheidung und die Angebotsabgabe des erfolgreichen Bieters, sofern es um den verfahrensrechtlichen Charakter der Handlungen geht. Steht indes die vertragsrechtliche Komponente in Rede, bestimmt sich die Zuordnungsentscheidung beider Elemente nach dem Vertragsstatut der Ausführungshandlung.

Die Ausführungshandlung ist einer kollisionsrechtliche Anknüpfung mit Hilfe der Vorschriften der Rom I-VO hingegen zugänglich: Liegt keine ausdrückliche oder konkludente Rechtswahl nach Art. 3 Abs. 1 S. 2 Rom I-VO vor, würde eine objektive Anknüpfung nach Art. 4 Abs. 1 oder Abs. 2 Rom I-VO bei öffentlichen Auftragsvergaben nahezu immer zu der Anwendung ausländischen Vertragsrechts führen. Ein deutsches Vertragsstatut lässt sich vorliegend allerdings über die Ausweichklausel nach Art. 4 Abs. 3 Rom I-VO begründen, sofern die Vergabestelle ihren Sitz in Deutschland hat. Insoweit besteht eine „offensichtlich engere Verbindung" des anwendbaren Vertragsrechts zum Sitzstaat der Vergabestelle.

Anders verhält es sich wiederum bei der sog. „de facto"-Vergabe: Sofern keine Rechtswahl getroffen wurde, richtet sich hier – mangels durchgeführten Vergabeverfahrens – die objektive Anknüpfung gemäß Art. 4 Abs. 1 oder 2 Rom I-VO nach dem gewöhnlichen Aufenthalt des Auftragnehmers.

Eine Bestimmung der internationalen Zuständigkeit mithilfe der Normen der EuGVO hat vorliegend sowohl für das Nachprüfungsverfahren vor den Vergabekammern als auch vor den Vergabesenaten auszuscheiden.

Den zugrunde liegenden Streitgegenstand im Rahmen eines Nachprüfungsverfahrens vor den Vergabekammern bildet das Vergabeverfahren. Dieses ist nicht als Zivil- und Handelssache zu qualifizieren.

Das Verfahren der sofortigen Beschwerde vor den Vergabesenaten hat hingegen die Entscheidungen der Vergabekammern zum Streitgegenstand. Dabei handelt es sich um ein öffentlich-rechtliches Verwaltungsverfahren mit hoheitlichem Charakter. Die Entscheidungen der Vergabekammern ergehen durch Verwaltungsakt und werden nach den jeweiligen Verwaltungsvollstreckungsgesetzen des Bundes oder der Länder einseitig-hoheitlich vollzogen.

Sowohl für Ansprüche gemäß § 125 GWB als auch für solche aus § 126 GWB und §§ 280 Abs. 1, 241 Abs. 2, 311 Abs. 2,BGB hat eine internationalprivatrechtliche Zuordnung nach europäischen und nationalen Vorgaben auszuscheiden. Grund dafür ist ihre jeweilige verfahrensrechtliche Akzessorietät. Beruhen die im Rahmen von § 126 GWB und §§ 280 Abs. 1, 241 Abs. 2, 311 Abs. 2 BGB geltend gemachten Pflichtverstöße ausschließlich auf der Verletzung von Normen, die sich auf das Vergabeverfahren beziehen, sind Schadensersatzansprüche aus § 125 GWB nur dann zu gewähren, sofern eine missbräuchliche Geltendmachung eines Nachprüfungsverfahrens festgestellt werden kann. Die drei Ersatzbegehren bilden auf ihre Art eine Einheit mit den zuvor durchgeführten „Verfahren" und sind deshalb verfahrensakzessorisch anzuknüpfen.

Ergebnisse Kapitel 3

Die Ausführungshandlung, also der Vertrag und die Vertragsdurchführung zwischen öffentlichem Auftraggeber und privatem Auftragnehmer, ist sowohl einer ausdrücklichen (Art. 3 Abs. 1 S. 2 Alt. 1 Rom I-VO) als auch einer konkludenten Rechtswahl (Art. 3 Abs. 1 S. 2 Alt. 2 Rom I-VO) zugänglich.

Eine ausdrückliche Rechtswahl kann durch Verweisungsvertrag oder durch AGB getroffen werden. Der Verweisungsvertrag muss unter der Beachtung von Art. 3 Abs. 5 iVm Art. 10 Abs. 1 und 2 Rom I-VO geschlossen werden. Bei den AGB ist auf eine wirksame Einbeziehung nach den Vorschriften der §§ 305 ff. BGB zu achten.

Eine konkludente Rechtswahl kann für sich genommen bereits durch die Bezugnahme auf die VOB/B in den AGB des öffentlichen Auftraggebers zustande kommen. Gleiches gilt für sog. Gerichtsstandsklauseln. In der Summe (aber niemals für sich alleine) können zudem von der Vertragssprache, der Staatsangehörigkeit der Vertragspartner, dem Abschlussort des Vertrages und dem Geschäftssitz der Parteien Indizien für eine konkludente Rechtswahl ausgehen.

Die jeweiligen Rechtswahlvereinbarungen müssen ihrerseits der Schrankenregelung des Art. 3 Abs. 4 Rom I-VO genügen, d.h. es muss ein Binnensachverhalt vorliegen.

Die Normen des Vergabeverfahrensrechts des GWB haben nicht den Charakter international zwingender Eingriffsnormen nach Art. 9 Abs. 2 Rom I-VO.

Nach Art. 9 Abs. 3 Rom I-VO können ausländische Eingriffsnormen auch vor deutschen Gerichten berücksichtigt werden. Allerdings geschieht dies nicht auf materiell-rechtlicher Ebene, sondern im Wege der kollisionsrechtlichen Sonderanknüpfung.

Art. 21 Rom I-VO ist dagegen nur von untergeordneter Bedeutung und spielt bei Verträgen zwischen öffentlichen Auftraggebern und privaten Auftragnehmern so gut wie keine Rolle.

Beim Vergabeverfahren verhindert der verfahrensrechtliche Charakter der Normen die Möglichkeit einer ausdrücklichen oder konkludenten Rechtswahl.

Öffentliche Auftraggeber unterliegen im Rahmen des Vergabeverfahrens verfahrensrechtlichen Bindungen, denen herkömmliche Marktteilnehmer gerade nicht unterworfen sind und verfolgen Gemeininteressen, die neben der Förderung des Wettbewerbs vornehmlich einer wirtschaftlichen Verwendung von Haushaltsmitteln dienen. Zudem entspricht es gerade Sinn und Zweck des Vergabeverfahrens, die Privatautonomie bei öffentlichen Auftragsvergaben in Bezug auf die freie Wahl des Vertragspartners außer Kraft zu setzen. Dann kann aber nicht über eine privatautonome Rechtswahlvereinbarung dieser Regelungszweck konterkariert und unter Umständen sogar umgangen werden. Damit stehen die Normen des Vergabeverfahrensrechts nicht zur Disposition der Parteien. Die Vergaberechts*pflichtigkeit* ist damit kein Umstand, denen sich die Verfahrensbeteiligten aufgrund beiderseitigen Einverständnisses vorab entledigen könnten.

Von der Möglichkeit und Zulässigkeit von Rechtswahlvereinbarung ausgenommen sind die primären Rechtsschutzverfahren. Diese sind einer kollisionsrechtlichen Anknüpfung nicht zugänglich.

Wenn aber weder für das Vergabeverfahren noch für die primären Rechtsschutzverfahren nach §§ 107 ff. und §§ 116 ff. GWB die Möglichkeit einer ausdrücklichen oder konkludenten Rechtswahlvereinbarung bzw. einer kollisionsrechtlichen Anknüpfung in Frage kommt, muss das bei konsequenter Beachtung der verfahrensakzessorischen Anknüpfung auch für die Sekundäransprüche gelten. Ansonsten könnte man über Rechtswahlvereinbarungen den aus kollisionsrechtlicher Sicht einheitlichen Komplex zwischen Verfahren und Schadensersatzanspruch aufheben und die akzessorische Anknüpfung zunichtemachen. Um diesen Einheit zu wahren, hat sowohl für die Anspruchsbegehren aus § 126 GWB und §§ 280 Abs. 1, 241 Abs. 2, 311 Abs. 2 BGB als auch für die gemäß § 125 GWB die Möglichkeit einer Rechtswahl auszuscheiden.

Ergebnisse Kapitel 4

Gemäß den Vorgaben des Internationalen Öffentlichen Rechts ist sowohl nach nationaler als auch europarechtlicher Auslegung eine räumliche Ausdehnung des Anwendungsbereichs deutschen Kartellvergaberechts für Auftragsvergaben deutscher Auftraggeber nach § 98 Nr. 1 und Nr. 2 GWB *außerhalb der EU* kollisionsrechtlich gerechtfertigt. Für das deutsche Recht folgt dies insbesondere aus den im Sachrecht versteckten einseitigen Kollisionsnormen der § 100c Abs. 3 S. 1 und § 100b Abs. 4 Nr. 2 GWB. Im Zuge einer richtlinienkonformen Auslegung kann zudem Erwägungsgrund Nr. 29 zu RL 2009/81/EG in dieser Hinsicht kollisionsrechtlich fruchtbar gemacht werden: Hier finden extraterritoriale Auftraggeber ausdrücklich Erwähnung. Aufgrund des Vorrangs des Unionsrechts muss aus der Nichterwähnung im deutschen Recht der Rückschluss gezogen werden, dass dies auch nach hiesigen Rechtsvorstellungen zu gelten hat, sofern die extraterritoriale Einrichtung über eine eigene Rechtspersönlichkeit verfügt.

Dafür, dass Auftragsvergaben extraterritorialer Einrichtungen *innerhalb der EU* nach deutschem Kartellvergaberecht zu behandeln sind, sprechen aus kollisionsrechtlicher Sicht nur die nationalen Vorschriften der §§ 98 ff. GWB. Die Vergaberichtlinien verhalten sich zu dieser Fragestellung aussage- sprich mitgliedstaatsneutral.

Allerdings besteht für Sektorenauftraggeber immer dann ein Konflikt zwischen nationalem Recht und richtlinienkonformer Auslegung, wenn es in dem betroffenen EU-Mitgliedstaat bereits zu einer Freistellung nach Art. 30 RL 2004/17/EG gekommen ist. Hier würde eine Anwendung deutschen Kartellvergaberechts durch extraterritoriale Einrichtungen dem Sinn und Zweck des Art. 30 RL 2004/17/EG zuwider laufen. Eine Anwendbarkeit deutschen Vergaberechts hat in einem solchen Fall aufgrund des Vorrangs richtlinienkonformer Auslegung auszuscheiden.

Diese Schlussfolgerungen können nach völkervertragsrechtskonformer Auslegung nur auf die Mitgliedstaaten des EWR-Abkommens übertragen werden. Alle anderen Völkerrechtsverträge, die sich mit dem öffentlichen Auftragswesen beschaffen (v.a. das GPA), enthalten zur Frage der räumlichen Anwendbarkeit keinen Hinweis.

Auch *in der Sache* ist deutsches Kartellvergaberecht auf Auftragsvergaben für oder durch extraterritoriale Einrichtungen anwendbar:

Grundsätzlich kommen zwar nur rechtlich verselbständigte Einrichtungen (im Ausland) als öffentliche Auftraggeber in Betracht. Doch selbst dann ist mithilfe der materiell-wirtschaftlichen Auftraggeberdefinition danach zu differenzieren, wer das wirtschaftliche Risiko endgültig trägt. Bei den extraterritorialen Trägergesellschaften des Goethe-Instituts e.V. verbleibt dieses Risiko bei der deutschen Zentrale. Deshalb kann von keiner eigenen Auftraggeberstellung dieser Einrichtungen ausgegangen werden. Anders verhält es sich beispielsweise bei den Tochtergesellschaften der Fraport AG und der (fiktiven) Stadtwerke GmbH. Losgelöst von einer territorialen Betrachtung kommt diesen aufgrund ihrer wirtschaftlichen Eigenständigkeit die Fähigkeit zu, öffentlicher Auftraggeber zu sein. Alle rechtlich unselbständigen Einrichtungen im Ausland scheiden dagegen in der Regel als Auftraggeber aus. Hier besteht aber die (theoretische) Möglichkeit seitens der Zentrale, diese in Gestalt der mittelbaren oder unmittelbaren Stellvertretung mit der Durchführung des Vergabeverfahrens zu betrauen. Auch bei Auftragsvergaben, bei denen es um die qua Satzung zur Verfügung gestellte Verwendung eigener Mittel geht, kommt keine eigenständige Auftraggebereigenschaft der rechtlich unselbständigen Institute in Betracht, sondern lediglich ein Fall der mittelbaren Stellvertretung.

Beschaffungen für die im Rahmen dieser Dissertation zu untersuchenden Einrichtungen fallen grundsätzlich unter § 99 Abs. 1 GWB und sind damit als öffentliche Aufträge zu qualifizieren.

Ausnahmsweise kann jedoch die Beschaffung bestimmter Güter für bzw. durch die sog. Bundeswehrverwaltungsstellen im Ausland dazu führen, dass eine Zuordnung nach § 99 Abs. 7 Nr. 1 GWB als verteidigungs- und sicherheitsrelevanter Auftrag erfolgt. Dies trifft insbesondere auf militärische Spezialbekleidung zu, die zur Verwendung im Kampfeinsatz bestimmt ist und damit das Kriterium der Militärausrüstung nach § 99 Abs. 7 Nr. 1 GWB erfüllt. Aufgrund der Zweckbestimmung gilt das aber gleichermaßen für die herkömmliche Flecktarnuniform der Bundeswehr. Wird der Auftrag dann auch noch außerhalb der EU an im Einsatzgebiet ansässige Unternehmen vergeben, liegt eine Ausnahme nach § 100c Abs. 3 GWB vor. Danach wäre eine Anwendbarkeit des Kartellvergaberechts gänzlich ausgeschlossen.

Für alle sonstigen Beschaffungen für bzw. durch die Auslandsverwaltungsstellen der Bundeswehr (insbesondere Verpflegung) kommt *keine* Sonderzuordnung nach § 99 Abs. 7 Nr. 2 GWB in Betracht. Hierzu fehlt es am erforderlichen Kriterium der Verschlusssache nach § 99 Abs. 9 GWB: Nach europarechtskonformer Auslegung müssten durch die Qualifizierung als „normaler" öffentlicher Auftrag nationale Sicherheitsinteressen betroffen sein, welche eine Einschränkung der Publikationserfordernisse im Rahmen der zur Verfügung stehenden Vergabeverfahren (vgl. § 101 Abs. 7 S. 3 GWB) rechtfertigen würde. Gerade das ist bei der Grundversorgung der Auslandsstreitkräfte mit Verpflegung nicht der Fall.

Aus den gleichen Gründen scheidet auch eine Sonderzuordnung nach § 99 Abs. 7 Nr. 4 GWB bei herkömmlichen Dienstleistungsaufträgen für Botschaften oder konsularische Vertretungen aus. Anders verhält es sich indes bei Aufträgen zum Bau eines Botschaftsgebäudes oder einer konsularischen Vertretung: Hier sind nationale Sicherheitsinteressen betroffen, die einen entsprechenden Geheimhaltungsgrad (§ 99 Abs. 9 Nr. 1 GWB iVm § 4 Abs. 2 Nr. 2 SÜG) rechtfertigen.

Das Kartellvergaberecht findet dagegen keine Anwendung, wenn es um Verträge für den Erwerb von Grundstücken oder Gebäuden, über Mietverhältnisse oder sonstige Grundstücksrechte geht, die im Zusammenhang mit Botschaften oder konsularischen Vertretungen stehen, vgl. § 100 Abs. 5 GWB.

Hat die Auftragsvergabe die Beschaffung sensibler Sicherheitstechnik zum Gegenstand, kommt neben einer Sonderzuordnung als sicherheitsrelevanter Auftrag nach § 99 Abs. 7 Nr. 2 (nur Lieferung) oder Nr. 4 (Dienstleistung) GWB zugleich ein Ausschluss der Vergaberechtspflichtigkeit nach § 100 Abs. 6 Nr. 1 iVm Abs. 7 GWB in Betracht. Bestimmte Sicherheitstechniken, so u.a. Videoüberwachungsanlagen, sind als Informationstechnik (vgl. § 2 Abs. 1 BSIG) iSv § 100 Abs. 7 GWB einzustufen.

Für Forschungs- und Entwicklungseinrichtungen wie die GIZ, das Goethe-Institut, die Fraunhofer-Gesellschaft oder die Max-Planck-Gesellschaft, kommt eine Anwendung der Ausnahmevorschrift nach § 100 Abs. 4 Nr. 2 GWB nur dann in Frage, wenn die Aufträge Forschungs- oder Entwicklungsdienstleistungen zum Gegenstand haben, deren Ergebnisse einer breiten Öffentlichkeit zugänglich gemacht werden sollen. In der Regel stehen aber diese Einrichtungen bei der Vergabe von Forschungs- und Entwicklungsdienstleistungen auf Auftrag*nehmerseite*. Nur ausnahmsweise geben sie diese Aufträge als Auftraggeber weiter an andere Entwicklungs- oder Forschungsinstitutionen (z.B. GIZ bei der Erstellung von Gutachten und Studien).

Für die KfW Entwicklungsbank scheidet eine Anwendbarkeit des § 100a Abs. 2 Nr. 2 GWB hingegen vollständig aus. Insbesondere dienen von ihr vergebene Aufträge nicht der Geld- oder Kapitalbeschaffung von Auftraggebern, sondern unterstützen ausländische staatliche Institutionen im Rahmen der Entwicklungsförderung bzw. -zusammenarbeit.

Für Sektorenauftraggeber wie die (fiktiven) Stadtwerke GmbH kommt eine Befreiung von der Pflicht zu Anwendung des Kartellvergaberechts nach § 100b Abs. 4 Nr. 2 GWB dann in Betracht, wenn der Auftrag außerhalb der EU zu vergeben ist und nur dort Netze betrieben oder Strom ins Netz eingespeist werden sollen. Nach § 100b Abs. 4 Nr. 4 GWB iVm Art. 30 Abs. 5 und 6 RL 2004/17/EG muss zudem für jeden Einzelfall geprüft werden, ob im jeweiligen EU-Ausland im Sektor Energieversorgung bereits ein unmittelbarer Wettbewerb herrscht und eine entsprechende Freistellung von der Vergaberechtspflichtigkeit durch Entscheidung der EU-Kommission festgestellt wurde.

Für die Anwendbarkeit der §§ 100 ff. GWB kann keine generelle Zuordnungsaussage getroffen werden: Eine konkrete Prüfung des Einzelfalls ist aufgrund der Vielfalt der Ausnahmetatbestände unabdingbar.

Auch wenn das deutsche Kartellvergaberecht seinen Anwendungsbereich auf Auftragsvergaben durch extraterritoriale Einrichtungen in räumlicher und sachlicher Hinsicht ausdehnt und dies auch größtenteils keinen Widerspruch nach richtlinien- und völkervertragskonformer Auslegung erfährt, bedarf es hierfür der extraterritorialen Jurisdiktionshoheit des deutschen Gesetzgebers. Die Reichweite der Regelungshoheit eines souveränen Staates in Bezug auf extraterritoriale Sachverhalte bestimmt sich nach völkergewohnheits-, europa- und verfassungsrechtlichen Gesichtspunkten. Die Beachtlichkeit des Völkergewohnheitsrechts aus Perspektive des deutschen Gesetzgebers und Rechtsanwenders folgt aus Art. 25 S. 1 GG. Danach sind die allgemeinen Regeln des Völkerrechts, wozu auch das Völkergewohnheitsrecht zählt, Bestandteil des Bundesrechts. Gleiches gilt für Europäisches (Primär-)Recht, vgl. Art. 23 Abs. 1 GG. Dass sich das Handeln des Gesetzgebers natürlich auch nach den Vorgaben des Grundgesetzes richten muss, folgt aus Art. 20 Abs. 3 GG.

Aus Sicht des Völkergewohnheitsrechts bestehen grundsätzlich keine Ge- oder Verbote, welche Regelungen Staaten innerstaatlich treffen dürfen, selbst wenn diese Regelungen darauf abzielen, auch extraterritorial zur Anwendung zu gelangen. Diese Regelungshoheit wird gemeinhin als „jurisdiction to prescribe" bezeichnet. Die Ausübung eigener Jurisdiktionshoheit in Bezug auf extraterritoriale Sachverhalte wird solange als rechtens ansehen, soweit ein Staat hierfür eine sinnvolle Anknüpfung (sog. „genuine link") vorweisen kann. Im Sinne einer Schrankenregelung muss ein hinreichender Inlandsbezug zugunsten des regelnden Staates bestehen. Ein solcher ist zu bejahen, wenn ein schützenswertes Regelungsinteresse seinerseits besteht. Da sich unter Umständen auch der Aufnahmestaat auf ein schützenswertes Regelungsinteresse berufen kann, sind immer beide Perspektiven zu beleuchten. Die Schutzwürdigkeit ist mithilfe unterschiedlicher, im Völkergewohnheitsrecht anzusiedelnder Anknüpfungsprinzipien zu ermitteln. Das Prinzip der sinnvollen Anknüpfung fungiert dabei als „Oberprinzip". Grundsätzlich in Frage kommen das Territorialitätsprinzip, das Personalitätsprinzip, das Weltrechtsprinzip, das Wirkungsprinzip, das Imperialprinzip, das lex-fori-Prinzip, das sog. Schutzprinzip, das (eigentlich unionsrechtliche) Herkunftslandprinzip sowie der negative/positive ordre public.

Bei rechtlich unselbständigen Einrichtungen im Ausland greift zugunsten Deutschlands das Territorialitätsprinzip ein, da der Verwaltungssitz weiterhin in Deutschland verbleibt. Darüber hinaus gilt das aktive Personalitätsprinzip zugunsten Deutschlands bei rechtlich unselbständigen oder selbständigen Einrichtungen, außer letztere wählen eine ausländische Rechtsform. Dann kann der ausländische Staat über das aktive Personalitätsprinzip anknüpfen. Der ausländische Staat kann sich über den Sitz der Vergabestelle immer auf das Territorialitätsprinzip berufen, unabhängig davon, ob die extraterritoriale Einrichtung mit eigener Rechtspersönlichkeit ausgestattet ist oder nicht. Gleiches gilt für eine sinnvolle Anknüpfung über das lex-fori-Prinzip: Hier ist der Aufnahmestaat immer dann als Forumstaat anzusehen, wenn er zugleich Sitz der Vergabestelle ist. Umgekehrt kann sich Deutschland über das lex-fori-Prinzip auf die Anwendbarkeit eigenen Rechts berufen, sofern die jeweiligen Zentralen von Deutschland aus das Vergabeverfahren für die rechtlich unselbständigen, extraterritorialen Einrichtungen durchführen. Bei den extraterritorialen Trägergesellschaften des Goethe-Instituts und den Tochtergesellschaften der Fraport AG sowie der (fiktiven) Stadtwerke GmbH kann sich nur der Aufnahmestaat auf das Territorialitätsprinzip beziehen. Außerhalb der EU oder des EWR wäre darüber hinaus eine sinnvolle Anknüpfung über das Wirkungsprinzip und den negativen „ordre public" begründbar. Das ist von der jeweiligen rechtlichen Situation im Aufnahmestaat abhängig. Aufgrund des relativen Normengleichklangs im Vergaberecht oberhalb der Schwellenwerte hat das Wirkungsprinzip oder der negative „ordre public" innerhalb der EU oder des EWR bei der Frage nach der sinnvollen Anknüpfung hingegen keine Bedeutung.

Das Imperialprinzip ist auf die vorliegende Untersuchung nicht anwendbar, weil die Verfahrenshandlungen der Vergabestellen keine acta iure imperii darstellen. Das Herkunftslandprinzip kommt ebenfalls nicht in Betracht: Insofern fehlt es an einer sekundärrechtlichen Anordnung des Herkunftslandprinzips in den Vergaberichtlinien. Zudem kann es nicht als allgemeingültiger Anknüpfungsgrundsatz angesehen werden.

Um dem hier gegebenen Problem konkurrierender Zuständigkeiten sowie fehlender kollisionsrechtlicher Regelungen zu begegnen, ist im Anschluss an eine sinnvolle Anknüpfung eine Interessenabwägung. Dabei ist auf den Schwerpunkt des zu untersuchenden Rechtsverhältnisses abzustellen. Es bietet sich an, dieses im völkergewohnheitsrechtlich anerkannten Prinzip der Verhältnismäßigkeit zu verorten. Im Rahmen einer Interessenabwägung nach Maßgabe des Schwerpunktes des Rechtsverhältnisses kristallisiert sich das lex-fori-Prinzip als entscheidendes Kriterium heraus. Nach völkergewohnheitsrechtlicher Prüfungen gelangt man deshalb zu folgenden Ergebnissen:

- Die Anwendung deutschen Kartellvergaberechts auf extraterritoriale Sachverhalte ist nur dann gerechtfertigt, wenn die Auftragsvergabe zentral von Deutschland aus durchgeführt wird. Da zentrale Vorschriften des Kartellvergaberechts als Verfahrensrecht einzuordnen sind, findet das lex-fori-Prinzip Anwendung. Als Ausprägung des Prinzips der territorialen Souveränität bestimmt sich das anzuwendende Verfahrensrecht nach dem Sitz der verfahrensleitenden Stelle. Das ist die Vergabestelle, die bei Vergaben für ihre rechtlich unselbständigen Einrichtungen im Ausland die Auftragsvergabe zentral durchführt. Darüber hinaus besteht über das aktive Personalitätsprinzip und das Territorialitätsprinzip als solches eine engere Bindung des zu regelnden Sachverhalts zugunsten Deutschlands.
- Umgekehrt gilt bei allen rechtlich selbständigen Einrichtungen im Ausland, unabhängig von ihrer Rechtsform, eine engere Bindung zugunsten des jeweiligen ausländischen Staates. Denn nach dem lex-fori-Prinzip ist dieser als zuständiger Forumstaat anzusehen, so dass sich das anzuwendende Verfahrensrecht nach ausländischem Recht richtet. Diesbezüglich ist eine räumliche Ausdehnung deutschen Kartellvergaberechts nicht gerechtfertigt.
- Gleichermaßen hat eine Rechtfertigung nach völkergewohnheitsrechtlichen Gesichtspunkten auszuscheiden, sofern die extraterritorialeen Einrichtungen selbst als rechtlich unselbständige Bedarfsstellen die Vergabeverfahren nach deutschem Kartellvergaberecht durchführen wollen. Auch hier spricht das lex-fori-Prinzip für eine engere Anbindung an den ausländischen Staat, da sich in diesem der Sitz der Vergabestelle als verfahrensleitende Institution befindet.
- Bei Auftragsvergaben außerhalb der EU oder des EWR kann u.U. eine sinnvolle Anknüpfung über das Wirkungsprinzip oder den positiven/negativen ordre public zugunsten des ausländischen Staates stattfinden. Allerdings sind diese im Vergleich zu dem lex-fori-Prinzip nur von untergeordneter Bedeutung.

Europarechtlich ist es nicht geboten, *innerhalb der EU* Völkergewohnheitsrecht zur Bestimmung des geltenden Rechts bei extraterritorialen Auftragsvergaben anzuwenden. Das Unionsrecht weist hier gerade keine Regelungslücke auf. Aufgrund der zahlreichen unionsrechtlichen Vorgaben ist im Bereich der Vergaben oberhalb der EU-Schwellenwerte innerhalb der Union ein relativer Gleichklang der nationalen Vergaberechtsregime entstanden. Dann aber kann es innerhalb der EU keinen gravierenden Unterschied machen, ob sich das Vergabeverfahren im oberschwelligen Bereich nach fremden oder inländischen Recht richtet. Der unionsrechtlich vorgegebene

Vergaberechtsstandard (insbesondere auch der subjektive Bieterschutz) bleibt gewahrt.

In der Folge spielt es innerhalb der EU im Bereich oberhalb der EU-Schwellenwerte keine Rolle, ob deutsches oder fremdes Vergaberecht Anwendung findet. Eine Anwendung deutschen Kartellvergaberechts würde insbesondere nicht gegen das Diskriminierungsverbot gemäß Art. 18 AEUV, die Warenverkehrsfreiheit gemäß Art. 34 ff. AEUV oder die Dienstleistungsfreiheit gemäß Art. 56 ff. AEUV verstoßen.

Bei Auftragsvergaben, die für oder durch extraterritoriale Einrichtungen *außerhalb der EU* durchgeführt werden sollen, ist indes auf die entsprechenden völkerrechtlichen Prinzipien abzustellen. Dieser Bereich ist vom Unionsrecht nicht abgedeckt. Dann aber kommt man zu dem selben Ergebnis wie oben: Aufgrund des lex-fori-Prinzips als spezielle Ausprägung des Territorialitätsgrundsatzes richtet sich das anwendbare Verfahrensrecht außerhalb der EU nach dem Sitz der verfahrensleitenden Stelle. Dies ist die Vergabestelle. Sofern die Vergabestelle ihren Sitz in Deutschland hat, findet deutsches Kartellvergaberecht Anwendung. In dieser Hinsicht konnte der deutsche Gesetzgeber den Anwendungsbereich deutschen Kartellvergaberechts räumlich ausdehnen. Bei allen anderen Vergaben außerhalb der EU, in denen die extraterritoriale Einrichtung das Vergabeverfahren in Eigenregie durchführt, kommt hingegen das Recht desjenigen Mitgliedstaates zur Anwendung, der zugleich Aufnahme- bzw. Sitzstaat ist. Für Auftragsvergaben die vom Ausland aus durchgeführt werden, kann der deutsche Gesetzgeber mithin nicht deutsches Recht für anwendbar erklären.

gs der nationalen Vergaberechtsregime innerhalb der EU im oberschwelligen Bereich kann in der Anwendung eigenen Kartellvergaberechts kein Verstoß gegen das Diskriminierungsverbot nach Art. 18 AEUV gesehen werden. Aus dem gleichen Grunde scheidet auch eine Verletzung der Grundfreiheiten aus Art. 34 ff. AEUV oder Art. 56 ff. AEUV aus.

Dieselben Schlussfolgerungen sind aus Sicht des deutschen Verfassungsrechts zu treffen: Demnach ist es aus verfassungsrechtlicher Sicht zulässig, dass Einrichtungen, wenn die Vergabestelle ihren Sitz *innerhalb der EU* hat, deutsches Kartellvergaberecht bei Auftragsvergaben mit extraterritorialem Bezug anwenden. Der deutsche Gesetzgeber konnte den Anwendungsbereich deutschen Kartellvergaberechts in dieser Hinsicht räumlich ausdehnen. Umgekehrt ist für extraterritoriale Einrichtungen *außerhalb der EU*, die zugleich Sitz der Vergabestelle sind, der ausländische Staat als Forumstaat maßgeblich. Dann aber richtet sich das anzuwendende (Vergabe-)

Recht nach der lex fori des ausländischen Staates. Das deutsche Vergabeverfahrensrecht kann sich für diese Auftragsvergaben kollisionsrechtlich nicht für zuständig erklären.

Ergebnisse Kapitel 5

Deutschland verfügt insoweit über eine extraterritoriale Jurisdiktionshoheit, als das eigene Recht auf Vergabeverfahren angewandt wird, die von Deutschland aus durchgeführt werden sollen (sog. Inlandshandeln mit extraterritorialer Wirkung).

Gleiches gilt für alle Auftragsvergaben, die von den extraterritorialen Einrichtungen in Eigenregie *innerhalb der EU* betrieben werden (sog. ausschließlich extraterritoriales Handeln). Für ausschließlich extraterritoriales Handeln außerhalb der EU, besteht keine Regelungshoheit (jurisdiction to prescribe) zu Gunsten Deutschlands. Es gilt das Recht des Aufnahmestaates. Zu dessen Anwendung können deutsche Einrichtungen im Ausland auch verpflichtet werden. Andernfalls läuft der Regelungszweck Internationalen Öffentlichen Rechts leer. Jedoch bleiben alle extraterritorialen Einrichtungen weiterhin an die Grundrechte gebunden.

Bei ausschließlich extraterritorialem Handeln *außerhalb der EU* kann deutsches Kartellvergaberecht ausnahmsweise dann zur Anwendung gelangen, wenn diesbezüglich eine Zustimmung des Aufnahmestaates vorliegt. Eine solche kann entweder (versteckt) über das Kollisionsrecht des Aufnahmestaates vermittelt oder durch schlichte Anerkennung seinerseits erlangt werden. Innerhalb des EWR bietet es sich aus deutscher Sicht an, über reziprokes Verhalten fremdes Vergabeverfahrensrecht im eigenen Land zuzulassen, um im Gegenzug außerhalb der eigenen Landesgrenzen deutsches Kartellvergaberecht anwenden zu können. Ein solches Vorgehen würde auch nicht dem nationalen Ordre-public-Vorbehalt widersprechen.

Extraterritoriale Einrichtungen unterliegen grundsätzlich weiterhin einer Grundrechtsbindung.

Will der öffentliche Auftraggeber, dass deutsches Kartellvergaberecht bei extraterritorialen Sachverhalten außerhalb der EU zu Anwendung gelangt, dann sollte er Vergabeverfahren, die dazu dienen, den Beschaffungsbedarf rechtlich *unselbständiger* Einrichtungen im Ausland zu decken, immer zentral von Deutschland aus durchführen.

Neben dem reziproken Verhalten bietet es sich bei ausschließlich extraterritorialem Handeln außerhalb der EU aus deutscher Sicht zudem an, mit den unterschiedlichen Aufnahmestaaten völkervertragliche (bilaterale)

Vereinbarungen über den räumlichen Anwendungsbereich deutschen Kartellvergaberechts zu treffen. Die Erfolgsaussichten einer solchen Vereinbarung dürften innerhalb des EWR ob des relativen Gleichklangs der Vergaberechtsregime im oberschwelligen deutlich höher liegen als außerhalb.

Für die Fälle des Inlandshandelns mit extraterritorialer Wirkung bzw. des ausschließlich extraterritorialen Handelns innerhalb der EU ist es darüber hinaus angezeigt, eine dem § 130 Abs. 2 GWB vergleichbare Vorschrift in das deutsche Kartellvergaberecht einzufügen, aus der sich klar und unmissverständlich die Anwendbarkeit eigenen Rechts bei Auslandssachverhalten ergibt. Eine offen-einseitige Kollisionsnorm würde für Rechtsklarheit zugunsten aller Verfahrensbeteiligter sorgen und den Raum für Interpretationen in Bezug auf die räumliche Anwendbarkeit deutschen Kartellvergaberechts weitestgehend einengen.

Literaturverzeichnis

Adolphsen, Jens, The Conflict of Laws in Cartel Matters in a Globalised World: Alternatives to the Effects Doctrine, (2005) 1 Journal of Private International Law (JPrIL), S. 151 ff.

Alexander, Christian, Vergaberechtlicher Schadensersatz gemäß § 126 GWB, WRP 2009, S. 28 ff.

Arnold, Ann Kathrin, Lex fori als versteckte Anknüpfung, Berlin 2009.

Arrowsmith, Sue / Linarelli, John / Wallace, Don, Regulating Public Procurement: national and international perspectives, 1. Aufl., Den Haag 2000.

Atzpodien, Hans Christoph / Müller, Sven, FIDIC-Standardbedingungen als Vorlage für europäische AGB im Bereich des Industrieanlagen-Vertragsrechts, RIW 2006, S. 331 ff.

Bär, Rolf, Kartellrecht und Internationales Privatrecht: die kollisionsrechtliche Behandlung wirtschaftsrechtlicher Eingriffe, dargestellt am Beispiel der Gesetze gegen Wettbewerbsbeschränkungen, Karlsruhe 1965.

Bair, Jens / Schmid, Tomas, Qualifikation der Verzinsung des Eigenkapitals einer brasilianischen Kapitalgesellschaft, IStR 2010, S. 20 ff.

Baldus, Manfred, Transnationales Polizeirecht: verfassungsrechtliche Grundlagen und einfach-gesetzliche Ausgestaltung polizeilicher Eingriffsbefugnisse in grenzüberschreitenden Sachverhalten, Baden-Baden 2001.

Bamberger, Heinz Georg / Roth, Herbert (Hrsg.), Kommentar zum Bürgerlichen Gesetzbuch, Bd. 3, 3. Aufl., München 2012.

Bar, Christian von / Mankowski, Peter, Internationales Privatrecht, Bd. 1, Allgemeine Lehren, 2. Aufl., München 2003.

Bar, Christian von, Internationales Privatrecht, Bd. 2, Besonderer Teil, 1. Aufl., München 1991.

Baumbach, Adolf / Hopt, Klaus (Hrsg.), Handelsgesetzbuch: Kommentar, 34. Aufl., München 2010.

Baumbach, Adolf / Hueck, Alfred (Hrsg.), Gesetz betreffend die Gesellschaften mit beschränkter Haftung (GmbHG), 19. Aufl., München 2010.

Behr, Nicolaus Baron von, Multinationale Unternehmen und Exportkontrollen: völkerrechtliche Zulässigkeit und Grenzen extraterritorialer Ausfuhrbeschränkungen, Frankfurt/M. 1996.

Berlioz, Pierre, La notion de fourniture de services au sens de l'article 5-1b) du règlement „Bruxelles I", Clunet 135 (2008), S. 714 ff.

Bianca, Cesare Massimo / Bonell, Michael Joachim (Hrsg.), Commentary on the Vienna Convention, Mailand 1987.

Bitter, Anna-Kristina, Auslegungszusammenhang zwischen der Brüssel I-Verordnung und der künftigen Rom I-Verordnung, IPRax 2008, S. 96 ff.

Bitterich, Klaus, Vergaberechtswidrig geschlossene Verträge und internationales Vertragsrecht, IPRax 2009, S. 465 ff.

Blasche, Sebastian, Zweigniederlassungen in- und ausländischer Kapitalgesellschaften, GWR 2012, S. 169 ff.

Boesen, Arnold, Vergaberecht: Kommentar zum 4. Teil des GWB, 1. Aufl., Köln 2000.

Bonefeld, Michael / Kroiß, Ludwig / Tanck, Manuel (Hrsg.), Der Erbprozess, 3. Aufl., Bonn 2008.

Boos, Karl-Heinz / Fischer, Reinfrid / Schulte-Mattler, Hermann, Kreditwesengesetz: KWG, 4. Aufl., München 2012.

Bork, Reinhard / Schäfer, Carsten (Hrsg.), Kommentar zum GmbHG, 1. Aufl., Köln 2010.

Brechmann, Winfried, Die richtlinienkonforme Auslegung, München 1994.

Breithaupt, Joachim / Ottersbach, Jörg, Kompendium Gesellschaftsrecht, 1. Aufl., München 2010.

Bremer, Eckhard, Treuhandverwaltung und Jurisdiktionsbefugnis, Baden-Baden 1998.

Brownlie, Ian, Principles of Public International Law, 7. Aufl., Oxford 2008.

Brüning, Christoph, Zum Verhältnis von öffentlichem Preisrecht und Vergaberecht, ZfBR 2012, S. 642 ff.

ders., Mittelbare Beteiligung der Kommunen im grenzüberschreitenden Wettbewerb, DVBl. 2004, S. 1451 ff.

Buch, Verena, Botschaften und Konsulate als Mieter – Hinweise für die Vertragsgestaltung, NZM 2000, S. 367 ff.

Bull, Hans-Peter / Mehde, Veith, Allgemeines Verwaltungsrecht mit Verwaltungslehre, 8. Aufl., Heidelberg 2009.

Bungenberg, Marc, Vergaberecht im Wettbewerb der Systeme, Tübingen 2007.

Burgi, Martin, Von der Zweistufenlehre zur Dreiteilung des Rechtsschutzes im Vergaberecht, NVwZ 2007, S. 741 ff.

ders., Die Zukunft des Vergaberechts, NZBau 2009, S. 609 ff.

ders., Der Verwaltungsvertrag im Vergaberecht, NZBau 2002, S. 57 ff.

ders., Funktionale Privatisierung und Verwaltungshilfe, Tübingen 1999.

Busse, Daniel, Die Berücksichtigung ausländischer „Eingriffsnormen" durch die deutsche Rechtsprechung, ZVglRWiss. 95 (1996), S. 386 ff.

Byok, Jan / Jaeger, Wolfgang, Kommentar zum Vergaberecht, 2. Aufl., Frankfurt am Main 2005.

Czernich, Dietmar / Heiss, Helmut (Hrsg.), Das Europäische Schuldvertragsübereinkommen: EVÜ, Wien 1999.

Coester-Waltjen, Dagmar, Internationales Beweisrecht: das auf den Beweis anwendbare Recht in Rechtsstreitigkeiten mit Auslandsbezug, Ebelsbach 1983.

Crass, Normen, Der öffentliche Auftraggeber: eine Untersuchung am Beispiel der öffentlich-rechtlichen Kreditinstitute und Energieversorgungsunternehmen, München 2004.

Dahm, Georg / Delbrück, Jost / Wolfrum, Rüdiger, Völkerrecht, Bd. I/1, 2. Aufl., Berlin 1989.

Dauses, Manfred (Hrsg.), Handbuch des EU-Wirtschaftsrechts (Loseblattsammlung), Bd. 2, 31. Ergänzungslieferung, München 2012.

Dietlein, Johannes, Der Begriff des `funktionalen´ Auftraggebers nach § 98 Nr. 2 GWB, NZBau 2002, S. 136 ff.

Di Fabio, Udo, Richtlinienkonformität als ranghöchstes Normauslegungsprinzip?, NJW 1990, S. 947 ff.

Dischendorfer, Martin, The Existence and Development of Multilateral Rules on Government Procurment under the Framework of the WTO, PPLR 2000, S. 1 ff.

Doehring, Karl, Völkerrecht, 2. Aufl., Heidelberg 2004.

Dreher, Meinrad, Public Private Partnerships und Kartellvergaberecht: Gemischtwirtschaftliche Gesellschaften, In-house-Vergabe, Betreibermodell und Beleihung Privater, NZBau 2002, S. 245 ff.

Dreier, Horst (Hrsg.), Grundgesetz: Kommentar, 2. Aufl., Tübingen 2010.

Droste, Thomas, Der Begriff der „zwingenden Bestimmung" in den Art. 27 ff. EGBGB, Freiburg 1991.

Durić, Hans-Peter, Die Freihandelsabkommen EG-Schweiz: Die rechtliche Problematik, 3. Aufl., Freiburg 1998.

Ebisch, Hellmuth /Gottschalk, Joachim, Preise und Preisprüfungen bei öffentlichen Aufträgen, Kommentar, 8. Aufl., München 2010.

Eckhardt, Dirk / Hermanns, Marc (Hrsg.), Kölner Handbuch des Gesellschaftsrechts, 1. Aufl., Köln 2011.

Einsele, Dorothee, Auswirkungen der Rom I-Verordnung auf Finanzdienstleistungen, WM 2009, S. 289 ff.

Erichsen, Hans-Uwe / Ehlers, Dirk (Hrsg.), Allgemeines Verwaltungsrecht, 14. Aufl., Berlin 2010.

Erman, Walter / Westermann, Harm Peter (Hrsg.), Bürgerliches Gesetzbuch: Handkommentar, Bd. 2, 12. Aufl., Köln 2008.

Epping,Volker / Hillgruber, Christian (Hrsg.), Beck Onlinekommentar (OK), Grundgesetz, 16. Edition, Oktober 2012.

Europäische Kommission (Hrsg.), Final Report: Cross-border Procurement above EU-Thresholds, 2011. Online verfügbar unter: http://ec.europa.eu/internal_market/publicprocurement/docs/modernising _rules/cross-border-procurement_en.pdf (zuletzt abgerufen am: 15.01.2013).

Eyermann, Erich / Fröhler, Ludwig, Verwaltungsgerichtsordnung, Kommentar, 13. Aufl., München 2010.

Feber, Schadensersatzansprüche aus culpa in contrahendo bei VOB/A-Verstößen öffentlicher Auftraggeber, BauR 1989, S. 553 ff

Feldmüller, Christian, Die Rechtsstellung fremder Staaten, und sonstiger juristischer Personen des ausländischen öffentlichen Rechts im deutschen Verwaltungsprozeßrecht, Berlin 1999.

Fetsch, Johannes, Eingriffsnormen und EG-Vertrag, Tübingen 2002.

Forsthoff, Ernst, Die Verwaltung als Leistungsträger, Stuttgart 1938.

ders., Der Staat als Auftraggeber: unter besonderer Berücksichtigung des Bauauftragswesens, Stuttgart 1968.

ders., Lehrbuch des Verwaltungsrechts, Bd. 1: Allgemeiner Teil, 10. Aufl., München 1973.

Fraport AG (Hrsg.), Fraport Geschäftsbericht 2011, 2012. Online verfügbar unter: http://www.fraport.de/content/fraport/de/konzern/ueber-uns/fraport-auf-einen-blick.html (zuletzt abgerufen am: 15.01.2013).

Freitag, Robert, Die kollisionsrechtliche Behandlung ausländischer Eingriffsnormen nach Art. 9 Abs. 3 Rom I VO, IPRax 2009, S. 109 ff.

Gandenberger, Otto, Die Ausschreibung: Organisierte Konkurrenz um öffentliche Aufträge, Heidelberg 1961.

Garcimartín Alférez, Francisco, The Rome II Regulation: On the way towards a European Private International Law Code, EuLF 2007-I, S. 77 ff.

Geiger, Rudolf, Völkerrecht und Grundgesetz im Europarecht, 5. Aufl., München 2010.

Geimer, Reinhold, Internationales Zivilprozessrecht, 6. Aufl., Köln 2009.

ders., Öffentlich-rechtliche Streitgegenstände – Zur Beschränkung des Anwendungsbereichs der EuGVVO bzw. des EuGVÜ/LugÜ auf Zivil- und Handelssachen, IPRax 2003, S. 512 ff.

ders., Zur Auslegung des Brüsseler Zuständigkeits- und Vollstreckungsübereinkommens in Zivil- und Handelssachen vom 27. September 1968, EuR 1977, S. 341 ff.

Gierke, Otto von, Deutsches Privatrecht, Bd. 1, Leipzig 1895.

Glassen, Helmut / Achenbach, Hans / Hahn, Helmuth von (Hrsg.), Frankfurter Kommentar zum Kartellrecht,

    Bd. 6 (§§ 81 – 131 GWB), Loseblatt-Kommentar, Köln 2010.

Gloy, Wolfgang / Loschelder, Michael / Erdmann, Willi (Hrsg.), Handbuch des Wettbewerbsrechts, 4. Aufl., München 2010.

Gloyer, Christian / Xiaohua, He, Vergaberecht in China, ZfBR 2007, S. 325 ff.

Götze, Lutz / Helbig, Gehard / Henrici, Gert / Krumm, Hans-Jürgen, Deutsch als Fremdsprache: ein internationales Handbuch, Bd. 1, München 2001.

Grabitz, Eberhard / Hilf, Meinhard (Hrsg.), Das Recht der Europäischen Union,

    Bd. 4, Sekundärrecht: u.a. öffentliches Beschaffungswesen, 40. Ergänzungslieferung, München 2009,

    Bd. 5, Sekundärrecht: Außenwirtschaftsrecht, 40. Ergänzungslieferung, München 2009.

Grabitz, Eberhard / Hilf, Meinhard / Nettesheim, Martin (Hrsg.), Das Recht der Europäischen Union, Bd. 1, EUV/AEUV, 48. Ergänzungslieferung, München 2012.

Graupner, Frances / Ballantyne, Martin, Das Recht der Wettbewerbsbeschränkungen im Vereinigten Königreich, in: Frankfurter Kommentar, Bd. 1, Köln, Stand 2010.

Groeben, Hans von der / Schwarze, Jürgen (Hrsg.), Kommentar zum Vertrag über die Europäische Union und zur Gründung der Europäischen Gemeinschaft, Bd. 4, Art. 189 – 314 EGV, 6. Aufl. Baden-Baden 2004.

Gröning, Jochem, Rechtsschutzqualität und Verfahrensbeschleunigung im Entwurf für ein. Vergaberechtsänderungsgesetz, ZIP 1998, S. 370 ff.

Groß, Thomas, Welche Klimaschutzpflichten ergeben sich aus Art. 20a GG?, ZUR 2009, S. 364 ff.

Gummert, Hans (Hrsg.), Münchener Anwaltshandbuch: Personengesellschaftsrecht, 1. Aufl., München 2005.

Gurtlit, Elke, Grundrechtsbindung von Unternehmen, NZG 2012, S. 249 ff.

Gutzwiller, Max, Geschichte des Internationalprivatrechts, Basel 1977.

Habscheid, Walther / Rudolf, Walter, Territoriale Grenzen der staatlichen Rechtsetzung, Heidelberg 1973.

Hakenberg, Waltraud, Grundzüge des europäischen Gemeinschaftsrechts, 2. Aufl. München 2000.

Hamdan, Marwan / Hamdan, Binke, Das französische Vergaberecht, RIW 2011, S. 368 ff.

Hammen, Horst, Regulierung des Erwerbs von Unternehmensbeteiligungen durch Staatsfonds (Sovereign Wealth Funds) oder „Die begehrte Bedrohung", WM 2010, S. 1. ff.

Handorn, Boris, Das Sonderkollisionsrecht der deutschen internationalen Schiedsgerichtsbarkeit, Tübingen 2005.

Haratsch, Andreas / Koenig, Christian / Pechstein, Matthias, Europarecht, 7. Aufl., Tübingen 2010.

Hatje, Armin (Hrsg.), Das Binnenmarktrecht als Daueraufgabe, Baden-Baden 2002, EuR-Beiheft 1/2002.

Hecke, George van, Vertragsautonomie und Wirtschaftsgesetzgebung im IPR, ZfRV 7 (1966), S. 23 ff.

Hector, Pascal, Das völkerrechtliche Abwägungsgebot: Abgrenzung der Souveränitätssphären durch Verfahren, Berlin 1992.

Heidel, Thomas / Dauner-Lieb, Barbara (Hrsg.), AnwaltKommentar BGB, Bd. 1, Bonn 2005.

Heini, Anton, Ausländische Staatsinteressen und IPR, ZSchweizR 100 I (1981), S. 77 ff

Heinz, Kersten, Ausländische Missionen als Mieter - einige juristisch-praktische Anmerkungen zu einem "Hauptstadt-Problem", ZfIR 1999, S. 559 ff.

Heldrich, Andreas, Internationale Zuständigkeit und anwendbares Recht, Tübingen 1969.

Herdegen, Matthias, Internationales Wirtschaftsrecht, 9. Aufl., München 2011.

ders.,, Völkerrecht, 10. Aufl., München 2011.

Herrmann, Marco / Polster, Julian, Die Vergabe von sicherheitsrelevanten Aufträgen, NVwZ 2010, S. 341 ff.

Hertwig, Stefan, Praxis der öffentlichen Auftragsvergabe: Praxis, Verfahren und Rechtsschutz, 4. Aufl., München 2009.

Heß, Burkhard, Amtshaftung als „Zivilsache" im Sinne von Art. 1 Abs. 1 EuGVÜ, IPRax 1994, S. 11 ff.

Heuvels, Klaus, Mittelbare Staatsfinanzierung und Begriff des funktionalen Auftraggebers, NZBau 2008, S. 166 ff.

Hilf, Meinhard / Oeter, Stefan (Hrsg.), WTO-Recht: Rechtsordnung des Welthandels, 2. Aufl., Baden-Baden 2010.

Hök, Götz-Sebastian, Zum Vergabeverfahren im Lichte des Internationalen Privatrechts, ZfBR 2010, S. 440 ff.

ders., Neues europäisches Internationales Baurecht, ZfBR 2008, S. 741 ff.

ders., Zum Sitz des Rechtsverhältnisses beim internationalen Bau- und Architektenvertrag, ZfBR 2006, S. 741 ff.

ders., Handbuch des internationalen und ausländischen Baurechts, 2. Aufl., Berlin/Heidelberg 2012.

ders., Zur Vergabe und Abwicklung öffentlicher Bauaufträge in Frankreich, ZfBR 2001, 220 ff.

Hoffmann, Bernd von / Thorn, Karsten, Internationales Privatrecht, 9. Aufl., München 2007.

Hoffmann, Bernd von, Über den Schutz des Schwächeren bei internationalen Schuldverträgen, RabelsZ 38 (1974), S. 396 ff.

Hoffmann-Riem, Wolfgang / Schmidt-Aßmann, Eberhard / Voßkuhle, Andreas (Hrsg.), Grundlagen des Verwaltungsrechts,

> Bd. 1, Methoden, Maßstäbe, Aufgaben, Organisation,
> 1. Aufl., München 2006,

> Bd. 2, u.a. Verwaltungsverfahren, Handlungsformen,
> 1. Aufl., München 2008,

> Bd. 3, Personal, u.a. Kontrolle, staatlichen Einstandspflichten,
> 1. Aufl., München 2009.

Horn, Lutz / Graef, Andreas, Vergaberechtliche Sekundäransprüche - Die Ansprüche aus §§ 125, 126 GWB und dem BGB, NZBau 2005, S. 505 ff

Huber, Peter M., Der Schutz des Bieters im öffentlichen Auftragswesen unterhalb der sog. Schwellenwerte, JZ 2000, S. 877 ff.

Immenga, Ulrich / Mestmäcker, Ernst-Joachim (Hrsg.), Bd. 2, GWB: Kommentar zum deutschen Kartellrecht, 4. Aufl., München 2007.

Ingenstau, Heinz / Korbion, Hermann (Hrsg.), VOB-Kommentar: Teile A und B, 17. Aufl., Köln 2010.

Ipsen, Knut (Hrsg.), Völkerrecht, 5. Aufl., München 2004.

Isensee, Josef / Kirchhof, Paul (Hrsg.), Handbuch des Staatsrechts (HBStR), Bd. 4, Aufgaben des Staates, 3. Aufl,. Heidelberg 2006.

Jacquet, Jean-Michel / Delebecque, Philippe / Corneloup, Sabine, Droit du Commerce International, 1. Aufl., Paris 2007.

Jarrass, Hans-Dieter / Pieroth, Bodo (Hrsg.), Grundgesetz für die Bundesrepublik Deutschland: Kommentar, 12. Aufl., München 2012.

Jasper, Ute / Marx, Friedhelm, Beck-Texte im dtv: Vergaberecht (VgR), 12. Aufl., München 2010.

Jayme, Erik / Kohler, Christian, Europäisches Kollisionsrecht 2007: Windstille im Erntefeld der Integration, IPRax 2007, S. 493 ff.

Jayme, Erik, Subunternehmervertrag und Europäisches Gerichtstands- und Vollstreckungsübereinkommen (EuGVÜ), in: Festschrift für Klemens Pleyer zum 65. Geburtstag, Köln 1986, S. 371 ff.

Jellinek, Walter, Verwaltungsrecht, 3. Aufl., Berlin 1931.

Jhering, Rudolf von, Culpa in contrahendo oder Schadensersatz bei nichtigen oder nicht zur Perfection gelangten Verträgen, JhJB (1861), Band 4, S. 1 ff.

Johannsen, Kurt Herbert / Henrich, Dieter (Hrsg.), Familienrecht: Scheidung, Unterhalt, Verfahren – Kommentar, 5. Aufl. München 2010.

Johlen, Heribert / Oerder, Michael (Hrsg.), Münchener Anwalts-Handbuch, Verwaltungsrecht, 3. Aufl. München 2012.

Kadner Graziano, Thomas, Das auf außervertragliche Schuldverhältnisse anzuwendende Recht nach Inkrafttreten der Rom II-Verordnung, RabelsZ 73 (2009), S. 1 ff.

Kämmerer, Jörn Axel, Daseinsvorsorge als Gemeinschaftsziel oder: Europas „soziales Gewissen", NVwZ 2002, S. 1041 ff.

Kaffanke, Joachim, Nationales Wirtschaftsrecht und internationale Wirtschaftsordnung, Baden-Baden 1990.

Kahl, Wolfgang, Privatrechtliches Verwaltungshandeln und Verwaltungsverfahrensgesetz am Beispiel des Vergaberechts, in: Festschrift für Zezschwitz 2005, S. 151 ff.

Kappellmann, Dieter / Messerschmidt, Burkhard (Hrsg.), VOB Teile A und B mit VgV, 3. Aufl., München 2010.

Kegel, Gerhard / Schurig, Klaus, Internationales Privatrecht, 9. Aufl., München 2004.

KfW Bankengruppe, Geschäftsbericht 2011 der KfW Bankengruppe, 2012. Online verfügbar unter: http://www.kfw.de/kfw/de/I/II/Download_Center/Finanzpublikationen/PDF_Dokumente_Berichte_etc./1_Geschaeftsberichte/Geschaeftsbericht_2011.pdf (zuletzt abgerufen am: 15.01.2013).

Kimminich, Otto, Deutsche Verfassungsgeschichte, 2. Aufl., Baden-Baden 1987.

Kleinschmidt, Peter, Zur Anwendbarkeit zwingenden Rechts im internationalen Vertragsrecht unter besonderer Berücksichtigung von Absatzmittlerverträgen, München 1985.

Kment, Martin, Grenzüberschreitendes Verwaltungshandeln – Transnationale Element deutschen Verwaltungsrechts, Tübingen 2010.

Knack, Hans-Joachim / Henneke, Hans-Günter, Verwaltungsverfahrensgesetz (VwVfG): Kommentar, 9. Aufl., Köln 2010.

Koch, Susanne, Die grenzüberschreitende Wirkung von nationalen Genehmigungen für umweltbeeinträchtigende industrielle Anlagen, Bern / Frankfurt/M. 2010.

Kokott, Juliane / Doehring, Karl / Buergenthal, Thomas, Grundzüge des Völkerrechts, 3. Aufl., Heidelberg 2003.

Kondring, Jörg, Das französische Subunternehmergesetz als Eingriffsnorm - Trilogie einer Identitätsfindung, RIW 2009, S. 118 ff.

Kopp, Ferdinand / Ramsauer, Ulrich, Verwaltungsverfahrensgesetz, 13. Aufl., München 2012.

ders. / Schenke, Wolf-Rüdiger, Verwaltungsgerichtsordnung, 17. Aufl., München 2011.

Kreuzer, Karl, Zu Stand und Perspektiven des Europäischen Internationalen Privatrechts, RabelsZ 70 (2006), S. 1 ff.

Kronke, Herbert, Handbuch Internationales Wirtschaftsrecht, 1. Aufl., Köln 2005.

Kropholler, Jan, Internationale Zuständigkeit, in: Handbuch des Internationalen Zivilprozessrechts, Bd. I, § 1.

ders., Internationales Privatrecht, 5. Aufl., Tübingen 2004.

ders. / von Hein, Jan, Europäisches Zivilprozessrecht, Kommentar, 9. Aufl., Frankfurt am Main 2011.

Kulartz, Hans-Peter / Kus, Alexander / Portz, Norbert, Kommentar zum GWB-Vergaberecht, 2. Aufl., Düsseldorf 2009.

Kunnert, Gerhard, WTO-Vergaberecht: Genese und System sowie Einwirkungen auf das EG-Vergaberegime, 1. Aufl., Baden-Baden 1998.

Lagarde, Paul / Tenenbaum, Aline, De la Convention de Rome au règlement Rome I, Rev. crit. d.i.p. 2008, S. 737 ff.

Lando/Nielsen, The Rome I Regulation, CML Rev. 45 (2008), S. 1716 ff.

Langen, Eugen / Bunte, Hermann-Josef, Kommentar zum deutschen und europäischen Kartellrecht, 7. Aufl., Neuwied 1994.

Larenz, Karl / Canaris, Claus-Wlihelm, Methodenlehre der Rechtswissenschaften, 3. Aufl., Berlin 1995.

Lecheler, Helmut, Einführung in das Europarecht, 2. Aufl., München 2003.

Lehmann, Matthias, Anmerkungen zu EuGH, Urt. v. 05.02.2004 – Rs. C-265/02 (Frahuil SA/Assitalia S.p.A.), ZZP Int 9 (2004), S. 168 ff.

Leible, Stefan, Das Grünbuch zum Internationalen Vertragsrecht: Beiträge zur Fortentwicklung des Europäischen Kollisionsrechts der vertraglichen Schuldverhältnisse, München 2004.

ders., Rechtswahl im IPR der außervertraglichen Schuldverhältnisse nach der Rom II-Verordnung, RIW 2008, S. 257 ff.

ders. / Lehmann, Matthias, Die neue EG-Verordnung über das auf außervertragliche Schuldverhältnisse anzuwendende Recht ("Rom II"), RIW 2007, S. 721 ff.

Leipold, Dieter, Lex fori, Souveränität, Discovery: Grundfragen des internationalen Zivilprozeßrechts, Heidelberg 1989.

Lepsius, Oliver, Deutsches Recht auf NATO-Truppenübungsplätzen, Münster 1995.

Lindner-Figura, Jan / Oprée, Frank / Stellman, Frank (Hrsg.), Geschäftsraummiete, 3. Aufl., München 2012.

Linke, Christine, Europäisches Internationales Verwaltungsrecht, Frankfurt am Main 2001.

Loeser, Roman, System des Verwaltungsrechts, Bd. 2: Verwaltungsorganisation, 1. Aufl., Baden-Baden 1994.

Löw, Konrad, Fiskalgeltung der Grundrechte, DÖV 1957, S. 879 ff.

Loewenheim, Ulrich / Meessen, Karl Matthias / Riesenkampff, Alexander (Hrsg.), Kartellrecht: GWB, 2. Aufl., München 2009.

Lorenz, Egon, Die Auslegung schlüssiger und ausdrücklicher Rechtswahlerklärungen im internationalen Schuldvertrag, RIW 1992, S. 697 ff.

ders., Die Rechtswahlfreiheit im internationalen Schuldvertragsrecht, RIW 1987, S. 569 ff.

ders., Vom alten zum neuen internationalen Schuldvertragsrecht, IPRax 1987, S. 269 ff.

Lowenfeld, Andreas, Conflict, Balancing of Interests, and the Exercise of Jurisdiciton to Prescribe: Reflections on the Insurance Antitrust Case, AJIL 89 (1995), S. 42.

Mäsch, Gerald, Die Rechtswahlfreiheit und Verbraucherschutz, Berlin 1993.

Magnus, Ulrich / Mankowski, Peter (Hrsg.), Brussels I Regulation, 2. Aufl., München 2012.

Maire, Sonja, Die Quelle der Parteiautonomie und das Statut der Rechtswahlvereinbarung im internationalen Vertragsrecht, Basel 2011.

Mangoldt, Hermann von / Klein, Friedrich / Starck, Christian (Hrsg.), Kommentar zum Grundgesetz,

    Bd. 1, Präambel, Art. 1 - 19 GG, 6. Aufl., München 2010.

    Bd. 2, Art. 20 – 82 GG, 6. Aufl., München 2010.

    Bd. 3, Art. 83 – 146 GG, 6. Aufl., München 2010.

Mankowski, Peter, Die Rom I-Verordnung – Änderungen im europäischen IPR für Schuldverträge, IHR 2008, S. 137 ff.

ders., Rechtssicherheit, Einzelfallgerechtigkeit und Systemgerechtigkeit bei der objektiven Anknüpfung im Internationalen Schuldvertragsrecht - Zur Reichweite des Artikel 4 V EVÜ, ZEuP 2002, S. 804 ff.

ders., Die Ausweichklausel des Art. 4 V EVÜ und das System des EVÜ, IPRax 2003, S. 464 ff.

ders., Internet und Internationales Wettbewerbsrecht, GRUR Int 1999, S. 909 ff.

Mann, Frederick, The doctrine of jurisdiction in international law, Rec. des Cours 111 (1964 I), S. 9 ff.

ders, The doctrine of jurisdiciton in international law revisited after twenty years, Rec. des Cours 186 (1984 III), S. 9 ff.

ders., Eingriffsgesetze und IPR, in: Festschrift für Eduard Wahl zum 70. Geburtstag, Heidelberg 1973, S. 139 ff.

Marceau, Gabrielle / Blank, Annet, The History of Government Procurement Negotiations Since 1945, PPLR 1996, S. 77 ff.

Martiny, Dieter, Anwendbares Recht für internationale Bauverträge, BauR I/2008, S. 241 ff.

ders., Die Anknüpfung an den Markt, in: Festschrift für Ulrich Drobnig zum 70. Geburtstag, Tübingen 1998, S. 389 ff.

Maunz, Theodor / Dürig, Günter (Hrsg.), Grundgesetz: Loseblatt-Kommentar,

Bd. 1, Art. 1 - 12 GG, 66. Ergänzungslieferung, München 2012,

Bd. 2, Art. 12a – 37 GG, 66. Ergänzungslieferung, München 2012,

Bd. 3, Art. 38 – 91 GG, 66. Ergänzungslieferung, München 2012.

Mayer, Otto, Deutsches Verwaltungsrecht, Bd. 2, 3. Aufl., München 1924.

Mazeaud, Jean / Chabas, François, Leçons de droit civil B. II/1, Les Obligations, Théorie générale, 9. Aufl., Paris 1988.

Meessen, Karl Matthias, Völkerrechtliche Grundsätze des internationalen Kartellrechts, Baden-Baden 1975.

Meng, Werner, Extraterritoriale Jurisdiktion im öffentlichen Wirtschaftsrecht, Berlin/Heidelberg 1994.

ders., Wirtschaftssanktionen und staatliche Jurisdiktion - Grauzonen im Völkerrecht, ZaöRV 57 (1997), S. 269 ff.

ders., Recognition of Foreign Legislative and Adminstrative Acts, in: Encyclopedia of Public International Law, Bd. 10, Amsterdam 1987, S. 348 ff.

ders., Völkerrechtliche Zulässigkeit und Grenzen wirtschaftsverwaltungsrechtlicher Hoheitsakte mit Auslandswirkung, ZaöRV 44 (1984) S, 675

Menger, Christian-Friedrich, Zum Stand der Meinungen über die Unterscheidung von öffentlichem und privatem Recht, in: Festschrift für Hans J. Wolff zum 75. Geburtstag, München 1973, S. 149 ff.

Menzel, Jörg, Internationales Öffentliches Recht, Tübingen 2011.

Merkli, Thomas / Batliner, Andreas / Batliner, Christian, Internationales Verwaltungsrecht: Das Territorialitätsprinzip und seine Ausnahmen, LJZ 2003, S. 82 ff.

Messerschmidt, Burkhard / Voit, Wolfgang (Hrsg.), Privates Baurecht: Kommentar zu §§ 631 ff. BGB, Vergaberecht, etc., 1. Aufl., München 2008.

Metzger, Stanley D., The Restatement of Foreign Relations Law of the United States: Bases and Conflicts of Jurisdiction, New York University Law Review 41 (1966), S. 7 ff.

Meyer-Sparenberg, Wolfgang, Rechtswahlvereinbarungen in Allgemeinen Geschäftsbedingungen, RIW 1989, S. 347 ff.

Michalski, Lutz (Hrsg.), Kommentar zum Gesetz betreffend die Gesellschaften mit beschränkter Haftung (GmbHG), Bd. 1: Systematische Darstellungen, §§ 1 – 34 GmbHG, 2. Aufl., München 2010.

Moser, Rudolf, Vertragsschluss, Vertragsgültigkeit und Parteiwille im internationalen Obligationenrecht, St. Gallen 1948.

Motzke, Gerd / Pietzcker, Dominik / Prieß, Hans-Joachim (Hrsg.), Beck'scher VOB- und Vergaberechts-Kommentar, 1. Aufl., München 2001.

Mücher, Christian, Jahrbuch 2011/2012 des Goethe-Instituts e.V. München, 2012, online verfügbar unter: http://www.goethe.de/uun/pro/jb12/jahr buch_2012.pdf (zuletzt abgerufen am: 15.01.2013).

Müller-Wrede, Malte, Kompendium des Vergaberechts: Systematische Darstellung unter Berücksichtigung des EU-Vergaberechts, 1. Aufl., Köln 2008.

ders., Örtliche Präsenz, Ortsnähe und Ortsansässigkeit als Wertungskriterien - eine Verletzung des Diskriminierungsverbotes? VergabeR 2005, S. 32 ff.

Münch, Ingo / Kunig, Philip (Hrsg.), Grundgesetz-Kommentar; Bd. 1: Präambel bis Art. 69 GG, 6. Aufl., München 2012.

Münchener Handbuch zum Arbeitsrecht (zitiert: Bearbeiter, in: Münchener Handbuch zum Arbeitsrecht), Bd. 2, Kollektivarbeitsrecht/Sonderformen, 3. Aufl., München 2009.

Münchener Kommentar zum Aktiengesetz (zitiert: Bearbeiter, in: Münchener Kommentar, AktG), Bd. 1, §§ 1 – 75, 3. Aufl., München 2008.

Münchener Kommentar zum Bürgerlichen Gesetzbuch (zitiert: Bearbeiter, in: Münchener Kommentar, BGB),

Bd. 1, §§ 1 – 240 BGB, 6. Aufl., München 2012,

Bd. 10, IPR, 5. Aufl., München 2010,

Bd. 11, IntWettbR/IntKartR, 5. Aufl., München 2010.

Münchener Kommentar zum Handelsgesetzbuch (zitiert: Bearbeiter, in: Münchener Kommentar, HGB),

Bd. 1, §§ 1 – 104a HGB, 3. Aufl., München 2010,

Bd. 2, §§ 105 – 160 HGB, 3. Aufl., München 2011,

Bd. 6, §§ 373 - 406 HGB, CISG, 2. Aufl., München 2007.

Münchener Kommentar zur Zivilprozessordnung (zitiert: Bearbeiter, in: Münchener Kommentar, ZPO), Bd. 3, §§ 946 – 1086, 3. Aufl., München 2008.

Münchener Kommentar zum Strafgesetzbuch (zitiert: Bearbeiter, in: Münchener Kommentar, StGB), Bd. 1, Einl., §§ 1 – 37 StGB, 2. Aufl., München 2011.

Neuhaus, Paul, Internationales Zivilprozeßrecht und internationales Privatrecht, RabelsZ 20 (1955), S. 257 ff.

Neumeyer, Karl, Internationales Verwaltungsrecht, Bd. 4, Allgemeiner Teil, Zürich 1936.

Nikisch, Arthur, Internationale Zuständigkeit bei vereinbarten Standardvertragsbedingungen (VOB/B), IPRax 1987, S. 286 ff.

Niebuhr, Frank / Kulartz, Hans-Peter / Kus, Alexander / Portz, Norbert (Hrsg.), Kommentar zum GWB-Vergaberecht, 1. Aufl., Düsseldorf 2006.

Nieder, Heinrich / Kössinger, Reinhard / Kössinger, Winfired, Handbuch des Testamentsgestaltung, 4. Aufl., München 2011.

Niederländer, Hubert, Materielles und Verfahrensrecht im Internationalen Privatrecht, RabelsZ 20 (1955), S. 1 ff.

Noch, Rainer, Vergaberecht kompakt, 3. Aufl., Düsseldorf 2005.

Obermayer, Klaus (Hrsg.), Kommentar zum Verwaltungsverfahrensgesetz, 3. Aufl., Neuwied und Kriftel 1999.

Oehler, Dietrich, Criminal Law, International, in: Encyclopedia of Public International Law, Bd. 1, S. 878 ff.

Ofner, Helmut, Die Rom II-Verordnung - Neues Internationales Privatrecht für außervertragliche Schuldverhältnisse in der Europäischen Union, ZfRV 2008, S. 13 ff.

Ohler, Christoph, Die Kollisionsordnung des Allgemeinen Verwaltungsrechts, Tübingen 2005.

Ohler, Frank Peter, Zum Begriff des öffentlichen Auftraggebers im europäischen Vergaberecht, Frankfurt am Main 2001.

Oppermann, Thomas / Classen, Claus Dieter / Nettesheim, Martin, Europarecht, 4. Aufl., München 2009.

Ossenbühl. Fritz, Mitbestimmung in Eigengesellschaften der öffentlichen Hand, ZGR 1996, S. 504 ff.

Oxman, Bernhard, Jurisdiction of States, in: Encyclopedia of Public International Law, Bd. 3, Amsterdam 1997, S. 55 ff.

Palandt, Otto (Hrsg)., Bürgerliches Gesetzbuch – mit Nebengesetzen: Kommentar, 74. Aufl., München 2014.

Pearce, Brian, 'The Comity Doctrine as a Barrier to Judicial Jurisdiction: a US-EC Comparison', Stanford Journal of International Law 30 (1994), S. 526 ff.

Peters, Heinz-Joachim, Art. 20a - Die neue Staatszielbestimmung des Grundgesetzes, NVwZ 1995, S. 555 ff.

Pfeiffer, Thomas, Neues Internationales Vertragsrecht - Zur Rom I-Verordnung, EuZW 2008, S. 622 ff.

Piltz, Burghard, Internationales Kaufrecht: das UN-Kaufrecht in praxisorientierter Darstellung, 2. Aufl. München 2008.

Piper, Henning / Ohly, Ansgar / Sosnitza, Olaf, Gesetz gegen den unlauteren Wettbewerb: UWG, 5. Aufl., München 2010.

Posch, Willibald, Bürgerliches Recht, Bd. 7, Internationales Privatrecht, 5. Aufl., Wien 2010.

Prieß, Hans-Joachim, Handbuch des Europäischen Vergaberechts: Gesamtdarstellung der EU/EWR-Vergaberegeln mit Textausgabe, 3. Aufl., Köln 2005.

ders. / Berrisch, Gerorg M., WTO-Handbuch, 1. Aufl., München 2003.

Pünder, Herrmann / Schellenberg, Martin, (Hrsg.), Vergaberecht: Kommentar, 1. Aufl., Baden-Baden 2011.

Püttner, Günter, Das grundlegende Konzept der Daseinsvorsorge; Kommunale Daseinsvorsorge – Begriff, Geschichte, Inhalte, in: Hrbek/Nettesheim (Hrsg.), Europäische Union und mitgliedstaatliche Daseinsvorsorge, Baden-Baden 2002, S. 32 ff.

Rauscher, Thomas (Hrsg.), Europäisches Zivilprozess- und Kollisionsrecht, EuZPR/EuIPR: Kommentar zu Rom I-VO und Rom II-VO, 1. Aufl., München 2011.

ders., Sozialhilferegress unter Brüssel I?, ZZP Int 8 (2002), S. 324 ff.

ders. / Wax, Peter / Wenzel, Joachim (Hrsg.), Münchener Kommentar zur Zivilprozessordnung, Band 3, Internationales Zivilprozessrecht, 3. Aufl., München 2008.

Regler, Rainer, Vergaberecht zwischen öffentlichem und privatem Recht, Berlin 2007.

Rehbinder, Eckard, Extraterritoriale Wirkungen des deutschen Kartellrechts, Baden-Baden 1965.

Reidt, Olaf / Stickler, Thomas / Glahs, Heike (Hrsg.), Vergaberecht, 3. Aufl., Köln 2011.

Reithmann, Christoph / Martiny, Dieter (Hrsg.), Internationales Vertragsrecht, 7. Aufl., Köln 2010.

Rengeling, Hans-Werner / Middeke, Andreas / Gellermann, Martin (Hrsg.), Handbuch des Rechtsschutzes in der Europäischen Union. 2. Aufl., München 2003.

Ricardo, David, On the Principles of Political Economy and Taxation, London 1817.

Richter, Andreas / Wachter, Thomas (Hrsg.), Handbuch des internationalen Stiftungsrechts, 1. Aufl., Angelbachtal 2007.

Riezler, Erwin, Internationales Zivilprozessrecht, Tübingen 1949.

Röbke, Marc, Praxisanmerkung zu BGH, Beschluss vom 01.12.2008 - X ZB 31/08, NZBau 2009, S. 205.

Röhl, Hans Christian, Verwaltung durch Vertrag, Heidelberg 2001.

Rosenkötter, Annette / Plantiko, Calle, Die Befreiung der Sektorentätigkeiten vom Vergaberechtsregime, NZBau 2010, S. 78 ff.

Roth, Frank / Lamm, Regina, Die Umsetzung der Verteidigungsgüter-Beschaffungsrichtlinie in Deutschland, NZBau 2012, S. 609 ff.

Roth, Wulf-Henning, Zur stillschweigenden Rechtswahl in einem künftigen EU-Gemeinschaftsinstrument über das internationale Schuldvertragsrecht, in: Festschrift für Apostolos Georgiades, zum 70. Geburtstag, München/Athen 2005, S. 905 ff.

Rubner, Daniel, Deutsche GmbH mit Verwaltungssitz im Ausland, NJW- Spezial 2011, S. 463 ff.

Rudolf, Walter, Territoriale Grenzen der staatlichen Rechtsetzung, in: Habscheid/Walter, Territoriale Grenzen der staatlichen Rechtsetzung, BerDGEsVR Heft 11, Karlsruhe 1973, S. 7 ff.

Rühl, Christiane, Rechtswahlfreiheit und Rechtswahlklauseln in Allgemeinen Geschäftsbedingungen, Baden-Baden 1999.

Sachs, Michael (Hrsg.), Grundgesetz: Kommentar, 6. Aufl., München 2011.

Sandrock, Otto, Die Bedeutung des Gesetzes zur Neuregelung des Internationalen Privatrechts für die Unternehmenspraxis, RIW 1986, S. 841 ff.

ders. Die Konkretisierung der Überlagerungstheorie in einigen zentralen Einzelfragen, in: Festschrift für Günther Beitzke zum 70. Geburtstag, Berlin 1979, S. 669 ff.

Savigny, Friedrich Karl von, Geschichte des römischen Rechts im Mittelalter, Bd. 5: das dreizehnte Jahrhundert, 2. Aufl., Berlin 1850.

ders., System des heutigen Römischen Rechts, Bd. 8, Berlin 1849.

Schack, Haimo, Internationales Zivilverfahrensrecht, 6. Aufl., München 2014.

ders., Einführung in das US-amerikanische Zivilprozessrecht, 4. Aufl., München 2011.

ders., Höchstrichterliche Rechtsprechung zum Internationalen Privat- und Verfahrensrecht: 50 Entscheidungen für Studium und Examen, 2. Aufl., München 2000.

Scherer, Joachim, Realakte mit "Doppelnatur" Anmerkungen zu den Beschlüssen des Gemeinsamen Senats zum Rechtsweg bei wettbewerbsrelevantem Verwaltungshandeln, NJW 1989, S. 2724 ff.

Scherer-Leydecker, Christian, Verteidigungs- und sicherheitsrelevante Aufträge – Eine neue Auftragskategorie im Vergaberecht, NZBau 2012, S. 533 ff.

Schimansky, Herbert / Bunte, Hermann-Josef / Lwowski, Hans Jürgen (Hrsg.), Bankenrechts-Handbuch, 4. Aufl., München 2011.

Schlechtriem, Peter / Schwenzer, Ingeborg (Hrsg.), Kommentar zum einheitlichen UN-Kaufrecht. 5. Aufl., München 2008.

Schlochauer, Hans-Jürgen, Internationales Verwaltungsrecht, Braunschweig 1955.

Schlosser, Peter, EU-Zivilprozessrecht (EuZPR): Kommentar, 3. Aufl., München 2009.

Schmidt, Reiner / Vollmöller, Thomas (Hrsg.), Kompendium des öffentlichen Wirtschaftsrechts, 3. Aufl., Berlin/Heidelberg 2007.

Schmidt-Aßmann, Eberhard, Das Allgemeine Verwaltungsrecht als Ordnungsidee: Grundlagen und Aufgaben der verwaltungsrechtlichen Systembildung, 2. Aufl., Berlin 2004.

Schneevogel, Kai-Uwe / Horn, Lutz, Das Vergaberechtsänderungsgesetz, NVwZ 1998, S. 1242 ff.

Schnorbus, York, Der Schadensersatzanspruch des Bieters bei der fehlerhaften Vergabe öffentlicher Aufträge – Anspruchsgrundlagen, Umfang, Durchsetzung im Zivilprozeß und Zukunft des sekundären Rechtsschutzes nach der Neuordnung des Vergaberechts, BauR 1999, S. 77 ff.

Schnyder, Anton, Wirtschaftskollisionsrecht: Sonderanknüpfung und extraterritoriale Anwendung wirtschaftsrechtlicher Normen unter besonderer Berücksichtigung von Marktrecht, Zürich 1990.

Schoch, Friedrich / Schneider, Jens-Peter / Bier, Wolfgang (Hrsg.), Verwaltungsgerichtsordnung: VwGO – Loseblatt-Kommentar, 24. Ergänzungslieferung, München 2012.

Schönfeld, Ulrich von, Die Immunität ausländischer Staaten vor deutschen Gerichten, NJW 1986, S. 2980 ff.

Schotten, Günther / Schmellenkamp, Cornelia, Das Internationale Privatrecht in der notariellen Praxis, 2. Aufl., München 2007.

Schulz, Andrea, Parastaatliche Verwaltungsträger im Verfassungs- und Völkerrecht, Berlin 2000.

Schurig, Klaus, Kollisionsnorm und Sachrecht: zu Struktur, Standort und Methode des internationalen Privatrechts, Berlin 1981.

ders., Zwingendes Recht, „Eingriffsnormen" und neues IPR, RabelsZ 54 (1990), S. 217 ff.

Schwartz, Joshua, Regulation and Deregulation in the Public Procurement Law Reform in the United States, in: Thai/Piga, Advancing Public Procurement, 2007, S. 184 ff.

Schwarze, Jürgen, Die Jurisdiktionsabgrenzung im Völkerrecht, Baden-Baden 1994.

ders., Die Vergabe öffentlicher Aufträge im Lichte des europäischen Wirtschaftsrechts, EuZW 2000, S. 133 ff.

ders., Daseinsvorsorge im Lichte des europäischen Wettbewerbsrechts, EuZW 2001, S. 334 ff.

ders., Das allgemeine Völkerrecht in den innergemeinschaftlichen Rechtsbeziehungen, EuR 1983, S. 1 ff.

Schweitzer, Michael, Staatsrecht III: Staatsrecht, Völkerrecht, Europarecht, 10. Aufl., Heidelberg 2010.

Seidl-Hohenveldern, Ignaz / Stein, Thorsten, Völkerrecht, 11. Aufl., Köln 2005.

Seipen, Christop von der, Akzessorische Anknüpfung und engste Verbindung im Kollisionsrecht der komplexen Vertragsverhältnisse, Heidelberg 1989.

Senti, Richard, WTO – System und Funktionsweise der Welthandelsordnung, Zürich 2000.

Serick, Rolf, Die Sonderanknüpfung von Teilfragen im Internationalen Privatrecht, RabelsZ 18 (1953), S. 633 ff.

Shenefield, John / Beninca, Jürgen, Extraterritoriale Anwendung US-amerikanischen Kartellrechts, WuW 2004, S. 1276 ff.

Sieg, Karl, Allgemeine Geschäftsbedingungen im grenzüberschreitenden Geschäftsverkehr, RIW 1997, S. 811 ff.

Siegrist, Dave, Hoheitsakte auf fremden Staatsgebiet, Zürich 1987.

Simma, Bruno, Das Reziprozitätselement in der Entstehung des Völkergewohnheitsrechts, München 1970.

Simons, Thomas / Hausmann, Rainer (Hrsg.), Brüssel I-Verordnung, Kommentar zur VO (EG) 44/2001 und zum Übereinkommen von Lugano, 1. Aufl., München 2012.

Sodan, Helge / Ziekow, Jan (Hrsg.), Verwaltungsgerichtsordnung (VwGO): Großkommentar, 2. Aufl., Baden-Baden 2010.

Soergel, Theodor / Siebert, Wolfgang (Hrsg.), Bürgerliches Gesetzbuch mit Einführungsgesetz und Nebengesetzen, Band 10, 12. Aufl., Stuttgart 1996.

Soltész, Ulrich, Der Begriff der Zivilsache im Europäischen Zivilprozessrecht, Frankfurt am Main 1998.

Sonnenberger, Hans-Jürgen, Eingriffsrecht – Das trojanische Pferd im IPR oder notwendige Ergän-zung?, IPRax 2003, S. 104 ff.

ders. Randbemerkungen zum Allgemeinen Teil eines europäisierten IPR, in: Festschrift für Jan Kropholler zum 70. Geburtstag, Tübingen 2008, S. 227 ff.

Spahlinger, Andreas / Wegen, Gerhard (Hrsg.), Internationales Gesellschaftsrecht in der Praxis, 1. Aufl., München 2005.

Spothelfer, Pascal E., Völkerrechtliche Zuständigkeiten und das Pipeline-Embargo, Basel / Frankfurt/M. 1990.

Staudinger, Julius von, Kommentar zum Bürgerlichen Gesetzbuch mit Einführungsgesetz und Nebengesetzen (zitiert: Bearbeiter, in: Staudinger, BGB),

    Art. 27 – 37 EGBGB, 13. Bearbeitung, Berlin 2002,

    EGBGB, Int. Wirtschaftsrecht, 15. Bearbeitung, Berlin 2010.

Stein, Ekkehart, Die rechtswissenschaftliche Arbeit: Methodische Grundlegung und praktische Tipps, Tübingen 2000.

Stelkens, Ulrich, Verwaltungsprivatrecht, Berlin 2005.

Stelkens, Paul / Bonk, Heinz-Joachim / Sachs, Michael, Verwaltungsverfahrensgesetz: Kommentar, 7. Aufl., München 2008.

Stern, Klaus, Das Staatsrecht der Bundesrepublik Deutschland, Bd. 3, 1. Hb, Allgemeine Lehren und Grundrechte, München 1988.

Stoll, Hans, Das Statut der Rechtswahlvereinbarung – eine irreführende Konstruktion, in: Festschrift für Anton Heini zum 65. Geburtstag, Zürich 1995, S. 429 ff.

Stone, Peter, EU Private International Law, 2. Aufl., Cheltenham 2010.

Story, Jospeh, Commentaries on the Conflict of Laws, 2. Aufl., Boston 1841.

Strenge, Nikolaus von, Auftraggebereigenschaft wegen der Beherrschung durch ausländische Gebietskörperschaften, NZBau 2011, S. 17 ff.

Strunk, Günter / Kaminski, Bert, Aktuelle Entwicklungen bei der Besteuerung von ausländischen Betriebsstätten und Personengesellschaften in Abkommensfällen, IStR 2003, S. 181 ff.

Süß, Rembert, Erbecht in Europa, 2. Aufl., Bonn 2007.

Thomas, Heinz / Putzo, Hans, Zivilprozessordnung, Kommentar, 35. Aufl., München 2014.

Tietje, Christian (Hrsg.), Internationales Wirtschaftsrecht, 1. Aufl., Berlin 2009.

Verdross, Alfred / Simma, Bruno, Universelles Völkerrecht, 3. Aufl., Berlin 1984.

Verschraegen, Bea (Hrsg.), Rechtswahl: Grenzen und Chancen, Wien 2010.

Vischer, Frank / Huber, Lucius / Oser, David, Internationales Vertragsrecht, 2. Aufl., Bern 2000.

Vitzthum, Wolfgang Graf (Hrsg.), Völkerrecht, 5. Aufl. Berlin 2010.

Vogel, Klaus, Der räumliche Anwendungsbereich der Verwaltungsrechtsnorm, Frankfurt am Main 1965.

Wagner, Gerhard, Prozessverträge: Privatautonomie im Verfahrensrecht, Tübingen 1998.

ders., Die neue Rom II-Verordnung, IPRax 2008, S. 1 ff.

Wengler, Wilhelm, Völkerrecht, Bd. 2 (3. Teil), Berlin 1964.

ders., Die Anknüpfung zwingenden Schuldrechts im internationalen Privatrecht, ZVglRWiss 54 (1941), S. 168ff.

Westphalen, Friedrich Graf von (Hrsg.), Vertragsrecht und AGB-Klauselwerke, Bd. 1, 31. Ergänzungslieferung, München 2012.

Wildhaber, Luzius, Jurisdiktionsgrundsätze und Jurisdiktionsgrenzen im Völkerrecht, Schweizerisches Jahrbuch für Internationales Recht 41 (1985) S. 99 ff.

Willenbruch, Klaus / Wieddekind, Kristina (Hrsg.), Vergaberecht: Kompaktkommentar, 2. Aufl., Köln 2010.

Wohlfahrt, Ernst / Everling, Ulrich / Glaesner, Hans Joachim / Sprung, Rudolf (Hrsg.), Die Europäische Wirtschaftsgemeinschaft, Kommentar zum EWG-Vertrag, Berlin/Frankfurt am Main 1969.

Wolf, Manfred / Lindacher, Walter F. / Pfeiffer, Thomas (Hrsg.), AGB-Recht: Kommentar, 5. Aufl., München 2009.

Wolff, Hans J. / Bachof, Otto / Stober, Rolf / Kluth, Winfried, Verwaltungsrecht,
  Bd. 1, 12. Aufl., München 2007.
  Bd. 2, 7. Aufl., München 2010.

Wolff, Hans J. / Bachhof, Otto, Verwaltungsrecht, Bd. 1, 11. Aufl., München 1999.

Wolff, Hans J., Organschaft und juristische Person, Bd. 1: Juristische Person und Staats-
  person, Neudruck der Ausgabe Berlin 1933, Aalen 1968.

Wolter, Jürgen / Riedel, Eibe /Taupitz, Jochen (Hrsg.), Einwirkungen der Grundrechte
  auf das Zivilrecht, Öffentliche Recht und Strafrecht, 1. Aufl., Heidelberg 1999.

Zacker, Christian / Wernicke, Stephan, Examinatorium Europarecht, 3. Aufl. Köln 2004.

Ziegenhain, Hans-Jörg, Extraterritoriale Rechtsanwendung und die Bedeutung des Genuine-Link-Erfordernisses, München 1992.

Ziekow, Jan / Siegel, Thorsten, Das Vergabeverfahren als Verwaltungsverfahren, ZfBR
  2004, S. 30 ff.

Ziekow, Jan / Völlnik, Uwe-Carsten, Vergaberecht, 1. Aufl., München 2011.

Ziekow, Jan, Der funktionelle Auftraggeberbegriff des § 98 Nr. 2 GWB, VergabeR
  2003, S. 483 ff.

Zilch, Konrad / Diederichs, Claus Jürgen / Katzenbach, Rolf, Handbuch für Bauingenieure: Technik, Organisation und Wirtschaftlichkeit, 2. Aufl., Wiesbaden 2012.

Zimmer, Daniel / Leopold, Anders, Private Durchsetzung des Kartellrechts und der Vor-
  schlag zur "Rom II-VO", EWS 2005, S. 149 ff.

Zippelius, Reinhold, Allgemeine Staatslehre, 16. Aufl., München 2007.

Zweigert, Konrad, Nichterfüllung auf Grund ausländischer Leistungsverbote, RabelsZ
  14 (1942), S. 283 ff.